JURISDIÇÃO E HERMENÊUTICA CONSTITUCIONAL

EM HOMENAGEM A LENIO STRECK

EDUARDO ARRUDA ALVIM
GEORGE SALOMÃO LEITE
INGO WOLFGANG SARLET
NELSON NERY JR

COORDENADORES

JURISDIÇÃO E HERMENÊUTICA CONSTITUCIONAL

EM HOMENAGEM A LENIO STRECK

Colaboradores

Alfredo Copetti Neto
Alice Bianchini
André Rufino do Vale
Angélica Arruda Alvim
André Karam Trindade
Carlos Mário da Silva Velloso
Cesar Landa
Eduardo Aranha Ferreira
Eduardo Arruda Alvim
Flávia Piovesan
Frederico Antonio Lima de Oliveira
George Salomão Leite
Georges Abboud
Gilmar Ferreira Mendes
Glauco Salomão Leite
Guilherme Peña de Moraes
Ingo Wolfgang Sarlet
João Maurício Adeodato
Jose Luis Bolzan de Morais
Luis María Bandieri
Luiz Alberto David Araujo
Luiz Guilherme Arcaro Conci
Maurício Maia
Nelson Nery Jr
Rosa Maria de Andrade Nery
Tercio Sampaio Ferraz Junior
Ulisses Schwarz Viana

G|Z
EDITORA

Rio de Janeiro
2017

1ª edição – 2017

© Copyright

Alfredo Copetti Neto • Alice Bianchini • André Rufino do Vale • Angélica Arruda Alvim • André Karam Trindade • Carlos Mário da Silva Velloso • Cesar Landa • Eduardo Aranha Ferreira • Eduardo Arruda Alvim • Flávia Piovesan • Frederico Antonio Lima de Oliveira • George Salomão Leite • Georges Abboud • Gilmar Ferreira Mendes • Glauco Salomão Leite • Guilherme Peña de Moraes • Ingo Wolfgang Sarlet • João Maurício Adeodato • Jose Luis Bolzan de Morais • Luis María Bandieri • Luiz Alberto David Araujo • Luiz Guilherme Arcaro Conci • Maurício Maia • Nelson Nery Jr • Rosa Maria de Andrade Nery • Tercio Sampaio Ferraz Junior • Ulisses Schwarz Viana

CIP – Brasil. Catalogação-na-fonte.
Sindicato Nacional dos Editores de Livros, RJ.

J95

    Jurisdição e hermenêutica constitucional: em homenagem a Lenio Streck / Alfredo Copetti Neto ... [et al.] ; coordenação Eduardo Arruda Alvim ... [et al.]. – 1. ed. – Rio de Janeiro: Mundo Jurídico, 2017.
    478 p.; 24 cm.

    Inclui bibliografia e índice
    ISBN: 978-85-9524-014-8

    1. Direito constitucional - Brasil. I. Copetti Neto, Alfredo. II. Alvim, Eduardo Arruda.

17-41353

CDU: 342(81)

    O titular cuja obra seja fraudulentamente reproduzida, divulgada ou de qualquer forma utilizada poderá requerer a apreensão dos exemplares reproduzidos ou a suspensão da divulgação, sem prejuízo da indenização cabível (art. 102 da Lei nº 9.610, de 19.02.1998).
    Quem vender, expuser à venda, ocultar, adquirir, distribuir, tiver em depósito ou utilizar obra ou fonograma reproduzidos com fraude, com a finalidade de vender, obter ganho, vantagem, proveito, lucro direto ou indireto, para si ou para outrem, será solidariamente responsável com o contrafator, nos termos dos artigos precedentes, respondendo como contrafatores o importador e o distribuidor em caso de reprodução no exterior (art. 104 da Lei nº 9.610/98).
    As reclamações devem ser feitas até noventa dias a partir da compra e venda com nota fiscal (interpretação do art. 26 da Lei nº 8.078, de 11.09.1990).

Reservados os direitos de propriedade desta edição pela
GZ EDITORA

contato@editoragz.com.br
www.editoragz.com.br
Av. Erasmo Braga, 299 - sala 202 - 2º andar - Castelo - RJ
CEP: 20020-000 – Rio de Janeiro – RJ
Tels.: (0XX21) 2240-1406 / 2240-1416 – Fax: (0XX21) 2240-1511

Impresso no Brasil
Printed in Brazil

SOBRE OS COLABORADORES

ALFREDO COPETTI NETO
Doutor em Teoria do Direito e da Democracia pela Università degli Studi di Roma Tre (título revalidado PPG-D/UFPR). Mestre em Direito Público pela Unisinos. Cumpriu estágio Pós-Doutoral com bolsa PDJ/CNPQ no PPG-D Unisinos. Professor Adjunto de Teoria do Direito da Universidade Estadual do Paraná. Professor permanente do Programa de Pós-Graduação em Direitos Humanos da Unijuí. Editor da RIHJ. Advogado OAB-RS. Mail: alfredocopetti@yahoo.com.

ALICE BIANCHINI
Doutora em Direito penal pela PUC/SP, mestre em Direito pela UFSC, especialista em Teoria e Análise Econômica pela Universidade do Sul de Santa Catarina Unisul-SC e em Direito Penal Econômico Europeu, pela Universidade de Coimbra/IBCCrim. Foi professora do Departamento de Direito Penal da USP e do Curso de Mestrado em Direito da Uniban-SP. Leciona em diversos cursos de especialização. Integrante da Comissão Nacional da Mulher Advogada – OAB Federal. Autora de vários livros e de artigos publicados em periódicos nacionais e estrangeiros, dentre eles, Lei Maria da Penha. 3ª ed. São Paulo: Saraiva, 2016. Instrutora do Programa Virtual **Estude Lei Maria da Penha em 30 dias**: +de 100 questões controvertidas (www.atualidadesdodireito.com.br).

ANDRÉ RUFINO DO VALE
Doutor em Direito pela Universidad de Alicante e pela Universidade de Brasília. Mestre em Direito pela Universidade de Brasília e Mestre em Argumentação Jurídica pela Universidade de Alicante. Professor dos cursos de graduação e pós-graduação do Instituto Brasiliense de Direito Público – IDP. Procurador Federal.

ANGÉLICA ARRUDA ALVIM
Professora de Direito Civil nos cursos de Bacharelado da Pontifícia Universidade Católica de São Paulo. Advogada.

ANDRÉ KARAM TRINDADE
Doutor em Teoria e Filosofia do Direito (ROMA TRE/ITÁLIA). Mestre em Direito Público (UNISINOS). Professor do Programa de Pós-Graduação em Direito da Faculdade Guanambi (FG/BA). Membro Fundador e Presidente da Rede Brasileia Direito e Literatura (RDL). Advogado. E-mail: andre@streckadvogados.com.br

CARLOS MÁRIO DA SILVA VELLOSO
Ministro aposentado, ex-presidente do Supremo Tribunal Federal – STF e do Tribunal Superior Eleitoral – TSE. Professor emérito da Universidade de Brasília – UnB e da Pontifícia Universidade Católica de Minas Gerais – PUC/MG, em cujas Faculdades de Direito foi professor titular de Direito Constitucional e Teoria Geral do Direito Público. Advogado.

CESAR LANDA
Catedrático de Direito Constitucional na Pontificia Universidade Católica do Perú e na Universidad Nacional Mayor de San Marcos. Ex-Presidente do Tribunal Constitucional del Perú.

CLARISSA TASSINARI
Doutora e mestre em direito público pelo PPG Direito da UNISINOS-RS (com financiamento, em ambos os casos, pelo CNPq-BR). Pós-doutoranda pela UNISINOS-RS (com financiamento pela CAPES – PNPD). Advogada (OAB-RS). E-mail: clarissa@tassinari.adv.br.

EDUARDO ARANHA FERREIRA
Mestrando em Direito Processual Civil pela Pontifícia Universidade Católica de São Paulo – PUC/SP. Graduado em Direito pela Pontifícia Universidade Católica de Campinas. Professor assistente dos cursos de Bacharelado da Pontifícia Universidade Católica de São Paulo – PUC/SP. Membro do conselho editorial da Revista Forense. Advogado.

EDUARDO ARRUDA ALVIM
Doutor e Mestre em Direito Processual Civil pela Pontifícia Universidade Católica de São Paulo. Professor dos cursos de Doutorado, Mestrado, Especialização e Bacharelado da Pontifícia Universidade Católica de São Paulo e da FADISP. Acadêmico titular da Cadeira nº. 20 da Academia Paulista de Direito. Presidente da Comissão Permanente de Estudos de Processo Civil do Instituto dos Advogados de São Paulo. Membro do Instituto Brasileiro de Direito Processual. Advogado.

FLÁVIA PIOVESAN
Professora doutora em Direito Constitucional e Direitos Humanos da Pontifícia Universidade Católica de São Paulo, Professora de Direitos Humanos dos Programas de Pós Graduação da Pontifícia Universidade Católica de São Paulo, da Pontifícia Universidade Católica do Paraná e da Universidade Pablo de Olavide (Sevilha, Espanha); visiting fellow do Human Rights Program da Harvard Law School (1995 e 2000), visiting fellow do Centre for Brazilian Studies da University of Oxford (2005), visiting fellow do Max Planck Institute for Comparative Public Law and International Law (Heidelberg – 2007 e 2008); desde 2009 é Humboldt Foundation Georg Forster Research Fellow no Max Planck Institute (Heidelberg); membro do Conselho Nacional de Defesa dos Direitos da Pessoa Humana. Foi membro da UN High Level Task Force on the implementation of the right to development e é membro do OAS Working Group para o monitoramento do Protocolo de San Salvador em matéria de direitos econômicos, sociais e culturais.

FREDERICO ANTONIO LIMA DE OLIVEIRA
Doutor em Direito de Estado (sub-área – Direito Constitucional) pela Pontifícia Universidade Católica de São Paulo (PUC-SP). Mestre em Direito Público (sub-área – Direito Administrativo) pela Universidade Federal do Pará (UFPa). Pós-graduado em Direito Ambiental pela Universidade de São Paulo (USP), em Direito Sanitário pela Universidade de Brasília (UNB), em Direito Ambiental e Politicas Publicas pelo Núcleo de Altos Estudos Amazônicos (NAEA-UFPa) e em Direito Eleitoral pela Universidade Federal do Pará (UFPa). Professor da Universidade da Amazonia – UNAMA. Promotor de Justiça de 3ª Entrância do Ministério Público do Estado do Pará.

GEORGE SALOMÃO LEITE
Doutorando em Direito Constitucional pela Pontifícia Universidade Católica de Buenos Aires – UCA. Mestre em Direito Constitucional pela Pontifícia Universidade Católica de São Paulo – PUC/SP. Presidente da Escola Brasileira de Estudos Constitucionais – EBEC.

GEORGES ABBOUD
Doutor e Mestre em direitos e difusos coletivos pela PUC-SP. Professor de direito processual civil da Pontifícia Universidade Católica de São Paulo – PUC-SP. Professor do programa de Mestrado e Doutorado da Faculdade Autônoma de São Paulo – FADISP. Advogado. Consultor jurídico.

GILMAR FERREIRA MENDES
Doutor e Mestre em Direito Constitucional pela Universidade de Münster/Alemanha. Ministro do Supremo Tribunal Federal – STF.

GLAUCO SALOMÃO LEITE
Professor de Direito Constitucional da Graduação e do Programa de Pós-Graduação em Direito (Mestrado e Doutorado) da Universidade Católica de Pernambuco – UNICAP. Professor de Direito Constitucional da Universidade Federal da Paraíba – UFPB e da Universidade de Pernambuco – UPE. Membro do grupo de pesquisa REC – Recife Estudos Constitucionais (REC/CNPq). Advogado.

GUILHERME PEÑA DE MORAES
Pós-Doutor em Direito Constitucional pela *Fordham School of Law – Jesuit University of New York – FU/NY*. Doutor em Direito Constitucional pela Pontifícia Universidade Católica de São Paulo – PUC/SP. Mestre em Direito Constitucional pela Pontifícia Universidade Católica do Rio de Janeiro – PUC/RJ. Membro do Ministério Público do Estado do Rio de Janeiro. Professor de Direito Constitucional da Universidade Federal Fluminense – UFF.

INGO WOLFGANG SARLET
Doutor e Pós-Doutor em Direito (LLMU-Munique). Professor Titular da Faculdade de Direito e dos Programas de Pós-Graduação em Direito e em Ciências Criminais da PUC/RS. Professor da Escola Superior da Magistratura do RS (AJURIS). Desembargador do TJ/RS.

JOÃO MAURÍCIO ADEODATO
Professor Titular da Faculdade de Direito do Recife – UFPE. Livre-Docente da Faculdade de Direito da Universidade de São Paulo – USP e Pesquisador 1-A do CNPq. **Currículo completo em**: http://lattes.cnpq.br/8269423647045727

JOSE LUIS BOLZAN DE MORAIS
Pós-doutoramento Universidade de Coimbra/PT. Doutor em Direito do Estado UFSC/ Université de Montpellier I – França. Mestre em Ciências Jurídicas PUC/RJ. Professor do PPGD-UNISINOS/RS e UIT/MG. Procurador do Estado do Rio Grande do Sul. Pesquisador Produtividade CNPQ.

LUIS MARÍA BANDIERI
Doutor em Ciências Jurídicas. Profesor Titular Ordinário com dedicação especial na graduação, pós-graduação e doutorado. Diretor do Centro de Direito Político da Faculdade de Direito da Pontifícia Universidade Católica Argentina.

LUIZ ALBERTO DAVID ARAUJO
Mestre, Doutor e Livre Docente em Direito Constitucional pela Pontifícia Universidade Católica de São Paulo. Professor Titular de Direito Constitucional da Pontifícia Universidade Católica de São Paulo. Procurador Regional da República aposentado.

LUIZ GUILHERME ARCARO CONCI
Doutor e Mestre em Direito pela Pontifícia Universidade Católica de São Paulo – PUC/SP. Professor da Faculdade de Direito e Coordenador do Curso de Especialização em Direito Constitucional da Pontifícia Universidade Católica de São Paulo – PUC/SP. Professor Titular da Faculdade de Direito de São Bernardo do Campo. Ex- Presidente da Coordenação do Sistema Internacional de Proteção dos Direitos Humanos do Conselho Federal da Ordem

dos Advogados do Brasil. Professor colaborador do Mestrado em Direitos Humanos da Universidade Federal do Mato Grosso do Sul.

MAURÍCIO MAIA
Mestre e Doutorando em Direito Constitucional pela Pontifícia Universidade Católica de São Paulo – PUC/SP. Professor Assistente do Curso de Especialização em Direito Administrativo da Pontifícia Universidade Católica de São Paulo – PUC/SP – COGEAE. Procurador Federal.

NELSON NERY JR
Livre-Docente, Doutor e Mestre em Direito pela PUC-SP. Doutorado em Direito Processual Civil pela Friedrich-Alexander-Universität Erlangen-Nürnberg (Alemanha). Professor Titular das Faculdades de Direito da Pontifícia Universidade Católica de São Paulo (PUC-SP) e Universidade Estadual Paulista "Julio de Mesquita Filho" (UNESP). Coordenador do Núcleo de Direitos Difusos e Coletivos do Programa de Pós-Graduação em Direito da PUC-SP. Vice-Chefe do Departamento de Direito Civil, Processual Civil e do Trabalho da Faculdade de Direito da PUC-SP. Procurador de Justiça do Ministério Público do Estado de São Paulo, aposentado. Co-autor dos Projetos que se converteram na Lei da Ação Civil Pública (L 7347/1985) e no C&oacut e;digo de Defesa do Consumidor (L 8078/1990). Professor convidado da Ludwig-Maximilians-Universität München (LMU) e da Friedrich-Alexander-Universität Erlangen-Nürnberg). Membro Efetivo Titular da: Academia Brasileira de Direito Civil, Academia Paulista de Direito, Academia Paulista de Letras Jurídicas, Deutsch-Brasilianische Juristenvereinigung, Wissensschaftliche Vereinigung für Internationales Verfahrensrecht, International Association of Civil Procedure, Asociación Iberoamericana de Derecho Procesal, Instituto Brasileiro de Direito Processual, Associação Brasileira de Direito de Família e das Sucessões (ADFAS), União dos Juristas Católicos de São Paulo (UJUCASP) entre outras instituições. Autor de numerosos livros e artigos publicados em revistas no Brasil e no exterior, dos quais se destacam, a) Teoria Geral dos Recursos , 8. ed., SP: RT, 2017; Princípios do processo na Constituição Federal , 13. ed., SP: RT, 2017; b) em co-autoria com Rosa Maria de Andrade Nery: Código de Processo Civil Comentado, 16. ed., SP: RT, 2017; Constituição Federal Comentada, 6. ed., SP: RT, 2017; Código Civil Comentaddo, 12. ed., SP: RT, 2017; Instituições de Direito Civil, 8 vs., SP: RT, 2015/2017. c) em co-autoria com Georges Abboud: Direito Constitucional Brasileiro , SP: RT, 2017. Árbitro em arbitragens nacionais e internacionais. Parecerista e consultor jurídico. Advogado, sócio fundador de Nery Advogados.

ROSA MARIA DE ANDRADE NERY
Doutora e Livre-Docente em Direito pela Pontifícia Universidade Católica de São Paulo – PUC/SP. Professora assistente-doutora da Pontifícia Universidade Católica de São Paulo – PUC/SP. Desembargadora aposentada do Tribunal de Justiça do Estado de São Paulo – TJ/SP.

TERCIO SAMPAIO FERRAZ JUNIOR
Professor Titular de Filosofia do Direito da PUC/SP. Professor aposentado da USP.

ULISSES SCHWARZ VIANA
Doutor em Filosofia e Teoria Geral do Direito pela Universidade de São Paulo (USP). Mestre em Direito Constitucional pela Escola de Direito de Brasília/Instituto Brasiliense de Direito Público (IDP). Professor da Pós-graduação da Fundação Escola Superior do Ministério Público do Distrito Federal e Territórios (FESMPDFT). Procurador do Estado de Mato Grosso do Sul.

Sumário

Apresentação – *Thereza Alvim*	XI
Prefácio – *Nelson Nery Jr*	XIII
Constituições vivas e moralmente reflexivas como fatores de importância para a uma interpretação constitucional legítima *Frederico Antonio Lima de Oliveira / George Salomão Leite*	1
Direitos Fundamentais, Democracia entre Reforma e Mutação Constitucional – Uma análise na perspectiva da Constituição Federal de 1988 *Ingo Wolfgang Sarlet*..	19
Críticas à abstrativização do controle difuso de constitucionalidade *Eduardo Arruda Alvim / Angélica Arruda Alvim / Eduardo Aranha Ferreira*	63
Argumentação jurídica e legitimidade democrática da Jurisdição Constitucional *André Rufino do Vale*...	81
Entre "direitos", "deveres" e "desejos" *Jose Luis Bolzan de Morais*	105
Democracia, Hermenêutica ou Barbárie? Ensaio em homenagem a Lenio Streck *Alfredo Copetti Neto / Glauco Salomão Leite*	115
A supremacia judicial confrontada pela crítica hermenêutica do direito........ *Clarissa Tassinari*..	131
Imperatividade e Estado: para além da Reserva Jurisdicional num Estado Constitucional em transformação *Tercio Sampaio Ferraz Junior*..	151
Origens forenses da Retórica: bases históricas para uma perspectiva realista *João Maurício Adeodato*	163
As bases filosóficas da Crítica Hermenêutica do Direito *André Karam Trindade*..	191
Juristocracia delegativa: os riscos da degeneração democrática trazidos pelo ativismo judicial *Georges Abboud*..	211
Control de Convencionalidad por la Corte Interamericana de Derechos Humanos: el malestar de la exorbitancia *Luis María Bandieri*...	229
Diálogo entre Cortes: a Interamericanização do Sistema Europeu e a Europeicização do Sistema Interamericano *Flávia Piovesan*	247

Conteúdo jurídico do Direito à Igualdade
Luiz Alberto David Araújo / Maurício Maia 267

O afastamento da Lei nº 9.099/95 às causas que envolvem violência doméstica e familiar contra a mulher (art. 41 da Lei Maria da Penha) alcança as contravenções penais?
Alice Bianchini 287

O Impeachment no constitucionalismo brasileiro
Carlos Mário da Silva Velloso 303

Parlamentarismo latinoamericano: el impeachment en Brasil
César Landa 331

O fundamento constitucional do controle de convencionalidade no Brasil: uma reinterpretação inclusiva do §2º do artigo 5 da Constituição Federal
Luiz Guilherme Arcaro Conci 359

Uso persuasivo da jurisprudência estrangeira pelos Tribunais Constitucionais
Guilherme Peña de Moraes 377

Poder judiciário, tribunal arbitral e o princípio kompetenz-kompetenz: Inexistência de conflito de competência entre órgãos do Poder Judiciário e Tribunal Arbitral
Nelson Nery Jr / Rosa Maria de Andrade Nery 399

Eficácia das garantias constitucionais nas relações privadas: uma análise da jurisprudência do superior tribunal de justiça e do supremo tribunal federal
Gilmar Ferreira Mendes 411

A Jurisdição Constitucional e seus limites autopoiéticos: uma proposta de leitura a partir da teoria dos sistemas
Ulisses Schwarz Viana 435

Apresentação

Muito me honra apresentar esta obra em homenagem ao jurista e amigo Lenio Luiz Streck. Ainda que seja 'quase que irônico' falar em apresentar Lenio Streck.

Diga-se preambularmente que Lenio Streck é estrela de brilho incomum e genuinamente extraordinário, destacado dentre as estrelas do cenário jurídico brasileiro. A sua produção notável na atividade de jurista, alia-se à do escritor e à do filósofo, dado os seus trabalhos tem subjacentemente, sempre, sólida base filosófica, pela pena de alguém que é verdadeiro artesão da palavra. O seu prestígio não se circunscreve ao âmbito do direito e da filosofia, senão que se espraia para um segmento social muito amplo, haja vista ter sido vencedor em 2014 do Prêmio Jabutí, em obra que coordenou com ilustres juristas, qual seja os Comentários à Constituição do Brasil. Nessa mesma premiação foi finalista com outra obra em co-autoria, intitulada Compreender o Direito. Em 2016 foi ainda uma vez finalista para o mesmo prêmio. Profere palestras encantadoras e densas no Brasil e fora do Brasil (Colômbia, Portugal, Espanha, Itália).

O homenageado possui um curriculum invejável. É Pós-Doutor em Direito Constitucional (Universidade de Lisboa/Portugal), Doutor e Mestre em Direito do Estado (Universidade Federal de Santa Catarina). Além de professor Titular dos programas de Graduação em Direito da UNISINOS/RS e da UNESA/RJ, é professor visitante em diversas Universidades Estrangeiras. É Procurador de Justiça aposentado do Ministério Público do Estado do Rio Grande do Sul e atualmente é advogado.

Lenio Streck é um exímio jurista, completo, com amplo conhecimento das diversas áreas do direto. Um efetivo hermeneuta, área por ele fecundada, onde com frequência, apresenta sua visão crítica com profundo embasamento filosófico. Diversas são as suas obras de destaque, especialmente nas áreas Direito Constitucional, Hermenêutica Jurídica e Filosofia do Direito. Dentre seus vários trabalhos, sobressaltam: "Verdade e Consenso: constituição, hermenêutica e teorias discursivas"; "Hermenêutica Jurídica e(m) Crise: uma exploração hermenêutica da construção do direito; Jurisdição Constitucional"; e "Decisão Jurídica e O Que é Isso – decido conforme minha consciência?".

Mais recentemente ganhou considerável destaque no mundo digital com a sua, agora consagrada, coluna semanal "Senso Incomun" na revista eletrônica Consultor Jurídico (www.conjur.com.br). Com propriedade, o autor enfrenta na referida coluna importantes temas jurídicos, sempre apresentado sua opinião de forma fundamentada, não se rendendo à superficialidade costumeira das discussões traçadas no mundo digital.

Realmente, não é à toa que recebe esta homenagem o Professor Lenio Streck. Não por outra razão, notáveis juristas de todo o país se uniram para prestar esta justa homenagem, colaborando com artigos que versam sobre Jurisdição e Hermenêutica Constitucional, temas que estão presentes em diversas de suas obras. São de notável qualidade os trabalhos apresentados, sendo esta obra de excepcional valor, que certamente encontrará lugar honroso nas academias de direito e será extremamente útil para estudantes, advogados, promotores e juízes.

Aproveito o ensejo para apresentar minhas congratulações aos organizadores da obra, Eduardo Arruda Alvim, George Salomão Leite, Nelson Nery Jr e Ingo Wolfgang Sarlet, aos colaboradores e à GZ Editora pela publicação deste livro, que, além de constituir uma justa homenagem, com certeza será de utilidade ímpar para a compreensão dos importantes temas tratados nos artigos que o compõe.

Março de 2017

Thereza Alvim

Prefácio

Em 2016 Alexandre Morais da Rosa, André Karam Trindade, Clarissa Tassinari, Márcio Gil Tostes dos Santos e Rafael Thomaz de Oliveira organizaram um livro em homenagem a Lenio Luiz Streck.[1]

Este segundo livro em homenagem a Lenio Luiz Streck é demonstração de apreço e consideração que a comunidade jurídica brasileira tem por um dos maiores juristas brasileiros, incansável lutador pelo respeito ao texto e ao espírito da Constituição, professor de reconhecida competência, escritor e jornalista, para citar apenas alguns dos atributos do homenageado.

Lenio Luiz Streck nasceu em Agudo, cidade localizada no centro do estado do Rio Grande do Sul, em 21.11.1955. Depois de estudos para sua formação fundamental ingressou no curso de direito da Universidade de Santa Cruz do Sul (RS), na qual se graduou em direito em 1980. Sua formação nos cursos de pós-graduação stricto sensu (Mestrado e Doutorado) ocorreu na Universidade Federal de Santa Catarina (UFSC) em 1988 (*O Tribunal do Júri e os Estereótipos: uma análise interdisciplinar,* orientador: Luis Alberto Warat) e 1995 (*Eficácia, função e poder das súmulas no Direito,* orientador: Leonel Severo da Rocha), respectivamente. É pós-doutor pela Universidade de Lisboa (2001) e Professor Titular do Programa de Pós-Graduação em Direito da Universidade do Vale do Rio dos Sinos (UNISINOS-RS), desde 1996. Na Unisinos é líder do grupo de pesquisa *Hermenêutica Jurídica,* vinculado ao Conselho Nacional de Desenvolvimento Científico e Tecnológico (CNPq/BR), É Professor permanente da Universidade Estácio de Sá (UNESA-RJ), da Università degli Studi Roma Tre (*Scuola Dottorale Tullio Ascarelli*), da Faculdade de Direito da Universidade de Coimbra e da Faculdade de Direito da Universidade de Lisboa.

Sua carreira no Ministério Público foi brilhante. Ingressou no *parquet* estadual gaúcho em 1986 e se aposentou em 2014 no cargo de Procurador de Justiça. No MP atuou em vários setores, mas, principalmente, na área criminal. Atualmente é advogado, parecerista e consultor jurídico e integra o escritório de advocacia Streck, Trindade & Rosenfield, que atua nas áreas do direito constitucional, administrativo, eleitoral, processual e penal.

É Membro Catedrático da Academia Brasileira de Direito Constitucional – ABDConst (2003), Presidente de Honra do Instituto de Hermenêutica Jurídica. É Membro do Conselho Editorial do Observatório da Jurisdição Constitucional do Instituto Brasiliense de Direito Público - IDP. Coordena o importante sítio de pesquisa *DASEIN* – Núcleo de Estudos Hermenêuticos.

Conferencista nos mais requisitados para eventos no Brasil e no exterior tem proferido palestras nas áreas de direito constitucional, filosofia do direito, teoria geral do direito e direito processual. Suas idéias sobre o *Verfassungsstaat* combatem vigorosamente o decisionismo, o ativismo judicial, a jurisprudência vinculante, a panprincipiologia, o neo-constitucionalismo, que grassam soltos na doutrina brasileira e encontraram no nosso homenageado

---

1 Alexandre Morais da Rosa, André Karam Trindade, Clarissa Tassinari, Márcio Gil Tostes dos Santos e Rafael Thomaz de Oliveira (organizadores). *Hermenêutica, Constituição, Decisão Judicial: Estudos em homenagem ao professor Lenio Luiz Streck*, Porto Alegre: Livraria do Advogado Editora, 2016, 530 p.

crítico agudo e correto, sempre mostrando, com fundamento, o desacerto dessas correntes de pensamento. Dá sentido exato ao significado de *pós-positivismo*, fugindo no lugar-comum da utilização da expressão descontextualizada, circunstância que também ocorre com o conceito de *positivismo*, que Lenio coloca em seu verdadeiro lugar. É, em suma, um verdadeiro e inquieto filósofo e teórico do direito, no sentido mais nobre dessas expressões.

Lenio tem profícua atividade de escritor, tanto para as leituras casuais (internet), como para as formais (livros e artigos de doutrina). Sua coluna periódica – Senso Incomum – no sítio do Consultor Jurídico (Conjur) tem prestado relevantes serviços à cidadania e às letras jurídicas do Brasil e é sempre muito aguardada pelos ávidos leitores. Mesmo os opositores de suas idéias reconhecem a qualidade de seus escritos nessa coluna na rede mundial de computadores. Ainda na seara da comunicação por mídias alternativas, Lenio conduz programa de televisão (*Direito e Literatura*) de grande conteúdo e utilidade para os cultores de ambos os ramos do conhecimento.

Entre seus livros podem ser destacados: *Hermenêutica e jurisdição: diálogos com Lenio Streck* (Porto Alegre: Livraria do Advogado, 2017), *Os modelos de juiz: ensaios de direito e literatura* (São Paulo: Atlas, 2015); *Direito e literatura: da realidade da ficção à ficção da realidade*, São Paulo: Atlas, 2013), *Jurisdição Constitucional e Decisão Jurídica* (3.ª ed.); *Hermenêutica Jurídica e(m) Crise* (11.ª ed., Porto Alegre: Livraria do Advogado, 2014), *Verdade e Consenso* (5.ª ed., São Paulo: Saraiva, 2014). Editou, ainda, em língua espanhola: *Verdad y Consenso* (Montevidéu: Editorial B de f, 2012), *Verdad y Consenso: Constitución, Hermenéutica y Teorías Discursivas*, Lima-Peru, 2009), *Neoconstitucionalismo: avances e retrocesos* (Valencia: Tirant lo Blanch, 2016) e *Hermenéutica Jurídica: estudios de teoría del derecho* (Lima-Peu: ARA, 2009).

Em conjunto com José Joaquim Gomes Canotilho (Portugal), Gilmar Ferreira Mendes (STF), Ingo Wolfgang Sarlet e Léo Ferreirta Leoncy, coordenou o livro *Comentários à Constituição do Brasil*, obra que recebeu o 2.º Lugar do Prêmio Jabuti 2014, categoria "Direito". Em 2016 foi, juntamente com André Karam Trindade, novamente finalista do Prêmio Jabuti com o livro *Os modelos de juiz: ensaios de direito e literatura*, São Paulo: Atlas, 2015.

Lenio é incansável. Dos juristas que conhecemos é dos mais profícuos. Atualizado ao extremo. Conhece o que se passou no Direito nas áreas de sua especialidade e predileção – os clássicos, portanto –, bem como o que se passa atualmente, com as vicissitudes naturais da evolução da ciência do Direito.

Dia desses estava relendo trabalho que publicou na Alemanha sobre o presidencialismo de coalisão no Brasil e o Estado Constitucional,[2] no qual disserta exemplar- e lucidamente sobre o caso do Brasil, a democracia e a Constituição. A mesma atualidade e lucidez de pensamento jurídico e filosófico – reforma (?!) da *teoria constitucional* – Lenio demonstra em outro artigo publicado também na Alemanha.[3]

O livro que ora damos a público, com a coordenação de Eduardo Arruda Alvim, George Salomão Leite, Ingo Wolfgang Sarlet e minha, tem como núcleo duro a *hermenêutica* e o *direito constitucional*, dois dos segmentos do Direito mais caros ao nosso querido homenageado. As colaborações dos juristas e amigos de Lenio Streck, Frederico Antonio Lima

---

2 Lenio Luiz Streck. *Die Dilemmata des Verfassungsstaates in Brasilien: zwischen Demokratie und Koalitionspräsidentialismus*, in "Rechtstheorie", Berlin: Duncker & Humblot, v. 46, 2015, pp. 207-224.

3 Lenio Luiz Streck. *The new Constitutions in Latin America: is it necessary to reform constitutional theory?*, in "Jahrbuch des Öffentlichen Rechts der Gegenwart", Tübingen: Mohr Siebeck, 2015, pp. 569-589.

de Oliveira, George Salomão Leite, Ingo Wolfgang Sarlet, Eduardo Arruda Alvim, Angélica Arruda Alvim, Eduardo Aranha Ferreira, Gilmar Ferreira Mendes, André Rufino do Vale, José Luis Bolzan de Morais, Alfredo Copetti Neto, Nelson Nery Junior, Rosa Maria de Andrade Nery, Glauco Salomão Leite, Tercio Sampaio Ferraz Junior, Carlos Mário da Silva Velloso, João Maurício Adeodato, André Karam Trindade, Georges Abboud, Luis María Bandieri, Flávia Piovesan, Luiz Alberto David Araújo, Maurício Maia, Alice Bianchini, César Landa, Luiz Guilherme Arcaro Conci e Guilherme Peña de Moraes, todos de reconhecida capacidade acadêmica e respeitabilidade no mundo jurídico, são parte da homenagem que ora é prestada ao Professor Lenio Luiz Streck, um dos mais importantes juristas do Brasil da atualidade.

Temos convicção da justiça da homenagem e a certeza de que o público leitor será brindado com textos de alta qualidade escritos com amor e carinho que o homenageado merece.

Parabéns Lenio por tudo o que tem feito em prol do Direito no Brasil.

São Paulo, abril de 2017

Nelson Nery Junior

Constituições vivas e moralmente reflexivas como fatores de importância para a uma interpretação constitucional legítima

Frederico Antonio Lima de Oliveira
George Salomão Leite

> SUMÁRIO: **1.** Constituição moralmente reflexiva. **2.** Constituição viva (living constitution). Referências bibliográficas.

1. Constituição moralmente reflexiva

A *reflexividade constitucional* e a *identidade constitucional* detém relevância especial com a programaticidade constitucional, assim como é tratada por Canotilho.[1]

Percebe-se que a Constituição possui uma estrutura nuclear aberta ao desenvolvimento, e, portanto, ao seu próprio processo de mutação. Segundo aponta Canotilho, o *núcleo de identidade constitucional* deve ser entendido como o conjunto de normas e princípios estruturantes de uma determinada ordem constitucional. Desenvolve-se o *núcleo de identidade* da Constituição através da nova compreensão e interpretação dos princípios, em face dos novos fatos jurídicos que se apresentam no cotidiano social. Portanto, essa reflexividade proposta por Canotilho, mostra-se resumida, como pretendemos apresentar, *na capacidade de prestação da magna carta constitucional frente aos cidadãos da sociedade*.[2]

---

1   Cf. COUTINHO, Jacinto Nelson de Miranda (Org.). **Canotilho e a constituição dirigente.** Rio de Janeiro: Renovar, 2003.

2   Parece-nos interesse, apenas como contraponto, conferir a posição contrária ao *constitucionalismo moralmente reflexivo*, adotada por Manoel Gonçalves Ferreira Filho, que diz: "(...) a Constituição deve ser mais do que uma organização limitativa do poder: Deve ser um grande programa de transformações política, mas, sobretudo, econômicas e sociais. Tal plano, para Canotilho e seus seguidores, se destina a operar a transformação para o socialismo, como etapa para instauração, um dia, do comunismo (...)". (**A nova Constituição brasileira: Constituição-dirigente ou Constituição-plano.** São Paulo: Convivium, nº 6, 1988, *apud* Rever o romper com a Constituição dirigente? defesa de um constitucionalismo moralmente reflexivo. **Cadernos de Direito Constitucional e Ciência Política-Instituto Brasileiro de Direito Constitucional.** São Paulo: Revista dos Tribunais, ano 4, nº 15, abr-jun, 1996, p. 6).

A concepção de uma Constituição *moralmente reflexiva* apresenta uma sintonia bem visível entre os preceitos constitucionais e a evolução do tecido social, na medida em que se concebe a interpretação constitucional em se adequando os preceitos materiais às situações de fato, operando a ponderação de princípios pelo seu peso e prevalência. Desse entendimento, extrai-se, destarte as críticas que são usualmente postas ao *dirigismo constitucional*, destaca-se a relação do conceito de *identidade constitucional* e a intangibilidade das cláusulas pétreas que garantem a relação de prestação entre a Constituição e a sociedade, enquanto elemento fundamental da *identidade constitucional*.

A impossibilidade de alteração do conteúdo das cláusulas pétreas em contra partida à abertura conferida às normas constitucionais como meio de integração do sistema constitucional é bem enfrentada por Canotilho, quando reconhece a intangibilidade ou imutabilidade dos preceitos fundamentais da Constituição, como uma conquista histórica da sociedade, prevendo duas possibiidades mais específicas, sendo elas: a) a *petricidade* das cláusulas que garantem o regime material e não os preceitos constitucionais concretos; b) as *cláusulas pétreas materiais e expressas,* que detenham correspondência com o texto da Constituição, dizendo respeito a própria essência do texto constitucional em foco.

Essa fórmula encontrada por Canotilho, ao passo em que admite a possibilidade de desenvolvimento constitucional de fórmulas emancipatórias no rumo de uma *democracia socialista*, a exemplo do que fora feito na Constituição portuguesa, com o *exercício democrático do poder pelas classes trabalhadoras* e a *garantia do pacífico processo revolucionário*. No pertinente ao grau de abertura das normas constitucionais, e, da mesma forma, a garantia *pétrea* da *identidade constitucional* no conteúdo material das normas consideradas fundamentais, observa-se, sem maior embaraço, dois pontos importantes, nos parecem terem sido respeitados na tese de Canotilho, quais sejam: a) a *estabilidade constitucional,* através da garantia *pétrea* do conteúdo material da relação Constituição/Estado (*identidade constitucional*); e, ao seu turno, b) o *desenvolvimento constitucional*, fundamentado numa nova compreensão dos princípios em consonância com os novos problemas sociais.

Na atualidade, nota-se, no mesmo passo da visível dificuldade em se assegurar a eficácia social das normas de caráter programático, a polêmica gerada sobre os limites de atuação positiva dos poderes do Estado, e, em particular, do Poder Judiciário. Os Tribunais passsam a ter uma função de grande importância, não só preenchendo as omissões do Poder Legislativo, mas, sobretudo, como entendemos neste estudo, implementando *valores democráticos fundamentais* (*implícitos ou explícitos*), por meio das chamadas *normas constitucionais de conteúdo aberto*. Nos parece cabível e justa a sentença proferida por Oscar Vieria Vilhena: "(...) Este caráter aberto e dirigente de diversas Constituições é bastante acentuado na Constituição brasileira e, para os defensores de um Estado mínimo, sinal de impraticabilidade ou inviabilidade destes textos. Esta posição, no entanto, é, sobretudo, uma posição conservadora. De quem não está preocupado com os problemas agudos de justiça social, como os que permeiam a nossa sociedade (...)".[3]

Verificamos alguns dos restritos arestos do STF sobre implementação dos programas constitucionais, ante as eventuais omissões legislativas. É interessante ressaltar que, as poucas decisões existentes, prolatadas em mandados de injunção, apesar de escassas e pouco eficazes, renovam os argumentos sobre a necessidade de controle político do STF sobre a eficácia das normas constitucionais de cunho programático.[4]

---

3 VIEIRA, Oscar Vilhena. **Supremo Tribunal Federal – jurisprudência política.** 2ª ed. São Paulo: Malheiros Editores, 2002, p. 39.

4 Observemos as seguintes decisões: MANDADO DE INJUNÇÃO. ARTIGO 8º, § 3º DO ADCT. DIREITO À REPARAÇÃO ECONÔMICA AOS CIDADÃOS ALCANÇADOS PELAS PORTARIAS RESERVADAS DO MINISTÉRIO DA AERONÁUTICA. MORA LEGISLATIVA DO CONGRESSO NACIONAL. 1 – Na marcha do delineamento pretoriano do instituto do Mandado de Injunção, assentou este Supremo Tribunal que "a mera superação dos prazos constitucionalmente assinalados é bastante para qualificar, como omissão juridicamente relevante, a inércia estatal, apta a ensejar, como ordinário efeito conseqüencial, o reconhecimento, "hic et nunc", de uma situação de inatividade inconstitucional." (MI 543, voto do Ministro Celso de Mello, in DJ 24.05.2002). Logo, desnecessária a renovação de notificação ao órgão legislativo que, no caso, não apenas incidiu objetivamente na omissão do dever de legislar , passados quase quatorze anos da promulgação da regra que lhe criava tal obrigação, mas que, também, já foi anteriormente cientificado por esta Corte, como resultado da decisão de outros mandados de injunção. 2 – Neste mesmo precedente, acolheu esta Corte proposição do eminente Ministro Nelson Jobim, e assegurou "aos impetrantes o imediato exercício do direito a esta indenização, nos termos do direito comum e assegurado pelo § 3º do art. 8º do ADCT, mediante ação de liquidação, independentemente de sentença de condenação, para a fixação do valor da indenização. 3 – Reconhecimento da mora legislativa do Congresso Nacional em editar a norma prevista no parágrafo 3º do art. 8º do ADCT, assegurando-se, aos impetrantes, o exercício da ação de reparação patrimonial, nos termos do direito comum ou ordinário, sem prejuízo de que se venham, no futuro, a beneficiar de tudo quanto, na lei a ser editada, lhes possa ser mais favorável que o disposto na decisão judicial. O pleito deverá ser veiculado diretamente mediante ação de liquidação, dando-se como certos os fatos constitutivos do direito, limitada, portanto, a atividade judicial à fixação do "quantum" devido. 4 – Mandado de injunção deferido em parte. (MI 562 / RS – RIO GRANDE DO SUL. MANDADO DE INJUNÇÃO. Relator(a): Min. CARLOS VELLOSO. Rel. Acórdão. Min. ELLEN GRACIE. Julgamento: 20/02/2003. Órgão Julgador: Tribunal Pleno. Publicação: DJ DATA-20-06-2003 PP-00058 EMENT VOL-02115-02 PP-00260). MANDADO DE INJUNÇÃO – NATUREZA JURÍDICA – TAXA DE JUROS REAIS (CF, ART. 192, § 3º) – INJUSTIFICÁVEL OMISSÃO DO CONGRESSO NACIONAL – FIXAÇÃO DE PRAZO PARA LEGISLAR – DESCABIMENTO, NO CASO – WRIT PARCIALMENTE DEFERIDO. A TRANSGRESSÃO DA ORDEM CONSTITUCIONAL PODE CONSUMAR-SE MEDIANTE

Tentamos sintetizar sem escalas, a adequação dos preceitos de Canotilho à realidade brasileira, profundamente influenciada pela doutrina constitucional portuguesa, a quando da promulgação da Constituição de 1988. Sem o total atrelamento do constitucionalismo moderno, a doutrina do *constitucionalismo moralmente reflexivo* abre espaço para a inserção de novos direitos emergentes como os direitos sociais e de novos sujeitos de

---

AÇÃO (VIOLAÇÃO POSITIVA) OU MEDIANTE OMISSÃO (VIOLAÇÃO NEGATIVA). – O desrespeito à Constituição tanto pode ocorrer mediante ação estatal quanto mediante inércia governamental. A situação de inconstitucionalidade pode derivar de um comportamento ativo do Poder Público, seja quando este vem a fazer o que o estatuto constitucional não lhe permite, seja, ainda, quando vem a editar normas em desacordo, formal ou material, com o que dispõe a Constituição. Essa conduta estatal, que importa em um facere (atuação positiva), gera a inconstitucionalidade por ação. – Se o Estado, no entanto, deixar de adotar as medidas necessárias à realização concreta dos preceitos da Constituição, abstendo-se, em conseqüência, de cumprir o dever de prestação que a própria Carta Política lhe impôs, incidirá em violação negativa do texto constitucional. Desse non facere ou non praestare, resultará a inconstitucionalidade por omissão, que pode ser total (quando é nenhuma a providência adotada) ou parcial (quando é insuficiente a medida efetivada pelo Poder Público). Entendimento prevalecente na jurisprudência do Supremo Tribunal Federal: RTJ 162/877-879, Rel. Min. CELSO DE MELLO (Pleno). – A omissão do Estado – que deixa de cumprir, em maior ou em menor extensão, a imposição ditada pelo texto constitucional – qualifica-se como comportamento revestido da maior gravidade político-jurídica, eis que, mediante inércia, o Poder Público também desrespeita a Constituição, também ofende direitos que nela se fundam e também impede, por ausência (ou insuficiência) de medidas concretizadoras, a própria aplicabilidade dos postulados e princípios da Lei Fundamental. DESCUMPRIMENTO DE IMPOSIÇÃO CONSTITUCIONAL LEGIFERANTE E DESVALORIZAÇÃO FUNCIONAL DA CONSTITUIÇÃO ESCRITA. – O Poder Público – quando se abstém de cumprir, total ou parcialmente, o dever de legislar, imposto em cláusula constitucional, de caráter mandatório – infringe, com esse comportamento negativo, a própria integridade da Lei Fundamental, estimulando, no âmbito do Estado, o preocupante fenômeno da erosão da consciência constitucional (ADI 1.484-DF, Rel. Min. CELSO DE MELLO). – A inércia estatal em adimplir as imposições constitucionais traduz inaceitável gesto de desprezo pela autoridade da Constituição e configura, por isso mesmo, comportamento que deve ser evitado. É que nada se revela mais nocivo, perigoso e ilegítimo do que elaborar uma Constituição, sem a vontade de fazê-la cumprir integralmente, ou, então, de apenas executá-la com o propósito subalterno de torná-la aplicável somente nos pontos que se mostrarem ajustados à conveniência e aos desígnios dos governantes, em detrimento dos interesses maiores dos cidadãos. DIREITO SUBJETIVO À LEGISLAÇÃO E DEVER CONSTITUCIONAL DE LEGISLAR: A NECESSÁRIA EXISTÊNCIA DO PERTINENTE NEXO DE CAUSALIDADE. – O direito à legislação só pode ser invocado pelo interessado, quando também existir – simultaneamente imposta pelo próprio texto constitucional – a previsão do dever estatal de emanar normas legais. Isso significa que o direito individual à atividade legislativa do Estado apenas se evidenciará naquelas estritas hipóteses em que o desempenho da função de legislar refletir, por efeito de exclusiva determinação constitucional, uma obrigação jurídica indeclinável imposta ao Poder Público.

direito constitucional, propiciando, proporcionalmente, maior eficácia e legitimidade e menor insegurança jurídica ao ordenamento jurídico.

Leia-se nesse sentido:

> "(...) Não obstante as reticências – ideológicas, doutrinárias e jurídico constitucionais – relativamente a inserção de um catálogo de direito econômicos, sociais e culturais na magna carta de um país, sempre entendemos que o livre desenvolvimento da personalidade e da defesa da dignidade da pessoa humana postulam ética e juridicamente a positivação constitucional dos chamados "direitos sociais", mas uma coisa é recortar juridicamente um catálogos de direitos da terceira geração e, outra, fazer acompanhar a positivação dos direitos de um complexo de imposições constitucionais tendecialmente conformadoras de *políticas públicas* de direitos econômicos, sociais e culturais. Assim, é para dar um exemplo, se é para nós indiscutível a consagração constitucional de um direitos de aceso a todos os graus de ensino, já é problemático plasmar na Constituição a "gratuidade" do acesso a todos os graus de ensino, não só porque isso pode regidificar demasiadamente a política pública de ensino, mas também porque isso pode lançar a Constituição nas querelas dos "limites do estado social" e da ingovernabilidade". Acresce que a consagração de certos postulados – a gratuidade de todos os graus de ensino – pode apontar para soluções claramente em dessintonia com a própria mensagem emancipatória que justificou a sua inclusão no texto constitucional (...)."[5].

A lógica desenvolvida no *constitucionalismo reflexivo* nos leva a conceber, a nossa ótica, acertadamente, que a potência constitucional, em estado de latência constante (*poder constituinte*), necessita de uma condição

---

Para que possa atuar a norma pertinente ao instituto do mandado de injunção, revela-se essencial que se estabeleça a necessária correlação entre a imposição constitucional de legislar, de um lado, e o conseqüente reconhecimento do direito público subjetivo à legislação, de outro, de tal forma que, ausente a obrigação jurídico-constitucional de emanar provimentos legislativos, não se tornará possível imputar comportamento moroso ao Estado, nem pretender acesso legítimo à via injuncional. Precedentes. MANDADO DE INJUNÇÃO E TAXA DE JUROS REAIS. – O estado de inércia legiferante do Congresso Nacional justifica a utilização do mandado de injunção, desde que resulte inviabilizado – ante a ocorrência de situação de lacuna técnica – o exercício de direitos, liberdades e prerrogativas constitucionais (CF, art. 5º, LXXI), de que seja titular a parte impetrante. – A regra inscrita no art. 192, § 3º, da Constituição, por não se revestir de suficiente densidade normativa, reclama, para efeito de sua integral aplicabilidade, a necessária intervenção concretizadora do Congresso Nacional, cuja prolongada inércia – sobre transgredir, gravemente, o direito dos devedores à prestação legislativa prevista na Lei Fundamental – também configura injustificável e inconstitucional situação de mora imputável ao Poder Legislativo da União. Precedentes. Deferimento, em parte, do writ injuncional, nos termos constantes do voto do Relator. (MI 542 / SP – SÃO PAULO. MANDADO DE INJUNÇÃO. Relator(a): Min. CELSO DE MELLO. Julgamento: 29/08/2001. Órgão Julgador: Tribunal Pleno. Publicação: DJ DATA-28-06-2002 PP-00089 EMENT VOL-02075-01 PP-00024).

5   Idem, ibidem, p. 15.

emancipatória que lhe é intrínseca e que justifica a sua existência no texto constitucional. Ora, se assim é verdade, também o é o fato de que as *garantias materialmente pétreas* da Constituição devem ser observadas sob o ponto de vista material de seu conteúdo, e não formalmente consideradas para os efeitos da *intangibilidade* ou *imutabilidade*[6]. Por outro lado, a mensagem constitucional emancipatória, que dá lastro para os processos de *mutação constitucional*[7] não se mostra compatível com o "engessamento" de *imposições constitucionais* que garantam políticas públicas sociais, econômicas e culturais, ou ainda, que tornem intangíveis direitos de conteúdo meramente formal no texto constitucional.

As "linhas de força" do *constitucionalismo moralmente reflexivo* pautam-se, em síntese, em três linhas de entendimento. A necessidade do constitucionalismo contemporâneo de oferecer exigências constitucionais mínimas à cidadania – *direitos fundamentais* – perfazendo a dimensão básica da *legitimidade moral* e *material*. O estabelecimento de pressupostos mínimos de justiça em relação às estruturas básicas particulares,

---

[6] Inclui-se, nesse rol, a disposição do art. 6º. da CRB, que dispõe sobre um conteúdo mínimo do direito à previdência, fixado na própria Constituição Federal, como limite normativa para a edição de leis, ao arrepio do que se vem pretendendo em relação a reforma da previdência social brasileira. Leia-se: "(...) Os parâmetros do direito à previdência são fixados por uma hierarquia de princípios, que partem dos mais gerais, a dignidade da pessoa humana (art. 1º., III), para a construção de uma sociedade livre, justa e solidária, expurgada pela pobreza, da marginalização e das grandes desigualdades sociais (art. 3º.). Os direitos sociais estão associados à noção de segurança (art. 6º.) contra o risco da velhice desprotegida. Além disso, há os objetivos específicos da seguridade social, descritos no parágrafo único do art. 194, entre os quais destaque-se o caráter democrático e descentralizado da gestão administrativa (inc. VII), ainda hoje não implementado satisfatoriamente. Ao lado desse, os princípios gerais da seguridade social, acolhidos na ordem constitucional brasileira são: a universalidade da cobertura (atendimento a todos, sem distinção) e do atendimento (cobrindo todos os eventos, seja para prevenir ou reparar o risco social), e o da igualdade, pelo qual as pessoas devem ser atendidas em função da necessidade e não da contribuição. Desses princípios resulta o caráter verdadeiramente protetivo da seguridade, que atinge mesmo aqueles que não têm qualquer condição de contribuir financeiramente com o sistema (...) " . A discussão sobre a *imutabilidade* dos direitos previdenciários vem tendo ensejo em torno da separação realizada no art. 196, *caput* da CRB, que dispunha sobre a possibilidade de se considerar um direito meramente formal a previdência, dado, entre outros motivos, a sua onerosidade, retributividade e anuaridade, revestindo-se da *fundamentalidade* apenas o aspecto previdenciário ligado à prestação universal da saúde. (Cf. BUCCI, Maria Paula Dallari. A reforma constitucional da previdência. O direito a aposentadoria como direito fundamental e seu conteúdo. **Revista de Direito Constitucional e Internacional.** São Paulo, 42, ano 3, jul-set, 1995, pp. 120-121).

[7] Cf. BULOS, Uadi Lammêgo. **Mutação constitucional.** São Paulo: Saraiva, 1997.

respeitando as desigualdades, mas, ao mesmo tempo, promovendo uma simetria de oportunidades, o que, se aproxima, sobremaneira, das novas concepções de *igualdade complexa* (Habermas), *igualdade de oportunidades* (Dallari) e *igualdade de tratamento* (Dworkin). Por fim, a mudança de foco proposta por Canotilho, no que se refere à passagem do *constitucionalismo moderno,* onde a Constituição funcionava como uma ordem política superior, orgânica e planejada, para um *constitucionalismo reflexivo,* onde a Constituição mantém-se como ordem política e planejada, mas, sobretudo, estabelece, não apenas *diretivas dirigentes* impostas ao cumprimento de forma autoritária, mas, instrumentos que reformam a noção de *responsabilidade civil*, estabelecendo um novo pacto de responsabilidade constitucional, que reforça o *cooperativismo* e *pluralismo políticos,* conforme se assentam assegurados, inclusive, como já assaz mencionado, como princípios fundantes do Estado democrático brasileiro (art. 1°. e 3°. da CRB).[8]

---

8   Essa nova perspectiva constitucional nos apresenta, como afirmado anteriormente, o espaço que vem sendo ocupado na doutrina pelas possibilidades de exercício da *jurisdição constitucional* de forma ativa ou flanqueadora, subsidiariamente a jurisdição ordinária, e, em alguns casos, como veremos mais à frente, sem usurpar a atividade legislativa propriamente dita, mediante a eficácia no tempo e no espaço das normas infra-constitucionais. Numa crítica a Administração Pública brasileira e as políticas públicas dispostas no texto constitucional sem a necessária cooperação popular, diz Maria Garcia, apoiando-se nas assertivas do ex-presidente americano Woodrow Wilson: "(...) Em nosso País, diante de uma política de nepotismo e cooptação, de negligência com os recursos humanos, de excesso dos quadros de pessoal e, conseqüentemente, baixos salários na expressiva maioria dos cargos e funções – temos, agora, a proposta de uma nova reforma administrativa cujos pontos básicos foram apontados. Quais as políticas públicas que orientam essa nova proposta? Quais os setores da sociedade convocados a essa manifestação (com o compromisso de serem ouvidos, isto é, consideradas, sobepesadas e respondidas suas razões? Tal fato não ocorreu e, 'Em qualquer parte onde o respeito pela opinião pública é o primeiro princípio de governo, as reformas práticas devem ser lentas e todas as reformas devem ser cheias de concessões pois que, em qualquer parte onde a opinião pública existe, ela deve governar. Quem quer que efetue uma mudança num governo constitucional moderno deve, primeiramente, educar seus cidadãos a querer alguma mudança. Segundo, deve persuadi-los a querer esta determinada mudança. Deve primeiro fazer com que a opinião pública esteja disposta a ouvir e, então fazer com que ela ouça as coisas certas. Incitar a busca de uma opinião e então agir de modo a colocar a opinião certa em seu caminho. O primeiro passo não é menos difícil do que o segundo'". (Políticas públicas e atividade administrativa do Estado. **Cadernos de Direito Constitucional e Ciência Política-Instituto Brasileiro de Direito Constitucional**. São Paulo: Revista dos Tribunais, ano 4, nº 15, abr-jun, 1996, p. 67).

2. Constituição viva (*living constitution*)

A idéia de uma *Constituição viva* advém do constitucionalismo estatutário norte-americano.[9]

Considerando a Constituição como um documento escrito que deve respeitar tanto a sua literalidade – *normatividade* – quanto a intenção histórica do constituinte – *valores, ideologia*. Cabe ao intérprete o exercício do *poder emancipatório* constante na mensagem constitucional, seguindo a vontade dos constituintes fundadores (*founding father's* do direito americano). A missão de atualização do texto constitucional através da *cláusulas abertas* dentre outros mecanismos constitucionais. Nesse sentido, é interessante a concepção de Dworkin, apresentada por Nestor Pedro Sagués, que diz:

> "(...) Outro artifício, dearrollado como bien se sabe por Dworkin, consiste em diferenciar "conceptos" constitucionales, con "concepciones" constitucionales. Los "conceptos" serían nociones jurídicas indeterminadas (v.gr., las ideas de moral pública, dignidad humana, justicia, etc.). cuyo contenido el própio autor de la Constituición dejó al critério de las generaciones futuras. Las "concepciones", en cambio, resultarían ideas ya fijadas por aquel constituinte histórico, importando juicios de valor específicos y particulares descriptos por él. Con relación al sistema punitivo, por ejemplo, habría un "concepto" si la Constitución prohibiese las penas crueles, y una "concepción" si prohibiese concretamente la de muerte. En la primera hipótesis, deja a cargo de los poderes públicos delimitar, según las pautas culturales de cada época, si la pena de muerte es o no una sanción cruel. En el segundo, directamente califica a la pena capital como cruel, ecluyéndola como alternativa compatible con la Constitución (...)".[10]

---

9   Leia-se também BERNS, Wlater. Temos uma Constituição viva? **Cadernos de Direito Constitucional e Ciência Política**. São Paulo: Editora Revista dos Tribunais, ano 1, nº 2, jan-mar, 1993, pp. 123-130.

10   "(...) Outro artifício, desenvolvido como em se sabe por Dworkin, consiste em diferenciar "conceitos" constitucionais com "concepções" constitucionais. Os conceitos seriam noções jurídicas indeterminadas (v.gr, as idéias de moral pública, dignidade humana, justiça, etc...), cujo o conteúdo o próprio autor da Constituição deixou ao critério das gerações futuras. As "concepções" em mudança, resultariam de idéias já fixadas pelo constituinte histórico, importando em juízos de valor específicos e particulares descritos por ele. Com relação ao sistema punitivo, por exemplo, haveria um conceito se a Constituição proibisse as penas cruéis, e uma "concepção" se proibisse concretamente a de morte. Na primeira hipótese, deixa-se a cargo dos poderes públicos delimitar, segundo as pautas culturais de cada época, se a pena de morte é ou não é uma sanção cruel. No segundo caso, diretamente qualifica a pena capital como cruel, excluído-a como alternativa compatível com a Constituição(...)". (SAGÜES, Nestor Pedro. Sobre el concepto de "Constituição vivente" (living constitution). **Revista Latino-Americana de Estudos Constitucionais**. nº 1 – jan/jun, 2003, p 270-271). Leia-se, também, idem. **La interpretatión judicial de la Constitución**. Buenos Aires: Editora Depalma, 1998).

A existência de *cláusulas gerais* e de *conceitos jurídicos indeterminados*, dando maior liberdade para o exercício da interpretação constitucional, abre espaço para uma acirrada discussão em torno da idéia de uma Constituição viva que pretende revisar o conceito de Constituição e de interpretação constitucional, postulando-se independência da sociedade em face do texto constitucional, considerando que ao intérprete caberá dar o sentido a que a Constituição deverá ter em determinado momento histórico. Essa linha de visão chega a um *ativismo judicial* agudo, o que não se deseja em verdade.

A idéia de que a Constituição é um documento vivo, orgânico e mutante, implica em reconhecer que as normas constitucionais apresentam uma realidade histórica em cada momento de análise, comportando assim, uma determinada concepção em cada oportunidade da história. A Constituição tem seu arrimo de legitimidade, por essa ótica, no argumento que é produzido historicamente pelas gerações. Ou seja, a Carta constitucional é como uma herança histórica, que necessita ser interpretada segundo o desejo popular de hoje, que é o verdadeiro elemento constituinte a ser respeitado.

Citando Michel Perry, diz Nestor Pedro Sagüés:

> "(...) En cuanto el funcionamiento de la "Constitución viviente", Perry entiende que, para definirla, los jueces deben proyectar en sus fallos los valores consensuados existentes en la sociedad. Ello no implica una función meramente fotográfica o pasiva para el juez, ya que los ideales sociales pueden resultar imprecisos y poco definidos. A los magistrados le toca "dar forma" a dichas creencias, o sea, a la moral pública, que a menudo es difusa y vaga. Ello importa un muy activo trabajo judicial de redefinición de ese ideal moral colectivo, y de especificación del mismo en contenidos simples y concretos (...)".[11]

A *filtragem constitucional* a ser operada pelos juízes deve ser produzida em prefeita sintonia com os valores sociais do dado momento histórico em que ela é concretizada, formulando concepções legítimas, com ideais sociais imprecisos ou pouco definidos. Para se aferir a concepção adequada, será necessário, sem dúvida, aos juízes/intérpretes o exercício da jurisdição constitucional de forma autônoma e independente, estando tais magistrados investidos com legitimidade popular suficiente para atingir ao consenso necessário dos valores sociais a cada momento histórico.

O consenso social captado pela Constituição remete-nos a discussão contemporânea sobre a *identidade do sujeito constitucional – constitucional subject* – referindo-se àqueles que deram origem a Constituição, bem como, às matérias constitucionalizadas e aos cidadãos em geral. A complexidade da sociedade contemporânea deixa a idéia de uma *identidade*

---

11   Idem, ibidem, p. 273.

constitucional sujeita a várias dificuldades em sua definição, conforme se apresentam nas identidades étnicas, sociais e culturais. A verdadeira idéia dos constituintes necessita ser reinterpretada e valorada a cada momento histórico, num constante processo de *construção* e *reconstrução* dos conceitos, a fim de integrar o sistema de princípios e valores da Constituição com a realidade existente. O fato é que, os espaços axiológicos originais do texto constitucional se mostram gradativamente abertos e incompletos, o que justifica a referência contemporânea às Constituições abertas, dotadas de conceitos jurídicos indeterminados.[12]

A identidade constitucional se liga às tensões contemporâneas de *legitimidade* e *eficácia* do ordenamento constitucional, onde os intérpretes constitucionais necessitam garantir o equilíbrio e a paridade existente entre as identidades existentes no contexto constitucional. O conceito de identidade constitucional se conecta a idéia de uma Constituição viva – *living constitution* – entendendo-se a Constituição como um processo aberto, sempre sujeito a uma nova elaboração e revisão.[13]

A identidade do sujeito constitucional possui relação de cognição bem estreita com o pluralismo social, a proteção dos direitos fundamentais e a democracia constitucional, na medida em que propõem a Constituição como um mecanismo apto a preencher, por meio da interpretação adequada, o vazio que o tempo provoca no conteúdo originário dos valores constitucionais. Nesse sentido, leia-se em Michel Rosenfeld:

> "(...) Na medida em que o constitucionalismo deve se articular com o pluralismo, ele precisa levar o outro na devida conta, o que significa que os constituintes devem forjar uma identidade que transcenda os limites de sua própria subjetividade. Assim, do ponto de vista dos constituintes, a identidade do sujeito constitucional surge como um vazio, uma ausência (*lack*), gerado pela distância que separa a auto-imagem própria dos constituintes daquela da comunidade política constitucional pluralista. A elaboração da Constituição pode ser considerada como, sobretudo, uma tentativa de preencher esse vazio, esse hiato, mediante o alcance do outro para forjar uma identidade comum enraizada em um texto constitucional compartilhado. Mas como nem a linguagem do "eu" nem a do "outro" é adequada para expressar sua visão em comum, o discur-

---

12 ROSENFELD, Michel. **A identidade do sujeito constitucional.** Trad. Menelick de Carvalho Netto. Belo Horizonte: Mandamentos, 2003, pp. 17-27. Sobre os conceitos jurídicos indeterminados, leia-se GROTTI, Dinorá Adelaide Musetti. Conceitos jurídicos indeterminados e discricionariedade administrativa. **Cadernos de Direito Constitucional e Ciência Política-Instituto Brasileiro de Direito Constitucional.** São Paulo: Revista dos Tribunais, ano 3, nº 12, jul-set, 1995, pp. 85-115.

13 Apesar da origem norte-americana, os preceitos da identidade constitucional, assim como, o conceito dirigente de Constituição, conforme foi alinhado na Carta constitucional de 1988, em seu Ato das Disposições Constitucionais Transitórias (ADCT).

so constitucional emergente inevitavelmente adentra a cena a soar como uma língua estrangeira, alienando desse modo todos os que devem aprender como usá-la. Mais, especificamente, o constitucionalismo moderno requer o governo limitado, a aceitação da *rule of law*, ou seja, do Estado de Direito, e a proteção dos direitos fundamentais (...)".[14]

Duas questões se põem em contraste a teoria da "Constituição viva". A ampla possibilidade de flexibilização do texto constitucional por meio do intérprete, o que, afastaria o caráter real da Constituição, e, de outra parte, a insegurança jurídica que seria gerada com a possibilidade de interpretações ilegítimas e díspares do texto constitucional. Esses são dois dos problemas que também enfrentam as teses pós-positivistas, dentre elas, como ora sinteticamente se apresentam, o *constitucionalismo dirigente*, o *constitucionalismo vivo* e o *constitucionalismo moralmente reflexivo* e o *constitucionalismo comunitário*.

A necessidade de considerarmos a *normatividade* do texto constitucional e o caráter universal de seus conceitos são elementos muito presentes, dado a abertura e indefinição literal das normas constitucionais que não prescindem de uma interpretação evolutiva e emancipatória. Na mesma medida em que se mostra temerário o caminho do *ativismo judicial* irrestrito, também o é a opção por uma interpretação anacrônica da norma constitucional, que, em defesa de sua substancialidade, engesse o texto fundamental com a utilização de valores e crenças irreais ou superadas.[15]

---

14 ROSELFELD, Michel. Op. cit, p. 36. A concepção de identidade constitucional tem estofo nas concepções de Georg Hegel e Jacques Lacan que bem são exploradas por Roselfeld na mesma obra. Há, na verdade, um ponto de contato muito interessante para esta pesquisa, concebido entre as diferentes identidades constitucionais (nacional, regional e local), com a fragmentação do discurso moral na constituição, em busca de uma integração ética na aplicação das normas constitucionais e a reserva de justiça que os preceitos de igualdade não prescindem, e, nesse mesmo sentido, é de bom alvitre lembrar que os processos de *construção* e *reconstrução* retornam ao debate que tratamos em momentos distintos deste estudo, entre as antinomias de *fato* e *norma*, *real* e *ideal*, aliando-se ao discurso das teorias reconstrutivas de Habermans e Dworkin.

15 A doutrina da "Constituição viva" nos remete para o debate muito pujante na doutrina, quanto aos limites de interpretação e aplicabilidade dos chamados *conceitos jurídicos indeterminados* que se referem a uma dimensão axiológica do texto constitucional, onde, por vezes a sua realidade semântica não corresponde estritamente com a realidade formal. O divórcio anunciado, mais uma vez, e desta, por outro viés, renova o debate sobre a tensão existente entre *faticidade* e *validade* do sistema jurídico, e, da mesma forma, a discussão em torno dos limites funcionais da Constituição como estatuto político e formal e a Constituição como conjunto substantivo dos valores sociais prevalentes. A origem da preocupação sobre a indeterminação dos conceitos jurídicos é austríaca, estudando-se os mecanismos de controle da Administração Pública. Percebe-se que muito da doutrina de *escol* vem dizendo tais conceitos como "conceitos legais indeterminados". Vale a observação de Karl English que privilegia a

Parece-nos que o melhor uso da teoria da *Constituição viva* se dá no equilíbrio da interpretação possível do texto constitucional, clarificando e preenchendo as lacunas existentes, bem como, dissipando suas ambigüidades. Entendemos que o melhor caminho seja talvez o de proclamar um possível *ativismo judicial moderado* ou medido na proporção e intensidade do possível e adequado, dentro da estrutura de divisão dos poderes do Estado. É a relação de equilíbrio existente entre os conceitos de *autocontenção, reserva do possível ou consistente* e *ativismo judicial*.[16]

A perspectiva do exercício de uma *jurisdição constitucional ativa* e, ao mesmo tempo *moderada* é uma realidade viável, desde que haja, sem dúvida, a necessária independência e estrutura processual para que uma Corte Suprema brasileira possa efetivá-la, o que não ocorre na atual realidade nacional. Em todo caso, o exercício limítrofe da jurisdição constitucional via do STF, controlando as funções políticas, administrativas em sentido estrito, e judiciais do Estado brasileiro vem sendo implementado forçosamente, dado as circunstâncias sociais vivenciadas hoje no Brasil.[17]

---

importância da interpretação constitucional ao considerar o conteúdo e a extensão dos *conceitos jurídicos indeterminados*, dizendo que tais elementos devem analisados enquanto partes integrantes do *conceito normativo indeterminado,* referindo-se tal *conceito normativo* ao conjunto de valores necessitam ser majorados no caso concreto, tal como a dignidade da pessoa humana. (Cf. ENGISH, Karl. **Introdução ao pensamento jurídico.** Trad. J. Baptista Machado. 8ª ed. Lisboa: Fundação Calouste Gulbenkian, 1996. pp. 205-255).

16 Cf. MORO, Sergio Fernando. **Jurisdição constitucional como democracia.** São Paulo: Editora Revista dos Tribunais, 2004.

17 Vejam-se, nesse sentido, as decisões: CONSTITUCIONAL. "IMPEACHMENT". PROCESSO E JULGAMENTO: SENADO FEDERAL. ACUSAÇÃO: ADMISSIBILIDADE: CÂMARA DOS DEPUTADOS. DEFESA. PROVAS: INSTÂNCIA ONDE DEVEM SER REQUERIDAS. VOTO SECRETO E VOTO EM ABERTO. RECEPÇÃO PELA CF/88 DA NORMA INSCRITA NO ART. 23 DA LEI 1079/50. REVOGAÇÃO DE CRIMES DE RESPONSABILIDADE PELA EC 4/61. REPRISTINAÇÃO EXPRESSA PELA EC Nº 6/63. C.F., ART. 5., LV; ART. 51, I; ART. 52, I; ART. 86, "CAPUT", PAR. 1., II, PAR. 2.; EMENDA CONSTITUCIONAL Nº 4, DE 1961; EMENDA CONSTITUCIONAL Nº 6, DE 1.963. LEI Nº 1.079/50, ART. 14, ART. 23. I. – "IMPEACHMENT" DO PRESIDENTE DA REPUBLICA: COMPETE AO SENADO FEDERAL PROCESSAR E JULGAR O PRESIDENTE DA REPUBLICA NOS CRIMES DE RESPONSABILIDADE (C.F., ART. 52, I; ART. 86, PAR. 1., II), DEPOIS DE AUTORIZADA, PELA CÂMARA DOS DEPUTADOS, POR DOIS TERCOS DE SEUS MEMBROS, A INSTAURAÇÃO DO PROCESSO (C.F., ART. 51, I), OU ADMITIDA A ACUSAÇÃO (C.F., ART. 86). E DIZER: O "IMPEACHMENT" DO PRESIDENTE DA REPUBLICA SERÁ PROCESSADO E JULGADO PELO SENADO. O SENADO E NÃO MAIS A CÂMARA DOS DEPUTADOS FORMULARA A ACUSAÇÃO (JUÍZO DE PRONUNCIA) E PROFERIRA O JULGAMENTO (C.F., ART. 51, I; ART. 52, I; ART. 86, PAR. 1., II, PAR. 2.). II. – NO REGIME DA CARTA DE 1988, A CÂMARA DOS DEPUTADOS, DIANTE DA DENUNCIA OFERECIDA CONTRA O PRESIDENTE DA REPUBLICA, EXAMINA A ADMISSIBILIDADE DA ACUSAÇÃO (C.F., ART. 86, "CAPUT"), PODENDO, PORTANTO, REJEITAR A DENUNCIA OFERECIDA NA FORMA DO ART. 14 DA

A interpretação do possível na ótica constitucional contemporânea passa pela preocupação em se redefinir o fenômeno constitucional, através da forma como se percebe tal fenômeno, mais precisamente, pela maneira com que se vê a política e seus objetivos na órbita constitucional. É importante, então, que se busque na aplicação das normas constitucionais

---

LEI 1079/50. III. – NO PROCEDIMENTO DE ADMISSIBILIDADE DA DENUNCIA, A CÂMARA DOS DEPUTADOS PROFERE JUÍZO POLÍTICO. DEVE SER CONCEDIDO AO ACUSADO PRAZO PARA DEFESA, DEFESA QUE DECORRE DO PRINCÍPIO INSCRITO NO ART. 5., LV, DA CONSTITUIÇÃO, OBSERVADAS, ENTRETANTO, AS LIMITAÇÕES DO FATO DE A ACUSAÇÃO SOMENTE MATERIALIZAR-SE COM A INSTAURAÇÃO DO PROCESSO, NO SENADO. NESTE, E QUE A DENUNCIA SERÁ RECEBIDA, OU NÃO, DADO QUE, NA CÂMARA OCORRE, APENAS, A ADMISSIBILIDADE DA ACUSAÇÃO, A PARTIR DA EDIÇÃO DE UM JUÍZO POLÍTICO, EM QUE A CÂMARA VERIFICARA SE A ACUSAÇÃO E CONSISTENTE, SE TEM ELA BASE EM ALEGAÇÕES E FUNDAMENTOS PLAUSIVEIS, OU SE A NOTICIA DO FATO REPROVAVEL TEM RAZOAVEL PROCEDENCIA, NÃO SENDO A ACUSAÇÃO SIMPLESMENTE FRUTO DE QUIZILIAS OU DESAVENCAS POLITICAS. POR ISSO, SERÁ NA ESFERA INSTITUCIONAL DO SENADO, QUE PROCESSA E JULGA O PRESIDENTE DA REPUBLICA, NOS CRIMES DE RESPONSABILIDADE, QUE ESTE PODERA PROMOVER AS INDAGAÇÕES PROBATORIAS ADMISSIVEIS. IV. – RECEPÇÃO, PELA CF/88, DA NORMA INSCRITA NO ART. 23 DA LEI 1079/50. VOTAÇÃO NOMINAL, ASSIM OSTENSIVA (RI/CÂMARA DOS DEPUTADOS, ART. 187, PAR. 1., VI). V. – ADMITINDO-SE A REVOGAÇÃO, PELA EC Nº 4, DE 1961, QUE INSTITUIU O SISTEMA PARLAMENTAR DE GOVERNO, DOS CRIMES DE RESPONSABILIDADE NÃO TIPIFICADOS NO SEU ARTIGO 5., COMO FIZERA A CF/46, ART. 89, V A VIII CERTO E QUE A EC Nº 6, DE 1.963, QUE REVOGOU A EC Nº 4, DE 1961, RESTABELECEU O SISTEMA PRESIDENCIAL INSTITUIDO PELA CF/46, SALVO O DISPOSTO NO SEU ART. 61 (EC Nº 6/63, ART. 1.). E DIZER: RESTABELECIDO TUDO QUANTO CONSTAVA DA CF/46, NO TOCANTE AO SISTEMA PRESIDENCIAL DE GOVERNO, OCORREU REPRISTINAÇÃO EXPRESSA DE TODO O SISTEMA. VI. – MANDADO DE SEGURANÇA DEFERIDO, EM PARTE, PARA O FIM DE ASSEGURAR AO IMPETRANTE O PRAZO DE DEZ SESSÕES, PARA APRESENTAÇÃO DE DEFESA. (MS 21564 / DF – DISTRITO FEDERAL. MANDADO DE SEGURANÇA. Relator(a): Min. OCTAVIO GALLOTTI . Rel. Acórdão. Min. CARLOS VELLOSO. Julgamento: 23/09/1992. Órgão Julgador: TRIBUNAL PLENO. Publicação: DJ DATA-27-08-1993 PP-17019 EMENT VOL-01714-02 PP-00164 RTJ VOL-00169-01 PP-00080). I. Habeas corpus: cabimento, em caráter preventivo, contra ameaça de constrangimento à liberdade de locomoção, materializada na intimação do paciente para depor em CPI, que contém em si a possibilidade de condução coercitiva da testemunha que se recuse a comparecer, como, no caso, se pretende ser direito seu. II. STF: competência originária: habeas corpus contra ameaça imputada a Senador ou Deputado Federal (CF, art. 102, I, alíneas i e c), incluída a que decorra de ato praticado pelo congressista na qualidade de Presidente de Comissão Parlamentar de Inquérito. III. Comissão Parlamentar de Inquérito: prazo certo de funcionamento: antinomia aparente entre a lei e o regimento interno da Câmara dos Deputados: conciliação. 1. Eventual antinomia entre preceitos de lei e de regimento interno das câmaras legislativas, na maioria das vezes, não se resolve como questão de hierarquia ou de conflito intertemporal de normas, mas, sim, mediante a prévia demarcação, à luz de critérios constitucionais explícitos ou implícitos, dos âmbitos materiais próprios a cada uma dessas fontes normativas concorrentes. 2. Da esfera material de reserva à competência regimental das Casas Legislativas, é necessário excluir, de regra, a criação de obrigação ou restrições de direitos que alcancem cidadãos estranhos aos corpos legislativos e ao pessoal dos seus serviços auxiliares:

os valores éticos e coletivos mais humanitários, socializando-se os padrões individualistas clássicos do direito.

O debate acerca do novo papel da Constituição é acirrado entre os que entendem possível a existência de uma *ética coletiva* e aqueles que encontram na Constituição os limites certos para o seu objeto político. Das duas

---

aí, ressalvado o que se inclua no âmbito do poder de polícia administrativa das câmaras, o que domina é a reserva à lei formal, por imposição do princípio constitucional de legalidade. 3. A duração do inquérito parlamentar – com o poder coercitivo sobre particulares, inerentes à sua atividade instrutória e a exposição da honra e da imagem das pessoas a desconfianças e conjecturas injuriosas – é um dos pontos de tensão dialética entre a CPI e os direitos individuais, cuja solução, pela limitação temporal do funcionamento do órgão, antes se deve entender matéria apropriada à lei do que aos regimentos: donde, a recepção do art. 5º, § 2º, da L. 1579/52, que situa, no termo final de legislatura em que constituída, o limite intransponível de duração, ao qual, com ou sem prorrogação do prazo inicialmente fixado, se há de restringir a atividade de qualquer comissão parlamentar de inquérito. 4. A disciplina da mesma matéria pelo regimento interno diz apenas com as conveniências de administração parlamentar, das quais cada câmara é o juiz exclusivo, e da qual, por isso – desde que respeitado o limite máximo fixado em lei, o fim da legislatura em curso –, não decorrem direitos para terceiros, nem a legitimação para questionar em juízo sobre a interpretação que lhe dê a Casa do Congresso Nacional. 5. Conseqüente inoponibilidade pelo particular, intimado a depor pela CPI, da alegada contrariedade ao art. 35, § 3º, do Regimento da Câmara dos Deputados pela decisão plenária que, dentro da legislação, lhe concedeu segunda prorrogação de 60 dias ao prazo de funcionamento inicialmente fixado em 120 dias. (HC 71193 / SP – SÃO PAULO. HABEAS CORPUS. Relator(a): Min. SEPÚLVEDA PERTENCE. Julgamento: 06/04/1994. Órgão Julgador: Tribunal Pleno. Publicação: DJ DATA-23-03-01 PP-00085 EMENT VOL-02024-02 PP-00426).
AÇÃO DIRETA DE INCONSTITUCIONALIDADE. COMISSÃO PARLAMENTAR DE INQUÉRITO. INSTAURAÇÃO. REGIMENTO INTERNO DA CÂMARA DOS DEPUTADOS. RESTRIÇÃO: IMPOSSIBILIDADE DE INSTITUÍ-LA ENQUANTO ESTIVER FUNCIONANDO PELO MENOS CINCO DELAS. 1. A restrição estabelecida no § 4º do artigo 35 do Regimento Interno da Câmara dos Deputados, que limita em cinco o número de CPIs em funcionamento simultâneo, está em consonância com os incisos III e IV do artigo 51 da Constituição Federal, que conferem a essa Casa Legislativa a prerrogativa de elaborar o seu regimento interno e dispor sobre sua organização. Tais competências são um poder-dever que permite regular o exercício de suas atividades constitucionais. 2. Ação direta de inconstitucionalidade julgada improcedente. (ADI 1635/DF – DISTRITO FEDERAL. AÇÃO DIRETA DE INCONSTITUCIONALIDADE. Relator(a): Min. MAURÍCIO CORRÊA. Rel. Acórdão. Min. Revisor. Min. Julgamento: 19/10/2000. Órgão Julgador: Tribunal Pleno. Publicação: DJ DATA-05-03-2004 PP-00013 EMENT VOL-02142-02 PP-00168).
MANDADO DE SEGURANÇA. COMISSÃO PARLAMENTAR DE INQUÉRITO. ILEGITIMIDADE PASSIVA DA MESA DO SENADO FEDERAL. QUEBRA DE SIGILO FISCAL. FALTA DE FUNDAMENTAÇÃO. NULIDADE DO ATO IMPUGNADO. PRECEDENTES. 1. Impetração contra ato praticado pela Comissão Parlamentar de Inquérito do Futebol. A Mesa do Senado Federal, não sendo responsável pela quebra do sigilo, não tem legitimidade para compor o pólo passivo do writ. 1. Os poderes de investigação próprios das autoridades judiciárias de que as CPIs são constitucionalmente investidas (CF, artigo 58, § 3º) não são absolutos. Imprescindível a fundamentação dos atos que ordenam a quebra dos sigilos bancários, fiscais e telefônicos, visto que, assim como os atos judiciais são nulos se não fundamentados, assim também os das comissões parlamentares de inquérito.

óticas percebidas, chegamos a um primeiro provável arremate, no sentido de que, entender a Constituição em seu dúplice sentido (formal e material/substantivo), é entendê-la, na contemporaneidade, como via de mudança social, materializada em suas diretrizes por meio da interpretação constitucional, e o que é mais importante, destinando-se tal interpretação à tarefa de localizar e adequar o seu sentido político em face dos fatos em espécie. O político, pelo que observamos, tende a se deslocar dos limites do texto da Constituição para o momento de sua interpretação.

Em que pese, compreendermos a *auto-referencialidade* dos sistemas sociais de *per si*, e seu processo de *aprendizagem* (cognitivamente aberto e funcionalmente fechado), a exemplo que se conhece por *sistemas autopoiéticos*, e adiante veremos ao analisarmos os sistemas em Luhmann, observamos que o sistema constitucional como um todo precisa ser compreendido por uma lógica aberta – *alopoiética* – estando suscetível e latente as provocações sociais locais, regionais e globais, e se relacionando com os diversos sistemas sociais, na medida em que recebe as provocações do meio (*imputs*), os filtra e os devolve à sociedade (*outputs*) como direito.[18]

Em se concebendo a Constituição como um sistema aberto, deve-se reconhecer a necessidade da existência de uma interpretação constitucional diferenciada, com métodos próprios, aptos a compreenderem os *códigos* dos diversos sistemas que interagem no texto constitucional. Representando a Constituição o *acoplamento das estruturas dos sistemas* jurídico, político e jurídico, dentre outros, para se valer de uma dicção luhmaniana, temos, assim, na *Constituição aberta*, parafraseando Paulo Bonavides, um verdadeiro oráculo dos desejos dos mais diversos grupos sociais dispersos na sociedade. A função *integradora* da Constituição é primordial na produção de uma *ética coletiva* em face da segmentação crescente da *moral social* que, ao seu turno, perdeu seu caráter universalizante, com a mudança de paradigma operada no *constitucionalismo pós-moderno*.

As contradições e paradoxos visíveis na atualidade constitucional nada mais são do que prenuncio da mudança das estruturas do Estado da *modernidade* para a *pós-modernidade*. Dentre outros fenômenos passíveis de se-

---

2. A legitimidade da medida excepcional deve apoiar-se em fato concreto e causa provável, e não em meras conjecturas e generalidades insuficientes para ensejar a ruptura da intimidade das pessoas (CF, artigo 5º, X). Segurança concedida. (MS 23957 / DF – DISTRITO FEDERAL. MANDADO DE SEGURANÇA Relator(a): Min. MAURÍCIO CORRÊA. Julgamento: 20/09/2001. Órgão Julgador: Tribunal Pleno. Publicação: DJ DATA-14-12-2001 PP-00029 EMENT VOL-02053-05 PP-00953).

18 Sobre o pensamento sistêmico, ler CANARIS, Claus-Wilhelm. **Pensamento sistemático e conceito de sistema da ciência do direito.** Lisboa:Fundação Calouste Gulbenkian, 1996, pp. 66-102.

rem observados nas estruturais estatais, ressaltando, de pronto, dois muito importantes, os padrões de legitimidade que foram *repolitizados* na direção de um Estado democrático de direito mais socialista, e ainda, o uso da *racionalidade jurídica*, que vem sendo repensado para servir aos propósitos da argumentação na distribuição da justiça como direito de quarta geração e extensíveis a todos, assim reconhecido por Paulo Bonavides. Ainda sobre a racionalidade, distancia-se do seu uso preponderante para justificar o uso da *autoridade*, ordenamento jurídico, validade e eficácia das normas jurídicas, despida de valores considerados metafísicos, como teorizou o *imperativismo jurídico*, e, logo após, o *positivismo jurídico* e seus doutrinadores.[19]

Referências bibliográficas

AZEVEDO, Plauto Faraco de. **Crítica à dogmática hermenêutica jurídica.** Porto Alegre: Sergio Antonio Fabris Editor, 1989.

CANARIS, Claus-Wilhelm. **Pensamento sistemático e conceito de sistema da ciência do direito.** Lisboa:Fundação Calouste Gulbenkian, 1996.

COUTINHO, Jacinto Nelson de Miranda (Org.). **Canotilho e a constituição dirigente.** Rio de Janeiro: Renovar, 2003.

GROTTI, Dinorá Adelaide Musetti. Conceitos jurídicos indeterminados e discricionariedade administrativa. **Cadernos de Direito Constitucional e Cîência Política-Instituto Brasileiro de Direito Constitucional.** São Paulo: Revista dos Tribunais, ano 3, nº 12, jul-set, 1995.

VIEIRA, Oscar Vilhena. **Supremo Tribunal Federal – jurisprudência política.** 2ª ed. São Paulo: Malheiros Editores, 2002.

---

19 Em uma crítica consistente aos padrões modernos do *positivismo jurídico*, trazemos à baila as lições de Plauto Faraco de Azevedo, que diz: "(...) A superação do positivismo jurídico é indispensável a construção de uma hermenêutica material que permita a transparência dos interesses em questão, demandando, inequivocamente, opções, que supõem juízos valorativos sobre os dados de fato e de direito das situações em que se manifestam. (...) Se tiver se preparado para ser criativo, não precisará esperar passivamente a modificação das leis para exercer na sua plenitude suas funções, até porque, como é fartamente sabido e vivenciado pelo povo e pelos juristas brasileiros, não se pode identificar a multiplicação das leis ao progresso do direito. Antes conduz aquela ao casuísmo gerador do cipoal legislativo inconsistente, em que se esfumam e confundem os direitos e deveres dos cidadãos, semeando a perplexidade e complicando o trabalho do juiz. A criatividade do juiz não exclui ou afasta a segurança jurídica. Pelo contrário, alerta-o sobre a necessidade de procurar traduzir o sentimento de justiça da comunidade..., incentiva a sua capacidade de captação da alma do povo, aponta, como repositório de julgamentos, não apenas os livros de doutrina e a catalogação da jurisprudência, mas a vida, o jornal, a crônica do dia (...)". (Cf. **Crítica à dogmática e hermenêutica jurídica.** P. 73).

BUCCI, Maria Paula Dallari. A reforma constitucional da previdência. O direito a aposentadoria como direito fundamental e seu conteúdo. **Revista de Direito Constitucional e Internacional.** São Paulo, 42, ano 3, jul-set, 1995.

BULOS, Uadi Lammêgo. **Mutação constitucional.** São Paulo: Saraiva, 1997.

BERNS, Wlater. Temos uma Constituição viva? **Cadernos de Direito Constitucional e Ciência Política.** São Paulo: Editora Revista dos Tribunais, ano 1, nº 2, jan-mar, 1993.

ENGISH, Karl. **Introdução ao pensamento jurídico.** Trad. J. Baptista Machado. 8ª ed. Lisboa: Fundação Calouste Gulbenkian, 1996.

GARCIA, Maria. Políticas públicas e atividade administrativa do Estado. **Cadernos de Direito Constitucional e Ciência Política-Instituto Brasileiro de Direito Constitucional**. São Paulo: Revista dos Tribunais, ano 4, nº 15, abr-jun, 1996.

ROSENFELD, Michel. **A identidade do sujeito constitucional.** Trad. Menelick de Carvalho Netto. Belo Horizonte: Mandamentos, 2003.

SAGÜES, Nestor Pedro. Sobre el concepto de "Constituição vivente" (living constitution). **Revista Latino-Americana de Estudos Constitucionais.** nº 1 – jan/jun, 2003.

Direitos fundamentais, democracia entre reforma e mutação constitucional – uma análise na perspectiva da Constituição Federal de 1988

Ingo Wolfgang Sarlet

> SUMÁRIO: **1.** Considerações preliminares. **2.** Características, funções e limites do poder de reforma constitucional, com destaque para os limites materiais. **2.1.** Considerações de caráter geral. **2.2.** Espécies de limitações materiais ao poder de reforma. **3.** O problema dos direitos fundamentais na condição de limites materiais ao poder de reforma. **4.** Alcance da proteção dos direitos e garantias fundamentais com base nas "cláusulas pétreas". **5.** A assim chamada "mutação" constitucional e suas formas de manifestação: algumas aproximações. **5.1.** Considerações gerais: conceito e modalidades de mutação constitucional. **5.2.** Mecanismos (modos) de mutação constitucional. **5.3.** Limites da mutação constitucional – o problema das mutações inconstitucionais e a contribuição de Lenio Streck. **6.** A título de encerramento: algumas notas adicionais sobre a relação entre a mudança (reforma e mutação constitucional), os direitos fundamentais e o princípio democrático.

1. Considerações preliminares

A história constitucional moderna, pelo menos desde o surgimento das primeiras constituições escritas, segue comprometida, em termos gerais, com a distinção traçada pelo Abade Emmanuel Sieyès (considerado o descobridor científico da noção de poder constituinte)[1] entre as noções de um poder constituinte (o poder de elaborar uma nova constituição) e os assim chamados poderes constituídos, no sentido de instituídos, regulados e limitados, em maior ou menor medida, pelo primeiro[2]. Assim sendo, diversamente do poder constituinte, o poder de reforma (e/ou revisão) constitucional, compreendido como poder de alterar o texto da constituição, é, por definição, um poder constituído, integrando a noção daquilo que muitos designam de um poder constituinte derivado ou instituído.

---

1 Assim a referência de STERN, Klaus. *Derecho del Estado de la Republica Federal Alemana*, Tradução parcial do primeiro tomo da edição alemã por Javier Pérez Royo e Pedro Cruz Villalón, Madrid: Centro de Estudios Constitucionales, 1987, p. 314-15.

2 Cf., por todos, MAURER, Hartmut. *Staatsrecht I*, 5ª ed., München: C.H. Beck, 2007, p. 733 e ss.

Por outro lado, é preciso relembrar que tal distinção, que constitui um dos pilares do constitucionalismo moderno, arranca da premissa de que a Constituição, ao contrário do que ocorre com as normas infraconstitucionais, não extrai o seu fundamento de validade de uma ordem jurídica (formal) superior, mas se estabelece e alcança autoridade jurídica superior (em relação às demais esferas normativas internas do Estado) em função da "vontade" das forças determinantes e representativas da sociedade na qual surge a constituição.[3] É neste sentido que o poder constituinte acaba assumindo a feição de uma categoria pré-constitucional, capaz de, por força de seu poder e de sua autoridade, elaborar e fazer valer uma nova constituição.[4] O processo constituinte (de fundação de uma nova ordem constitucional) é, portanto, sempre – e de certa forma – um novo começo, visto que não se encontra na dependência, pelo menos não no sentido jurídico-formal, no plano de uma hierarquia normativa, das regras constitucionais anteriores, ou mesmo de outra fonte normativa superior e externa, razão pela qual à expressão poder constituinte se costuma agregar o qualificativo originário.[5] Neste contexto, quando se indaga sobre a natureza do poder constituinte (originário), prevalece a tese de que não se trata propriamente de um poder jurídico, mas sim, especialmente considerando a relação entre soberania e poder constituinte, de um poder político, portanto, pré-jurídico e mesmo extrajurídico.[6]

O poder constituinte pode, portanto, ser definido como sendo uma potência, no sentido de uma força em virtude da qual uma determinada sociedade política se dá uma nova constituição e, com isso, cria, recria e/ou modifica a estrutura jurídica e política de um Estado. Nessa perspectiva, como já lecionava Carl Schmitt, o poder constituinte é a vontade política cujo poder ou autoridade é capaz de tomar a decisão concreta sobre o tipo e a forma da própria existência política, ou seja, de determinar, na sua integralidade, a existência da unidade política.[7] Nessa perspectiva, como bem averba Ernst-Wolfgang Böckenförde, do ponto de vista da teoria e da dogmática

---

3 BÖCKENFÖRDE, Ernst-Wolfgang. *Staat, Verfassung, Demokratie*. Studien zur Verfassungstheorie und zum Verfassungsrecht, Frankfurt am Main: Suhrkamp, 1991, p. 90-91.

4 Cf. MAURER, Hartmut. *Staatsrecht I, op. cit.*, p. 733.

5 Cf., dentre tantos, MAURER, Hartmut. *Staatsrecht I, op. cit.*, p. 733.

6 Cf., BONAVIDES, Paulo. *Curso de Direito Constitucional*. 16ª ed. São Paulo: Malheiros, 2005, p. 125.

7 Cf. SCHMITT, Carl. *Verfassungslehre*, 9ª ed., Berlin: Duncker & Humblot, 2003, p. 75-76, tradução livre do original alemão: "Verfassunggebende Gewalt ist der politische Wille, dessen Macht oder Autorität imstande ist, die konkrete Gesamtentscheidung über Art und Form der eigenen politischen Existenz zu treffen, also die Existenz der politischen Einheit im ganzen zu bestimmen".

constitucional, o poder constituinte não pode ser reduzido – como pretendem alguns – à noção de uma norma hipotética fundamental (como no caso da teorização de Hans Kelsen) ou mesmo reconduzido a um fundamento de direito natural, já que o poder constituinte há de ser compreendido (pelo menos também!) como uma grandeza política real, que fundamenta a força normativa (jurídica) da constituição, razão pela qual o poder constituinte não pode existir no interior ou mesmo com base numa constituição, como se fosse um órgão criado pela constituição, mas pré-existe, cria e limita a própria constituição e os poderes constituídos.[8]

O que se percebe, todavia, é que a distinção entre poder constituinte e poderes constituídos guarda relação com as funções da própria constituição. Neste contexto, assume relevo a noção de que as constituições, ainda que de modo bastante diversificado entre si, regulam as garantias de sua própria estabilidade e permanência, mas também reservam espaço para a possibilidade de mudança de seu próprio texto, e, portanto, de seu próprio conteúdo. Justamente para que a constituição permaneça em vigor, não apenas simbolicamente, como uma mera "folha de papel" (Ferdinand Lassale),[9] e cumpra sua função estabilizadora, é preciso que ela seja sempre também um projeto em permanente reconstrução, aberto ao tempo e ao câmbio da realidade, de tal sorte que permanência, estabilidade e mudança, não são incompatíveis entre si, mas, pelo contrário, constituem exigências recíprocas e que se retroalimentam, desde que guardado o necessário equilíbrio.

Justamente para garantir o cumprimento da função de assegurar um nível adequado de estabilidade às instituições políticas e jurídicas, a rigidez constitucional, traduzida pela dificuldade maior de alteração do texto constitucional em relação ao processo legislativo ordinário, serve ao propósito de garantir a permanência e a estabilidade, embora não a imutabilidade da constituição. Tal estabilidade, todavia, por si só não garante o rompimento da identidade constitucional (das decisões fundamentais do constituinte) pelo mecanismo da reforma constitucional, de modo que significativo número de constituições prevê também garantias contra a supressão de determinados conteúdos da constituição, blindados até mesmo contra a ação do poder de reforma constitucional, que, na condição de poder constituído – ou instituído – opera por delegação do poder constituinte, mas é por este limitado e condicionado. Tais conteúdos passaram a ser conhecidos também como "cláusulas pétreas" ou "garantias de eternidade" (do alemão Ewigkeitsklauseln) e serão analisadas mais adiante.

---

8   Cf. BÖCKENFÖRDE, Ernst-Wolfgang. *Staat, Verfassung, Demokratie*. Studien zur Verfassungstheorie und zum Verfassungsrecht, Frankfurt am Main: Suhrkamp, 1991, p. 93-94.

9   LASSALE, Ferdinand. *Que é uma Constituição?* , 2ª ed., São Paulo: Kairós Livraria e Editora, 1985.

O que importa, nessa quadra, é destacar que tanto o problema da legitimidade do poder constituinte e do processo formal de elaboração de uma constituição é também e em primeira linha uma questão democrática, quanto o é a reforma constitucional, seja no que concerne aos assim chamados limites formais, que dizem respeito ao procedimento de alteração do texto da constituição, quanto no que diz com os limites materiais, ou seja, as assim denominadas "cláusulas pétreas", que operam como limites materiais ao poder reformador, especialmente por se cuidar de mecanismos de controle e limitação das maiorias parlamentares qualificadas, além de estar em causa a afirmação (para o futuro) dos pactos constituintes em torno de determinados princípios e valores que nem sempre correspondem, pelo menos não em toda a sua extensão, à noção de Direito e Justiça dominantes entre as novas gerações.

Além disso, é de se lavar em conta a circunstância de que a prática da reforma constitucional no Brasil é, especialmente se tomarmos como parâmetro as principais ordens constitucionais estrangeiras, muito intensa, assim como são frequentes os casos em que, por conta dos limites materiais à reforma, emendas constitucionais são submetidas ao escrutínio do Poder Judiciário, não raras vezes resultando em declaração de sua inconstitucionalidade, o que novamente guarda conexão com o princípio democrático e sua conformação na ordem constitucional brasileira.

Mas a reforma constitucional via emendas à constituição (ou mesmo, nos casos em que admitida, via revisão constitucional) não é, como se sabe, a única modalidade de mudança constitucional, que abarca também as assim chamadas mudanças informações, também designadas de mutações constitucionais, que, aliás, também se verificam no cenário brasileiro e que igualmente guardam relação com o conteúdo e alcance do princípio democrático, inclusive e em particular na seara dos direitos fundamentais, como dão conta exemplos da jurisprudência do STF nos últimos anos.

Assim, quanto ao itinerário a ser percorrido, iniciaremos com uma revisão de alguns aspectos conceituais ligados ao poder constituinte e ao poder de reforma constitucional, para, na sequencia, adentrar o espinhoso terreno da reforma constitucional e dos seus limites, em especial no que toca aos limites materiais e à posição dos direitos fundamentais nesse contexto. Na sequencia dedicaremos algum espaço ao fenômeno das mutações constitucionais, para, ao final, tecer algumas considerações buscando, em traços gerais, avaliar a relação entre democracia, direitos fundamentais e mudança constitucional.

Antes, contudo, de seguir em frente, importa destacar que o presente trabalho é oferecido para integrar coletânea destinada a render justa e merecida homenagem a um dos maiores juristas brasileiros da atualidade, Professor Doutor Lenio Streck, que, com o seu notório conhecimento e permanente espírito crítico, tem enriquecido as letras jurídicas e logrado demonstrar o quanto uma doutrina vigilante se faz necessária.

2. Características, funções e limites do poder de reforma constitucional, com destaque para os limites materiais

2.1. Considerações de caráter geral

Diversamente do Poder Constituinte, que, precisamente em virtude de sua natureza pré ou mesmo meta-jurídica (por ser, como visto acima, um poder de natureza fática e política, expressão da soberania) costuma ser emblematicamente caracterizado, na esteira de Carl Schmitt, como uma "potência", o Poder Reformador assume a feição de uma competência, já que juridicamente vinculado às normas de competência, organização e procedimento ditadas pelo primeiro (a potência).[10] É justamente a existência de normas limitativas da reforma constitucional que demonstra o fato de que mesmo após a entrada em vigor da Constituição o Poder Constituinte segue presente e, portanto, "ativo", já que, do contrário, poderia vir a depender dos órgãos legislativos instituídos (e limitados) pelo Constituinte, o que implicaria contradição insuperável, pelo menos, em se levando a sério a tradição constitucional ainda vigente.[11] Importa ter sempre presente, de outra parte, a noção de que também no direito constitucional brasileiro o Legislador, ao proceder à reforma da Constituição, não dispõe de liberdade de conformação irrestrita, encontrando-se sujeito a um sistema de limitações que objetiva não apenas a manutenção da identidade da Constituição, mas também a preservação da sua posição hierárquica decorrente de sua supremacia no âmbito da ordem jurídica, de modo especial para evitar a elaboração de uma nova Constituição pela via da reforma constitucional.[12]

A natureza e configuração concreta dos limites à reforma constitucional, embora se possa observar certa uniformidade, pelo menos no que diz com alguns elementos essenciais, comuns às principais técnicas de limitação do exercício do poder de reforma, há de ser analisada sempre à luz do direito constitucional positivo de cada Estado, pois é na constituição de cada País que são definidos os limites ao poder de reforma e qual o seu alcance. Por tal razão, sem prejuízo de referências ao direito comparado, é no âmbito da reforma constitucional no sistema constitucional brasileiro, logo abaixo, que serão apresentados e analisados os limites à reforma constitucional.

---

10 Cf. a clássica lição de SCHMITT, Carl. *Verfassungslehre*, op. cit., p. 10, "quando o procedimento de alteração de uma constituição é constitucionalmente regulado, daí resulta uma competência" ("wenn das Verfahren einer Verfassungsänderung verfassungsgesetzlich geregelt ist, so wird damit eine Zuständigkeit {Kompetenz}".

11 Cf., paradigmaticamente, SCHMITT, Carl. *Verfassungslehre*, op. cit., p. 99 e ss.

12 Neste sentido, v. a lição de ROCHA, Carmen Lúcia Antunes. "Constituição e Mudança Constitucional: limites ao exercício do poder de reforma constitucional", *in: Revista de Informação Legislativa*, nº 120, 1993, p. 168 e ss.

No que diz com as funções do poder de reforma, é preciso destacar que embora a reforma constitucional seja também fonte de direito constitucional, ela constitui uma fonte peculiar (distinta, por definição, do poder constituinte), que assume uma natureza dúplice, visto que ao mesmo tempo em que as leis de reforma (no caso brasileiro, as emendas) estão submetidas, quando de sua elaboração, aos requisitos estabelecidos pelo constituinte, uma vez incorporadas ao texto constitucional, elas passam a ser parte integrante (com a mesma hierarquia normativa) desta mesma constituição, portanto, tornam-se constituição.[13]

Antes, contudo, importa destacar mais um aspecto terminológico e conceitual, que diz respeito à possível distinção entre as noções de reforma, revisão e emendas constitucionais, bem como, a exemplo do que se verifica em diversos países, no que diz com o uso das expressões leis de revisão ou leis de alteração da constituição.

Quanto ao primeiro ponto, ou seja, sobre a distinção entre os conceitos "reforma", "revisão" e "emenda constitucional", há que registrar, desde logo, que tais noções não podem – ou ao menos não o deveriam, de acordo com a sistemática adotada pela Constituição Federal de 1988 – ser confundidas. Em verdade, embora não se registre unanimidade no que diz com o seu conteúdo e significado, a posição majoritária na doutrina brasileira é de que a expressão "reforma da Constituição" designa o gênero, ao passo que os outros dois termos (revisão e emendas), se referem a manifestações particulares da reforma.[14] Assim, a expressão "reforma", refere-se, neste sentido, a toda e qualquer alteração formal – isto é, de acordo com os parâmetros preestabelecidos – da Constituição, independentemente de sua abrangência. Uma revisão constitucional (ao menos para os que comungam este ponto de vista) constitui, por sua vez, modificação relativamente ampla do texto constitucional, ao passo que uma emenda se destina, de regra, a ajustes e alterações de natureza mais específica.[15] Já para outros, as expressões "revisão" e "reforma" se distinguem no sentido de que a revisão se refere a alterações gerais ou parciais da Constituição sobre temas previamente estabelecidos pelo Poder Constituinte, ao passo que as modificações no âmbito da reforma constitucional não foram antecipadamente definidas, de tal sorte que ambas (revisão e reforma) podem ser consideradas mecanismos formais típicos de alteração da Constituição, assumindo a emenda o papel

---

13 Cf. bem o explicita CALLEJÓN, Francisco Balaguer. "La Constitución", in: CALLEJÓN, Francisco Balaguer (Coord.), *Manual de Derecho Constitucional*, vol. I, Madrid: Tecnos, 1ª ed., 2005, p. 116.

14 Cf., Conforme, por todos, SILVEIRA, Vladimir Oliveira da. *O Poder Reformador na Constituição Brasileira de 1988*, São Paulo: RCS Editora, 2006, p. 75 e ss.

15 Cf., entre nós e aqui por todos. BARROSO, Luís Roberto. *Curso de Direito Constitucional Contemporâneo*. São Paulo: Saraiva, 2009, p. 144 e ss.

de instrumento para realização da reforma ou revisão.[16] Também quanto a este aspecto, necessário não perder de vista o direito constitucional positivo, ou seja, as peculiaridades de cada ordem constitucional concretamente considerada, o que será objeto de análise no próximo segmento.

Embora as distinções elencadas decorram da própria arquitetura constitucional e correspondam ao teor literal dos respectivos dispositivos (artigo 60 e artigo 3º do ADCT), o Congresso Nacional, quando das discussões sobre a revisão constitucional – mais precisamente entre 01.03.94 e 07.06.94 –, acabou optando por promulgar as assim designadas emendas constitucionais de revisão, em número de seis. O que há de ser destacado é que tais emendas (que receberam inclusive uma designação e numeração distinta) foram aprovadas pelo Congresso mediante observância dos mesmos limites formais e materiais previstos para as emendas e não pelo rito simplificado previsto no artigo 3º do ADCT, o que resultou numa virtual equiparação dos institutos.[17] Neste contexto, merece ser destacada a posição adotada pelo STF, visto que – muito embora a ausência de referência expressa no texto constitucional transitório – a nossa mais alta Corte sublinhou a necessidade de observância, no âmbito das emendas de revisão, dos limites materiais estabelecidos no artigo 60, §, da CF.[18] Tudo isso acabou levando ao abando-

---

16 Esta, por exemplo, a posição de ROCHA, Carmen Lúcia Antunes. ⍰Revisão Constitucional e Plebiscito", *in: OAB Estudos Constitucionais – Simpósio sobre Revisão e Plebiscito*, Brasília, 1992, p. 32-3.

17 Neste particular, é de abrir-se um espaço para referir, ainda que resumidamente, a discussão que, na época (especialmente nos primeiros anos de vigência da Constituição de 1988 e, com particular agudeza, quando da preparação e realização do Plebiscito previsto no art. 2º do ADCT) se travou a respeito do alcance da revisão constitucional prevista no art. 3º do ADCT. Desconsiderando-se as especificidades de cada concepção em particular, formaram-se basicamente três correntes de destaque na doutrina. De acordo com a primeira, denominada de teoria maximalista, a revisão não estaria sujeita a qualquer limitação de cunho material, podendo, neste sentido, assumir até mesmo a feição de uma reforma global do texto constitucional. No extremo oposto – posição aqui compartilhada – situavam-se os que, no âmbito de uma concepção minimalista, sustentavam que a revisão estaria limitada estritamente aos resultados do plebiscito sobre a forma e o sistema de governo, destinando-se tão-somente à adaptação do texto constitucional na medida das necessidades geradas por eventual alteração resultante da consulta popular, de tal sorte que, não ocorrendo esta, a revisão perderia completamente sua razão de ser. Por fim, como de costume, surgiu uma corrente de cunho conciliatório, de acordo com a qual a revisão deveria respeitar as "cláusulas pétreas" do art. 60, § 4º, inc. IV, da nossa Constituição, sujeitando-se, portanto, aos mesmos limites previstos para as emendas. A respeito desta discussão, v., dentre outros, STRECK, Lenio Luiz. *Constituição – Limites e Perspectivas da Revisão*, Porto Alegre: Ed. Rigel, 1993, p. 24 e ss.

18 Cf., em especial, a ADI-MC n° 981, relatada pelo Ministro Néri da Silveira, decisão publicada no DJ em 05.08.94.

no da prática de aprovação das assim chamadas emendas constitucionais de revisão, que não mais foi restabelecida, o que apenas reforça a tese do caráter transitório e excepcional da figura da revisão constitucional, subsistindo, no atual ordenamento constitucional brasileiro, apenas a modalidade de reforma mediante emendas à constituição.

Também a controvérsia em torno dos limites à reforma da constituição radica na distinção acima traçada entre o poder constituinte e o poder de reforma constitucional. Com efeito, sendo o poder reformador por definição um poder juridicamente limitado, distinguindo-se pelo seu caráter derivado e condicionado, sujeito, portanto, aos limites estabelecidos pelo próprio constituinte, a identificação de quais são os limites à reforma constitucional e qual o seu sentido e alcance depende, a despeito de uma série de elementos comuns e que correspondem, consoante igualmente já se teve oportunidade de sinalar, em maior ou menor medida, à tradição já enraizada no âmbito do constitucionalismo contemporâneo, do direito constitucional positivo de cada Estado, visto que a opção poderá ser por um sistema mais ou menos complexo e diferenciado de limitações. No caso do sistema constitucional brasileiro, a previsão de limites à reforma constitucional se faz presente desde a Constituição Imperial de 1824, que, ainda que enquadrada na categoria de uma constituição semi-rígida, estipulava um quórum qualificado para a alteração de algumas matérias específicas da Constituição, designadamente a que se referia aos limites e atribuições dos poderes políticos, assim como a garantia dos direitos individuais dos cidadãos (art. 178, da Constituição do Império). A primeira Constituição Republicana, de 1891, além de limitações formais, consagrava como elemento material imutável a forma republicano-federativa, ou a igualdade de representação dos Estados no Senado Federal (art. 90, § 4º). A Constituição de 1934 dispunha como "cláusulas de eternidade", além da forma republicana e federativa de Estado, "a organização ou a competência dos poderes da soberania", incluindo a coordenação dos poderes na organização federal, a declaração de direitos e a autorização do Poder Legislativo para declarar estado de sítio, além do próprio artigo que dispunha sobre a Emenda e a Revisão constitucional (art. 178, caput). No que diz com os limites formais, a iniciativa do projeto de emenda era reservada a pelo menos um quarto dos membros da Câmara ou do Senado Federal, ou de mais da metade dos Estados, manifestando-se cada uma das unidades federativas pela maioria da respectiva Assembleia. A aprovação se dava pela maioria absoluta dos membros da Câmara dos Deputados e do Senado Federal, em dois turnos de discussão. A Constituição de 1946 manteve tanto o quórum qualificado para a alteração da Constituição, como a impossibilidade de projeto de Emenda tendente a abolir a Federação e a República (art. 217, § 6º). A Carta de 1967, com redação amplamente reformada pela

Emenda Constitucional nº 1 de 1969, previa tão somente a República e a Federação como limites materiais à Reforma Constitucional.

A CF de 1988, por sua vez, pode ser considerada, pelo menos no contexto da evolução brasileira, a que instituiu um leque de limites mais amplo e exigente, especialmente no plano dos assim chamados limites materiais, que serão objeto de exame mais detido logo adiante. Com efeito, além dos já referidos limites materiais (convencionalmente designados de "cláusulas pétreas") existem os limites de ordem formal (de caráter precipuamente procedimental), bem como os limites circunstanciais e os chamados limites temporais, que, contudo, aqui não serão objeto de nossa atenção.

Os assim chamados limites materiais à reforma da constituição objetivam assegurar a permanência de determinados conteúdos da Constituição, em virtude de sua relevância para a própria identidade da ordem constitucional, conteúdos que, na formulação de John Rawls, constituem os "elementos constitucionais essenciais".[19] Neste sentido, já se observou que, em virtude da ausência de uma fonte jurídico-positiva (em suma, de uma norma superior que lhe sirva de fundamento de validade), a vedação de certas alterações da Constituição tem os seus olhos sempre voltados para o futuro, já que o núcleo da Constituição atual, de certa forma (adquirindo permanência), passa a ser vigente também no futuro.[20] Neste contexto e tomando-se o sistema jurídico – como uma rede hierarquizada de princípios e regras em cujo centro encontra-se a Constituição, verifica-se, na esteira do magistério de Alexandre Pasqualini, que todo o sistema jurídico (sem prejuízo de sua simultânea abertura material e estabilidade) "reclama um núcleo de constante fixidez (cláusulas pétreas), capaz de governar os rumos legislativos e hermenêuticos não apenas dos poderes constituídos, mas da própria sociedade como um todo".[21]

Invocando o magistério de José Néri da Silveira, a existência de limites materiais justifica-se, portanto, em face da necessidade de preservar as decisões fundamentais do Constituinte, evitando que uma reforma ampla e ilimitada possa desembocar na destruição da ordem constitucional, de tal sorte que por detrás da previsão destes limites materiais se encontra a tensão dialética e dinâmica que caracteriza a relação entre a

---

19 Cf. RAWLS, John. *O Liberalismo Político*, 2.ed. São Paulo: Ática, 2000, p. 277 e ss., onde, a despeito de não formular propriamente uma teoria constitucional, lança uma série de considerações a respeito da função e dos limites da reforma constitucional.

20 Esta a pertinente observação de KIRCHHOF, Paul. "Die Identität der Verfassung in ihren unabänderlichen Inhalten", *in: Handbuch des Staatsrechts der Bundesrepublik Deutschland*, vol. I, Heidelberg: C. F. Müller, 1987, p. 779.

21 Cf. PASQUALINI, Alexandre. *Hermenêutica e Sistema Jurídico: uma introdução à Interpretação Sistemática do Direito*. Porto Alegre: Livraria do Advogado, 2000, p. 80.

necessidade de preservação da Constituição e os reclamos no sentido de sua alteração.[22]

Em termos gerais, portanto, o reconhecimento de limitações de cunho material significa que o conteúdo da Constituição não se encontra à disposição plena do legislador, mesmo que este atue por meio de uma maioria qualificada, sendo necessário, por um lado, que se impeça uma vinculação inexorável e definitiva das futuras gerações às concepções do Constituinte, ao mesmo tempo em que se garanta às Constituições a realização de seus fins.[23]

Tal constatação, aliás, não representa nenhuma novidade e já era sustentada ao tempo do surgimento das primeiras Constituições e das teorias a respeito do Poder Constituinte. Nos Estados Unidos da América, Thomas Jefferson e Thomas Paine já pregavam a impossibilidade de os mortos, por intermédio da Constituição, imporem sua vontade aos vivos. Na França, o art. 28 da efêmera, mas, mesmo assim, paradigmática Constituição de 1793 estabelecia que "um povo sempre tem o direito de revisar, reformar e alterar sua Constituição. Uma geração não pode submeter as gerações futuras às suas leis".[24] Que dessas assertivas não há como deduzir que a Constituição possa ser suprimida pelas legislaturas ordinárias (mesmo mediante o procedimento agravado da reforma) nos parece elementar. De acordo com a lição sempre atual de Konrad Hesse, se é certo que uma ordem constitucional não pode continuar em vigor por meio da vedação de determinadas reformas, caso ela já tiver perdido a sua força normativa, também é verdade que ela não poderá alcançar as suas metas caso estiver à disposição plena dos poderes constituídos.[25] Verifica-se, portanto, que o problema dos limites materiais à reforma constitucional passa inexoravelmente pelo equacionamento de duas variáveis, quais sejam, a permanência e a mudança da Constituição.

Se a imutabilidade da Constituição acarreta o risco de uma ruptura da ordem constitucional, em virtude do inevitável aprofundamento do descompasso em relação à realidade social, econômica, política e cultural, a garantia de certos conteúdos essenciais protege a Constituição contra os

---

22 Cf. SILVEIRA, José Néri da. "A Reforma Constitucional e o Controle de sua Constitucionalidade", op.cit., p. 207. Em sentido similar, v. também ROCHA, Carmen Lúcia Antunes. "Constituição e Mudança Constitucional: limites ao exercício do poder de reforma constitucional", op. cit., p. 176.

23 Cf., por todos, CANOTILHO, José Joaquim Gomes. *Direito Constitucional*, 5ª ed., Coimbra: Livraria Almedina, 1992, p. 1135.

24 Cf. lição de VEGA, Pedro de. *La Reforma Constitucional y la Problemática del Poder Constituyente*. Madrid: Tecnos, 1995, p. 58-9.

25 Cf. HESSE, Konrad. *Grundzüge des Verfassungsrechts der Bundesrepublik Deutschland*. 20ª ed. Heidelberg: Müller Verlag, 1995, p. 292.

casuísmos da política e o absolutismo das maiorias (mesmo qualificadas) parlamentares. Nesse contexto, verifica-se que já estas sumárias considerações evidenciam o quanto o problema dos limites à reforma constitucional, mas especialmente a questão da existência, conteúdo e alcance (eficácia) dos assim designados limites materiais (cláusulas pétreas) guarda íntima conexão e implica uma forte tensão relativamente ao princípio democrático, o que, todavia, aqui não será objeto de desenvolvimento, mas nem por isso deixa de ser absolutamente relevante.[26] Os limites à reforma constitucional de modo especial, os de cunho material, traçam, neste sentido, a distinção entre o desenvolvimento constitucional e a ruptura da ordem constitucional por métodos ilegítimos, não tendo, porém, o condão de impedir (mas evitar) a frustração da vontade da Constituição, nem o de proibir o recurso à revolução, podendo, em todo caso, retirar-lhe (à revolução) a máscara da legalidade.[27]

Neste contexto, sustenta-se, também no âmbito da doutrina brasileira, que uma reforma constitucional não poderá jamais ameaçar a identidade e continuidade da Constituição, de tal sorte que a existência de limites materiais expressos exerce função de proteção, obstaculizando não apenas a destruição da ordem constitucional, mas, além disso, vedando também a reforma de seus elementos essenciais.[28] A prova da íntima relação entre os limites materiais à reforma constitucional e a identidade[29] da Constituição reside no fato de que, de regra, os princípios fundamentais, os direitos fundamentais, bem como a forma de Estado e de governo se encontram sob o manto desta especial proteção contra sua alteração e esvaziamento por parte do Poder Constituinte Reformador,[30] o que também ocorre na CF

---

26 Sobre o tema, no âmbito da literatura nacional, destaca-se, seja pela profundidade da análise, seja pela riqueza e relevância da revisão bibliográfica efetuada, a contribuição de BRANDÃO, Rodrigo. *Direitos Fundamentais, Democracia e Cláusulas Pétreas*, Rio de Janeiro: Renovar, 2008, especialmente a primeira parte da obra.

27 Cf. KIRCHHOF, Paul. "Die Identität der Verfassung in ihren unabänderlichen Inhalten", op. cit. p. 790.

28 Cf. MENDES, Gilmar Ferreira. "Limites da Revisão: Cláusulas Pétreas ou Garantias de Eternidade. Possibilidade Jurídica de sua Superação", in: *Revista da Associação dos Juízes do Rio Grande do Sul (AJURIS)*, nº 60, 1994, p. 250.

29 A respeito da identidade constitucional e do problema de sua permanente construção e reconstrução, v. o contributo instigante de ROSENFELD, Michel. *A identidade do sujeito constitucional*, Belo Horizonte: Mandamentos, 2003, muito embora a análise do autor, efetuada especialmente a partir de referenciais da filosofia de Hegel e da psicanálise de Lacan e Freud, transcenda os aspectos vinculados à problemática da reforma constitucional.

30 De acordo com a pertinente observação de MENDES, Gilmar Ferreira. "Limites da Revisão: Cláusulas Pétreas ou Garantias de Eternidade. Possibilidade Jurídica de sua Superação", op. cit., p. 251, quando o Constituinte considerou determinados

de 1988.[31] De acordo com Gilmar Mendes, o fato de o constituinte (Poder Constituinte Originário) ter considerado certos conteúdos tão relevantes a ponto de colocá-los sob a proteção das "cláusulas pétreas", leva à constatação de que justamente nestes dispositivos se encontram ancorados os elementos e princípios essenciais da ordem constitucional.[32] Daí a razão de se distinguir entre limites expressos (explícitos) à reforma constitucional e limites implícitos, ponto a ser examinado logo a seguir.

2.2. Espécies de limitações materiais ao poder de reforma

Quanto à abrangência do rol dos limites materiais explícitos (art. 60, § 4º, da CF), verifica-se, como já ressaltado, um avanço relativamente ao direito constitucional pátrio anterior, já que significativo o número de princípios e decisões fundamentais protegidos (princípio federativo, democrático, separação de poderes e direitos e garantias fundamentais). Note-se, neste contexto, a ausência de uma hierarquia predeterminada entre estes valores essenciais da nossa ordem constitucional, o que não afasta a possibilidade de concorrências e colisões, que, à luz do caso concreto, deverão ser solvidas mediante as regras aplicáveis nestas hipóteses, buscando-se sempre um equilíbrio entre os valores em pauta.[33] Por outro lado, a existência de limites materiais expressamente previstos na Constituição (habitualmente denominados de "cláusulas pétreas" ou "garantias de eternidade" não exclui, por sua vez (pelo menos não necessariamente), outras limitações desta natureza, que, por não consagradas no texto constitucional, costumam ser qualificadas como limites materiais

---

conteúdos da Constituição tão relevantes a ponto de colocá-los sob a proteção das assim denominadas "cláusulas pétreas", é possível partir-se do pressuposto de que justamente nestes dispositivos se encontram ancorados os elementos e princípios essenciais da ordem constitucional.

31   Registre-se que a nossa Constituição vigente contém o catálogo mais abrangente de limites materiais expressos à reforma constitucional no âmbito de nossa evolução constitucional. Com efeito, enquanto a Constituição de 1891 (art. 90, § 4º) continha a proibição de abolição da República, a Federação e a igual representação dos Estados no Senado Federal, a Constituição de 1934 (art. 178, § 5º) previa como limites materiais expressos apenas a República e a Federação. Já a Constituição de 1937, a exemplo do que já ocorrera com a Carta de 1824, não continha nenhum limite material expresso. No art. 217, § 6º, da Constituição de 1946, por sua vez, foram novamente protegidas a República e a Federação, o que veio a ser mantido pela Constituição de 1967-69 (art. 47, § 1º).

32   Cf. MENDES, Gilmar Ferreira. "Limites da Revisão: Cláusulas Pétreas ou Garantias de Eternidade. Possibilidade Jurídica de sua Superação", op. cit., p. 251.

33   Esta a oportuna referência de KIRCHHOF, Paul. "Die Identität der Verfassung in ihren unabänderlichen Inhalten", op. cit., p. 803.

implícitos, tópico que, pela sua relevância, será objeto de exame em segmento distinto, logo na sequência.[34]

Os limites materiais expressos, no sentido daqueles dispositivos e conteúdos que, por decisão expressamente inscrita no texto constitucional originário, não podem ser objeto de supressão pelo poder de reforma, correspondem, como já frisado, a uma decisão prévia e vinculante por parte do constituinte, no sentido de demarcar a identidade constitucional, estabelecendo em seu favor uma garantia de permanência, enquanto viger a ordem constitucional. No caso da CF, os limites materiais expressos foram enunciados no artigo 60, § 4º, incisos I a IV, quais sejam: a) a forma federativa de Estado; b) o voto direto, secreto, universal e periódico; c) a separação de poderes; d) os direitos e garantias individuais;

A simples leitura dos incisos do artigo 60, §, 4º, CF, já revela que cada uma das "cláusulas pétreas", ainda que individualmente considerada, diz respeito a um conjunto mais abrangente de dispositivos e normas da constituição, o que resulta ainda mais evidente quando se está em face de uma emenda constitucional concreta, que, ao alterar o texto da constituição, poderá afetar (mesmo sem referência direta a uma das "cláusulas pétreas") algum (ou alguns) dos limites materiais. Levando em conta que quanto ao seu conceito e conteúdo, os conteúdos blindados por conta dos limites materiais já foram e/ou serão objeto de explicitação ao longo deste curso, o que aqui importa enfatizar é precisamente o fato de que os limites materiais protegem, tomando como exemplo a forma federativa de Estado, não apenas o dispositivo constitucional que enuncia a Federação (artigo 1º, CF) mas todo o complexo de dispositivos e normas correspondentes que dão à forma federativa de Estado os seus contornos nucleares. Assim deixaremos aqui de adentrar o plano conceitual, até mesmo pelo fato de os aspectos mais polêmicos serem tratados no plano da amplitude da proteção efetivamente assegurada por conta dos limites materiais, aspecto a ser enfrentado logo adiante. Antes, todavia, algumas notas sobre os limites materiais implícitos.

Para além dos limites direta e expressamente positivados na Constituição, doutrina e mesmo a jurisprudência do STF, ainda que não de modo unânime (seja quanto ao reconhecimento em si, seja no que diz com o alcance de tal reconhecimento, ou seja, de quais são tais limites) reconhecem a existência de limites materiais implícitos à reforma constitucional.[35]

---

34 Neste sentido já se posicionava o nosso clássico SAMPAIO, Nelson de Souza. *O Poder de Reforma Constitucional*, Bahia: Livraria Progresso, 1954, p. 92 e ss.

35 Em sentido favorável aos limites materiais implícitos, v., por todos, MENDES, Gilmar Ferreira; BRANCO, Paulo Gustavo G. *Curso de Direito Constitucional*, 6ª ed., São Paulo: Saraiva, 2011, 137 e ss., assim como BARROSO, Luís Roberto. *Curso de Direito Constitucional Contemporâneo*. São Paulo: Saraiva, 2009, p. 165. Em sentido contrário,

Nessa perspectiva, Manoel Gonçalves Ferreira Filho refere as lições dos constitucionalistas norte-americanos Joseph Story e Thomas Cooley, ambos do Século XIX, salientando que o primeiro sustentava que a Federação não poderia ser abolida por meio de uma reforma constitucional, ao passo que o segundo, além de desenvolver esta mesma idéia, advogava o ponto de vista de acordo com o qual o espírito da Constituição traçava certos limites implícitos às alterações da Constituição.[36]

A elaboração doutrinária dos limites implícitos costuma também ser reconduzida ao pensamento de Carl Schmitt, já que este entendia ser desnecessária a declaração expressa da inalterabilidade de determinados princípios, na medida em que a identidade da Constituição jamais poderia vir a ser destruída por uma reforma constitucional.[37] Outro argumento em favor do reconhecimento dos limites implícitos é esgrimido por Gomes Canotilho, que chama a atenção para o risco de as Constituições, especialmente as que não contêm limitações expressas (cláusulas pétreas), se transformarem em Constituições provisórias, verdadeiras Constituições em branco, à mercê da discricionariedade do poder reformador.[38]

Todavia, se as razões em favor da existência de limites implícitos devem prevalecer, também há que dar razão aos que sustentam que a construção de uma teoria dos limites implícitos à reforma constitucional apenas pode ser efetuada à luz de determinada ordem constitucional, isto é, do direito constitucional positivo, no sentido de que as limitações implícitas deveriam ser deduzidas diretamente da Constituição, considerando-se especialmente os princípios cuja abolição ou restrição poderia implicar a ruptura da própria ordem constitucional.[39] Nesta perspectiva, Karl Loewenstein (que neste

---

cf., por todos, FERREIRA FILHO, Manuel Gonçalves. "Significação e Alcance das Cláusulas Pétreas". *Revista de Direito Administrativo*, nº 202, 1995. p. 14.

---

36 Cf. a lembrança FERREIRA FILHO, Manoel Gonçalves. *O Poder Constituinte*. 4ª ed. São Paulo: Saraiva, 2005, p. 111.

37 Com efeito, segundo SCHMITT, Carl. *Verfassungslehre*, op. cit., p. 102 e ss., a competência para a reforma é sempre limitada, não implicando o poder de destruição da ordem constitucional, de tal sorte que a identidade constitucional encontra-se blindada contra os avanços do poder de reforma da constituição. Entre nós, acompanhando tal entendimento, v., por todos, MENDES, Gilmar Ferreira. "Limites da Revisão: Cláusulas Pétreas ou Garantias de Eternidade. Possibilidade Jurídica de sua Superação", op. cit., p. 250. Em sentido similar, v., por último, a contribuição de PINTO E NETTO, Luísa Cristina. *Os Direitos Sociais como Limites Materiais à Revisão Constitucional*, Salvador: Jus Podium, 2009, p. 90 e ss.

38 Cf. CANOTILHO, José Joaquim Gomes. *Direito Constitucional*, op. cit., p. 1136-7.

39 Neste sentido a lição de BASTOS, Celso Ribeiro. *Curso de Direito Constitucional*, 11ª ed., São Paulo: Saraiva, 1989, p. 36. Também CANOTILHO, José Joaquim Gomes. *Direito Constitucional*, op. cit., p. 1136, parece comungar deste entendimento, sustentando

mesmo contexto prefere falar em limites tácitos ou imanentes) destaca que nessas hipóteses a proibição da reforma decorre do "espírito", do telos da Constituição, independentemente de uma proclamação expressa.[40] Por outro lado, importa sublinhar, pelo fato de serem diretamente extraídos de uma Constituição concreta, aos limites materiais implícitos pode ser atribuída a mesma força jurídica dos limites expressos, razão pela qual asseguram à Constituição, ao menos em princípio, o mesmo nível de proteção.[41]

Dentre os limites implícitos que harmonizam com o direito constitucional positivo brasileiro, há que destacar, em primeiro plano, a impossibilidade de proceder-se a uma reforma total ou, pelo menos, que tenha por objeto a supressão dos princípios fundamentais de nossa ordem constitucional.[42] Aliás, aplicando-se efetivamente este princípio (inalterabilidade da identidade da Constituição), até mesmo a existência de limites expressos parece dispensável, já que os princípios e direitos fundamentais, assim como as decisões essenciais sobre a forma de Estado e de governo fatalmente não poderiam ser objeto de abolição ou esvaziamento.

Poder-se-á sustentar, na esteira deste entendimento, que os princípios fundamentais do Título I da nossa Constituição integram, pelo menos em parte, o elenco dos limites materiais implícitos, ressaltando-se, todavia, que boa parte deles já foi contemplada no rol das "cláusulas pétreas" do art. 60, § 4º, da CF. Com efeito, não se afigura razoável o entendimento de que a Federação e o princípio da separação dos poderes encontram-se protegidos contra o Poder Reformador, mas que o princípio da dignidade da pessoa humana não tenha sido subtraído à disposição do legislador. Com efeito, a inclusão do princípio da dignidade da pessoa humana no rol dos limites materiais à reforma constitucional não apenas constitui exigência de seu lugar privilegiado no âmbito dos princípios fundamentais e estruturantes do Estado Democrático de Direito, mas também se justifica em virtude de sua relação com os direitos e garantias fundamentais, aspecto que ainda será

---

que "a idéia de limitação do poder de revisão, no sentido apontado, não pode divorciar-se das conexões de sentido captadas no texto constitucional. Desta forma, os limites materiais devem encontrar um mínimo de recepção no texto constitucional, ou seja, devem ser limites textuais implícitos."

40 Cf. LOEWENSTEIN, Karl. *Teoría de la Constitución*. 2ª ed. Editorial Ariel: Barcelona, 1976, p. 189.

41 Esta a oportuna consideração de ROCHA, Carmen Lúcia Antunes. "Constituição e Mudança Constitucional: limites ao exercício do poder de reforma constitucional", op. cit., p. 178.

42 Cf., dentre outros, P. Bonavides, *Curso de Direito Constitucional*, op. cit., p. 178, que ainda refere a impossibilidade de vir o Poder Constituinte Reformador a substituir o Poder Constituinte originário.

objeto de atenção adicional. Também a tese, amplamente aceita, em favor da impossibilidade de supressão ou esvaziamento da forma republicana de governo e mesmo do sistema presidencialista, é de ser levada a sério e merece acolhida, de modo especial no que diz com a República. Neste sentido, argumenta-se que a partir da consulta popular efetuada em abril de 1993, a República e o Presidencialismo (mas especialmente a primeira) passaram a corresponder à vontade expressa e diretamente manifestada do titular do Poder Constituinte, não se encontrando, portanto, à disposição do poder de reforma da Constituição.[43] Ressalte-se, neste contexto, que a decisão, tomada pelo Constituinte, no sentido de não enquadrar estas decisões fundamentais no rol das "cláusulas pétreas" (art. 60, § 4º), somada à previsão de um plebiscito sobre esta matéria, autoriza a conclusão de que se pretendeu conscientemente deixar para o povo (titular do Poder Constituinte) esta opção.[44]

Já no que diz com os direitos e garantias fundamentais, que atualmente constituem limite material expresso (art. 60, § 4º, inciso IV, da CF), não subsistem, em princípio, razões para continuar a considerá-los – pelo menos não em toda a sua extensão – limites implícitos, a exemplo do que ocorria no constitucionalismo pretérito.[45] Isto não afasta, todavia, a controvérsia (relativamente acirrada entre nós, notadamente na esfera doutrinária) em torno do fato de se todos os direitos fundamentais ou apenas uma parte desses direitos são limites materiais (expressos ou mesmo implícitos) à reforma, destacando-se aqui o problema dos direitos sociais, que, de acordo com parte da doutrina, não comungam de tal condição, não integrando nem os limites expressos (direitos e garantias individuais) nem podendo ser enquadrados na condição de limites implícitos. Todavia, para evitar repetições desnecessárias e considerando a relevância da controvérsia, em termos teóricos e práticos, o problema de até que ponto os direitos fundamentais constituem limites materiais à reforma constitucional será versado em apartado, logo adiante.

3. O problema dos direitos fundamentais na condição de limites materiais ao poder de reforma

O fato de o art. 60, § 4º, IV, da CF, ter feito referência (expressa) aos direitos e garantias individuais, deu ensejo a uma considerável controvér-

---

43   Cf. a posição de HORTA, Raul Machado. "Natureza, Limitações e Tendências da Revisão Constitucional", in: *Revista Brasileira de Estudos Políticos*, nº 78/79, 1994, p. 15-6.

44   Cumpre lembrar que desde a Constituição de 1891 (até a Constituição de 1967-69) o princípio republicano marcou presença dentre os limites expressos à reforma constitucional.

45   Dentre os que consideravam, já sob a égide do constitucionalismo pretérito, os direitos fundamentais limites materiais implícitos, destaca-se SAMPAIO, Nelson de Souza. *O Poder de Reforma Constitucional*, op. cit., p. 93.

sia no seio da doutrina constitucional brasileira. Com efeito, discute-se, por exemplo, se os direitos sociais foram, ou não, contemplados com a proteção inerente às "cláusulas pétreas", debate que abrange também os direitos dos trabalhadores. Mas também outros direitos, a depender da definição adotada de "direitos e garantias individuais" poderiam, em tese, ser excluídos, por exemplo, no campo da nacionalidade, dos direitos políticos (à exceção do direito de voto, já coberto pelos limites materiais expressos), ou mesmo dos direitos dispersos pelo texto constitucional, ainda que nem todas as hipóteses de exclusão guardem relação direta com a expressão utilizada pelo constituinte quando da redação citado dispositivo constitucional. Por outro lado, considerando o impacto da controvérsia em sede doutrinária, a discussão no âmbito do STF não tem revelado a mesma intensidade, não existindo posição conclusiva (no sentido de uma doutrina sedimentada) que possa ser referida, muito embora salvo alguma controvérsia que pode ser extraída dos votos de alguns Ministros,[46] o que voltará a ser objeto de atenção logo adiante.

Antes de adentrarmos com maior ênfase o tema da abrangência das "cláusulas pétreas" em matéria de direitos fundamentais, é possível registrar, ao menos de acordo com a evolução doutrinária e jurisprudencial dominante no Brasil, que em princípio não apenas os direitos fundamentais expressamente elencados no Título II da CF, mas também direitos dispersos pelo texto constitucional encontram-se blindados em face do poder de reforma constitucional, como dá conta o paradigmático julgamento proferido pelo STF quando da impugnação da constitucionalidade do artigo 2º da Emenda Constitucional n° 3/1993, ocasião na qual, além do reconhecimento de que as limitações ao poder de tributar estabelecidas no artigo 150, III, CF, correspondem, no plano subjetivo, a direitos e garantias fundamentais do contribuinte, também foi reconhecido que tais direitos e garantias não poderiam ser pura e simplesmente abolidas ou desconsideradas pelo poder reformador.[47]

A despeito da orientação noticiada, que em princípio aponta para uma exegese extensiva do conceito de direitos e garantias fundamentais, segue indispensável o enfrentamento de um problema que tem chamado ao de-

---

46 Sobre a evolução e o "estado da arte" da jurisprudência do STF na matéria, embora adiantando que não se comunga, em toda a sua extensão, das posições do autor, v., por último, BRANDÃO, Rodrigo. "A proteção dos direitos e garantias individuais em face das emendas constitucionais à luz da jurisprudência do STF", in: SARMENTO, Daniel; SARLET, Ingo Wolfgang (Coord.). *Direitos Fundamentais no Supremo Tribunal Federal: Balanço e Crítica*, Rio de Janeiro: lumen Juris, 2011, p. 207-252.

47 Cf. julgamento da ADIn 939/DF, Relator Min. Sydney Sanches, DJU 18.03.1994. No âmbito da literatura, v., por todos, BARROSO, Luís Roberto. *Curso de Direito Constitucional Contemporâneo*, op. cit., p. 176-77.

bate segmentos expressivos da doutrina constitucional brasileira. Já numa primeira aproximação, resulta problemático saber se a noção de direitos e garantias individuais pode ser compreendida como equivalente à noção de direitos e garantias fundamentais, de tal sorte que todos os direitos fundamentais estariam cobertos já no âmbito dos limites materiais expressamente fixados pelo constituinte, ou se os demais direitos fundamentais (que não se enquadram na noção de direitos individuais) poderiam ser contemplados pela proteção reforçada das "cláusulas pétreas" na condição de limites materiais implícitos. Além disso, como já adiantado, segue sendo necessário discutir se todos os direitos fundamentais (seja por conta de uma compreensão elástica da noção de direitos individuais, seja na condição de limites implícitos), ou apenas uma parte, integram o elenco dos limites materiais à reforma constitucional.

Desde logo, em se tomando como ponto de partida o enunciado literal do art. 60, § 4º, IV, CF, poder-se-ia afirmar – e, de fato, há quem sustente tal ponto de vista – que apenas os direitos e garantias individuais (art. 5º da CF) se encontram incluídos no rol das "cláusulas pétreas" de nossa Constituição. Tal exegese restritiva, caso levada ao extremo, implicaria a exclusão – do rol de limites materiais – não apenas os direitos sociais, mas também os direitos de nacionalidade, bem como de parte dos direitos políticos, incluindo a liberdade de associação partidária, à exceção, todavia, do direito (dever) do voto secreto, universal e periódico (art. 60, § 4º, III). Aliás, por uma questão de coerência, até mesmo os direitos coletivos (de expressão coletiva) constantes no rol do art. 5º não seriam merecedores desta proteção, de tal sorte que já esta simples constatação indica que tal interpretação dificilmente poderá prevalecer. Caso assim fosse, os direitos essenciais de participação política (art. 14), a liberdade sindical (art. 8º) e o direito de greve (art. 9º), apenas para citar alguns exemplos, encontrar-se-iam em condição inferior à dos demais direitos fundamentais, não compartilhando o mesmo regime jurídico reforçado, ao menos não na sua plenitude. Neste contexto, sustentou-se que a expressão "direitos e garantias individuais", utilizada no art. 60, § 4º, IV, CF, não se encontra reproduzida em nenhum outro dispositivo da Constituição, razão pela qual mesmo com base numa interpretação literal não se poderia confundir esses direitos individuais com os direitos individuais e coletivos do art. 5º da CF.[48]

Para os que advogam uma interpretação restritiva do art. 60, § 4º, IV, da CF, abre-se uma alternativa argumentativa. Com efeito, é possível sustentar que a expressão "direitos e garantias individuais" deve ser interpretada no sentido de que apenas os direitos fundamentais equiparáveis aos direi-

---

48 Cf. LOPES, Maurício Antonio Ribeiro. *Poder Constituinte Reformador: limites e possibilidades da revisão constitucional brasileira*, São Paulo: RT, 1993, p. 182.

tos individuais do art. 5º sejam considerados "cláusulas pétreas". A viabilidade desta concepção esbarra na difícil tarefa de traçar as distinções entre os direitos individuais e os não-individuais. Caso considerássemos como individuais apenas os direitos fundamentais que se caracterizam por sua função defensiva (especialmente os direitos de liberdade, na acepção de direitos a não-intervenção no seu âmbito de proteção) teríamos de identificar, nos outros capítulos do Título II, os direitos e garantias passíveis de serem equiparados aos direitos de defesa, de tal sorte que as liberdades sociais (direitos sociais de caráter negativo, como é o caso do direito de greve e da liberdade de associação sindical) também se encontrariam ao abrigo das "cláusulas pétreas". Solução semelhante foi adotada no constitucionalismo português, no qual há disposição expressa estabelecendo que os direitos análogos aos direitos, liberdades e garantias se encontram sujeitos ao mesmo regime jurídico (art. 17 da CRP), destacando-se, neste particular, a sua condição de limites materiais ao poder de revisão da Constituição (art. 288 da CRP). No Brasil, à míngua de um regime jurídico diferenciado expressamente previsto na Constituição, tal entendimento não poderá prevalecer, já que não encontramos (pelo menos esta a posição adotada) justificativa sólida para uma distinção entre os direitos fundamentais no que diz com seu regime jurídico.

Todavia, há quem sustente, também no direito brasileiro, que os direitos sociais não podem integrar as "cláusulas pétreas" da Constituição pelo fato de não poderem (ao menos na condição de direitos a prestações) ser equiparados aos direitos de liberdade do art. 5º. Além disso, argumenta-se que, se o constituinte efetivamente tivesse tido a intenção de gravar os direitos sociais com a cláusula da intangibilidade, ele o teria feito, ou nominando expressamente esta categoria de direitos no art. 60, § 4º, IV, CF, ou referindo-se de forma genérica a todos os direitos e garantias fundamentais, mas não apenas aos direitos e garantias individuais.[49] Tal concepção e todas aquelas que lhe podem ser equiparadas esbarram, contudo, nos seguintes argumentos: a) a Constituição brasileira não contempla diferença substancial entre os direitos de liberdade (defesa) e os direitos sociais, inclusive no que diz com eventual primazia dos primeiros sobre os segundos; b) os partidários de uma exegese restritiva, em regra partem da premissa de que todos os direitos sociais podem ser conceituados como direitos a prestações estatais, quando, como já lembrado, boa parte dos direitos sociais são, no que diz com sua função precípua e estrutura jurídica, equiparáveis aos direitos de defesa; c) além disso, relembramos que uma interpretação que

---

49 Cf. MAGANO, Otávio Bueno. "Revisão Constitucional", in: *Cadernos de Direito Constitucional e Ciência Política*, nº 7, 1994, p. 110-1, chegando até mesmo a sustentar não apenas a possibilidade, mas inclusive a necessidade de se excluírem os direitos sociais da Constituição.

limita o alcance das "cláusulas pétreas" aos direitos fundamentais elencados no art. 5º da CF acaba por excluir também os direitos de nacionalidade e os direitos políticos, que igualmente não foram expressamente previstos no art. 60, § 4º, inc. IV, de nossa lei Fundamental.[50]

Todas estas considerações revelam que apenas por meio de uma interpretação sistemática se poderá encontrar uma resposta satisfatória no que concerne ao problema da abrangência do art. 60, § 4º, IV, da CF. Que uma exegese restritiva, notadamente quando cingida à expressão literal do referido dispositivo constitucional, não pode prevalecer, parece ser evidente, ainda mais quando consideradas as distorções já apontadas. Como a inclusão dos direitos sociais (e demais direitos fundamentais) no rol das "cláusulas pétreas" pode ser justificada à luz do direito constitucional positivo é questão que merece análise um pouco mais detida. Já no Preâmbulo da CF encontramos referência expressa no sentido de que a garantia dos direitos individuais e sociais, da igualdade e da justiça constitui objetivo permanente de nosso Estado. Além disso, não há como negligenciar o fato de que nossa Constituição consagra a idéia de que constituímos um Estado democrático e social de Direito, o que transparece claramente em boa parte dos princípios fundamentais, com destaque para os artigos 1º, I a III, e 3º, I, III e IV.

Com base nestas breves considerações, verifica-se, desde já, a íntima vinculação dos direitos fundamentais sociais com a concepção de Estado da nossa Constituição. Não resta, portanto, qualquer dúvida de que o princípio do Estado Social (ou da socialidade) e os direitos fundamentais sociais integram os elementos essenciais, isto é, a identidade de nossa Constituição, razão pela qual já se sustentou que os direitos sociais (assim como os princípios fundamentais) poderiam ser considerados – mesmo não estando expressamente previstos no rol das "cláusulas pétreas" – autênticos limites materiais implícitos à reforma constitucional.[51] Poder-se-á argumentar, ainda, que a expressa previsão de um extenso rol de direitos sociais no título dos direitos fundamentais seria, na verdade, destituída de sentido, caso o Constituinte tivesse outorgado a tais direitos proteção diminuída, transformando-os em direito de "segunda classe".

---

50 Convém não esquecer, como oportunamente averbou LAFER, Celso. *A Reconstrução dos Direitos Humanos*, São Paulo: Companhia das Letras, 1991, p. 146 e ss., que o direito à nacionalidade e o direito à cidadania – por sua vez, umbilicalmente ligado ao primeiro, como verdadeiro direito a ter direitos –, fundamentam o vínculo entre o indivíduo e determinado Estado, colocando o primeiro sob a proteção do segundo e de seu ordenamento jurídico, razão pela qual não nos parece aceitável que posição jurídica fundamental de tal relevância venha a ser excluída do âmbito de proteção das "cláusulas pétreas."

51 Esta a pertinente lição de HORTA, Raul Machado. "Natureza, Limitações e Tendências da Revisão Constitucional", op.cit., p. 14-5.

Além do exposto, verifica-se que todos os direitos fundamentais consagrados na CF (mesmo os que não integram o Título II) são, em última análise, direitos de titularidade individual, ainda que alguns sejam de expressão coletiva e sem prejuízo de uma correlata dimensão transindividual, mais ou mesmo relevante a depender do direito em causa. É o indivíduo que tem assegurado o direito de voto, assim como é o indivíduo que tem direito à saúde, assistência social, aposentadoria, etc. Até mesmo o direito a um meio ambiente saudável e equilibrado (art. 225 da CF), em que pese seu habitual enquadramento entre os direitos da terceira dimensão, pode ser reconduzido a uma dimensão individual, pois mesmo um dano ambiental que venha a atingir um grupo dificilmente quantificável e delimitável de pessoas (indivíduos), gera um direito à reparação para cada prejudicado, inclusive viabilizando execução individualizada ainda que no bojo de uma ação coletiva. Ainda que não se queira compartilhar tal entendimento, não há como negar que, nesses casos (de direitos coletivos propriamente ditos) nos encontramos diante de uma situação de cunho notoriamente excepcional, que em hipótese alguma afasta a regra geral da titularidade individual da absoluta maioria dos direitos fundamentais. Os direitos e garantias individuais referidos no art. 60, § 4º, inc. IV, da nossa Lei Fundamental incluem, portanto, os direitos sociais e os direitos da nacionalidade e cidadania (direitos políticos).

Contestando essa linha argumentativa, Gustavo Costa e Silva, sustenta que a "dualidade entre direitos "individuais" e "sociais" nada tem a ver com a titularidade, remetendo, em verdade, à vinculação de uns e outros a diferentes estágios da formação do ethos do Estado constitucional," no caso, na circunstância de que os direitos individuais estão vinculados ao paradigma do estado liberal individualista, e não ao estado social, de cunho solidário.[52] Todavia, ainda que se reconheça a inteligência da crítica, parece-nos que a resposta já foi fornecida, designadamente quando apontamos para o fato de que não é possível extrair da CF um regime diferenciado – no sentido de um regime jurídico próprio – entre os direitos de liberdade (direitos individuais) e os direitos sociais, mesmo que entre ambos os grupos de direitos, especialmente entre a sua dimensão negativa e positiva, existam diferenças no que diz com o seu objeto e função desempenhada na ordem jurídico-constitucional. Além disso, o argumento da titularidade individual de todos os direitos, como fundamento de uma compreensão ampliada das "cláusulas pétreas", tal como aqui sustentada, é apenas mais um argumento entre outros.

Outro argumento utilizado pelos que advogam uma interpretação restritiva das "cláusulas pétreas" diz com a existência de diversas posições

---

52 Cf. SILVA, Gustavo Just da Costa e. *Os Limites da Reforma Constitucional*, Rio de Janeiro: Renovar, 2000, p. 124 e ss. (citação extraída da p. 129).

jurídicas constantes no Título II da CF que não são merecedoras do status peculiar aos "verdadeiros" direitos fundamentais, razão pela qual há quem admita até mesmo a sua supressão por meio de uma emenda constitucional.[53] Muito embora não de modo igual, Oscar Vilhena Vieira, prefere trilhar caminho similar, ao sustentar, em síntese, que apenas as cláusulas superconstitucionais (isto é, os princípios e direitos fundamentais que constituem a reserva de justiça constitucional de um sistema) encontram-se imunes à supressão pelo poder reformador, não advogando, de tal sorte, a exclusão prévia de qualquer direito ou princípio do elenco dos limites materiais, mas admitindo que nem todos os direitos fundamentais, sejam individuais ou não, estão abrangidos.[54]

Argumentação similar tem sido adotada, aliás, por outros autores que têm produzido contribuições monográficas importantes sobre o tema no âmbito da doutrina nacional. É o caso, por exemplo, de Rodrigo Brandão[55] e Luísa Cristina Pinto e Netto,[56] que, ressalvadas importantes distinções entre o enfoque das respectivas abordagens e embora não tenham adotado na sua integralidade a tese advogada por Oscar Vilhena Vieira, privilegiam o que se poderia dizer de uma concepção intermediária e fortemente vinculada a uma concepção material de direitos fundamentais. Com efeito, ambos os autores, ao sustentarem – neste ponto com razão – que a função dos limites materiais é a proteção da identidade constitucional, e, portanto, do

---

53 Este o entendimento de FERREIRA FILHO, Manuel Gonçalves. "Significação e Alcance das Cláusulas Pétreas", op. cit., p. 16, que, no entanto, reconhece que o art. 60, § 4º, inc. IV, da nossa Constituição abrange todos os direitos fundamentais, e não apenas os direitos individuais e coletivos do art. 5º.

54 Cf. VIEIRA, Oscar Vilhena. *A Constituição e sua Reserva de Justiça – um ensaio sobre os limites materiais ao poder de reforma*. São Paulo: Malheiros, 1999, p. 222 e ss., onde desenvolve seu pensamento, que aqui vai reproduzido em apertadíssima síntese. Registre-se, contudo, que o ilustre jurista não exclui os direitos sociais da proteção contra eventuais reformas, notadamente quando estiverem em causa os direitos sociais básicos, tais como os direitos à alimentação, moradia e educação, já que "essenciais à realização da igualdade e da dignidade entre os cidadãos." (ob. cit., p. 321).

55 Cf. amplamente desenvolvido em BRANDÃO, Rodrigo. *Direitos Fundamentais, Democracia e Cláusulas Pétreas*, Rio de Janeiro: Renovar, 2008.

56 Cf. PINTO E NETTO, Luísa Cristina. *Os direitos sociais como limites materiais à revisão constitucional*, op. cit. p. 189, em passagem que sintetiza sua posição a respeito, refere que os direitos sociais, embora protegidos em face do poder de reforma constitucional, "não são total e irrestritamente imunes à sua atuação, mas, na medida em que sua supressão ou alteração comprometa a identidade constitucional, desconfigurando o sistema de direitos fundamentais, comprometa a promoção da dignidade da pessoa humana, a socialidade, a igualdade material, estes direitos, como limites materiais à revisão constitucional, repelem-na, expressando, com a sua resistência, com a sua natureza de trunfos contra a maioria, uma tendência contramajoritária".

sistema dos direitos fundamentais e seu núcleo essencial como um todo, proteção esta que, em termos gerais, abrange os direitos fundamentais sociais, admitem, todavia, que direitos sociais assegurados por dispositivos constitucionais isolados possam ser eventualmente não apenas restringidos (com o que se concorda, já que, em princípio, direitos fundamentais são passíveis de restrição mesmo por lei ordinária e até em hipóteses onde sequer há autorização constitucional expressa para tanto), mas até suprimidos, designadamente quando não guardam relação direta com a dignidade da pessoa humana e outros valores materialmente fundamentais, como a igualdade, a liberdade, a democracia, entre outros.

Em que pese o cunho sedutor de tal linha argumentativa, tal tese apenas poderia prevalecer caso partíssemos da premissa de que existem direitos apenas formalmente fundamentais, de modo que os últimos (justamente por serem fundamentais em sentido meramente formal) poderiam ser suprimidos mediante emenda constitucional, o que não corresponde, consoante já assinalado, à concepção de acordo com a qual todos os direitos fundamentais são fundamentais tanto no sentido formal, quanto no material, tal como desenvolvido no capítulo da parte geral dos direitos fundamentais. De qualquer modo, é no mínimo necessário questionar a possibilidade de qualquer um dos poderes (constituídos) decidir qual direito é (ou não) formal e materialmente fundamental, decisão esta que, em última análise, poderia importar em afronta à vontade do Poder Constituinte, que, salvo melhor juízo, detém o privilégio de deliberar sobre tal matéria e que expressamente incluiu todas as categorias de direitos no Título II da CF.

Além disso, correr-se-ia o sério risco de supressão de direitos "autenticamente" fundamentais, inclusive de direitos previstos no art. 5º da Constituição, visto que com base em determinados critérios materiais (substanciais) sempre seria possível argumentar (e sempre poderia ser formada uma maioria simpática a tal entendimento no STF) que a propriedade intelectual não constitui direito fundamental em sentido material, ou mesmo a função social da propriedade ou proteção do consumidor, o que, salvo melhor juízo, já deveria desrecomendar a adoção desse ponto de vista.

Reforçando a argumentação aqui privilegiada, é preciso levar em conta que a circunstância de que os limites materiais à reforma constitucional têm por função principal a preservação da identidade da ordem constitucional não pode levar à confusão com a noção de que cada direito fundamental expressa e implicitamente positivado tem o que se costuma designar de um núcleo essencial que, embora não se confunda necessariamente com um conteúdo em dignidade da pessoa humana (visto ser diferenciada a relação entre a dignidade e os direitos fundamentais), se encontra necessariamente protegido contra uma afetação pelos poderes constituídos. De outra parte, cada direito fundamental, por ser fundamental precisamente em função da opção neste sentido tomada pelo Constituinte e não necessariamente – ou mesmo exclusivamente – pela sua vinculação direta com a dignidade da pessoa humana, acaba, portanto, sendo parte integrante da identidade do sistema constitucional, o que, reitera-se, não impede ajustes e restrições, mas impede a supressão de direitos fundamentais como tais consagrados pelo Constituinte.

Assim, muito embora a correta percepção, tal qual advogada também por Luís Roberto Barroso, de que o vínculo com a dignidade da pessoa humana é relevante para a determinação da fundamentalidade em sentido material, e, portanto, também opera como argumento privilegiado para justificar a inclusão de direitos fundamentais não contemplados no artigo 5º, CF, no elenco dos limites materiais à reforma,[57] não se poderá, exclusivamente por tal razão – visto que por mais que pontifique entre os valores e princípios constitucionais, a identidade material da constituição e dos direitos fundamentais nela não se esgota –, negar a outros direitos fundamentais uma proteção privilegiada, até mesmo pelo fato de com isso se estar, por via oblíqua, consagrando uma hierarquia entre direitos fundamentais que não foi, salvo melhor juízo, prevista pelo constituinte. Além disso, o argumento da dignidade da pessoa humana, por mais relevante que seja e por mais que possa, em grande parte dos casos, ser manejado de forma adequada, não afasta (pelo contrário, de certo modo potencializa) os riscos de uma arbitrária e não menos perigosa manipulação da noção de fundamentalidade em sentido material para eventualmente justificar a supressão de determinados direitos do texto constitucional, tal como, aliás, já registrado.

Tudo isso aponta para a circunstância de que os direitos fundamentais, expressa e/ou implicitamente reconhecidos pelo Constituinte de 1988, estejam situados no Título II ou em outras partes do texto constitucional, constituem sempre limites materiais expressos ou implícitos à reforma constitucional.[58] O argumento da titularidade individual, de acordo com o qual todos os direitos fundamentais, por serem sempre também individuais, integram o elenco dos limites materiais à reforma constitucional, não implica divergência substancial em relação aos que sustentam a tese de que os direitos sociais (ou mesmo outros não constantes do artigo 5º da Constituição) representam, em verdade, limites implícitos ao poder de reforma constitucional. Convém recordar, nesta quadra, que os pró-

---

57 Cf. BARROSO, Luís Roberto. *Curso de Direito Constitucional Contemporâneo*, op. cit., p. 178 e ss.

58 Neste sentido, v., por último, BEDÊ, Fayga Silveira. "Sísifo no limite do imponderável ou direitos sociais como limites ao poder reformador", in: BONAVIDES, Paulo; LIMA, Francisco Gérson Marques de; BEDÊ, Fayga Silveira (Coord). *Constituição e Democracia. Estudos em Homenagem ao Professor J. J. Gomes Canotilho*, São Paulo: Malheiros, 2006, especialmente p. 99 e ss.

prios direitos designados como individuais, vinham sendo reconhecidos como "cláusulas pétreas" no sistema constitucional anterior, onde não integravam (tal como a República, por exemplo, na atual CF) o elenco dos limites materiais expressos, até mesmo pelo fato de prevalecer o entendimento de que não há diferença, no que diz com a qualidade da proteção (em ambos os casos é vedada uma supressão efetiva ou tendencial) entre os bens constitucionais implícita e expressamente protegidos pelo manto das "cláusulas pétreas".

Por certo, não há como negar que uma interpretação restritiva das "cláusulas pétreas" tem por objetivo impedir uma petrificação de toda a Constituição, o que não pode prevalecer diante de uma exegese sistemática, que tenha sempre presente a necessidade de preservar os seus elementos essenciais, insuscetíveis de supressão ou esvaziamento (hipóteses que se equivalem) pela atuação do poder de reforma constitucional.[59] Constituindo os direitos sociais (assim como os políticos) valores basilares de um Estado social e democrático de Direito, sua abolição acabaria por redundar na própria destruição da identidade da nossa ordem constitucional, o que, por evidente, se encontra em flagrante contradição com a finalidade precípua das "cláusulas pétreas". Quanto ao risco de uma indesejável galvanização da Constituição, é preciso considerar que apenas uma efetiva ou tendencial abolição das decisões fundamentais tomadas pelo Constituinte está vedada ao poder de reforma constitucional, não se vislumbrando, portanto, obstáculo significativo no que diz com sua eventual adaptação às exigências de um mundo em constante transformação. Mas tal tópico, vinculado ao problema da intensidade da proteção com base nas "cláusulas pétreas", será objeto de análise mais detida logo adiante.

Ainda no contexto da definição de quais são os direitos fundamentais que integram o elenco das "cláusulas pétreas" há que fazer referência a duas situações que, por conta de suas peculiaridades, merecem um tratamento com algum destaque, a despeito da impossibilidade de maior desenvolvimento do tópico. O primeiro caso diz respeito aos direitos fundamentais inseridos no catálogo constitucional de direitos mediante emenda constitucional, o que, no caso da CF de 1988, ocorreu em diversas ocasiões, designadamente com o direito à moradia, o direito à razoável duração do processo e o direito à alimentação. A segunda hipótese guarda relação com

---

59 Bem sustentando uma exegese extensiva, notadamente no que diz com a abrangência do elenco dos limites materiais à reforma (já que tal modo de interpretação fortalece a proteção dos direitos fundamentais contra a atuação do poder constituinte reformador, além de afirmar o princípio da estabilidade ínsito a cada Constituição), v. a contribuição de BRITTO, Carlos Ayres. "A Constituição Federal e o Monitoramento de suas Emendas", in: MODESTO, Paulo; MENDONÇA, Oscar (Coord.). *Direito do Estado – Novos Rumos*, Tomo 1, São Paulo: Max Limonad, 2001, p. 66.

os direitos constantes dos tratados internacionais de direitos humanos ratificados pelo Brasil, ainda mais após a inserção, no artigo 5º, de um parágrafo 3º, dispondo que em sendo atendidos determinados requisitos formais, os tratados de direitos humanos assim incorporados ao direito interno serão considerados como equivalentes às emendas constitucionais.

Quanto ao primeiro caso, de direitos inseridos mediante emenda constitucional, é de registrar que para expressivos setores da doutrina, considerando que apenas o poder constituinte originário está em condições de limitar o poder de reforma constitucional (na condição de competência reformadora) – e não o contrário-, mesmo em se tratando de direitos fundamentais, tais direitos, caso incorporados mediante emendas à constituição, não poderiam integrar os limites materiais à reforma, pois se trata sempre de limites postos (ainda que implicitamente) pelo poder constituinte, ressalvando-se, contudo, as hipóteses nas quais o direito, ainda que não previsto no texto constitucional de modo explícito, já estava consagrado no sistema constitucional.[60]

O quanto tal linha argumentativa, a despeito de sua força, de fato inviabiliza uma equiparação (também para efeitos de proteção contra reformas constitucionais) entre direitos expressamente previstos pelo poder constituinte e direitos inseridos mediante reforma constitucional, é no mínimo carente de maior reflexão. Considerando que a abertura material do catálogo constitucional de direitos (artigo 5º, § 2º, CF) corresponde ela própria a uma decisão fundamental do constituinte (além de igualmente protegida contra uma supressão por ação do poder reformador), a inclusão de direitos originariamente não previstos não poderia resultar, salvo melhor juízo, em proteção diminuída, no sentido de que mediante apenas a observância dos requisitos formais, o direito à moradia (apenas para ilustrar) pudesse ser pura e simplesmente suprimido do texto da constituição.

De outra parte, se admitida (como, de resto, corresponde ao entendimento majoritário no Brasil) a existência de limites implícitos ao poder de reforma constitucional, a inserção de direitos fundamentais por via de emenda constitucional, especialmente quando se trata de guindar à condição de direitos expressamente positivados direitos que já poderiam (e mesmo já o vinham sendo) ser considerados como implicitamente consagrados pela ordem constitucional, não poderia, por sua vez, resultar em desprestígio a tais direitos no que diz com o seu regime jurídico-constitucional em termos de proteção. Aliás, a expressa consagração, apenas reforçaria (e teria ainda a vantagem de bloquear entendimentos em sen-

---

60 Cf., por todos, MENDES, Gilmar Ferreira; BRANCO, Paulo Gustavo G. *Curso de Direito Constitucional*, op. cit., p. 146-47.

tido contrário ao reconhecimento de tais direitos) o status de tais direitos como direitos fundamentais, que, mesmo sem expressa previsão, já estavam implicitamente tutelados.[61]

À vista do exposto, verifica-se que pelo menos nos exemplos colacionados (moradia, alimentação e razoável duração do processo) manifesta a umbilical ligação de tais direitos não apenas (e isto já seria suficiente) com a dignidade da pessoa humana, mas também no que diz com a sintonia com o sistema internacional de direitos humanos, para além de um crescente reconhecimento na esfera doutrinária e jurisprudencial. Para complementar o elenco (ainda que sumariamente exposto) de razões em prol da condição de "cláusulas pétreas", importa enfatizar que a distinção entre direitos fundamentais originários e direitos criados por emenda constitucional acaba por consagrar uma no mínimo questionável divisão dos direitos em duas classes, uma sujeita a um regime de proteção reforçado, a outra disponível ao poder de reforma constitucional.[62]

Tópico que, consoante já sinalizado, passou a ser mais discutido, especialmente a partir da inserção, mediante a EC nº 45/2004, do § 3º no artigo 5º da CF, diz com o fato de os direitos fundamentais sediados em tratados de direitos humanos ratificados pelo Brasil serem, ou não, cobertos pela proteção das "cláusulas pétreas". Muito embora se possa concordar com a tese que reconhece hierarquia constitucional a todos os tratados em matéria de direitos humanos regularmente incorporados ao direito interno (independentemente do previsto no § 3ª no artigo 5º da CF), já por força do disposto no artigo 5º, § 2º, da CF, que aqui não será objeto de análise mais detida, o fato é que a controvérsia sobre serem tais tratados, notadamente os direitos humanos e fundamentais neles consagrados, objeto de proteção por conta dos limites materiais à reforma constitucional, depende de outros fatores para um adequado equacionamento. Em primeiro lugar, há que considerar que enquanto não incorporados ao texto constitucional – como é o caso dos tratados não aprovados mediante o rito qualificado estabelecido no artigo 5º, § 3º, os direitos neles consagrados, muito embora integrem a ordem jurídico-constitucional interna, não constituem direito constitucional em sentido formal, já que consagrados, de acordo com a tradição brasilei-

---

61 Sublinhe-se que mesmo se posicionando, em termos gerais, de forma contrária à tese de que direitos fundamentais incorporados por emenda constitucional sejam também blindados contra novas reformas constitucionais, importante doutrina frisa que nos casos em que tais direitos, ainda que implicitamente, já estavam consagrados, seria possível reconhecer a condição de "cláusula pétrea". Nesse sentido, v., por todos, MENDES, Gilmar Ferreira; BRANCO, Paulo Gustavo G. *Curso de Direito Constitucional*, op. cit., p. 147.

62 Cf. argumenta, por exemplo, FERNANDES, Bernardo Gonçalves. *Curso de Direito Constitucional*, 2ª ed., Rio de Janeiro: Lumen Juris, 2010, p. 117.

ra, por Decreto Legislativo. Assim, quando muito – e apenas para os que reconhecem a hierarquia constitucional, como é o nosso caso – é possível falar em direito constitucional material, numa perspectiva ampliada de bloco de constitucionalidade. A partir disso, já se verifica uma primeira dificuldade a ser levada a sério, qual seja, a de que a emenda (e mesmo a revisão) constitucional constitui mecanismo de mudança formal da constituição, ou seja, implica sempre alteração do texto constitucional. Formulado de outro modo, isso quer dizer que a emenda constitucional não será instrumento próprio para uma alteração de tratado internacional. Por outro lado, se, todavia, o direito consagrado em nível internacional estiver também (como ocorre na grande maioria dos casos, embora não em todos!) previsto no texto constitucional, no caso de reforma constitucional que venha a afetar (suprimir ou restringir) o direito, incidirá a proteção decorrente da condição de "cláusula pétrea", mas não por força do direito internacional, mas sim, em virtude de se tratar de direito fundamental contemplado na constituição formal.

Todavia, como o entendimento dominante no STF é no sentido da hierarquia (apenas) supra-legal dos tratados de direitos humanos, os mesmos – pelo menos para o STF – não integram a constituição. Mesmo nas hipóteses em que a aprovação do tratado se der em conformidade com o disposto no artigo 5º, § 3º, CF, é preciso levar em conta que tal tratado será considerado equivalente a uma emenda constitucional, embora de fato não o seja, visto que também aqui não estará alterando diretamente o texto constitucional, mas apenas agregando-se à constituição formal compreendida num sentido ampliado, visto que a constituição formal poderá ser veiculada por mais de um documento constitucional. A circunstância de que um tratado seja aprovado pelo Congresso Nacional observado rito do artigo 5º, § 3º, CF, não significa que a aprovação tenha ocorrido por emenda constitucional, como, aliás, dá conta o Decreto Legislativo nº 186/2008, que aprovou a convenção internacional sobre os direitos das pessoas com deficiência. Por outro lado, se efetivamente aprovado por emenda constitucional e integrado à constituição formal, é possível admitir – no plano do direito interno e de acordo com o ponto de vista adotado e já exposto mais acima – a proteção com base na condição de "cláusula pétrea".

Soma-se a isso, o fato de os tratados estarem sujeitos, de acordo com as regras do direito internacional público, a uma denúncia por parte dos países pactuantes, de tal sorte que, pelo menos de acordo com importante argumento, a não ser nos casos em que a possibilidade de denúncia fosse expressamente ressalvada quando da aprovação do tratado pelo Congresso Nacional, não haveria como impedi-la nem mesmo com base na condição de "cláusula pétrea" dos direitos (ou do direito) consagrado no tratado internacional e incorporado ao direito interno.[63] De qualquer sorte, a despeito das observações precedentes, há quem sustente que os direitos sediados em tratados de direitos humanos ratificados pelo Brasil são sempre beneficiários da proteção reforçada inerente às "cláusulas pétreas", não podendo ser suprimidos mediante reforma constitucional.[64] As dificuldades apontadas acima, contudo, não desaparecem à vista de tal afirmação peremptória, nem mesmo invocando o artigo 5º, § 2º, como, aliás, já referido.

Uma linha argumentativa que, todavia, deve ser considerada é a de que, no caso de o tratado vir a ser aprovado pelo rito do artigo 5º, § 3º, CF, ele não mais poderia ser objeto de denúncia, proteção que seria – em sendo adotado tal entendimento – similar àquela outorgada pelos limites materiais ao poder de reforma.[65] Também aqui se trata de questão controversa, que aguarda manifestação do STF e que também na esfera doutrinária segue discutida.

À vista do exposto, verifica-se que uma proteção por via dos limites materiais à reforma constitucional esbarra em algumas perplexidades, especialmente quando se trata de tratados não incorporados pelo rito do artigo 5º, § 3º, CF, o que não significa que os direitos consagrados em tais tratados não possam ser protegidos em sintonia com a privilegiada posição dos direitos fundamentais na arquitetura constitucional. A vedação de denúncia (tal como sustentada por vários autores) ou mesmo a aplicação, à hipótese, no que for cabível, da lógica inerente ao assim denominado princípio da proibição de regressividade (ou de retrocesso), como conhecido no âmbito do direito internacional, poderão ser formas – entre outras – de retirar aos poderes constituídos (inclusive ao poder de reforma constitucional) a possibilidade de livremente dispor sobre os direitos humanos e fundamentais consagrados nos tratados de direitos humanos já ratificados pelo Brasil.

---

63 Cf. as ponderações de RAMOS, André de Carvalho. O Supremo Tribunal Federal e o Direito Internacional dos Direitos Humanos. in: SARMENTO, Daniel; SARLET, Ingo Wolfgang (Coord.). *Direitos Fundamentais no Supremo Tribunal Federal: Balanço e Crítica*, Rio de Janeiro: Lumen Juris, 2011, p. 12 e ss.

64 Cf., por todos, PIOVESAN, Flávia. *Direitos Humanos e o Direito Constitucional Internacional*, 7ª ed., São Paulo: Saraiva, 2006, p. 75.

65 Neste sentido, entre outros, v. as contribuições de GALINDO, George Rodrigo Bandeira. *Tratados Internacionais de Direitos Humanos e Constituição Brasileira*, Belo Horizonte: Del Rey, 2003, p. 303 e ss., PAGLIARINI, Alexandre Coutinho. Constituição e Direito Internacional, *Cedências Possíveis*, Rio de Janeiro: Forense, 2003, p. 211 bem como MAZZUOLI, Valério de Oliveira. *Curso de Direito Internacional Público*, São Paulo: Revista dos Tribunais, 2006, p. 503, destacando que após aprovado mediante emenda constitucional (ou pelo rito do artigo 5º, § 3º, CF) os tratados internacionais de direitos humanos não poderiam mais ser denunciados, nem mesmo com prévia autorização do Congresso Nacional.

4. Alcance da proteção dos direitos e garantias fundamentais com base nas "cláusulas pétreas"

Voltando-nos, agora, ao problema do alcance da proteção outorgada pelos limites materiais (expressos e implícitos!) à reforma constitucional, há que atentar, desde logo, para o fato de que o enunciado da norma contida no art. 60, § 4º, da nossa Constituição (... "não serão objeto de deliberação propostas de emenda tendentes a abolir..."), deixa antever duas diretrizes: a) não apenas as alterações da Constituição que objetivam a supressão dos princípios guindados à condição de "cláusula pétrea", mas também as que revelam uma tendência à sua supressão se encontram vedadas; b) os projetos de emenda que atentam contra esses mandamentos sequer poderão ser apreciados e votados pelo Congresso, de tal sorte que mesmo antes de sua promulgação se viabiliza o controle jurisdicional de sua constitucionalidade.[66]

O que importa ressaltar, à vista dos elementos normativos referidos, é que também no direito constitucional brasileiro as "cláusulas pétreas" não implicam absoluta imutabilidade dos conteúdos por elas assegurados. Por outro lado, não é de fácil determinação o momento no qual determinada emenda à Constituição efetivamente tende a abolir o conteúdo protegido. Tal aferição apenas poderá ocorrer à luz do caso concreto, cotejando-se o conteúdo da emenda com a decisão fundamental integrante do rol das "cláusulas pétreas", o que igualmente – vale enfatizar – se impõe na hipótese de incidir alguma limitação material implícita. Além disso, verifica-se que uma abolição efetiva, para efeitos do controle da constitucionalidade da reforma, pode ser equiparada a uma abolição "tendencial", já que ambas as hipóteses foram expressamente vedadas pelo Constituinte.

A garantia de determinados conteúdos da Constituição por meio da previsão das assim denominadas "cláusulas pétreas" assume, desde logo, uma dúplice função, visto que protege os conteúdos que compõem a identidade (a essência) da Constituição, embora tal proteção tenha o condão apenas de assegurar esses conteúdos quanto aos seus elementos nucleares, não excluindo desenvolvimentos ou modificações, desde que preser-

---

66 A respeito da possibilidade de controlar-se a constitucionalidade de uma emenda à Constituição mesmo no decorrer de sua apreciação pelo Congresso, já encontramos posição firmada pelo Supremo Tribunal Federal. Neste sentido, v. especialmente o voto prolatado pelo Ministro Moreira Alves, por ocasião do julgamento ocorrido em 08-10-1980 (RTJ nº 99 [1980], p. 1040). Mais recentemente, já sob a égide da Constituição vigente, a possibilidade de controle prévio da constitucionalidade das Emendas à Constituição foi reiterada por ocasião do julgamento da ADIN nº 466-2/DF, ocorrido em 03-04-1991, quando, apesar de rechaçar-se a viabilidade do controle abstrato preventivo, não se excluiu eventual controle concreto, no caso, mediante a impetração de mandado de segurança, a exemplo do que ocorreu com a decisão anterior citada.

vem os princípios naqueles contidos.⁶⁷ De acordo com a lição da doutrina majoritária, as "cláusulas pétreas" de uma Constituição não objetivam a proteção dos dispositivos constitucionais em si, mas, sim, dos princípios (e regras) neles plasmados, não podendo os mesmos ser esvaziados por uma reforma constitucional.⁶⁸ Nesse sentido, é possível sustentar que as "cláusulas pétreas" contêm, em regra, uma proibição de ruptura de determinados princípios constitucionais.⁶⁹ Mera modificação no enunciado do dispositivo não conduz, portanto, necessariamente a uma inconstitucionalidade, desde que preservado o sentido do preceito e não afetada a essência do princípio objeto da proteção.⁷⁰ De qualquer modo, é possível comungar do entendimento de que a proteção imprimida pelas "cláusulas pétreas" não implica a absoluta intangibilidade do bem constitucional protegido.⁷¹

Na linha do exposto, situa-se a lição de Flávio Novelli, no sentido de que as "cláusulas pétreas", estando a serviço da proteção do "cerne constitucional intangível" (Pontes de Miranda), isto é, do "âmbito nuclear da estatalidade constitucional" (Klaus Stern), repelem toda e qualquer emenda que intente a supressão ou a alteração substancial dos direitos fundamentais ou dos princípios fundamentais da Constituição incluídos no rol dos limites materiais à reforma da Constituição.⁷² Por núcleo essencial dos direitos e dos princípios fundamentais estruturantes poderá considerar-se, de acordo com o entendimento de Klaus Stern, recolhido por Flávio Novelli, os elementos que constituem "a própria substância, os fundamentos, os elementos ou componentes deles inseparáveis, eles verdadeiramente inerentes, por isso que integrantes de sua estrutura e do seu tipo, conforme os define a Constituição", isto é, seus elementos essenciais, e não meramente

---

67 Cf. KIRCHHOF, Paul. "Die Identität der Verfassung in ihren unabänderlichen Inhalten", op. cit., p. 802. Entre nós, v., desenvolvendo o tópico e trilhando esta linha argumentativa, PINTO E NETTO, Luísa Cristina. *Os Direitos Sociais como Limites Materiais à Revisão Constitucional*, op. cit., p. 169 e ss.

68 Esta a lição de MIRANDA, Jorge. *Manual de Direito Constitucional*, vol. II, op. cit., p. 155.

69 Cf. a oportuna ponderação de MENDES, Gilmar Ferreira. "Limites da Revisão: Cláusulas Pétreas ou Garantias de Eternidade. Possibilidade Jurídica de sua Superação", op. cit. p. 251, arrimado na doutrina de Bryde. No mesmo sentido, v. a posição de ESPÍNDOLA, Ruy Samuel. *Conceito de Princípios Constitucionais*, São Paulo: Revista dos Tribunais, p. 214.

70 Neste sentido, v., MENDES, Gilmar Ferreira. "Plebiscito – EC 2/92 (Parecer)", in: *Revista Trimestral de Direito Público*, nº 7, 1994, p. 120.

71 Este já era o entendimento de SAMPAIO, Nelson de Souza. *O Poder de Reforma Constitucional*, op. cit. p. 89.

72 Cf. NOVELLI, Flávio Bauer. "Norma Constitucional Inconstitucional? A Propósito do Art. 2º.§2º, da EC nº3/93", in: *Revista Forense*, nº 330, 1995, p. 79-81.

acidentais.⁷³ Constata-se, portanto, que não apenas uma emenda constitucional que efetivamente venha a abolir (suprimir) um direito fundamental, mas também alguma que venha a atingi-lo de forma equivalente, tendendo à abolição, isto é, ferindo o seu conteúdo essencial, se encontra inequivocamente vedada pela nossa Constituição. O núcleo do bem constitucional protegido é, de acordo com este ponto de vista, constituído pela essência do princípio ou direito, não por seus elementos circunstanciais, cuidando-se, neste sentido, daqueles elementos que não podem ser suprimidos sem acarretar alteração substancial no seu conteúdo e estrutura.⁷⁴

Ainda nesse contexto, afirmou-se que a constatação de uma efetiva agressão ao núcleo essencial do princípio protegido depende de uma ponderação tópica, mediante a qual se deverá verificar se a alteração constitucional afeta apenas aspectos ou posições marginais da norma, ou se, pelo contrário, investe contra o próprio núcleo do princípio em questão,⁷⁵ o que remete, por sua vez, à complexa e controversa relação entre a categoria do núcleo essencial a o princípio da proporcionalidade, que, todavia, aqui não será explorada, remetendo-se à parte geral dos direitos fundamentais (capítulo sobre limites e restrições).

Assim, em sintonia com tal entendimento e tomando como parâmetro o direito constitucional brasileiro, o problema do alcance da proteção com base nas cláusulas pétreas pode ser perfeitamente ilustrado mediante recurso a alguns dos princípios integrantes do rol do art. 60, § 4º, de nossa Constituição. Com efeito, quando o constituinte incluiu a forma federativa de Estado (e o correlato princípio federativo) no elenco dos limites materiais à reforma (art. 60, § 4º, inc. I, da CF), tal proteção não se limitou ao art. 1º da Constituição (de acordo com o qual o Estado Federal brasileiro se compõe da união indissolúvel da União, dos Estados, do Distrito Federal e dos Municípios), mas estendeu-se a todos os elementos essenciais da Federação. Em se levando em conta que o princípio federativo se manifesta em diversos outros dispositivos da Constituição, verifica-se que também estes se encontram ao abrigo da proteção das "cláusulas pétreas".⁷⁶

Calha sublinhar que as normas versando sobre a distribuição de competência entre os diversos entes da Federação (artigos 21 a 24 da CF), a

---

73   Cf. NOVELLI, Flávio Bauer. "Norma Constitucional Inconstitucional? A Propósito do Art. 2º.§2º, da EC nº3/93" op. cit., p. 82.

74   Assim também NOVELLI, Flávio Bauer. "Norma Constitucional Inconstitucional? A Propósito do Art. 2º.§2º, da EC nº3/93" op. cit., p. 82.

75   Cf. MENDES, Gilmar Ferreira. "Plebiscito – EC 2/92 (Parecer)", op. cit. p. 120, que, neste sentido, se posiciona favoravelmente à aplicação, no contexto do controle das reformas constitucionais, da garantia do núcleo essencial.

76   Cf. HORTA, Raul Machado. "Natureza, Limitações e Tendências da Revisão Constitucional", op.cit. p. 17.

auto-organização e autonomia dos Estados (artigos 25 a 28 da CF) e dos Municípios (artigos 29 e 30 da CF) constituem apenas alguns exemplos inequívocos no sentido de que também estas normas, dada a sua particular relevância para a caracterização de uma efetiva Federação, se encontram imunes à atuação erosiva de uma reforma constitucional. Com efeito, não restam dúvidas de que, no caso da supressão da competência legislativa privativa dos Estados e Municípios, o Estado Federal ficaria atingido em um de seus elementos essenciais. Raciocínio semelhante pode ser aplicado ao princípio da separação dos poderes, que igualmente se encontra ao abrigo das "cláusulas pétreas" (art. 60, § 4º, inc. IV, da CF). Caso a autonomia e independência do Poder Judiciário viessem a ser restringidas de tal forma que ficassem virtualmente inoperantes, poder-se-ia sustentar uma inequívoca afronta ao princípio da separação dos Poderes.[77]

Tal orientação, pelo menos assim o revela a evolução mais recente, encontra-se afinada com a jurisprudência do nosso Supremo Tribunal Federal, que, em julgamento ocorrido no dia 08.10.1980, mesmo tendo julgado improcedente a ação, entendeu que a mera ampliação do mandato dos prefeitos por mais de dois anos não poderia ser considerada uma abolição (nem mesmo tendencial) da nossa República, já que o postulado republicano da limitação temporal dos mandatos políticos ficou preservado, de tal sorte que também aqui transparece a idéia de que o objeto da proteção (portanto, da intangibilidade) é o conteúdo essencial do direito (princípio) fundamental.[78] No mesmo sentido, já na vigência da CF 1988, o STF, manifestando-se sobre a constitucionalidade de emenda versando sobre a reforma previdenciária, entendeu que a forma federativa de Estado, elevada à condição de princípio intangível por todas as constituições brasileiras, não pode ser conceituada a partir de um modelo ideal de Federação, mas sim, aquele concretamente adotado pelo constituinte originário.

Além disso, ainda de acordo com o STF, as limitações materiais ao poder de reforma constitucional, não significam uma intangibilidade literal, mas apenas a proteção do núcleo essencial dos princípios e institutos cuja preservação é assegurada pelas "cláusulas pétreas".[79] Não foi outro, aliás,

---

77 Sobre a reforma constitucional, o princípio da separação dos Poderes e a garantia da independência e autonomia do Poder Judiciário, v., especialmente SILVEIRA, José Néri da. "A Reforma Constitucional e o Controle de sua Constitucionalidade", op. cit., p. 210 e ss.

78 Cf. voto do Ministro Moreira Alves, in: *Revista Trimestral de Jurisprudência* nº 99 (1980), p. 1040-1, consignando-se que com isso não se está a adentrar no mérito (sem dúvida controversa) das motivações subjacentes à decisão colacionada.

79 Cf. julgamento na ADI – 2024/DF, relatado pelo Ministro Sepúlveda Pertence. Neste sentido, v. também, a contribuição de SARMENTO, Daniel. "Direito Adquirido, Emenda Constitucional, Democracia e a Reforma Previdenciária", *in:* TAVARES, Marcelo

o entendimento vitorioso quando do julgamento do MS 23.047-MC, publicado no DJ de 14.11.2003, relatado pelo Ministro Sepúlveda Pertence, para quem "as limitações materiais ao poder constituinte de reforma, que o art. 60, § 4º, da Lei Fundamental enumera, não significam a intangibilidade literal da respectiva disciplina na Constituição originária, mas apenas a proteção do núcleo essencial dos princípios e institutos cuja preservação nelas se protege".

A despeito da existência de outras decisões, que aqui não se pretende inventariar, a concepção de que intocável é apenas o núcleo essencial dos direitos e/ou princípios protegidos por conta das "cláusulas pétreas", lembre-se apenas a relativamente recente decisão do STF quando promulgada a assim chamada "PEC da Bengala", ocasião na qual o STF, provocado pela Associação dos Magistrados do Brasil, entendeu que a imposição de uma nova sabatina aos Ministros nomeados quando completassem 70 anos viola o núcleo essencial do princípio da separação dos poderes, visto afetar e comprometer diretamente a independência do Poder Judiciário e de seus integrantes.

Para fechar o tópico, importa colacionar um argumento adicional, qual seja, o de que não parece plausível extrair da constituição uma proteção contra o poder de reforma constitucional que sequer em face do legislador ordinário está assegurada. Ora, se um direito fundamental – especialmente na ordem jurídico-constitucional brasileira – pode ser objeto de restrições por lei e mesmo com base em lei (por Decreto ou mesmo outros atos normativos), resulta difícil aceitar a tese de que o legislador reformador (munido de maior legitimidade democrática, à vista dos limites formais) não possa, mediante emenda à constituição, impor alguma restrição a direitos fundamentais. Do contrário, estar-se-ia assegurando maior força à lei do que à própria emenda constitucional, algo que definitivamente não parece estar consagrado pelo artigo 60, § 4º, da CF, tal como suficientemente demonstrado.

Ainda no campo da mudança constitucional, mas já abandonando os mecanismos convencionais da mudança formal via reforma da constituição,

---

Leonardo (Coord.). *A Reforma da Previdência Social*, Rio de Janeiro: Lúmen Júris, 2004, p. 36 e ss., comungando da posição aqui sustentada. Mais recentemente, v. PEDRA, Adriano Sant'Ana. *A Constituição Viva. Poder Constituinte Permanente e Cláusulas Pétreas*, Belo Horizonte: Mandamentos, 2005, p. 115, em alentada obra sobre o tema do Poder Constituinte e sobre a reforma constitucional, assim como FREITAS, Luiz Fernando Calil de. *Direitos Fundamentais: limites e restrições*, Porto Alegre: Livraria do Advogado, 2006, p. 193. Vale conferir, ainda, a análise das principais decisões do STF elaborada por SILVEIRA, Vladimir Oliveira da. *O Poder Reformador na Constituição Brasileira de 1988*, op. cit., p. 141 e ss., bem como, bem explorando a discussão da jurisprudência do STF no marco dos limites aos limites dos direitos fundamentais, v. BRANDÃO, Rodrigo. *Direitos Fundamentais, Democracia e Cláusulas Pétreas*, op. cit., p. 285 e ss.

por si só já complexo e polêmico, avançamos agora para, na última parte, tratarmos, ainda que em linha gerais, do ainda mais candente problema da mudança informal da constituição via mutação constitucional, tema que no Brasil tem ganhado maior atenção nos últimos anos e que não escapou ao olhar crítico de nosso homenageado, como se verá logo mais adiante.

5. A assim chamada "mutação" constitucional e suas formas de manifestação: algumas aproximações

5.1. Considerações gerais: conceito e modalidades de mutação constitucional

A problemática da assim chamada "mutação" constitucional, situa-se, como já adiantado no item introdutório ao fenômeno da mudança constitucional, visto que ao lado das competências formais de alteração constitucional, no âmbito da reforma constitucional, existe a possibilidade de mudança do conteúdo e do alcance das normas constitucionais pela via informal, isto é, sem que seja alterado o texto da Constituição. Tal processo foi originalmente identificado pela doutrina alemã sob o rótulo de Verfassungswandlung, especialmente por intermédio dos trabalhos desenvolvidos pelos publicistas Paul Laband[80] e Georg Jellinek,[81] bem como, mais adiante, por Hsü Dau-Lin,[82] embora Jellinek tenha sido o primeiro a adotar o conceito em contraposição ao de reforma constitucional, no âmbito mais amplo da mudança da (e na) constituição.[83] O termo foi traduzido, posteriormente, no âmbito da literatura jurídica espanhola, como mutación de la Constitución, por Manuel García Pelayo, tendo sido amplamente acolhido na doutrina ibero-americana.[84]

A noção de mutação constitucional, assim como a de reforma constitucional, guarda relação com a concepção de que, em determinado sentido, uma constituição é um organismo vivo, submetido à dinâmica da realidade social, e que, portanto, não se esgota através de fórmulas fixas e pré-de-

---

80   LABAND, Paul. *Wandlungen der deutschen Reichsverfassung*, Dresden, 1895.

81   JELLINEK, Georg. *Verfassungsänderung und Verfassungswandlung*, Berlin, 1906.

82   DAU-LIN, Hsü. *Die Verfassungswandlung*, Berlin-Leipzig: Walter de Gruyter, 1932. Aqui será utilizada a versão em língua espanhola, DAU-LIN, Hsü. *Mutación de la Constitución*, Trad. de Pablo Lucas Verdú e Christian Förster, publicada pelo Instituto Vasco de Administración Pública, Oñati, em 1998

83   Cf. STERN, Klaus. Derecho del Estado de la Republica Federal Alemana. Tradução parcial do primeiro volume do original alemão por Javier Pérez Royo e Pedro Cruz Villalón, Madrid: Centro de Estudios Constitucionales, 1987, p. 334.

84   Cf. referido por VERDÚ, Pablo Lucas. *Prólogo da obra de Hsü Dau-Lin, Mutación de la Constitución*, Oñati: Instituto Vasco de Administración Pública, 1998, p. 13-14.

terminadas.⁸⁵ Consoante Hsü Dau-Lin, imprimindo um sentido ampliado à noção de mutação constitucional, esta consiste na modificação do conteúdo das normas constitucionais sem alteração do texto constitucional, em virtude da incongruência entre a constituição escrita e a realidade constitucional.⁸⁶ Em sentido similar, na acepção cunhada por Karl Loewenstein, a mutação constitucional pode ser conceituada como sendo uma transformação no âmbito da realidade da configuração do poder político, da estrutura social ou do equilíbrio de interesses, sem que tal atualização encontre previsão no texto constitucional, que permanece intocado.⁸⁷

Tendo em conta que a mutação constitucional diz respeito essencialmente ao hiato entre texto normativo e realidade e a mudança de sentido de uma norma jurídica, é possível perceber que a mudança de sentido de uma norma jurídica não se trata de um problema exclusivamente constitucional, pois o déficit de sinergia de um texto normativo com a realidade fática que busca captar e regular não se revela apenas ao nível do direito constitucional, tratando-se, pelo contrário, de um problema científico do Direito como um todo, embora, no caso da mutação constitucional, tenha alcançado uma dimensão particularmente relevante e dotada de aspectos peculiares em função da especial posição hierárquica e função da constituição na ordem jurídica.⁸⁸

Em virtude de a mutação constitucional guardar relação com a atualização e modificação da constituição em virtude do câmbio na esfera da realidade fática (social, econômica, cultural, etc.), ela, diversamente da reforma constitucional, não representa, de regra, um acontecimento pontual, mas sim, resulta de um processo mais ou menos longo, por exemplo, por força de uma prática interpretativa reiterada e sedimentada ao longo do tempo.⁸⁹

A problemática da mutação constitucional, por outro lado, assume especial relevância no contexto das constituições rígidas, ou seja, as

---

85   LÖWENSTEIN, Karl. Teoría de la Constitución. 2ª ed. Barcelona: Editorial Ariel, 1976. p. 164.

86   DAU-LIN, Hsü. *Mutación de la Constitución*, op.cit., p. 29 e ss. O autor, em obra considerada referencial sobre o tema, identificou quatro espécies de mutação constitucional: a) mutação mediante uma prática estatal que não viola formalmente a constituição; b) mutação da constituição mediante a impossibilidade de exercer determinados direitos constitucionalmente assegurados; c) mutação constitucional mediante uma prática estatal contrária à constituição; d) mutação constitucional mediante interpretação da constituição; (p. 31 e ss.).

87   Cf. Karl Löwenstein, Teoría de la Constitución, op. cit., p. 165 (tradução livre do espanhol: una transformación en la realidad de la configuración del poder político, de la estructura social o del equilibrio de intereses, sin que quede actualizada dicha transformación en el documento constitucional: el texto de la constitución permanece intacto).

88   Cf. STERN, Klaus. Derecho del Estado de la Republica Federal Alemana, op. cit., p. 336.

89   Cf., KLOEPFER, Michael. Verfassungsrecht I, München: C.H. Beck, 2011, p. 34.

Constituições cujo texto apenas pode ser modificado mediante processo de alteração mais agravado (mais difícil), e não pelo simples procedimento da legislação ordinária, visto que com isso se abre maior espaço para o desenvolvimento do direito constitucional pela via da interpretação.[90] Além disso, a em geral maior abertura e indeterminação das disposições constitucionais (do texto constitucional), mas também o fato de a constituição reservar aos órgãos encarregados da concretização de seu projeto normativo uma relativamente ampla liberdade de ação contribui para uma maior possibilidade de participação criativa dos órgãos jurisdicionais e de todos os que operam no plano da concretização da constituição.

Em monografia dedicada ao tema, Anna Candida da Cunha Ferraz distingue, no âmbito mais amplo dos modos informais de mudança constitucional, entre mutações constitucionais, que não violam o texto constitucional, e mutações inconstitucionais, que implicam em violação da constituição, ainda que possam subsistir na prática.[91] A existência de mutações inconstitucionais significa que as mutações constitucionais, para serem consideradas legítimas, devem respeitar determinados limites, que, por sua vez, devem ser reconduzidos à própria constituição projetada pelo poder constituinte. A existência de mutações inconstitucionais (assim como a existência de leis ou atos administrativos que contrariam a constituição) não significa que tais mutações que violam a ordem constitucional devam ser toleradas como juridicamente válidas, razão pela qual devem ser refutadas pelos órgãos estatais competentes, ainda que nem sempre seja possível conter os processos de mudança, o que poderá resultar até mesmo, a depender das circunstâncias, na destruição da ordem constitucional por meio de uma revolução.[92]

5.2. Mecanismos (modos) de mutação constitucional

Já no que diz com os modos ou mecanismos de manifestação das mutações constitucionais (incluindo eventuais mutações inconstitucionais), destacam-se três modalidades: a) a mutação por meio da interpretação, em especial, mas não exclusivamente, por meio da atuação dos órgãos jurisdi-

---

90   Sobre a implicação da rigidez e flexibilidade da Constituição no estudo do tema, v., por todos, na literatura brasileira mais recente, SBROGIO'GALIA, Susana. Mutações Constitucionais e Direitos Fundamentais. Porto Alegre: Livraria do Advogado, 2007. p. 85-89.

91   Cf. FERRAZ, Anna Candida da Cunha. *Processos Informais de Mudança da Constituição: Mutações Constitucionais e Mutações Inconstitucionais*. São Paulo: Max Limonad, 1986, p. 09 e ss.

92   Cf. BARROSO, Luís Roberto. Curso de Direito Constitucional Contemporâneo, Op. Cit., p. 127-28.

cionais; b) a mutação mediante o costume; c) a mutação constitucional por obra da legislação infraconstitucional.[93]

Especialmente relevantes, portanto, são as mutações constitucionais pela via da interpretação, que ocorrem sempre que se altera o significado e alcance do texto constitucional sem que se efetue qualquer alteração textual.[94] Ao longo do tempo, podem ser identificadas em diversas ordens constitucionais. Exemplo habitualmente citado na doutrina é o famoso caso Marbury v. Madison, julgado pela Suprema Corte norte-americana, em 1803, precedente que introduziu no sistema jurídico norte-americano o controle judicial de constitucionalidade das leis, nada obstante a ausência de previsão normativa no texto da Constituição.

Ainda no âmbito da evolução constitucional norte-americana, Luís Roberto Barroso identifica dois momentos que atestaram inequivocamente a ocorrência de uma mutação constitucional. Trata-se da jurisprudência formada a partir do chamado New Deal que rompeu com o paradigma constitucional em voga durante a Era Lochner,[95] passando a admitir um conjunto de leis trabalhistas e sociais. Um outro exemplo significativo diz respeito à reconstrução do princípio da igualdade, especialmente no campo da discriminação racial, como ocorreu, em 1954, com o caso Brown v. Board of Education, quando a Suprema Corte reviu o entendimento ratificado deste o final do século XIX, no caso, a assim chamada doutrina dos "iguais, mas separados". Desde então, tornou-se inconstitucional a segregação racial entre negros e brancos em escolas públicas dos Estados Unidos. Em ambos os casos – assim também o afirma Luís Roberto Barroso – ocorreu um câmbio do sentido outorgado a normas constitucionais sem que tivesse havido alteração do texto, o que faz com que a mutação constitucional pela interpretação não possa ser confundida com o que se costuma designar de interpretação evolutiva ou interpretação construtiva, pois a mutação constitucional implica alteração de sentido da norma em relação com a compreensão anterior.[96]

No Brasil também podem ser encontrado exemplos de mutação constitucional pela via da interpretação judicial, destacando-se, já sob a égide da atual CF, o sentido atribuído pelo STF ao dispositivo (art.52, X, CF) que

---

93   Cf. BARROSO, Luís Roberto. Curso de Direito Constitucional Contemporâneo, Op. Cit., p. 128-29. Em sentido similar, embora apresentando também outras modalidades, v. BULOS, Uadi Lammêgo. Mutação Constitucional, São Paulo: Saraiva, 1997, p.63 e ss.

94   Cf. FERRAZ, Anna Candida da Cunha. *Processos Informais de Mudança da Constituição*, op. cit., p. 57.

95   Em linhas gerais, no caso Lochner v. New York, de 1905, a Suprema Corte anulou uma lei deste Estado que limitava a jornada de trabalho em dez horas diárias, fundamentando a decisão na liberdade econômica e contratual.

96   BARROSO, Luís Roberto. *Curso de Direito Constitucional Contemporâneo, op. cit.,* p. 124-5.

determina a comunicação, pelo STF, de decisão que declarar a inconstitucionalidade de lei, de modo a que o Senado Federal suspenda, no todo ou em parte, os efeitos da norma. No caso, o STF passou a entender que o efeito da comunicação pelo STF é apenas o de dar publicidade à decisão, pois a eficácia geral (erga omnes) da decisão já decorre do próprio sistema constitucional e da natureza da decisão do STF em matéria de controle de constitucionalidade, ainda mais em face (entre outros aspectos dignos de nota) das alterações introduzidas pela EC n° 45/2004 e da legislação sobre a ADIN, ADC e ADPE, alterando significativamente o perfil do sistema brasileiro de controle de constitucionalidade.[97] Outro exemplo possível de ser enquadrado na categoria das mutações constitucionais pela via interpretativa pode ser vislumbrado no julgamento do STF sobre a exegese do dispositivo constitucional que trata sobre a união estável entre homem e mulher, que, a despeito do texto, foi estendido às uniões estáveis entre pessoas do mesmo sexo, inclusive para efeitos de interpretação conforme a constituição (ao novo sentido atribuído ao texto constitucional) do Código Civil.[98]

Além da mutação por meio da interpretação, a mudança informal, como já referido, poderá ocorrer por força de um costume constitucional, que, por sua vez, constitui fonte de direito constitucional em sentido material. No âmbito de uma constituição analítica e relativamente recente, como é o caso da CF, o papel possível do costume constitucional é muito mais limitado do que em outras ordens constitucionais. Além disso, problemática a possibilidade de reconhecimento de um costume contrário ao sentido literal da constituição, o que, todavia, há de ser analisado no item sobre os limites da mutação constitucional. Em caráter meramente ilustrativo, podem ser citados alguns exemplos possíveis de costume constitucional no Brasil, como é o caso do reconhecimento da possibilidade de o Chefe do Executivo negar aplicação à lei manifestamente inconstitucional ou a aprovação de projeto de lei mediante acordo entre as lideranças partidárias no Congresso.[99]

Também mudanças processadas ao nível da legislação infraconstitucional podem levar a uma mutação constitucional, mas apenas quando a medida legislativa implicar alteração da compreensão do sentido e aplicação de norma constitucional sem alteração do texto da constituição,[100] de

---

97 Cf., por todos, MENDES, Gilmar Ferreira; COELHO, Inocêncio Mártires; BRANCO, Paulo Gustavo Gonet. *Curso de Direito Constitucional*, op. cit., p. 1161 e ss.

98 Cf. Decisão do STF: ADI 4.277 e ADPF 132, Rel. Min. Ayres Britto, julgamento em 5-5-2011, Plenário, DJE de 14-10-2011.

99 Cf., por todos, BARROSO, Luís Roberto. Curso de Direito Constitucional Contemporâneo, op. cit., p. 134 e ss.

100 Cf., BARROSO, Luís Roberto. Curso de Direito Constitucional Contemporâneo, op. cit., p. 134 e ss.

tal sorte que aqui se poderá mesmo falar, em certo sentido, em uma espécie de interpretação da constituição conforme a lei, pois ao regular as situações da vida o legislador poderá estar, como primeiro "intérprete", influindo no próprio sentido da norma constitucional por ele regulamentada, especialmente quando a nova interpretação legislativa encontrar ressonância no meio dos Juízes e for chancelada pelo Poder Judiciário. De qualquer sorte, é controverso até que ponto a legislação infraconstitucional é o mecanismo propriamente dito da mutação ou o fator que impulsiona a mudança informal da constituição por parte do intérprete, ou seja, mediante a ação dos órgãos do Poder Judiciário incumbidos da guarda da constituição.

Além disso, considerando a distinção entre poder constituinte e constituído e a hierarquia das fontes, problemática a própria noção de uma mutação constitucional legislativa, que, inclusive, pode até mesmo soar como sendo contraditória. De qualquer sorte, cuida-se de tópico altamente polêmico e que aqui não será objeto de maior desenvolvimento.

5.3. Limites da mutação constitucional – o problema das mutações inconstitucionais e a contribuição de Lenio Streck

A mutação constitucional poderá eventualmente ocorrer de modo a violar o sentido literal da constituição formal (escrita), ou seja, tanto pela interpretação judicial, quanto pela atuação do legislador infraconstitucional e por meio de um costume ou prática por parte dos poderes constituídos, é possível, nesse sentido, falar em uma mutação inconstitucional.

A despeito de tais mudanças serem inconstitucionais por ofensa à constituição escrita, cuja supremacia formal e material há de ser assegurada, o fato é que na prática mudanças manifestamente inconstitucionais (pelo menos no sentido, reitere-se, de violação da constituição escrita) podem ainda assim prevalecer, seja pela falta de controle (especialmente no âmbito do controle de constitucionalidade) de tais mudanças, seja pelo fato de tal controle ser mesmo inviável em algumas hipóteses.[101] Especialmente quando se trata de mutação por via da interpretação judicial, verifica-se que os limites da interpretação são, em certo sentido, também limites da própria mutação, visto que como poder constituído, embora a atribuição para interpretar e aplicar de forma vinculante o direito constitucional, o Poder Judiciário não está autorizado (o que não significa que isso não possa vir a ocorrer na prática!) a julgar contra disposição constitucional expressa.

Valendo-nos da lição de Konrad Hesse, embora a possibilidade de uma mutação constitucional pela interpretação, a quebra da ordem constitucional encontra-se vedada, pois onde o intérprete se coloca acima da

---

101 Cf., por todos, FERRAZ, Anna Candida da Cunha. *Processos Informais de Mudança da Constituição*, op. cit., p. 213-14.

constituição, não se trata mais de interpretação, mas sim, de alteração ou mesmo violação da constituição.[102] Por outro lado, como destaca Gomes Canotilho, as mutações constitucionais devem ser consideradas admissíveis quando não se pretenda simplesmente constitucionalizar fatos de modo a ensejar uma leitura contrária ao próprio texto constitucional, o que, ao fim e ao cabo, acabaria por representar uma leitura constitucional de baixo para cima, corrosiva até mesmo da força normativa da constituição.[103]

O quanto tais diretrizes, que buscam conciliar a mudança, portanto, uma possível e mesmo desejável interpretação evolutiva, com a necessária estabilidade da constituição (e o respeito aos seus limites textuais), têm sido observadas na prática da jurisprudência constitucional, com destaque para a atuação do STF, é difícil de responder e o tópico tem sido objeto de acirrado debate em virtude de algumas decisões de grande importância e repercussão. Bastaria referir aqui o caso da (ainda pendente de julgamento final) superação por seu caráter obsoleto – tese defendida, por exemplo, pelos Ministros Gilmar Ferreira Mendes e Eros Roberto Grau – da necessidade de o STF comunicar o teor da decisão que declarar a inconstitucionalidade de lei ao Senado Federal, que, nos termos do – formalmente ainda em vigor – artigo 52, X, CF, poderá "suspender a execução, no todo ou em parte, de lei declarada inconstitucional por decisão definitiva do Supremo Tribunal Federal", mediante o argumento de que a única interpretação afinada com o atual modelo de controle de constitucionalidade, especialmente desde a previsão do efeito vinculante em matéria de ADI, ADC e ADPF, seria a de que a comunicação ao Senado teria apenas o sentido de viabilizar a publicação (portanto, dar ciência) da decisão pela inconstitucionalidade, mas sem qualquer efeito adicional.

Independentemente de prevalecer ou não tal entendimento, não é difícil perceber que, embora as razões esgrimidas esbarrem em argumentos contrários, já pelo fato de o dispositivo constitucional indicar que o Senado poderá (e não deverá!) suspender (e ainda por cima o poderá fazer em caráter parcial) a execução da lei, entre outras razões que aqui se poderia esgrimir.[104]

Outra decisão, esta sim amplamente aplaudida (e quanto ao resultado com toda a razão), diz com a extensão, pelo STF, da proteção com base no

---

102 Cf. HESSE, Konrad. *Grundzüge des Verfassungsrechts...*, op.cit., p. 29-30.

103 CANOTILHO, José Joaquim Gomes. *Direito Constitucional e Teoria da Constituição*. Op. Cit., p. 1229-30.

104 Para uma apertada – mas precisa – síntese da discussão e dos posicionamentos dos Ministros que já se pronunciaram no processo (Reclamação n° 4.335), v., por todos, no âmbito dos cursos e manuais de direito constitucional brasileiros, Bernardo Gonçalves Fernandes, Curso de Direito Constitucional, 3ª ed., Rio de Janeiro: Lumen Juris, 2011, p. 925 e ss, que se posiciona de modo contrário ao proposto pelos Ministros Gilmar Mendes e Eros Grau, afirmando que se cuida de um caso de mutação inconstitucional.

instituto da união estável às uniões homoafetivas, muito embora a expressa previsão no texto constitucional de que somente será considerada para efeitos da proteção estatal a união entre o homem e a mulher (artigo 226, § 3º, CF), cujo sentido foi "relido" pelo STF, para, num segundo passo, considerar em desconformidade com o texto (em verdade, o sentido atribuído a um texto que expressamente assegura algo distinto, no caso, a união entre homens e mulheres) uma fórmula prevista na legislação ordinária (Código Civil) que, em si, apenas reproduziu o texto constitucional.[105]

O problema, como era de esperar, logo foi percebido pelo nosso homenageado, que – mesmo correndo o risco da exposição pública – manejou importantes críticas não ao resultado em si da decisão, mas sim ao fato de que tal decisão não caberia ao STF e sim ao poder de reforma constitucional, no caso, ao Congresso Nacional pela via do instituto ordinário das emendas à constituição, visto tratar-se de uma superação do sentido literal mínimo do texto constitucional e, portanto, de uma mutação inconstitucional.[106]

Assim, sem querer polemizar sobre a bondade evidente da causa agasalhada pelo STF, pois dificilmente alguém poderá, na atual quadra, negar a necessidade de assegurar a livre orientação sexual e de promover a igualdade (e coibir a discriminação) também nessa seara, não se poderá, por outro lado, desconsiderar pura e simplesmente as razões daqueles que – como o já lembrado Lenio Streck –, preocupados com os efeitos colaterais da metódica adotada pela nossa corte constitucional, que, à míngua de ajuste legislativo, estaria – dentre outros argumentos relevantes – usurpando função que não lhe é própria.

6. A título de encerramento: algumas notas adicionais sobre a relação entre a mudança (reforma e mutação constitucional), os direitos fundamentais e o princípio democrático

Sem que se tenha a pretensão de articular um conjunto de conclusões, o que se busca ressaltar a esta altura, uma vez tomada posição em favor de uma interpretação reforçada dos limites materiais à reforma constitucional no que tocante ao fato de que todos os direitos fundamentais são assegurados contra uma supressão e esvaziamento por parte do

---

105 Cf. julgamento da ADI 4277 e da ADPF 132, em 05.05.2011.

106 Nesse sentido, v., por todos – cuida-se de texto produzido ainda antes do julgamento da causa pelo STF – Lenio Luiz Streck, Vicene de Paulo Barreto e Rafael Tomaz de Oliveira, "Ulisses e o canto das sereias: sobre ativismos judiciais e os perigos da instauração de um "terceiro turno da constituinte", in: Revista de Estudos Constitucionais, Hermenêutica e Teoria do Direito (RECHTD) I (2): 75-83, julho-dezembro de 2009 (http://rechtd.unisinos.br/pdf/84.pdf), assim como Lenio Luiz Streck. Verdade e Consenso: constituição, hermenêutica e teorias discursivas, 4ª ed., São Paulo: Saraiva, 2011, p. 265-66.

poder de reforma constitucional, sem prejuízo da necessária abertura a restrições que não afetem o núcleo essencial dos conteúdos protegidos, é que a maior ou menor permanência da ordem constitucional, por mais sólidas que sejam as garantias formais estabelecidas pela própria constituição, depende da legitimidade (procedimental e substancial) das instituições políticas e de uma efetiva vontade de (e para a) constituição (Konrad Hesse).

Nessa perspectiva, especialmente considerando a posição aqui adotada, afinada com uma interpretação não restritiva do elenco dos limites materiais à reforma constitucional, especialmente em se tratando de direitos e garantias fundamentais, é preciso enfatizar que embora, por um lado, se possa objetar que se cuida de posição mais restritiva da democracia, essa não é a única e, no nosso sentir, a melhor resposta, especialmente no contexto peculiar da ordem constitucional brasileira vigente. Em primeiro lugar, impende recordar que uma ampla proteção dos direitos fundamentais precisamente constitui pressuposto e objetivo de uma ordem democrática, pois, a despeito de seu viés contra-majoritário, os direitos fundamentais, ainda mais quando consagrados por um poder constituinte democraticamente constituído e exercido, são também garantes da democracia.

Aliás, é na garantia de direitos fundamentais, que operam também como limites jurídicos ao exercício do poder, ainda que mediante processos democráticos, que reside um dos aspectos nucleares de outro princípio estruturante, que assume a mesma dignidade constitucional do princípio democrático, qual seja, o do Estado de Direito. Por outro lado, superada a noção de que uma democracia se realiza apenas mediante procedimento e que o voto representa a quase que única e exclusiva fórmula de efetivar tais processos democráticos, a proteção reforçada dos direitos fundamentais representa precisamente um meio de emprestar à democracia um conteúdo mais amplo, de matriz substantiva.

Além disso, uma vez que no sistema constitucional pátrio se assegurou aos órgãos do poder judiciário a possibilidade de fulminar emendas constitucionais aprovadas por maioria democrática qualificada, o risco para a própria democracia se revela possivelmente bem maior quando, a pretexto de preservar o regime democrático, se compreende de modo mais restrito a fundamentalidade dos direitos, viabilizando que pautas valorativas nem sempre compartilhadas pelo conjunto da sociedade, sejam utilizadas como critério para justificar a superação, por meio do controle judicial, de direitos consagrados pelo constituinte democraticamente legitimado.

Em suma, o que se pretende sustentar, é que o reconhecimento de que todos os direitos fundamentais, especialmente todos os previstos no Título II, da CF, são "cláusulas pétreas" (ainda mais quando se reconhece, ao mesmo tempo, que, em regra, não se trata de direitos infensos a limites e restrições, que podem ser veiculados por emenda constitucional) não implica necessariamente compressão desproporcional do princípio democrático e muito menos lhe afeta o seu próprio núcleo essencial, desde que preservado o necessário equilíbrio.

Mas o fato de se sustentar aqui uma interpretação extensiva do elenco dos limites materiais ao poder de reforma constitucional, não significa que se deva abdicar – assim como sempre o fez Lenio Streck – de uma postura vigilante em relação a eventuais "avanços" indevidos do Poder Judiciário no âmbito do controle de constitucionalidade de emendas constitucionais. Com efeito, o fato de se tratar de leis aprovadas mediante maioria qualificada e procedimento mais rigoroso em diversos sentidos, lhes assegura maior legitimidade democrática e impõe ao Poder Judiciário maior cautela, consistente tanto numa maior contenção *(self restraint)*, quanto redobrado ônus argumentativo, ademais do caráter excepcional de tal controle.

Se isso já se verifica no campo da mudança formal da Constituição, mais cuidado se haverá de ter na esfera da mutação constitucional, particularmente quando – e aí sim no nosso entender, acompanhando aqui o homenageado, de forma ilegítima – rompendo de modo injustificável e no contexto mais amplo de uma exegese sistemática, respeitosa da unidade da Constituição, com o sentido literal do texto constitucional, e isso independentemente de uma posição conclusiva e pessoal no que diz com o acerto do STF nos diversos casos em que tem lançado mão do instituto da mutação.

Assim, o que importa para o nosso objetivo, é apontar para a necessidade de, na esteira de Lenio Streck, não deixar de assumir as vestes de doutrinador e exercer o indispensável juízo crítico, em especial quando em causa a democracia e os direitos fundamentais. Afinal, a liberdade acadêmica e de manifestação do pensamento em geral é também esteio dessa mesma democracia e consiste em direito fundamental integrante do rol dos limites materiais à reforma constitucional!

CRÍTICAS À ABSTRATIVIZAÇÃO DO CONTROLE DIFUSO DE CONSTITUCIONALIDADE

Eduardo Arruda Alvim
Angélica Arruda Alvim
Eduardo Aranha Ferreira

1. Introdução

A jurisdição constitucional tem ganhado, constantemente, maior relevância no mundo jurídico.

Porém, nem sempre se admitiu que a clássica separação das funções estatais permitia que um Poder se imiscuísse na atividade do outro, principalmente a ponto de atingir diretamente os atos praticados.

É perceptível no direito, então, a evolução teórica que levou à consolidação da ideia de que os Poderes do Estado são independentes e harmônicos, vivendo sob o sistema de *checks and balances*.

Com efeito, é ínsito ao sistema jurídico o mútuo controle entre os Poderes do Estado, justamente para evitar que um aja de modo a violar as normas jurídicas vigentes, sem qualquer espécie de controle.

É nesse cenário que ganha espaço de discussão o controle de constitucionalidade.

Dentro dessa temática, interessa-nos analisar a importante discussão que se tem travado atualmente no Brasil, relativa à eficácia da decisão do Supremo Tribunal Federal que declara incidentalmente a inconstitucionalidade de determinada lei, entendida em sentido amplo, incluindo até mesmo as Emendas Constitucionais.

Para que essa análise se faça possível, é necessária a contextualização do controle de constitucionalidade, sua presença no direito brasileiro e os efeitos das decisões judiciais em cada um dos modelos aqui vigentes.

Feito isso, será possível analisar, efetivamente, a questão da chamada "mutação constitucional" pela qual teria passado a Carta de 1988, especialmente em seu art. 52, inciso X, capaz de fazer com que as decisões do STF em controle difuso de constitucionalidade gozem, desde logo, de eficácia *erga omnes*.

2. Controle de constitucionalidade

O controle de constitucionalidade é a forma prevista pelo ordenamento jurídico para adequar as normas infraconstitucionais à Constituição.

Nesse sentido, diz José Afonso da Silva que:

> Controlar a constitucionalidade acaba sendo a efetiva adequação (compatibilidade) de uma determinada lei ou ato normativo com a Constituição Federal, verificando, naturalmente, seus requisitos formais e materiais.[1]

Tal controle pode ser exercido por quaisquer dos três Poderes do Estado. No Brasil, tem-se a atuação das Comissões de Constituição e Justiça das Casas Legislativas da União, por exemplo, que realizam controle prévio de constitucionalidade das propostas em tramitação no Congresso Nacional. Do mesmo modo, o Presidente da República exerce controle de constitucionalidade ao vetar leis aprovadas pelo Congresso Nacional, especialmente nas hipóteses em que diz haver incompatibilidade com a Lei Maior.

É possível, também, que o referido controle seja exercido pelo Poder Judiciário, cuja atuação deve concentrar-se nos atos legislativos já existentes, o que noutras palavras significa dizer que o Judiciário, via de regra, não exerce controle de constitucionalidade preventivo.[2]

Nem sempre se admitiu a possibilidade de que o Poder Judiciário controlasse a validade das leis e atos normativos editados pelos demais poderes. Costuma-se referir na doutrina que a origem no controle de constitucionalidade remonta ao caso *Marbury vs. Madison*, julgado pela Suprema

---

1   SILVA, José Afonso da. *Curso de Direito Constitucional positivo*. 20 ed. São Paulo: Malheiros, 2001, p. 49 e ss.

2   É importante referir que o STF admite a impetração de mandado de segurança, por parlamentar, com vistas a obstar a tramitação de Emenda Constitucional que viole cláusula pétrea, sob o fundamento de que a própria tramitação do processo legislativo viola a Constituição Federal. Veja-se emenda de Acórdão do Supremo a esse respeito: "- Mandado de segurança contra ato da Mesa do Congresso que admitiu a deliberação de proposta de emenda constitucional que a impetração alega ser tendente a abolição da república. – Cabimento do mandado de segurança em hipóteses em que a vedação constitucional se dirige ao próprio processamento da lei ou da emenda, vedando a sua apresentação (como é o caso previsto no parágrafo único do artigo 57) ou a sua deliberação (como na espécie). Nesses casos, a inconstitucionalidade diz respeito ao próprio andamento do processo legislativo, e isso porque a Constituição não quer – em face da gravidade dessas deliberações, se consumadas – que sequer se chegue a deliberação, proibindo-a taxativamente. A inconstitucionalidade, se ocorrente, já existe antes de o projeto ou de a proposta se transformar em lei ou em emenda constitucional, porque o próprio processamento já desrespeita, frontalmente, a constituição. Inexistência, no caso, da pretendida inconstitucionalidade, uma vez que a prorrogação de mandato de dois para quatro anos, tendo em vista a conveniência da coincidência de mandatos nos vários níveis da Federação, não implica introdução do princípio de que os mandatos não mais são temporários, nem envolve, indiretamente, sua adoção de fato. Mandado de segurança indeferido." (STF. Tribunal Pleno. MS 20.257/DF. Rel. Min. Décio Miranda. Rel. para acórdão Min. Moreira Alves, j. em 8.10.1980).

Corte dos Estados Unidos em 1803, em que Willian Marbury impetrou *writ of mandamus* contra o Secretário de Estado americano James Madison, pleiteando que lhe fosse dada posse no cargo de Juiz de Paz do Distrito de Columbia, haja vista ter sido nomeado pelo anterior Presidente americano John Adams.[3]

A despeito da discussão de fundo, o que releva no referido caso é o fundamento utilizado pelo *Chief of Justice* John Marshall para reconhecer a incompetência da Suprema Corte para conhecer do *writ* em primeira mão.

A impetração do *writ of mandamus* perante a Suprema Corte havia se baseado no *Judiciary Act*, de 1789. Contudo, Marshall reconheceu que o *Judiciary Act* havia criado causa de competência originária da Suprema Corte, além daquelas previstas pelo artigo III, Seção 2, item 2[4] da Constituição Americana.

Com isso, estabeleceu-se naquele país o chamado *judicial review*, consistente na possibilidade de que o Judiciário controlasse a validade das normas, ou seja, a sua compatibilidade com o Texto Constitucional.

Nos Estados Unidos, o controle de constitucionalidade faz-se de maneira difusa, ou seja, frente ao caso concreto. Cabe a qualquer juiz, portanto, analisar a compatibilidade das leis e atos normativos com a Constituição.[5] Aqui, sempre haverá um caso concreto a ser julgado.

Nessa hipótese, não há, propriamente, a retirada da norma do ordenamento jurídico, mas apenas a declaração de sua invalidade, culminando na sua inaplicabilidade ao caso concreto.

---

3 Há, porém, entendimento contrário, no sentido de que o controle de constitucionalidade não se originou no direito americano, conforme aponta Mauro Cappelletti, para quem a origem remonta à grega cidade-Estado de Atenas (CAPPELLETTI, Mauro. *O controle judicial de constitucionalidade das leis no direito comparado*. 2ª Ed. Porto Alegre: Sérgio Antônio Fabris, 1992, p. 50 e ss).

4 "*2. In all cases affecting ambassadors, other public ministers and consuls, and those in which a state shall be party, the Supreme Court shall have original jurisdiction. In all the other cases before mentioned, the Supreme Court shall have appellate jurisdiction, both as to law and fact, with such exceptions, and under such regulations as the Congress shall make.*" (ESTADOS UNIDOS DA AMÉRICA. Constituição. 1787).

5 É exatamente o controle difuso de constitucionalidade, nos Estados Unidos, que vem sendo reiteradamente falado atualmente. O recém empossado Presidente Donald Trump, com vistas a limitar o acesso de estrangeiros ao país, tem editado atos normativos que limitam o acesso aos Estados Unidos. Por diversas vezes, o Judiciário americano tem reconhecido a incompatibilidade desses atos com a Constituição daquele país, como se vê na recente decisão proferida por um juiz do Estado do Havaí que suspendeu ato que violaria a 1ª Emenda da Constituição Americana (a notícia pode ser conferida em http://www1.folha.uol.com.br/mundo/2017/03/1866897-justica-dos-eua-suspende-decreto-anti-imigracao-antes-de-entrar-em-vigor.shtml, com último acesso em 16.3.2017).

De outro lado, há também o controle abstrato de constitucionalidade, que não demanda, por essa razão, a existência de uma causa, conforme destaca Canotilho:

> Relacionado com o controlo concentrado e principal, o controlo abstracto significa que a impugnação da constitucionalidade de uma norma é feita independentemente de qualquer litígio concreto. O controlo abstracto de normas não é um processo contraditório de partes; é, sim, um processo que visa sobretudo a "defesa da constituição" e da "legalidade democrática" através da eliminação de actos normativos contrários à constituição.[6]

Esse é o modelo de controle de constitucionalidade adotado, por exemplo, na Alemanha, em que compete ao *Bundesverfassungsgericht* e aos tribunais constitucionais dos *Länder* a realização do controle de constitucionalidade.[7]

A competência de tais órgãos é bem analisada por Lenio Streck:

> Consoante o art. 100 da Lei Fundamental Alemã, quando um Tribunal considerar inconstitucional uma lei, de cuja validade dependa a decisão, terá de suspender o processo e submeter a questão à decisão do Tribunal do Estado (*Länder*) competente em assuntos constitucionais, quando se tratar de violação da Constituição de um Estado, e ao Tribunal Constitucional Federal (*Bundesverfassungsgericht*) se a violação for da Lei Fundamental. Isso também ocorrerá quando uma lei estadual violar a Constituição Federal ou existir incompatibilidade entre lei federal e estadual.[8]

O Brasil apresenta os dois modelos de controle de constitucionalidade, influenciado pelos diversos sistemas existentes no mundo, muito embora o histórico constitucional brasileiro demonstre ter havido, anteriormente, a adoção por apenas um dos modelos de controle de constitucionalidade.

A Constituição de 1891 inaugurou no Brasil o controle difuso de constitucionalidade, embora de maneira distinta da atualmente prevista, inclusive em relação ao alcance do *judicial control* e os efeitos da decisão que proclamava a inconstitucionalidade.[9]

---

6   CANOTILHO, J.J. Gomes. *Direito Constitucional e Teoria da Constituição*. 3 ed. Coimbra: Almedina, 1998, p. 835.

7   STRECK, Lenio Luiz. *Jurisdição Constitucional e Decisão Jurídica*. 4 ed. São Paulo: RT, 2014, p. 414.

8   STRECK, Lenio Luiz. *Jurisdição Constitucional e Decisão Jurídica*. 4 ed. São Paulo: RT, 2014, p. 415.

9   Analisando a Constituição de 1891, Lenio Streck destaca que "O maior problema dessa nossa embrionária forma de controle decorria do fato de que não havia como dar efeito *erga omnes* e vinculante às decisões do Supremo Tribunal Federal. Ou seja, o controle difuso – enquanto mecanismo isolado – somente funciona no sistema da

À vista disso, a Constituição de 1934 dedicou-se a tratar do papel do Senado no controle difuso de constitucionalidade, a quem competiu suspender a execução da lei ou ato normativo tido por inconstitucional.[10] Nesta Carta Constitucional, instituiu-se também a ação interventiva, que era proposta pelo Procurador-Geral da República e que "destinava-se a submeter à apreciação do STF não o ato estadual apontado como violados do princípio sensível, mas, sim, a lei federal de intervenção, cuja constitucionalidade deveria ser apreciada."[11]-[12]

A seguinte Constituição, de 1937, suprimiu a remessa da decisão ao Senado, conferindo ao Presidente da República a prerrogativa de submeter a decisão do STF ao Legislativo, que poderia declarar a constitucionalidade da norma pela votação de dois terços dos membros de cada Casa, retirando os efeitos da decisão judicial.

Na Constituição de 1946, manteve-se o controle difuso, inclusive com remessa da decisão do Supremo ao Senado. No tocante à ação interventiva, a análise da constitucionalidade do ato estadual passou a ser exercida pelo STF, que não se debruçaria mais apenas sobre a constitucionalidade da lei federal de intervenção, em si.

---

common law; ou, *contrário sensu*, o sistema romano-germânico não pode prescindir do controle concentrado de constitucionalidade. (...) No nascedouro da República, pois, embora praticantes do modelo de direito romano-germânico, optamos pelo controle difuso de constitucionalidade, *sem qualquer mecanismo que estendesse o efeito da decisão para o restante da sociedade*. Ou seja, formal e tecnicamente, a decisão do Supremo Tribunal Federal acerca da inconstitucionalidade de um ato normativo, até o ano de 1934, ficava restrito às partes contendoras. Mesmo que o STF, apreciando recurso extraordinário, julgasse inconstitucional uma lei, qualquer outro juiz ou tribunal poderia continuar a aplicá-la, exatamente pela ausência de um mecanismo que fizesse com que a decisão do Supremo Tribunal alcançasse todo o sistema jurídico." (STRECK, Lenio Luiz. *Jurisdição Constitucional e Decisão Jurídica*. 4 ed. São Paulo: RT, 2014, p. 506).

---

10   Assim: "Uma das inovações da Constituição de 1934 – que se insere mais especificamente nos limites desta abordagem – está exatamente no papel atribuído ao Senado no âmbito do controle difuso de constitucionalidade. Com efeito, é pelo texto de 1934 que começa a ser resolvido o problema do efeito *erga omnes* inexistente na Constituição de 1891." (STRECK, Lenio Luiz. *Jurisdição Constitucional e Decisão Jurídica*. 4 ed. São Paulo: RT, 2014, p. 511).

11   STRECK, Lenio Luiz. *Jurisdição Constitucional e Decisão Jurídica*. 4 ed. São Paulo: RT, 2014, p. 513.

12   A esse propósito, diz Gilmar Mendes que 'em vez da constatação da constitucionalidade da lei, que deflagra a intervenção, tal como na Constituição de 1934, deveria o Tribunal agora aferir diretamente a compatibilidade do direito estadual com os chamados "princípios sensíveis"' (MENDES, Gilmar Ferreira. *Jurisdição Constitucional*. 6 ed. São Paulo: Saraiva, 2014, p. 89).

Já durante o Regime Militar, foi promulgada a Emenda Constitucional nº. 16/1965, que instituiu a representação contra a inconstitucionalidade da lei ou outro ato normativo, que é, efetivamente, o primeiro exemplo de ação de controle concentrado de constitucionalidade do direito brasileiro, tendo em vista que a anterior ação interventiva pressupunha, sempre, um caso concreto ("*conflito envolvendo princípio sensível*").[13]

Com efeito, percebe-se que o controle de constitucionalidade variou no histórico constitucional brasileiro. Com a Constituição de 1988, atribuiu-se ao Supremo Tribunal Federal a competência para julgar a constitucionalidade das leis e atos normativos em caráter abstrato, conforme se extrai do art. 102, inciso I, alínea *a*, ou seja, de maneira abstrata.

Diante disso, percebe-se que o controle concentrado é exercido pelo Supremo Tribunal Federal,[14] por meio de ações diretas de inconstitucionalidade, ações diretas de inconstitucionalidade por omissão e ações declaratórias de constitucionalidade.[15] Ainda, assevere-se que a legitimidade ativa para ajuizamento de tais ações se encontra prevista no art. 103 da Carta Constitucional.

Ademais, o §2º, do art. 102 da Constituição Federal atribui à decisão proferida no controle concentrado de constitucionalidade eficácia *erga omnes* e efeito vinculante.[16]

---

13   STRECK, Lenio Luiz. *Jurisdição Constitucional e Decisão Jurídica*. 4 ed. São Paulo: RT, 2014, p. 515.

14   O controle difuso de constitucionalidade é realizado também pelos Tribunais de Justiça dos estados quando a Constituição Estadual assim o prever. É o caso, *v.g.*, do art. 74, inciso VI da Constituição do Estado de São Paulo, que atribui ao Tribunal de Justiça do estado a competência para julgar originariamente "a representação de inconstitucionalidade de lei ou ato normativo estadual ou municipal, contestados em face desta Constituição, o pedido de intervenção em Município e ação de inconstitucionalidade por omissão, em face de preceito desta Constituição".

15   Convém observar que também a arguição de descumprimento de preceito fundamental pode ser, sob certo ângulo, incluída no conceito de "controle concentrado". Ainda que seja necessária causa a ser julgada, certo é que tal ação, prevista no art. 102, §1º da Constituição Federal, objetiva garantir a observância do Texto Constitucional, tendo eficácia *erga omnes* e efeito vinculante, na forma do art. 10, §3º da Lei 9.882/1999, que regula a matéria. Sobre o tema, aponta Georges Abboud que "o mecanismo da arguição de descumprimento de preceito fundamental é, hoje, um dos meios de controle abstrato de constitucionalidade das leis e atos normativos no direito brasileiro. Tendo em vista a extrema rigidez do sistema constitucional para a admissibilidade da ADIn, quando não couber a ADIn, será possível levar ao STF, por meio da arguição – questão relativa à inconstitucionalidade de lei federal, estadual, distrital ou municipal – para que se tenha decisão de caráter geral, com força de coisa julgada, relativamente à matéria controvertida." (ABBOUD, Georges. *Processo Constitucional Brasileiro*. São Paulo: RT, 2016, p. 159).

16   Assim também prevê o art. 28, parágrafo único da Lei 9.868/1999.

Significa isso dizer que a decisão será aplicada a todos (eficácia *erga omnes*), além de vincular não só o Judiciário, mas também os órgãos da Administração Pública (efeito vinculante).

Note-se que a Constituição Federal não estabelece qualquer providência a ser adotada depois da declaração de inconstitucionalidade pelo Supremo Tribunal Federal. Desse modo, tão logo seja eficaz a decisão, extirpa-se do mundo jurídico a lei ou ato normativo contrário à Constituição.[17]

Por outro lado, a Constituição Federal de 1988 estabeleceu, também, o controle difuso de constitucionalidade. É bem verdade que não há expressa menção de sua existência que, todavia, deflui de diversos dispositivos da Carta Constitucional.

De início, tem-se o acesso à Justiça (art. 5º, inciso XXXV da CF) como direito fundamental, que impede o óbice à tutela jurisdicional em caso de lesão ou ameaça de lesão a direito. Desde logo se percebe, então, que se o ordenamento jurídico contém norma que afronta a Constituição, a lesão ou ameaça de lesão daí decorrente não pode ser afastada da apreciação jurisdicional.

A Constituição Federal, ademais, cuida do controle difuso de constitucionalidade também ao prever o cabimento de recurso extraordinário, na forma do artigo 102, inciso III, alíneas *b* e *c*. Tais dispositivos atribuem competência recursal ao Supremo Tribunal Federal justamente na hipótese de ser realizado controle de constitucionalidade pelas instâncias ordinárias, no julgamento de causas.

Também, a Constituição admite o controle difuso de constitucionalidade ao prever, em seu art. 97, que os tribunais somente poderão declarar a inconstitucionalidade das leis ou atos normativos se o fizerem por voto da maioria de seus membros ou de seu órgão especial. Trata-se da chamada cláusula de reserva de plenário.[18-19]

---

17   Diz Lenio Streck, a propósito, que "declarada a inconstitucionalidade de uma norma na ação declaratória de constitucionalidade, deve-se reconhecer, *ipsu jure*, a sua imediata eliminação do ordenamento jurídico, salvo se, por algum fundamento específico, puder o Tribunal restringir os efeitos da declaração de inconstitucionalidade (v.g., declaração de inconstitucionalidade com efeito a partir de um dado momento no futuro)." (STRECK, Lenio Luiz. *Jurisdição Constitucional e Decisão Jurídica*. 4 ed. São Paulo: RT, 2014, p. 724).

18   A Súmula Vinculante nº. 10 trata do tema: "Viola a cláusula de reserva de plenário (CF, artigo 97) a decisão de órgão fracionário de tribunal que, embora não declare expressamente a inconstitucionalidade de lei ou ato normativo do Poder Público, afasta sua incidência, no todo ou em parte."

19   Os arts. 948 a 950 do CPC/2015 preveem o incidente de arguição de inconstitucionalidade, que se presta, justamente, a operacionalizar a análise incidental da inconstitucionalidade no âmbito dos tribunais, em atenção à previsão constitucional da reserva de plenário.

Todos esses dispositivos constitucionais, como se disse, revelam a existência de controle difuso de constitucionalidade no direito brasileiro. Tal controle se faz de maneira incidental, ou seja, a constitucionalidade ou inconstitucionalidade da lei ou ato normativo nunca se afigura como objeto da demanda, mas como questão prejudicial, cuja resolução, por definição, é imprescindível ao julgamento do pedido, propriamente dito.[20]

Identificados os dois modelos de controle de constitucionalidade existentes no direito brasileiro, impõe-se a análise dos efeitos da decisão de inconstitucionalidade no âmbito do controle difuso.

3. Efeitos da decisão no controle difuso

O controle difuso de constitucionalidade realiza-se, como se disse, de maneira incidental, caracterizando-se a questão da validade da norma como questão prejudicial ao mérito, em si.

Os efeitos da decisão que declara a inconstitucionalidade em caráter incidental, portanto, restringe-se às partes do próprio processo, ou seja, operam *inter partes*. Convém observar que via de regra, a declaração de inconstitucionalidade, nesse caso, operar-se-á com efeito *ex tunc*, pois a norma inconstitucional o é desde o seu nascedouro.

Porém, quis o Constituinte que essa decisão produzisse efeitos gerais, tal como no controle abstrato de constitucionalidade, quando o Senado Federal, diante da declaração incidental de inconstitucionalidade, em caráter definitivo, pelo Supremo Tribunal Federal, suspende a eficácia da lei ou ato normativo. É do que trata o art. 52, inciso X da Constituição:

> Art. 52. Compete privativamente ao Senado Federal:
> X – suspender a execução, no todo ou em parte, de lei declarada inconstitucional por decisão definitiva do Supremo Tribunal Federal;

Como dito anteriormente, cabe ao STF julgar a constitucionalidade ou inconstitucionalidade da lei ou ato normativo pela via do recurso extraordinário (art. 102, inciso III da CF),[21] caso em que exercerá o controle difuso de constitucionalidade.

---

20 É também como diz Lenio Streck: "pelo controle difuso de constitucionalidade, permite-se que, no curso de qualquer ação, seja arguida/suscitada a inconstitucionalidade da lei ou de ato normativo, em âmbito municipal, estadual ou federal. Qualquer das partes pode levantar a questão da inconstitucionalidade, assim como também o Ministério Público e, de ofício, o juiz da causa. Afinal, não há questão de ordem pública mais relevante que a inconstitucionalidade de um texto normativo." (STRECK, Lenio Luiz. *Jurisdição Constitucional e Decisão Jurídica*. 4 ed. São Paulo: RT, 2014, p. 526).

21 Diga-se, por oportuno, que tal modalidade de controle de constitucionalidade pode ser exercido pelo STF também nas causas de competência originária (art. 102, inciso I, alíneas *b* a *r* da CF) e nos recursos ordinários (art. 102, inciso II da CF).

Não se há de confundir os dois modelos de controle. A despeito do controle ser exercido, nessa hipótese, pelo mesmo órgão jurisdicional (STF), certo nos parece ser que a Constituição Federal atribui regramento distinto para ambas as hipóteses.

Enquanto que no controle concentrado, feito em abstrato, a decisão terá eficácia *erga omnes* e efeito vinculante, independentemente de qualquer outro ato (art. 102, §2º da CF), no controle difuso, ainda que realizado pelo STF, a decisão da Corte deverá passar pela chancela do Senado Federal, para que, só assim, seja possível ampliar os efeitos da decisão para todos aqueles que não tomaram assento no processo em que foi proferida a decisão de inconstitucionalidade.[22]

Desse modo, no regramento constitucional brasileiro, a decisão do STF que declara a inconstitucionalidade em caráter incidental terá eficácia sobre as partes do processo, independentemente da posição do Senado Federal. Cabe ao Senado, decidir se os efeitos daquela decisão serão ampliados a todos os demais jurisdicionados, o que se faz retirando a eficácia da norma inconstitucional.

Com isso, no controle concentrado de constitucionalidade, o STF reconhece a invalidade da norma com eficácia *erga omnes*, ao passo que no controle difuso o faz apenas *inter partes*, cabendo ao Senado Federal, frente à decisão do Supremo, obstar a executoriedade da norma, ou seja, ceifar a sua eficácia. Portanto, a eficácia *erga omnes* no controle concentrado faz-se pelo reconhecimento da invalidade; no controle difuso faz-se pela ineficácia da lei, por ato do Senado.

A distinção é relevante. Como se disse, a norma inválida o é desde o seu nascimento,[23] razão pela qual a declaração de inconstitucionalidade opera efeitos *ex tunc*, salvo se houver a sua modulação.[24] Assim, uma vez pronunciada a inconstitucionalidade com efeito *erga omnes*, tal

---

22 Chegou-se a discutir no STF (Processo 4.477/72) se a remessa da decisão ao Senado deveria ocorrer também na hipótese de realização de controle concentrado de constitucionalidade. Nessa ocasião, foi decisivo o parecer do Ministro Moreira Alves, que fez consolidar o entendimento da Corte no sentido de que a remessa ao Senado somente seria necessária no controle difuso de constitucionalidade. Havendo intervenção federal, a remessa seria ao Presidente da República e se se tratasse de ação de controle concentrado, propriamente dito, ter-se-ia decisão com eficácia *erga omnes*, sendo desnecessária a suspensão da execução da lei.

23 ALVIM, Arruda. *Manual de Direito Processual Civil*. 14 ed. São Paulo: RT, 2011, p. 212.

24 O art. 27 da Lei 9.869/1999 trata da modulação dos efeitos: "Art. 27. Ao declarar a inconstitucionalidade de lei ou ato normativo, e tendo em vista razões de segurança jurídica ou de excepcional interesse social, poderá o Supremo Tribunal Federal, por maioria de dois terços de seus membros, restringir os efeitos daquela declaração ou decidir que ela só tenha eficácia a partir de seu trânsito em julgado ou de outro momento que venha a ser fixado."

declaração retroagirá ao momento do nascimento da norma contrária à Constituição.

De outro lado, se a eficácia da decisão se dá *inter partes*, apenas entre os litigantes é que serão produzidos efeitos *ex tunc*. Seguindo-se a retirada da executoriedade da norma pelo Senado (art. 52, inciso X da CF), seus efeitos somente se produzir *ex nunc*, ou seja, não é possível que a ineficácia retroaja a momento anterior, podendo ser identificada apenas *pro futuro*.[25]

Evidencia-se, pois, a importância da distinção entre a declaração de inconstitucionalidade com eficácia *erga omnes* e a ineficácia da norma para todos, justamente, pela possibilidade ou impossibilidade de retroação dos efeitos.

Os modelos de controle de constitucionalidade presentes no direito brasileiro, assim, ostentam procedimentos e características distintas, o que se verifica inclusive na perspectiva dos planos jurídicos que são atingidos pelas decisões, quando dotadas de eficácia *erga omnes*.

A propósito dessa distinção, bem destaca Lenio Streck que "suspender a execução da lei não pode significar retirar a validade lei. Caso contrário, não haveria diferença, em nosso sistema, entre o controle concentrado e o controle difuso."[26]

Não se deve esquecer, ainda, que a própria representatividade adequada, no controle concentrado, garante certa legitimidade democrática à decisão proferida pelo STF, bem como o fato de a própria causa de pedir ser aberta.[27] É bem verdade que a representatividade adequada, nesses casos, é estabelecida *ope legis*, o que certamente não garante, efetivamente, a adequação na tutela do interesse geral. Há de se destacar que o STF vem exigindo a pertinência temática entre "a postulação da lei inconstitucional e a atividade desenvolvida pelo legitimado".[28]-[29] Dessa forma, quis o

---

25 Assim também STRECK, Lenio Luiz. *Jurisdição Constitucional e Decisão Jurídica*. 4 ed. São Paulo: RT, 2014, p. 555.

26 STRECK, Lenio Luiz. *Jurisdição Constitucional e Decisão Jurídica*. 4ª ed. São Paulo: RT, 2014, p. 555.

27 Significa isso dizer que nas ações de controle concentrado de constitucionalidade não há limitação da atuação do STF no tocante à análise da validade da lei ou ato normativo questionado.

28 ALVIM, Arruda. *Manual de Direito Processual Civil*. 14ª ed. São Paulo: RT, 2011, p. 209.

29 Nesse sentido: "AÇÃO DIRETA DE INCONSTITUCIONALIDADE. ARTIGOS 8º, 9º E 10 DA LEI COMPLEMENTAR ESTADUAL 125/2012, DE MINAS GERAIS. LEGITIMIDADE ATIVA DAS ENTIDADES DE CLASSE. ALEGAÇÃO DE VIOLAÇÃO AOS ARTIGOS 42, §§ 1º E 2º, E 142, § 3º, X, DA CONSTITUIÇÃO FEDERAL. EXIGÊNCIA DE LEI ESTADUAL ESPECÍFICA. COMPETÊNCIA DA UNIÃO PARA O ESTABELECIMENTO DE NORMAS GERAIS. ARTIGO 22, XXI E XXIII. 1. A jurisprudência do Supremo Tribunal Federal estabelece os seguintes requisitos a serem atendidos pelas entidades de classe no ajuizamento de ação de

Constituinte reconhecer que a decisão do STF teria legitimidade democrática capaz de atingir não apenas aqueles que figuraram no processo, mas a todos os demais indivíduos.

No controle difuso, por outro lado, não se cogita de representatividade adequada, justamente porque ele se realiza na análise do caso concreto, de uma lide. Assim, a atuação do Senado Federal mostra-se medida que visa, justamente, garantir certa legitimidade democrática à decisão do STF, a ponto de permitir que a inexecução da lei ou ato normativo seja estendida aos demais indivíduos.

Tem-se, assim, que não são idênticos os controles difuso e concentrado de constitucionalidade, razão pela qual não o são, também, os seus efeitos.

Porém, há forte corrente doutrinária que propugna pela ampliação dos efeitos da declaração de inconstitucionalidade em controle difuso, passando a ter eficácia *erga omnes*. Disso se trará em linhas seguintes.

4. Crítica à ampliação dos efeitos da declaração de inconstitucionalidade em controle difuso

Como visto anteriormente, a partir do Texto Constitucional se pode concluir que a decisão do STF que declara determinada norma inconstitucional em caráter incidental somente terá eficácia *erga omnes* se assim

---

controle concentrado: a) abrangência nacional; b) delimitação subjetiva da associação; c) pertinência temática; e d) compatibilidade entre a abrangência da representação da associação e o ato questionado. Requisitos atendidos pelas associações postulantes. Legitimidade ativa reconhecida. 2. A Lei Complementar Estadual 125/2012, do Estado de Minas Gerais, por tratar exclusivamente sobre o regime jurídico dos militares daquele Estado e sobre regras de previdência do regime próprio dos militares e praças, tem a especificidade exigida pela Constituição Federal, atendendo ao comando dos arts. 42, §§ 1º e 2º e 142, § 3º, X, da Constituição Federal. 3. O Supremo Tribunal Federal tem jurisprudência dominante no sentido de reconhecer que cabe à lei estadual, nos termos do art. 42, § 1º, da Constituição Federal, regulamentar as disposições do art. 142, § 3º, inciso X, dentre as quais as relativas ao regime de aposentadoria dos militares estaduais. A atribuição da competência legislativa federal para edição de normas gerais das polícias militares e corpos de bombeiros militares, necessárias para regular a competência, estrutura, organização, efetivos, instrução, armamento, justiça e disciplina que lhes importem um controle geral, de âmbito nacional, não exclui a competência legislativa dos Estados para tratar das especificidades atinentes aos temas previstos pela própria Constituição como objeto de disciplina em lei específica de cada ente estatal em relação aos militares que lhes preste serviço. 4. Ação direta de inconstitucionalidade conhecida e, no mérito, julgada improcedente." (STF. Tribunal Pleno. ADI 4912/MG. Rel. Min. Edson Fachin, j. em 11.5.2016).

determinar o Senado Federal. Percebe-se, ainda, que para as partes do processo em que foi declarada a inconstitucionalidade, referida decisão atingirá a norma em seu plano da validade, enquanto que para todos os demais, haverá apenas ineficácia da norma, ou seja, ela continuará a existir, com presunção de validade, mas será inaplicável ao caso concreto.

Porém, afirmam Gilmar Mendes e Paulo Branco que "a exigência de que a eficácia geral da declaração de inconstitucionalidade proferida pelo Supremo Tribunal Federal em casos concretos dependa de decisão do Senado Federal (...), perdeu parte de seu significado com a ampliação do controle abstrato de normas, sofrendo mesmo um processo de obsolescência".[30-31]

Propugnam os autores que a função do Senado é, atualmente, a de dar publicidade à decisão do STF,[32] haja vista estar-se, hoje, diante de mutação constitucional.[33]

Os autores atribuem tal mutação a diversos fatores, dentre os quais sobressaem a ampliação da legitimidade ativa para as ações de controle concentrado, que reforçou a jurisdição constitucional brasileira, além da criação, pela Emenda Constitucional 45/2004, da Súmula Vinculante (inserção do art. 103-A à CF), que deve ter por "objeto a validade, a interpretação e a eficácia das normas" (art. 103-A, §1º da CF) e que não exige Resolução do Senado Federal.

O STF, por ocasião do julgamento do HC 82.959/SP, de que foi relator o Min. Marco Aurélio (j. em 23.2.2006) declarou incidentalmente a inconstitucionalidade do art. 2º, §1º da Lei de Crimes Hediondos, que

---

30 MENDES, Gilmar Ferreira; BRANCO, Paulo Gustavo Gonet. *Curso de Direito Constitucional*. 10 ed. São Paulo: Saraiva, 2015, p. 1.133.

31 A esse respeito, questionam os autores o seguinte: "Se o Supremo Tribunal pode, em ação direta de inconstitucionalidade, suspender, liminarmente, a eficácia de uma lei, até mesmo de emenda constitucional, por que deveria a declaração e inconstitucionalidade, proferida no controle incidental, valer tão somente para as partes? (MENDES, Gilmar Ferreira; BRANCO, Paulo Gustavo Gonet. *Curso de Direito Constitucional*. 10 ed. São Paulo: Saraiva, 2015, p. 1.133).

32 MENDES, Gilmar Ferreira; BRANCO, Paulo Gustavo Gonet. *Curso de Direito Constitucional*. 10 ed. São Paulo: Saraiva, 2015, p. 1.142.

33 Dizem os autores que em certos casos, "em virtude de uma evolução na situação de fato sobre o qual incide a norma, ou ainda por força de uma nova visão jurídica que passa a predominar na sociedade, a Constituição muda, sem que as suas palavras hajam sofrido mudança alguma. O texto é o mesmo, mas o sentido que lhe é atribuído é outro. Como a norma não se confunde com o texto, repare-se, aí, uma mudança da norma, mantido o texto. Quando isso ocorre no âmbito constitucional, fala-se em mutação constitucional. A interpretação há, porém, de encontrar apoio no teor das palavras empregadas pelo constituinte e não deve violar os princípios estruturantes da Lei Maior; do contrário, haverá apenas uma interpretação inconstitucional." (MENDES, Gilmar Ferreira; BRANCO, Paulo Gustavo Gonet. *Curso de Direito Constitucional*. 10 ed. São Paulo: Saraiva, 2015, p. 134).

vedava a progressão de regime aos condenados pela prática dos delitos lá descritos.

Frente a tal decisão, a Defensoria Pública da União ajuizou reclamação contra o Juiz de Direito da Vara de Execuções Criminais da Comarca de Rio Branco/AC, sob o fundamento de que tal magistrado teria inobservado a decisão do STF que declarou a inconstitucionalidade, ainda que em caráter incidental, do dispositivo da Lei de Crimes Hediondos. Para o referido magistrado de primeiro grau, somente teria eficácia *erga omnes* a decisão do STF se houvesse o cumprimento do art. 52, inciso X da Constituição.

O relator dessa reclamação (Rcl. 4.335/AC) foi o Min. Gilmar Mendes, que votou pela procedência da reclamação, cassando as decisões proferidas pelo reclamado, que deixaram de observar a decisão do STF no HC 82.959/SP, justamente por entender que teria havido mutação constitucional.

Seguiu-se, então, voto-vista do Min. Eros Grau, que também votou pela procedência da Rcl 4.335/AC, diante da ocorrência de mutação do art. 52, inciso X da Constituição, que atribuiria ao Senado o papel, tão só, de dar publicidade à decisão do Supremo.

A reclamação, ajuizada em 2006, veio a ser julgada definitivamente apenas em 2014, prevalecendo o voto do Min. Gilmar Mendes, relator, que deu pela procedência da reclamação, sendo vencidos os Ministros Sepúlveda Pertence, Joaquim Barbosa, Ricardo Lewandowski e Marco Aurélio, que não conheciam da reclamação (o Min. Sepúlveda Pertence votou pela improcedência da ação), mas concediam *habeas corpus* de ofício.

O que releva notar nesta reclamação é que antes de seu julgamento definitivo, houve a aprovação da Súmula Vinculante nº. 26, assim redigida: "Para efeito de progressão de regime no cumprimento de pena por crime hediondo, ou equiparado, o juízo da execução observará a inconstitucionalidade do art. 2º da Lei nº 8.072, de 25 de julho de 1990, sem prejuízo de avaliar se o condenado preenche, ou não, os requisitos objetivos e subjetivos do benefício, podendo determinar, para tal fim, de modo fundamentado, a realização de exame criminológico."

Com isso, relegou-se a segundo plano a discussão relativa à ocorrência da mutação constitucional, tendo em vista que a partir da edição da referida Súmula Vinculante, ter-se-ia a observância obrigatória de seu comando independentemente de Resolução do Senado Federal (art. 103-A da CF).

A despeito da posição tendente a reconhecer a mutação constitucional, entendemos não ser dispensável a Resolução do Senado Federal para que, só assim, seja possível dar eficácia *erga omnes* à decisão definitiva do STF que reconhece a inconstitucionalidade incidentalmente.

Como dissemos anteriormente, o controle difuso e o controle concentrado de constitucionalidade não se confundem. Tanto é assim que quis o Constituinte dar tratamento constitucional distinto a ambos.

Não se deve olvidar, nessa linha, que a própria representatividade adequada no controle concentrado de constitucionalidade é capaz de dar, ao menos a princípio, legitimidade democrática à decisão do STF. No âmbito do controle difuso, isso seria feito pela via da representação exercida pelos parlamentares, eleitos pelo voto popular.

É imprescindível ter em conta, ademais, que o limite mínimo da interpretação do direito é a sua literalidade. Ou seja, não se deve extrair do dispositivo normativo apenas aquilo que a sua literalidade indica, mas também não se pode extrair sentido que fuja por completo dela.

Admitir que o art. 52, inciso X da Constituição sofreu mutação e, por isso, seu texto passou a dizer que cabe ao Senado apenas dar publicidade à decisão do STF é, quer-nos parecer, retirar todo e qualquer conteúdo da referida disposição constitucional, afinal isso significa comparar aquela Casa Legislativa a órgão de imprensa oficial.

O sobredito dispositivo constitucional é claríssimo ao dizer que o Senado suspenderá a execução da lei. Isso, cremos, por si só impede que se diga que onde se lê "suspender a execução" passe-se a ler "dará publicidade, apenas e tão somente".

Ademais, também não nos convencemos de que a previsão da Súmula Vinculante, que não exige chancela do Senado, reforçaria a ideia da mutação constitucional. Como bem aponta Lenio Streck[34], o reconhecimento da inconstitucionalidade, pelo STF, de maneira incidental, pode dar-se por maioria de votos em placar apertado (6 a 5). Nessa hipótese, é indiscutível que o entendimento ainda não estará amadurecido, o que se faz imprescindível à aprovação de Súmula Vinculante, que exige, na forma do art. 103-A da Constituição, dois terços dos membros do Tribunal, ou seja, 8 ministros.[35]

Destaque-se, ainda, que o CPC/2015 contém dispositivos que buscam permitir, em tese, a extensão dos efeitos da decisão do STF em controle difuso de constitucionalidade para todos aqueles que não fizeram parte do processo (eficácia *erga omnes*). Trata-se dos artigos 927, inciso IV e 1.030, inciso I.

O primeiro prevê que os *"juízes e tribunais observarão"* as súmulas (simples) do STF em matéria constitucional. Desse modo, se o STF editar

---

34 STRECK, Lenio Luiz. *Jurisdição Constitucional e Decisão Jurídica*. 4ª ed. São Paulo: RT, 2014, p. 557.

35 Merece destaque a advertência feita por Lenio Streck no tocante à própria utilidade das Súmulas Vinculantes, caso se admita ter havido mutação do art. 52, inciso X da CF. Segundo ele, no controle difuso ou edita-se Súmula Vinculante ou remete-se a decisão ao Senado, pois do contrário "as súmulas perderiam sua razão de ser, porque valerão tanto ou menos que uma decisão por seis votos a cinco", justamente em razão do *quórum* qualificado para aprovação da Súmula Vinculante. (STRECK, Lenio Luiz. *Jurisdição Constitucional e Decisão Jurídica*. 4 ed. São Paulo: RT, 2014, p. 557).

súmula a respeito da inconstitucionalidade de determinado dispositivo normativo, tendo como precedentes, decisões que reconheceram a inconstitucionalidade em caráter incidental, tal decisão deverá ser "observada".[36]

O segundo dispositivo (art. 1.030), cuja redação decorre da Lei nº 13.256/2016, aprovada nos instantes finais da *vacatio legis* do CPC/2015, obsta a interposição de recurso extraordinário quando o STF já houver se pronunciado sobre a existência ou inexistência de repercussão geral ou se a decisão recorrida estiver em consonância com o entendimento do Supremo. Nesse caso, se a decisão do STF reconhecer incidentalmente a inconstitucionalidade de lei ou outro ato normativo, essa decisão será aplicada aos demais casos, na medida em que às partes dos demais processos não será dada a via recursal extraordinária, afinal o art. 1.030, inciso I, alínea *b*, obsta o seguimento do recurso extraordinário quando a decisão recorrida estiver em consonância com o entendimento do Supremo.

A despeito do que preveem os referidos dispositivos, não nos parece correto dizer que as decisões do STF em controle difuso de constitucionalidade passaram, em virtude disso, a ter eficácia *erga omnes*. Como vimos dizendo, o art. 52, inciso X da Constituição Federal não dá margem razoável à interpretação de que a função do Senado Federal é de mera publicização da decisão da Corte, mas de verdadeira integração da legitimidade democrática, bem como de pleno exercício do sistema de freios e contrapesos. Ademais, sequer haveria possibilidade de que lei ordinária, como o é o CPC/2015, alterasse a Constituição Federal ou mesmo a forma como ela deve ser interpretada.

Por essas razões, parece-nos que a mais adequada interpretação do art. 52, inciso X da Constituição Federal é a de que é necessária a Resolução do Senado Federal para que, só assim, possa ter eficácia *erga omnes* a decisão que declara a inconstitucionalidade de determinada lei ou ato normativo, atingindo aqueles que não participaram do processo, não sob a perspectiva da invalidade da norma, mas da ineficácia, como dispõe claramente o referido dispositivo.

Isso, aliás, deve ser ressaltado justamente em virtude do fato de que se a decisão do STF, em controle difuso, puder, desde logo, ser aplicada a todos, o que os atingirá será propriamente a invalidade da norma, operando efeitos retroativos. Isso, ao que nos parece, confronta o art. 52, inciso X da CF, pois ao tratar da não execução da norma, o dispositivo deixou claro que para aqueles que não participaram da relação processual a norma inconstitucional seria ineficaz *pro futuro*.

---

36 Não se ignora, é claro, o acirrado debate doutrinário que gira em torno, principalmente, do art. 927 do CPC/2015, que teria tornado certos pronunciamentos judiciais de observância obrigatória. Porém, para fins do presente estudo, interessa-nos analisar tão somente o referido inciso IV do dispositivo.

Não há espaço no direito brasileiro, ao menos frente ao Texto Constitucional, para a abstrativização do controle difuso de constitucionalidade, de modo que em toda e qualquer hipótese, ao que nos parece correto asseverar, a inconstitucionalidade reconhecida pelo Supremo, em decisão definitiva, de maneira incidental, produzirá efeitos apenas entre as partes do processo. A extensão desses efeitos a terceiros, portanto, demandará a remessa da decisão ao Senado, em cumprimento ao disposto no art. 52, inciso X da Constituição.

5. Conclusão

Teve-se a oportunidade de analisar nas linhas anteriores a questão do controle de constitucionalidade. Sua breve referência histórica revela que nem sempre foi admitida a interferência do Poder Judiciário (principalmente), nos demais Poderes do Estado.

A par disso, contatou-se que o direito brasileiro assimilou o controle de constitucionalidade, prevendo a Constituição Federal de 1988 um sistema misto de controle, que envolve o modelo concentrado e o modelo difuso.

Viu-se, também, que o ordenamento jurídico trata de maneira distinta os dois modelos adotados pelo Constituinte, incluindo-se aí a questão da legitimidade, da competência e principalmente, para efeito do que aqui se analisou, dos seus efeitos.

No âmbito do controle concentrado de constitucionalidade, exercido, de regra (salvo previsão nas Constituições Estaduais), pelo STF, a decisão que declara a inconstitucionalidade do dispositivo normativo opera efeitos sobre todos os indivíduos (eficácia *erga omnes*), inclusive vinculando os órgãos da Administração Pública (eficácia vinculante).

O controle difuso, por seu turno, pode ser exercido por qualquer órgão jurisdicional, inclusive pelo próprio STF. Ainda que haja, nessa hipótese, decisão pelo mesmo órgão incumbido de realizar o controle concentrado de constitucionalidade, não se deve dizer que os modelos se confundem. Tanto é assim que os efeitos da decisão do Supremo, ao realizar controle difuso de constitucionalidade, tem eficácia apenas *inter partes*.

Quis o Constituinte, pois, atribuir ao Senado Federal a competência para ampliar os efeitos de tal decisão do STF aos demais indivíduos, conforme prevê o art. 52, inciso X da Constituição Federal. Desse modo, quando o Supremo reconhece a inconstitucionalidade de determinada lei no julgamento de um caso concreto, atinge-se o plano da validade da norma, mas apenas sob a perspectiva das partes em litígio.

Caso o Senado Federal venha a expedir Resolução, todos os demais indivíduos serão atingidos pela decisão, não porque o STF disse ser inconstitucional, mas porque o Senado disse ser ineficaz a lei em virtude da anterior decisão do STF.

Como se pôde observar, há entendimento no sentido de que o art. 52, inciso X da Constituição Federal teria sido objeto de mutação, caso em que não se altera o texto normativo, mas o seu conteúdo é modificado pelas circunstâncias sociais.

Com isso, afirma a doutrina, com certa tendência do próprio STF, que as decisões dessa Corte, ainda que em controle difuso, têm eficácia *erga omnes*, cabendo ao Senado apenas tornar pública a posição do Supremo.

A despeito do brilhantismo de seus defensores, entendemos não ser caso de admitir como correta tal tese, pois a mutação constitucional não pode excluir inadvertidamente a literalidade do próprio texto. Ou seja, não cabe ao intérprete ir além das possíveis interpretações que a análise gramatical do texto sugere.

Entendemos, portanto, que a Constituição Federal continua a exigir a participação do Senado Federal no processo de ampliação dos efeitos da declaração de inconstitucionalidade incidental pelo STF.

Referências bibliográficas

ABBOUD, Georges. *Processo Constitucional Brasileiro*. São Paulo: RT, 2016.

ALVIM, Arruda. *Manual de Direito Processual Civil*. 14 ed. São Paulo: RT, 2011.

CANOTILHO, J.J. Gomes. *Direito Constitucional e Teoria da Constituição*. 3 ed. Coimbra: Almedina, 1998.

CAPPELLETTI, Mauro. *O controle judicial de constitucionalidade das leis no direito comparado*. 2ª Ed. Porto Alegre: Sérgio Antônio Fabris, 1992.

MENDES, Gilmar Ferreira. *Jurisdição Constitucional*. 6 ed. São Paulo: Saraiva, 2014.

_____; BRANCO, Paulo Gustavo Gonet. *Curso de Direito Constitucional*. 10 ed. São Paulo: Saraiva, 2015.

SILVA, José Afonso da. *Curso de Direito Constitucional positivo*. 20 ed. São Paulo: Malheiros, 2001.

STRECK, Lenio Luiz. *Jurisdição Constitucional e Decisão Jurídica*. 4 ed. São Paulo: RT, 2014.

http://www1.folha.uol.com.br/mundo/2017/03/1866897-justica-dos-eua--suspende-decreto-anti-imigracao-antes-de-entrar-em-vigor.shtml

Argumentação jurídica e legitimidade democrática da jurisdição constitucional

André Rufino do Vale

> SUMÁRIO: **1.** Introdução. **2.** Aprendendo a lidar com um fato incontestável: a onipresença da jurisdição constitucional nas democracias contemporâneas. **3.** Mudando o foco de análise: as práticas argumentativas dos Tribunais Constitucionais.

1. Introdução

A jurisdição constitucional sempre foi alvo de contestações quanto à sua (i)legitimidade democrática. Desde as primeiras ideias relacionadas ao poder de revisão judicial dos atos políticos emanados dos parlamentos democraticamente eleitos,[1] muito se discutiu (e ainda muito se discute) sobre a (in)compatibilidade desse poder com a democracia, o que pode ser traduzido como uma tensão imanente entre *controle judicial das leis vs. soberania parlamentar* (se o foco da discussão é institucional) ou entre *direitos fundamentais (ou humanos) vs. soberania popular* (se o debate se concentra nos valores protegidos), de modo que a questão central remete, ao fim e ao cabo, às relações entre *constitucionalismo vs. democracia*.

Em um esforço de síntese, pode-se dizer que as diversas teses teóricas e filosóficas construídas em torno do problema oscilam (como um pêndulo de Foucault) entre as diferentes concepções sobre esses dois ideais políticos e as variadas combinações possíveis entre elas.[2] A democracia concebida como sistema de decisão essencialmente fundado na *vontade da maioria* (regra da maioria) transforma a questão em "dificuldade contramajoritária"

---

[1] HAMILTON, Alexander; JAY, John; MADISON, James. *The Federalist Papers*. 1787. Public Domain Book. Na bibliografia iberoamericana sobre o tema, vide: DORRADO PORRAS, Javier. *La lucha por la Constitución. Las teorías del Fundamental Law en la Inglaterra del siglo XVII*. Madrid: Centro de Estudios Políticos y Constitucionales; 2001. CUEVA FERNÁNDEZ, Ricardo. *De los niveladores a Marbury vs. Madison: la génesis de la democracia constitucional*. Madrid: Centro de Estudios Políticos y Constitucionales; 2011.

[2] Sobre as questões controvertidas surgidas da relação entre constitucionalismo e democracia, vide: ELSTER, Jon; SLAGTAD, Rune. *Constitucionalismo y Democracia*. Trad. Mónica Utrilla. México: Colegio Nacional de Ciencias Políticas y Administración Pública; Fondo de Cultura Económica; 1999. ALEXANDER, Larry (ed.). *Constitucionalism. Philosophical Foundations*. Cambridge: Cambridge University Press; 1998.

(*countermajoritarian difficulty*)³ e serve de premissa para a caracterização da jurisdição constitucional como um poder contramajoritário⁴ que se justifica apenas se visa proteger direitos (das minorias) e valores constitucionais fundamentais⁵ (se se adota alguma concepção de constitucionalismo *substancial*) ou, de forma mais contida, somente se fica limitado a funcionar como um mecanismo de desobstrução dos canais de participação política e de proteção da regularidade dos processos democráticos⁶ (se a premissa se funda numa concepção *procedimental* do constitucionalismo). A democracia entendida como princípio de *autogoverno do povo* (*self-government*), que ressalta a importância fundamental da *participação e controle cidadãos* no sistema de tomada decisões políticas, serve de base para determinadas críticas que, também partindo de concepções procedimentais (e/ou mesmo deliberativas) sobre o constitucionalismo, alertam sobre (e assim atacam o) caráter *paternalista* de uma fiscalização judicial dessas decisões políticas.⁷

---

3   BICKEL, Alexander. *The Least Dangerous Branch. The Supreme Court at the Bar of Politics*. New Haven: Yale university Press; 1962, p. 16 e ss. Um estudo completo da história e contornos principais do debate em torno da "dificuldade contramajoritária" pode ser encontrado em: FRIEDMAN, Barry. *The history of the countermajoritarian difficulty* (Parts I, II, III, IV, V). In: New York University Law Review, vol. 73, 1998 (Part I); The Georgetown Law Journal, vol. 91, 2002 (Part II); New York University of Law Review, vol. 76, 2001 (Part III); University of Pennsylvania Law Review, vol. 148, 2000 (Part IV); The Yale Law Journal, vol. 112, 2003.

4   BICKEL, Alexander. *The Least Dangerous Branch. The Supreme Court at the Bar of Politics*. New Haven: Yale university Press; 1962, p. 16 e ss.

5   BICKEL, Alexander. *The Least Dangerous Branch. The Supreme Court at the Bar of Politics*. New Haven: Yale university Press; 1962, p. 16 e ss. CHOPER, Jesse H. *The Supreme Court and the Political Branches: democratic theory and practice*. In: University of Pensilvania Law Review, vol. 122, 1974, pp. 810-858. Idem. *On the Warren Court and Judicial Review*. In: Catholic University Law Review, vol. 17, 1968, pp. 20-43.

6   ELY, John Hart. *Democracy and Distrust. A Theory of Judicial Review*. Cambridge: Harvard University Press; 1980. ELY, John Hart. *Another such victory: constitutional theory and practice in a world where courts are no different from legislatures*. In: Virginia Law Review, vol. 77, 1991, pp. 833-879. ELY, John Hart. *Toward a representation-reinforcing mode of judicial review*. In: Mariland Law Review, vol. 37, nº 3, 1978, pp. 451-487. DAHL, Robert A. *Decision-making in a democracy: the Supreme Court as a national policy-maker*. In: Journal of Public Law, vol. 6, 1957, pp. 279-295. DAHL, Robert A. *La democracia y sus críticos*. Trad. Leandro Wolfson. Barcelona: Paidós; 1992.

7   A visão dos juízes da Suprema Corte como "guardiões platônicos" (*Platonic Guardians*) pode ser encontrada em clássico texto do jurista norte-americano Learned Hand. HAND, Learned. *The Bill of Rights. The Oliver Wendell Holmes Lectures*. Cambridge: Harvard University Press; 1958. No direito alemão, pode ser referida a consideração de Ingeborg Maus sobre o Tribunal Constitucional como "superego da sociedade": MAUS, Ingeborg. *O judiciário como superego da sociedade*. Trad. Geraldo de Carvalho; Gercélia Batista. Rio de Janeiro: Lumen Juris; 2010. No âmbito iberoamericano, o recente trabalho de Diego Moreno é um representante da vertente que critica

A defesa da jurisdição constitucional e de sua importância para a democracia fica por conta das teses que intentam conciliar as concepções materiais ou substantivas sobre a democracia com as visões igualmente substanciais de constitucionalismo.[8] As mais recentes teorias que propugnam por uma *democracia deliberativa* reivindicam modelos institucionais de jurisdição constitucional que favoreçam o debate público e o diálogo institucional entre poderes, com diferentes matizes conforme se adote uma concepção procedimental,[9] substancial[10] ou deliberativa[11] de constitucionalismo. E existem, ainda, as teses que, de modo mais incisivo, defendem a absoluta primazia dos valores fundamentais (soberania, autonomia, participação popular etc.), das instituições (assembleias legislativas) e dos mecanismos de tomada de decisão (regra da maioria) próprios da democracia (em sentido formal, participativo e/ou deliberativo) e rechaçam por completo a necessidade de se canonizar direitos em um documento normativo e de se estabelecer institucionalmente o controle judicial da constitucionalidade das leis, corolários do constitucionalismo.[12]

---

o caráter "paternalista" da jurisdição constitucional: RODRÍGUEZ ALCALÁ, Diego Moreno. *Control judicial de la ley y derechos fundamentales: una perspectiva crítica*. Madrid: Centro de Estudios Políticos y Constitucionales; 2011.

8   DWORKIN, Ronald. *Freedom's Law. The moral reading of the American Constitution*. Cambridge: Harvard University Press; 1996. DWORKIN, Ronald. *Law's Empire*. Cambridge: Belknap-Harvard; 1986. PERRY, Michael J. *The Constitution in the Courts: Law or Politics?* New York: Oxford University Press; 1994. Idem. *The argument for judicial review, and for the originalist approach to judicial review*. In: University of Arkansas at Littla Rock Law Journal, vol. 14, nº 4, 1992, pp. 613-671. ALEXY, Robert. *Balancing, constitutional review, and representation*. In: Oxford University Press, I CON, Vol. 3, n° 4, 2005, p. 572-581. No contexto iberoamericano, deve-se fazer referência ao trabalho de Víctor Ferreres Comella: COMELLA, Víctor Ferreres. *Justicia Constitucional y Democracia*. Madrid: Centro de Estudios Políticos y Constitucionales; 1997.

9   HABERMAS, Jürgen. *Facticidad y validez. Sobre el derecho y el Estado democrático de derecho en términos de teoría del discurso*. 2ª Ed. Madrid: Editorial Trotta; 2000.

10 No direito espanhol, vide: LINARES, Sebastián. *La (i)legitimidad democrática del control judicial de las leyes*. Madrid: Marcial Pons; 2008. MARTÍ, José Luis. *La República Deliberativa: una teoría de la democracia*. Madrid: Marcial Pons; 2006.

11 NINO, Carlos Santiago. *La Constitución de la democracia deliberativa*. Barcelona: Gedisa; 2003. ZURN, Christopher F. *Deliberative Democracy and the Institutions of Judicial Review*. New York: Cambridge University Press; 2007.

12 WALDRON, Jeremy. *Law and disagreement*. New York: Oxford University Press; 1999. Idem. *A right-based critique of constitutional rights*. In: Oxford Journal of Legal Studies, vol. 13, nº 1, 1993, pp. 18-51. Idem. *The core of the case against judicial review*. In: Yale Law Journal, 115, 2006, pp. 1348-1406. Idem. Deliberación, Democracia y Voto. In: KOH, Harold Hongju; SLYE, Ronald C. (comp.). *Democracia deliberativa y derechos humanos*. Trad. Paola Bergallo y Marcelo Alegre. Barcelona: Gedisa; 2004. TUSHNET,

O debate teórico em torno dessas questões sempre foi infindável, o que explica que sua importância seja diretamente proporcional à imensa quantidade (hoje praticamente imensurável) de estudos nessa temática,[13] os quais já oferecem abordagens bastante adequadas e contribuições relevantes para os problemas enfrentados, de modo que, a menos que se quisesse focar especificamente o tema e entrar no debate (o que não é a pretensão deste estudo), torna-se desnecessário revolver, explicar e discutir todas essas questões.

A constatação que aqui se torna mais importante está relacionada a alguns possíveis "déficits" que comumente podem ser identificados nesse debate, os quais, fossem levados em conta e abordados de forma adequada, poderiam causar uma mudança na própria perspectiva de análise dos problemas enfrentados.

O primeiro diz respeito à ausência de premissas empíricas num debate que, dessa forma, tem se realizado essencialmente (e, portanto, restritamente) no plano teórico e filosófico. Apesar de alguns trabalhos mais recentes efetivamente contribuírem na perspectiva empírica de abordagem,[14] pode-se dizer que ainda são escassas as discussões teóricas que se desenvolvem levando em conta uma premissa fática que hoje é praticamente incontestável: a recente difusão e consolidação de sistemas de jurisdição constitucional na quase totalidade das novas (e também das antigas) democracias do mundo contemporâneo. Parece sensato considerar que as discussões em torno das relações entre jurisdição constitucional e democracia não

---

Mark. *Taking the Constitution away from the Courts*. Princeton: Princeton University Press; 1999. Idem. *Alternative forms of judicial review*. In: Michigan Law Review, vol. 101, 2003, pp. 2781-2802. Idem. *New forms of judicial review and the persistence of rights- and democracy-based worries*. In: Wake Forest Law Review, vol. 38, 2003, pp. 813-838.

---

13 Citem-se apenas alguns dos mais importantes e recentes trabalhos na doutrina de origem iberoamericana: COMELLA, Víctor Ferreres. *Justicia Constitucional y Democracia*. Madrid: Centro de Estudios Políticos y Constitucionales; 1997. BAYÓN, Juan Carlos. Derechos, democracia y Constitución. In: LAPORTA, Francisco. *Constitución: problemas filosóficos*. Madrid: Centro de Estudios Políticos y Constitucionales; 2003, pp. 399-422. PRIETO SANCHÍS, Luis. *Justicia Constitucional y Derechos Fundamentales*. Madrid: Trotta; 2003. MORESO, José Juan. *La Constitución: modelo para armar*. Madrid: Marcial Pons; 2009. LINARES, Sebastián. *La (i)legitimidad democrática del control judicial de las leyes*. Madrid: Marcial Pons; 2008. RODRÍGUEZ ALCALÁ, Diego. *Control judicial de la ley y derechos fundamentales: una perspectiva crítica*. Madrid: Centro de Estudios Políticos y Constitucionales; 2011.

14 GINSBURG, Tom. *Judicial Review in New Democracies. Constitutional Courts in Asian Cases*. Cambridge: Cambridge University Press; 2003. HIRSCHL, Ran. *Towards Juristocracy. The origins and consequences of the new constitutionalism*. Cambridge, Massachusetts: Harvard University Press; 2004, p. 7-8.

podem mais menosprezar o fato de que a institucionalização (com diferentes características) de mecanismos de *judicial review* tornou-se praticamente uma regra no desenho constitucional dos países democráticos e que, dessa forma, os contornos do problema da legitimidade democrática da jurisdição constitucional e as possíveis soluções teóricas para ele encontradas estão cada vez mais a depender do contexto institucional em que são produzidas.

O segundo possível "déficit de abordagem" relaciona-se com o primeiro, na medida em que a ausência de premissas fáticas em debates estritamente teóricos tem levado as diversas teses a focar em demasia no problema da *legitimação do poder* político (da jurisdição constitucional) e a pouco considerar a *prática* desse mesmo poder em diferentes contextos institucionais. Numa realidade política em que a presença constante e marcante de sistemas de controle judicial das leis tornou-se praticamente uma característica dos regimes democráticos – e na qual, portanto, as relações entre jurisdição constitucional e democracia têm sido cada vez mais vistas como não necessariamente de tensão, mas de conciliação –, mais importante do que continuar questionando o próprio poder da jurisdição constitucional (em face da democracia) parece ser problematizar *como* e *em que medida* esse poder tem sido exercido (democraticamente ou não) pelas Cortes Constitucionais. Dada a inegável realidade institucional das democracias contemporâneas, o problema (estritamente teórico e filosófico) da legitimação do poder em si não deixa de ter sua importância, mas passa a conviver com questões igualmente relevantes, relacionadas ao como e em que medida esse poder *de fato* tem sido exercido (numa perspectiva empírica) e como e em que medida ele *deveria* ser exercido em termos democráticos (numa perspectiva normativa).

O presente artigo pretende demonstrar que o debate teórico em torno da legitimidade democrática da jurisdição constitucional merece ser enfocado também nessas perspectivas mais empíricas e pragmáticas a respeito da prática decisória dos Tribunais Constitucionais. Após (1) esclarecer como a recente expansão da *judicial review* no mundo passou a exigir novas reflexões teóricas sobre as relações entre jurisdição constitucional e democracia, passa-se a defender (2) um tipo de abordagem que esteja centrada nas *práticas argumentativas* dos Tribunais Constitucionais para, ao final, apresentar (3) o contexto institucional ibero e latino-americano como um "laboratório constitucional" adequado para empreender esse tipo de estudos.

2. Aprendendo a lidar com um fato incontestável: a onipresença da jurisdição constitucional nas democracias contemporâneas

Grande parte da discussão sobre a legitimidade democrática da jurisdição constitucional da qual se tem conhecimento advém do debate teórico norte-americano. Os aportes iniciais sobre os problemas enfrentados foram fixados naquele contexto específico e muito do que se produz e reproduz sobre o tema – mesmo em outras latitudes – está intimamente ligado às ideias centrais dos autores anglo-americanos mais representativos do debate. O fato tem uma razão de ser que o justifica plenamente: como o poder concedido a juízes e tribunais de controlar a constitucionalidade das leis não está textualmente previsto na Constituição de 1787, o amplo e profundo debate acadêmico acaba cumprindo um papel relevante nesse contexto, ao contribuir para um processo mais amplo de legitimação desse mesmo poder (jurídico e político), em conformidade com as bases democráticas genuínas que sustentam o regime político norte-americano. Daí a constante necessidade de que o debate teórico em torno de um problema de legitimação da *judicial review* seja sempre revisitado, reproduzido e aprofundado naquela realidade.

É sempre preciso questionar, porém, se os mesmos conteúdos desse debate podem ser simplesmente reproduzidos e adotados acriticamente em outros ambientes institucionais, especialmente em democracias construídas sobre a base de robustos documentos constitucionais repletos de direitos fundamentais positivados, que preveem normativamente mecanismos fortes de jurisdição constitucional e que assistem à atuação marcante e onipresente das Cortes Constitucionais na decisão de questões jurídicas e políticas de crucial importância para o desenvolvimento institucional dessas democracias. Se as teses teóricas são construídas com finalidade normativa e crítica, visando produzir reflexões em torno de modelos ideais, parece não haver qualquer inconsistência na manutenção dos debates em âmbitos estritamente filosóficos e teóricos para a mera rediscussão das teses produzidas na academia norte-americana. No entanto, se a intenção é oferecer propostas teóricas para o aperfeiçoamento das práticas institucionais vigentes, numa perspectiva mais pragmática, o referido questionamento se impõe. Para os teóricos de realidades político-sociais completamente distintas da norte-americana, especialmente aqueles que vivenciam e constroem suas teorias tentando oferecer alternativas institucionais para o desenvolvimento das denominadas *novas democracias*, esse questionamento então passa a ter uma importância crucial. Fato que hoje não pode ser, de nenhuma maneira, menosprezado pelos teóricos das novas democracias, principalmente por aqueles que teorizam para a realidade ibero ou latinoamericana, está no fenômeno recente da difusão e consolidação de sistemas de jurisdição constitucional na maioria das democracias do mundo contemporâneo.

Nas últimas três décadas, o mundo assistiu a uma intensa proliferação de regimes democráticos cujo desenho institucional básico contém alguma forma de jurisdição constitucional. No final da primeira década do século XXI, aproximadamente 158 das 191 democracias constitucionais previam algum mecanismo de controle judicial dos atos políticos.[15] O fenômeno da "expansão" ou da "difusão"[16] da jurisdição constitucional nos diversos países democráticos ao redor do mundo teve início no segundo pós-guerra, num quadro histórico que alguns autores denominam de "segunda onda" (*second wave*) da difusão global da *judicial review,*[17] e foi intensificada a partir da década de 1990, no que é comumente chamado de "terceira onda" (*third wave*) de expansão da jurisdição constitucional.[18] Nesse contexto, distinguem-se alguns cenários importantes de institucionalização dos sistemas de *judicial review* nas democracias contemporâneas:[19]

> • No primeiro, identificado historicamente com o *período do segundo pós-guerra*, a instituição da jurisdição constitucional é encarada como o produto de um processo mais amplo de *reconstrução política* de alguns países como Japão (na revisão constitucional em 1946), Itália (controle concentrado de constitucionalidade introduzido na Constituição de 1948 e a implementação da Corte Constitucional em 1956), Alemanha (por meio da Lei Fundamental de Bonn de 1949 e a fundação do *Bundesverfassungsgericht* em 1951), e França (com a Constituição de 1958 e o estabelecimento do *Conseil Constitutionnel* e, posteriormente, pelo desenvolvimento jurisprudencial do controle de constitucionalidade, a partir de 1971).
> • No segundo, a criação de mecanismos de *judicial review* é vista como parte dos processos de *descolonização*, especialmente das colônias britânicas, tais como, por exemplo, a Índia, com a Constituição de 1950 e estabelecimento da Suprema Corte, conforme o *Indian Independence Act* de 1947.

---

15 Os dados podem ser verificados no *Comparative Constitutions Project*, da Universidade de Illinois: www.comparativeconstitutional project.org. Confira-se, também: GINSBURG, Tom. The Global Spread of Constitutional Review. In: WHITTINGTON, Keith; KELEMAN, Daniel; CALDEIRA, Gregory (eds.). *The Oxford Handbook of Law and Politics*. New York: Oxford University Press, 2008.

16 A literatura de língua inglesa costuma se referir a esse fenômeno como *"global expansion"* ou *"global spread of judicial review"*. TATE, Neal; VALLINDER, Thorsten (eds.). *The global expansion of judicial power*. New York: New York University Press, 1995.

17 GINSBURG, Tom. *Judicial Review in New Democracies. Constitutional Courts in Asian Cases*. Cambridge: Cambridge University Press; 2003.

18 Na consideração de Tom Ginsburg, a "primeira onda" (*first wave*) coincidiria com o nascimento e desenvolvimento da *judicial review* nos EUA. Segundo Ginsburg, apesar de a jurisdição constitucional já estar presente em alguns poucos países, especialmente após o desenvolvimento inicial do "modelo de Kelsen" no início do século XX, apenas a partir da segunda guerra é que de fato ocorreu uma verdadeira expansão ou difusão global da *judicial review*, a denominada "segunda onda" (*second wave*). GINSBURG, Tom. The Global Spread of Constitutional Review. In: WHITTINGTON, Keith; KELEMAN, Daniel; CALDEIRA, Gregory (eds.). *The Oxford Handbook of Law and Politics*. New York: Oxford University Press, 2008.

19 Cfr.: HIRSCHL, Ran. *Towards Juristocracy. The origins and consequences of the new constitutionalism*. Cambridge, Massachusetts: Harvard University Press; 2004, p. 7-8.

• Um terceiro cenário pode ser identificado nas *transições de regimes* autoritários ou ditatoriais para regimes democráticos, os quais geraram democracias constitucionais dotadas de sistemas de jurisdição constitucional, como ocorreu no sul da Europa (Grécia, 1975; Portugal, 1976; e Espanha, 1978), na América Latina (Nicarágua, 1987; Brasil, 1988; Colômbia, 1991; Peru, 1993; Bolívia, 1994) e África,[20] especialmente na África do Sul (num interessante processo de democratização ao longo da primeira metade da década de 1990, com a instituição de um provisório *Bill of Rights*, de 1993, seguido da instituição da Corte Constitucional, em 1995, e de uma definitiva Constituição de 1996).

• O quarto cenário é representado pelos processos de transição política e econômica no *período pós-comunista e pós-soviético* (em finais da década de 1980 e início da década de 1990), nos países do leste europeu, com a instituição do Tribunal Constitucional da Polônia (em 1986), da Corte Constitucional da Hungria (em 1989-1990), da Corte Constitucional Russa (em 1991) e a implementação da jurisdição constitucional na República Tcheca e na Eslováquia em 1993.

• O quinto cenário está marcado pelo processo de *incorporação de normas internacionais e trans- ou supranacionais* nos ordenamentos jurídicos internos de países europeus, cujos exemplos mais importantes incluem a incorporação da Convenção Europeia de Direitos Humanos pelas ordens jurídicas de países como Dinamarca (em 1993), Suécia (em 1995), que já possuía sistema de *judicial review* desde 1979, França (1992)[21] e o mais recente e interessante processo de aceitação, por parte do Reino Unido, de uma carta de direitos, ocorrida com a implementação do *Human Rights Act* de 1998.

• O sexto cenário não se relaciona com alterações profundas nos regimes político e econômico (e por isso é reconhecido como uma espécie de transição não aparente) e pode ser verificado em processos de reforma constitucional que acabaram instituindo ou fortalecendo os sistemas de jurisdição constitucional, como ocorrido na Suécia (em 1979), no México (em 1994), na Nova Zelândia (em 1990), Israel (1992), Canadá (1982) e, mais recentemente, França (2008) e no Reino Unido (2010).

• A estes seis cenários anteriores se podem acrescentar um sétimo, identificado com os mais *recentes processos constituintes* ditos "revolucionários" ocorridos em alguns países da América Latina (Equador, em 2008, e Bolívia, em 2009), que têm a pretensão de *refundar* o Estado constitucional em termos mais democráticos (democracia participativa), distantes das tradições eurocêntricas, e condizentes com a cultura dos povos locais, com a formulação de textos constitucionais repletos de novas categorias de direitos e a instituição de mecanismos inovadores de jurisdição constitucional dotados de Cortes Constitucionais (Tribunal Constitucional Plurinacional da Bolívia; Corte Constitucional do Equador).

---

20   Uma análise completa da instituição das Cortes Constitucionais em países africanos e de sua contribuição para os regimes políticos da região pode ser encontrada em: MBORANTSUO, Marie-Madeleine. *La contribution des Cours constitutionnelles à l'État de droit en Afrique*. Paris: Econômica, 2007.

21   Na França, os tratados e convenções internacionais prevalecem sobre as leis do parlamento desde a decisão do Conselho Constitucional de 1975 (74-54 DC, 15 de janeiro de 1975), em conformidade com o art. 55 da Constituição de 1958, e desde então é amplamente praticado o denominado "controle de convencionalidade das leis" (*review of the conventionality of statutes*).

O fato é que, hoje, a grande maioria das democracias de praticamente todos os continentes (Américas do Norte, Central e do Sul, Europa Ocidental e Oriental, Ásia, Oceania e África, assim como alguns países do oriente médio, como Israel) estão marcadas por duas características principais, que permitem caracterizá-las como *democracias constitucionais*: a presença de catálogos ou cartas de direitos (fundamentais ou humanos) e a institucionalização de sistemas de jurisdição constitucional. A *constitucionalização* dos ordenamentos jurídicos da quase totalidade das democracias contemporâneas – seja fruto da adoção de novas Constituições ou de processos constituintes, no caso das denominadas "novas democracias", ou de reformas constitucionais em consolidadas ou antigas democracias – é um recente e incontestável fenômeno histórico, que não pode ser deixado de lado nos debates teóricos que se debruçam sobre as relações entre jurisdição constitucional e democracia. Grande parte do debate teórico norte-americano, demasiado provinciano e pouco atento a outras realidades constitucionais, passa a ter cada vez menos relevância nesse contexto.

As influências do fenômeno em referência devem ocorrer em pelo menos dois âmbitos do debate teórico. Em primeiro lugar, ele torna inconsistentes as teses pretensamente gerais ou de alcance geral e exige abordagens cada vez mais específicas, voltadas para contextos institucionais restritos a determinadas democracias ou grupo de democracias com características políticas semelhantes. Assim, a construção de teorias sobre o assunto deve necessariamente levar em conta as características institucionais presentes em determinados regimes democráticos, que dificilmente são generalizáveis ou universalizáveis para alcançar outras realidades. Em segundo lugar, ela torna praticamente insustentáveis as teses que ainda insistem na construção normativa de modelos políticos ideais que, despidos de qualquer perspectiva empírica e pragmática, conferem competência exclusiva aos parlamentos para as decisões sobre direitos e rejeitam completamente a idoneidade das Cortes Constitucionais para a realização dessa tarefa.

A obra que atualmente melhor representa essas teses sobre a desnecessidade das cartas de direitos e da jurisdição constitucional é a de Jeremy Waldron[22] e, nessa perspectiva, ela se distancia cada vez mais de contex-

---

22 WALDRON, Jeremy. *Law and disagreement*. New York: Oxford University Press; 1999. Idem. *A right-based critique of constitutional rights*. In: Oxford Journal of Legal Studies, vol. 13, nº 1, 1993, pp. 18-51. Idem. *The core of the case against judicial review*. In: Yale Law Journal, 115, 2006, pp. 1348-1406. Idem. *Precommitment and Disagreement*. In: ALEXANDER, Larry (ed.). *Constitucionalism. Philosophical Foundations*. Cambridge: Cambridge University Press; 1998. Idem. *Moral Truth and Judicial Review*. In: The American Law Journal of Jurisprudence, vol. 43, 1998, pp. 75-97. Idem. Deliberación, Democracia y Voto. In: KOH, Harold Hongju; SLYE, Ronald C. (comp.). *Democracia deliberativa y derechos humanos*. Trad. Paola Bergallo y Marcelo Alegre. Barcelona: Gedisa; 2004.

tos institucionais caracterizados pela presença de extensos catálogos de direitos constitucionalizados e pela forte atuação das Cortes Constitucionais (isto é, contextos marcados por um *constitucionalismo forte*, cujo melhor exemplo pode ser encontrado nas democracias do continente latinoamericano). Waldron começou a formular suas teses contrárias à constitucionalização dos direitos e à jurisdição constitucional no início da década de 1990.[23] Ao longo de toda essa década, o que se assistiu foi a um desenvolvimento institucional das democracias diametralmente oposto a essas teses, com a proliferação cada vez maior, especialmente nas novas democracias do leste europeu, da América Latina e da África, de Constituições repletas de direitos positivados em forma de "coto vedado" ou de "clausulas pétreas" e de robustos mecanismos de *judicial review* que instituem Cortes Constitucionais e a elas conferem amplos poderes para a fiscalização e controle dos atos políticos emanados dos parlamentos democraticamente eleitos. Em 1999, ao reunir a maioria dos trabalhos da década de 1990 e publicá-los em duas grandes obras que se tornaram a principal referência de seu pensamento ("Direitos e Desacordos"[24] e "A dignidade da legislação"),[25]

---

23 WALDRON, Jeremy. *A right-based critique of constitutional rights*. In: Oxford Journal of Legal Studies, vol. 13, nº 1, 1993, pp. 18-51.

24 WALDRON, Jeremy. *Law and disagreement*. New York: Oxford University Press; 1999. Em síntese, os argumentos utilizados por Waldron são basicamente quatro: 1) a defesa de uma teoria moral baseada em direitos (Dworkin) não leva necessariamente a propugnar pelo estabelecimento de uma declaração de direitos e de um órgão de controle de constitucionalidade de acordo com o modelo norte-americano; 2) os filósofos políticos liberais devem ser, precisamente, os primeiros a duvidar da oportunidade de canonizar direitos em um documento legal se isso acarreta, ao fim e ao cabo, um indubitável obstáculo ao debate político democrático em torno desses direitos; 3) a filosofia política recente não tem prestado atenção suficiente aos processos de tomada de decisões em circunstâncias de radical desacordo; 4) o respeito aos direitos de participação política é incompatível com a criação de uma instituição encarregada da revisão e adaptação dos direitos fundamentais em uma conjuntura de desacordo e mudança social. Sobre o tema, vide: DELTORO, Pablo de Lora. *La interpretación originalista de la Constituición. Una aproximación desde la Filosofía Del Derecho*. Madrid: Centro de Estudios Políticos y Constitucionales; 1998.

25 WALDRON, Jeremy. *A dignidade da legislação*. São Paulo: Martins Fontes; 2010. Em fevereiro de 1996, Jeremy Waldron apresentou diversos trabalhos na segunda série de palestras John Robert Seeley, na Universidade de Cambridge. As palestras fazem parte de um projeto mais amplo de Waldron sobre o tema direito, legislação, discordância e direitos, cujo tratamento mais analítico foi realizado na conhecida obra *Law and Disagreement*. Os trabalhos apresentados nessa série de palestras, que tratam principalmente do tema da legislação partindo das contribuições do pensamento político, foram posteriormente reunidos e publicados na obra "The Dignity of Legislation", no ano de 1999. Essas duas importantes obras têm a preocupação de colocar as legislaturas no centro do pensamento filosófico a respeito do direito e a de evitar minimizar as implicações teóricas da discordância quanto à justiça e aos direitos.

Waldron declarou expressamente, logo nos parágrafos introdutórios,[26] que esperava sinceramente que suas teses pudessem ser motivo de debates (não necessariamente nos EUA, onde a *judicial review* já estava consolidada na prática constitucional) e de transformações institucionais no contexto da reforma constitucional britânica. Waldron mantinha então uma esperança e uma convicção especial de que suas teses pudessem atingir diretamente o Reino Unido, na época uma das poucas democracias avançadas que permanecia sem uma Constituição rígida e sem um sistema de *judicial review*. Após a incorporação, no final da década de 1990, da Convenção Europeia de Direitos Humanos, o Reino Unido finalmente instituiu, no ano de 2009,[27] uma Suprema Corte com poderes de revisão das leis, fato que certamente frustrou por completo as expectativas de Waldron.[28] Suas teses devem

---

Waldron parte da constatação de que "a legislação e as legislaturas têm má fama na filosofia jurídica e política"; "uma fama suficientemente má para lançar dúvidas quanto a suas credenciais como fontes de direito respeitáveis". O fato é que, como analisou Waldron, não há um modelo jurisprudencial capaz de compreender normativamente a legislação como forma genuína de direito. Como afirmou Waldron, "não há nada sobre legislaturas ou legislação na moderna jurisprudência filosófica que seja remotamente comparável à discussão da decisão judicial". "Ninguém parece ter percebido a necessidade de uma teoria ou de um tipo ideal que faça pela legislação o que o juiz-modelo de Ronald Dworkin, Hércules, pretende fazer pelo raciocínio adjudicatório". Assim, a questão central para Waldron está em saber como construir um retrato *róseo* das legislaturas que corresponda, na sua normatividade, ao retrato dos tribunais – o fórum do princípio – que foi apresentado nos momentos mais elevados da jurisprudência constitucional. A intenção de Waldron, portanto, é recuperar e destacar maneiras de pensar a respeito da legislação na filosofia jurídica e política que a apresentem como um modo de governança dignificado e uma fonte de direito respeitável.

---

26   WALDRON, Jeremy. *Law and disagreement*. New York: Oxford University Press; 1999, p. 16.

27   A *Suprem Court of the United Kingdom* foi prevista inicialmente pelo *Constitutional reform Act* de 2005, o qual estabeleceu que ela começaria a funcionar apenas no ano de 2009.

28   Em 2006, Waldron publicou um artigo com a intenção de revigorar, aprofundar e dar contornos mais específicos ao debate sobre ilegitimidade democrática da *judicial review*. WALDRON, Jeremy. *The core of the case against judicial review*. In: Yale Law Journal, 115, 2006, pp. 1348-1406. Apesar de tentar explicar, naquela ocasião, que suas teses contra a jurisdição constitucional não tinham necessariamente a intenção de ser absolutas e universalmente válidas e dependiam de certas características político-institucionais das democracias liberais, Waldron acaba reafirmando o caráter eminentemente *normativo* de seus argumentos, os quais não levam em conta as diversas manifestações históricas e as práticas institucionais da *judicial review* e os efeitos concretos que as decisões dos tribunais podem ou não produzir em específicos contextos institucionais. Assim, ao insistir num argumento normativo que absolutamente independe da prática institucional, Waldron permanece construindo teses pretensamente gerais e universais que se distanciam dos múltiplos contextos históricos, políticos e culturais das diversas democracias contemporâneas.

ser hoje relegadas ao debate meramente teórico, cujo valor normativo e referencial crítico permanecem incólumes (é preciso reconhecer), mas cujo potencial transformador das instituições é cada vez mais difícil de se vislumbrar.

Assim, parece cada vez mais evidente que as teorias sobre o caráter antidemocrático da jurisdição constitucional tornaram-se insustentáveis ante um quadro fático que escancara o fenômeno da constitucionalização das democracias contemporâneas. Tais teses mantêm uma inegável importância teórica como ponto de vista crítico-normativo a respeito do modelo institucional adotado pelas diversas democracias constitucionais, mas ficam despidas de qualquer caráter pragmático para oferecer propostas realizáveis para o efetivo melhoramento e aperfeiçoamento das instituições existentes. Teorias consistentes e coerentes e que tenham alguma utilidade prática para a realidade das novas democracias não podem mais prescindir desse viés pragmático e devem estar calcadas em perspectivas empíricas sobre os problemas enfrentados.

Nessa perspectiva, pode-se dizer que a questão em torno das relações entre democracia e constitucionalismo tornou-se uma questão mais empírica do que filosófica (ou normativa). Isso quer dizer que, em vez de suscitar um debate filosófico que busque um modelo ideal (normativo) de relação (de tensão ou de conciliação) entre jurisdição constitucional e democracia, essa questão pressupõe cada vez mais o conhecimento em concreto das diferentes realidades políticas e depende crescentemente da aferição empírica das práticas e dos resultados que os diferentes modelos institucionais proporcionam nas diversas democracias. Em suma, o problema de saber se a jurisdição constitucional é compatível ou não com a democracia passou a ser uma questão mais empírica e contextual do que normativa e universal.

Neste ponto, é importante ressaltar que recentes estudos fundados em pesquisas empíricas sobre os diversos modelos de jurisdição constitucional que emergiram em novas democracias[29] têm constantemente enfatizado que a institucionalização da *judicial review* tem contribuído decisivamente para a construção e permanência dos regimes democráticos em quadros de estabilidade institucional. A atuação firme das Cortes Constitucionais, que as fizeram conquistar grande reputação perante os diversos segmentos políticos e sociais, passou a favorecer a produção de *accountability* nessas novas democracias e a permitir a convivência política num ambiente de pluralismo político e cultural. Especialmente nos países que passaram por transições de regimes autoritários ou ditatoriais para re-

---

29   Entre outros, vide: GINSBURG, Tom. *Judicial Review in New Democracies. Constitutional Courts in Asian Cases*. Cambridge: Cambridge University Press; 2003. GARGARELLA, Roberto; DOMINGO, Pilar; ROUX, Theunis. *Courts and Social Transformation in New Democracies*. Burlington: Ashgate; 2006.

gimes democráticos, e que por longo tempo ficaram marcados por um experiência política de menosprezo à Constituição, a jurisdição constitucional tem cumprido um importante papel como instância de decisão neutra das disputas políticas e de efetivo resguardo de direitos e, nesse passo, ajudado a construir ambientes de normalidade político-institucional que permitem a construção das democracias emergentes.[30] Em novas democracias, por-

---

30 Transições de regime são eventos complexos que se desenvolvem de formas diferenciadas em cada momento e local em que se realizam. Não obstante, de modo geral, pode-se dizer que processos políticos de mudanças abruptas na sistematização e redistribuição dos poderes soberanos de uma nação se caracterizam pelos conflitos protagonizados, por um lado, pelas autoridades e elites políticas que estão em vias de perder o poder e pretendem mantê-lo a qualquer custo e, por outro, por aqueles que ascendem democraticamente ao comando dos novos rumos da nação e têm como objetivo primordial por fim às injustiças históricas que levaram à saturação do antigo regime. As elites tradicionais, que durante a transição podem continuar sendo bastante poderosas, não medirão esforços para manter privilégios e bens conquistados no regime anterior, e normalmente o farão por meio de acordos políticos (como anistias) que possam ser traduzidos e garantidos através de normas e instituições que se mantenham no novo regime. Os novos líderes, uma vez detentores do monopólio da força estatal e do poder de legislar, terão todo o interesse em varrer os obstáculos legais e institucionais, oriundos do regime anterior, que possam de alguma forma atrapalhar o cumprimento de sua agenda de mudanças. Ambos, o conservadorismo elitista e o entusiasmo revolucionário, devem ser contidos para que a transição possa ocorrer dentro de parâmetros de normalidade institucional. A via encontrada pela maioria das mesas de negociação próprias dos momentos de transição de regime tem sido a manutenção ou a instituição de um terceiro com autoridade política e jurídica para fazer cumprir os acordos realizados e solidificados na forma de compromissos constitucionais. Assim se justifica a recorrente opção por democracias constitucionais qualificadas pela existência de uma Constituição organizadora dos poderes estatais, garantidora de direitos básicos (especialmente a propriedade e as garantias do devido processo legal) e instituidora de órgãos especiais (integrantes ou não da estrutura do poder judicial) encarregados de sua proteção. A história recente do surgimento de novas democracias no mapa mundial assim o demonstra. Confiram-se, por exemplo, as transições ocorridas em finais do século XX em países do leste europeu e na realidade latino-americana, assim como o emblemático caso sul-africano, no qual o delicado câmbio de um duro regime de *apartheid* para a democracia constitucional tornou-se possível através da atuação da Corte Constitucional na fiscalização prévia da redação final do novo texto constitucional. A superação de regimes autoritários normalmente tem resultado em democracias constitucionais caracterizadas principalmente pela instituição de sistemas de jurisdição constitucional que, com variações em cada modelo, são dotados de Tribunais Constitucionais. O fato é que as Cortes Constitucionais passaram a fazer parte do instrumental básico que tornam possíveis negociações exitosas em transições para o regime democrático. Em momentos de engenharia institucional, normalmente permeados por conflitos políticos de difícil solução, as Cortes Constitucionais podem funcionar como árbitros dos jogos de poder em que se enfrentam elites tradicionais e novos protagonistas políticos. Da mesma forma, a aplicação intransigente das normas legais e constitucionais (não se considerando aqui se elas são remanescentes do antigo regime ou se originam dos pactos constituintes

tanto, os Tribunais Constitucionais acabaram se transformando na principal via institucional que permite converter os conflitos políticos em diálogos constitucionais tendentes a soluções sem quebra da normalidade institucional e pelas vias democráticas preestabelecidas. Nesses contextos políticos específicos, não é mais possível afirmar que a jurisdição constitucional é antidemocrática, a não ser que, obviamente, se tenha em mente uma clara intenção de construir modelos contrafáticos num plano estritamente filosófico, o que ainda permanece como uma opção metodológica consistente. De todo modo, tem-se tornado cada vez mais difícil menosprezar o fato de que a jurisdição constitucional, nessas realidades políticas, nada mais é do que o resultado político-institucional de um processo recente de democratização e que assim se torna elemento vital do próprio regime democrático.

> próprios dos momentos iniciais da transição política) pode ser um fator impeditivo do desenvolvimento de formas populistas de democracia, que com o passar do tempo acabam se convertendo em regimes autoritários ainda mais perversos do que os que visa superar. Especialmente as autoridades e elites do regime anterior terão todo o interesse em construir mecanismos institucionais que limitem a atuação das novas maiorias políticas. Ante um futuro completamente incerto quanto à manutenção do *status quo ante*, e constatada a precariedade de outras vias institucionais despidas de garantias de execução pelo uso da força, as elites políticas encontram nessa fórmula básica das democracias constitucionais a opção mais racional para assegurar seus bens e prerrogativas sob a forma de direitos e entregar sua proteção a um órgão decisório pretensamente neutro ante os conflitos políticos de ocasião. Não por outro motivo, diversos pesquisadores dessa realidade (que ainda se mostra bastante recente na história da democracia) têm constatado que a instituição da jurisdição constitucional em novas democracias funciona como uma espécie de "seguro" (*insurance*) contra os riscos imanentes aos sistemas com eleições periódicas e democráticas. Como em democracias multipartidárias os diversos segmentos políticos não têm nenhuma certeza sobre sua permanência no poder e sabem que mais cedo ou mais tarde tornar-se-ão minoria, a jurisdição constitucional acaba funcionando como um seguro para os futuros perdedores das disputas eleitorais, um foro independente onde a ação política das maiorias pode ser contestada pelas minorias. Com base nessa constatação empírica, Tom Ginsburg, por exemplo, afirma categoricamente que a expansão da jurisdição constitucional ao redor do mundo, ocorrida principalmente nas últimas décadas, é o produto dos processos de democratização ou redemocratização em diversos países e, portanto, não pode ser considerada antidemocrática, como muitos estudiosos ainda sustentam. Ao fornecer um foro de disputa apartidário com autoridade suficiente para decidir as controvérsias políticas com base nos compromissos constitucionais a que todos estão submetidos, as Cortes permitem a convivência política sob uma mesma ordem constitucional, favorecendo a manutenção de um quadro de pluralismo político próprio das democracias. Por isso, em regimes não democráticos, a instituição de Cortes Constitucionais acaba não fazendo muito sentido. Jurisdição constitucional e democracia desenvolvem-se juntas (numa espécie de simbiose) nesses novos regimes políticos. "A jurisdição constitucional pode ser contramajoritária, mas não é antidemocrática", conclui Ginsburg. GINSBURG, Tom. *Judicial Review in New Democracies*. Cambridge: Cambridge University Press; 2003.

Em novas democracias, jurisdição constitucional e democracia nasceram e se desenvolveram em conjunto, fato que deixa pouca margem para se tentar encontrar nessa relação algum tipo de conflito ou tensão.[31] O certo é que a jurisdição constitucional continua possuindo seu genuíno caráter contramajoritário, mas não pode ser atualmente qualificada, num sentido pragmático, como antidemocrática.

Tais estudos também enfatizam, com base em resultados de investigações empíricas, que a soberania dos parlamentos permanece em constante declínio, fato que torna de difícil aplicabilidade prática as teses teóricas construídas primordialmente em torno desse valor político. A prova cabal desse fato está nas recentes reformas político-constitucionais que instituíram o mecanismo de controle judicial *a posteriori* das leis na França (2008)[32] e uma Suprema Corte com poderes de Corte Constitucional no Reino Unido

---

31 Em estudo em que aborda a suposta tensão ou contradição entre jurisdição constitucional e democracia, Dieter Grimm bem observa que a institucionalização da jurisdição constitucional é vantajosa para as novas democracias: "(...) em sociedades onde a democracia constitucional é uma nova conquista e onde as pré-condições ao governo democrático são subdesenvolvidas, ou ainda em Estados onde a constituição por um longo período não importava, os agentes estatais podem não observá-la sem correr o risco de perder legitimidade pela população, será mais difícil renunciar à jurisdição constitucional do que para aqueles estados que têm uma longa e estável tradição democrática e um respeito generalizado pela lei. Nos primeiros, a constituição necessitará de um órgão independente cuja principal meta é garantir a obediência para com as suas normas, o que então a torna visível e significativa para o público. Isso pode explicar porque tantos países que apenas recentemente se tornaram democráticos optaram pela jurisdição constitucional". Esse mesmo estudo oferece uma importante conclusão, que muito se assemelha às teses aqui defendidas. Nas palavras de Dieter Grimm: "(...) a questão de se um país deve ou não adotar o controle judicial de constitucionalidade não é de princípios, mas sim pragmática. Tal escolha requer um juízo de custo-benefício. A resposta pode variar de acordo com o tempo e circunstâncias; cada país tem de achar sua própria solução. Ainda, em vista da situação precária do constitucionalismo democrático em muitas partes do mundo e o rumo que a política partidária tem tomado em muitas democracias já consolidadas, parece que há mais argumentos a favor do que argumentos contra a jurisdição constitucional". GRIMM, Dieter. *Jurisdição Constitucional e Democracia*. In: Revista de Direito do Estado, ano 1, nº 4, out./dez. 2006, pp. 3-22.

32 A "question prioritaire de constitutionnalité" foi prevista pela reforma constitucional de 23 de julho de 2008 e efetivamente instituída em 2010 pelo *Conseil constitutionnel*. TROPER, Michel. Constitutional amendments aiming at expanding the powers of the French Constitutional Council. In: PASQUINO, Pasquale; BILLI, Francesca (eds.). *The political origins of Constitutional Courts. Italy, Germany, France, Poland, Canada, United Kingdom*. Roma: Fondazione Adriano Olivetti; 2009. BECHILLON, Denys (*et al*). *La question prioritaire de constitutionnalité*. Paris: Pouvoirs, 137, 2011. DRAGO, Guillaume. *Contentieux constitutionnel français*. 3 Ed. Paris: Thémis; 2011.

(2010),[33] as duas democracias que historicamente são o berço e representam o exemplo mundial da soberania dos parlamentos. Também nessas duas grandes nações democráticas, novos desenhos institucionais e práticas políticas têm sido cada vez mais lastreados pelo princípio da supremacia constitucional e cada vez menos pelo princípio da soberania dos parlamentos.

Portanto, a jurisdição constitucional está completamente difundida e consolidada na maioria das democracias (novas e antigas) do mundo contemporâneo, e este é um fato praticamente incontestável. As Cortes Constitucionais, ao contrário do que muitos afirmam no plano teórico, tornaram-se importantes organismos políticos de poder e de decisão e passaram a gozar de ampla legitimidade perante diversos segmentos políticos e sociais nessas democracias. Neste ponto, é importante mencionar que o desenvolvimento institucional das Cortes Constitucionais, no plano nacional ou interno, acabou criando propícias condições políticas para o surgimento, no plano internacional, de organismos multilaterais cujo objetivo primordial é o intercâmbio e a cooperação entre os diversos órgãos de jurisdição constitucional das democracias dos diferentes continentes.[34] Esses organismos, estruturados na forma de conferências ou comissões de âmbito regional,[35]

---

33 TORRE, Alessandro. Forms of a constitutional adjudication under a flexible, unwritten Constitution. The case of the United Kingdom. In: PASQUINO, Pasquale; BILLI, Francesca (eds.). *The political origins of Constitutional Courts. Italy, Germany, France, Poland, Canada, United Kingdom*. Roma: Fondazione Adriano Olivetti; 2009.

34 A interação entre Cortes pode ocorrer nas seguintes perspectivas: relações entre Cortes nacionais e Cortes supranacionais; encontros periódicos entre os representantes de Cortes (congressos, seminários, conferências, etc.); intercâmbio de informações, dados, jurisprudência, experiências, etc. Cfr.: SLAUGHTER, Anne-Marie. *Judicial Globalization*. In: Virginia Journal of International Law, vol. 40, 2000, pp.. 1103-1124.

35 Anualmente, magistrados das Cortes, Tribunais e Salas Constitucionais dos países ibero-americanos se reúnem no âmbito da Conferência Ibero-americana de Justiça Constitucional – CIJC para debater temas atuais e compartilhar problemas comuns em matéria de jurisdição constitucional e proteção dos direitos fundamentais. A CIJC tem por objetivos: a) preservar e potencializar a independência e a imparcialidade dos Tribunais, Cortes e Salas Constitucionais, bem como dos seus membros; b) favorecer uma relação estreita, contínua e fluida entre os órgãos de justiça constitucional dos países ibero-americanos; c) fomentar o intercâmbio de informação e a cooperação para consolidar a Comunidade Ibero-americana de Justiça Constitucional; d) promover a criação de redes para a gestão do conhecimento e intercâmbio de experiências; e) impulsionar programas de formação; f) apoiar o desenvolvimento de políticas que tendam a facilitar o acesso à justiça constitucional; g) promover a realização e a publicação de estudos com interesse para os sistemas de justiça constitucional ibero-americanos. Os recentes encontros em Sevilha-Espanha (2005), Santiago-Chile (2006), Cartagena de Índias-Colômbia (2007), Mérida-México (2009), Managua-Nicarágua (2010), Cádiz-Espanha (2012) proporcionaram a formação e consolidação de um verdadeiro foro de diálogo, reflexão e colaboração que cada vez mais reforça os laços de cooperação entre os diversos órgãos de jurisdição constitucional. Esses laços de

continental[36] ou até mesmo mundial,[37] acabaram formando um tipo de "comunidade global de Cortes"[38] e realizam uma espécie de "diplomacia judicial", como "atores internacionais independentes ou autônomos",[39] que acontece de forma paralela àquela que se desenvolve tradicionalmente entre as nações soberanas, e buscam o crescente fortalecimento da independência e do papel institucional dos Tribunais Constitucionais para a consolidação e aprofundamento das democracias contemporâneas.[40] Assim,

---

intercâmbio e cooperação também são encontrados no âmbito da Conferência das Jurisdições Constitucionais dos Países de Língua Portuguesa, da Associação de Cortes Constitucionais de Língua Francesa (*Association des Cours Constitutionnelles ayant en Partage l'Usage du Français* – www.accpuf.org), da Conferência de Órgãos de Controle Constitucional dos Países de Novas Democracias (*Conference of Constitutional Control Organs of Countries of Young Democracy*), da Comissão de Juízes do Sul da África (*Southern African Chief Justices' Forum*), da União Árabe de Cortes e Conselhos Constitucionais (*Union of Arab Constitutional Courts and Councils*).

---

36 A Conferência Europeia de Cortes Constitucionais (*Conference of European Constitutional Courts* – www.confcoconsteu.org), criada em 1972 pela união de apenas quatro países – Alemanha, Áustria, Itália e Iugoslávia –, à época dotados de modelos de jurisdição constitucional, já é composta atualmente por 39 membros. O vertiginoso crescimento do número de participantes é resultado da adesão dos países da Europa Oriental que, após as transições de regime político da década de 1990, incorporaram sistemas de controle judicial de constitucionalidade como mecanismos de proteção de seus recém adotados modelos de organização política.Também as Cortes e Tribunais Constitucionais dos países asiáticos, tais como Japão, Coréia, Tailândia, Vietnã, Indonésia, Filipinas, Camboja, Mongólia realizam encontros periódicos no âmbito da Associação das Cortes Constitucionais Asiáticas e Órgãos Equivalentes (*Association of Asian Constitutional Courts and Equivalent Bodies*)

37 A Conferência Mundial de Cortes Constitucionais (*World Conference on Constitutional Justice*) começou a ser realizada no ano de 2009, como um encontro entre as diversas conferências regionais de Cortes (acima citadas). O primeiro encontro realizou-se na África do Sul (Cidade do Cabo, 2009) e o segundo no Brasil (Rio de Janeiro, 2011).

38 SLAUGHTER, Anne-Marie. *A Global Community of Courts*. In: Harvard International Law Review, vol. 44, nº 1, 2003. Idem. *The New World Order*. In: Foreign Affairs, vol. 76, nº 5, 1997, pp. 183-197.

39 SLAUGHTER, Anne-Marie. *A typology of transjudicial communication*. In: University of Richmond Law Review, vol. 29, 1995, pp. 99-137.

40 A Comissão de Veneza (*European Commission for Democracy through Law – Venice Commission*, www.venice.coe.int), criada no ano de 1990, desenvolve uma importante função de apoio e proteção institucional às Cortes Constitucionais, especialmente quando são criticadas ou estão a sofrer pressão política por outros poderes estatais (função especial de "direct suport for Constitutional Courts"). A comissão também mantém diversos canais de comunicação e interação entre as Cortes Constitucionais dos vários países, como fóruns virtuais, encontros periódicos em seminários, congressos etc., bases de dados e jurisprudência ("Bulletin on Constitutional Case-Law" e o "Codices database" – www.codices.coe.int).

a intensificação dos processos de intercomunicação, intercâmbio e cooperação internacional entre órgãos de jurisdição constitucional é também sintomática da difusão dos sistemas de controle de constitucionalidade em diversos países, principalmente em democracias incipientes da Europa Oriental, Ásia, África, além da própria América Latina. Na medida em que visam à reafirmação da crucial importância das Cortes Constitucionais para as democracias contemporâneas, esses crescentes laços de cooperação internacional também devem ser objeto da atenção dos teóricos que estudam as relações entre jurisdição constitucional e democracia.

Enfim, parece cada vez mais evidente que todos esses recentes fenômenos estão a cobrar novos olhares sobre o problema da legitimidade democrática da jurisdição constitucional. O tradicional debate teórico, de caráter eminentemente normativo e de pretensões universais, que acontece num plano estritamente filosófico e pouco depende do contexto político-institucional no qual e/ou para o qual é produzido, não deixa de ter sua importância, especialmente por oferecer relevantes aportes teóricos sobre os ideais políticos da democracia e do constitucionalismo e por construir modelos ideais que podem sempre ser utilizados como referenciais normativos de crítica das diversas realidades institucionais. Não se pode mais negar, porém, que as questões sobre as relações entre jurisdição constitucional e democracia são hoje menos normativas e mais empíricas, o que conduz o debate teórico que em torno delas se produz para um caminho cujo percurso exige constante atenção aos diversos contextos políticos e ao desenvolvimento em concreto das instituições democráticas.

3. Mudando o foco de análise: as práticas argumentativas dos Tribunais Constitucionais

As teorias normativas sobre o caráter (anti)democrático da *judicial review* sempre estiveram muito concentradas no problema da legitimação do *poder* conferido aos Tribunais Constitucionais, o qual está inserido no contexto mais amplo das discussões sobre a legitimação dos poderes políticos nos regimes democráticos. Nessa perspectiva, as questões mais controvertidas ganham contornos de "dificuldade contramajoritária" e temas como o "ativismo judicial" viram alvo principal das atenções dos teóricos. Não obstante, se as teorias que se desenvolvem em torno desses temas devem cada vez mais assumir um viés pragmático e empírico e assim partir de premissas fáticas que levem em conta o vertiginoso desenvolvimento e a atual onipresença da jurisdição constitucional nas democracias contemporâneas, tal como abordado no tópico anterior, parece sensato considerar que mais importante do que lidar com um problema de legitimação do poder é, nesse contexto, prestar mais atenção à prática desse mesmo poder. Assim, em vez de focar em demasia na *justificação (normativa)* do poder das Cortes

Constitucionais, as teorias devem se concentrar mais na *análise (empírica)* da prática desse poder. O problema principal a ser enfrentado não está tanto mais em saber *que* poder tem os Tribunais Constitucionais, mas *como* e *em que medida* eles exercem seu poder. O que significa também dizer que, para além de uma questão de legitimação da instituição em si mesma, tem-se também uma questão de legitimação das próprias práticas institucionais.

Se partirmos da premissa de que uma das características primordiais de regimes democráticos é a institucionalização de diversas vias de livre manifestação, de diálogo e de debate sobre questões que dizem respeito à vida em comunidade, e se também levarmos em conta que, tal como será estudado nos próximos capítulos, os Tribunais Constitucionais são instituições fundamentais de produção e reprodução de *razões* nesse contexto de discussão pública, e acabam exercendo um tipo de representação democrática que se baseia nos discursos que proferem perante os diversos *auditórios* que uma democracia pode comportar, então é possível concluir que, entre as práticas institucionais de uma Corte Constitucional, a que assume maior importância, nessa perspectiva de análise, é a prática de tipo *argumentativo* ou *discursivo*.

Os argumentos e/ou os discursos produzidos pelos Tribunais Constitucionais constituem um dos aspectos cruciais de legitimação de sua atividade institucional, na medida em que levam consigo as razões justificadoras dessa atividade e de seus resultados decisórios, e assim se submetem constantemente à (re)avaliação de diversos auditórios ou audiências presentes na esfera pública de uma comunidade democrática. Nesse sentido, não seria demasiado afirmar que as práticas argumentativas dos Tribunais Constitucionais podem representar uma espécie de "sismógrafo" do quantum de democracia presente no exercício de sua jurisdição constitucional.

Uma rigorosa análise (*empírica*) das práticas argumentativas de determinado Tribunal Constitucional pode fornecer dados relevantes sobre as relações entre jurisdição constitucional e democracia no contexto político-institucional específico no qual está inserido. Nessa perspectiva, é possível falar de uma legitimidade democrática que se encontra ancorada, entre outros aspectos, na argumentação jurídica produzida no âmbito da jurisdição constitucional. Em verdade, trata-se de uma *legitimação* que também se constitui *através da argumentação*.

Esse tipo de análise pode ser realizado desde diversos pontos de vista teóricos, mas sem dúvida uma maneira adequada de melhor captar o significado, as estruturas, as técnicas, os efeitos, etc. dos argumentos e discursos produzidos no âmbito da jurisdição constitucional está na utilização dos aportes das teorias da argumentação (em geral) e da argumentação jurídica (em particular), desde que se assuma, além dos aspectos normativos e analíticos comuns a esse tipo de teoria, um viés pragmático e empírico.

4. Laboratório constitucional iberoamericano

A realidade constitucional iberoamericana (especialmente a parte latinoamericana), sempre foi menosprezada pelos estudos da teoria e filosofia constitucional, não só por aqueles produzidos em âmbito anglo-americano e europeu continental, mas igualmente pelos que tem origem na própria região, os quais sempre estiveram fascinados pelo constitucionalismo norte-americano, francês e inglês. Isso é ao mesmo tempo uma constatação lamentável e um fato curioso, pois o constitucionalismo de origem iberoamericana sempre foi, e ainda é, um verdadeiro "laboratório" repleto de experiências institucionais inovadoras, como já reconhecem hoje em dia alguns estudiosos sobre o tema.[41] E quando o assunto é, especificamente, a jurisdição constitucional, essas constatações não são diferentes.

A ideia de jurisdição constitucional nasceu no ambiente jurídico-cultural anglo-americano. Desde a decisão de Sir Edward Coke no famoso *Bonham's case*, passando pelos *Federalist Papers*, até o marco representado pelo caso *Marbury vs. Madison*, consagrou-se historicamente um fascinante modelo de fiscalização e controle jurídico dos atos políticos que talvez seja a experiência institucional mais influente e difundida em todo o mundo. No contexto europeu-continental, no qual se desenvolveu inicialmente uma espécie de controle essencialmente político das atividades parlamentares, tal como previsto nas primeiras constituições francesas, a ideia de supremacia constitucional acabou se consolidando e o debate entre Hans Kelsen e Carl Schmitt sobre "quem deveria ser o defensor ou guardião da Constituição" recebeu respostas institucionais bastante claras com a criação e difusão dos Tribunais Constitucionais, conformando um modelo tipicamente europeu de controle em abstrato de constitucionalidade. Assim como a *judicial review* norte-americana, esse modelo europeu é um sucesso de exportação jurídica.

Não obstante, ainda que a primeira ideia de garantia jurisdicional da Constituição tenha nascido nos Estados Unidos, os demais países do continente americano nunca foram meros sujeitos passivos das técnicas de fiscalização da constitucionalidade criadas nos contextos anglo-americano e europeu-continental. Ao contrário, apesar de tal fato ser desconhecido mundo afora, a América Latina, com a heterogeneidade e pluralidade que lhe é peculiar, representa um verdadeiro "laboratório constitucional" no to-

---

41 Na perspectiva histórica, diversos trabalhos sobre o tema foram publicados na obra: ANNINO, Antonio; TERNAVASIO, Marcela (coords.). *El laboratorio constitucional iberoamericano: 1807/1808-1830*. Madrid: Asociación de Historiadores Latinoamericanos Europeos; Iberoamericana; Vervuert; 2012. Nas perspectivas social, cultural e política, um interessante debate entre diversos especialistas sobre o tema está publicado na obra: GONZÁLEZ, Antonio G. *Latinoamérica, laboratorio mundial*. Madrid: Seminario Atlántico de Pensamiento; La Oficina Editores; 2011.

cante às técnicas de controle de constitucionalidade das leis e demais atos de poder[42]. A recepção latino-americana da *judicial review* ocorreu num ambiente extremamente criativo – proporcionado principalmente pela confluência do sistema de *common law* com as tradições romano-germânicas sobre as quais estão fundadas as culturas jurídicas hispânica e lusitana –, capaz de gerar instrumentos originais (e eficazes) de garantia processual de direitos, como o *juicio de amparo* mexicano e o *mandado de segurança* brasileiro, o que acabou revelando a estreita conexão entre o controle de constitucionalidade e a proteção dos direitos fundamentais como característica marcante dos modelos latino-americanos de jurisdição constitucional.

Apesar do fato de que, desde a segunda metade do século XIX, mecanismos de *judicial review* já podiam ser identificados no âmbito do plexo de competências jurisdicionais das Cortes Supremas de alguns sistemas jurídicos da região[43], foi apenas a partir do último quarto do século XX que a jurisdição constitucional obteve um vertiginoso desenvolvimento em quase todos os países ibero-americanos. As transições dos regimes políticos autoritários para regimes democráticos vivenciadas em praticamente todos os países da região[44] – especialmente na Espanha (1978), Portugal

---

42   Cfr.: FERNÁNDEZ SEGADO, Francisco. *Del control político al control jurisdiccional. Evolución y aportes a la Justicia Constitucional en América Latina*. Bologna: Center for Constitutional Studies and Democratic Development, Libreria Bonomo; 2005.

43   Cfr.: LÓPEZ ULLA, Juan Manuel (dir.). *La justicia constitucional en Iberoamérica*. Cádiz: Servicio de Publicaciones de la Universidad de Cádiz; 2011. FERNÁNDEZ SEGADO, Francisco. *Del control político al control jurisdiccional. Evolución y aportes a la Justicia Constitucional en América Latina*. Bologna: Center for Constitutional Studies and Democratic Development, Libreria Bonomo; 2005. FERNÁNDEZ SEGADO, Francisco. *La Justicia Constitucional: una visión de derecho comparado. Tomo III: La Justicia Constitucional en América Latina y España*. Madrid: Dykinson; 2009. GARCÍA BELAUNDE, Domingo; FERNÁNDEZ SEGADO, Francisco (coord.). *La jurisdicción constitucional en Iberoamérica*. Madrid: Dykinson; 1997.

44   A característica marcante e comum às democracias iberoamericanas está no fato de que a ordem constitucional que hoje está em vigor nesses países começou a ser (re)construída após processos difíceis de transição de regimes autoritários para regimes democráticos, que geraram profundas reformas constitucionais ou textos constitucionais integralmente novos. Sobre as transições de regime na América Latina, vide: O'DONNELL, Guillermo; SCHMITTER, Philippe C.; WHITEHEAD, Laurence (ed.). *Transições do Regime Autoritário. América Latina*. Trad. Adail Sobral e Rolando Lazarte. São Paulo: Ed. RT; Vértice; 1988. O'DONNELL, Guillermo; SCHMITTER, Philippe. *Transições do regime autoritário: primeiras conclusões*. Trad. Adail Sobral. São Paulo: Ed. RT; Vértice; 1988. PRZEWORSKI, Adam. *A escolha de instituições na transição para a democracia: uma abordagem da teoria dos jogos*. In: Dados Revista de Ciências Sociais, Rio de Janeiro, vol. 35, nº 1, 1992, pp. 5-48. Idem. Como e onde se bloqueiam as transições para a democracia? In: MOISÉS, José Alvaro; ALBUQUERQUE, J. A. Guilhon. *Dilemas da consolidação da democracia*. São Paulo: Paz e Terra; 1988. O'DONNELL, Guillermo. *Notas para el estudio de procesos de democratización política a partir del*

(1976) e Brasil (1988) – geraram radicais mudanças político-institucionais, cujas características mais marcantes estão na constitucionalização de extensos catálogos de direitos fundamentais e na institucionalização de robustos sistemas de jurisdição constitucional com poderes de fiscalizar e revisar a constitucionalidade dos atos do poder público. Também os processos mais acentuados de reforma constitucional ocorridos no México (1992-1995) e na Argentina (1994) propiciaram modificações substanciais no sentido da ampliação dos mecanismos de jurisdição constitucional e de proteção dos direitos fundamentais. E, em tempos mais recentes, os processos constituintes ocorridos em países como Equador (2008) e Bolívia (2009), que têm a pretensão de refundar o Estado constitucional[45] e que, por isso, têm sido qualificados por alguns como o "novo constitucionalismo latinoamericano",[46] resultaram em sistemas jurídicos integralmente voltados para a proteção de um extenso e diferenciado rol de direitos positivados nos recentes textos constitucionais,[47] o que deverá ser tarefa primordial de modelos inovadores de jurisdição constitucional, especialmente das Cortes Constitucionais, com a nova roupagem institucional que lhes foi conferida nesse contexto de mudanças.[48]

Estado burocrático-autoritario. In: Desarrollo Económico Revista de Ciencias Sociales, v. 22, nº 86, jul./sep., 1982, pp. 231-248. O'DONNELL, Guillermo. *Another institutionalization: Latin America and elsewhere*. Paper presented to the conference on "Consolidating Third Wave Democracies: Trends and Challenges", organized by the National Policy Research Institute and the International Forum for Democratic Studies, Taipei, 26-30 August, 1995. O'DONNELL, Guillermo. *Polyarchies and the (Un)Rule of Law in Latin America*. Working Paper, The Helen Kellogg Institute for International Studies, 1998.

---

45 Cfr.: SANTOS, Boaventura de Sousa. *Refundación del Estado en América Latina. Perspectivas desde una epistemología del Sur*. Bogotá: Siglo del Hombre Editores; Universidad de los Andes; Siglo Veintiuno Editores; 2010.

46 Considerações sobre o que alguns têm denominado de "novo constitucionalismo latinoameircano" – com as quais, ressalte-se, não se pode concordar plenamente – estão reunidas na obra: VICIANO PASTOR, Roberto (ed.). *Estudios sobre el nuevo constitucionalismo latinoamericano*. Valencia: Tirant to Blanch; 2012. Confira-se, também, a obra coletiva: LÓPEZ ULLA, Juan Manuel (dir.). *Derechos Humanos y Orden Constitucional en Iberoamérica*. Pamplona: Civitas; Thomson Reuters; 2011.

47 A Constituição do Equador de 2008 faz uma eloquente definição do Estado como um "Estado constitucional de derechos" e assim coloca a proteção dos direitos fundamentais como o centro de gravidade de toda ordem jurídica. Uma nova tipologia de direitos é incorporada ao texto constitucional, com referências aos "direitos do bom viver", como os "direitos à alimentação, à água, à identidade cultural, à moradia segura e adequada" etc.

48 A Constituição da Bolívia de 2009 criou o Tribunal Constitucional Plurinacional e previu, como forma de sua composição, a eleição direta dos magistrados por todos os cidadãos do país.

Em todos os casos, os novos sistemas de jurisdição constitucional adotados pelas ordens jurídicas dos países iberoamericanos estão marcados por modelos complexos (ou mistos) que conjugam características dos tradicionais modelos norte-americano e europeu-continental (kelseniano) e lhes imprimem uma conformação diferenciada,[49] o que permite afirmar que é na jurisdição constitucional iberoamericana (especialmente a latinoamericana) que o "experimentalismo institucional" (sempre praticado nessa região qualificada como um "laboratório constitucional") encontra uma de suas mais fortes expressões.

Assim, após três décadas de um vertiginoso desenvolvimento, a jurisdição constitucional está presente (em modelos inovadores, complexos e diferenciados) em todos os países ibero-americanos e é encarada pelos diversos segmentos políticos e jurídicos como um mecanismo imprescindível para a proteção da ordem constitucional, especialmente dos direitos fundamentais e, portanto, para a manutenção dos regimes democráticos. Não se pode mais negar que, principalmente nos países latinoamericanos, a jurisdição constitucional vem cumprindo o importante papel de contribuir para a paulatina construção das democracias da região, ao exercer uma espécie de "*accountability* horizontal"[50] – isto é, o controle político dos demais poderes (Executivo e Legislativo) – que cria as condições político-institucionais propícias para que elas deixem de ser "democracias delegativas"[51] e se transformem em democracias consolidadas.

---

49   Cfr.: NOGUEIRA ALCALÁ, Humberto. *Justicia y Tribunales Constitucionales en América del Sur*. Lima: Palestra; 2006. LÖSING, Norbert. *La jurisdiccionalidad constitucional en Latinoamérica*. Trad. Marcela Anzola Gil. Madrid: Dykinson; Konrad Adenauer Stiftung; 2002. FERNÁNDEZ SEGADO, Francisco. *La Justicia Constitucional: una visión de derecho comparado. Tomo III: La Justicia Constitucional en América Latina y España*. Madrid: Dykinson; 2009. GARCÍA BELAUNDE, Domingo; FERNÁNDEZ SEGADO, Francisco (coord.). *La jurisdicción constitucional en Iberoamérica*. Madrid: Dykinson; 1997. Suprema Corte de Justicia de México. *Estructura y atribuciones de los Tribunales y Salas Constitucionales de Iberoamérica*. Mérida-México: VII Conferencia Iberoamericana de Justicia Constitucional; 2009.

50   O'DONNELL, Guilhermo. *Horizontal Accountability in New Democracies*. Journal of Democracy 9 (3), 1998, pp. 112-126. Idem. *Accountability Horizontal: la institucionalización legal de la desconfianza política*. In: Isonomía nº 14, abril 2001. Idem. *Horizontal Accountability and New Polyarchies*. Paper prepared for the conference on "Institutionalizing Horizontal Accountability", Institute for Advanced Studies of Vienna and The International Forum for Democratic Studies, Vienna, june 1997.

51   Em importante texto do início da década de 1990, Guilhermo O'Donnell atestava que algumas democracias recém-instaladas (como Argentina, Brasil, Peru, Equador e Bolívia, na América Latina, e em outros países da Europa Central e Oriental) podiam ser consideradas democracias de acordo com os critérios de Robert Dahl para a definição de poliarquia, mas não podiam ser encaradas como genuínas democracias

Todas essas características fazem da jurisdição constitucional iberoamericana um dos campos mais interessantes e propícios para o desenvolvimento de pesquisas empíricas cujo enfoque seja a atuação jurídica e política das Cortes Supremas e dos Tribunais Constitucionais da região no exercício do controle de constitucionalidade das leis e dos demais atos políticos. E, levando-se em conta que a adoção de modelos complexos e diferenciados de jurisdição constitucional também resultou em modelos igualmente complexos e diferenciados de deliberação e de argumentação por parte desses tribunais iberoamericanos, pode-se concluir que as práticas argumentativas desses tribunais representam um fértil campo que deve ser objeto de análises empíricas.

---

representativas. Elas seriam, na visão de O'Donnell, *democracias delegativas*, que não são democracias consolidadas ou institucionalizadas e estão caracterizadas por terem que enfrentar, logo após a transição de regime, o legado negativo de seu passado autoritário e crises econômicas e sociais profundas, que causam uma instabilidade institucional que fragiliza a democracia. Assim, a passagem das democracias delegativas para democracias consolidadas ou representativas dependeria, como observou O'Donnell, de uma segunda transição democrática, mais longa e complexa que a primeira transição (do regime), cujo elemento decisivo seria o sucesso na construção de um conjunto de instituições democráticas que se tornassem importantes pontos decisórios no fluxo do poder político. O'DONNEL, Guilhermo. *Democracia Delegativa?* Revista Novos Estudos, nº 31, outubro de 1991, pp. 25-40.

Entre "direitos", "deveres" e "desejos"

Jose Luis Bolzan de Morais

> "È sbagliato, tuttavia, ritenere che questo forte rango attribuito ai diritti fondamentali, questa loro 'insaziabilità', mortifichino la politica. Solo un citadino fortemente provveduto di diritti, e ragionevolmente sicuro di una loro permanente tutela, può divenire protagonista della vita pubblica e praticare le virtù republicane." (RODOTÀ, Stefano, Il diritto di avere diritti, p. 89/90)

Instado por George Salomão a participar desta, mais uma e merecida, homenagem ao Prof. Lenio Streck, antes de um grande jurista, uma "persona" com quem tenho partilhado academia e vida privada.

E compor uma obra deste tipo impõe um diálogo com o homenageado. E este diálogo se complexifica diante da radicalidade e sofisticação da produção de Lenio, na qual temos um compartilhar importante, em especial, em algum momento desta, quando compusemos a primeira edição do nosso "Ciência Política e Teoria do Estado".

De lá para cá, as edições desta obra se sucederam, e outras atividades nos mantiveram conectados, como o Direito e Literatura, além daquelas junto ao Programa de Pós-Graduação em Direito da UNISINOS.

Neste tempo também fomos trilhando caminhos próprios, que se entrecruzam seguidamente.

E, é neste entrecruzamento, que busco inspiração para prestar esta homenagem, trazendo à discussão um tema que, já rendeu, em parceria com Guilherme Valle Brum, um livro que passou a compor a minha coleção "Estado e Constituição", intitulado "Políticas Públicas e Jurisdição Constitucional. Entre direitos, deveres e desejos" (2016), onde interrogamos a atuação da jurisdição constitucional brasileira, em particular, em torno aos conflitos que envolvem políticas públicas e sua realização, tomando, emprestado tema já tratado em minha coluna *Sconfinato*, do Empório do Direito, por uma instigação vinda de nosso homenageado,[1] na qual, creio, está presente aquele diálogo, antes referido, com o mesmo.

Assim, me permito trazer de volta aquele texto.

---

1 Ver: Entre "direitos", "deveres" e "desejos". Ou, o Juiz é meu pastor... tudo me dará.... Publicado em maio de 2015 – www.emporiododireito.com.br/sconfinato

Lenio Streck me enviou – em uma dessas listas de mensagens –, a notícia de uma, mais uma, decisão judicial onde, em sede precária, o Juiz reconhece o direito de um servidor público "de alta patente", casado com uma titular de serviço notarial, ou algo parecido, obter o pagamento de intervenção cirúrgica em hospital privado, com o sequestro de dinheiros públicos.[2]

De há muito temos assistido decisões deste tipo, algumas mais emblemáticas que outras. Ninguém, por óbvio, desconhece o dever de o Estado prover a saúde da população e que tal vem previsto em sede constitucional, embora, muitas vezes mal apreendido pelos "intérpretes" da Constituição. Também não se desconhece estar-se, muitas – talvez, na maioria – vezes, diante de situações trágicas.

A questão que emerge, desde logo, entre tantas outras, as quais não vou me deter neste momento, sendo possível lançar mão de trabalhos produzidos por muitos de nossos melhores autores – o próprio homenageado Lenio Streck ou, ainda, Ingo Sarlet, Alexandre Rosa, para referir alguns deles – é a de saber, por um lado e na linha do pensamento de R. Dworkin, o quanto de saúde, no caso, estamos dispostos a patrocinar a todos – eu disse "todos" – como política pública – como, aliás, presente no texto constitucional[3] –, inclusive tendo presente nosso déficit social histórico, e, por outro, com isto conectado, perceber o caráter dos direitos em uma república democrática.

Para isto, é preciso confrontá-los com os deveres que, com eles formam a cidadania. E, assim, reconhecer quando estes mesmos direitos se transformam ou se expressam como "desejos".

Dito de outra forma, pode-se, como problema de reflexão, buscar perceber quando um direito, ao lado dos deveres, pode ser "transformado" em desejo. Há uma linha demarcatória? Como e quando um direito tornado desejo vai "de encontro" ao projeto de uma sociedade mais justa e solidária?

Privilegiando, aqui e agora – e resumidamente –, este último aspecto, trago para o debate a discussão proposta por Luciano Violante, professor de Direito Público da Università La Sapienza (Roma/IT), em seu *Il dovere di avere doveri*.[4]

---

2   Proc. nº 11500000211. Comarca de Ijuí. 3ª Vara Cível.

3   Art. 196. A saúde é direito de todos e dever do Estado, **garantido mediante políticas sociais e econômicas** que visem à redução do risco de doença e de outros agravos e ao acesso universal e igualitário às ações e serviços para sua promoção, proteção e recuperação.

4   Aqui, merceria um diálogo crítico, no contraponto com, *Il diritto di avere diritti* de Stefano Rodotà (2012). Ver: BOLZAN DE MORAIS, Jose Luis e BRUM, Guilherme Valle. **Políticas Públicas e Jurisdição Constitucional. Entre direitos, deveres e desejos.** Col. Estado e Constituição. Nº 16. Porto Alegre: Livraria do Advogado. 2016

Neste "pequeno" livro apresenta-se o debate em torno da questão das relações entre direitos e deveres nas Constituições de repúblicas democráticas, bem como da transformação dos primeiros em desejos em um processo de individualismo egoístico, ativismo judicial e antirepublicanismo.

Em *Il dovere di avere doveri*, Luciano Violante retoma o conceito de "dever" como meio para (re)construir a ideia de democracia, a qual exige, para ele, um sentido de cidadania alicerçado na obrigação política e em uma rede de relações cívicas e não apenas em direitos em torno dos quais se constrói uma disputa excludente.

Assim, recoloca em discussão a questão da crescente demanda por direitos sem nenhum vínculo com deveres que, entre outras questões, legitimaria o *egoísmo individual*.

Para Luciano Violante:

> *L'espansione tendenzialmente illimitata dei diritti, separata dalla valorizzazione dei doveri, e potenziata dalla crescente giurisdizionalizzazione, non costituiscono un rimedio, ma rappresentano le manifestazioni piú evidenti delle difficoltà della democrazia costituzionale....*[5]

Diante disso pretende demonstrar a necessidade de superar

> *(...) attraverso la valorizzazione dei doveri costituzionali, la frantumazione individualistica della società e di difendere la democrazia politica da quella che è stata chiamata icasticamente 'judicial dictatorship. I diritti diventano strumenti di democrazia e di soddisfacimento di legitime pretese individuali quando possono contare sull'unità politica e sui doveri di solidarietà come valori che fondano iil processo di civilizzazione del paese e ne garantiscono lo sviluppo. Altrimenti diventano fattori di egoismo individuale, rottura sociale e arretramento civile.*[6]

A partir destes pressupostos desenvolve seu argumento, o qual, centralmente, rediscute a *política dei diritti* como judicialização da política, quando a jurisdição oferece resultados imediatos, tornando, de regra, marginal a atividade política, sobretudo como democracia representativa, apresentando-se como alternativa seja frente à invasão da economia – do mercado, em especial –, seja em face da fragilização das instituições políticas, de sua inação ou insuficência.

E tal discussão tem como ponto de inflexão a apropriação dos direitos e a *lotta per i diritti* como estratégia individualística e egoísta de satisfação de interesses. Qualquer semelhança com a notícia referida ao início não é mera coincidência...

---

5   Ver: VIOLANTE, Luciano. **Il dovere di avere doveri**. Torino: EINAUDI. 2014. p. XIV
6   Idem, pp. XIV e XV.

Para Violante, esta estratégia de luta por direitos, se sustenta em pressupostos liberais capitalísticos, se poderia dizer, que ignoram o caráter coletivo e solidário dos mesmos, tentando, em um quadro de crise(s), resgatar e apropriar-se do conteúdo dos mesmos à maneira privatística característica do de uma cidadania de tipo egoísta.

Com isso, discutindo os riscos desta "irresponsável" e "individualista" luta por direitos, sustentada por um redesenho de atribuições públicas estatais em favor de uma judicialização da tomada de decisões, pretende demonstrar a vinculação da cidadania a deveres.

Para L. Violante, a *política dei diritti*[7] emerge como resultado do neoconstitucionalismo,[8] uma vez que *è assunta il compito di rimediare alla stanchezza delle democrazie attraverso la valorizzazione estrema di ogni tipo di diritto e un forte impiego delle risorse della magistratura per il loro riconoscimento.*[9]

Neste quadro, os juízes assumem, uma nova roupagem: para além de garantidores de direitos passam a criadores destes, contribuindo, com isso para aquilo que se passou a nomear, por alguns de seus sustentadores, como *costituzione infinita* (p. 18) e pondo em xeque a forma de governo, subtraindo as políticas públicas das maiorias parlamentares, eleitas e responsáveis e transferido-as para a *tecnocracia das jurisdições*.[10]

Aqui, podemos perceber o mesmo debate travado por aqui (Brasil), quando se discute o papel da jurisdição, particularmente, em temas de políticas públicas, a judicialização destes conteúdos e o ativismo judicial muitas vezes presentes em decisões travestidas de asseguradoras de direitos.

---

7   *La política dei diritti è partita dalla tutela dei diritti fondamentali, ma si estende oggi nella teoria e nella prassi a ogni tipo di diritto, da quelli tradizionali sinon ai cosidetti "nuovi diritti"...Alcuni di questi diritti fanno parte indiscutibile del patrimonio umano..* L. Violante, op. cit., p. 14

8   *Il neocostituzionalismo sembra non avere alcuna fidúcia nella lotta política, nelle possibilita di cambiamento delle maggioranze, nell'impegno dei cittadini per obiettivi politici di carattere generale. Eppure la democrazia si nutre di questa tensione ed èviva con i suoi valori quando le parti del mondo político si confrontano e si misurano sugli obbiettivi del paese e quando i cittadini dell'una o dell'altra opinione le seguono condividendo o opponendosi. Non ècompito del costituzionalismo, vechio o nuovo, sollecitare il conflito político. Ma nelle riflessioni sulla democrazia dovrebbero essere riconosciuti i limiti strutturali del diritto e della giurisdizione, la funzione democrática del conflito e gli effeti di sterilizzazione della democrazia che avrebbe uma delega illimitata ai giudici per il riconoscimento di nuovi diritti.* L. Violante, op. cit., p. 146.

9   Id. Ibid., p. 10

10   Para L. Violante, a *política dei diritti*, que se inaugura como uma preocupação pelos "destinos" da democracia, *si conclude con soluzioni ispirate a una sorta di neogoverno globale dei tecnici, questa volta giuristi e no economisti, non compatibile con i principî dela democrazia politica.* (p. 19)

Violante faz a crítica desta *"evangelica semplicità"* (p. 23) que transforma a teoria da democracia, redefinindo as relações entre política e jurisdição, sem atentar para uma perspectiva social mais ampla, mas, ao invés disso, pretende fazê-lo por *la via breve della proclamazione di singoli diritti da parte di singoli giudici, senza la complicazione delle decisioni politiche, lunghe, defatiganti e dall'esito incerto.*[11]

Há, aqui, uma reprodução do que a globalização gera a partir do primado do econômico sobre o político, agora em favor da jurisdição em face das instituições de governo que, do mesmo modo daquele – o poder econômico –, atua privada de qualquer responsabilidade política.

Nesta perspectiva emerge o que indica como uma *politica delle libertà individuali* que o leva a questionar acerca das condições que cercam a atuação dos Sistemas de Justiça na aplicação e/ou "desaplicação" da lei, sobretudo quando isto se faz em razão de sua consideração acerca da "qualidade" do texto legislado, a partir de critérios os mais variados, desconsiderando, seguidamente, os mecanismos de controle que o mesmo sistema estabelece.

Tais atitudes conduzem, muitas vezes, a uma disputa individual ou corporativa descomprometida com sua ambiência coletiva de solidariedade, própria dos Estados Constitucionais contemporâneos – construídos como Estados Democráticos de Direito, a exemplo do Brasil –, reproduzindo a velha perspectiva liberal que inaugura o Estado resultante das revoluções liberais onde *i cittadini si muovono come monadi isolate e rissose, perdono l'idea di appartenere a una comunità; ciascuno agisce nel próprio esclusivo interesse avvallendosi dei propri diritti sogettivi come arma puntata contro l'altro* (p. 65).

É preciso, afirma, retomar o equilíbrio entre direitos e deveres, o que não significa um antagonismo com a política dos direitos, porém se apresenta *come complesso di scelte che integrano la prima per una visione fedele alla intera Costituzione del rapporto fra cittadini e Repubblica, fra i cittadini tra loro, e permetta la creazione di condizioni per le quali ciascuno possa realizzare il pieno sviluppo della própria personalità nell'ambito delle comunità nelle quali vive.*[12]

Nesta perspectiva, para o autor, há que se promover um "encontro" entre *rigidez constitucional* e *rigor constitucional*, significando isso a coerência entre deveres e comportamentos, seja de cidadãos, seja de instituições, a partir de uma *ética republicana* que promova uma *integração* no interior mesmo de um Estado pluralista, o que não pode estar alicerçado em uma intervenção do juiz que, favorecendo aquele que demanda, priva todos os demais que se encontram, inclusive, nas mesmas, ou em piores, condições.

---

11   Ibidem, p. 24

12   L. Violante, Op. Cit., p. 81

Assim, resumida, a preocupação do autor pode vir traduzida pela preocupação em torno do problema da legitimidade democrática. *Come risolvere il problema dell'assenza di una legittimazione democratica di giudici ai quali viene riconosciuto il potere di effettuare scelte discrezionali proprie della politica?* (p. 41)

Preocupa-se com o desequilíbrio que se produz entre direitos e deveres, bem como com as relações entre as funções características da organização estatal moderna, na fórmula tripartite.

Por um lado, a perspectiva dos deveres busca superar o que o autor nomeia como *partecipazione oppositiva* que vem marcada por um "egoísmo contingente". Por outro, enfrenta o *policentrismo anarchico* onde *nessuno ha il potere de dire la parola finale, ma tutti hanno il potere di impedire che altri la dica* (p. 149)

Disso resulta uma liberdade que se fixa apenas na convivência e não na construção de finalidades gerais, da mesma forma que reforça a perspectiva individualista em detrimento da comunidade.

Para L. Violante, é preciso ter em conta, nesta toada, *i rischi del costituzionalismo irenico, che si limita a celebrare i trionfi dei diritti fondamentali grazie alle giurisdizioni, e tornare al costituzionalismo polemico, capace di misurarsi com tutti i problemi del potere.*[13]

De certo modo esta é a questão que se apresenta neste momento. Ou, como dito, um dos aspectos que precisam ser enfrentados, pondo em relevo, ao lado de uma "nova" era dos direitos uma "era dos deveres", como já anunciara Norberto Bobbio.

As referências aqui tomadas emprestadas permitem, ainda, pensar novos arranjos, não ficando, como indica S. Rodotà, presos a "esquemas" clássicos que já não respondem adequadamente às circunstâncias contemporâneas.

Tudo isso, de outro lado, não pode apenas significar uma reestruturação acrítica da atuação estatal, como aquela que transparece, exemplificativamente e para o objeto pontual da análise aqui sugerida, quando da transposição do debate político para o interior do Sistema de Justiça, seja como decorrência do "sucesso" no sentido da ampliação do acesso à justiça, seja como resultante do déficit de satisfação em torno a pretensões ligadas a políticas públicas veiculadas pelo Estado Social, em crise – financeira, no particular – ou submetido a influxos decorrentes da "nova" era global e, em especial, do neoliberalismo e do neocapitalismo (capitalismo financeiro ou de cassino, como nomeia António José Avelãs Nunes).[14]

---

13 Id. Ibid., p. 154
14 Ver: AVELÃS NUNES, António José. **As voltas que o mundo dá**....Reflexões a propósito das aventuras e desventuras do Estado Social. Rio de Janeiro: Lumen Juris. 2011. Melhor ainda, em seu : **O capitalismo e suas máscaras**, como 2ª edição de «As voltas... »

O dilema que nos afeta diz, então, com o reconhecimento desta nova era – não só de direitos, mas também de deveres –, a compreensão dos seus contornos, a estruturação de instrumentos que lhe sejam adequados, a compatibilização de um projeto de salvaguarda de conquistas e de construção de novas fórmulas asseguradoras de uma vida digna para a humanidade diante dos novos dilemas e dos novos dramas, bem lembrando dos déficits que ainda experimenta relativamente às promessas não efetivadas para todos e que, nos dias atuais, parecem em franca regressão, mesmo nos até então "países centrais" da economia capitalista.

Há que se promover este *aggiornamento* institucional, reconhecendo, ao lado dos novos conteúdos, novos papéis para velhos atores, assim como novas estruturas para atores inéditos. Tudo isso em um tempo de convivência tensionada entre o "novo" e o "velho".

E, no que respeita ao tema do rearranjo funcional da ação estatal, particularmente do que ficou identificado como a *judicialização da política* – e seu irmão siamês, o *ativismo judicial*, o Brasil tem experimentado situações paradoxais, desde um crescimento do recurso à jurisdição, ao ponto de fazer avançar o discurso da reforma do judiciário diante da inviabilização quantitativa de o mesmo responder ao aumento do ingresso de demandas e, por outro, de sua incapacidade de dar conta qualitativamente daquilo que lhe é apresentado como pretensão, sobretudo em caráter individual, até uma disputa intestina quanto à interrogação maior acerca de quem detém a última voz – quem decide por último. E tudo isso muito marcado pelo pressuposto eficientista,[15] como se tem percebido em boa parte das ditas "reformas" procedidas, em especial, nas legislações processuais.

Nesta perspectiva põe-se tanto o problema das relações entre Cortes quanto aquele entre funções de Estado. Dito de outra forma, questionam-se os vínculos intraestatais – relações entre funções de Estado – e extraestatais – que circunscrevem a decisão jurisdicional, tanto no que diz com a submissão à mesma quanto no que se relaciona com o diálogo entre órgãos jurisdicionais locais, regionais, supranacionais e internacionais, em suas várias facetas.

---

15 Sobre este tema, ver: SALDANHA, Jânia Maria Lopes. **Substancialização e Efetividade do Direito Processual Civil. A Sumariedade Material da Jurisdição**: proposta de estabilização da tutela antecipada em relação ao projeto de novo CPC. Curitiba: Juruá, 2011. SALDANHA, Jânia Maria Lopes Saldanha. A Jurisdição Partida Ao Meio: a (in)visível tensão entre eficiência e efetividade. In: STRECK, Lenio Luiz; BOLZAN DE MORAIS, José Luis (Orgs). **Constituição, Sistemas Sociais e Hermenêutica**: anuário do programa de pós-graduação em Direito da UNISINOS – nº 6. Porto Alegre: Livraria do Advogado, 2010a. Ainda: HOFFMAM, Fernando; SALDANHA, Jânia Maria Lopes. Da Pós-Modernidade Processual: o hipermoderno e o antimoderno na caracterização do processualismo contemporâneo. In: **Revista Direitos Fundamentais e Justiça**, Ano 8, nº. 26, p. 136-159, jan-mar. 2014.

Aproveitando-se dessa tendência judicializante, por sua vez, o Judiciário vem afirmando sua supremacia,[16] e das críticas advindas desta postura.[17]

Nesta trajetória, os "neoconstitucionalismos" – compreendidos como os constitucionalismos do pós-Segunda Guerra Mundial em suas variáveis –, que possuem em comum a aposta – deturpada – no ativismo judicial como pedra angular da jurisdição constitucional, impõem o debate acerca de qual a legitimidade democrática e os limites de ação desse poder dentro do contexto das democracias contemporâneas ocidentais, para além dos limites materiais e formais das decisões judiciais.

Entretanto, esse questionamento, que se traduz numa análise da legitimidade política do Poder Judiciário, não pode ignorar o tema das crises estatais, sendo fundamental ter em conta que parte da explicação sobre os fenômenos de judicialização da política e de ativismo judicial está associada aos problemas enfrentados por um "[...] Estado que se apresenta como de bem-estar, mas que se executa como de mal-estar [...]",[18] quando esta *crise funcional*, ao receber como resposta uma aposta no Judiciário, acaba se multiplicando, sendo, simultaneamente, causa e consequência do ativismo judicial, de um judiciário sacralizado como "o superego da sociedade".[19]

Poder-se-ia, na esteira de Giorgio Agamben, ao invés de ficar preso ao "museu de institucionalidades", profanar um conjunto de "verdades" para fazer um uso novo das mesmas.[20]

No ponto particular que gerou esta incitação ao debate, L. Violante, centra sua atenção na *politica dei diritti*, reiterando que é preciso considerar as circunstâncias de um "governo de juízes" – uma *judicialdictatorship* –, da fragilização da política, em particular com um excessivo reconhecimento de

---

16   A exemplo disso, não raras vezes se pode ouvir frases do tipo "o STF tem a última palavra", o Judiciário "é o poder moderador, é o que tira a sociedade de seus impasses" ou, então, declarações como a proferida no voto do Ministro Teori Zavascki, em que ele afirma que "a Constituição é aquilo que o STF, seu intérprete e guardião, diz que é". Essas são manifestações (ou jogos de palavras) que pretendem marcar uma posição de autoridade no diálogo (ou conflito) entre os poderes da República.

17   BENVINDO, Juliano Zaiden. A "última palavra", o poder e a história: o Supremo Tribunal Federal e o discurso de supremacia no constitucionalismo brasileiro. *Revista de Informação Legislativa*, Brasília, v. 51, nº 201, jan./mar. 2014, p. 79.

18   Ver meu, **As crises do Estado e da Constituição e a transformação espaço-temporal dos direitos humanos.** Col. Estado e constituição. Nº 1. 2ª Ed. 2011. p. 60

19   Esta é uma expressão tomada emprestada de: MAUS, Ingeborn. Judiciário como superego da sociedade: o papel da atividade jurisprudencial na "sociedade órfã" **Novos Estudos CEBRAP**, São Paulo, nº 58, pp. 183-202. nov. 2000.

20   Profanar remete ao ideal romano de retirar do templo algo que lá foi guardado como sacralizado, retirado da vida comum. Significa fazer novo uso de algo que, anteriormente, foi blindado contra os seres humanos. Ver: AGAMBEN, Giorgio. **Profanações**. Tradução de Selvino J. Assmann. São Paulo: Boitempo, 2007. 91 p.

direitos egoística e individualisticamente buscados e assegurados em detrimento de deveres "cívicos" que estão na base de uma democracia verdadeiramente republicana.

Direitos assim, mais parecem "desejos",[21] prontamente assegurados por aquele "que tudo me dará", mas em nada contribuem para a construção de uma sociedade justa e solidária...tal qual o "caso" que deu origem a estas rápidas reflexões.

E, conjugado aos estudos hermenêuticos conduzidos pelo nosso homegeado, podem contribuir para o aprimoramento do Direito, bem como das práticas jurídicas, a partir de um encontro entre teoria do Estado, do Direito e da Política, como Democracia.

Referências bibliográficas

AGAMBEN, Giorgio. **Profanações**. Tradução de Selvino J. Assmann. São Paulo: Boitempo, 2007. 91 p.

AVELÃS NUNES, António José. **As voltas que o mundo dá....**Reflexões a propósito das aventuras e desventuras do Estado Social. Rio de Janeiro: Lumen Juris. 2011.

BENVINDO, Juliano Zaiden. A "última palavra", o poder e a história: o Supremo Tribunal Federal e o discurso de supremacia no constitucionalismo brasileiro. *Revista de Informação Legislativa*, Brasília, v. 51, nº 201, jan./mar. 2014, p. 79.

BOLZAN DE MORAIS, Jose Luis e BRUM, Guilherme Valle. **Políticas Públicas e Jurisdição Constitucional. Entre direitos, deveres e desejos**. Col. Estado e Constituição. N° 16. Porto Alegre: Livraria do Advogado. 2016

BOLZAN DE MORAIS, Jose Luis. **As crises do Estado e da Constituição e a transformação espaço-temporal dos direitos humanos**. Col. Estado e constituição. Nº 1. 2ª Ed. 2011.

HOFFMAM, Fernando; SALDANHA, Jânia Maria Lopes. Da Pós-Modernidade Processual: o hipermoderno e o antimoderno na caracterização do processualismo contemporâneo. In: **Revista Direitos Fundamentais e Justiça**, Ano 8, nº. 26, p. 136-159, jan-mar. 2014.

MAUS, Ingeborn. Judiciário como superego da sociedade: o papel da atividade jurisprudencial na "sociedade órfã". **Novos Estudos CEBRAP**, São Paulo, nº 58, pp. 183-202. nov. 2000.

---

21 *Ma spingere il campo dei diritti al confine dei desideri, costituisce il tentativo di dare uma veste giuridica a opzioni individuali o a orientamenti politici, spesso legati a valori costituzionali, "ma che non possono essere assimilabili a diritti soggettivi con il rigore scientifico che occorrerebbe"* Op. cit., p. 14

RODOTÀ, STEFANO. *Il diritto di avere diritti* de Stefano Rodotà. Roma-Bari: Laterza. 2012.

SALDANHA, Jânia Maria Lopes Saldanha. A Jurisdição Partida Ao Meio: a (in)visível tensão entre eficiência e efetividade. In: STRECK, Lenio Luiz; BOLZAN DE MORAIS, José Luis (Orgs). **Constituição, Sistemas Sociais e Hermenêutica**: anuário do programa de pós-graduação em Direito da UNISINOS – nº 6. Porto Alegre: Livraria do Advogado, 2010a.

SALDANHA, Jânia Maria Lopes. **Substancialização e Efetividade do Direito Processual Civil. A Sumariedade Material da Jurisdição**: proposta de estabilização da tutela antecipada em relação ao projeto de novo CPC. Curitiba: Juruá, 2011.

VIOLANTE, Luciano. **Il dovere di avere doveri**. Torino: EINAUDI. 2014. p. XIV

DEMOCRACIA, HERMENÊUTICA OU BARBÁRIE?
ENSAIO EM HOMENAGEM A LENIO STRECK

Alfredo Copetti Neto
Glauco Salomão Leite

SUMÁRIO: 1. Teologia-Política **2.** Teologia-Jurídica. **3.** A Hermenêutica Jurídica em defesa da civilização. Referências Bibliográficas.

> *O impossível significa um muro de pedra? Que muro de pedra? Bem, é claro: as leis da natureza, as deduções da ciência natural, a matemática. Se te provam, por exemplo, que descendes do macaco, inútil reclamar: aceita a coisa tal como é. Se te provam que uma gota de tua própria banha te deve ser mais preciosa de que um milhar de semelhantes teus, e que para esse resultado confluem todas as chamadas virtudes, as obrigações e outros desvarios e preconceitos, aceita-o como tal, não há nada a fazer, porque dois e dois... é matemática.Experimenta discutir!*
> *DOSTOIEVSKI*

1. Teologia-Política

Aquilo que Walter Benjamin[1] entende por Barbárie está configurado, contemporaneamente, em nossos tribunais. Principalmente quando se vê o poder judiciário, sob a égide do Estado Democrático de Direito e de toda sua tradição constitucional, que culminou com o advento da Constituição da República Federativa do Brasil de 1988 – cujo intento fundamental elencado em seu artigo 1º ainda se mostra inefetivo[2] – caracterizada como uma

---

1 BENJAMIN, Walter. *Obras escolhidas. Magia e técnica. Arte e política.* São Paulo: Brasiliense, 1985.

2 Nesse sentido STRECK acentua: "...os principais componentes do Estado Democrático de Direito, nascidos do processo constituinte de 1986-88, ainda estão no aguardo de sua implementação". E completa, indagando: "Quais as condições de acesso à justiça do cidadão, visando ao cumprimento (judicial) dos direitos previstos na Constituição?" Afinal, a inefetividade da Carta Maior faz com que se torne mera retórica, de plano, o seu artigo 1º que prevê a dignidade da pessoa humana como um dos fundamentos da República Brasileira, a qual se constitui em Estado Democrático de Direito. Ver para tanto: STRECK, Lenio Luiz. *Jurisdição constitucional e hermenêutica: uma nova crítica ao direito.* 2ª ed. Rio de Janeiro: Forense, 2004. p.03. Com relação a dignidade humana ver SARLET, Ingo(org). *Dimensões da Dignidade: ensaios de Filosofia do Direito e Direito Constitucional.* Porto Alegre: Livraria do Advogado, 2005.

"Constituição social, dirigente e compromissaria", a qual exige uma atitude também compromissária do jurista e do Poder Judiciário. Todavia, o que se configura hoje é uma situação paradoxal: *"uma Constituição rica em direitos (individuais, coletivos e sociais) e uma prática jurídico-judiciária que, reiteradamente, (só)nega a aplicação de tais direitos".*[3]

Segundo Benjamin, o bárbaro não é o avesso do civilizado, mas faz parte dele, é seu pressuposto, ou seja, está inserido no movimento de criação e de transmissão da cultura civilizatória.

Aliás, a situação atual vivida no mundo ocidental – hipermoderna[4] – acentua ainda mais o papel da barbárie à civilização, na medida em que a perda do sentido do futuro, propiciada pela produção econômica (instantânea), pela hegemonia do capital financeiro, pela obsolência vertiginosa das qualificações para o trabalho decorrente das novas tecnologias, pela exclusão social, econômica e política, enriquece o volátil e o efêmero.

Chauí entende que "a fugacidade do presente, a ausência de laços com o passado objetivo e de esperança de um futuro emancipador, suscita o (re)aparecimento de um imaginário de transcendência".[5] Este imaginário de transcendência enriquece os laços com os fundamentalismos religiosos, bem como a busca de uma autoridade decisionista em nível político, cujas intenções mostram-se emaranhadas na contingência bruta.

Noutras palavras, tanto os fundamentalismos religiosos quanto a autoridade política decisionista pretendem o controle contingente, entretanto, a política de contenção adotada possibilita um imaginário que apela para as formas de transcendência divina e do governante – apelação ao fundamentalismo religioso e apelação da autoridade política forte, respectivamente – as quais não pretendem uma postura de enfrentamento e compreensão dos motivos pelos quais se desencadeou o desencantamento do mundo, mas apenas organizam um controle sob o imaginário social, uma vez que este sempre buscou substitutos para o necessário e o eterno – renunciados na ascendência das novas condições contemporâneas de cunho hipermoderno.

Não excepcionalmente ainda, a barbárie civilizatória se aguça quando essa dupla transcendência unifica-se na figura do chefe político travestido de chefe militar e religioso.[6]

---

3   Ver: STRECK. op. cit, p.04.

4   Por opção usa-se o termo hipermoderno para expressar a situação vivida no mundo ocidental atual, pois acredita-se que a modernidade ainda vigora, sobre outras vestes, porém.

5   Ver, para tanto, CHAUI, Marilena. Fundamentalismo religioso: a questão do poder teológico-político. In: *Civilização e barbárie*. São Paulo: Companhia das Letras, 2004. p. 152.

6   CHAUI. op. cit, p.152.

Nota-se que o dito acima é o que se pode denominar de ressaca da modernidade, mais propriamente de seus enunciados, uma vez que de um lado procurou-se deslocar a religião, colocando-a no espaço privado, com o intuito de controlá-la, ou até mesmo a subestimando, entendo-a como arcaica, descontextualizada frente ao mundo regido pela marcha inexorável da razão e da técnica; de outro, julgou-se que o mercado responderia às demandas oriundas da vida religiosa, sem ao menos tê-la examinado em profundidade.[7]

Assim, o presente hipermoderno – neoliberal – se caracteriza pelo poder econômico e pelo consumo, cuja instancia de controle localiza-se principalmente no espaço privado, onde está restaurada a *razão de Estado* que bloqueia tanto a república quanto a democracia. "O Estado pós-moderno, isto é, neoliberal, diminui institucionalmente o pólo ligado aos serviços e bens públicos e, portanto, corta o uso do fundo público para os direitos sociais, canalizando a quase totalidade dos recursos estatais para atender ao capital".[8]

Neste contexto, a situação mostra-se então caracterizada por traços que concretizam nitidamente uma privatização da *pólis* e da *res publica*, que por sua vez acentua uma despolitização do público.[9]

Contudo, o que, ingenuamente, o poder econômico não esperava era a ascensão do fundamentalismo religioso, não apenas na consciência individual, mas também como resgate da ação política, mais propriamente pelo ressurgimento da *Teologia Política*.[10]

---

7   CHAUI. op. cit, p. 153.

8   CHAUI. op. cit, p.154.

9   Com FINLEY, CHAUI descreve o nascimento da política dizendo que esta surgiu com a invenção do direito e da lei (instituição de tribunais) – distinguindo Grécia e Roma dos impérios antigos – como também da proliferação de instituições públicas de deliberação e de decisão (assembléias, senado), as quais foram separadas de três autoridades até então soberanas: a do poder privado/econômico do chefe de família, a do chefe militar e a do chefe religioso. Portanto, agora na esteira de LEFORT, a autora entende que a política surgiu na medida em que o poder político foi desincorporado do corpo místico do governante como pai, comandante e sacerdote. Segundo CHAUI, contemporaneamente, a ideologia pós-moderna está internamente vinculada à ideologia da competência, ou seja, as decisões políticas são tomadas mediante informações técnicas e especializadas, sempre confidenciais, ou, quando divulgadas, expressas em linguagem técnica, na maioria das vezes ininteligível ao cidadão, promovendo a despolitização da sociedade. Ob. Cit, p.155.

10   A teologia é definida pela tradição judaica e cristã como obediência supranatural ou sobrenatural, pois sua fonte de é a revelação divina consagrada nas sagradas escrituras. Ou seja, é uma prática de origem religiosa destinada a criar autoridades pelo incentivo ao desejo de obediência. Ver para tanto: ABBAGNANO, Nicola. *História da filosofia*. vol. VI. 3.ed. Lisboa: Editorial Presença, 1982, p. 170 e segs.

Tal contexto è estimulado pelo fato que os interesses do mundo contemporâneo encontram-se consideravelmente deslocados ao espaço privado – principalmente no que tange às tomadas de decisões, as quais encontram-se sob o controle do poder econômico, na maioria das vezes operadas por organismos supranacionais, envoltos em segredos, e que interferem enfaticamente nas decisões públicas de governos eleitos. Entretanto, não só o poder econômico alicerça suas prerrogativas, mas também abre-se precedentes para os fundamentalismos religiosos, que por sua vez mostram-se, por um lado, como a contraparte da *ideologia da competência*,[11] por outro, como poder instituidor de políticas abusivas, não direcionadas à criação e efetivação de garantias aos direitos de liberdade e aos direitos sociais, nem à legitimação de poderes políticos.

De fato, se seguimos o comando do técnico competente, por que não haveríamos de seguir o de um líder religioso carismático, que fala uma linguagem até mais compreensível (a lógica e a enciclopédia populares de que falava Marx)? A transcendência da competência técnica corresponde à transcendência da mensagem divina a alguns eleitos ou iniciados, e não temos por que nos surpreender com o entrecruzamento entre o fundamentalismo de mercado e o fundamentalismo religioso.[12]

No fundamentalismo religioso, causado pelas grandes religiões monoteístas – judaísmo, cristianismo e islamismo – tanto a explicação da realidade, oferecida pela filosofia ou pela ciência, quanto outras confissões religiosas oferecidas por diferentes pregações, são vistas como rivais, na medida em que estas "se imaginam em relação imediata com o absoluto, porque se imaginam portadoras da verdade eterna e universal, essas religiões excluem o trabalho do conflito, da diferença e produzem a figura do Outro como demônio e herege, isto é, como o mal e o falso".[13]

2. Teologia-Jurídica

A correspondência perfeita ao fundamentalismo religioso, mais propriamente ao *poder teológico político*,[14] cuja função é a profecia – o lugar de

---

11 A *ideologia da competência* é a própria ideologia pós-moderna, isto é, quem detém o conhecimento tem o direito natural de comandar as esferas da existência. CHAUI. Ob. Cit. p.155.

12 CHAUI. op. cit. p.156.

13 CHAUI. op. cit. p.157.

14 Segundo Espinosa, a religião é superstição dos homens, que por terem medo dos males e esperança de bens depositam irracionalmente poderes a forças caprichosas que os governam arbitrariamente. A superstição alimenta a religião, que por sua vez institui o poder teológico-político para conservar seu domínio. Ou seja, o poder teológico-político é a religião institucionalizada como poder eclesiástico, baseado na tirania. Para tanto, ver: CHAUI, Marilena. *Convite à filosofia*. 5.ed. São Paulo: Ática, 1995.

interprete da vontade divina, o chefe infalível –, é ocupado, no contexto do Estado contemporâneo,[15] especificamente, pelo Poder Judiciário.[16]

Pode-se fazer esta relação porque, ao contrário do que estabelece a Constituição da República Federativa do Brasil de 1988, cujo intuito foi a construção de um Estado Democrático de Direito, que tem como prerrogativa principal a transformação de políticas econômicas e sociais para que sejam implantadas as políticas do *welfare State;* ganha função privilegiada nesta ceara o Poder Judiciário, uma vez que as "inércias do Poder Executivo e falta de atuação do Poder Legislativo podem ser supridas pela atuação do Poder Judiciário, justamente mediante a utilização dos mecanismos jurídicos previstos na Constituição que estabeleceu o Estado Democrático de Direito".[17]

Todavia, o Poder Judiciário brasileiro de maneira alguma cumpre os ditames constitucionais de uma carta-cidadã, em cujo cerne encontra-se a garantia dos direitos fundamentais auto-aplicáveis. Ao contrário, age *como se* não recebesse sua legitimidade da *função de garantia*[18] dos direitos de liberdade, sociais-coletivos e difusos. Produz uma cultura estandardizada. Trabalha com categorias *como se* fossem universais, a-históricas, atemporais, sem falar que apresentam o direito positivo como meras descrições de suas interpretações pessoais, baseadas em valorações arbitrárias, portanto desconstitucionalizadas.

Quem ainda não se deparou com a máxima judicial: "O pedido liminar não comprova a verossimilhança alegada; indefiro, cite-se". Ou, tambêm: "Afasto os princípios constitucionais alegados com base no Código de Processo Penal".

---

15 Usa-se a terminologia contemporâneo com "c" minúsculo para caracterizar o Estado como se apresenta nos dias atuais, haja vista que Contemporâneo com "C" maiúsculo caracteriza o Estado Social – *welfare State*. Ver: MORAIS, José Luis Bolzan de. As Crises do Estado e da Constituição e a Transformação Espacial dos Direitos Humanos. Porto Alegre: Livraria do Advogado, 2002. p.34.

16 A crítica no presente texto está direcionada especificamente ao Poder Judiciário, pois trata-se de um Poder público que ganha relevo ímpar no Estado Democrático de Direito; além disso, a meta é fazer um contraponto com o Poder Teológico-Político, todavia, cabe ressaltar que os problemas não se limitam ao Poder Judiciário, mas se estendem a todo pensamento jurídico atual, começando pelos bancos acadêmicos. Para uma ampla análise cabe ressaltar a *Revista do instituto de hermenêutica jurídica nº 3,* cujo tema elencado foi: crítica à dogmática, dos bancos acadêmicos à prática dos tribunais.

17 STRECK. Ob. Cit, p.20.

18 Com relação ao Garantismo Jurídico ver a recente obra: FERRAJOLI, Luigi. *Principia Iuris: Teoria del diritto e della Democrazia*. Roma-Bari:Laterza,2007. Também, COPETTI Neto, Alfredo. *A democracia constitucional sob o olhar do garantismo jurídico*. Florianópolis: Empório do Direito, 2016.

Daí indaga-se: mas qual a validade um artigo do CPP em desacordo com qualquer princípio constitucional? Para a maioria dos juízes a validade é total. Aliás, como se configura muitas vezes em nossos tribunais, princípios constitucionais são vilipendiados em nome das contingências cotidianas, em que decisões judiciais são fundamentadas subjetivamente com base em princípios (sic.), *descolados* de uma séria base hermenêutica. Mal sabem eles que por detrás de cada lei existe um princípio, e, além disso, o princípio, no caso concreto, ao contrário do que a maioria da doutrina brasileira pensa, *fecha* a decisão judicial, jamais *abre* tornando-a ambígua![19]

Exprime-se aqui, exemplificativamente, as duas faces do Poder Judiciário que, de certa forma, encontram-se no mesmo lugar, ou seja, na inconstitucionalidade.

Na primeira assertiva o juiz ignora qualquer laço textual/legal. Age *como se* imperador fosse, chegando ao *Olimpo* de suas próprias ficções e arbitrariedades, ou seja, é o legítimo profeta jurídico teocrático, consubstanciado no dito *princípio petríneo das chaves do reino*, lido no evangelho de Matheus: "Tu és pedra e sobre esta pedra edificarei a minha Igreja. E as portas do inferno não prevalecerão contra ela. Eu te darei as chaves do reino. O que ligares na terra será ligado no céu; o que desligares na terra será desligado no céu".[20] Na outra, atua como a própria vontade da lei, certa, infalível, verdadeira.

Alias, não seria qualquer princípio constitucional que deporia um *majestoso, perfeito e acabado* CPP. Ambos os casos ignoram a tradição constitucional, o mundo da vida, o modo-de-ser-no-mundo-do-Estado-Democratico-de-Direito. Portanto, rumam à inconstitucionalidade, um pela tirania direta do juiz, outro pela tirania da lei hipoteticamente pré-dada e imutável, que se exprime por meio do juiz.[21]

---

19 STRECK, Lenio Luiz. *Verdade e Consenso.Constituição, Hermenêutica e Teorias Discursivas da Possibilidade à necessidade de respostas corretas em Direito*. 2 ed. Rio de Janeiro: Lumen juris, 2007, *assim*, faz um apanhado histórico e conceitual da distinção entre *regras* e *princípios*.

20 Ver, para tanto, CHAUI, Marilena. Fundamentalismo religioso: a questão do poder teológico-político. In: *Civilização e barbárie*. São Paulo: Companhia das Letras, 2004. p. 163.

21 Substancialmente fica demonstrado aqui o sentido comum teórico dos juristas, cujo assento se encontra propriamente no universo metafísico – moderno e clássico respectivamente – na medida em que os exemplos encontram-se conectados ou ao paradigma epistemológico da filosofia da consciência, ou nos postulados da hermenêutica clássica, com um viés reprodutivo; ontológico clássico. "Desse modo, os juristas inventam, criam o 'mundo jurídico', a partir de algo que se pode denominar de 'uso reificante da linguagem', isto porque a crença nas palavras mantém a ilusão de que *estas são partes integrantes das coisas a conhecer* ou pelo menos, com isto podem postular a 'adequação' dos conceitos ao real; por outro lado, com a ajuda dos

Nessa medida, nota-se a relação intrínseca entre Poder Teológico-Político e Poder Judiciário, senão vejamos: tanto no que se refere ao texto sagrado, como ao próprio texto de lei existe uma disputa, uma guerra interpretativa. Primeiro de quem tem o direito de interpretação; segundo em torno do conteúdo do texto interpretado. É nessa figura, nessa guerra de interpretações que surgem, para interpretar a revelação divina consignada nas Sagradas Escrituras, a teologia, e, para interpretar o texto legal, os tribunais. Com efeito, ambos pretendem um conhecimento conceitual absoluto, uma fundamentação racional, especulativa.

A arbitrariedade é um marco inexorável, tanto no Poder Teológico quanto no Poder Judiciário[22] – é o cerne da barbárie no seio da civilização – na medida em que o teólogo tem o intuito de extorquir dos Livros Sagrados suas próprias ficções, inescrupulosas, sem temor algum em atribuir ao Espírito Santo alguma interpretação errônea, distanciando-se assim do caminho redentor da salvação.

Ao contrário, seu cuidado está em não ser apanhado em erro pelos outros, uma vez que pretende única e exclusivamente tornar sua autoridade absoluta, perenizando seu poder de interpretar as escrituras e de inventar coisas novas na religião. Já, no que tange propriamente ao juiz, titular da função de dizer o direito, a possibilidade, ou melhor, a facilidade para a arbitrariedade ocorre por um duplo aspecto: primeiro por permanecer inserido no modelo meramente formalista liberal-individualista de direito; e, segundo, por manter-se conectado ao paradigma epistemológico da filosofia da consciência.[23]

Interessante para clarificar a discussão e referendar a relação entre Poder Judiciário e Poder Teológico-Político, é o conto de Ítalo Calvino, sobre a "síndrome de Abdula".

Pela história, Alá ditava o Corão para Maomé, que, por sua vez, ditava para Abdula, o escrivão. Em um determinado momento, Maomé deixou uma frase interrompida. Instintivamente, o escrivão Abdula sugeriu-lhe a

---

recursos lingüísticos de que o interprete dispõe, o máximo que pode fazer é proceder a decomposições arbitrárias ou à assimilação de realidades que, em sua estrutura interna, são muito dessemelhantes". Basicamente o que ocorre é uma transferência, um vai-e-vem entre objetivismo – em que a coisa tem sua essência – e subjetivismo – em que a mente/consciência sujeita a coisa. Para tanto ver: STRECK, Lenio Luiz. *Jurisdição constitucional e hermenêutica: uma nova crítica ao direito*. 2ª ed. Rio de Janeiro: Forense, 2004. p. 36.

22 Obviamente aqui refere-se ao Poder Judiciário quando age partindo dos pressupostos interpretativos enunciados acima.

23 Não cabe, no presente texto, discorrer acerca do modelo formalista liberal-individualista de direito, contudo, o que se pretende aqui é ressaltar a relação deste modelo com a facilidade de arbitrariedade do Poder Judiciário.

conclusão. Distraído, Maomé aceitou como palavra divina o que dissera Abdula. Este fato escandalizou o escrivão, que abandonou o profeta e perdeu a fé. Abdula não era digno de falar em nome de Alá.[24]

O conto acima transcrito demonstra a crença caudal de Abdula em Maomé, o qual, por sua vez, após ter o reconhecimento inexorável dos devotos para falar a essência de Deus, pela interpretação do texto sagrado, não se importa com o *compromisso* conquistado; dizer o caminho da salvação. Aliás, o próprio crente Abdula não vê outro modo de encontrar a salvação, senão pelas palavras de Maomé, as quais refletiriam a verdade de Alá.

Todavia, necessário referir que o teólogo recorre à luz natural e à razão para impor o que interpreta, expulsando-as quando estas falseiam suas influências. A teologia – prática de origem religiosa – tem como fundamento única e exclusivamente a criação e a conservação de autoridade pelo incentivo do desejo de obediência; portanto, toda a teologia é uma teologia política, e, sendo assim, torna-se: inútil à fé, perigosa à razão, danosa à política.

Ambas as teologias – a religiosa e a jurídica – jamais conseguirão se realizar como ações propriamente humanas, porque não *pertencem à tradição*, não fazem parte dos traços de identidade natural que se deve pertencer e consumir,[25] é uma questão de politização do poder político, de tradição social predominante e compartilhada. Não de uma submissão ao poder político como poder de uma vontade soberana e secreta, que racionaliza o permitido e o proibido.

A caracterização desta barbárie teológica ganha escopo ainda maior quando alguns únicos especialistas/peritos reivindicam a exclusividade da competência para revelar a vontade divina nos textos religiosos, ou, a norma, nos textos jurídicos; decidindo quanto ao bem e ao mau, ao justo e ao injusto, ao verdadeiro e ao falso, ao permitido e ao proibido, ao possível e ao impossível, sem nenhum critério contextualizado autêntico, que no caso específico do judiciário brasileiro seria o projeto constitucional vindo a cabo com a Constituição de 1988.

3. A Hermenêutica Jurídica em defesa da civilização

Contudo, considerar a tradição constitucional autêntica brasileira não acontece senão por meio de uma base, oriunda da hermenêutica filosófica gadameriana, a qual, por sua vez, segue os passos da filosofia her-

---

24 A citação de CALVINO deve-se a STRECK. *Hermenêutica em Crise...* op. cit. p. 35.

25 GIANNI, Vattimo. Depois do fim da modernidade. In: *Aplauso: cultura em revista.* Ano 8, 2005.

menêutica de Heidegger, desenvolvida em nível ontológico (não clássico), portanto, no nível da compreensão.[26]

É dessa base que parte a hermenêutica jurídica para que haja a compreensão constitucional do Estado Democrático de Direito e, com isso, seja possibilitada a autêntica (verdadeira) aplicação da Constituição.

Noutras palavras, uma interpretação conforme a Constituição não se dá sem uma atitude jurisdicional condizente com o modo-de-ser-no--mundo-do-Estado-Democrático-de-Direito – até porque, o sentido de Constituição que aqui se atribui nada tem a ver com construção de um Estado de forma abstrata e teórica, mas sim com a consideração dos acontecimentos culturais, sociais, políticos, econômicos, vinculados às forças espontâneas e às tendências dominantes do próprio tempo, convertendo--se "na ordem geral objetiva do complexo de relações da vida"[27] –, cujo pressuposto é uma decisão não só justificada, mas também fundamentada a partir desses ditames, afastando qualquer palavra sacra que possa vir à tona pela vontade pessoal subjetiva do juiz – teologia jurídica.

Levando-se em consideração o dito acima, a civilidade constitucional é re(des)velada na atividade jurisdicional na medida em que se esvai qualquer conceito *lógico* de *forma* de vida, preponderando o conceito fenomenológico (não clássico) de *mundo* da vida,[28] o qual condiciona o processo de compreensão, que remete a uma experiência anterior ao discurso e, conseqüentemente, configura o chão pelo qual ele se articula.[29]

---

26 "Os contributos da hermenêutica filosófica para o direito trazem uma nova perspectiva para a hermenêutica jurídica, assumindo grande importância as obras de Heidegger e Gadamer. Com efeito, Heidegger, desenvolvendo a hermenêutica no nível ontológico, trabalha com a idéia de que o horizonte de sentido é dado pela compreensão; *é na compreensão que se esboça a matriz do método fenomenológico*. A compreensão possui uma estrutura em que se antecipa o sentido. Ela se compõe da aquisição prévia, vista prévia e antecipação, nascendo dessa estrutura a situação hermenêutica. Já Gadamer, seguidor de Heidegger, ao dizer que ser que pode ser compreendido é linguagem, retoma a idéia de Heidegger da linguagem como casa do ser, onde a linguagem não é simplesmente objeto, e sim, horizonte aberto estruturado. Daí que, para Gadamer, ter um mundo é ter uma linguagem". Ver, para tanto, STRECK, *Hermenêutica em Crise...* Ob. Cit. p. 175-176.

27 Ver, para tanto: HESSE, Konrad. *A força normativa da Constituição.* Porto alegre: SAFE, 1991, p. 18.

28 No que tange ao *conceito de mundo,* ver: STEIN, Ernildo. *Mundo Vivido: das vicissitudes e dos usos de um conceito de fenomenologia.* Porto Alegre: Edipurs, 2004, p. 141 e segs.

29 Nesse sentido, ver: GIANNOTTI, José Arthur. *O jogo do belo e do feio.* São Paulo: companhia das letras, 2005, p. 15.

Se é no processo de compreensão que se constrói o mundo, e, sendo a linguagem produtora de mundo,[30] isto é, não sendo mais uma terceira coisa que se coloca entre sujeito e objeto, desse ponto de vista, a imagem de mundo é fluída, é uma abertura para o novo, é uma totalização aberta, sem fronteiras precisas, impossível de representação, uma vez que é parte inerente do próprio discurso, do modo de vida.[31]

Nesse sentido, em que pese a forma lógica como *forma* de vida se mostrar ilusória, a própria idéia de *tudo*, de totalidade vem a ser questionada, haja vista a impossibilidade de se determinar a idéia de mundo como pronto e acabado, como o chão da racionalidade.

Essa revolução copernicana traz consigo a falência dos modelos filosóficos anteriores — ontologia clássica e filosofia da consciência —, os quais eram o pano de fundo para a possibilidade — primeiro do jusnaturalismo, depois do positivismo — de ativismo judicial, o qual nada mais é que uma teologia jurídica, movida pelos mesmos motores condutores da teologia religiosa, "isto é, o comando em última instância é do próprio Deus, imaginado antropocentricamente e antropomorficamente como um super-homem, pessoa transcendente dotada de vontade onipotente, entendimento onisciente, com funções de legislador, monarca e juiz do universo".[32]

Contudo, isso só é possível a partir de uma objetificação racionalizadora e técnica, de uma verdade teórica universal que se desvincula do mundo prático, cuja base provém tanto da metafísica clássica — arsitotélica, quanto da metafísica moderna — cartesiana, as quais colhem seus frutos no mundo jurídico, proporcionando um direito arcaico, desprovido das *condições de possibilidade para o acontecer* constitucional e democrático de um Estado cuja complexificação se acentua cada vez mais nos tempos contemporâneos.[33]

Alias, bem ao contrario, condiciona sim a barbárie civilizatória descompromissada, promovendo a proliferação da destruição do sentido do todo constitucional, ou seja, a verdadeira entificação/objetificação da Constituição, condecorando o arbítrio das opiniões, desligando a opinião do texto de maneira obstinada e inconseqüente, de quem deveria, por obrigação pública em primeiro lugar, suspender os próprios pré-juízos e ver-se in-

---

30 No que se refere à invasão da filosofia pela linguagem ver: GADAMER, Hans-Georg. *Verdade e Método I*. Petrópolis: Vozes, 1997. Em específico terceira parte. Também, STRECK, *Hermenêutica em Crise...* op. cit. p.155 e segs.
31 GIANNOTTI, op. cit. p.17.
32 CHAUI, ob. cit. p. 167.
33 No que se refere à relação do Estado com a contemporaneidade ver: MORAIS, op. cit.

serido no paradigma constitucional do Estado Democrático de Direito, cuja linguagem é sua produtora.[34]

Uma legítima alternativa à barbárie teológica desenvolvida pelos tribunais é a hermenêutica jurídica, que vem em defesa da civilização e resgata o modo-de-ser-no-mundo do poder judiciário da esfera privada – pois está envolto de pré-juízos calcados em uma cultura formal -individualista-privatista, sem a mínima compreensão do evento constitucional que se desenvolveu –, e, a partir da viragem lingüística, o (re)coloca na esfera pública, para que, autenticamente se compreenda a ausência dessa dicotomia, haja vista que em 1988 foi promulgada uma Constituição social e democrática, portanto, enfaticamente pública e, assim sendo, àquilo que se mostra contrário a ela deve ser declarada a inconstitucionalidade, inclusive as arbitrariedades oriundas de instâncias de poder mormente destinadas a implementar e garantir direitos de liberdade, sociais-coletivos e difusos, e que taxativamente por isso, têm compromisso social.[35]

Para tanto, revela-se necessário ver o Estado constitucional e democrático não como uma totalidade fechada de fatos e disposições, mas tê-lo como sugestão à ultrapassagem paradigmática, sempre levando em consideração o não enquadramento dessa ultrapassagem na oposição *interior/ exterior*, mas consentindo o jogo intersubjetivo do mundo de *ver* e *ver* algo *como algo*, numa relação de identidade e distinção.[36]

Tal assertiva vai de encontro ao explicitado por Stein quando traz à tona a hermenêutica filosófica de Gadamer, que, por suas vezes "encontra na força civilizatória da tradição, a autoridade de uma razão diluída do ponto de vista da história efetual".[37]

Neste intuito, reconhece-se a importância da hermenêutica ao direito, em específico à aplicação do direito constitucional pátrio, decorrente da tradição constitucional do Estado Democrático de Direito, na medida em que demonstra estar pré-estruturado pela tradição, e, com isso, pretende enraizar o sujeito que compreende em seu lugar histórico determinado.

Gadamer deu-nos, com sua hermenêutica filosófica, uma lição nova e definitiva: uma coisa é estabelecer uma práxis de interpretação opaca como princípio, e outra, bem diferente, é inserir a interpretação num contexto, ou

---

34 ver: GADAMER, op. cit. p. 354 e segs.
35 Ver, para tanto: BERCOVICI, Gilberto. Dilemas da concretização da Constituição de 1988. In: *Revista do Instituto de Hermenêutica Jurídica vol.1, n.2*. Porto Alegre: Instituto de Hermenêutica Jurídica, 2004. p.101-120.
36 GIANNOTTI, op. cit. p. 24-25.
37 Ver: STEIN, Ernildo. *Exercícios de fenomenologia: limites de um paradigma*. Ijuí: Unijuí, 2004, p.50.

de caráter existencial, ou com as características do acontecer da tradição na história do ser, em que interpretar permite ser compreendido progressivamente como uma autocompreensão de quem interpreta.[38]

O *standard* de racionalidade da fenomenologia hermenêutica – modo de pensar a relação entre filosofia e conhecimento – introduzido por Heidegger e desenvolvido por Gadamer, vai taxativamente criticar os *standards* da metafísica objetivista,[39] responsáveis pela abertura à possibilidade da *teologia jurídica,* na medida em que "o direito tendencialmente pensa encontrar na lógica da argumentação de caráter puramente axiomático-dedutivo o principal auxílio da filosofia".[40]

Nesse sentido, a filosofia se mostra pretensiosamente como fundamento de estilos de verdade, de argumentação e de justificação; promovendo escolhas aleatórias baseadas em opiniões, convicções, intenções, regras ou decisões, operando numa *concepção de fundamentar* a qual omite a tradição, "que é condição de possibilidade de qualquer discurso e que, portanto, sempre está presente operativamente na produção de uma fixação de limites ou de fundamentação".[41]

O re(des)velar hermenêutico, proveniente da filosofia hermenêutica haideggeriana, ao clarear os modos de ser-no-mundo do *dasein*, atua além do *como* apofântico, manifestativo, argumentativo, lógico, e traz à tona o *como* hermenêutico, que vem como condição de possibilidade a partir da compreensão e explicitação do próprio modo de ser do ser humano.[42]

---

38   Conforme STEIN, op. cit. p.53.

39   Para uma explicação mais abrangente no que se refere aos *standards* de racionalidade, conhecidos também como vetores de racionalidade, ver: STEIN, Ob. Cit., especificamente capítulo II, titulado, Filosofia e hermenêutica jurídica – Os *standards* de racionalidade p. 151 e segs.

40   Conforme STEIN, op. cit. p158.

41   Conforme STEIN, op. cit. p159.

42   Segundo STEIN, Heidegger ao fazer a pergunta: que é o homem? – uma vez que Kant deixou a pergunta sobre o homem irresolvida – Pretendeu resolve-la com a noção de "ser-no-mundo", tratado pela síntese intuição-sensibilidade e pelo ser do mundo prático, obedecendo a um dever-ser. Respondendo a questão kantiana, Heidegger explicita que o homem será visto como *Dasein,* onde o *Da* é o reconhecimento do caráter intuitivo, sensível e temporal, enquanto o *Sein* indica o caráter inteligível, o ser. "O Dasein é *ser-no-mundo* esse é o *como* do homem, que deve resolver a questão da temporalidade como um das características fundamentais do *ser-no-mundo,* enquanto passado-presente-futuro. Porém, este *ser-no-mundo* deve estar articulado, precisa de uma estrutura que seja descritível e que possua a marca fundamental da condição humana, qual seja, a *sorge,* o cuidado, a cura, a estrutura de *ser-a".* Conforme: STEIN, Ernildo. *Mundo Vivido: das vicissitudes e dos usos de um conceito de fenomenologia.* Porto Alegre: Edipurs, 2004, p. 146 e segs.

Nesta esteira, o apoio (na)da metafísca será suprimido a partir da perspectiva hermenêutica de que os próprios participantes do mundo se empenhem na apropriação viva das tradições que os determinam, de suas condições históricas; recuperando a razão pela historicidade dos sentidos.[43]

Desse modo o *standard* de racionalidade da fenomenologia hermenêutica passa a ampliar-se de um modo mais compreensível para podermos pensa-lo em sua diferença com a simples técnica ou método de interpretação que, por exemplo, pode parecer no Direito. Assim, a hermenêutica jurídica repousa sobre a hermenêutica filosófica, pois em tudo que o Direito enuncia nos códigos ou na Constituição, opera uma historicidade e um sentido que desde sempre vêm antecipados na pré-compreensão. É dela que surge o processo de autocompreensão que sempre acompanha a compreensão de qualquer texto do direito.[44]

Por isso que a hermenêutica jurídica é a condição de possibilidade à defesa da civilização, haja vista que vê-se amarrada pela linguagem na tradição (autêntica), cujo pressuposto é a inserção na interpretação da vida quotidiana do mundo vivido, o que estabelece um compromisso social de ver a Constituição *como* Constituição, ou seja, *a coisa mesma* que constitui-a-ação de um determinado Estado Democrático de Direito, e que por isso, em seu contexto, só pode ser de um modo (assim) e não de outro (qualquer).

A compreensão do sentido da Constituição só se manifesta na elaboração de um projeto prévio, um projetar, o qual dever ir sendo constantemente revisado na medida em que se avança na penetração do sentido.

Entende-se, portanto, que a arbitrariedade, quanto ao modo de interpretação do direito, se dá na própria opinião prévia na medida em que esta é também arbitrária, e, sendo arbitrária, é como se não existisse; impossibilitando o sentido do todo e proporcionando, assim, interpretações metafísicas da razão, as quais atuam desvinculando o interprete da tradição do mundo prático em que se encontra emaranhado, permitindo um verdadeiro fundamentalismo jurídico.

4. Aportes conclusivos

Apontou-se aqui a inércia que se encontra o Poder Judiciário brasileiro em decorrência das posturas filosóficas adotadas, as quais o caracterizaram/fundamentam como um verdadeiro poder teológico-político – tal como edificou Espinosa – que em um Estado Democrático de Direito evidencia o que se chamou de *barbárie teológica dos tribunais*.

---

43 Ver: STEIN, Ernildo. *Exercícios de fenomenologia: limites de um paradigma*. Ijuí: Unijuí, 2004, p. 164-165.

44 Conforme STEIN, op. cit. p. 163-164.

Com efeito, cabe ressaltar que o poder destinado aos tribunais, estabelecido no processo constituinte originário, desviou-se de sua meta, qual seja, *o acontecer que constitui-a-ação* como mecanismo prático de garantias que provoca mudanças na realidade,[45] e se tornou uma autêntica vontade soberana secreta, situada acima das vontades individuais e dos governados, racionalizando o permitido e o proibido.

Neste ensejo, busca-se trazer à tona que o papel do direito, e especificamente do judiciário, não é estabelecer uma ordem linear ao Estado, nem construir verdades teóricas hipotéticas sobre as relações sociais por meio de um saber especulativo e técnico que interpreta em nível ôntico os textos legais, tampouco standardizar pensamentos à disposição de crenças que assegurem obediências à ambição incompreensível de poucos, causando uma violência jurisdicional.

Em suma, a superação da dicotomia sujeito objeto, e, conseqüentemente o reconhecimento da invasão da filosofia pela linguagem se faz necessário para desencadear a prática constitucional tradicionalmente construída no paradigma do Estado Democrático de Direito, o que, por sua vez, resgata a força normativa da Constituição e vincula a atividade dos tribunais ao mundo da vida, ao contexto, à pratica cotidiana da tradição do ser humano, base da compreensão do pensamento civilizatório.

Só assim se experimentará discutir as verdades prévias, as conclusões abstratas, as deformações representativas que justificam as atitudes do mundo do direito quando este deixa de ver o que se está vendo e de ouvir o que se está ouvido em prol da barbárie lógica.

Referências Bibliográficas

ABBAGNANO, Nicola. *História da filosofia.* vol. VI. 3ª ed. Lisboa: Editorial Presença, 1982.

BENJAMIN, Walter. *Obras escolhidas. Magia e técnica. Arte e política.* São Paulo: Brasiliense, 1985.

BERCOVICI, Gilberto. Dilemas da concretização da Constituição de 1988. In: *Revista do Instituto de Hermenêutica Jurídica* vol. 1, nº 2. Porto Alegre: Instituto de Hermenêutica Jurídica, 2004. p.101-120.

CANOTILHO, José Joaquim Gomes. *Direito Constitucional e Teoria da Constituição.* 5ª ed. Coimbra: Almedina, 2002.

CHAUI, Marilena. Fundamentalismo religioso: a questão do poder teológico-político. In: *Civilização e barbárie.* São Paulo: Companhia das Letras, 2004. p. 149-169.

---

45 Ver STRECK, Ob. Cit. p. 282.

COPETTI NETO, Alfredo. *A democracia constitucional sob o olhar do garantismo jurídico.* Florianópolis: Empório do Direito, 2016.

DOSTOIEVSKI, Fiodor Mikhailovitch. *Notas do subterrâneo.* Rio de Janeiro: Bertrand Brasil, 1989.

FERRAJOLI, Luigi. *Principia Iuris: Teoria del diritto e della Democrazia.* Roma-Bari:Laterza, 2007.

GADAMER, Hans-Georg. *Verdade e Método I.* Petrópolis: Vozes, 1997.

GIANNOTTI, José Arthur. *O jogo do belo e do feio.* São Paulo: companhia das letras, 2005.

HESSE. Konrad. *A força Normativa da Constituição.* Porto Alegre: SAFE, 1991.

KLIKSBERG. Bernardo. *Repensando o estado para o desenvolvimento social: superando dogmas e convencionalismos.* 2º ed. São Paulo: Cortez, 2002.

MORAIS, José Luis Bolzan de. *As crises do estado e da constituição e a transformação espacial dos direitos humanos.* Porto Alegre: Livraria do Advogado, 2002.

NOVAES, Adauto(org). *Civilização e Barbárie.* São Paulo: Companhia das Letras, 2004.

SARLET, Ingo(org). *Dimensões da Dignidade: ensaios de Filosofia do Direito e Direito Constitucional.* Porto Alegre: Livraria do Advogado, 2005.

SILVA, Ovídio Batista da. *Processo e Ideologia: o paradigma racionalista.* Rio de Janeiro: Forense, 2004.

STEIN, Ernildo. *Mundo Vivido: das vicissitudes e dos usos de um conceito de fenomenologia.* Porto Alegre: Edipurs, 2004.

_____. *Exercícios de fenomenologia: limites de um paradigma.* Ijuí: Unijuí, 2004.

_____. *Epistemologia e Crítica da modernidade.* Ijuí: Editora Unijuí, 2001.

STRECK, Lenio Luiz. *Verdade e Consenso.Constituição, Hermenêutica e Teorias Discursivas da Possibilidade à necessidade de respostas corretas em Direito.* 2ª ed. Rio de Janeiro: Lumen juris, 2007.

_____. *Jurisdição constitucional e hermenêutica: uma nova crítica ao direito.* 2ª ed. Rio de Janeiro: Forense, 2004.

_____. Hermenêutica (Jurídica): compreendemos porque interpretamos ou interpretamos porque compreendemos? Uma resposta a partir do *Ontological Turn.* In: *Anuário do programa de pós-graduação em direito – mestrado e doutorado – 2003.* São Leopoldo: 2003. p. 223-271.

_____. *Hermenêutica jurídica e(m) crise: uma exploração hermenêutica da construção do Direito*. 3.ed. Porto Alegre: Livraria do Advogado, 2001.

A SUPREMACIA JUDICIAL CONFRONTADA PELA CRÍTICA HERMENÊUTICA DO DIREITO[1]

Clarissa Tassinari

> SUMÁRIO: **1.** O contexto da atuação do judiciário no Brasil. **2.** A supremacia judicial consentida: o discurso falacioso que se assenta na concessão de três autoridades. **3.** O enfrentamento da concessão da autoridade interpretativa ao STF para o exercício da supremacia judicial: o papel de constrangimento epistemológico da doutrina.

O que faz de um escritor um autor? Uma tentativa possível de responder a esta pergunta é recorrer a Michel Foucault, afinal, em 1969, em conferência para a Societé Françaíse de Philosophic, este filósofo fez a seguinte pergunta: "o que é um autor?"[2]. Dentre as muitas reflexões que suas palavras faladas e depois escritas propuseram como respostas, existe um ponto que particularmente parece interessante para o momento: a ideia de que o autor fala em nome próprio.

Nome próprio: substantivo que *distingue* e *identifica*. É o que informam as gramáticas de língua portuguesa. Lenio Streck, a rigor da análise morfológica, é um nome próprio. Por isso, a grafia em letras maiúsculas. Mas não é assim só por obrigação gramatical. Inspiro-me no pensamento de Michel Foucault e flerto com a riqueza conceitual da língua portuguesa para expressar a sensação que transborda logo no primeiro contato acadêmico, seja pessoal ou literário: Lenio Streck dá sentido ao nome próprio. Construiu *identidade*, o diferencial crítico que o *distingue* dos demais teóricos do direito. Lenio Streck personifica o nome próprio – é Autor, com letras maiúsculas. E, então, já pouco importa o uso correto da língua, a preocupação com a escrita do nome na composição de uma frase, mas, sim, o acerto da homenagem que propõem os editores desta obra, o reconhecimento da

---

[1] Aproveitando o ensejo desta obra, agradeço a Lenio Streck por ter me conduzido pelos caminhos da Crítica Hermenêutica do Direito desde minha graduação na UNISINOS-RS. Foram mais de dez anos de orientação (mestrado e doutorado), um tempo que se relativiza, tornando-se ainda duradouro, se pensarmos no tanto de aprendizado que me foi proporcionado, mas, especialmente, em sua grandeza. A gratidão é imensa. E eterna.

[2] FOUCAULT, Michel. **O que é um autor**. Lisboa: Vega, 1992.

importância deste nome próprio para a escrita da vida dos juristas. Ele faz a diferença – e como faz!³

Crítica Hermenêutica do Direito (CHD). Talvez este seja o ponto de partida que torna Lenio Streck um Autor cuja proposta esteja marcada pela originalidade. A CHD cria referencial teórico; abre janelas conceituais (ou horizontes reflexivos) a partir das quais é possível realizar leituras críticas sobre diferentes temas que permeiam o universo do direito. Ou seja, com a CHD, Streck estabelece pressupostos teóricos (elementos de base) e, assim, funda uma matriz de pensamento jurídico que se desdobra em diferentes níveis. Entretanto, ao mesmo tempo, as distintas frentes de abordagem se conjugam em um esforço que é comum a todas elas – e que está no cerne do pensamento de um dos autores que muito lhe influencia, Ronald Dworkin: levar o direito a sério.⁴

"A doutrina tem que doutrinar". "Não se pode dizer qualquer coisa sobre qualquer coisa". "Decisão não é escolha". São conhecidas frases, todas ditas por Lenio Streck. Quaisquer uma de suas principais obras poderiam compor as notas de referências (não abertas) para as aspas acima: *O que é isto – decido conforme minha consciência?*, *Hermenêutica jurídica e(m) crise*, *Verdade e consenso*, e *Jurisdição Constitucional e Decisão jurídica* (ou mais ainda os textos escritos para o ConJur, em sua coluna Senso Incomum). Há um motivo pelo qual é relevante para o Autor manter cada uma delas vívida na compreensão do fenômeno jurídico: pode-se considerar esses posicionamentos como o núcleo de sua proposta, pois refletem aquilo que foi afirmado acima, a existência, na CHD, de diferentes escopos. Em outras palavras, é possível visualizar através desses exemplos, uma tríplice dimensão de abordagem na CHD:

> a) de teoria do direito, em que é atribuída uma responsabilidade aos juristas: a de que se posicionem criticamente em relação ao fenômeno jurídico, a fim de que se rompa não apenas com a passividade doutrinária diante dos posicionamentos judiciais e de seu protagonismo, mas também com o dogmatismo que permeia o ensino jurídico (no enfrentamento daquilo que Luis Alberto Warat chamava de senso comum teórico).⁵ Ou seja, "a doutrina tem que doutrinar";

---

3   Reconhecendo seu papel fundamental para a crítica do direito brasileiro, no ano de 2016, com imensa satisfação e com a participação diversos juristas, organizei, juntamente com Alexandre Morais da Rosa, André Karam Trindade, Márcio Gil Tostes e Rafael Tomaz de Oliveira o primeiro livro em homenagem a Lenio Streck. MORAIS DA ROSA, Alexandre et al. (Orgs.). **Hermenêutica, constituição, decisão judicial:** estudos em homenagem ao professor Lenio Luiz Streck. Porto Alegre: Livraria do Advogado, 2016.

4   Os caminhos trilhados por Lenio Streck na construção de sua Crítica Hermenêutica do Direito são melhores explicitados no último capítulo de minha obra **Jurisdição e ativismo judicial:** limites da atuação do Judiciário (Livraria do Advogado, 2013).

5   WARAT, Luis Alberto. **Introdução Geral ao Direito II:** a epistemologia jurídica da modernidade. Porto Alegre: Sergio Antonio Fabris Editor, 2002.

b) de filosofia do direito, ao propor uma leitura hermenêutica do direito, construída sob os aportes da filosofia hermenêutica (de Martin Heidegger) e da hermenêutica filosófica (de Hans-Georg Gadamer), o que permite a desmistificação dos conceitos jurídicos como enunciados com conteúdos determinados *a priori* (especialmente a partir da diferença entre texto e norma, que, segundo Streck, é ontológica),[6] bem como da percepção da interpretação/aplicação do direito como um acontecimento unitário (*applicatio*).[7] Em síntese, "não se pode dizer qualquer coisa sobre qualquer coisa".

c) de teoria da decisão judicial, por refutar a discricionariedade como elemento dos pronunciamentos judiciais, afirmando, numa imbricação com o que foi desenvolvido por Ronald Dworkin, o direito fundamental a respostas constitucionalmente adequadas, isto é, decisões que sejam tomadas por critérios jurídicos, não por elementos externos ao direito (como gostos e preferências pessoais, por exemplo). Afinal, "decisão não é escolha".

Considerando tudo isso, este capítulo homenageia Lenio Streck porque é inspirado em sua crítica ao protagonismo judicial. Como visto acima, sob os aportes teóricos da CHD, é possível olhar com estranheza para o crescimento da interferência judicial nas últimas décadas, que extrapola seu limite constitucional quando passa a ocupar o espaço que é destinado à política (ou à democracia), agindo *em supremacia*. Ocorre que a percepção sobre a existência de um discurso favorável à supremacia judicial também incita a compreender como ele se sustenta, o que muitas vezes ocorre, falaciosamente, a partir do argumento constitucional. Como isso se constrói? Esta é a pergunta que move o desenvolvimento do texto.

Para encerrar esta introdução, na abertura do primeiro capítulo da obra *Jurisdição constitucional e decisão jurídica*, Lenio Streck apresenta uma citação do constitucionalista suíço Werner Kägi, que foi assim traduzida por ele ao português: "Diz-me a tua posição quanto à jurisdição constitucional e eu te direi que conceito tens da Constituição". Essa frase foi meu primeiro pensamento quando ainda não sabia como melhor compor o primeiro parágrafo deste texto. Mas, ao pensar sobre como Streck *ressus-*

---

6 STRECK, Lenio Luiz. **Hermenêutica jurídica e(m) crise**: uma exploração hermenêutica da construção do direito. 11ª ed. Porto Alegre: Livraria do Advogado, 2014. pp. 276 e ss.

7 A proposta de Hans-Georg Gadamer veio para superar a divisão do problema hermenêutico em: compreensão (*subtilitas intelligendi*), interpretação (*subtilitas explicandi*) e aplicação (*subtilitas applicandi*). Assim, pretendendo romper com esta cisão, Gadamer afirmou: "La interpretación no es un acto complementario y posterior al de la comprensión, sino que comprender es siempre interpretar, y en consecuencia la interpretación es la forma explícita de la comprensión. [...] En este sentido nos vemos obligado a dar un pazo más allá de la hermenéutica romántica considerando como un proceso unitario no sólo el de comprensión y interpretación, sino también el de la aplicación. [...] la aplicación es un momento del proceso hermenéutico tan esencial y integral como la comprensión y la interpretación". GADAMER, Hans-Georg. **Verdad y método**. 12ª ed. Salamanca: Ediciones Sígueme, 2007. pp. 378-379.

cita certas alquimias constitucionais, produzindo, através do experimento da palavra, o *elixir da vida eterna* à democracia, reformulei a ideia de Kägi, com a nobreza da apropriação de quem homenageia um Mestre: "Diga sua posição quanto à jurisdição constitucional e, então, será possível perceber se aprendeste com Lenio Streck a defender a democracia". Como já foi dito: ele faz a diferença – e como faz!

1. O contexto da atuação do judiciário no Brasil

Supremacia judicial no direito brasileiro é um tema que deve produzir reflexões a partir do horizonte que compreende o Brasil como um dos países que são chamados de "novas democracias", ou seja, como sugere Ran Hirschl, aquelas nações que fizeram em tempos recentes a transição de regimes quase democráticos ou autoritários para a formação de estados constitucionais fortalecidos (através da adoção de direitos fundamentais previstos em sua constituição e de um ativo sistema de controle de constitucionalidade, o que, para o autor, impulsionou o fenômeno abrangente da judicialização), localizados, especialmente, no sul da Europa (Grécia, Portugal, Espanha) e na América Latina.[8] De fato, a sociedade latino-americana vivenciou tardiamente a experiência democrática de modo pleno (não reduzida a mecanismos formais de seu exercício, como, por exemplo, o voto), porque teve sua história marcada pela eclosão de golpes militares, que representaram retrocessos ao que já havia sido construído no âmbito político-constitucional. Os regimes ditatoriais proporcionaram uma radical interrupção no amadurecimento da história democrática desses países, especialmente porque, pelo modo como articularam a interação entre o direito e a política, acabaram corrompendo a relação entre os três poderes do estado, o que torna a democracia hoje, em tempos de ruptura com este passado recente, um processo em permanente construção.

Assim, num aprofundamento da proposta de Hirschl, podem ser atribuídas duas dimensões significativas à expressão "novas democracias": por um lado, a terminologia faz referência aos países que apenas há poucos anos conseguiram imprimir estabilidade ao modelo de estado que se fundamenta através do componente substancial de democracia; por outro lado, entretanto diretamente vinculado a isso, é possível identificar o termo com o direcionamento do olhar dos atores sociais e, em especial, dos juristas para uma concepção de democracia que ultrapassa a ideia de mero elemento de organização e/ou manifestação de poder (em seu elo com a representatividade), passando a agregar certos conteúdos, sendo o principal deles a igualdade, o que, por sua vez, acaba se desdobrando em um aspecto im-

---

8 HIRSCHL, Ran. **Towards juristocracy**: the origins and consequences of the new constitutionalism. Cambridge: Harvard University Press, 2007. p. 7-10.

portante, mas, ao mesmo tempo, mais preocupante: o redimensionamento do papel do judiciário, cuja atuação passa a estar vinculada à concretização dos direitos (pelo menos como argumento para justificar sua legitimidade). Em resumo, a concepção de "novas democracias" implicaria mudanças em relação a um núcleo conceitual de democracia, bem como uma nova configuração das relações institucionais entre os poderes.

Brasil é, portanto, uma "nova democracia". E seu sistema de controle de constitucionalidade articulado sob pressupostos democráticos surge exatamente nesse ambiente, com o processo constituinte de 1987-1988. Contudo, não é nesse momento histórico que ocorre sua origem – o Supremo Tribunal de Justiça é criado pela constituição do império (1824); o controle difuso e o Supremo Tribunal Federal nascem em 1891; o modelo concentrado é inaugurado em plena ditadura militar –, mas é nesse período de efervescência constitucional que são criadas as condições políticas para sua efetivação, pois é quando o judiciário ganha autonomia e independência funcional.

A assembleia constituinte de 1987-1988 foi marcada por um "impulso democratizante", que, organizado de modo veloz e eficaz, ao mesmo tempo em que proporcionou uma abertura à sociedade (e um estímulo aos movimentos sociais), gerou sua antítese: o surgimento de grupos de oposição que, não conseguindo vencer a luta para o reconhecimento dos direitos sociais, posteriormente, dando vida ao conservadorismo, tratou de "enfraquecer os meios destinados à sua execução e implementação".[9] Seu ápice: a promulgação da "Constituição Cidadã", um texto extenso, tão detalhadamente rico em direitos, muito repleto em garantias – a instituição de um projeto de sociedade.

Sendo a constituição de 1988 um novo paradigma, então, dando ênfase ao perfil do Supremo Tribunal Federal, é possível identificar dois momentos. O primeiro deles diz respeito ao que José Rodrigo Rodriguez vai denominar de "primeira onda de democratização",[10] que se caracteriza pelo fortalecimento de um sistema de justiça. Logo que foi inaugurado o constitucionalismo democrático no Brasil, os avanços promovidos por um texto constitucional revolucionário encontraram entraves para sua efetivação, seja sob uma perspectiva política, mas também teórica (ainda sob os resquícios do positivismo exegético e da ideia de legalidade como centro gravitacional do direito). Diante desse descaso com o texto constitucional, o que passou a ser dito, então? É preciso do judiciário para concretizar direitos.

---

9 RODRIGUEZ, José Rodrigo. Sociedade contra o Estado – duas onda de democratização radical no Brasil. In: STRECK, Lenio Luiz; ROCHA, Leonel Severo; ENGELMANN, Wilson (Orgs.). **Constituição, sistemas sociais e hermenêutica**: anuário do Programa de Pós-Graduação em Direito da Unisinos – mestrado e doutorado. Porto Alegre: Livraria do Advogado, 2016. nº 12. p. 83-96. Especificamente, p. 83.

10 Ibidem.

As expectativas de consolidação da democracia foram conduzidas, desse modo, diretamente para o judiciário, seja pela sociedade ou até mesmo pela comunidade jurídica. Diante da inércia e da desconfiança que atingia os poderes eleitos, decorrente dos fatos que a história contava (período ditatorial), desenhou-se para o contexto brasileiro um "estado de delegação permanente" direcionado à esfera jurisdicional (no mesmo sentido da expressão criada por Guillermo O'donnell – "democracia delegativa"[11] –, mas voltado para outro âmbito, o poder judicial). É assim que surge o que ficou conhecido como judicialização da política – um fenômeno decorrente de uma conjuntura política e social específica (mas com repercussão mundial – na Europa, vinculado ao pós-Segunda Guerra Mundial), direcionado a privilegiar o cumprimento das promessas constitucionais (concretização).

Ocorre que a presença de fragmentação política e o esvaziamento do papel dos poderes legislativo e executivo trouxe modificações mais radicais: se, anteriormente, o partido político era o grande ator da democracia constitucional, isto é, o responsável pelo desenvolvimento dos direitos fundamentais inscritos nas constituições, essa situação será bastante alterada, na medida em que o poder judiciário passou a assumir a função de protagonista do debate e das práticas constitucionais[12], o que foi em grande medida direcionado ao Supremo Tribunal Federal. A aceitação desse protagonismo foi muito incentivada pelo surgimento das teorias neoconstitucionalistas, que, como proposta teórica, potencializaram a interferência do judiciário nas "novas democracias" a partir do reconhecimento da discricionariedade judicial. Tudo isso repercute no surgimento do ativismo judicial, compreendido como uma postura/uma conduta dos membros do judiciário pautada por critérios não jurídicos, ou o que Jose Luis Bolzan de Morais vai chamar de sacralização da atividade jurisdicional.[13]

Dois momentos distintos do constitucionalismo brasileiro; duas possíveis leituras sobre a atividade jurisdicional: judicialização da política e ativismo judicial. Na primeira concepção, está pressuposta a ideia concretização da constituição; com o ativismo judicial, projeta-se politicamente o papel do Supremo Tribunal Federal, porque sua intervenção é soberana – não constrangida por nenhum outro elemento (seja no que diz respeito à relação com os demais poderes ou às balizas constitucionais que o processo

---

11 O'DONNELL, Guillermo. Democracia delegativa? **Novos Estudos Cebrap**, São Paulo, nº 31, p. 25-40. out. 1991.

12 BERCOVICI, Gilberto. As possibilidades de uma Teoria do Estado. **Revista da Faculdade de Direito da UFMG**, nº 49, p. 81-100, jul. dez. 2006.

13 BOLZAN DE MORAIS, Jose Luis. **Crise do estado e da constituição e a transformação espaço-temporal dos direitos humanos**. 2ª ed. Porto Alegre: Livraria do Advogado, 2011. p. 60-61.

constituinte estabeleceram); ativismo é decisão fora do direito, elevando o judiciário a ser fonte de si mesmo.[14]

Só que esses elementos nem sempre podem ser visualizados de modo tão claro: ativismo judicial pode surgir com mera aparência (ou discurso) de concretização de direitos; judicialização da política pode representar tamanha intervenção que extrapole os limites da atuação do judiciário. Nesse sentido, o discurso de supremacia judicial no país é algo que ainda está relacionado aos rótulos judicialização da política e ativismo judicial, elementos que seduzem a sociedade, a pretexto do papel concretizador exercido pelo tribunal, a fechar os olhos para o que já afirmou Conrado Hübner Mendes (embora esse autor perceba o ativismo judicial com certo fatalismo, como inevitável): "O STF vive o ápice de suas patologias institucionais".[15]

2. A supremacia judicial consentida: o discurso falacioso que se assenta na concessão de três autoridades

"País descobre que, ao constitucionalizar todos os direitos, a Carta de 1988 delegou ao STF poderes amplos, gerais e irrestritos. E o Tribunal governa" (capa do Anuário da Justiça de 2009).[16] "O STF tem a última palavra" (Celso de Mello).[17] O Judiciário "é o poder moderador, é o que tira a sociedade de seus impasses" (José Antonio Dias Toffoli).[18] "A Constituição é aquilo que o STF, seu intérprete e guardião, diz que é" (Teori Zavascki).[19] "A interpretação do Supremo vincula o legislador, gostemos ou não" (Gilmar

---

14 STRECK, Lenio Luiz. **Verdade e consenso:** constituição, hermenêutica e teorias discursivas. 5ª ed. São Paulo: Saraiva, 2014.

15 NONATO, Israel. Conrado Hübner Mendes: "O STF é refém do capricho de seus ministros". Entrevista com Conrado Hübner Mendes. **Os constitucionalistas.** 08 jun. 2016. Disponível em: < http://www.osconstitucionalistas.com.br/conrado-hubner-mendes-o-stf-e-refem-do-capricho-dos-seus-ministros >. Acesso em: 12 set. 2016.

16 O Ano da Virada: País descobre que, ao constitucionalizar todos os direitos, a Carta de 1988 delegou ao STF poderes amplos, gerais e irrestritos. E o Tribunal governa. **Anuário de Justiça.** São Paulo: Conjur Editorial, 2009. pp. 23-25.

17 Declaração do ministro Celso de Mello, em entrevista ao jornal Estadão. BRESCANI, Eduardo. Celso de Mello: STF tem 'monopólio da última palavra'. **Estadão**, São Paulo, 17 dez. 2012. Disponível em: <http://politica.estadao.com.br/noticias/geral, celso-de-mello-stf-tem-monopolio-da-ultima-palavra, 974786>. Acesso em 03 set 2014

18 Manifestação feita pelo ministro José Antonio Dias Toffoli, em palestra no Instituto de Artes da Unesp, em São Paulo, sob o título: Poder Moderador no Brasil; os Militares e o Poder Judiciário. A notícia foi veiculada no jornal Estadão. ARRUDA, Roldão. STF é o novo poder moderador da República, defende Toffoli. **Estadão**, São Paulo, 08 abr. 2014. Disponível em: <http://politica.estadao.com.br/blogs/roldao-arruda/stf-e-o-novo-poder-moderador-da-republica-diz-toffoli/>. Acesso em 03 set 2014

19 Sobre o tema, ver a coluna de Lenio Streck, na ConJur: O passado, o presente e o futuro do STF em três atos. **Consultor Jurídico.** 15 nov. 2012. Disponível em: <http://www.conjur.com.br/2012-nov-15/senso-incomum-passado-presente-futuro-stf-tres-atos>. Acesso em: 03 set. 2014.

Mendes).[20] "Para além do papel puramente representativo, supremas cortes desempenham, ocasionalmente, o papel de vanguarda iluminista, encarregada de empurrar a história quando ela emperra" (Luís Roberto Barroso).[21]

A atuação do Supremo Tribunal Federal vem acompanhada de sua supremacia? Existe supremacia judicial no Brasil? Os pronunciamentos acima transcritos resolveriam as inquietações nesse sentido, comprovando a tese: através deles, consegue-se visualizar o STF como um ator (social) muito requisitado, exercendo pelo menos três personagens da *estória* que vem sendo escrita sobre vida e morte das sociedades democráticas – o governante bem intencionado, o intérprete autorizado e o poder mais admirado.

É possível duvidar se cada um dos autores daquelas frases, todos membros do judiciário, responderia *sim* tão facilmente aos questionamentos elaborados logo após – é provável até que não, especialmente considerando que, em nenhum dos posicionamentos apresentados, há clara manifestação favorável à supremacia (essa palavra nem aparece, por exemplo), uma tese pouco simpática em tempos de democracia. Parece contraditório? Acontece que o discurso de supremacia judicial no Brasil vem acompanhado de um fatalismo incontornável, um componente majestoso que lhe atribui quase uma missão inerente às suas funções – uma supremacia derivada falaciosamente de um dever constitucional, que, às vezes, pode estar oculta em afirmação teórica, mas exercida.

Assim, é possível identificar três elementos que sustentam o discurso de supremacia judicial no Brasil. A tese de que a última palavra do Supremo Tribunal Federal é fonte exclusiva de construção do direito constitucional; a ideia de sobreposição desta instituição sobre a atuação do poder político, numa transferência de competências direcionada à jurisdição; a crença que esta instância judicial possui aptidão para melhor resolver as controvérsias sociais, associada à confiança nela depositada – esses são os três componentes, que, unidos, formam um desenho possível para a supremacia judicial.

Sob certo ponto de vista, trata-se de um desenho monocromático, pois o traço que lhe dá vida é esboçado através de um único tom: o argumento constitucional. É possível demonstrar o que isso significa ou como isso é

---

20 Esse foi o posicionamento de Gilmar Mendes no voto em que se discutiu sobre a possibilidade de existência de controle de constitucionalidade sobre projetos de lei (controle prévio). HAIDAR, Rodrigo. STF não pode fazer controle prévio de projetos de lei. **Consultor Jurídico**. 13 jun. 2013. Disponível em: <http://www.conjur.com.br/2013-jun-13/supremo-nao-controle-previo-projetos-lei>. Acesso em: 03 set. 2014.

21 BARROSO, Luís Roberto. A função representativa e majoritária das cortes constitucionais. In: MORAIS DA ROSA, Alexandre et al (Orgs.). **Hermenêutica, constituição, decisão judicial**: estudos em homenagem ao professor Lenio Luiz Streck. Porto Alegre: Livraria do Advogado, 2016. p. 159-175. Especificamente, p. 170.

construído. O STF é considerado *o intérprete autorizado*, pois é ele o *guardião da constituição* ou, ainda, porque o texto constitucional define que ele é a instituição quem decide por último. Neste caso, tanto o fato de que ele é o destinatário do derradeiro apelo em matéria constitucional quanto o de que possui competência para verificar a constitucionalidade das leis em sede de controle concentrado acabam sendo entendidos como funções que lhe concedem o monopólio de apresentar definições/interpretações que criam o "DNA do direito" brasileiro, para usar uma terminologia de Lenio Streck, em uma assimilação das teses realistas (Oliver Wendell Holmes).

Seguindo quase a mesma linha de raciocínio, o STF vira *o governante bem intencionado* sob a alegação de que se trata de uma exigência do constitucionalismo democrático que ele interfira naquelas situações em que os demais poderes não se posicionaram – e que se esperava que houvesse uma conduta proativa, seja do legislativo ou do executivo. Sua atuação acaba atingindo dimensão majoritária a pretexto da defesa de interesses contramajoritários. Isto é, fundamentado pela proteção dos direitos das minorias (premissa do contramajoritarismo), acaba virando demanda constitucional que o Tribunal faça política pública.

Por fim, talvez o STF como *o poder mais admirado* seja o único elemento que não esteja tão diretamente ligado a uma radicalização (ou deturpação) das funções que a constituição atribui a este órgão judicial, como ocorre nas outras hipóteses, mas, sim, com o desenvolvimento de uma espécie de cultura constitucional, incentivada por aportes teóricos que elevam o judiciário ao papel de protagonista em democracias constitucionais. Tudo isso revela que, nessas três leituras, a supremacia judicial aparece como algo já entranhado no direito constitucional brasileiro; algo próprio, intrínseco, inerente. Fica fácil e confortável sustentar que o Supremo Tribunal Federal possui supremacia com tamanha elasticidade e extensão empregadas no argumento constitucional, que, por isso mesmo, torna-se um discurso falacioso.

Neste momento, ilumina-se outro ponto, que é a noção de autoridade. Para Hannah Arendt, autoridade (*authority*) significa algo que é atribuído a alguém ou é investido em algum posto, posição. Trata-se de um "reconhecimento inquestionável por aqueles a quem se pede obediência". Isto é, a autoridade não exige coerção, tampouco persuasão. Entretanto, não significa que seja natural (inerente), pois ao elemento de autoridade está implicada uma dimensão de respeito, que é *adjudicada* como condição para que uma pessoa/instituição/entidade mantenha seu perfil de autoridade. Por isso, como afirma Arendt: "o maior inimigo da autoridade é o desrespeito".[22] Assim, *estar em autoridade* também exige concessão.

---

22 No original: "the greatest of authority, therefore, is contempt". ARENDT, Hannah. **Crises of the republic**. San Diego/New York/London: A Harvest Book/Harcourt Brace & Company, 1972. p. 142-145.

A supremacia judicial é composta por uma dimensão de autoridade, apresentada em três desdobramentos: autoridade interpretativa, política e simbólica. Mas talvez o último deles – a autoridade simbólica – seja o *fio de ouro* que costura todos os pontos. Afinal, a última palavra do Supremo Tribunal Federal sem a dimensão simbólica de supremacia é apenas o reconhecimento de que a interpretação final da constituição (ou de uma lei) é feita por esse órgão, o que, numa leitura técnica do sistema de controle de constitucionalidade brasileiro, é impossível de contestar. Ou seja, sem atribuir efeitos simbólicos ao que representa o papel do STF como último intérprete da constituição, a autoridade interpretativa é mero controle de constitucionalidade.

Do mesmo modo, a legitimidade do exercício da jurisdição conjugado a funções de governo só garante a supremacia do Tribunal porque existe certa empatia com a tese, o que em grande medida está vinculado às boas intenções desta instituição ao promover tais ações que não são de sua competência. Portanto, sua autoridade política se desenvolve e se consolida na medida em que, simbolicamente, fixa-se no imaginário jurídico a ideia de que o STF é a instituição mais apta a resolver os problemas e dirimir os conflitos da sociedade. A supremacia por autoridade é, portanto, uma *supremacia consentida, concedida*.

3. O enfrentamento da concessão da autoridade interpretativa ao STF para o exercício da supremacia judicial: o papel de constrangimento epistemológico da doutrina

Diz-se do selvagem aquele que não é civilizado; aliás, esse é seu antônimo. Os autores contratualistas, em especial, Hobbes, Locke e Rousseau, para explicar a passagem do estado de natureza para o estado moderno, apresentaram a oposição entre o homem selvagem e o civil, cada qual de sua maneira. É possível também lembrar neste momento do *mito do bom selvagem* (que se costuma relacionar a Rousseau), de Tarzan e de tantas outras metáforas que imprimem certo tom de bondade e ingenuidade para a pessoa que não vive sob aurora da civilização.

Para Norbert Elias, o processo civilizador é fruto de um conjunto de transformações que ocorrem em diversos níveis – tecnologia, maneiras, conhecimentos, religião e costumes. Para o momento, o que mais interessa da abordagem feita pelo autor é a dimensão que ele atribui a isso, como algo que expressa a "consciência nacional", "enfatiza o que é comum a todos os seres humanos ou deveria sê-lo". Ou seja, quando se pensa em civilização, desenha-se a imagem daquilo que se manifesta como coletivo a partir de um "valor existencial, uma função na existência concreta da sociedade".[23]

---

23 ELIAS, Norbert. **O processo civilizador**: uma história dos costumes. Tradução de Ruy Jungmann. Rio de Janeiro: Jorge Zahar Editor, 1990. p. 23-26.

Por mais que isso nem sempre possa significar a caracterização de um corpo social inteiramente homogêneo e integrado, a civilização reporta uma comunicação coletiva, um comportamento social mínimo compartilhado, que é, portanto, esperado, porque fruto de condições passadas.

Inspirando-se neste autor, mas desenvolvendo o argumento para além do que foi por ele apresentado, é possível visualizar a presença de uma dupla temporalidade no processo civilizatório: *passado* e *futuro*. O passado se relaciona com aquilo que aparece no texto de Elias, "as cristalizações" de hábitos, fazendo com que *civilização* transmita a ideia de acontecimento pretérito que se perpetua através de ciclos, podendo se renovar (ou não). Por outro lado, o futuro direciona o pensamento para o progresso, isto é, para uma leitura de *civilização* como avanço, transformações que direcionam o passo da sociedade sempre à frente, que é a principal característica do pensamento moderno (tempo histórico como filosofia do progresso, assunto que é especialidade de Giacomo Marramao, através de sua leitura sobre a secularização).[24]

Em um livro publicado no ano de 2011,[25] *inspirado* pela crise política que atravessava a Itália, Ferrajoli identificou o surgimento de novas formas de poder que fragilizam a democracia política nas sociedades contemporâneas. Nesse sentido, o autor relata a existência de um descompasso entre o desenvolvimento do constitucionalismo, que pressupõe o amplo reconhecimento de direitos e garantias fundamentais, e a insurgência de "poderes de fato",[26] cujo arbítrio não consegue ser contido. Em uma rápida síntese, trata-se da dificuldade de estabelecer o controle jurídico sobre as influências que os poderes privados passam a exercer na sociedade – e, por isso mesmo, porque ilimitados, são considerados selvagens.

Como tudo isso se relaciona com o tema proposto? Jose Luis Bolzan de Morais foi um dos primeiros autores a fazer uso da proposta de Ferrajoli como uma metáfora para a democracia brasileira, questionando: quem são os poderes selvagens no Brasil?[27] Embora não seja a visão do autor italiano, pois ele compreende o poder judiciário como uma instituição de garantia (justamente responsável pelo controle arbitrário do poder, questão que

---

24   MARRAMAO, Giacomo. **Poder e secularização**: as categorias do tempo. Tradução de Guilherme Alberto Gomes de Andrade. São Paulo: Editora UNESP, 1995, *passim*.

25   FERRAJOLI, Luigi. **Poderes salvajes**: la crisis de la democracia constitucional. Traducción de Perfecto Andrés Ibañez. Madrid: Trotta,

26   FERRAJOLI, Luigi. **Derecho y razón**: teoría del garantismo penal. Tradução de Perfecto Andrés Ibáñez. Madrid: Trotta, 1995. p. 933.

27   No ano de 2016, as reuniões do grupo Estado e Constituição (UNISINOS-RS), coordenado pelo prof. dr. Jose Luis Bolzan de Morais proporcionaram debates amplos e aprofundados sobre a relação direito e política. Essa leitura da obra de Ferrajoli foi apresentada em uma desses encontros.

mais tarde será explorada), com Bolzan de Morais, é possível, mais uma vez, elaborar outra indagação: a crise política que se acentuou no contexto brasileiro especialmente a partir de 2012 alçou a atuação do Supremo Tribunal Federal (ou, até mesmo, dos demais órgãos do sistema de justiça) a poderes selvagens?

Em uma adaptação da proposta do autor italiano, pode-se dizer que, *em supremacia*, o poder judiciário, especialmente, o STF, cria um paradoxo para sua atuação: manifesta-se como uma instituição propulsora de transformações, como portador dos avanços sociais no país, mas agindo como um *poder selvagem* (absoluto, ilimitado). Indo mais longe ainda, através disso, conjuga elementos de passado e futuro: cria um discurso de legitimidade pelo passado (pelo argumento constitucional), mas inova em suas decisões sob o fundamento de progresso. Assim, se a sociedade não avança em seu projeto de civilização por contra própria (ou através daqueles que estão autorizados pelo voto a lhe representar, o corpo político), isso ocorre por concessão do judiciário, que passa considerar a si mesmo como instância de "consciência social", numa relação de dependência.

Em supremacia, o Supremo Tribunal Federal possui uma *alma indomável*; é selvagem. Essa é uma visão panorâmica, abrangente. Indo para as especificidades, neste ponto, objetiva-se colocar sob discussão a manifestação *desse espírito livre do judiciário* no papel de *o intérprete autorizado*. A oposição a essa *figura* que se fixa no imaginário social pode ser elaborada a partir da crítica ao excessos do STF. É por essa leitura que se torna possível fazer a distinção entre *decisão jurídica* e *escolha política*, uma diferenciação feita por Lenio Streck, impulsionada pela pergunta: "O que é isto – decido conforme minha consciência?",[28] que é o título de uma de suas obras.

Em uma linguagem de hermenêutica jurídica, o que significa excesso? *Discricionariedade*. É esta a fronteira entre a *decisão judicial* e a *escolha política*. Imaginando direito e política como dois grande reinos, *discricionariedade* seria o muro de contenção que os separa, construído ainda dentro das cercanias da política; portanto, é o critério que permite identificar a origem de um argumento. O ato discricionário não está relacionado somente à inexistência da construção de justificativas (até pode ser que seja só isso), mas especialmente à análise de seu conteúdo; não se diz discricionário apenas aquele que não apresenta razões – para a decisão judicial, é necessário que sejam demonstradas as raízes *jurídicas* de seu fundamento.

Fundamento não é palavra aleatória. Afirmar que é exigência constitucional (art. 93, IX, CF) já seria suficiente para que juízes e tribunais percebessem a distinção entre *decisão judicial* e *escolha política*, ou melhor,

---

28   STRECK, Lenio Luiz. **O que é isto – decido conforme à consciência?** 5ª ed. Porto Alegre: Livraria do Advogado, 2015.

para que compreendessem a necessidade de apresentar detalhadamente a argumentação jurídica que condiciona a resposta para a controvérsia. Contudo, subjaz a essa diferenciação, em seu núcleo conceitual, algo ainda mais relevante, o pressuposto do estado *democrático*: a *igualdade*. Como a igualdade pode ser a *pedra fundamental* para este assunto?

Com Ronald Dworkin, a igualdade, como "virtude soberana da comunidade política", ganha um conteúdo específico: tratar as pessoas com igual consideração e respeito.[29] O pensamento de Dworkin é denso, desenvolvendo-se sob diversas perspectivas (teoria do direito, filosofia moral e política).[30] Esse aporte teórico dworkiniano específico (a síntese de seu pensamento sobre igualdade) é assumido, neste momento de dois modos, que estão conectados. Pensando fora do sistema de justiça, sob a perspectiva política, como os cidadãos tornam-se iguais? Infelizmente, em um estado cheio de contrastes, como é o brasileiro, não é por oportunidades ou por condições sociais, mas por um critério objetivo: a universalização do voto, por democracia. Quando votam, as pessoas tornam-se iguais. Claro que não é só isso, na medida em que o poder público possui responsabilidade na formulação de estratégias/ações que objetivem a promoção da igualdade (em sua dimensão material). Mas quem autoriza o poder público? A sociedade – e esta autorização não é simbólica (tal como ocorre no caso da atuação do STF); é procedimental, é pelo voto, é uma escolha cujas possibilidades se renovam de tempo em tempo.

Sob um segundo olhar, convivendo com a intensa onda de judicialização, como é possível visualizar a dimensão de igual consideração e respeito? Se igualdade é um dos fundamentos da democracia, e o poder judiciário está inserido como uma das instituições responsáveis por sua preservação (ainda que no exercício de sua função contramajoritária), resta evidente que sua atuação deve de algum modo *espelhar democracia*. Aqui, o uso do verbo *espelhar* é de fundamental importância: como a sociedade não vota para eleger seus julgadores, e, portanto, não é ao poder judiciário que ela transfere sua representatividade política, mas às instâncias majoritárias, é *por reflexo* que se pode exigir das decisões judiciais preocupação democrática. Então, como os pronunciamentos judiciais devem expressar igual consideração e respeito? Honrando o texto constitucional e a legislação a partir dele produzida (o que, mais uma vez, retorna à *democracia espelhada*), e, por isso mesmo, mas também porque deve existir "coerência" entre

---

29   DWORKIN, Ronald. **A virtude soberana**: a teoria e a prática da igualdade. São Paulo: Martins Fontes, 2005. I-XV.

30   Para aprofundar a leitura sobre Ronald Dworkin, indica-se a obra de um de seus melhores leitores no Brasil: MOTTA, Francisco José Borges. **Levando o direito a sério**: uma crítica hermenêutica ao protagonismo judicial. 2ª ed. Porto Alegre: Livraria do Advogado, 2012.

julgamentos sobre questões análogas, garantindo que não haverá decisões imprevisíveis (exceto se tomadas a partir de outras circunstâncias que juridicamente as fundamentem).[31]

Isso vai ao encontro do conceito que Keith E. Whittington dá para supremacia judicial, como "a habilidade da Suprema Corte de apagar a distinção entre suas opiniões ao interpretar a Constituição e o próprio texto constitucional". Ou seja, quando a decisão não está fundamentada por critérios jurídicos, ela representa apenas a opinião de seus julgadores (movida por inclinações desconhecidas, pois sempre protegidas pelo discurso de leitura constitucional do caso). É por isso que se pode afirmar que, *em supremacia*, a autoridade (interpretativa) reivindicada pela Corte "não está apenas relacionada em fazer da constituição um guia para seus julgamentos, mas, principalmente, em dizer o que ela significa para ela mesma [para a Suprema Corte] e para todos os outros".[32]

Pode-se perceber, portanto, uma tentativa de engrandecimento do papel do judiciário a partir da ideia de que as supremas cortes possuem a autoridade de traduzir, com certo descompromisso, a constituição para a sociedade – e é por isso que o direito vira aquilo que os tribunais dizem que é. É disso que surge a metáfora das "onze ilhas", relacionada ao número de ministros que compõem o STF, mas também o fato de que as "decisões colegiadas correspondem a nada mais do que a soma de votos individuais, sem maiores interações comunicativas entre eles". Conrado Hübner Mendes explica que, por mais que os dados estatísticos demonstrem que majoritariamente as decisões tomadas pelo órgão colegiado são unânimes (o que refutaria a tese das "onze ilhas"), quando o assunto é controverso, quase "nenhum ministro do STF resiste à tentação de se expressar com sua própria voz [...], mesmo se concorda com a linha de outro voto, ou se o que tem a dizer for, no limite, redundante". Ainda, o autor afirma que a referência à

---

31 Estes dois modos de visualizar a igual consideração e respeito relacionados com a decisão judicial remetem a dois elementos centrais para a teoria de Ronald Dworkin, coerência e integridade. Em rápida síntese, a primeira diz respeito a essa harmonização entre os posicionamentos judiciais; e a segunda refere-se à observação do direito a partir de seus princípios fundamentais e seu conjunto legislativo (o direito como um todo). DWORKIN, Ronald. **Law's empire**. Cambridge/Massachusetts: The Belknap Press of Harvard University Press, 1986. p. 226 e ss.

32 Tradução livre. No original: "Judicial supremacy largely consists of the ability of the Supreme Court to erase the distinction between its own opinions interpreting the Constitution and the actual Constitution itself. The Court claims the authority not only to look into the meaning of the Constitution as a guide to the justices own actions, but also and more importantly to say what the Constitution means, for themselves and for everyone else". WHITTINGTON, Keith E. **Political foundations of judicial supremacy**: the president, the Supreme Court, and constitutional leadership in U. S. history. Princeton: Princeton University Press, 2007. Lido em sua Kindle Edition, posição 50.

ilha também pode ser compreendida como o fato de que 90% das decisões tomadas pelo Tribunal são monocráticas, o que lhe conduz à afirmação de que "O STF é refém dos caprichos de cada um dos seus ministros".[33]

Diante de tudo isso, se, como demonstrado mais no início do texto, o constitucionalismo estabelece uma teia para a atuação do STF (e dos mais órgãos do poder judiciário), o Tribunal alcança sua supremacia sendo aquilo que não deve ser. Em outras palavras, a supremacia judicial pode ser compreendida como uma justificação interna para seus excessos. E isso ganha ainda mais relevância se for percebido que o papel de *o intérprete autorizado* é uma ficção, pois, por mais que se espere do judiciário que suas decisões judiciais obedeçam a parâmetros de constitucionalidade e legalidade em sua fundamentação (como diz Dworkin, que sejam íntegras e coerentes), seria ingenuidade depositar exclusivamente a confiança no STF, como se fosse instituição infalível.

A partir de tudo isso, não há muita dificuldade em compreender os limites da decisão judicial. O que falta agora? Analisar como ela se relaciona com a *escolha política*. Quando Lenio Streck faz sua diferenciação entre decisão judicial e escolha, afirma que este último termo está vinculado à vontade.[34] Uma *escolha política*, em última análise, também pode lida como um ato de vontade. Contudo, na medida em que vontade é uma expressão que está ligada à autonomia do sujeito, é possível afirmar que associar *escolha* com *política* pressupõe uma qualificação específica – a representação de interesses coletivos, o que até pode, mas não significa uma total correspondência a pretensões homogêneas.

A *escolha política* é *livre* de um modo que a decisão judicial não é, porque admite discricionariedade; mas, por outro lado, *não é livre* da mesma forma que a vontade subjetiva (individual), porque pressupõe a responsabilidade perante os conteúdos que os avanços democráticos já construíram ao longo dos anos (podem ser lembradas, aqui, as cláusulas pétreas existentes na constituição). Nesse sentido, o direito estabelece certas blindagens à *vontade política*, o que está conectado à maturidade constitucional atingida pelo país. Em resumo, a *escolha política* não carece de fundamentação em

---

33 NONATO, Israel. Conrado Hübner Mendes: "O STF é refém do capricho de seus ministros". Entrevista com Conrado Hübner Mendes. **Os constitucionalistas.** 08 jun. 2016. Disponível em: < http://www.osconstitucionalistas.com.br/conrado-hubner-mendes-o-stf-e-refem-do-capricho-dos-seus-ministros >. Acesso em: 12 set. 2016.

34 "A escolha, ou a eleição de algo, é um ato de opção que se desenvolve sempre que estamos diante de duas ou mais possibilidades, sem que isso comprometa algo maior do que o simples ato presentificado em uma dada circunstância. Em outras palavras, a escolha é sempre parcial. Há no direito uma palavra técnica para se referir à escolha: discricionariedade e, quiçá (ou na maioria das vezes), arbitrariedade". STRECK, Lenio Luiz. **O que é isto – decido conforme minha consciência?**, op. cit., p. 112.

nível metodológico, mas, se não *representar* seu compromisso com a sociedade – seu compromisso democrático –, perderá sua legitimidade – seja simbolicamente ou pela via de um novo processo eleitoral.

Assim, a supremacia do judiciário acontece quando a diferenciação entre *decisão judicial* e *escolha política* desaparece, ou seja, quando a decisão judicial passa a ser política por seus fundamentos. Exemplo claro disso são as decisões que se pautam pela opinião pública. Esse assunto é tema também no constitucionalismo norte-americano: Louis Fisher e Neal Devins consideram que um dos níveis pelo qual é possível visualizar as influências da política sobre a atuação da Suprema Corte é quando a opinião pública (dos poderes eleitos, de grupos de interesse, da comunidade, de setores da sociedade) torna-se um fator decisivo para orientar o julgamento.[35] Não há beleza nisso, mas é perceptível que o STF "[...] é um tribunal que consegue estar em sintonia com a opinião pública".[36]

É no mínimo curiosa essa preocupação em fazer um ajuste dos posicionamentos judiciais à opinião pública, pois, considerando que, tanto a composição da Suprema Corte quanto a do STF não estão sujeitas a modificações pelo desagrado popular, esses órgãos poderiam simplesmente "dizer não" às demandas da sociedade, se considerassem em desacordo com a constituição.[37] Ou seja, como Georges Abboud sugere, o STF não precisaria encarnar o *espírito Don Juan* e pretender viver "[...] em constante lua de mel com a opinião pública e a maioria da população"; seria importante, aliás, que sua postura fosse justamente contrária, afinal, trata-se de uma instituição contramajoritária.[38] Mas por que isso é assim? Porque decisões judiciais *simpáticas* reforçam o imaginário de supremacia judicial de dois modos: aumentam a legitimidade do Tribunal perante à sociedade (e isso cada vez mais engrandece o STF, que se torna o protagonista das relações sociais – *o poder mais admirado*); mas também garante que suas decisões

---

35 FISHER, Louis; DEVINS, Neal. **The Democratic Constitution**. Oxford: Oxford University Press, 2004. Lido em sua Kindle Edition.posição 58 e 65.

36 MENDONÇA, Ricardo. "Os réus do mensalão têm alguma razão", diz jurista guru dos ministros do STF. Entrevista com José Joaquim Gomes Canotilho. **Folha de São Paulo**, op. cit.

37 Tradução livre: "As indicações dos juízes da Suprema Corte são vitalícias e, portanto, eles não precisam se preocupar em tomar decisões populares, opostas à decisão correta. Eles podem simplesmente dizer não". No original: "Supreme Court justices are appointed for life and, therefore, do not have to worry about making the popular decision, as opposed to the right decision. They can just say no". TRACHTMAN, Michael G. **The Supremes' greatest hits**: the 37 Supreme Court cases that most directly affect your life. Revised & updated edition. New York: Sterling Publishing Co. Inc., 2009. p. 03.

38 ABBOUD, Georges. STF vs. vontade da maioria: as razões pelas quais a existência do STF somente se justifica se ele for contramajoritário. **Revista dos Tribunais**, São Paulo, v. 921, p. 191-214, 2012. p. 198.

sejam cumpridas, sob o manto de uma *aparente supremacia* (quando mais se trata de estratégia política).

A proposta de Lenio Streck refuta o discurso de supremacia judicial criado a partir do papel do STF como *o intérprete autorizado*. Trata-se da consagração do que ele chama de "constrangimento epistemológico" da doutrina.[39] Seu propósito é demonstrar que existem meios de analisar hermeneuticamente se a decisão tomada pelo poder judiciário está adequada ou não. Com isso, tem-se um duplo enfrentamento à supremacia judicial como um discurso naturalizado: primeiro, mediante a crítica que é feita aos excessos do Tribunal (refutação da discricionariedade como elemento de *justificação* decisória); segundo, pela via da percepção que, ao construir alicerces teóricos que delimitam o modo de exercer o controle de constitucionalidade, na verdade, está-se também apontando para a desconstrução da ideia de que apenas a última instância jurisdicional tem o condão de criar *cultura constitucional*.

A supremacia judicial direciona o olhar à caracterização de problemas específicos, relacionados a excessos e transferências de responsabilidades. Contudo, é importante reconhecer que o papel do STF pode ser estratégico para a concretização de direitos e para a consolidação da democracia, se sua atuação for inspirada por um equilíbrio institucional, o que não vem acontecendo. Por outro lado, a existência de uma crise política que atravessa o país coloca a sociedade e os atores políticos diante de uma provocação: a de repensar a interação entre direito e política, evitando que garantias constitucionais sejam fragilizadas em momentos de instabilidade política; ou que o poder político seja de tal modo esquecido (ou desacreditado) a ponto de não mais ser representante democrático, fazendo com que a democracia brasileira, que passa por um árduo processo de amadurecimento desde 1988, seja visualizada apenas de modo reflexo, através da interferência do eminente tribunal.

Para encerrar, as tormentas enfrentadas no percurso que revela o surgimento da supremacia judicial no Brasil como um discurso naturalizado amparado falaciosamente no argumento constitucional podem causar náuseas para o pensamento que se direciona ao papel do Supremo Tribunal Federal como ponto de equilíbrio institucional na democracia, como bem nos lembra Rafael Tomaz de Oliveira.[40] Diante deste cenário, torna-se imprescindível criar novos roteiros. O STF, como *guardião da constituição* é uma narrativa a ser recuperada. Que se fechem as cortinas para que se inicie o tempo de ensaiar novas falas.

---

39   STRECK, Lenio Luiz. **O que é isto – decido conforme minha consciência?**, op. cit., p. 115.

40   TOMAZ DE OLIVEIRA, Rafael. Judiciário deve ser ponto de equilíbrio, não instigador da ira na política. **Consultor jurídico**, Coluna Diário de Classe. Publicada em: 19 mar. 2016. Disponível em: <http://www.conjur.com.br/2016-mar-19/diario-classe-judiciario-ponto-equilibrio-nao-instigador-ira> Acesso em: 14 jun. 2016.

Referências bibliográficas

ABBOUD, Georges. STF vs. vontade da maioria: as razões pelas quais a existência do STF somente se justifica se ele for contramajoritário. **Revista dos Tribunais**, São Paulo, v. 921, p. 191-214, 2012.

ARENDT, Hannah. **Crises of the republic**. San Diego/New York/London: A Harvest Book/Harcourt Brace & Company, 1972.

BARROSO, Luís Roberto. A função representativa e majoritária das cortes constitucionais. In: MORAIS DA ROSA, Alexandre et al (Orgs.). **Hermenêutica, constituição, decisão judicial**: estudos em homenagem ao professor Lenio Luiz Streck. Porto Alegre: Livraria do Advogado, 2016. p. 159-175.

BERCOVICI, Gilberto. As possibilidades de uma Teoria do Estado. **Revista da Faculdade de Direito da UFMG**, nº 49, p. 81-100, jul. dez. 2006.

BOLZAN DE MORAIS, Jose Luis. **Crise do estado e da constituição e a transformação espaço-temporal dos direitos humanos**. 2ª ed. Porto Alegre: Livraria do Advogado, 2011.

DWORKIN, Ronald. **A virtude soberana**: a teoria e a prática da igualdade. São Paulo: Martins Fontes, 2005.

_____. **Law's empire**. Cambridge/Massachusetts: The Belknap Press of Harvard University Press, 1986.

ELIAS, Norbert. **O processo civilizador**: uma história dos costumes. Tradução de Ruy Jungmann. Rio de Janeiro: Jorge Zahar Editor, 1990.

FERRAJOLI, Luigi. **Poderes salvajes**: la crisis de la democracia constitucional. Traducción de Perfecto Andrés Ibañez. Madrid: Trotta.

_____. **Derecho y razón**: teoría del garantismo penal. Tradução de Perfecto Andrés Ibáñez. Madrid: Trotta, 1995.

_____. **Democracia y garantismo**. Tradução de Perfecto Andrés Ibáñez. Madrid: Trotta, 2008.

FISHER, Louis; DEVINS, Neal. **The Democratic Constitution**. Oxford: Oxford University Press, 2004. Lido em sua Kindle Edition.

FOUCAULT, Michel. **O que é um autor**. Lisboa: Vega, 1992.

GADAMER, Hans-Georg. **Verdad y método**. 12ª ed. Salamanca: Ediciones Sígueme, 2007.

HIRSCHL, Ran. **Towards juristocracy**: the origins and consequences of the new constitutionalism. Cambridge: Harvard University Press, 2007.

MARRAMAO, Giacomo. **Poder e secularização**: as categorias do tempo.

Tradução de Guilherme Alberto Gomes de Andrade. São Paulo: Editora UNESP, 1995.

MORAIS DA ROSA, Alexandre et al. (Orgs.). **Hermenêutica, constituição, decisão judicial:** estudos em homenagem ao professor Lenio Luiz Streck. Porto Alegre: Livraria do Advogado, 2016.

MOTTA, Francisco José Borges. **Levando o direito a sério**: uma crítica hermenêutica ao protagonismo judicial. 2ª ed. Porto Alegre: Livraria do Advogado, 2012.

O'DONNELL, Guillermo. Democracia delegativa? **Novos Estudos Cebrap**, São Paulo, nº 31, p. 25-40. out. 1991.

RODRIGUEZ, José Rodrigo. Sociedade contra o Estado – duas onda de democratização radical no Brasil. In: STRECK, Lenio Luiz; ROCHA, Leonel Severo; ENGELMANN, Wilson (Orgs.). **Constituição, sistemas sociais e hermenêutica**: anuário do Programa de Pós-Graduação em Direito da Unisinos – mestrado e doutorado. Porto Alegre: Livraria do Advogado, 2016. nº 12. p. 83-96.

STRECK, Lenio Luiz. **Hermenêutica jurídica e(m) crise**: uma exploração hermenêutica da construção do direito. 11ª ed. Porto Alegre: Livraria do Advogado, 2014.

_____. **Verdade e consenso:** constituição, hermenêutica e teorias discursivas. 5ª ed. São Paulo: Saraiva, 2014.

_____. **O que é isto – decido conforme à consciência?** 5ª ed. Porto Alegre: Livraria do Advogado, 2015.

TASSINARI, Clarissa. **Jurisdição e ativismo judicial:** limites da atuação do Judiciário. Livraria do Advogado, 2013.

TOMAZ DE OLIVEIRA, Rafael. Judiciário deve ser ponto de equilíbrio, não instigador da ira na política. **Consultor jurídico**, Coluna Diário de Classe. Publicada em: 19 mar. 2016. Disponível em: <http://www.conjur.com.br/2016-mar-19/diario-classe-judiciario-ponto-equilibrio-nao-instigador-ira> Acesso em: 14 jun. 2016.

TRACHTMAN, Michael G. **The Supremes' greatest hits**: the 37 Supreme Court cases that most directly affect your life. Revised & updated ediçtionº New York: Sterling Publishing Co. Inc., 2009.

WARAT, Luis Alberto. **Introdução Geral ao Direito II**: a epistemologia jurídica da modernidade. Porto Alegre: Sergio Antonio Fabris Editor, 2002.

WHITTINGTON, Keith E. **Political foundations of judicial supremacy**: the president, the Supreme Court, and constitutional leadership in U. S.

history. Princeton: Princeton University Press, 2007. Lido em sua Kindle Edition.

IMPERATIVIDADE E ESTADO: PARA ALÉM DA *RESERVA JURISDICIONAL* NUM ESTADO CONSTITUCIONAL EM TRANSFORMAÇÃO

Tercio Sampaio Ferraz Junior

> **SUMÁRIO**: **1.** Imperatividade: atributo exclusivamente estatal na tradição do *constitucionalismo*. **2.** O *constitucionalismo* em prospectiva, realização de direitos e intervenção judicial: novas tendências. **3.** Due process of law. Conclusão.

1. Imperatividade: atributo exclusivamente estatal na tradição do *constitucionalismo*

Para o senso comum jurídico, formado no preconceito elaborado desde o século XIX, a hipótese de atos jurisdicionais imperativos exercidos *extrajudiciamente* esbarraria imediatamente na objeção de ausência de imperatividade, presumidamente detida com exclusividade pelo Estado e pelo Judiciário para emissão de tais ordens.

Esse senso comum tem a ver com *constitucionalismo*, enquanto uma inovação relativamente recente na história das instituições políticas, surgida no último quartel do Século XIII (cf. Dieter Grimm: *The Achievement of Constitucionalism*, em *The Twilight of Constitutionalism?*, org. Petra Dobner e Martin Loughlin, Oxforf, 2012, p. 3 ss.). Nas suas características básicas está a herança do Iluminismo, em que constituições são percebidas como conjunto de normas reguladoras do exercício do poder político e na configuração do chamado Estado de Direito.

Nos quadros do *constitucionalismo* tradicional, aquela imperatividade decorreria do poder soberano enquanto um atributo constitutivo do Estado, que permeia e modela uma sociedade dentro de um território. Esse poder, no entanto, não existiria antes e independentemente da sociedade, pois admitida essa tese teríamos de presumir um Estado que tivesse poder supremo mesmo na ausência de uma sociedade. Na verdade, um poder supremo pressupõe uma pluralidade de poderes reais e atuantes, diante dos quais o poder soberano é qualitativamente diferente. O poder soberano é um poder que combina, centraliza e incorpora as capacidades da coletividade. Essa concepção (enfatizada desde Bodin, Les six livres de la République; ver Duguit, Traité de Droit Constitutionnel, Paris, 1927, Tome Premier, p. 599) repousa num entendimento de que existe um relacionamento de mútuo reforço entre poder soberano e *respublica*: o poder soberano é dotado de império não apenas porque é o poder de uma comunidade, mas, ao mesmo tempo, uma entidade é uma comunidade porque tem poder soberano.

Uma subsequente e forte tendência estatizante passou a interpretar e, até o final do século XX, continuaria a interpretar, nessa linha, a imperatividade dos atos no interesse da coletividade como atos estatais (aliás, uma linha com apoio predominante na concepção rousseauniana da soberania: *seria contra a natureza mesma de um corpo político que o soberano pudesse estabelecer acima de si mesmo uma lei que ele não pudesse infringir* – no sentido de que uma constituição [auto]limita o poder do Estado).

Afinal, dizer, naquela tendência, que o Estado seria "a única fonte do Direito" (Jhering), implicaria, simultaneamente definir certo tipo de ordem normativa que faz a produção normativa remontar, em última análise, ao Estado (a lei como fonte hegemônica), e também afirmar que todas as normas e todas as decisões dotadas de império pertencem ao espaço estatal à exclusão de qualquer outro.

Sua estrutura exigia a concentração de poderes no estado-nação, a que se acoplava o largo desenvolvimento da positivação do direito como instrumento capaz de demarcar a legitimidade da produção de normas coletivamente imperativas em face do controle de sua validade e da arbitrariedade na sua utilização. Com isso tomaria corpo uma distinção presumidamente nítida e transparente entre *público e privado*, cujo delineamento era teoricamente fundamental para o funcionamento do sistema.

Essa tendência trouxe suas marcas para o campo processual e, consequentemente, para a reserva da imperatividade jurisdicional como exigência para a emanação, por exemplo, de atos de execução.

Veja-se, nesse sentido, que na exposição de motivos do CPC de 1973, Alfredo Buzaid reconhecia ser o processo civil "um instrumento que o Estado punha à disposição dos litigantes, a fim de administrar justiça". Nesse sentido, dizia ele, "se a aspiração de cada uma das partes em conflito era a de ter razão, a finalidade do processo era a de dar razão a quem efetivamente a tem". O que se traduziria, na verdade, não em um interesse privado, mas no interesse público de toda a sociedade. Assim, o processo deveria ser preordenado a assegurar a observância da lei, devendo ser dotado exclusivamente de meios racionais, tendentes a atender a duas exigências: a *rapidez* e a *justiça*. Por tudo isso, a reforma de 1973 propunha um plano estritamente técnico, em atenção à função jurisdicional de conhecimento, de execução e cautelar.

Essa concepção pressupunha, pois, o processo judicial como constituído estritamente para determinar e assegurar a aplicação das leis que garantem a inviolabilidade dos direitos individuais. No exercício dessa missão, decisões judiciais seriam *programadas* e não *programantes*, isto é, decide-

-se com base na lei, na constituição, nos princípios gerais de direito, nos costumes, e valem para o caso para o qual o Judiciário foi provocado, não podendo ser estendida para os demais casos.

As decisões nessa forma proferidas, e só elas, gozariam de império legítimo. Essa legitimidade, em atendimento às regras processuais, exigia, do ângulo político, a configuração do Poder Judiciário como politicamente neutro nos quadros do Estado de Direito burguês regido pelo princípio da tripartição dos poderes e, do ângulo sociológico, pressupunha uma congruência entre as funções instrumentais e as funções expressivas do processo judicial (cf. Niklas Luhmann: Rechtssoziologie, Opladen, 1983, p. 315 ss.).

Essas funções referem-se a efeitos em sentido de efetividade normativa. Os efeitos imediatos de um processo (uma condenação, uma absolvição, uma declaração de um direito) devem ser atingidos por meio de uma ação com função **expressiva**: atendimento de uma necessidade a ser satisfeita por uma decisão *in casu*. Mas a busca dessa decisão depende de um cálculo instrumental (função **instrumental** do processo): a decisão deve satisfazer também necessidades decorrentes de finalidades distantes (não imediatas). Ou seja, a realização da justiça, da paz social, o asseguramento dos direitos individuais reconhecidos constitucionalmente, donde a segurança jurídica.

Nesse quadro o princípio da reserva jurisdicional para a emanação de atos dotados de império exigia, de um lado, normas pré-estabelecidas na lei abstratamente (função instrumental); de outro, por meio de subsunção judicial, a satisfação das necessidades concretas (função expressiva). A chave da legitimidade desse monopólio estava na congruência entre as duas funções, aliás, crucial para a funcionalidade do modelo. Pois sem esse pressuposto seria inimaginável o funcionamento legítimo do Estado de Direito tal como se configurou no século XIX.

Ou seja, em sede de um constitucionalismo tradicional, a combinatória daquelas duas funções seria garantida pelo papel instrumental do juiz que, configurado mediante regras neutralizadoras de sua atividade (juiz natural, imparcialidade, independência, inamovibilidade), tornar-se-ia o instrumento capaz de realizar a divisão tripartida dos poderes. Nesse sentido, todo processo judicial deveria ser (funcionalmente) de direito público: procedimentos jurisdicionais que permitissem que os atingidos por decisões vivenciassem um futuro incerto (a realização abstrata da segurança jurídica), mas sentindo-se seguros, desde o presente, por força dos procedimentos nos quais se engajam, seriam correlatos da reserva jurisdicional.

E nesse contexto entrava a concepção do *devido processo legal*. Como o juiz não legisla, mas cumpre a lei, a funcionalidade do modelo exigia uma aceitação da mutabilidade do direito por força de processos legislativos autônomos e independentes, admitindo-se, em consequência, a manipulação contraditória das estruturas: o que vale para um, pode não valer para outro, o que vale hoje, pode deixar de valer amanhã e pode voltar a valer depois.

Porém, em nome da segurança (abstrata: função instrumental do processo), a variabilidade das decisões não perturbaria a impositividade imperativa por força de decisão judicial: *due process of law*. Só assim o direito dito (*juris-dictio*) não dependeria do saber e do sentir individuais e, ao mesmo tempo, seria dotado de império, aceito na sua concretização por qualquer um dos atingidos.

Nesse modelo clássico do antigo e tradicional Estado de Direito liberal, como concebido no Século XIX, esse seria o único modo possível de lidar-se, isto é, lidar processualmente e apenas por força de decisão jurisdicional, com altos graus sociais de insegurança concreta e de uma forma suportável. A segurança abstrata, como valor jurídico, isto é, como certeza e isonomia, exigia o *due processo of law*, pois desse modo a segurança podia ser diferida no tempo pela racionalização abstrata dos conteúdos normativos (lei como norma geral) e pela generalização dos agentes (isonomia), aparecendo a estrutura processual normativa (função instrumental do processo) como condição suficiente para a superação das decepções concretas que as decisões judiciais trazem para as partes (função expressiva).

Na prática, porém, o que se observou no correr dos anos foi que esse modelo, presente no CPC de 1973, para sobreviver no atendimento e na satisfação **racional** (Buzaid) das necessidades concretas (eficiência racional), acabou por exacerbar o formalismo e, muitas vezes, viria a provocar ou exigir o diferimento, no tempo, da satisfação das necessidades instrumentais (Buzaid: a rapidez e a justiça). O que afetava o pleno funcionamento do devido processo legal, submetido a uma erosão, por força dos fatos, da pressuposição de que as necessidades instrumentais, embora distantes, estariam sempre a caminho de serem atingidas.

O que aconteceu, na verdade, foi que a complexidade crescente das relações (no Brasil e no mundo contemporâneo), se enfrentada mediante aquelas formalidades cada vez mais estritas, enquanto instrumento supostamente apropriado para resolver qualquer tipo de conflito, conduziu, na prática, a uma espécie de formalismo exotérico, **impermeável** ao não especialista, carregado de conhecimentos estanques, e que, ao fim e ao cabo, acabava por tornar o processo um sistema **impermeável a si próprio**. O que foi se tornando visível pela incapacidade de se estabelecer e alcançar a requerida congruência entre as funções expressivas e instrumentais do processo: nem tempo hábil nem justiça.

2. O *constitucionalismo* em prospectiva, realização de direitos e intervenção judicial: novas tendências

Note-se que, numa sociedade relativamente pouco complexa (no Brasil, ainda existente em 1973), ainda estaticamente concebida como produtora de conflitos sociais enquanto conflitos interindividuais, os pressupostos da tradição constitucionalista pareciam confiáveis e assim capazes de realizar a congruência das funções expressiva e instrumental como condição de exigência do devido processo legal e da indeclinável prerrogativa judicial (que os alemães designam como *Richtervorbehalt*). Hoje, porém, essa percepção acabou sendo nitidamente solapada pelo advento de uma sociedade em transformação, em que as fronteiras entre o público e o privado se tornam porosas nas diversas tentativas de enfrentamento de riscos sociais potencialmente expansivos (medicinal, de engenharia, financeiro, econômico, ambiental, de massa etc.), revelando a ineficiência dos mecanismos tradicionais (sobre o tema, ver, entre outros, S. Leibfried e M. Zürn (editores) *Transformationen des Staates*, Frankfurt, 2006).

Observa-se, assim, atualmente, uma nova tendência, que ganha força no acento depositado na noção de *povo* na expressão: *soberania popular*. Nela, o poder deixa de ser percebido exclusivamente como uma res do Estado, uma coisa que se tem, detém, transmite, e precisa ser limitado pela lei, para ser tomado como uma forma de relação social (no sentido weberiano de *dominação*), donde a soberania não mais restrita a um poder de império enquanto um poder qualitativamente capaz de imposições contra as vontades particulares e, portanto, *estatal* (imperatividade estatal: proibições e obrigações), para tornar-se *regulação*, isto é, capacidade de fazer com que as vontades sejam conformadas (pela lei) antes de serem exercidas (autorizações, permissões expressas). O que, consequentemente, faz da imperatividade (poder de império) menos um poder centrípeto, mais um poder centrífugo.

Isso traz duas consequências importantes no entendimento e interpretação constitucionais: uma *externa*, no sentido de que as constituições veem arrefecer sua conexão com um *território*; outra *interna*, que se observa, na literatura especializada, **com o aparecimento cada vez mais frequente da ideia de uma "desestatização" das exclusivas** *funções públicas* (significativo, nesse sentido, o aparecimento de privatizações de estradas, aeroportos, impensáveis até o início da década de 90 do século passado).

De um lado, "estendem" seu alcance, como se observa em decisões soberanas que, por exemplo, nos EUA, vieram a proibir as instituições financeiras norte-americanas, em todo o mundo, relações com qualquer cidadão constante de uma determinada lista, mas, ao mesmo tempo, geram problemas complexos de administração: *administração sem soberania* (cf. dentre outros Alexander Somek, *Administration without Sovereignty*, em Petra Dobner e Martin Loughlin, *The Twilight of Constitucionalism?* Oxford, 2012, p. 275).

De outro, veem-se marcadas pela concepção de uma "constituição civil", teoricamente baseada ou estruturada sob forte influência do direito privado, em que despontam os problemas a gerar o crescimento de atores privados preenchendo em maior ou menor extensão funções usualmente denominadas "públicas" (ver, na mesma obra: Gunther Teubner, *Fragmented Foundations – Societal Constitucionalism beyond the Nation State*, p. 328: p. 332: "Today, the most prominent private legal regimes are the *lex mercatoria* of the international economy and the *lex digitalis* of the Internet").

Trata-se de um questionamento que atinge o Estado em suas principais configurações, seja o Estado percebido como fonte de organização política (fenômeno da descentralização das fontes), seja o Estado como esfera pública (fenômeno da diferenciação orgânica e a privatização da administração), seja o Estado como monopólio do império (fenômeno da redistribuição das prerrogativas de julgamento), seja o Estado-nação (fenômeno da internacionalização) – (cf. Mireille Delmas-Marty: Por um direito comum, São Paulo, 2004, p. 46 ss).

Essas transformações têm um fundamento social e uma consequência jurídica.

Na era presente, é a percepção nova da *sociedade* como *sociedade econômica* como um todo abarcante que se concentra em produzir objetos de consumo, cujo consumo é, de novo, meio para o aumento da produção e assim por diante, tende a modificar a percepção das linhas distintivas entre política, economia e regulação jurídica, as quais se tornam difusas. Não se trata mais, por exemplo, em nome do monopólio da força pelo Estado, de delimitar a possibilidade do exercício político pelo detentor do poder econômico ao distinguir-se com nitidez a esfera pública e privada, pois, na medida em que esse passa de uma esfera de atuação (atividade econômica) para outra (atividade política) como atividades com lógicas estruturalmente indiferenciadas, segue daí uma estreita aproximação, no mundo atual, entre tecnocracia pública e privada.

Por consequência, o próprio exercício da jurisdição, supostamente neutralizado politicamente pelo princípio da divisão dos poderes, ganha contornos políticos, mediante os quais a exigência de prognósticos na tomada de decisão torna o *veredicto* (enquanto um *veritas dicere*) uma antecipação política dos efeitos políticos, sociais, econômicos. O que, simultaneamente, lhe alarga o alcance e lhe limita a eficiência.

Veja-se, por exemplo, a dispersão da competência normativa mediante sociedades que assumem a emissão e o controle de normas técnicas (ABNT) em que um poder normativo em sentido amplo é exercido privadamente, até com participação voluntária de representantes de diferentes setores, ou de normas de conduta na área de propaganda, inclusive com decisões cujo "império" nem se contesta (CONAR), bancos de sêmen com capacidade de definir condições de procriação artificial, limitações da atividade de instituições financeiras a partir de regras estabelecidas por federações (FEBRABAN), projetos de privatização de penitenciárias, com empresas encarregadas da carceragem etc.

Chama a atenção, nessa linha de transformação, que o novo CPC, ao invés de iniciar-se mediante distribuição organizada de técnicas processuais (em atenção ao seu papel meramente instrumental: função jurisdicional de conhecimento, de execução e cautelar), começa por estabelecer um elenco de princípios (DAS NORMAS FUNDAMENTAIS DO PROCESSO CIVIL), de modo a ressaltar, mesmo reafirmando que não se possa excluir da apreciação jurisdicional ameaça ou lesão a direito, o papel da arbitragem e da solução consensual dos conflitos (art. 3º, § 2º *O Estado promoverá, sempre que possível, a solução consensual dos conflitos*).

Destaque-se, nesse contexto, a determinação de que (art. 1º) o processo civil deva ser ordenado, disciplinado e interpretado conforme *os valores e as normas fundamentais estabelecidos na Constituição*. O que se observa é que, entre a *ordenação conforme valores e normas fundamentais*, estende-se um vasto espaço ocupado por formas de tensão política, econômica e social, a exigir da práxis jurídica uma espécie de função legitimadora (*ativismo judicial*) propiciada pela real efetivação da proteção dos direitos em vista de uma consecução **eficiente** (donde, aliás, a previsão do art. 1.069: *O Conselho Nacional de Justiça promoverá, periodicamente, pesquisas estatísticas para avaliação da efetividade das normas previstas neste Código*).

Aliás, na direção de um processo menos imperativo e mais participativo, é marcante o disposto no art. 190 do novo CPC, ao dispor que, visando a direitos que permitam autocomposição, torna lícito às partes estipular mudanças no procedimento para ajustá-lo às especificidades da causa e convencionar sobre os seus ônus, poderes, faculdades e deveres processuais, antes ou durante o processo, podendo ainda (art. 191) as partes e o juiz elaborar calendário para a prática de atos processuais.

Isso tudo está a repercutir, de certo modo, o advento da sociedade tecnologicamente massificada (internet, redes sociais) e o Estado-providência tecnologicamente burocratizado (burocracia computorizada), que parece desenvolver novas exigências: primeiro, no sentido de uma *desneutralização política* do próprio juiz, que é chamado, então, a exercer uma função sócio-terapêutica, liberando-se do apertado condicionamento da estrita legalidade e da responsabilidade exclusivamente retrospectiva que ela impõe (julgar fatos, julgar o passado em nome da lei dada), obrigando-se a uma responsabilidade prospectiva, preocupada com a consecução de finalidades políticas (julgar no sentido de prover o futuro); em seguida, num progressivo processo de modulação não estritamente legal (mediante lei emanada pelo parlamento), pois tribunais superiores, em especial o STF, tendem a emitir conhecidos padrões, alguns vinculantes (súmulas) ou de diretrizes interpretativas, que certamente alteram o antigo e estrito sentido do *due process of law*.

Não se trata, nessa transformação, de uma normatividade resultante de uma simples correção da literalidade da lei no caso concreto por meio de equidade ou da obrigatoriedade de, na aplicação contenciosa da lei, olhar os fins sociais a que ela se destina. Isso já existia. Como a "aplicação da lei" pelo juiz alcança agora a responsabilidade pelo sucesso político das finalidades impostas aos demais poderes pelas exigências do estado providência, o Judiciário torna-se responsável pela coerência de suas atitudes em conformidade com os projetos de mudança social, postulando-se que eventuais insucessos de suas decisões devam ser corrigidos pelo próprio processo judicial. Donde decorre uma ação normativa inteiramente nova quando se olha para os antigos padrões do Estado de Direito e, neles, para o modo restrito com que se concebia o *due process of law*.

3. Due process of law

Esse dado é importante para o entendimento do *due process of law* em seu novo contexto e o entendimento da prerrogativa do juiz (*Richtervorbehalt*) na atualidade. O que, na verdade, acabou por acontecer foi uma alteração do mundo dos fatos, a exigir da função jurisdicional, de um lado, uma forma nova de atuação e, de outro, uma abertura para a extrajudicialidade dos processos.

Antes a função jurisdicional se colocava como uma relação de império monopolizado entre o juiz e o jurisdicionado, e como não havia ainda a atual premência da gerência eficiente da questão econômica e social, aquela relação era exterior, isto é, a administração da justiça ("fazer justiça") era o objeto do exercício judicante, como algo externo à política. Agora, surge uma situação em que o Poder Judiciário não se destaca, como um outro, da própria justiça administrada: sua responsabilidade não é apenas condicional (julgar conforme a lei e a constituição), mas finalista (realizar objetivos legais e constitucionais).

Se, tradicionalmente, o direito era concebido como um sistema fortemente integrado (Legislativo/Executivo/Judiciário), cujas normas eram prescritas e sujeitas à simplicidade racional da subsunção (uma espécie de *ideal modelar* que se impõe à realidade), agora a paisagem mudou, quer pelo surgimento de novas fontes, quer pela multiplicidade e variabilidade de "padrões" à disposição até mesmo do juiz: princípios, cláusulas gerais, *guide lines* de natureza técnica (estado da arte, sujeito mais favorecido, melhores práticas...) etc. E isso tem obrigado a uma reconsideração do princípio da hierarquia e o aparecimento de hierarquias descontínuas, que se enredam como alternativas, transformando o processo de predeterminação legal que marcava o *devido processo*. Com essa transformação, surge uma visão menos "imperativista" do direto, pela percepção de que *normas constituem menos regras de conduta e mais regras para as ações decisórias, inclusive, mas não exclusive, dos juízes*.

Na verdade, observa-se que, na complexa sociedade tecnológica de nossos dias, as exigências de controle mediante o *devido processo legal* se alteram por força de uma mudança de vetor, deixando de voltar-se primordialmente para o passado, para ocupar-se basicamente do futuro. A questão não está mais em submeter o controle do desempenho comportamental apenas tal como foi *realizado*, mas, sobretudo, como ele se *realizará*. A civilização tecnológica, nesses termos, joga sua capacidade criativa em fórmulas de gestão, cujos máximos valores são a eficiência dos resultados e a alta probabilidade de sua consecução.

Ou seja, o poder jurisdicional vê o atributo da sua imperatividade atrelado a um exercício de atos de gestão (julgar como gerenciar), tudo conforme uma lógica tecnocrática de eficiência gerencial, em cujo cerne, aliás, acaba por se estabelecer um novo triângulo estrutural: império, ato judicante e gestão sócio-econômica.

É justamente nessa linha de transformação que se observa o atual sentido que tomam os princípios constitucionais garantidores do *devido processo legal* mediante jurisdição, com a aceitação, diante do aparecimento, de fato e por força de novas exigências valorativas, de outras formas de realização da justiça, da possibilidade de que se possa prescindir de uma decisão judicial propriamente dita na resolução de conflitos, como a conciliação, a transação, esta, inclusive, em matéria penal. Assim, dando efetividade ao comando constitucional, por exemplo, no campo penal, a questão do ineficiente retardamento do implemento de decisões tem chamado a atenção de especialistas, por conduzir a um conflito de finalidade entre os dois princípios garantidos constitucionalmente: o da "reserva judicial" (*Richtervorbehalt*) e o da "efetividade funcional da assistência judicial" (*Funktionstüchtigkeit der Rechtspflege*). O que *a fortiori* chega certamente também à área civil (cf. Janique Brünig: *Richtervorbehalt – ein zahnloser Tiger? Über die verfassungsrechtliche Notwendigkeit des Richtersvorbehalts und seine Ineffizienz in der Praxis, in Zeitschrift fur Internationale Strafrechtsdogmatik – ZIS 1/2006*, p. 23 ss.).

Essa orientação é marcante no campo jurisdicional. Observa-se que a busca da efetividade processual tem como decorrência uma tendência à *desjudicialização* dos atos executivos, retirando-se dos tribunais aquelas tarefas que não constituem o núcleo duro da atividade jurisdicional, com o escopo de libertá-la de realidades burocráticas e permitam desafogá-la, ao transferir para outras entidades o desempenho de funções que não digam diretamente respeito à administração da justiça, isto é, ao poder estatal de definir o direito nos conflitos sociais.

É o que acontece, por exemplo, com o *procedimento extrajudicial pré-executivo*, introduzido no direito português, que permite que o credor, munido de um título executivo idôneo para os efeitos, proceda, por via de um "agente de execução", ao levantamento de bens penhoráveis antes de instaurar uma ação executiva. Assim, após a realização das consultas de levantamento, elabora-se um relatório que permite ao credor, facultativamente, ou requerer a convolação do procedimento em processo de execução ou notificar o requerido para, no prazo de 30 dias, pagar ao requerente o valor devido ou indicar bens penhoráveis ou celebrar acordo ou apresentar oposição ao procedimento (ver Elias Marques de Medeiros Neto, *O procedimento Extrajudicial Pré-Executivo*, São Paulo, 2015).

No campo do direito regulatório observa-se também um elastério das estritas formalidades, por exemplo, no que diz respeito à notificação de atos representados como ilícitos e a delimitação do objeto de investigação, não sendo infrequente que o administrado seja denunciado para defender-se de uma determinada conduta, limitada no tempo e no espaço, mas acabe por responder por atos que extrapolam esses limites.[1]

Conclusão

Na doutrina brasileira sempre se sustentou, tradicionalmente, que o devido processo legal é uma formulação que congrega os seguintes direitos: o atendimento ao princípio da legalidade, o direito ao juiz natural, o dever de motivação imposto ao magistrado, a exigência de publicidade dos atos processuais, o dever de imparcialidade, ao conferir tratamento igualitário às partes, a essas, o direito ao contraditório e à ampla defesa, o direito à plena igualdade entre acusação e defesa, o direito à prova, a proibição da prova ilícita.

Destaque-se em acréscimo, nesse rol, o direito contra medidas *ilegais* de busca e apreensão e o direito à *duração razoável* do processo.

Este último item, acrescido à CF mediante emenda (EC nº 45/2004) exige um equilíbrio entre a efetividade e a celeridade na obtenção de justiça. A celeridade é imprescindível, mas direitos fundamentais da pessoa não podem ser atropelados sob pena de se tornarem inefetivos. A esse equilíbrio é que visa o devido processo legal nos termos constitucionais da atualidade.

Esse equilíbrio exige a *prevalência* dos direitos humanos (CF art. 4º, II). *Prevalência* significa supremacia dos direitos fundamentais da pessoa sobre qualquer outro benefício para a sociedade. Ora, a busca do devido processo legal, nesses termos, de um lado, aponta para a possibilidade efetiva de acesso à justiça, mas, de outro, a missão exigida do sistema jurídico de não

---

[1] Indicativas, por exemplo, as decisões do CADE em que, usualmente, instaurado o processo, o objeto, para além dos fatos circunscritos dentro de período determinado na abertura, costuma alcançar fatos ocorridos até o fim da investigação ou mesmo alterar o fato específico, substituindo-o por outro em nome do interesse difuso em jogo. Ver, por exemplo, a decisão do CADE em acusação de cartel que, levada aos tribunais, dentre outras razões, por ter extrapolado a delimitação do objeto, foi mantida judicialmente (Apelação Cível Nº 2000.34.00.025256-3 (Nova numeração: 0025158-77.2000.4.01.3400), Julgado em 14.06.2010; Publicado no DJE em 02.08.2010.

só oferecer respostas formais aos eventuais conflitos, mas também conferir ferramentas necessárias à efetiva realização dos direitos.

É o que Mauro Capelletti e Bryant Garth sustentaram como um dos importantes movimentos de transformação da plena realização da justiça (cf. *Access to Justice and the Welfare State: An Introduction*, em *Access to Justice and the Welfare State*, edited by Mauro Capelletti, Firenze, 1981, p. 4). Dentre essas ferramentas está, notadamente, a implementação de procedimentos diferenciados para determinados tipos de conflitos ("*less formal alternatives to courts and courts procedures*").

Eis, afinal, o desafio do sistema constitucional na atualidade, concebido a partir de sua ordem principiológica: adequar o devido processo legal a esse equilíbrio, sendo, para isso importante a previsão de procedimentos capazes de atender às especificidades das lides, permitindo a criação de condições necessárias à proteção concreta e real do direito material para além do campo estrito da tradicional reserva jurisdicional do Estado.

Origens forenses da retórica:
bases históricas para uma perspectiva realista

(Em homenagem a Lenio Streck)

João Maurício Adeodato

> SUMÁRIO: **1.** Retórica realista como marco teórico: **1.1.** Três pressupostos filosóficos; **1.2.** Três teses. **2.** A diferenciação entre significante, significado e evento. **3.** As vias da persuasão na redução a que Aristóteles submeteu a retórica. **4.** Outras vias retóricas e a falácia de uma retórica normativa. **5.** Conclusão: filosofia da consciência, ativismo judicial e controle público da linguagem.

1. Retórica realista como marco teórico

1.1. Três pressupostos filosóficos

Impressiona como, em todo o mundo ocidental, o estudo da retórica foi extirpado do estudo do direito. Pois a retórica é uma criação de advogados, de juristas, não de literatos, linguistas e poetas, que são aqueles que hoje dela se ocupam e que por isso merecem encômios. Este texto pretende mostrar as bases históricas e filosóficas dessa relação entre retórica e direito, na esperança de que os estudos jurídicos afastem-se da metafísica da verdade e voltem a suas raízes práticas, estratégicas, argumentativas. Para isso, três pressupostos.

Primeiro pressuposto: a perspectiva retórica é empírica

É útil começar com uma distinção conceitual entre perspectivas empíricas e perspectivas normativas. Não que essa distinção seja indispensável ao estudo da retórica, mas somente porque este texto vai levá-la em consideração, pressupondo que uma retórica realista precisa de um olhar empirista.

Uma teoria **empírica** dirige-se ao passado e procura descrevê-lo tal como parece àquele que a defende; essa perspectiva não é tão pretensiosa quanto as outras, mas isso não significa que esteja livre de desacordos, sobretudo quanto a sua suposta característica de abster-se de juízos de valor. Uma teoria **normativa** tem como vetor o futuro, para o qual procura prescrever otimizações, melhorias na visão de seu autor, isto é, quer modificar, dirigir, influenciar o ambiente e a conduta das pessoas. Uma terceira variante, que se pode chamar de **escatológica**, é aquela que pretende utilizar o passado para descrever o futuro, prever algo que ainda não existe a partir da observação daquilo que aconteceu, descobrir no passado "leis" que lhe permitiriam antecipar o curso dos eventos no futuro. Por esse caminho vai a maioria das perspectivas sobre as "ciências" sociais hoje.

Ora, se é certo que toda retórica estratégica é normativa, já que pretende conformar o meio segundo a perspectiva de quem a defende, uma teoria normativa sobre o direito, que precisaria ser analítica para ser legitimamente teórica, situa-se no nível estratégico e passa a ser difícil separá-la da luta política ou de um *wishful thinking* bem ou mal intencionado. As teorias normativas são perfeitamente legítimas na busca para modificar o mundo, mas precisariam declarar expressamente que são idealistas e, em muitos casos, não o fazem, apresentando-se como estritamente científicas, descritivas, empíricas.

A perspectiva escatológica pretende "descrever o futuro", o que configura uma *contradictio in terminis*, porque o futuro vai ser fruto das opções normativas dominantes da retórica estratégica vitoriosa e não pode ser descrito, posto que não existe. Aqui se vê a influência das ciências descritivas da natureza, a tentativa de um discurso que seria mero receptáculo, observador das modificações do ambiente. A retórica analítica procura ser descritiva, sim, porém descritiva do passado da própria retórica, em seus níveis estratégico (que discursos foram e têm sido colocados para constituir a realidade) e material (que discursos vêm predominando nessa constituição e como isso ocorre).[1]

Segundo pressuposto: relativa incompatibilidade entre tipos ideais conceituais e eventos reais

A retórica realista renuncia a definições que abarquem completamente objetos específicos (pode-se chamá-las "omnicompreensivas") porque não acredita na correspondência entre pensamento e comunicação humanos, de um lado, e eventos reais, de outro. A "faculdade de conhecer", um dos sentidos atribuídos à "razão" humana, enfrenta o mundo real circundante por meio de generalizações linguísticas que se dividem em significantes e significados. Os eventos reais são individuais e, por isso, inapreensíveis por essa razão do ser humano, vez que seu ato de conhecimento implica necessariamente uma abstração dos elementos contingentes que compõem (e individualizam) cada evento real, isto é,

---

[1] Para uma exposição detalhada da tripartição retórica em analítica, estratégica e material: ADEODATO, João Maurício. Uma teoria retórica da norma jurídica e do direito subjetivo. São Paulo: Noeses, 2014 (2ª ed.), passim.

uma construção de "gêneros" ou "classes" de indivíduos, os quais, em homenagem a Platão, pode-se chamar de ideais.[2]

Como jamais há total adequação entre essas ideias humanas significadas e os eventos reais, devido à incompatibilidade entre o pensamento humano geral e o mundo dos eventos individuais, propõe-se aqui uma estratégia metodológica (inspirada, dentre outras, naquela dos *Idealtypen* de Max Weber)[3] de caráter meramente aproximativo, generalizações que reconhecidamente reúnem eventos únicos em tipificações ideais. Dessa maneira, todas as distinções conceituais retóricas, como simulação e dissimulação, mentira e ameaça, persuasão e convencimento devem ser entendidas como tipos generalizados sobre eventos únicos em sua efetividade. O senso comum levou a chamar esses agrupamentos de eventos de "realidade" (palavra que vem de *res*, coisa) ambiente no qual eles se entrelaçam, entendidos exatamente como coisas, objetos. Deve-se notar as origens kantianas do pensamento de Weber: a realidade em si mesma (coisa em si) é incognoscível em sua individualidade concreta, é a irracionalidade do individual.[4]

Terceiro pressuposto: antropologia não-ontológica e linguagem humana

Com base em Arnold Gehlen, Hans Blumenberg sugere dividir todas as escolas filosóficas em dois extensos grupos, segundo a concepção que tenham da humanidade e, sobretudo, de suas relações com a linguagem e o mundo: para os que entendem os seres humanos como "plenos", verdades evidentes sobre conhecimento e ética estão "lá" (no mundo) para ser literalmente "descobertas", o que irá apenas depender de **método**, isto é, de competência da abordagem, para o que a linguagem nada mais é que um meio; para os filósofos que consideram os seres humanos "carentes" (*Mangelwesen*), não há acesso a objetos além da linguagem, que é o único ambiente possível, convencional e arbitrariamente construído, e daí mutável, auto-referente, temporário, instável, metafórico.[5]

---

2 Neste contexto retórico, é claro que sem a conotação ontológica proposta por ele por meio da expressão "ideia" (ἰδέαι, *idéai*) e depois por Aristóteles com o termo "forma" (εἴδη, *eídê*).

3 WEBER, Max. **Wirtschaft und Gesellschaft** – Grundriss der verstehenden Soziologie. Tübingen: J. C. B. Mohr/Paul Siebeck, 1985, § 1º, I, p. 4 s.

4 Embora também insuspeito, como Weber, da pecha de "retórico", a expressão é do também neokantiano HARTMANN, Nicolai. **Grundzüge einer Metaphysik der Erkenntnis**. Berlin: Walter de Gruyter, 1946, p. 234 s.

5 GEHLEN, Arnold. **Der Mensch**. Seine Natur und seine Stellung in der Welt. Wiesbaden: Akademische Verlagsgesellschaft, 1978. BLUMENBERG, Hans. Antropologische Annäherung an die Aktualität der Rhetorik. *In*: BLUMENBERG, Hans. **Wirklichkeiten, in denen wir leben** – Aufsätze und eine Rede. Stuttgart: Philipp Reclam, 1986, p. 104-136.

Gehlen define a humanidade por meio das características específicas da sua linguagem. A antropologia é para ser vista como "o último capítulo da zoologia", vez que outros animais também são capazes de comunicação. Mas a comunicação não-humana que se conhece constitui um prolongamento daquele que se comunica, uma extensão de sua compleição física, do seu corpo, por assim dizer, é como uma parte daquele que a emite; só a comunicação humana é **linguagem**, e "linguagem" significa basicamente que emissor e mensagem se separam, esta ganha uma identidade própria que aquele não consegue controlar. Tais dados biológicos levam a essa característica antropológica importante: os seres humanos não têm um ambiente natural, não porque sejam superiores e se adaptem a qualquer meio, mas porque seu único ambiente é a linguagem, a qual levam consigo e os obriga a construir seu próprio mundo, sua própria representação como indivíduos e como grupos sociais. É por isso que os seres humanos são seres ainda não formados, "incompletos" (*unfertige Wesen*). Em compensação, porque carregam seu ambiente consigo, e não apenas sua casa, como os caracóis, os seres humanos literalmente criam seu mundo e um excesso de estímulos (*Reizüberflut*) para suas reações imprevisíveis. Essas reações ilimitadas – que podem ser chamadas de "liberdade" ou "livre arbítrio" – decorrem da "pobreza de instintos" (*Instinktarmut*) que caracteriza a espécie.

1.2. *Três teses*

A **retórica realista,** proposta em meus escritos ao longo desses anos, baseia-se em três teses básicas, todas pensadas em oposição a teses dominantes na cultura ocidental contemporânea no que diz respeito à retórica; inspiradas no filósofo cético helenista Sextus Empiricus, cujas obras sempre têm por títulos "contra" (*adversus*) as diferentes ciências que ele quer combater, são denominadas "contra os filósofos ontológicos", "contra os retóricos aristotélicos" e "contra os filósofos ontológicos e os retóricos aristotélicos".

A **primeira tese**, "contra os filósofos ontológicos", assim se expressa: a retórica não é a arte falaz e enganadora a que por vezes é preconceituosamente reduzida pelos ontológicos[6] e até por céticos como o próprio Sextus Empiricus,[7] e tampouco consiste somente de mentiras e ornamentos para en-

---

6 HEGEL, Georg Wilhelm Friedrich. Verhältnis des Skeptizismus zur Philosophie. Darstellung seiner verschiedenen Modifikationen und Vergleichung des neuesten mit dem alten. **Aufsätze aus dem Kritischen Journal der Philosophie, in Philosophie von Platon bis Nietzsche** (CD Rom). Berlin: Digitale Bibliothek, 2000, p. 38312–401.

7 SEXTUS EMPIRICUS. **Contra os retóricos (*Pros Rhtoras*)**. Edição bilíngue. Texto Integral. Tradução, apresentação e comentários de Rafael Huguenin e Rodrigo Pinto de Brito. São Paulo: Editora UNESP, 2013, p. 15 s. e *passim*.

redar os incautos, ingênuos ou simplesmente ignorantes – ainda que o estudo dessas estratégias faça parte importante da retórica. Ela também se ocupa, por exemplo, dos discursos que apelam à verdade e à justiça, à persuasão sincera e à igualdade, assim como à autoridade, todas estratégias retóricas.

Desse modo, como queria Aristóteles, a retórica também inclui o estudo de caminhos (ὁδός, *odos*) pautados por exigências de sinceridade e consenso. Ele chegou a essa conclusão ao reunir necessariamente retórica e virtude moral, ensinando que o caráter (ἔθος, ἦθος, *ethos*) deve acompanhar a excelência ou virtude (ἀρετή, *areté*) e a ponderação ou prudência (φρόνησις, *phrónesis*). A retórica realista, contra os filósofos ontológicos, aceita que a retórica é também o campo da persuasão sincera e da "boa" ética, mas essa é uma relação contingente, pois a retórica pode ser utilizada para quaisquer fins, como queria a sofística. A controvérsia atesta o problema dessa relação milenar entre a retórica e a "boa" ética.

A **segunda tese** proposta aqui, "contra os retóricos aristotélicos", defende que a persuasão pode ser a via retórica mais importante, por sua eficácia e permanência no tempo, até por sua dignidade ética, mas não é absolutamente a única, pois um estudo realista da retórica precisa se ocupar também de outras vias pelas quais um orador consegue fazer prevalecer seu discurso. Essa tese é importante, sobretudo, para o filósofo retórico preocupado com o direito, pois é no mínimo ingênua ou idealista a perspectiva normativa de reduzir a argumentação dos juristas à persuasão. Retomando a tradição siciliana e sofística original, definir as outras estratégias, erísticas, constitui um dos objetivos da retórica realista. Mas reduzir a retórica aos argumentos sofísticos, como o fazem as ontologias, é o erro do outro lado que a primeira tese procura combater.

A **terceira tese**, "contra os filósofos ontológicos e os retóricos aristotélicos", é a seguinte: retórica é filosofia, ainda que não investigue a verdade, que considera inatingível. "Verdade" é aqui entendida como um enunciado de aceitação obrigatória, cogente. Sim, porque a filosofia ontológica firmou-se de tal maneira na história do pensamento ocidental que os próprios retóricos passaram a considerar que sua tarefa não fazia parte de uma explicação filosófica do mundo, uma maneira de percebê-lo, de agir nele. Por isso mesmo, tal equívoco tem sido o mais difícil de ser percebido.

Da Antiguidade a nossos dias a visão dominante, tanto da parte dos filósofos ontológicos quanto dos próprios retóricos,[8] é que a retórica se separa da filosofia nos primórdios do pensamento grego. Diferentemente, porém, a separação parece ter ocorrido dentro da própria filosofia, a qual já se encontrava solidificada, entre perspectivas retóricas e ontológicas. Não

---

8   BALLWEG, Ottmar. Phronetik, Semiotic und Rhetorik, in: BALLWEG, Ottmar. **Rhetorische Rechtstheorie** – Theodor Viehweg zum 75. Geburtstag. München: Alber, p. 27-71.

se pense, contudo, que a apropriação da filosofia pelas ontologias, ainda que claramente majoritária, tenha sido foi unânime. Muitos retóricos, de sofistas como Isócrates a céticos como Sextus Empiricus, viam a si mesmos e eram vistos como filósofos. Observe-se a etimologia mesma da palavra "filosofia": amor (*filo*) à sabedoria (*sofia*) e não à verdade (ἀλήθεια, *alétheia*). E a retórica certamente sempre foi tida como uma forma de sabedoria.

Esse sucesso das ontologias na defesa da verdade como "não-esquecimento", "des-coberta" de um mundo objetivo tem profundas e variadas explicações, que podem ser rasteadas, tais como a necessidade atávica por segurança, de um ponto de vista antropológico; o desejo de controle das diversidades éticas por parte dos bem sucedidos monoteísmos, de uma perspectiva histórica e política; e os sucessos da ciência no domínio de uma natureza hostil, no que diz respeito à técnica, dentre outras.

Mas a filosofia retórica entende que a realidade é criada, constituída, conformada pelo relato vencedor, a retórica **material**. O relato vencedor não é o consenso, muito menos o consenso "racional" defendido por tantos filósofos, nem tampouco envolve necessariamente luta ou competição, pois pode ser obtido por muitos outros meios, como persuasão, sinceridade e solidariedade, nos termos da primeira e da segunda teses acima. A retórica material não quer dizer apenas que o conhecimento do mundo é condicionado pelo aparato cognoscitivo do ser humano, como sugeriu Kant, ou mesmo intermediado pela linguagem, como quer a linguística convencional. Significa dizer que **a própria realidade é retórica**, pois todo pensamento e toda percepção humanos se dão na e pela linguagem. A retórica material compõe a relação do ser humano com o meio ambiente, forma-se do conjunto de relatos sobre o mundo que constitui a própria existência humana e seu entorno. A pergunta mesma sobre alguma "realidade ôntica" por trás da linguagem não tem qualquer sentido, pois o ser humano é linguisticamente fechado em si mesmo, em um universo de signos, sem acesso a qualquer "objeto" para além dessa circunstância.

Isso não implica que a realidade seja subjetiva, pelo menos no sentido de dependente de cada indivíduo, muito pelo contrário. O maior ou menor grau de "realidade" de um relato vai exatamente depender dos outros seres humanos, da possibilidade de **controles públicos da linguagem**. Nesse sentido podem existir demônios, buracos negros, *quarks*, ego, superego e quaisquer princípios como o da "salvabilidade do crédito tributário", por mais esdrúxulos que sejam no universo do pan-principiologismo brasileiro.[9] Só que essas regras de controle da retórica material são condicionadas, circunstanciais e tanto mais mutáveis e ambíguas quanto mais complexo e diferenciado o meio social. Por isso não se pode dizer que a retórica realista

---

9   Utilizo-me das expressões de Paulo de Barros Carvalho e Lenio Streck, respectivamente.

defenda uma arbitrariedade da linguagem ou, no debate jurídico, qualquer forma de "decisionismo". Daí sua defesa veemente da doutrina como fonte importante do direito. A linguagem tem uma função de controle e a exerce reduzindo complexidade, logo, não pode ser errante, ao talante de cada um, precisa apresentar regularidades; mas essas regularidades são muito variáveis, imprevisíveis, construídas para as exigências do momento e dependentes do ambiente em que atuam.

Em outras palavras, a retórica realista recusa as ontologias de objetos evidentes, mas tampouco reduz o objeto ao sujeito, como os filósofos subjetivistas; ela faz ambos produto da linguagem, que o sujeito não domina, pois até mesmo o pensamento de cada indivíduo é constituído no controle público da linguagem. Qualquer sucessão de eventos somente se torna um "fato" por conta do relato vencedor dentre os participantes do discurso.

A retórica realista também se aparta de qualquer forma de objetivismo, escolástico, jusnaturalista em geral ou científico, pois, ao analisar a questão de que maneira os eventos incognoscíveis são transformados em fatos (relatos sobre supostos eventos), mostra que só se conhecem relatos. Isso em nada muda, mesmo nas chamadas "evidências empíricas", como a existência da lua ou a lei da gravidade. Se apresento cálculos, cuja obediência faz com que a ponte permaneça de pé e que se não forem seguidos a ponte cai, é muito provável que a crença nesses argumentos matemáticos se torne o relato vencedor; do mesmo modo como dizer que Napoleão morreu na Ilha de Santa Helena. Se o sistema jurídico dogmático apresenta um relato, é também provável que este se torne o relato dominante, como ao dizer que a criança deve ficar com a mãe.

Mas nada disso é evidente ou inexorável. Se a retórica estratégica, isto é, interesses, consensos racionais ou não, ameaças, mentiras, engodos, dissimulações, verdades, em suma, todas as formas de narrativas humanas – ou seja, relações retóricas – constituírem a "realidade" dos relatos vencedores em outra direção, as descrições científicas e suas evidências empíricas podem ser completamente derrotadas.

Essa visão da retórica inspira-se, sobretudo, em Friedrich Nietzsche, que a coloca em três níveis: retórica como *dýnamis* ($\delta\acute{v}\nu\alpha\mu\iota\varsigma$), como *téchne* ($\tau\acute{\epsilon}\chi\nu\eta$) e como *epistéme* ($\grave{\epsilon}\pi\iota\sigma\tau\acute{\eta}\mu\eta$).[10] Esse é também o caminho escolhido por Ottmar Ballweg.[11] No sentido proposto aqui é assim possível empregar a palavra retórica de três diferentes formas, ou seja, dinâmica

---

10 NIETZSCHE, Friedrich. Rhetorik. Darstellung der antiken Rhetorik; Vorlesung Sommer 1874, dreistündig. **Gesammelte Werke.** Band 5. München: Musarion Verlag, 1922, p. 291.

11 BALLWEG, Ottmar. Entwurf einer analytischen Rhetorik, *in* SCHANZE, Helmut (*Hrsg.*). **Rhetorik und Philosophie.** München: Wilhelm Fink, 1989. E o estudo erudito de PARINI, Pedro. **A metáfora do direito e a retórica da ironia no pensamento jurídico.** Tese de Doutorado. Recife: UFPE, 2013, p. 305 s.

(material, existencial), técnica (prática, estratégica) e epistemológica (analítica, científica).

Em seu nível analítico, retórica é filosofia, ainda que não investigue a verdade, que considera uma das estratégias argumentativas.

2. A diferenciação entre significante, significado e evento

Do mesmo modo que nos termos do segundo pressuposto colocado acima, sobre a impossibilidade de adequar completamente os tipos ideais conceituais do pensamento humano e os eventos reais, há outra relativa incompatibilidade entre esses mesmos tipos ideais e a linguagem que os expressa, entre significados e significantes. Reduzir os abismos entre esses três elementos constitui o problema do conhecimento.

A filosofia retórica defende, porém, que ideia, linguagem e evento não podem ser reduzidos um ao outro, indo de encontro ao senso comum e a diversas propostas filosóficas.

As dificuldades de um vocabulário não-ontológico exigem por vezes aspas ou itálicos, além de referências às palavras estrangeiras originais, como se vê neste texto. Friedrich Nietzsche diz que todo conceito é "resíduo" de alguma metáfora:

> Quem é bafejado por essa frieza [dos conceitos] dificilmente acreditará que até mesmo o conceito, ósseo e octogonal como um dado, [e] tão fácil de deslocar quanto este, é somente o resíduo de uma metáfora, e que a ilusão da transposição artificial de um estímulo nervoso em imagens, se não é a mãe, é pelo menos a avó de todo e qualquer conceito.[12]

O pensamento assumidamente metafórico de Hans Blumenberg compara o mundo dos eventos a uma viagem de navio, pois enfrentar o oceano é a metáfora para o fluxo da vida. Ir ao mar é ultrapassar as fronteiras, é abandonar a terra segura e aventurar-se no infinito, como numa blasfêmia contra a ordem natural das coisas. Aí o naufrágio passa a ser a consequência, por assim dizer legítima, da viagem e da ousadia humanas. O filósofo desempenha aí o papel de expectador, como no ideal grego clássico, aquele

---

12 NIETZSCHE, Friedrich. Über Wahrheit und Lüge im außermoralischen Sinne, in NIETZSCHE, Friedrich. **Nachgelassene Schriften 1870-1873**, in COLLI, Giorgio – MONTINARI, Mazzino (Hrsg.). **Kritische Studienausgabe** – in fünfzehn Bände, Bd. I. Berlin: Walter de Gruyter, 1988, p. 882: „Wer von dieser Kühle angehaucht wird, wird es kaum glauben, dass auch der Begriff, knöchern und 8eckig wir ein Würzel und versetzbar wie jener, doch nur als das Residuum einer Metapher übrig bleibt, und das die Illusion der künstlerischen Uebertragung eines Nervenreizes in Bilder, wenn nicht die Mutter so doch die Grossmutter einesjeden Begriffs ist."

que permanece no porto seguro e observa as viagens e os naufrágios. Por isso o mundo humano é um "naufrágio com expectadores".[13]

Da perspectiva retórica, o navio dos humanos é a linguagem, a qual os retira de seu meio ambiente natural e torna-se ela própria seu único ambiente. Toda linguagem é metafórica e isso porque a metáfora é justamente o resultado desse processo de generalização que se expressa na própria linguagem: abstrair das individualidades do mundo real é justamente "metaforizar", criar conceitos, expressões de ideias, classes de indivíduos. Por isso não se deve conceber a realidade como um encadeamento causal de eventos. Hume deixa claro que a relação de causa e efeito é empírica e não pode ser confundida com a relação lógica entre antecedente e consequente, como defenderam Descartes e a escolástica. Logo, a causalidade não tem a certeza da lógica e da matemática, é uma experiência humana que nunca habilita a dizer que de X **necessariamente** decorrerá Y ou Z. No máximo pode-se dizer que se tem observado a ocorrência de Y ou Z sempre que se observa a ocorrência de X. O filósofo chega a essa conclusão porque rejeita o próprio princípio da indução empírica, segundo o qual se não há qualquer registro de Y, sem ter sido precedido de X, deve-se induzir que, toda vez que aparecer Y, X terá se manifestado antes.

Uma retórica realista vai contra etiologias, redes causais complexas, orientadas para o passado (a "causa"), justamente porque vê a realidade como irremediavelmente contingente, construída a cada momento pela própria comunicação. Esse ceticismo gnoseológico, ao ser trasladado ao campo da ética, não deve levar ao niilismo ou à indiferença, muito pelo contrário: vai levar à tese da responsabilidade que não pode ser discutida aqui.[14]

Tradicionalmente tem-se concebido a comunicação como uma troca de informações que cada participante detém, mas esse é mais um preconceito ontológico, como se a comunicação fosse o resultado de alguma coisa previamente existente, a ação de externar algo anterior, externar informações. Numa filosofia retórica, comunicar significa os participantes construírem conjuntamente informações. E essa construção é sempre influenciada eticamente, isto é, emocionalmente, com vistas a "valores".

O mundo dos eventos é irracional porque a razão humana só trabalha com conceitos gerais, conforme já explicado. Tudo o que é individual, único, é irracional em um sentido bem literal de "não racionalizável". A razão só conhece seus próprios produtos, como nas ciências ideais. Daí Platão ter dito que o mundo sensível é ilusório e só o mundo das ideias "existe".

---

13   BLUMENBERG, Hans. **Schiffbruch mit Zuschauer** – Paradigma einer Daseinsmetapher. Frankfurt a. M.: Suhrkamp, 1979, p. 12, 28 e *passim*.

14   ADEODATO, João Maurício. **Uma teoria retórica da norma jurídica e do direito subjetivo**. São Paulo: Noeses, 2014 (2ª ed.), p. 331.

Desses produtos racionalizáveis não faz parte o mundo real, que se compõe dos eventos que o ser humano percebe, experimenta, como algo fora de si, coisas, acontecimentos que se sucedem em um fluxo contínuo que denominou "tempo". Daí essa incompatibilidade ontológica entre o mundo real e o aparato cognoscitivo humano.

Sobre a individualidade e irracionalidade dos eventos do mundo real, diante da construção dos conceitos, Nietzsche diz:

> Toda palavra torna-se logo conceito justamente quando não deve servir, como recordação, para a vivência primitiva, completamente individualizada e única, à qual deve seu surgimento, mas ao mesmo tempo tem que se adequar a um sem--número de casos, mais ou menos semelhantes, isto é, tomados rigorosamente, nunca iguais, portanto, a casos claramente desiguais... A desconsideração do individual e efetivo nos dá o conceito, assim como nos dá também a forma, enquanto que a natureza não conhece formas nem conceitos, portanto tampouco conhece espécies, mas somente um X, para nós inacessível e indefinível.[15]

Baseando-se nas críticas de Kant, que colocaram novos problemas, Nicolai Hartmann também desenvolve sua tese sobre a irracionalidade do individual, já mencionada, e chama atenção para o abismo irredutível entre a razão humana e a esfera do mundo real.[16]

Isso implica que toda experiência humana é contingente, como ensinou Heráclito e como mostram as mais recentes pesquisas laboratoriais sobre a constituição do cérebro humano, as quais mostram que a atenção procede a uma seleção de informações única em cada circunstância. A condição humana faz com que esses eventos só possam ser compreendidos pela razão em termos genéricos, sem correspondência precisa com os eventos. Para isso, seleciona frações do evento em detrimento de outros atributos que são ignorados ou sequer percebidos. Ao conjunto dessas frações intuitivamente, instintivamente selecionadas, corresponde uma ideia, uma unidade de razão. A essa ideia o ser humano atribui um nome ou conjunto de nomes e a corporifica em um condutor físico (significante), criando a comunicação. Esse condutor pode ser a palavra escrita ou falada, gestos, olhares (que são gestos), mas também tintas e telas, notas musicais, leis escritas, pedras gravadas e esculpidas etc. Ora, esse quadro específico de autoria desse pintor e essa lei de número e data tais são objetos, logo são também eventos, pelo menos em um dos sentidos da palavra. Mas é certo

---

15 NIETZSCHE, Friedrich. Über Wahrheit und Lüge im außermoralischen Sinne, *in* NIETZSCHE, Friedrich. **Nachgelassene Schriften 1870-1873**, *in* COLLI, Giorgio – MONTINARI, Mazzino (*Hrsg.*). **Kritische Studienausgabe** – in fünfzehn Bände, Bd. I. Berlin: Walter de Gruyter, 1988, p. 879-880.

16 HARTMANN, Nicolai. **Grundzüge einer Metaphysik der Erkenntnis**. Berlin: Walter de Gruyter, 1949, vierte Auflage, p. 302 s.

que o quadro, o papel e a tinta, ao serem comunicados a outro ser humano, provocam uma compreensão de caráter ideal que não se confunde com os eventos-objetos.

Daí a oportunidade de esclarecer a confusão que não deve ser feita entre significantes, dos quais o texto é uma espécie, e eventos.

Para compreender a importância da diferença, é útil o conceito de Carlos Cossio, baseado em Edmund Husserl, sobre o que denomina "ontologia da realidade". No que aqui interessa, ele entende que o mundo cultural é constituído de "sentidos" que são conhecidos por intermédio da "compreensão". Uma parte desses sentidos não se comunica por meio de um "substrato físico" ou objeto, expressa-se por meio de conduta humana, são os objetos de conhecimento que denomina "egológicos", centro de sua *Teoria Egológica del Derecho*. E existem sentidos e valores que literalmente "se incorporam" a objetos, chamados de "mundanais".[17]

Esses objetos, como a pintura e a cadeira, são também eventos, são os eventos-objeto, o "espírito objetivado" de Nicolai Hartmann, ele também influenciado por Husserl (e Hegel); na linguagem de Hannah Arendt, compõem o mundo do *homo faber*, fruto daquela capacidade do ser humano de produzir coisas que o rodeiam e as quais, por se incorporarem a objetos físicos, ganham maior durabilidade no tempo. Mas o ato de compreender textos, perceber objetos e condutas, a experiência do presente, os acontecimentos, isso é o que aqui se denomina evento no sentido próprio de Heráclito de Éfeso, é essa experiência que garante a própria existência dos eventos-objetos, os quais não têm sentido sem ela.

Pode-se afirmar que tudo é evento, inclusive o texto e até seu significado ideal, como sugere Lenio Streck ao criticar Jacques Derrida:

> Dizendo de outro modo, afirmar que "devemos levar o texto a sério" ou que devemos deixar "que o texto nos diga algo" ou, ainda, que "questão de direito (texto) e questão de fato (caso concreto) não podem ser cindidos", não quer significar, por exemplo, uma adesão ao *slogan* pósmoderno de Derrida de que *Il n'y a pas de hors-texte* (não há nada fora do texto). Texto é evento; textos tratam de coisas, pois. E a interpretação deve voltar-se para essa coisa (a coisa mesma).[18]

Ora, ocorre que a retórica realista aqui defendida concorda com Derrida nesse aspecto; não exatamente que nada haja fora do "texto", mas sim que nada, nenhuma "coisa mesma" existe fora da linguagem, ainda que esta possa ser não-textual. Com alguma força de vontade, mesmo que este argumen-

---

17 COSSIO, Carlos. **La teoría egológica del derecho y el concepto jurídico de libertad**. Buenos Aires: Abeledo Perrot, 1964, p. 54 s., 232 s. e *passim*.

18 STRECK, Lenio Luiz. **Verdade e consenso**. Constituição, hermenêutica e teorias discursivas. Da possibilidade à necessidade de respostas corretas em direito. Rio de Janeiro: Lumen Juris, 2009, p. 164.

to não seja mencionado por Streck, é possível dizer que, de algum modo, os pensamentos humanos são fenômenos psíquicos únicos e irrepetíveis, produto de cérebros físicos, cada um deles parte do que acontece no mundo dos eventos, reações fisioquímicas únicas no fluxo contínuo do tempo.

O evento é acontecimento individualizado, que não pode ser adequadamente apreendido ao longo desse fluxo, um presente que imediatamente já se transformou em passado, tanto no sentido de um objeto "mundanal" (que se cristaliza em objetos como quadros e textos) como de um objeto "cultural egológico" (a conduta humana). Toda comunicação necessita de significantes, substratos físicos reais que exprimem uma linguagem. O texto da lei e o quadro a óleo constituem significantes, assim como a própria conduta é composta desses substratos físicos, sejam eles gestuais, textuais, pictóricos, orais. Não há uma distinção ontológica entre objetos culturais mundanais e egológicos, mas simplesmente a diferença da maior ou menor perenidade dos significados pela maior ou menor perenidade dos significantes. A "conduta humana" não existe como "objeto egológico", mas sim como uma sucessão de eventos reais que se expressam intersubjetivamente mediante significantes também reais e significados ideais.

Mas a tese de que significantes e/ou significados são eventos simplifica excessivamente o processo gnoseológico, que é tripartite. O ato de comunicar-se é um evento. Quando a ideia antes intangível penetra na realidade por meio de significantes linguísticos já deixa de ser ideia, passa a ser um evento, único e irrepetível, como todo ele. Mas isso não é mais o significado ideal nem o significante real, é um evento real, um terceiro elemento que é percebido como "fato", ou seja, um relato único sobre um evento único que constitui outro evento único. A analítica da linguagem mostra que a ela não se compõe apenas de significantes como o texto, o gesto ou a fala, mas de uma relação inseparável entre significantes e significados.

Aqui se entende o significado, repita-se, como abstração da razão humana, a que os filósofos têm chamado de ideia, forma, essência, *eidos*... Um exemplo simples é a diferença entre números e algarismos ou textos que expressam números: 2, II, two, dos, dva, 兩 (Liǎng). O número não é um evento, não existe no mundo real, é de caráter "ideal", para permanecer com Platão.

Aí o significante cristaliza o significado, tenta imobilizá-lo; o senso comum e algumas filosofias acreditam que consegue, mas a análise retórica mostra que os significantes são como oráculos de significados para inevitáveis interpretações. O evento é um dado de experiência único, por isso inapreensível, incognoscível em sua inteireza. O significante é um substrato físico, a parte real da linguagem. Quando se refere aqui "texto" como expressão simbólica de uma ideia, um dos três elementos do abismo do conhecimento, ele não se confunde com o evento, não se está falando desse sentido de texto como evento-objeto, "este" ou "aquele" texto contido no livro.

Claro que o exemplar da Constituição Federal que está na biblioteca de Tício não é o mesmo que está na biblioteca de Mévio, são "textos-objetos" únicos e distintos, cada um deles contém diferentes impressões digitais e sua quantidade de moléculas tampouco será a mesma. São eventos-coisas, eventos-objetos.[19] Mas o texto é o significante que ambos aqueles exemplares têm em comum e isso não é um evento, mas sim uma estratégia linguística de apreendê-lo.

Desse ponto decorre outra notável distinção que impede a identificação entre evento e texto: como condição da comunicação, a linguagem, da qual o texto é uma das formas de manifestação, à semelhança dos significados ideais, é também genérica.

Tanto os significantes como os significados são genéricos, daí racionalizáveis, por isso não podem ser confundidos com eventos. E um só faz sentido com o outro, são conceitos correlatos, muito embora jamais correspondam exatamente um ao outro (claro, a interpretação é sempre necessária). A vagueza e a ambiguidade, as figuras de linguagem e os idiotismos nada mais são do que fruto dessa incompatibilidade.

Ambos, significantes e significados, por sua vez, devido a seu caráter de generalidade, são incompatíveis com os eventos, sempre particulares. Significantes e significados são impensáveis um sem o outro, mas não têm o mesmo conteúdo retórico. O significado é ideal, o significante quer comunicar esse significado por meio de um substrato físico qualquer (som, texto, gesto).

Os significados e os significantes podem apresentar graus de generalidade diversos, mas não conseguem apreender o que é individual, como dito. Por isso há aquelas expressões que conotam um grupo ou classe de eventos, diante dos quais a linguagem humana abstrai os elementos contingentes e individualizadores em prol do que os eventos supostamente têm em comum. Essas expressões são chamadas **predicadores** e não pretendem correspondência com a realidade dos eventos, pois são reconhecidamente genéricas. Exemplos são significantes (e seus significados) como "cadeira" ou "justiça", que não existem na realidade.

Para lidar com a individualidade, contudo, há os significantes linguísticos que a teoria da linguagem denomina **indicadores**. Essas expressões procuram designar eventos específicos, ou seja, individuais, de que seriam exemplos os nomes próprios, como Rumpelstilzchen Brederodes, os quais, da mesma forma que o sujeito individual que designam, são únicos. Na linguagem técnica, denotam sem ter conotação.

Os indicadores não são exemplificados apenas por nomes próprios. Observa-se na linguagem humana que acontecimentos e objetos específi-

---

19   O nome não é tão importante e a dificuldade pela falta de um vocabulário não-ontológico apropriado já foi mencionada acima.

cos podem se expressar mediante palavras indefinidas, as quais são compreendidas e individualizadas por sua situação no contexto. Uma frase como "ele esteve aqui e fez isso hoje", ininteligível isoladamente, pode ganhar, no contexto, um sentido mais preciso como "Faelante esteve na Rua da Hora e abasteceu seu carro no dia 21 de novembro de 2015".

O problema no estudo de predicadores e indicadores é se são possíveis expressões simbólicas individualizadas. Nessa controvérsia, uma retórica realista vai defender que todo significante é genérico e mesmo a denotação de um nome próprio precisa da conotação de predicadores para chegar a um significado. Assim, mesmo o nome próprio Rumpelstilzchen só pode ser compreendido por intermédio de outras associações linguísticas, como dizer quem é sua mãe, qual seu endereço, sua altura, sua profissão. Não existem significantes específicos, toda linguagem é geral, tanto os significados quanto os significantes. Individuais são os eventos, mas esses só podem ser constituídos por meio da linguagem, não são "coisas", nem "em si". Por isso não se podem confundir significantes, tais como textos, com eventos.

Quer dizer que a individualidade do mundo real só pode ser "racionalizada" por meio de abstrações ideais, que se distanciam do mundo real, mas ao mesmo tempo possibilitam o re-conhecimento dos eventos e assim a experiência. É assim que o ser humano abstrai um significado para o significante "ventilador", a partir dos diversos ventiladores observados, todos diferentes, e assim reconhece como ventilador um objeto que jamais esteve em sua experiência antes. Mas é claro, conforme ressaltado acima, que um texto determinado, como esta lei ou este computador, é um evento, um evento-objeto. Sua compreensão naquele contexto eventual é também um evento, ou seja, tanto uma pintura é um evento quanto a emoção de cada pessoa ao contemplá-la.

3. As vias da persuasão na redução a que Aristóteles submeteu a retórica

Diferentemente de Platão, Aristóteles se ocupou da retórica. Em seu tempo, a retórica já se tinha desenvolvido muito com o humanismo da sofística e do próprio socratismo, e também se alimentado da concepção de história como um conjunto de relatos exemplares, de pensadores como Tucídides e Heródoto (ambos cerca de 484-430/420 a. C.), bem diferente da concepção da historiografia causal moderna, segunda a qual fatos pretéritos causam eventos futuros. Em outras palavras, quando Aristóteles escreve sua *Retórica*, a arte dos advogados sicilianos havia sido enriquecida por historicismo, ceticismo e humanismo e assim se tornado filosofia retórica, ao passo que a busca da verdade pela tendência predominantemente científica dos pré-socráticos, aliada à objetividade do bem, perseguida pela ética socrática e platônica, se tornara a filosofia ontológica.[20]

Em lugar do desprezo genérico votado por Platão ao convencimento e à sedução pelas palavras, Aristóteles parte da observação de que determinados assuntos humanos não admitem juízos de verdade ou falsidade, mas ainda assim são de grande importância. Verdadeiro e falso, pensa ele, continuam constituindo o critério ontológico da filosofia e da ciência, mas, quando não é possível aplicá-lo, é necessário atentar para o terreno da opinião (*doxa*), do provável, do exemplar, do indício, que constitui o terreno da retórica. Esse ambiente se faz presente em função do tema em discussão, da ignorância ou impaciência do auditório, da escassez de tempo para provar todas as premissas, dentre outros motivos comuns nos discursos humanos. Sábio estagirita.

Apesar de convencido da importância da retórica, Aristóteles não se queria confundir com os sofistas, com seu contemporâneo e rival Isócrates, por exemplo. Para isso, procura aliar a retórica à boa ética, à ética do bem, e sua estratégia é **reduzir a retórica à persuasão**, a qual se caracterizaria por uma espécie de convencimento autêntico.

Difícil definir mais precisamente a persuasão, o que Aristóteles não deixa muito claro. Sabemos que ele a coloca como o objeto da retórica e lhe aporta três vias, quais sejam, o *ethos* (quem fala), o *pathos* (como se fala) e o *logos* (o que se fala). Assim a persuasão inclui elementos como a autoridade do *ethos* e a sedução do *pathos*.

Apenas para estabelecer uma comparação, mesmo Hannah Arendt, cuja filosofia é confessadamente inspirada na Grécia Antiga e que já foi acusada de helênica nostálgica,[21] não se filia ao pensamento de Aristóteles e distingue persuasão de autoridade. A persuasão pressupõe igualdade entre os participantes do discurso, a autoridade, diferença. *Ethos* e *auctoritas* não são expressões sinônimas, mas certamente a *auctoritas* romana interpretada por Arendt não se confunde com a persuasão de Aristóteles, apesar de o *ethos* fazer parte dela. Daí há algo da *Retórica* de Aristóteles quando Arendt diz que a persuasão legitima pelo conteúdo da mensagem e a autoridade, pelo caráter (*ethos*) do orador.

Tentando aqui diferenciação que não parece estar em Aristóteles, uma decisão é conseguida por **convencimento** quando se acredita sinceramente em sua adequação. Em termos mais gerais, no convencimento o comando normativo é aceito pelo seu próprio conteúdo, por aquilo que é transmi-

---

20 ADEODATO, João Maurício. **A retórica constitucional** – sobre tolerância, direitos humanos e outros fundamentos éticos do direito positivo. São Paulo: Saraiva, 2012 (2ª ed.), cap. 1.

21 O'SULLIVAN, Noel. Hannah Arendt. A Nostalgia helênica e a sociedade industrial. **Documentação e Atualidade Política**, n° 5. Brasília, out.-dez. 1977, p. 15-25.

tido pelo emissor e compreendido pelo receptor da mensagem. Diz mais respeito ao *logos* do discurso, tal como o entende Aristóteles. A **persuasão** é muito semelhante, mas é mais frágil do que o convencimento, pois pode implicar uma adesão por conveniência, estratégia, falta de melhor opção, impaciência (o ouvinte pode ser bombardeado por argumentos), em outras palavras, não ser acompanhada da íntima aceitação da mensagem, não ser caracterizada pela sinceridade, sinceridade consciente.[22]

Em Aristóteles, a via persuasão/convencimento acontece quando o discurso do orador efetivamente convence o auditório, que entende o contexto da mensagem, a estruturação dos argumentos, e sinceramente a aceita, comungando da opinião do autor. Aristóteles exclui assim do campo da retórica estratégias argumentativas que faziam parte dela na tradição anterior e que compunham, com variações de ênfase, a **erística** do discurso.

Na retórica normativa de Aristóteles, ou seja, seu objetivo não é descrever, mas melhorar o discurso humano, o argumento pode ter bases diversas, tais como lugares-comuns, paradigmas, indícios e verossimilhanças, mas jamais engodo ou ameaça de violência, por exemplo. Porém, ao incluir o *ethos* e o *pathos* como vias da persuasão, Aristóteles ainda mostra um conceito mais amplo do que o de Hannah Arendt, para quem a persuasão reduz-se à esfera do *logos* e pressupõe igualdade entre as partes.

Essas três mídias são os caminhos da persuasão na *Retórica* de Aristóteles e compõem a auto-apresentação dos oradores: "a primeira espécie depende do caráter pessoal do orador; a segunda, de provocar no auditório certo estado de espírito; a terceira, da prova, ou aparente prova, fornecida pelas palavras do discurso propriamente dito".[23] Vão impregnar toda a terminologia retórica posterior e precisam ser rapidamente explicitadas aqui para que se compreenda o que significa a retórica em Aristóteles.

O grande problema, comum quando se estudam temas e expressões de tamanha longevidade, é o alto grau de porosidade linguística das palavras; ao longo de tantos anos, há intersecções, diferenciações, traduções ou simplesmente confusões entre os termos.

Etimologicamente, a palavra *ethos* já parece trazer uma confluência ou evolução de duas palavras gregas, semelhantes, mas distintas: de um lado *éthos* (ἔθος), que significa "costume", "uso", "hábito", e de outro, *ëthos* (ἦθος), "caráter", "forma de pensar". No grego arcaico um termo não se distinguia do outro.[24] Depois da diferenciação, porém, ainda hoje se percebem

---

22 Observe-se a distinção da língua alemã entre *überzeugen*, convencer, com a raiz mais firme de "testemunhar" e *überreden*, persuadir, com a raiz de "falar".

23 ARISTOTLE. **Rhetoric**. Trad. W. Rhys Roberts. Col. Great Books of the Western World. Chicago: Encyclopaedia Britannica, 1990, v. 8, I, 2, 1356a1-5 e 14-16, p. 595.

24 PELLEGRIN, Pierre. **Le Vocabulaire d'Aristote**. Paris: Ellipses, 2001, p. 23 s.

reflexos desses dois sentidos na palavra ética: um mais social, coletivo e um mais pessoal, individual.

O *ethos* designava, assim, um caráter que é resultado do hábito, que se percebe na aparência, nos traços, nas características, no olhar, no porte. Inicialmente, com esse sentido mais físico, é o lugar onde se tem o hábito de viver (habitar), a que se está acostumado, inclusive os animais; aí passa a designar uso, costume, maneiras; uma terceira acepção é a de disposição de caráter, no sentido de inclinação a determinadas atitudes e escolhas humanas, como ter um *ethos* sonhador, colérico ou melancólico; e um quarto, talvez posterior, refere-se à impressão produzida por um orador nos circunstantes, o que já vai se aproximar do sentido de *pathos*.[25]

A palavra moderna "ética" evolui para significar o conjunto de conhecimentos relacionados ao *ethos*. Mas não é apenas a doutrina ou disciplina para estudo do *ethos*, mas também esse próprio *ethos*, no sentido de designar simultaneamente a metalinguagem (**estudo** do caráter humano) e a linguagem-objeto (o **caráter humano**, tal como ele se apresenta). Outros autores preferem denominar essa ética-objeto de "moral", reservando a expressão "filosofia moral" para o conhecimento do objeto.[26]

Independentemente das variações dos conceitos, é importante reter que, no plano da metalinguagem, processou-se mais uma diferenciação: "ética" expressa, de um lado, o **estudo dos fins** que efetivamente guiam a conduta **e dos meios** que conduzem a esses fins, todos chamados "valores"; de outro, refere-se ao **estudo das maneiras de controlar e guiar** esses meios e fins. Para dar um exemplo, pela primeira perspectiva, o conhecimento ético mostra que indivíduos inseguros tendem a se aproximar de bajuladores; pela outra, que tanto bajuladores como inseguros devem ser evitados (ou louvados, dependendo da ética). A primeira é a ética **descritiva**, a segunda, a **prescritiva**.

Um dos bons argumentos a favor de considerar a atitude prescritiva como a mais adequada ao conhecimento ético (plano da metalinguagem) é que a abordagem descritiva já estaria a cargo da sociologia, da antropologia, da psicologia e de mais outras ciências.[27]

Pathos, plural *páthē*, significa paixão, emoção, sentimento. Fora dos círculos filosóficos, a expressão era usada na linguagem comum e designava qualquer forma de sentimento, porém mais no sentido passivo de sofrimento, não como "causa" de ações. Na *Retórica* de Aristóteles, o *pathos*

---

25 LIDDEL, Henry George e SCOTT, Robert (comp.). **A Greek-English Lexicon**. Oxford: Clarendon Press, 1996, p. 480 e p. 766. BAILLY, Anatole. **Dictionnaire Grec Français** (rédigé avec le concours de E. Egger). Paris: Hachette, 2000 (27e. ed.), p. 581 e p. 894.

26 CHAUÍ, Marilena. **Convite à filosofia**. São Paulo: Ática, 2001, p. 339 s.

27 NERI, Demétrio. **Filosofia moral** – manual introdutivo. Trad. Orlando Soares Moreira. São Paulo: Loyola, 2004, p. 27-29.

está associado ao ouvinte e o *ethos* ao orador, ainda que essa dissociação de papéis tenha diminuído e até desaparecido em autores posteriores. O conceito de *pathos* passa a reunir os dois sentidos e firma-se para designar qualquer emoção, por meio da qual as pessoas se modificam de tal modo que suas decisões se tornam diferentes do que seriam em um estado emocional habitual. No Renascimento, a retórica do *pathos* é sistematizada como parte da tópica, reunindo os denominados "argumentos patéticos".

Mas, além de significar esses estados d'alma, *pathos* designa a expressão ou articulação desses sentimentos e também, o que mais interessa como sentido retórico, indica uma **qualidade do discurso**, que consiste em despertar no ouvinte os sentimentos que o orador deseja transmitir. Aí está o ponto mais importante: o *pathos* (retórica estratégica) que desperta o *pathos* (retórica material) por artes da retórica. Essa transmissibilidade patética do discurso se dá, por exemplo, quando o orador consegue uma disposição contrária àquilo que quer atacar (indignação, *deeiinosis*, *indignatio*) ou adesão àquilo que quer defender (compaixão, comiseração, *eleeinologia*, *miseratio*).

A importância dada ao *pathos* pelos oradores parece ter sido muito grande na retórica sofística ao tempo de Aristóteles, pois ele faz críticas aos discursos excessiva ou exclusivamente circunscritos ao *pathos*. Mesmo assim, em sua ética, apesar de os sentimentos serem considerados irracionais, Aristóteles destaca a importância do *pathos* e vê uma relação estreita entre *pathos* e *ethos*, pois os afetos precisam ser controlados pela virtude do caráter e alcançar um meio-termo desejável racionalmente, prudentemente, a *metriopatia* entre os extremos maléficos das paixões, pois "...a virtude refere-se a paixões e ações, nas quais o excesso é uma forma de fracasso...".[28]

Hoje, o adjetivo "patético" ainda mostra a vitória desse controle apolíneo, de Aristóteles a Kant, aparecendo sempre com sentido excessivo, pejorativamente. Isso porque, como já advertia a sabedoria retórica antiga, embora sem as ilações da ética de Aristóteles, o grande perigo do *pathos* é o exagero, é transformar a indignação ou a compaixão em afetação. Isso torna o *pathos* vazio, torna-o *bathos* (βάθος), palavra que desapareceu.

A ligação entre *pathos* e *ethos*, em Aristóteles, está no contexto de considerá-las formas de persuasão retórica, ao lado do *logos*, como dito. E os raciocínios demonstrativos do *logos* não tinham o prestígio que a ciência "lógica" lhes veio emprestar na modernidade. Há uma consciência clara, já na Grécia antiga, de que certos assuntos humanos, assim como determinados tipos de auditório, pouco têm a fazer com a razão "lógica". Mesmo

---

28 ARISTOTLE. **Nichomachean Ethics**. W. D. Ross. Col. Great Books of the Western World. Chicago: Encyclopaedia Britannica, 1990, v. 8, II, 5-6, 1106b20-25, p. 352.

assim, essa razão analítica, tal como entendida hoje, de caráter "racionalmente" cogente, constituía apenas um dos aspectos da palavra.

O termo *logos*, plural *lógoi*, passou a ser traduzido como "razão" ou "ciência", mas originalmente parece ter significado "linguagem". O primeiro sentido de *logos* – na forma verbal *légein* – é falar, dizer, designando a princípio apenas o próprio ato, mas depois também o resultado da ação, ou seja, a fala mesma. A segunda conotação adquirida pela palavra é a de reunir, colecionar, como em *katálogos*. Esses sentidos permanecem ligados à palavra *logos* desde seu aparecimento, assim como os de razão, argumentação, definição, pensamento, verbo, oração etc., muitos deles com frequente emprego na retórica.[29]

O sentido de *logos* guarda alguma oposição com o de *érgon*, que significa resultado, efeito, efetividade, realidade. Essa distinção é trazida a princípio por Anaxágoras e depois os sofistas a fazem equivaler àquela entre *nomos* (*logos*) e *physis*, (*érgon*), emprestando assim um caráter normativo ao *logos*. Só depois surge a acepção atual de "lógica", mas fica competindo com vários outros sentidos durante longo tempo. A diferença do sentido atual em relação às origens gregas fica clara quando se observa que o estudo metódico do pensamento racional-dedutivo é chamado por Aristóteles de **analítica** e não de lógica, pois esta última expressão é utilizada para a arte da disputa argumentativa; para o filósofo, é a analítica e não a lógica que se opõe à retórica. Na mesma direção, sofistas como Isócrates definiam a retórica como a arte do *logos*.

Em outras palavras, *logos* é linguagem em sentido performático, com todas as suas estratégias e matizes, não designa apenas o sistema de regras dirigentes do pensamento. Por isso o sofista Protágoras defende o *dissoi logoi* e afirma que, em qualquer tema, é possível manter posições (*logoi*) contrárias (*dissoi*). Daí porque o homem é a medida de todas as coisas, as quais podem ser consideradas, ao mesmo tempo, boas e más, justas e injustas, verdadeiras e falsas. Não há uma separação nítida entre o *logos* lógico da "razão" e os âmbitos da opinião, da percepção ou do mito.

Esse é o *logos* da retórica, uma das vias da persuasão.

4. Outras vias retóricas e a falácia de uma retórica normativa

Na literatura grega antiga que chegou até hoje e assim moldou a cultura ocidental, Aristóteles parece ter sido o primeiro a escrever sobre retórica sem o objetivo direto de ensinar habilidades ou estratégias discursivas. Por isso é considerado o criador da retórica analítica ou "científica".[30] Uma das

---

29 UEDING, Gert (*Hrsg.*). **Historisches Wörterbuch der Rhetorik**, Band 5. Darmstadt: Wissenschaftliche Buchgesellschaft, 1994, p. 624 s.

30 SCHLIEFFEN, Katharina von. Rhetorische Analyse des Rechts: Risiken, Gewinn und

teses da retórica realista, como dito, considera a retórica de Aristóteles normativa, ou seja, ele quer mais prescrever como o discurso deve ser (*ethos, pathos* e *logos*) do que descrever como ele efetivamente ocorre. Por isso sua retórica não pode ser considerada analítica, não é empírica. O estudo de vias outras para obter assentimento ou imposição de opinião a partir do discurso, que não a persuasão, não tem necessariamente o objetivo antiético, imaginado por Aristóteles, para enganar os outros e vencer a todo custo; mostra também como evitar ser enganado e vencido a todo custo, por exemplo. Daí que é até trivial entre os estudiosos a afirmação de que as estratégias retóricas, quaisquer que sejam, são menos eficazes diante de quem conhece retórica.[31] Isso porque as estratégias dos retóricos utilizam exatamente os preconceitos do senso comum sobre a suposta evidência da realidade para obter os efeitos desejados.

A postura **analítica** da retórica realista procura ser eticamente neutra e assim afasta-se das concepções normativas, que concentram o estudo do discurso exclusivamente no consenso, na cooperação, na persuasão ou no afeto. Se é certo que a persuasão faz parte dos discursos humanos, muitas outras estratégias precisam ser estudadas, sobretudo se o interesse é compreender o direito e a retórica jurídica.

Essas estratégias para a narrativa vitoriosa que vai constituir a realidade da retórica material são várias. Observem-se agora algumas delas, claro que numa relação apenas exemplificativa. Nunca é demais relembrar os tipos ideais: essas estratégias, assim como as persuasivas de Aristóteles (*logos, ethos* e *pathos*) e quaisquer outras, não se separam claramente, interpenetram-se nos eventos reais.

A persuasão sincera pode ser a via retórica mais importante, por sua eficácia e permanência no tempo, pela força do acordo etc., mas não é absolutamente a única e um estudo realista da retórica precisa se ocupar também de sedução, ironia, engodo, mentira, simulação, dissimulação, ameaça, blefe, de todas as estratégias, em suma, presentes na comunicação humana e reveladas pelos sofistas, estudadas por figuras de retórica como anfibolias, antonomasias, aporias, apócrises, catacreses, hipérboles, lítotes etc.

Começando por uma característica muito importante no direito, considerada por muitos autores sua diferença específica em relação aos outros tipos de normas, uma via retórica fundamental é a **ameaça de violência**, tradicionalmente chamada coercitividade ou coercibilidade. Ressalte-se

---

neue Einsichten, in: Rouven Soudry (Org.). **Rhetorik**. Eine interdisziplinäre Einführung in die rhetorische Praxis. Heidelberg: C. F. Müller, 2006, p. 42–64.

---

31 LAUSBERG, Heinrich. **Elemente der literarischen Rhetorik**. München: Max Hueber Verlag, 3. durgesehene Auflage, 1967, § 3.

que a violência efetiva é evento, não é linguagem, logo não faz parte da retórica. Mas ameaça é comunicação, tem que ser compreendida pelo emissor e pelo receptor; ela não é irresistível como a violência efetiva, pois pode ser enfrentada pelo risco, que é comunicacional, ou seja, retórico.

Claro que há limites à eficácia dessa coercitividade e que a persuasão constitui uma comunicação mais eficiente, daí o idealismo normativo de Arendt e Alexy. Todo direito quer ter, ao lado da ameaça de coação, a pretensão de persuadir, é o que Alexy chama a pretensão à "correção" ou à "justiça". O direito pode, por exemplo, obrigar o pai a pagar a pensão alimentícia, mas jamais a amar o filho.

Ameaça de violência significa força, no sentido de uma capacidade de provocar consequência desejável ou indesejável para alguém, uma possibilidade de violência que de modo algum tem caráter necessariamente físico. A força introduz, para o código do poder, um esquema binário: o forte e o fraco. Não há, obviamente, uma relação automática e direta entre direito/não-direito, força/fraqueza, ainda que a identificação seja sempre tentadora (justiça é a vontade do mais forte, disse Trasímaco). Uma teoria do poder e do direito, com base somente na força ou na ameaça, é também demasiadamente simplista, mas isso não significa que se possa excluí-las dos estudos retóricos.[32]

Uma das funções do direito é justamente a racionalização da violência pela comunicação clara da força, saber quem a detém e de onde a violência pode vir a emanar. Deixada em seu curso natural, a violência é um componente ineludível da natureza humana e em seu estado bruto sequer conhece limites, como se pode observar nos arroubos sádicos que a história exibe a todo tempo e lugar. Em suma, a violência precisa ser racionalizada pela retórica do direito e a coercitividade é um instrumento desse processo. O poder, é verdade, não se apoia apenas na ameaça de violência, mas também no prestígio, no conhecimento, na lealdade. Um dado, porém, não pode ser ignorado: à medida que a complexidade social aumenta e as demais ordens éticas, como a moral e a religião, se pulverizam, a ameaça de violência tende a se sobrepor aos outros componentes do poder. Mas o controle da

---

32 Consideram a violência um componente que não pode ser eliminado das relações humanas, dentre outros autores: SOREL, Georges. **Réflexions sur la violence**. Paris: Marcel Rivière, 1919, p. 81 s.; VILLAFAÑE, Emilio Serrano. La violencia y el odio y su papel en la política del mundo actual, in: Diversos Autores. **El odio en el mundo actual**. Madrid: Alianza Editorial, 1973, p. 75-105; FINER, Sam E.; SELINGER, Martin. O papel político da violência, trad. Angela Arieira. **Revista de Ciência Política**, nº 18 (2). Rio de Janeiro: abr.-jun., 1975, p. 48-67. De uma perspectiva psicológica a mesma tese é defendida por STOHL, Michael; MELO, José Luiz. Teoria e método em estudos sobre a relação entre conflito e violência doméstica e externa, trad. Pedro Maligo e Eli de Fátima de Lima. **Revista de Ciência Política**, nº 19 (1). Rio de Janeiro: jan.-mar., 1976, p. 25-59.

violência acarreta sua ameaça potencial e não seu emprego efetivo. Sem essa ameaça, contudo, o prestígio (do *ethos*), o conhecimento (do *logos*) e a lealdade (do *pathos*) não são suficientes para garantir o direito.

Na tradição retórica, a **simulação** e a **dissimulação** são espécies de **ironia** e sempre aparecem estreitamente ligadas, até mesmo complementares, embora diferenciadas pela relação entre a mensagem emitida e a intenção do autor. No mundo moderno as três estratégias de conduta consolidaram suas diferenças. A simulação ocorre quando o orador afirma algo em que ele mesmo não acredita; a dissimulação, ao contrário, procura esconder ou negar algo em que o orador acredita. Na ironia, o destinatário da mensagem precisa percebê-la de alguma maneira, mas sem conhecer as reais intenções do orador, porque senão se trata de mentira pura e simples e não de ironia. A estratégia é que o emissor da mensagem não quer tornar conhecida sua própria posição, pois considera que assim enfraquecerá sua estratégia discursiva.[33]

A **mentira**, outra via retórica, consiste na faculdade de não cumprir promessas, pois, mesmo quando se refere a eventos passados, tem função de obter vantagem no futuro. O conceito é por vezes ampliado para além das relações humanas, quando se fala também em "mentira" biológica: "mesmo fora do mundo animal, onde quer que seja necessário lutar pela existência, impera, de forma absoluta, uma lei: o engano, a fraude." Quanto à mentira humana (retórica), o autor vai levantar a hipótese de que as profissões criam "tipos especiais" de mentirosos, numa espécie de profissionalização da mentira ou, pelo menos, dos tipos antropológicos de mentirosos:

> A caça, o turismo, a vida militar, criaram a figura característica do gabarola; a religião, a política e a diplomacia, a do hipócrita; a medicina deu-nos a figura do charlatão e o comércio o tipo do burlão.[34]

Também em Hannah Arendt, a faculdade (política) de agir, que gera a mais digna atividade que o ser humano pode desempenhar, e a capacidade para mentir são consideradas atributos humanos estreitamente conexos, pois ambas modificam a realidade, têm essa liberdade. É na liberdade de agir sobre o mundo que a mentira se assemelha à política e ao direito, pois a mentira é uma forma de ação porque ambas dependem da liberdade. Para

---

33   LAUSBERG, Heinrich. **Elemente der literarischen Rhetorik**. München: Max Hueber Verlag, 3. durgesehene Auflage, 1967, §§ 426-430. PARINI, Pedro. **A metáfora do direito e a retórica da ironia no pensamento jurídico**. Tese de Doutorado. Recife: UFPE, 2013.

34   BATTISTELLI, Luigi. **A mentira**, trad. Fernando de Miranda. São Paulo: Saraiva, 1945, p. 21. Este psiquiatra considera "mentira" um gênero que contém espécies como "engano" e "fraude, dentre muitas outras".

ter sucesso como estratégia retórica, a mentira precisa parecer plausível, ou seja, precisa estar associada a uma crença na verdade, na medida em que são conceitos correlatos e um se converte em parâmetro do outro: a mentira precisa parecer verdadeira para funcionar.

Assim como o senso comum, essas visões filosóficas dominantes pressupõem posse da "verdade" por parte daquele que define determinado discurso como "mentira".

Na época contemporânea, a importância da mentira cresceu com o aumento e a sofisticação dos meios de comunicação: opiniões, boatos anônimos e exposição da intimidade passaram a interferir muito mais sobre o uso público da linguagem e a formação da "verdade factual". A *internet*, com seus infinitos aplicações e aplicativos, trouxe tecnologias que superaram os limites localizados das intrigas palacianas, a que a tradicional mentira política se vira restrita antes, e as fronteiras entre o público e o privado desapareceram.

Aqui um ponto importante: falar em mentira, de um ponto de vista retórico realista não pressupõe convicção sobre verdade objetiva, como no argumento *a contrario sensu* utilizado contra os céticos,[35] vez que o interesse analítico é somente descrever como as pessoas utilizam esses conceitos. E mesmo no nível estratégico, o mentiroso não tem que necessariamente saber a verdade ou crer nela para poder mentir. Nesse sentido de oposição à verdade, a mentira não existe, consiste apenas em uma palavra mais genérica e imprecisa para designar diferentes caminhos da retórica.

Um modo para escapar ao problema é diferençar "mentira" de "insinceridade", palavra que não pressupõe oposição a "verdade", mas sim a "crença", e a crença, ao contrário da verdade, é um fenômeno facilmente perceptível.

Aí se pode definir a mentira como uma sentença dita por alguém que nela não acredita, mas espera que os ouvintes o façam. Se o orador acredita no que diz, e isso se revela "falso", não se trata de mentira, mas de erro. Quando o próprio orador não acredita no que está dizendo, mas isso é claro aos olhos de outros, não se trata de mentira, mas de ironia.

Eticamente, a mentira tem sido frequentemente considerada má e algumas religiões a consideram pecado; é um problema de ética prática (estratégica) determinar se toda mentira é má ou se há ocasiões em que não, determinar quais os limites da obrigação moral de informar todos sobre tudo ou quem sobre o que. No direito hodierno a mentira assume posição de grande importância e sua utilização é óbvia: ninguém acredita no que é dito num processo judicial, sabe-se que haverá mentiras e a lei nas demo-

---

35 Esse argumento diz que a afirmação "a verdade não existe" é apresentada pelos céticos como verdadeira, logo contradiz a si mesma.

cracias até as protege (não se pode ser constrangido a dizer algo que vá provocar prejuízo próprio), embora ameace punir o falso testemunho.

Na ética da etiqueta, a **hipocrisia** não é apenas aceita, mas recomendada em certas circunstâncias, como na assim chamada "mentira social", ou seja, casos de diplomacia do cotidiano, dizer que tudo está bem, evitar sinceridade ofensiva ou que vá causar tristeza e assim por diante. Essa forma de discurso constitui uma das espécies da mentira e os dois conceitos só podem ser distinguidos no caso concreto, pois consiste em parecer ou fingir acreditar em algo que não se é ou em que não se acredita. Por isso mesmo, o uso comum confunde hipocrisia com simulação, dissimulação, fraude etc.

O **engodo** também pode se confundir com mentira ou hipocrisia, pois leva a uma conclusão indesejada, inadequada, prejudicial da parte do receptor da mensagem, isto é, o orador quer enganar o ouvinte. Porém o engodo retórico tem um sentido próprio na medida em que a metáfora que o origina é formada a partir da ideia de isca, como utilizada na pesca: o orador oferece algo desejável para a audiência, embora com caráter deliberadamente falso e que depois será prejudicial a ela ou vantajoso para o orador ou ambos. Consiste de um atrativo para encantar a partir de fraquezas alheias, usualmente lisonja ou adulação. A mentira e a hipocrisia não seduzem, o engodo, sim.

Noutro sentido vão os diversos níveis de **gabarolice, arrogância, soberba, empáfia** (ou **impáfia**). Na *Ética a Nicômaco* (a partir de 1127a13),[36] Aristóteles procura diferençar a gabarolice ou bazófia (ἀλαζονεία, *alazoneía*) da ironia (εἰρωνεία, *eironeia*), no contexto de defender o discurso socrático como irônico, mas não arrogante ou soberbo, na medida em que a ironia seria eticamente menos reprovável. Não se deve esquecer o horizonte do discurso de Aristóteles, que tem sempre a verdade como possibilidade indiscutível e desiderato a ser atingido, ao examinar as diferenças presentes no caráter dos seres humanos.

O **blefe** é outra das estratégias sofísticas das relações humanas. A expressão parece ter-se originado do jogo de cartas, daí passando a qualquer ato de fingir ter determinados recursos, exagerar falsamente as próprias capacidades. Analisando seu emprego retórico tem-se: 1. Simular ter poder para obtenção de algum resultado, normalmente apostando alto, com a intenção de ludibriar os demais participantes para desistirem de assumir quaisquer riscos, fazendo com que abandonem naquele momento uma disputa que poderiam eventualmente vencer. 2. Induzir alguém a pensar que a afirmação sobre determinada capacidade é sincera, quando não o é, fazer parecer que alguma coisa é melhor para os circunstantes do que eles efeti-

---

36   Aristotle. **Nicomachean ethics**, trad. W. D. Ross (Great Books of the Western World, vol. 8). Chicago: Encyclopaedia Britannica, 1993, p. 374 s.

vamente achariam sem o blefe. 3. Dizer que se pretende fazer alguma coisa que já de antemão não se pretende fazer.

A **sedução**, conceito hoje próximo dos de carisma, fascínio, magnetismo, ressalta um conjunto de características que despertam em outrem interesse, desejo, simpatia. A princípio ligada ao *pathos*, a sedução vai adquirindo um tom negativo na ética e na retórica estoica e cristã, como paixão que deve ser superada pelo *logos* da reta razão,[37] adquirindo a pouco e pouco um sentido de procedimento (ação) ou faculdade de atrair alguém de forma ardilosa ou enganosa mediante apelo a suas expectativas, fraquezas, desejos, num processo de perverte e corromper. Pode assim assemelhar-se ao engodo. Mas este não é o sentido originário nem intrínseco da palavra, submetida a opções éticas vitoriosas das igrejas do cristianismo.

A chamada **falsa modéstia** é outra estratégia retórica de larga utilização, que lança mão do habitual sucesso de estratégia oposta, qual seja, a humildade ou modéstia sincera. O emissor ou receptor da mensagem tenta aparentar desmerecimento, ao mesmo tempo em que se considera digno de todos os elogios. Seguindo a verve cortante de Schopenhauer, a diferença está nas habilidades desiguais: a modéstia equivale a mera honestidade, quando exprimida por pessoas limitadas; nos seres humanos talentosos, não passa de hipocrisia.[38] A diferença é que a falsa modéstia envolve necessariamente uma autoavaliação, enquanto a hipocrisia diz respeito a uma gama mais ampla de eventos.

5. Conclusão: filosofia da consciência, ativismo judicial e controle público da linguagem

Ressalte-se que enxergar a realidade humana como um fenômeno retórico, relato dominante em cuja constituição o direito em geral e a decisão jurídica em particular têm peso notável, não implica defender que o decididor do caso é livre de constrangimentos e afirmar um ativismo judiciário nos termos de seguir a – obviamente própria – "consciência". Nesse ponto é enfático Lenio Streck, que chama o tipo ideal do casuísmo judicial de "solipsismo teórico da filosofia da consciência", no qual imperaria uma "discricionariedade – ou arbitrariedade – positivista".[39]

---

37 HORA, Graziela Bacchi. Sedução e convencimento: revalorização do elemento retórico *pathos* como abertura de perspectiva para o tema da segurança jurídica. In: ADEODATO, João Maurício. **A retórica de Aristóteles e o direito** – bases clássicas para um grupo de pesquisa em retórica jurídica. Curitiba: CAPES / FDV / CRV, 2014, p. 89-100.

38 SCHOPENHAUER, Arthur. Aphorismen zur Lebensweisheit. Leipzig: Insel Verlag, 1917.

39 STRECK, Lenio. **O que é isto – Decido conforme minha consciência?** Porto Alegre: Livraria do Advogado, 2010, p. 95 e *passim*.

O autor critica o que chama "filosofia da consciência", uma filosofia que defenderia a separação entre sujeito e objeto, a qual ele reclama ter sido superada pela "hermenêutica filosófica". Critica, no mesmo sentido, o "solipsismo cartesiano", parecendo considerar Descartes também um "filósofo da consciência". Mas o que a historiografia filosófica comumente chama de "filosofia da consciência" é justamente a fenomenologia de Husserl, que também pretende ter superado o dualismo entre sujeito e objeto presente no *cogito* cartesiano. Exortando "voltar à coisa mesma" (*zurück zur Sache selbst*), Husserl entende ter transformado a consciência em coisa, em objeto ontologicamente independente, superando os psicologistas que haviam transformado a lógica em psicologia e a consciência em fenômenos fisiológicos.[40]

Um exemplo da postura da retórica realista, que considera a filosofia uma história dos relatos filosóficos, é entender o *cogito* de Descartes, o psicologismo filosófico de John Stuart Mill, a fenomenologia de Husserl e a própria hermenêutica filosófica, apesar de suas notórias diferenças, como filiadas a uma mesma tradição moderna de progressivo afastamento das ontologias tradicionais, as quais foram inspiradas numa leitura escolástica de Aristóteles. Daí os fenomenologistas rebaterem os psicologistas chamando-os de "filósofos da consciência" e os partidários da hermenêutica filosófica criticarem os cartesianos sob a pecha de "filósofos da consciência".

Já se disse o suficiente aqui sobre o controle público da linguagem. Trasladando-o para o campo do direito, contudo, a sugestão é que o Brasil precisa de mais ênfase na doutrina como participante do processo de constituição da realidade jurídica – o relato dominante –, fazer em fonte do direito as opiniões daqueles que o conhecem, os doutos e docentes – ambas as palavras oriundas da raiz *docere* – como forma de combater o casuísmo irracionalista e a imprevisibilidade que têm caracterizado a atividade daqueles que decidem questões de direito, os quais, no mundo de hoje, vão muito além dos juízes.

Além de os sistemas legislativos e legisladores em geral virem perdendo poder e se terem mostrado ineficientes para enfrentar a sociedade complexa contemporânea, na qual aumentam a ambiguidade e a vagueza das visões de mundo e consequentemente das interpretações das leis, o poder legislativo brasileiro reflete outras mazelas sociais específicas. Dentre outras, evita decidir sobre temas importantes, porque assim consegue congraçar mais eleitores, por sua vez ignorantes, inconscientes ou desinteressados das opiniões de "seus representantes". Por isso não legisla sobre interrup-

---

40   ADEODATO, João Maurício. **Filosofia do direito** – uma crítica à verdade na ética e na ciência (em contraposição à ontologia de Nicolai Hartmann). São Paulo: Saraiva, 2013 (5ª. ed.), p. 115 s. Também **Uma teoria retórica da norma jurídica e do direito subjetivo**. São Paulo: Noeses, 2014 (2ª ed.), p. 63, 143, 225 e 269.

ção terapêutica do parto de feto mero-encefálico, pesquisas com células-tronco, até greve de funcionários públicos, nem união homoafetiva, apenas como exemplos. Seguindo a metáfora de Hannah Arendt, ao analisar o perfil do revolucionário, ninguém toma poder de ninguém[41]. No caso brasileiro, o legislativo antes deixa o poder "largado na rua" (*lying on the street*) e daí o judiciário, o executivo, as agências reguladoras e outras instâncias as mais diversas o tomam e exercem.

Claro que o legislador mesmo poderia diminuir o casuísmo decisionista brasileiro, se se fizesse mais presente. Na falta de orientação legal, pois a lei supostamente deve balizar a atividade do magistrado, o poder judiciário se vê diariamente confrontado com o chamado "ativismo" (ou "protagonismo"), pois precisa decidir, mais cedo ou mais tarde, sobre temas importantes que o legislador deixa propositalmente em aberto. E não apenas os tribunais superiores; uma vez que vigora no Brasil o sistema do livre convencimento do juiz, que não pode ser constrangido a determinada orientação na interpretação da lei, o ativismo também se faz presente nas instâncias inferiores do judiciário brasileiro. Isso causa disfunções até na psique dos juízes, iludidos pela convicção de que efetivamente possuem "notório saber jurídico" e "reputação ilibada" (causando, em casos mais graves, a já proverbial "juizite"). Mais ainda, das decisões dos tribunais superiores não cabe recurso a outra instância, o que traz um problema permanente de legitimação para essas normas gerais criadas pelos tribunais superiores e, paradoxalmente, enfraquece o próprio decisionismo judicial. Sem contar a insegurança gerada por juízes prontos a abusar de sua autoridade e de seu mediano saber empírico.

Mas tampouco se deve acreditar na necessidade ou sequer possibilidade de uma só decisão correta para cada conflito concreto, como se os relatos sobre os eventos pudessem ser uníssonos e a discricionariedade ou arbitrariedade dos atores pudesse ser eliminada.[42] Mais ainda, o debate brasileiro sobre se quem cria o direito é o legislativo ou o judiciário – que substituiu o debate sobre legislativo *versus* executivo no início da vigência da Constituição de 1988 e da proliferação de medidas provisórias – esquece que quem faz boa parte do direito hoje são funcionários públicos de terceiro escalão ou mesmo terceirizados que nem públicos são. Eles hoje fazem proliferar normas jurídicas por meio de instruções normativas do Banco Central, resoluções do Conselho Administrativo de Defesa Econômica ou

---

41 ARENDT, Hannah. Thoughts on Politics and Revolution, *in* **Crises of the Republic** (Lying in Politics, Civil Disobedience, on Violence, Thoughts on Politics and Revolution), New York / London: Harvest /HBJ, 1972, p. 20.

42 STRECK, Lenio. **Verdade e consenso** – constituição, hermenêutica e teorias discursivas – da possibilidade à necessidade de respostas corretas em direito. Rio de Janeiro: Lumen Juris, 2009, p. 159 s.

Conselho Administrativo de Recursos Fiscais, regulamentos de diferentes aeroportos, Agência Nacional de Energia Elétrica ou de Telecomunicações. Isso faz do Brasil ótimo laboratório de análise retórica, mas não é funcional para o país. Talvez o juiz alemão se ache divino ou pense que pode fazer o que quiser da Constituição e da lei, mas não tem coragem de dizer isso, é fiscalizado de todos os lados, por associações civis, órgãos públicos, imprensa, doutrina etc.

Como dito, a retórica realista tentada aqui e em outros escritos não é objetivista, claro, mas tampouco subjetivista. Radicalmente, na raiz, defende que o controle público da linguagem cria o real. Se os únicos participantes desse controle são 11 funcionários públicos indicados pelo poder executivo, diante dos quais os demais poderes se curvaram em subserviência, lamentável. Aí o relato vencedor, a realidade jurídica será mesmo conceder *habeas corpus* com bases astrológicas, dizer que a Constituição nada diz, "nós" é que dizemos o que ela diz, ou que primeiro decido com base em minhas convicção e experiência, depois vou achar um fundamento no ordenamento jurídico. Típico de um direito primitivo.

As bases filosóficas da crítica hermenêutica do direito

André Karam Trindade

SUMÁRIO: 1. Introdução. **2.** A filosofia hermenêutica. **3.** A hermenêutica filosófica. **4.** A hermenêutica jurídica. **5.** À guisa de conclusão.

1. Introdução

Lenio Streck é um dos grandes juristas brasileiros que, ao longo das últimas décadas, tem se dedicado aos estudos em teoria do direito e direito constitucional. Como todos sabem, seu pensamento já marcou uma geração de juristas e influencia, atualmente, uma legião de estudantes de graduação, mestrado e doutorado em todo o Brasil.

Com base nos aportes filosóficos da hermenêutica – mais especificamente de Heidegger, Gadamer e Stein –, desde os anos 90, suas pesquisas gravitam em torno de um dos problemas jurídicos mais complexos da atualidade: a interpretação/aplicação do Direito. É neste contexto, portanto, que ele concebe a ideia de uma filosofia no direito, e não simplesmente do direito, voltada à construção de uma teoria jurídica que sirva para resolver questões práticas. Toda sua produção intelectual – notadamente pós-metafísica e pós-positivista – envolve a aplicação do "método" fenomenológico ao campo do Direito.

Neste breve ensaio – em homenagem a meu estimado professor e orientador –, o que se pretende analisar são precisamente aquelas que podem ser consideradas as bases filosóficas sobre as quais se funda essa importante e sofisticada matriz teórica denominada Crítica Hermenêutica do Direito.

2. A filosofia hermenêutica

Com a filosofia de Hegel, mais especificamente as inovações referentes à dialética e ao sistema absoluto, ocorre um importante rompimento na tradição filosófica da época, na medida em que se verifica a insuficiência das respostas apresentadas até então naturalmente com a marca da teologia, permitindo que o problema do conhecimento fosse colocado não mais no sentido kantiano, mas através de novas formas e diferentes modos, o que redundou, ao final do século XIX, no nascimento da escola histórica, de inúmeras correntes filosóficas – neo-aristotelismo, neotomismo, neokantismo, neo-hegelianismo – e, anos mais tarde, da filosofia analítica e da fenomenologia.

Contudo, apenas no século XX – especialmente no período entre guerras –, é que a história da filosofia ocidental resta marcada de modo indelével, na medida em que se perdem os referenciais teóricos e se esvaziam definitivamente as respostas oferecidas na época pela metafísica clássica e pela metafísica moderna.

Isso tudo porque, sobretudo a partir dos anos 20 – também conhecidos como período da incerteza e do risco, em face da suspeita sobre o conhecimento e sobre a origem dos conceitos –, entende-se que não existem mais critérios de verdade capazes de fundamentar o conhecimento de uma maneira minimamente consistente, sem incorrer em ambiguidades, o que, destaque-se, produziu uma série de reflexos no irracionalismo e, depois, no totalitarismo.

Nesse contexto, Husserl – acompanhado de seu discípulo Heidegger – transfere-se para Freiburg, onde procura conceber uma nova maneira de desenvolver o problema do conhecimento, de modo que sua fenomenologia passou da análise das questões lógicas para as questões transcendentais. Ocorre que, com o transcurso dos anos, desenvolveram-se duas fenomenologias: de um lado, a fenomenologia transcendental, de Husserl; e, de outro, a fenomenologia hermenêutica, de Heidegger.

Ao contrário da fenomenologia husserliana, o projeto fenomenológico de Heidegger exsurge voltado para questão do ser, de tal maneira que, pela primeira vez na história da filosofia, pergunta-se pelas condições transcendentais do ser humano fora da subjetividade, isto é, fora da representação.

Dito de outro modo, Heidegger é quem busca pensar uma nova forma de descrever o ser humano, através da qual ele acentua o modo de ser humano, o que resulta na sua analítica existencial, com a publicação, em 1927, de Ser e tempo, obra considerada por muitos como uma das mais importantes do século XX e que o tornou um dos principais filósofos da história ocidental.

Entretanto, convém esclarecer, preliminarmente, que o termo hermenêutica era pouco difundido na filosofia praticada durante o século XIX, de tal maneira que Schleiermacher e Dilthey consideram-na somente uma disciplina auxiliar: da dialética, para o primeiro; e da psicologia, para o segundo.

Portanto, a filosofia hermenêutica levada a cabo por Heidegger representa, no século XX, uma nova expressão, cuja origem se deve a uma nova elipse, na medida em que ocorre a substituição da expressão hermenêutica da faticidade, ainda vinculada às noções de ontologia e hermenêutica, introduzidas pelo filósofo no início dos anos 20, conforme refere Stein.

Nesse sentido, Stein afirma que, historicamente, a hermenêutica estava ligada a diversas disciplinas, dentre as quais se encontravam as áreas da interpretação dos textos – bíblicos ou mesmo jurídicos – da tradição, de modo que ela era entendida como a doutrina da compreensão e a arte da interpretação do assim compreendido. Isso significa dizer, ao fim e ao cabo, que a hermenêutica praticada, até Heidegger, nunca havia sido aplicada, efetivamente, a determinada realidade, a um campo objetivo e, menos ainda, à filosofia.

Com o desenvolvimento do seu projeto filosófico, Heidegger assume uma posição inédita diante da história da filosofia, na medida em que transforma os conceitos de ontologia, de hermenêutica e de fenomenologia, introduzindo a faticidade com um novo campo de investigação.

Observa-se, assim, que Heidegger, ao propor sua ontologia como hermenêutica da faticidade, opera uma aproximação até então não pensada: de um lado, rejeitando a definição tradicional, a hermenêutica é empregada, no seu sentido originário, para denominar determinada unidade de realização do hermeneuein (do participar de alguém), isto é, a interpretação da faticidade que traz ao encontro; e, de outro, sintetizando aquilo que é visado pela ontologia fundamental, a faticidade procura dar conta do ser do ente privilegiado, isto é, do nível do ente em que nós somos (Dasein).

Todavia, não se pode olvidar que, segundo Heidegger, a hermenêutica não é filosofia, mas ela somente tem a pretensão de mostrar, aos filósofos da época, um objeto que até então se encontrava esquecido, aguardando por uma simpática atenção.

Isso significa dizer, ainda seguindo Stein, que a hermenêutica tem, para Heidegger, uma intenção que é apenas adjetiva, visto que apenas explicita a faticidade como elemento constitutivo do Dasein, porque na ontologia fundamental ele já sempre se compreende na medida em que compreende o ser. Ou melhor: em Heidegger, a fenomenologia é hermenêutica, na medida em que trata de um compreender prévio do modo de ser do Dasein. Mais: ela não possui a autonomia de uma área do conhecimento, mas apenas especifica uma espécie de procedimento – fenomenológico – voltado a uma estrutura ontológica que deve ser mostrada. Por isso, adverte Stein, é que se pode falar que Heidegger desenvolve uma filosofia hermenêutica, em que pese tal adjetivo pudesse ser substituído por inúmeros outros.

Isso tudo porque – e isso não se pode olvidar – Heidegger é considerado por muitos o principal expoente da denominada crítica conservadora, ou crítica à metafísica, conforme assinala Stein , crítica segundo a qual a modernidade chegou ao fim quando a perda da unidade da razão tornou-se irrecuperável, sendo, portanto, necessária a construção de um novo projeto a partir de um novo paradigma filosófico que transcendesse a mera racionalidade e desse conta da condição humana.

De acordo com Stein, a crítica conservadora, que provém daqueles que ainda são metafísicos, isto é, que ainda ocupam uma posição fixa com princípios estabelecidos, volta-se contra aquilo que denomina crítica da razão, ou seja, para a desconfiança da razão em face da percepção de seus limites e da crise da metafísica.

Com efeito, o fim da modernidade pode ser entendido como o momento em que se torna insustentável a possibilidade de se fornecer, mediante um único sistema filosófico, explicações que tenham eficácia em todos os domínios do saber humano: em nível cognitivo, em nível prático, em nível moral e, também, em nível subjetivo, em nível artístico, etc. Em outras palavras: chegou-se ao fim da modernidade – cuja principal característica é a ideia de razão, de ciência, de verdade – no momento em que se perdeu a unidade de um sistema, a referência a determinado princípio, ou, ainda, a possibilidade de haver um sistema filosófico capaz de explicar as diversas áreas do saber e do convívio humano.

Assim sendo, na mesma linha do que fizeram Marx e Wittgenstein, Heidegger também elaborou uma proposta para o fim da filosofia, a partir da confissão de que o conhecimento humano é posto dentro de limites. Contudo, reconheceu a existência de um interesse ligado ao conhecimento, do qual o indivíduo não consegue dar conta. Heidegger refere tal fenômeno como uma tendência para o encobrimento, isto é, faz uma espécie de diagnóstico de que o ser humano tem como característica implicitamente presente uma condição de fuga de si mesmo. Daí o porquê de Heidegger insistir em que a racionalidade simplesmente não dá conta da condição humana, visto que existe, desde sempre, um elemento encobridor no próprio modo do homem ser e conhecer: naquilo que se pensa existe o impensado. Há, para Heidegger, algo maior que determina o que se consegue apanhar em cada momento pelo conhecimento, e este algo maior é exatamente aquilo que situa o homem na finitude.

Dito de outro modo, Heidegger denuncia a modernidade como a última etapa da metafísica. Para ele, dos gregos até Hegel, houve um processo espantoso, cuja principal concentração ocorreu na modernidade, que é o ápice do encobrimento do ser. Verificar isso é bastante simples. Basta, para tanto, observar que, no transcorrer da história ocidental, prevaleceram a nomeação e a objetificação ao invés de se pensar aquilo que estava a se encobrir: o ser, em Platão, chama-se ideia ou eidos; em Aristóteles, substância ou ousia; na Idade Média, ens creatur; em Descartes, confunde-se com o cogito cartesiano; em Kant, é o eu penso; em Hegel, o eu absoluto; em Nietzsche, a vontade do poder. Isso tudo evidencia, na esteira do que ensina Stein, que a questão essencial – que é a questão do ser – se perdeu.

Assim, levando em consideração que a história da filosofia tornou-se a história do esquecimento do ser, Heidegger entende que é preciso superar esse encobrimento: não se liberta o homem desta ilusão de sempre entificar de novo o ser, através da absolutização de certos nomes; o homem não deixará de fazer isto enquanto não perceber que a temporalidade é o horizonte no qual toda a filosofia se movimenta.

Para Heidegger, a verdade apresenta-se primeiro em nível existencial. Nos §§ 43 e 44 de Ser e tempo, o filósofo da floresta negra busca demonstrar de que modo e quais são as consequências da sua analítica existencial na concepção dos dois conceitos básicos da tradição metafísica: o de realidade e o de verdade. Para Streck, é no conceito de verdade que Heidegger mostra a dupla dimensão que tem o conhecimento: a dimensão hermenêutica trata da verdade existencial; a dimensão apofântica lida com o conceito de verdade lógica. Verdade (ontológica) primeiro é abertura, clareira, é espaço em que se dá uma possível relação sujeito-objeto [...] uma verdade ôntica, uma verdade lógica. Heidegger conclui, então, que não é o enunciado que é o lugar da verdade, mas a verdade é que é o lugar do enunciado. Por isso ele vai falar de um acontecimento de verdade [...] isso quer dizer que o enunciado pressupõe de certo modo sempre já uma abertura onde ele pode ser proferido. Verdade, em síntese, é alteheia (Unverborgenheit), desvelamento.

No reino da metonímia, ao contrário do que ocorre no reino da metáfora, o todo não se espelha na parte: o todo é falado na parte, é dito na parte. Assim sendo, a filosofia pode dizer que a parte, que é o ente, remete ao todo enquanto ela encobre o todo. E é por isto que a tarefa da filosofia, através do método fenomenológico, consiste justamente em des-velar o que está velado, em apontar para aquilo que vela o que está velado. O velado é o ser; o que vela é o ente; o que se fala é o ente; o que está nas entrelinhas do que se fala é o ser. Em última instância, a filosofia é transposta não como um drama para dentro do sujeito, nos termos propostos por Freud, mas sim para dentro do ser humano como condição de possibilidade do filosofar.

Nesse contexto, pode-se afirmar que é com a publicação de Ser e tempo que Heidegger desenvolve aquilo que ele denomina ontologia fundamental; inventa, a partir do método fenomenológico, uma filosofia hermenêutica que é capaz de expor o desconhecido, e não simplesmente articular de um outro modo o conhecido, como o fazem as ciências. Este desconhecido, para Heidegger, é aquilo que nunca se aceitou ou reconheceu porque sempre esteve encoberto. É justamente na compreensão do ser que algo de novo exsurge: é o todo que se anuncia como algo de novo. E o método hermenêutico, enquanto hermenêutico existencial, é o que pretende trazer este novo. Contudo, este novo depende do fato de o homem existir: não há verdades sem o ser humano.

Dessa forma, a concepção de hermenêutica formulada por Heidegger não é proposta como uma teoria das ciências humanas e tampouco assume a expressão de teoria da subjetividade. Ao introduzir um caráter antropológico, com o qual visava a descobrir a ideia de compreensão no próprio ser humano, construindo, assim, sua visão filosófica, Heidegger irá se ocupar, primeiramente, com a questão do ser. Assim, a busca pelo sentido do ser – sempre atenta aos equívocos em que incorriam as teorias metafísicas que equiparavam ser e ente – resulta na construção da hermenêutica como o elemento que permite ao homem compreender a si mesmo na medida em que compreende o ser. Esta autocompreensão implica um interpretar-se a si mesmo, superando, desse modo, o antigo problema da fundamentação. Em última análise: Heidegger entendia que a ontologia fundamental deveria ser colocada por debaixo da práxis, visto que possibilitaria qualquer tipo de conhecimento, isto é, qualquer tipo de fundamentação.

Isso fica evidente logo na primeira seção da primeira parte de Ser e tempo, onde Heidegger desenvolve a analítica existencial, cuja função está ligada ao modo concreto do homem existir, denominado ser-no-mundo, Dasein, formando o elemento unitário que antecede todo o dualismo e, assim, possibilita a crítica a toda a tradição metafísica baseada no fundamentum inconcussum, conforme refere Streck.

Desse modo, Heidegger entende que só é possível pensar o ser enquanto ser dos entes. A noção de Dasein – ente privilegiado que compreende o ser – vem designar esse modo de ser no mundo, próprio do gênero humano, na medida em que o ser nele se manifesta e ele se manifesta humano, ao compreender o ser. O Dasein implica, portanto, a ideia de que não apenas o homem é, mas de que ele percebe aquilo que ele é. Mais: é a natureza de ser-aí (Dasein) que Heidegger utiliza como pressuposto para descrever o modo de ser-em (in-Sein), no que reside a condição de possibilidade de qualquer teoria do conhecimento.

Por tudo isso, Heidegger ressalta a necessidade de desconstrução da ontologia clássica, mediante a introdução de dois conceitos elementares: o cuidado (Sorge), que é a estrutura básica da existência, marcada por sua tríplice dimensão – ser-adiante-de-si-mesmo (futuro), já-sempre-no-mundo (passado) e junto-das-coisas (presente) –; e a temporalidade (Zeitlichkeit) – enquanto futuro (existência), passado (faticidade) e presente (decaída) –, que é o sentido do cuidado e, consequentemente, o sentido do ser-aí: "Compreender é, pois, um existencial: não me pergunto por que eu compreendo; essa pergunta chega sempre tarde; na verdade, eu já compreendi. Assim, o cuidado – que é também um existencial – é o ser do Dasein, assim como a temporalidade será o sentido do Dasein".

Observa-se, desse modo, que Heidegger coloca, então, a questão da temporalidade e da historicidade na segunda seção de Ser e tempo, onde pensa o homem como um ser histórico, marcando a conhecida passagem do denominado primeiro Heidegger para o segundo Heidegger.

O segundo Heidegger – ao invés de pensar em uma dimensão transcendental, que poderia se relacionar, ainda, a uma teoria da subjetividade –, introduz a noção de acontecer (Ereignen), ligada à teoria da história do ser. A viravolta (Kehre), portanto, ocorre em face do dilema que se coloca na terceira seção da primeira parte de Ser e tempo. O projeto de pensar o tempo como horizonte de sentido do ser realiza-se apenas na medida em que o segundo Heidegger passa a abordar a história do ser, buscando descobrir, a partir do encobrimento do ser, a sua verdadeira história, que sustenta todo e qualquer pensamento dos entes, conforme assinala Streck: "É, portanto, tarefa do segundo Heidegger realizar aquilo que o primeiro Heidegger se propôs na segunda parte de Sein und Zeit: o problema do ser, que desde Platão e Aristóteles foi pensado sempre como um ente privilegiado e nunca como tal, em seu acontecer (Ereignen)".

Aliás, merece destaque, aqui, que os dois teoremas fundamentais do pensamento filosófico de Heidegger e de todos aqueles que o seguiram – a diferença ontológica e o círculo hermenêutico, que se articulam em um mesmo e indivisível movimento – assume especial importância no que diz respeito à compreensão da hermenêutica filosófica, de Gadamer.

Segundo Stein, para que se compreenda melhor a constituição circular do ser-aí, os conceitos de diferença ontológica e de círculo hermenêutico não podem ser pensados como prioridades ontológicas e, muito menos, cronológicas, pois a emergência da circularidade do ser-aí é a própria emergência da diferença ontológica e vice-versa: a circularidade impõe a diferença ontológica e esta manifesta aquela. Dito de outro modo, a relação do ser com o homem e do homem com o ser que revela a circularidade constitui a diferença ontológica. E uma não se dá sem a outra.

Com isso, observa-se o caráter inovador do pensamento heideggeriano que, ao negar a modernidade e reivindicar a necessidade de um paradigma que transcendesse a tradição metafísica, construindo sua filosofia hermenêutica, Heidegger fundou as bases para que Gadamer desenvolvesse a hermenêutica filosófica, da qual o Direito ainda deveria lançar mão para melhor compreender os fenômenos jurídicos.

Nesse sentido, inclusive, Streck chama atenção para o fato de que – embora Heidegger jamais tenha se dedicado, ou mesmo preocupado, com o direito – sua produção teórica funda bases através das quais é possível lançar um novo olhar sobre a hermenêutica jurídica e a própria compreensão do direito, mormente se levado em consideração a virada ontológica proporcionada por seu principal discípulo – Gadamer –, cujas investigações têm as raízes atreladas aos teoremas fundamentais da filosofia hermenêutica, a partir da qual é possível a superação do esquema sujeito-objeto que, historicamente, predomina no interior do pensamento jurídico, na medida em que este ainda oscila entre os paradigmas aristotélico-tomista (objetivista) e da filosofia da consciência (subjetivista):

Compreender não é um modo de conhecer, mas um modo de ser. Por isso – essa circunstância ficará bem explicitada na hermenêutica gadameriana desenvolvida em Wahrheit und Methode – compreender, e, portanto, interpretar (que é explicitar o que se compreendeu) não depende de um método, saltando-se, assim, da epistemologia da interpretação para a ontologia da compreensão. Quando Heidegger identifica um duplo nível na fenomenologia [hermenêutico e apofântico], abre as possibilidades para a desmi(s)tificação das teorias argumentativas de cariz procedimental. Na verdade, coloca em xeque os modos procedimentais de acesso ao conhecimento, questão que se torna absolutamente relevante para àquilo que tem dominado o pensamento dos juristas: o problema do método, considerado como supremo momento da subjetividade e garantia da correção dos processos interpretativos. Uma hermenêutica jurídica que se pretenda crítica, hoje, não pode prescindir dos dois teoremas fundamentais formulados por Heidegger: o círculo hermenêutico, de onde é possível extrair a conclusão de que o método (ou o procedimento que pretende controlar o processo interpretativo) sempre chega tarde, porque o Dasein já se pronunciou de há muito tempo, e a diferença ontológica, pela qual o ser é sempre o ser de um ente, rompendo-se a possibilidade de subsunções e deduções, uma vez que, para Heidegger, o sentido é um existencial do Dasein, e não uma propriedade colada sobre o ente, colocado atrás deste ou que paira não se sabe onde, em uma espécie de reino intermediário.

3. A hermenêutica filosófica

Tendo em vista o espaço conquistado pela filosofia hermenêutica – que, em face da pergunta pelo sentido do ser, é guindada à posição de doutrina filosófica fundamental – e, conseqüentemente, a abertura por ela proporcionada no interior da filosofia contemporânea, houve a natural difusão do pensamento heideggeriano e a expansão de suas investigações – algumas vezes, inclusive, para além de suas ideias –, através da produção teórico-filosófica de seus seguidores.

Entre os discípulos de Heidegger, Gadamer se destaca, sem dúvida alguma, como o mais importante de todos, seja por causa da sua ampla formação intelectual, seja pela inauguração das bases sobre as quais vai desenvolver uma nova corrente do pensamento contemporâneo: a hermenêutica filosófica.

Ocorre que, considerando os diversos pontos de contato entre a filosofia hermenêutica, de Heidegger, e a hermenêutica filosófica, de Gadamer, muitas aproximações têm sido realizadas entre os pensamentos desses dois autores. Entretanto, as distinções fundamentais que se podem verificar entre ambos exigem que se atente para a impossibilidade de uma simples – e inconsequente – sobreposição.

Isso tudo porque algumas das diferenças – a serem estabelecidas a seguir – não apenas fazem com que Gadamer não seja Heidegger e tampouco o repita, mas apontam, sobretudo, para a possibilidade de que Gadamer tenha dado um passo importante e talvez adiante de Heidegger.

Desse modo, mostra-se necessário apresentar de que modo a filosofia hermenêutica está relacionada à hermenêutica filosófica. Tal relação, segundo propõe Stein, pode ser nitidamente evidenciada a partir de uma análise linguística.

Se, por um lado, na filosofia hermenêutica – portanto, de Heidegger –, a palavra hermenêutica aparece como um simples adjetivo da palavra filosofia, de modo que fica nítida a pretensão heideggeriana de apresentar uma modificação da concepção da filosofia, sem renunciar a um projeto completo da filosofia; por outro lado, na hermenêutica filosófica – portanto, de Gadamer –, a palavra hermenêutica exsurge como substantivo, sendo a palavra filosófica apenas um adjetivo, o que aponta na direção de que o interesse gadameriano não está, simplesmente, em manter uma posição filosófica determinada.

Tanto é assim que Heidegger não emprega com frequência a expressão hermenêutica ao longo de Ser e tempo, o que demonstra que tal conceito foi utilizado porque permitia a exploração da história hermenêutica, a partir de seus elementos, o que reforça a visão segundo a qual a hermenêutica constituiria um dos passos do projeto filosófico heideggeriano, através do qual ele procura analisar a história da filosofia.

Já no que se refere a Gadamer, o emprego da palavra hermenêutica como substantivo e da palavra filosófica como adjetivo aponta, de alguma maneira, para uma diminuição do caráter filosófico da hermenêutica gadameriana. Mais: poder-se-ia inclusive afirmar que a hermenêutica de Gadamer não pode ser considerada uma filosofia no sentido como Heidegger a fez.

Todavia, segundo Stein, não se pode olvidar que o próprio Gadamer reconhece que seu vínculo com a obra de Heidegger poder ser analisado, fundamentalmente, sob três aspectos.

O primeiro aspecto refere-se ao desenvolvimento do problema hermenêutico universal, seguindo o projeto fenomenológico heideggeriano, de um lado, na crítica oposta à filosofia transcendental e, de outro, na viravolta de Heidegger, em que pese recorra ao conceito de hermenêutica do jovem Heidegger, segundo o qual hermenêutica não é filosofia.

O segundo aspecto, por sua vez, diz respeito à circunstância de Gadamer reconhecer que a investigação a partir da qual propõe sua matriz hermenêutica seria inversa ao interesse de Heidegger, isto é, ele substitui a ontológica heideggeriana da pré-estrutura do compreender pela historicidade do compreender.

Destaque-se, aqui, o alerta feito por Stein no sentido de que o conceito de compreender proposto por Gadamer apresentaria uma diferença fundamental daquele sustentado por Heidegger: se, para este, o compreender é um existencial, pois constitui uma das estruturas do Dasein; para aquele, o compreender é fundamentalmente um operar, que se dá tanto no nível do ser que é compreendido na linguagem, como também no nível em que aquele ser que é jamais poderá ser compreendido em sua totalidade.

O terceiro aspecto, por fim, consiste no fato de que Gadamer segue o caminho trilhado por Heidegger porque entende mais conveniente substituir a investigação transcendental husserliana pela hermenêutica da faticidade, através da qual transfere a indepassabilidade da faticidade para a compreensão da tradição histórica, o que vai resultar, em última e complexa análise, na hermenêutica filosófica.

Nesse sentido, segundo Stein, talvez pelo fato de carregar toda uma formação clássica filológica da tradição é que Gadamer tenha adotado da filosofia hermenêutica justamente o conceito de faticidade – que lhe acompanhará e será fundamental durante toda a sua obra –, entendido como aquilo que é irretrocedível, indepassável, enfim, que é a condição humana fundamental de existir.

Entretanto, Gadamer procura conciliar esse conceito de faticidade – retirado do primeiro Heidegger – com conceitos do segundo Heidegger, no qual é trabalhada a historicidade através do ser, tendo em vista que a intenção fundamental gadameriana era demonstrar que ser que poder ser compreendido é linguagem.

Isso tudo porque Gadamer se interessava, fundamentalmente, pela historicidade como algo irrecuperável na sua radicalidade, visto que sua pretensão estava relacionada justamente à compreensão dos fenômenos da cultura, da história e da linguagem dentro dos horizontes finitos da faticidade e da historicidade, em que é impossível a recuperação do sentido último.

Nessa linha, Stein entende que a hermenêutica filosófica dedica-se a dimensões que não são puramente uma análise da cultura, mas se volta para dimensões nas quais toda a cultura humana – linguagem, arte, poesia, história – mergulham na dimensão da historicidade, que se dá sempre como um pré-compreender.

Aliás, cumpre referir, aqui, que Gadamer é o homem da pré-compreensão, ainda que tal noção apareça algumas vezes em Ser e tempo, não sendo, porém, suficientemente apresentada por Heidegger. Portanto, ao contrário do verificado na filosofia hermenêutica, Gadamer assume a pré-compreensão como um elemento decisivo nas análises que desenvolve em Verdade e método, ligadas à verdade da obra de arte, da história e, especialmente, da linguagem. Isso tudo porque a intenção primordial de Gadamer está ligada à abertura de um espaço da pré-compreensão, no qual sempre se movem todos aqueles que operam no campo dos enunciados assertóricos predicativos, verdadeiros e falsos, das diversas ciências e dos mais variados campos da cultura humana.

De qualquer modo, cumpre referir alguns daqueles que podem ser considerados os temas heideggerianos influentes e determinantes para o desenvolvimento da hermenêutica proposta por Gadamer: (a) o conceito mais originário de compreensão, ligado ao modo de ser-no-mundo, e não mais aos processos intelectivos através dos quais um sujeito precisa apreender os objetos para conhecê-los; (b) o projeto de destruição da metafísica, voltado à sedimentação das camadas de sentido que foram sobrepostas e, assim, estabilizaram-se sobre os conceitos, ao longo da história; (c) o problema da essência da verdade, colocado como algo que, originariamente, estaria mais próximo e afeto à questão das artes do que, propriamente, à questão da lógica.

Nesse sentido, inclusive, Duque-Estrada sinaliza para o fato de que esses três temas irão convergir na obra de Gadamer, dando sustentação ao projeto de sua hermenêutica filosófica, voltado, de um lado, para a possibilidade de uma coexistência legítima e não-dogmática entre o iluminismo inerente à relação filosófica, e, de outro, para a esfera sempre já pré-existente do sentido, ligada à noção de tradição, que se constitui pela mediação da linguagem.

Para tanto, Gadamer apresenta, em Verdade e método, os três momentos – representados através das três grandes seções da obra – em que pensa o processo mediante o qual se propaga e se transmite a tradição, entendida como a constante recepção de conceitos, costumes e práticas a que o homem se encontra permanentemente exposto pela linguagem: (I) na primeira parte, Gadamer aborda o modelo da verdade da obra de arte, conforme pensado por Heidegger, de tal maneira que a obra de arte não pode ser reduzida a qualquer fator que lhe seja externo, pois sua verdade – aquilo que a torna uma obra de arte – é algo da ordem do acontecimento, isto é, simplesmente acontece, sendo percebida, preservada e transmitida de uma geração para a outra, na medida em que produz seus efeitos; (II) na segunda parte, tomando como ponto de partida a ideia de que o ser afetado pelo encontro com uma obra de arte pode igualmente ser pensado e desdobrado de um modo mais amplo, Gadamer aplica a efetividade da obra de arte à história, passando-se à efetividade histórica e, posteriormente, ao conceito de consciência histórica ou consciência dos efeitos históricos ; (III) na terceira parte, por fim, Gadamer revela que tudo isso ocorre no interior da linguagem, na medida em que esta exerce o papel de antecipar e organizar o modo de ser, isto é, o modo de pensar e de se relacionar com o mundo, com as coisas, com os outros, enfim, com tudo aquilo que diz respeito ao modo de ser humano .

Ocorre que, ao contrário do que desenvolve Heidegger, em sua investigação, Gadamer aproxima-se do campo do direito, na medida em que faz uma série de considerações acerca da importância que a experiência hermenêutica assume na fundamentação/interpretação/aplicação judicial.

Isso porque, segundo Gadamer, a hermenêutica filosófica pode contribuir para uma reflexão sobre a prática do direito, visto que o domínio das ciências humanas dependerá de uma apropriada compreensão da relação entre a universalidade dos conceitos e as condições singulares em que eles se aplicam, conforme assinala Duque-Estrada .

Portanto, pode-se afirmar, na esteira de Stein, que a hermenêutica filosófica gadameriana oferece uma lição nova e definitiva, na medida em que sustenta que uma coisa é estabelecer uma práxis de interpretação opaca como princípio, ao passo que outra, bem diferente, é inserir a interpretação num contexto, ou de caráter existencial, ou com as características do acontecer da tradição na história do ser, em que interpretar permite ser compreendido progressivamente como uma autocompreensão de quem interpreta. Neste segundo modo, é possível vislumbrar o alcance da revolução levada a cabo por Heidegger na aplicação que Gadamer propõe ao campo jurídico.

Assim sendo, tanto o sentido da lei como o sentido de um texto literário qualquer ou, ainda, de um fragmento histórico do passado apresentam, sob a ótica gadameriana, uma mesma característica: o momento normativo da lei, do texto e do fragmento histórico, isto é, aquele momento que diz respeito a eles próprios, em que eles querem dizer por si mesmos, jamais pode ser cindido do momento cognitivo em que eles, de fato, são aplicados, lidos e investigados, respectivamente. Isso significa dizer, em última análise, que um momento pertence ao outro, de tal maneira que ambos formam uma unidade inseparável, que está diretamente ligada à estrutura universal da experiência hermenêutica.

Nesse contexto, torna-se impossível continuar a acreditar que haja uma disponibilidade da lei, em si mesma, que preceda a toda e qualquer aplicação que dela se faça: essa será a cruzada da hermenêutica filosófica aliada com a teoria do direito contemporânea , como se verá logo a seguir.

4. A hermenêutica jurídica

Como se sabe, a palavra hermenêutica assume diversos significados ao longo da história , desde quando deriva, em suas raízes na antiga Grécia, da palavra hermenèuein, através da qual, originariamente, ligava-se à tradução, para uma linguagem acessível, de algo que não era imediatamente compreendido .

Por essa razão, a hermenêutica esteve, historicamente, vinculada à interpretação filológica, relacionada à literatura clássica, à interpretação teológica, ligada às pregações religiosas, e, ainda, à interpretação jurídica, atrelada aos processos judiciais, tendo em vista que, em todas elas, sempre se fez presente a tensão entre os textos e os seus sentidos originais, em virtude de questões relativas às condições que o ser humano apresenta de acesso ao conhecimento do mundo e das coisas.

Isso significa dizer, em outras palavras, que a hermenêutica clássica surge, fundamentalmente, como arte da interpretação. Porém, com o advento da modernidade e o desenvolvimento de uma consciência histórica, nos séculos XVIII e XIX, ela adquire caráter metodológico , na medida em que, paulatinamente, recebe os influxos do racionalismo científico e, sobretudo, do positivismo, transformando-se, assim, em teoria, doutrina e, até mesmo, técnica, conforme já mencionado.

Ocorre que, nessa quadra da história, uma teoria do direito que pretenda ser, de fato, contemporânea precisa inevitavelmente: (a) defender que é possível estabelecer regras para o ato interpretativo, mediante a formulação uma teoria geral da interpretação, capaz de aferir objetivamente o sentido; (b) admitir que existe uma cisão entre o ato de conhecimento do sentido do texto e a sua aplicação a um caso concreto, o que dá margem à subjetividade do intérprete; ou (c) reconhecer, finalmente, que o problema hermenêutico não pode ser abordado a partir do esquema sujeito-objeto, seja em defesa da objetividade do texto, seja em prol da subjetividade daquele que interpreta.

Assim, caso a teoria e a filosofia do direito pretendam, efetivamente, suplantar a metafísica, é iminente que se repense a tríplice questão ora proposta – como se interpreta, como se aplica e como se fundamenta – à luz do paradigma hermenêutico que, inaugurado com o giro ontológico-linguístico, ocorreu no campo da filosofia, ainda do século XX, a partir das conquistas da filosofia hermenêutica e, subsequentemente, pelo surgimento e desenvolvimento da hermenêutica filosófica.

Isso porque, na linha do que assinala Streck, na medida em que a virada linguístico-ontológica realizada por Heidegger e Gadamer supera o esquema sujeito-objeto – em face da imposição dos primados do círculo hermenêutico e da diferença ontológica –, sucumbiram as inúmeras tentativas de se estabelecerem cânones para o processo interpretativo, quer predominando a objetividade dos textos, quer a subjetividade do intérprete, ou, até mesmo, conjugando ambos:

A viragem hermenêutico-ontológica, provocada por Sein um Zeit (1927) de Martin Heidegger, e a publicação, anos depois, de Wahrheit und Methode (1960), por Hans-Georg Gadamer, foram fundamentais para um novo olhar sobre a hermenêutica jurídica. A partir dessa ontologische Wendung, inicia-se o processo de superação dos paradigmas metafísicos objetivista aristotélico – tomista e subjetivista (filosofia da consciência), os quais, de um modo ou de outro, até hoje têm sustentado as teses exegético--dedutivista-subsuntivas dominantes naquilo que vem sendo denominado de hermenêutica jurídica.

Observa-se, então, que ocorre uma imbricação conceitual entre aquilo que, atualmente, no campo da filosofia, corresponde à hermenêutica – entendida como corrente voltada ao problema da compreensão do ser, que surge pela metade do século XX – e aquilo que, contemporaneamente, no campo do direito, tem se designado de hermenêutica jurídica – entendida como matriz filosófica ou paradigma de racionalidade que subjaz na teoria jurídica, principalmente em face da sua relação com a aplicação do direito.

Assim, quando na teoria e na filosofia do direito fala-se em paradigma hermenêutico, é preciso ter claro que isso implica uma série de pressupostos, compromissos e consequências – tanto práticas, quanto teóricas –, sendo imprescindível levar em conta que: se, por um lado, é evidente que a hermenêutica jurídica, em sua vertente mais crítica, recebeu a influência da hermenêutica filosófica, de Gadamer, cujas noções de faticidade, historicidade, fusão de horizontes, tradição e applicatio, só para citar algumas, mostram-se fundamentais; por outro lado, é impossível deixar de reconhecer que a hermenêutica filosófica, por sua vez, recebeu a influência da filosofia hermenêutica, de Heidegger, sobretudo em virtude dos primados do círculo hermenêutico e da diferença ontológica. Nesse sentido, Streck arremata:

Os contributos da hermenêutica filosófica para o direito trazem uma nova perspectiva para a hermenêutica jurídica, assumindo grande importância as obras de Heidegger e de Gadamer. Com efeito, Heidegger, desenvolvendo a hermenêutica no nível ontológico, trabalha com a ideia de que o horizonte do sentido é dado pela compreensão; é na compreensão que se esboça a matriz do método fenomenológico. A compreensão possui uma estrutura em que se antecipa o sentido. Ela se compõe de aquisição prévia, vista prévia e antecipação, nascendo desta estrutura a situação hermenêutica. Já Gadamer, seguidor de Heidegger, ao dizer que ser que pode ser compreendido é linguagem, retoma a ideia de Heidegger da linguagem como casa do ser, onde a linguagem não é simplesmente objeto, e sim horizonte aberto e estruturado. Daí que, para Gadamer, ter um mundo é ter uma linguagem. As palavras são especulativas, e toda interpretação é especulativa, uma vez que não se pode crer em um significado infinito, o que caracterizaria o dogma. A hermenêutica, desse modo, é universal, pertence ao ser da filosofia, pois, como assinala Palmer, a concepção especulativa do ser que está na base da hermenêutica é tão englobante como a razão e a linguagem.

É importante entender, aqui, que o fato de a hermenêutica, no século XX, passar a ser entendida como filosofia, na medida em que transcende a questão da interpretação e amplia seus horizontes para o problema da compreensão, provoca uma série de consequências no campo do direito, mais especificamente da hermenêutica jurídica.

Isso porque, de acordo com o novo paradigma hermenêutico, toda interpretação pressupõe uma compreensão e, antes desta, uma pré-compreensão, onde se encontra constituída uma estrutura prévia do sentido, fundada essencialmente nos conceitos de posição prévia (Vorhabe), visão prévia (Vorsicht) e concepção prévia (Vorgriff).

Aliás, cumpre referir, aqui, que é justamente da explicitação dessa estrutura prévia – em que se antecipa o sentido – que se origina aquilo que se entende por situação hermenêutica, a qual se encontra diretamente atrelada às noções gadamerianas de faticidade e historicidade do intérprete.

Nessa mesma linha ainda, Streck destaca que, sob a perspectiva da filosofia hermenêutica e da hermenêutica filosófica, o compreender é um existencial, isto é, uma categoria pela qual o ser humano se constitui, e que, ao fim e ao cabo, resulta na condenação do homem, enquanto ser-no-mundo, a sempre e inevitavelmente interpretar.

Com isso se quer dizer, fundamentalmente, que a compreensão não é o resultado final de um método, cânone, técnica ou procedimento determinado e, tampouco, significa um modo de conhecer. Pelo contrário. Compreender, agora, é entendido como um modo de ser, tendo em vista que, no interior da virada linguística, a epistemologia é substituída pela ontologia da compreensão, rompendo, assim, com as concepções vinculadas à hermenêutica tradicional, de natureza reprodutiva, cuja preocupação era epistemológica, metodológica e procedimental.

Nesse contexto, mais precisamente, é que assume especial relevância a concepção gadameriana – à qual se retornará mais adiante –, segundo a qual não mais é possível sustentar que o processo interpretativo ocorra nos moldes clássicos, a partir dos quais a interpretação seria o resultado de uma operação feita em três momentos distintos: primeiro, se compreende (subtilitas intelligendi); depois, se interpreta (subtilitas explicandi); e, por fim, se aplica (subtilitas applicandi).

Segundo Gadamer, el conocimiento de un texto jurídico y su aplicación a un caso concreto no son dos actos separados sino un proceso unitario, conhecido como appplicatio, conforme já referido. Dito de outro modo, com o giro linguístico, a interpretação deixa de ser entendida como um ato complementar e posterior à compreensão: compreender é sempre interpretar; consequentemente, a interpretação é a forma explícita da compreensão; e compreender, por fim, é sempre também aplicar.

Mais: é justamente essa impossibilidade de cindir o processo compreensivo aquilo que, para Gadamer, implica a impossibilidade de o intérprete reproduzir os sentidos (Auslegung), como se os textos contivessem algo em si mesmos que só precisasse ser extraído a partir de determinados métodos, técnicas, cânones ou procedimentos.

Segundo os postulados da hermenêutica filosófica, o processo interpretativo ocorre na medida em que o intérprete atribui sentido (Sinngebung), de tal maneira que o acontecer (Ereignen) da interpretação se dá mediante uma fusão de horizontes e, portanto, encontra-se inevitavelmente vinculado à ideia de compreensão.

Isso significa, conforme atenta Streck, que a superação da hermenêutica clássica – ou tradicional, se assim se preferir – está relacionada à necessidade de se reconhecer que existe uma diferença entre o texto (dispositivo legal) e o seu sentido (norma), de tal maneira que não é mais possível acreditar que o texto carregue, em si, o seu sentido e, tampouco, que ambos sejam absolutamente autônomos ou independentes, não havendo necessariamente qualquer relação entre eles.

No paradigma hermenêutico, tanto concepções objetivistas – que equiparam o texto à norma, conferindo ao intérprete uma atividade meramente reprodutiva – como concepções subjetivistas – que desvinculam texto e norma, dando margem à discricionariedade do intérprete – devem ser peremptoriamente rejeitadas, caso se pretenda, efetivamente, superar os paradigmas aristotélico-tomista (metafísica clássica) e da filosofia da consciência (metafísica moderna).

Dito de outro modo, observa-se que, de um lado, as posturas objetivistas, ainda atreladas à metafísica clássica, são responsáveis pela entificação do ser, o que resulta no seqüestro da temporalidade. No campo da interpretação do direito, portanto, as concepções tradicionais acerca da hermenêutica jurídica supervalorizam o texto e desprezam o papel exercido pelo intérprete, como se o objeto o assujeitasse.

Contudo, é apenas com introdução da filosofia hermenêutica e da hermenêutica filosófica que se torna possível explicar de que modo o processo de compreensão vincula o ser com a temporalidade – frise-se: a temporalidade é o sentido do ser-aí –, permitindo, assim, que o sentido (norma) de um mesmo texto (dispositivo legal) possa se modificar ao longo da história.

Isso resulta do simples fato de que não há uma equivalência entre texto e norma, mas, sim, uma diferença. E essa diferença é ontológica, no sentido heideggeriano. Não se trata, portanto, nem de uma equiparação – e tampouco um afastamento, como se verá logo adiante –, mas apenas de uma diferença.

Apenas a título ilustrativo, vale lembrar que este mesmo tipo de equívoco ocorre na clássica equiparação entre os planos jurídicos da vigência e da validade das leis – conforme denuncia Ferrajoli – e também na tradicional cisão entre questão-de-fato e questão-de-direito – contra a qual se insurge Castanheira Neves –, que nada mais representam do que a herança deixada pelo positivismo jurídico e ainda presente no imaginário dos juristas.

No entanto, não se pode olvidar que o fato de o intérprete ser o responsável pela atribuição de sentido aos textos (Sinngebung) não implica que ele esteja autorizado a desempenhar tal atividade de modo arbitrário, o que se verifica nas diversas posturas subjetivistas resultantes da metafísica moderna, na medida em que esta instaura o paradigma da filosofia da consciência.

Ocorre que a hermenêutica jurídica, para Streck, não compactua, evidentemente, com posturas decisionistas, discricionárias ou arbitrárias, uma vez que o direito não é aquilo que o intérprete quer que ele seja . Isso porque o fato de não haver um método capaz de assegurar o resultado, ou mesmo a correção, do processo interpretativo não significa, de forma alguma, que se esteja a conceder um mandato autorizativo que permita ao intérprete escolher o sentido que mais lhe convém para a solução de cada caso concreto.

Aliás, conforme destaca Streck, a hermenêutica sempre combateu veementemente o decisionismo e o realismo. Mais ainda: Gadamer rejeita toda e qualquer acusação no sentido de que a hermenêutica jurídica seja relativista, tendo em vista que o fantasma do relativismo nega a finitude e sequestra a temporalidade.

No entanto, o que se verifica nitidamente é que, seja nos estudos desenvolvidos nas faculdades e escolas de direito, seja nas práticas exercidas nos foros e tribunais, a revolução copernicana promovida pelo giro linguístico-ontológico, no campo da filosofia, ainda não produziu todos os seus efeitos na hermenêutica jurídica, de modo que no imaginário dos juristas ainda predomina uma concepção ligada à noção de método, nos moldes positivistas, ou de procedimento, nos moldes discursivos.

Segundo Streck, tanto os métodos (positivistas) como os procedimentos (discursivos) colocados à disposição dos juristas concorrem para a objetificação da interpretação do direito e, ainda, provocam no intérprete um sentimento de completa desoneração no que diz respeito à responsabilidade inerente ao processo de atribuição de sentido, deslocando, ora para a lei, ora para o legislador, eventuais anomalias da decisão judicial.

Isso porque o fato de não existir um critério fundamental capaz de ser utilizado como fundamento último para todo o processo interpretativo permite concluir que o uso dos métodos é sempre arbitrário, na medida em que propicia apenas a realização de interpretações ad-hoc. Ou melhor: a inexistência de um metamétodo fundamental seria justamente o calcanhar de Aquiles da hermenêutica jurídica clássica, sustentada desde o advento do positivismo.

Nesse sentido, não se pode olvidar que a noção de círculo hermenêutico – introduzida pela filosofia hermenêutica, de Heidegger, e aprimorada pela hermenêutica filosófica, de Gadamer – é absolutamente incompatível com a ideia positivista de que a compreensão possa ocorrer mediante subsunções lógico-dedutivas. Nas palavras de Streck, a rejeição de qualquer possibilidade de subsunções ou deduções aponta para o próprio cerne de uma hermenêutica jurídica inserida nos quadros do pensamento pós-metafísico.

Com efeito, no interior do círculo hermenêutico, o método (positivista) e o procedimento (discursivo) sempre chegam tarde – na medida em que pressupõem uma série de saberes teóricos separados da realidade –, uma vez que, mesmo antes de argumentar, o intérprete já compreendeu. Afinal, "nossos pré-juízos que conformam com nossa pré-compreensão não são jamais arbitrários. Pré-juízos não são inventados; eles nos orientam no emaranhado da tradição, que pode ser autêntica ou inautêntica. Mas isso não depende da discricionariedade do intérprete e tampouco de um controle metodológico. O intérprete não domina a tradição".

Dito de outra maneira, a compreensão é condição de possibilidade e, portanto, precede a toda e qualquer argumentação, o que significa dizer, em última análise, que não é possível compactuar com a crença positivista de que, primeiro, os juízes decidem e, apenas depois, fundamentam. Na verdade, a hermenêutica jurídica, de cunho heideggeriano e gadameriano, ensina que o juiz só decide porque, na antecipação de sentido, já encontrou o fundamento. Para entender isso, entretanto, é necessário compreender que a linguagem, nessa quadra da história, não é mais uma terceira coisa que se interpõe entre um sujeito cognoscente e um objeto a ser conhecido. De fato, no plano da hermenêutica jurídica – caudatária da filosofia hermenêutica e da hermenêutica filosófica –, o abismo gnosiológico que existe entre o homem e as coisas não pode ser superado através da ideia de que o processo compreensivo dependa de pontes que venham a ser construídas – paradoxalmente – depois que a travessia (antecipação de sentido) já tenha sido feita.

Afinal de contas – e isso não se pode olvidar –, interpretar o direito é o mesmo que caminhar do universal (transcendente) ao particular (contingente), a fim de que se chegue ao singular, o que significa dizer, em última análise, operar a inserção do direito no mundo da vida, mediante a produção de sentido (norma) que se dá somente com a mediação entre os textos legais e os casos concretos.

Assim sendo, é preciso entender que o processo compreensivo – segundo o qual interpretar é aplicar – transforma-se em uma blindagem contra arbitrariedades, visto que a interpretação nunca se dará em abstrato, mas através de um processo de concreção – que é a applicattio – que ocorre no momento do acontecer do sentido e se dá, ainda, na diferença ontológica. Portanto, pode-se concluir que não há textos sem normas e, também, que não há normas sem fatos, de tal maneira que não há interpretação sem relação social, sendo o caso concreto o locus em que se dará o sentido, único e irrepetível.

5. À guisa de conclusão

Muitas são as ideias concebidas e desenvolvidas por Lenio Streck que têm produzido grande repercussão nas comunidades jurídica e acadêmica. Por exemplo, a teoria da constituição adequada aos países de modernidade tardia, a tese da resposta adequada à Constituição, a noção de autonomia do direito, a formulação de que por trás de toda regra há um princípio, a crítica às teorias argumentativas e ao neoconstitucionalismo; a resistência ao pamprincipiologismo, a crítica ao ativismo e ao solipsismo judicial, a teoria da decisão jurídica, entre outras.

Todas elas estruturam-se a partir da Crítica Hermenêutica do Direito, que, nos últimos anos, assume o status científico de verdadeira matriz teórica – na medida em que reúne pressupostos epistemológicos, que aliam a hermenêutica filosófica de Gadamer à teoria interpretativista de Dworkin; aparato conceitual, composto por categorias e definições próprias; método determinado, no caso o "método" fenomenológico-hermenêutico –, servindo de referencial para a construção de inúmeras teses e dissertações em programas de pós-graduação em todo o país.

Neste ensaio, buscamos resgatar as raízes filosóficas do pensamento jurídico de Lenio Streck, especialmente porque a hermenêutica permanece sendo um tema bastante agreste para a maioria dos juristas, que prefere habitar a esfera da dogmática jurídica e reproduzir o senso comum teórico. Como diz Streck, a escolha pela fenomenologia representa a superação da metafísica no campo do Direito, de tal modo que uma abordagem hermenêutica – e, portanto, crítica – do Direito jamais pretenderá ter a última palavra. E isso já é uma grande vantagem, sobretudo no paradigma da intersubjetividade.

JURISTOCRACIA DELEGATIVA: OS RISCOS DA DEGENERAÇÃO DEMOCRÁTICA TRAZIDOS PELO ATIVISMO JUDICIAL

Georges Abboud

> **SUMÁRIO: 1.** Ativismo e Supremacia judicial. Aspectos fundamentais. **2.** Juristocracia e *submissão*. O agigantamento judicial elimina a esfera de liberdade do jurisdicionado. **3.** Juristocracia delegativa e a infantilização da justiça.

Nota introdutória

Por se tratar de livro em homenagem a Lenio Streck, optamos por escolher um dos temas de maior destaque em sua produção: o enfrentamento do risco trazido pela Supremacia Judicial. Não seria nenhum exagero afirmar que Lenio inaugurou essa discussão no Brasil demonstrando a necessidade de enfrentarmos a questão do ativismo e sua discricionariedade mediante a implementação de condições para uma teoria da decisão.

Atualmente, Lenio Streck é o jurista que mais combate e demonstra as mazelas de um sistema de aplicação do direito ativista. A luta de Lenio deveria ser a luta de todo jurista comprometido com uma democracia constitucional e os preceitos que a norteiam, precipuamente: 1.) separação de podres; 2.) força normativa da Constituição e 3.) preservação de direitos fundamentais.

Nessa perspectiva, o artigo se divide em três partes. Na primeira são explanados os conceitos fundamentais referentes a ativismo e Supremacia Judicial, mais precisamente, examina a relação entre o indivíduo e as instituições públicas, considerando a relevância de se compreender o confronto entre judicialização de direitos e o *self-restraint*.

A segunda parte, para ilustrar relação entre judicialização e *self-restraint*, lança mão da inevitável experiência literária, nesse caso, da distopia *Submissão* de Michel Houellebecq. Na segunda parte, a degeneração da democracia constitucional é relacionada ao conceito de Juristocracia, compreendida como modalidade de governo de juízes, que invade a esfera de liberdade do cidadão.

Por fim, a terceira parte é dedicada ao início do desenvolvimento do conceito de Juristocracia delegativa. Referida teorização parte do conceito de democracia delegativa de Guilhermo O'Donnell e busca evidenciar os riscos da contaminação democrática pelo ativismo judicial contemporâneo.

1. Ativismo e Supremacia judicial. Aspectos fundamentais

No Brasil, o termo ativismo tem sido empregado com verdadeira poluição semântica,[1] ora descrevendo fenômenos distintos, ora sendo utilizado para legitimar decisões judiciais apenas em função do seu resultado.[2]

Nesse ponto, Elival da Silva Ramos destaca que a caracterização do ativismo judicial não implica em uma indevida invasão apenas na esfera legislativa, mas também na da Administração Pública. Dessa forma, o ativismo surge a partir de *"uma incursão insidiosa sobre o núcleo essencial de funções constitucionalmente atribuídas a outros Poderes"*.[3]

Em obra dedicada ao tema, Clarissa Tassinari, após examinar as diversas concepções que tratam do ativismo, conceitua-o como um problema de teoria do direito, mais precisamente da interpretação do fenômeno jurídico.[4]

Para compreensão do que seria uma decisão ativista é que o ativismo decisional não se estabelece *a priori*. Por exemplo, sempre judicializar política pública é ativismo ou nunca é ativismo judicializar política pública. impossível caracterizar uma decisão judicial que utiliza efeito aditivo, que implementa política pública ou, ainda, que anula ato administrativo, como ativista, isto é, sem realizar uma análise conteudística da decisão em si.

---

1   Cf. Wolfgang STEGMÜLLER. *A filosofia contemporânea*. São Paulo: EPU, 1977, vs. 1 e 2, *passim*.

2   Para um exame aprofundado do tema, ver: Lenio Luiz STRECK. *Verdade e Consenso*, 4.ª ed., São Paulo: Saraiva, 2011, nº 4.2, pp. 51/55. Do mesmo autor, *O que é isto? – decido conforme minha consciência*, 2.ª ed., Porto Alegre: Livraria do Advogado, 2011, *passim*.

3   Elival da SILVA RAMOS. *Ativismo Judicial: parâmetros dogmáticos*, São Paulo: Saraiva, 2010, p. 117, com maior detalhamento p. 129. Verbis: *"por ativismo judicial deve-se entender o exercício da função jurisdicional para além dos limites impostos pelo próprio ordenamento que incumbe, institucionalmente, ao Poder Judiciário fazer atuar, resolvendo litígios de feições subjetivas (conflitos de interesse) e controvérsias jurídicas de natureza objetiva (conflitos normativos). Há, como visto, uma sinalização claramente negativa no tocante às práticas ativistas, por importarem na desnaturação da atividade típica do Poder Judiciário, em detrimento dos demais Poderes"*.
    Clarissa TASSINARI apresenta um rol de definições que buscam enquadrar o fenômeno do ativismo a) como atuação do Judiciário pela *judicial review*; b) sinônimo de maior interferência do Judiciário em face dos demais poderes; c) abertura à discricionariedade no ato decisório; d) aumento da capacidade de gerenciamento processual do julgador. *Jurisdição e ativismo judicial: limites da atuação do Judiciário*, Porto Alegre: Livraria do Advogado, 2013, nº 2.1.2, p. 33.
    Sobre a intrincada relação entre *judicial review* e dissenso político, ver: Mark Tushnet. *Constitucionalismo y judicial review*, Lima: Palestra, 2013, p. 102.

4   Clarissa TASSINARI. Jurisdição e ativismo judicial: limites da atuação do Judiciário, cit., n. 2.3, p. 56.

Christopher Wolfe, em obra específica sobre o tema, afirma que o ativismo judicial é uma questão de tensão entre *judicial review* e *self restraint*. Assim, na medida em que se incrementava a *judicial review* e se diminui o campo de incidência da *self restraint,* recrudescia o ativismo.[5] Nas precisas palavras de Mark Tushnet o próprio controle de constitucionalidade gera um problema para o constitucionalismo porque para impor limites ao poder governamental o controle é feito em detrimento do autogoverno do povo sobre seus atos.[6]

Nesse contexto, Wolfe identifica três grandes fases de desenvolvimento da *judicial review*.[7] A primeira decorre do advento da Constituição até o surgimento efetivo da *judicial review*, por meio do precedente *Marbury vs Madison*.[8] A segunda fase tem cariz mais restritivo: ela é marcada por um declínio da *judicial review* e por uma constante utilização do originalismo na realização do controle de constitucionalidade.[9] A terceira fase consolida-se principalmente a partir da segunda metade do século XX com maior atuação da Suprema Corte na proteção de direitos, assegurando, inclusive, aqueles que não teriam previsão constitucional expressa. Essa fase também é marcada por decisões que apregoavam a isonomia com o intuito de eliminar discriminações raciais e sexistas.[10]

O enfrentamento da questão do ativismo exige análise longa e aprofundada acerca da evolução desse fenômeno, mediante amplo exame do tema no *common law,* investigando a relação do ativismo com a *judicial review*[11] e institutos afins, tais como o *legislative override/ Notwithstanding clause* do Canadá.[12]

---

5   Christopher WOLFE. *Judicial Activism: bulwark of Freedin ir Precarious Security?*, New York: Rowman & Littlefield Publishers, 1997, p. 1 *et seq*.

6   Mark Tushnet. *Constitucionalismo y judicial review,* Lima: Palestra, 2013, p. 72-73.

7   Christopher WOLFE. *Judicial Activism*, cit., nº 2, p. 47 *et seq*.

8   Christopher WOLFE. *The rise of modern judicial review,* New York: Rowman & Littlefield Publishers, 1994, p. 17-119.

9   Christopher WOLFE. *The rise of modern judicial review,* cit., p. 121-204.

10 Christopher WOLFE. The rise of modern judicial review, cit., p. 205-322.

11 Sobre o tema, merece destaque o trabalho de Mark TUSHNET, no qual esse autor desenvolve duas perspectivas para se examinar a *judicial review*: a *weak judicial review* e a *strong judicial review*, ver: Mark TUSHNET. *Weak Courts, Strong Rights: judicial review and social Welfare Rights in comparative Constitutional Law,* New Jersey: Princeton University Press, 2008, cap. 1/3, em especial, pp. 16, 33/35, e p. 39.

12 Legislative override, ou Notwithstanding clause, constituem designações doutrinárias para descrever o dispositivo na Seção 33 da Canadian Charter of Rights and Freedoms, Assim, por meio do legislative override, o Parlamento tem a possibilidade de imunizar a lei em relação a uma decisão de inconstitucionalidade pelo prazo renovável de cinco anos. Ou seja, não apenas o Parlamento tem a possibilidade de ignorar a decisão da

Apenas para ilustrarmos a diferença de tratamento do ativismo no *common law* e a dimensão decisionista e *contra legem* que o ativismo atingiu no Brasil, resumimos a conclusão de Christopher Wolfe sobre o tema. O jurista americano é favorável a uma modalidade moderada de *judicial activism,* mediante a qual a *judicial review* seria utilizada para proteger direitos individuais, resguardar minorias, impulsionar reformas sociais, eliminar discriminações ilegais, bem como fulminar e atualizar leis inconstitucionais.[13]

Nesse aspecto, para facilitar a compreensão do fenômeno do ativismo, podemos afirmar, de forma didática, que ele se manifesta em duas dimensões: (macro) estrutural e (micro) decisória.

Na dimensão decisória (micro) o ativismo consiste na suspensão da legalidade (CF + lei) como critério decisório por um critério voluntarista que pode ser puramente ideológico, econômico, moral, religioso etc. Ou seja, por meio dele, no Brasil, os pré-compromissos democráticos (Constituição e leis) são suspensos pelo julgador e substituídos por sua subjetividade/discricionariedade. Nessa dimensão, o julgador adquire uma faceta messiânica como intérprete do futuro da sociedade, o *escolhido (vanguarda iluminista)* para guiar a sociedade na direção do caminho correto.

Já na dimensão macro ou estrutural do ativismo, o que ocorre é a caracterização do fenômeno da juristocracia[14] ou da própria Supremacia Judicial.[15] Em linhas gerais, na dimensão macro, o ativismo se caracteriza por um agigantamento do Judiciário face aos demais poderes, sem respaldo constitucional para tanto.

Paradigmática nesse sentido do ativismo macro é a recente decisão do STF que determinou a retirada, em sede liminar, do Presidente do Senado.

De forma sucinta, o caso pode ser contextualizado a partir do ajuizamento, perante o Supremo Tribunal Federal, da ADPF 402, que discutia a possibilidade de réus em processo penal ocuparem cargo cujas atribui-

---

Corte Constitucional, ele ainda pode imunizar a lei por um período de cinco anos. A Notwithstanding clause tem sido pouquíssimo utilizada em sua força plena pelo Parlamento Canadense. Contudo, sua presença criou um sistema diferenciado de judicial review (weak judicial review), em que o Parlamento dialoga com maior frequência com o Judiciário para se definir o alcance e a inconstitucionalidade de determinadas leis. Ademais, o legislative override impõe debate sobre coalisões parlamentares e definições de políticas majoritárias pelo Tribunal Constitucional. Para exame sobre o tema, ver: Mark TUSHNET. Weak Courts, Strong Rights, cit., Cap. 3, pp. 51-66.

13 Christopher WOLFE. *Judicial Activism,* cit., *conclusion,* p. 112.
14 Ver: Georges Abboud. Submissão e juristocracia, Revista de Processo, v. 258, p. 519-527, 2016.
15 Sobre tema, ver: Clarissa Tassinari. *A Supremacia judicial consentida: uma leitura da atuação do Supremo Tribunal Federal a partir da relação direito-política,* Tese de doutorado apresentada no programa de doutorado em direito da UNISINOS, 2016.

ções constitucionais incluam a substituição do Presidente da República. Por maioria de votos, o STF entendeu que réus em processo-crime no Supremo não podem respectivos cargos, sob o fundamento de que, recebida a denúncia contra o Presidente da República, tem-se como automática a suspensão das funções exercidas. Então, decorre do sistema constitucional ser indevido quem se mostre réu em processo-crime ocupar o relevante cargo de Presidente da República. Referida decisão foi proferida dia 03.11.2016.

Ato contínuo, no dia 1.12.2016, o STF, por maioria de votos, recebeu denúncia oferecida pela PGR contra o presidente do Senado, Renan Calheiros, no Inquérito 2593, tornando o senador réu em um processo penal. Por este motivo, foi realizado um pedido cautelar no bojo da ADPF 402, requerendo o afastamento do senador da linha sucessória da presidência da república, sob os mesmos fundamentos que se basearam a decisão original da arguição de descumprimento de preceito fundamental. O ministro Marco Aurélio, relator da medida, deferiu o pedido liminar para afastar não do exercício do mandato de Senador, outorgado pelo povo alagoano, mas do cargo de Presidente do Senado o senador Renan Calheiros. Contudo, o plenário do STF não confirmou a decisão do relator. Por maioria de votos, o STF negou o afastamento de Renan Calheiros da presidência do Senado, mas, após uma ginástica hermenêutica, afirmou que o senador, por ser réu, não poderá assumir a presidência da República na ausência do Presidente.

Sem adentrar em outros pormenores da decisão, o que se percebe é que houve a invasão direta do Judiciário (STF) na esfera de atuação do Legislativo, sem autorização constitucional para tanto.

O que de fato nos interessa examinar é se o STF pode afastar, em sede liminar, os parlamentares de sua função. Mais precisamente, tanto a proibição – *réu em ação penal não pode ocupar cargo da linha sucessória presidencial* – quanto o comando decisório – *determinação do afastamento do Presidente do Senado* – não possuem respaldo constitucional.[16] O funda-

---

16 Sobre referida decisão, merece destaque a crítica formulada por Lenio Streck e Rafael Tomaz de Oliveira:
"*Ou seja, a decisão monocrática do ministro Marco Aurélio é, por princípio, constitucionalmente inadequada. Num possível paralelo com os Estados Unidos, essa decisão está longe da ideia de equilíbrio constitucional que pode ser percebida no aresto de Marshall no caso Marbury v. Madson e mais próxima das decisões ativistas que a Suprema Corte impunha contra Roosevelt ao tempo do* New Deal. *Ou seja, é constitucionalmente inadequada porque proporciona um desequilíbrio interinstitucional que passa longe da conformação da melhor tradição que compõe o horizonte normativo de uma democracia constitucional.*
E o que se seguiu depois foi um verdadeiro circo de horrores de argumentos que, literalmente, depenaram a Constituição de 1988. Nem a tribo africana de Os Deuses Devem Estar Loucos, *perplexa diante da garrafa de Coca-Cola, poderia gerar tais tipos de possibilidades bizarras de uso para o desconhecido instrumento. Primeiro, o*

mento do afastamento e a determinação do afastamento são frutos da criatividade do STF e não possuem dispositivo constitucional que as autorize.

> *presidente do Senado Federal – e, consequentemente, do Congresso Nacional – utiliza-se de táticas evasivas para não ser encontrado pelo oficial de Justiça do Supremo Tribunal Federal. Posteriormente, a Mesa do Senado se recusa a cumprir decisão exarada de ministro da mais alta corte do país, alegando que há uma evidente afronta à legalidade e, se ninguém é obrigado a fazer ou deixar de fazer alguma coisa senão em virtude de lei (artigo 5º., II da CF/1988), então, mais do propriamente, uma das casas-de-se-fazer-leis deste país é que não deverá estar obrigada a cumprir tamanho disparate (e, convenhamos, é dos grandes, já que a decisão do ministro teve como fundamento normativo um acordão ainda não finalizado e que, portanto, não havia sido publicado!). Agora, note-se o tamanho do problema: se esse tipo esquisito de "desobediência civil" pega, o que nós faremos com as dezenas (quiçá, centenas) de decisões judiciais que são despejadas todos os dias e que violam, frontalmente, a Constituição, as leis e os mais diversos atos normativos legitimamente confeccionados neste continental país? Por óbvio, decisões abusivas e ilegais devem ser corrigidas. Mas há meios institucionais para isso...*
>
> *Por outro lado, e no mesmo dia, o Plenário do Supremo Tribunal Federal voltou a se pronunciar sobre a questão. E estamos dizendo que voltou porque, há pouco tempo, o Supremo iniciou o julgamento de uma ADPF que discutia uma questão de fundo idêntica a esta que viabiliza o novo pedido da Rede (igualmente autora, por sinal, da ação anterior). A justificativa do referido partido para mover uma nova ação, contudo, liga-se ao fato de existir, desde a semana passada, um fato novo, a saber: o senador Renan Calheiros ter se tornado réu no STF em um processo que data do ano de 2007. Desse modo, o Plenário teve que se pronunciar sobre uma questão que, do ponto de vista abstrato, ainda estava pendente de julgamento – já que o ministro Dias Toffoli pediu vistas do processo – mas que, por essa peculiaridade concreta, somada à decisão de Marco Aurélio, voltou à pauta da corte. Diante desta – nova – situação, muitos ministros retificaram seus votos proferidos por ocasião do julgamento anterior. Caso emblemático foi o do decano da corte, ministro Celso de Melo, que afirmou que, em seu voto antecipado no julgamento anterior, havia entendido que haveria incompatibilidade entre a situação de réu em processo criminal tutelado pelo STF e o exercício da função, ainda que temporária, de presidente da República. Nesse caso, o sujeito-réu poderia permanecer na função que desempenha (Presidência da Câmara, do Senado ou mesmo do Supremo) desde que não fosse alçado à Presidência da República. Ou seja, na linha sucessória do presidente, o senador Renan Calheiros, se for chamado à responsabilidade do cargo, deverá ser preterido, passando-se diretamente à convocação da presidente do STF.*
>
> *A maioria que se formou e acabou por consolidar o julgamento da matéria, com alguma nota secundária de entendimento, acabou por perfilar a posição do decano e, com isso, produziu aquilo que podemos nomear como o terceiro elemento dessa espécie de triunvirato do desastre constitucional: 1) o ministro Marco Aurélio profere uma decisão liminar que rompe com o equilíbrio constitucional; 2) a Mesa do Senado recusa-se a cumprir uma decisão, da qual ainda cabia recurso, sob o argumento de uma pretensa "desobediência civil"; 3) o Plenário do STF esboça uma solução salomônica, referenda-a e acaba, com isso, por fazer uma emenda constitucional (como se poder de reforma fosse) colocando ao lado da lista que compõe os eventuais sucessores da presidência da República (artigo 80 da CF/1988) a expressão "salvo se forem réus em processos criminais".*

Trata-se, portanto, se agigantamento do Judiciário em face da autonomia do Legislativo, de cariz ativista porque pautado no voluntarismo da composição atual do Tribunal.

Por óbvio, sempre que o STF realiza controle de constitucionalidade e julga inconstitucional lei por meio de ADin, ele está interferindo diretamente na esfera do legislativo. Todavia, essa interferência pertence a nossa engenharia constitucional. Esse controle além de ter sido previsto pelo Poder Constituinte Originário, é regulamentado pela lei nos termos da Constituição. Ocorre que as interferência do Judiciário, especialmente o STF, em face do Legislativo e do Executivo, sem autorização constitucional, configura invasão de competência e violação à separação de poderes, concretizando assim, a faceta macro do ativismo.[17]

No item subsequente, passamos a demonstrar como o ativismo e a supremacia judicial tem o condão de degenerar nossa democracia mediante redução da esfera de liberdade do cidadão, estabelecendo assim uma Juristocracia.

Lenio Streck e Rafael Tomaz de Oliveira. *Caso Renan: e que nossas instituições não enlouqueçam,* artigo publicado no site CONJUR – Consultor Jurídico, disponível em http://www.conjur.com.br/2016-dez-10/diario-classe-renan-nossas-instituicoes-nao-enlouquecam, acesso realizado 21.12.2016.

17 Corroborando essa perspectiva, merece destaque a assertiva de Clarissa Tassinari acerca da Supremacia Judicial, mais especificamente do STF:
"Agir em supremacia não é sinônimo de decidir por último, até porque, se sua decisão estiver adequada aos parâmetros de constitucionalidade, será apenas exercício de jurisdição constitucional, não um ato de supremacia. Portanto, nesta leitura que se direciona à dimensão interpretativa, é possível dizer que o Tribunal se investe em supremacia quando, ciente de que sua decisão será cumprida independente de seu conteúdo (porque não existe instância de revisão de seus atos), não se responsabiliza constitucionalmente pela fundamentação (ainda que muitas vezes tente traduzir critérios não jurídicos para uma linguagem constitucional).
Saber que ele possui autoridade interpretativa sobre texto constitucional não implica que ele seja o intérprete autorizado da cultura constitucional, na medida em que este papel desconsidera a contribuição dos demais atores sociais para a construção do sentido do direito, especialmente no que diz respeito ao desenvolvimento de uma teoria do direito constitucional. Em outras palavras, a supremacia judicial em sua perspectiva de autoridade interpretativa pode servir a um cômodo e comovente discurso para a legitimação de excessos (discricionariedade)". A Supremacia judicial consentida, cit., p. 117.

2. Juristocracia e *submissão*. O agigantamento judicial elimina a esfera de liberdade do jurisdicionado[18]

O livro *Submissão*[19] de Michel Houellebecq, em determinados aspectos, pode ser inserto na tradição literária de "1984", de George Orwell, e no "Admirável Mundo Novo" de Aldous Huxley.[20] Isso porque sua leitura também nos apresenta uma distopia para o futuro da nossa sociedade.

Houellebecq nos apresenta um futuro europeu, mais especificamente o francês – em que ocorre a narrativa. É no espaço político que se dá uma disputa acirrada entre a extrema direita e uma frente da *fraternidade muçulmana,* a qual sai vitoriosa dado o apoio obtido por partidos moderados e de esquerda.

O personagem principal é François, um professor universitário de qualidade mediana, doutor em Huysmans, que leciona na Paris IV-Sourbonne. A vida de François é monótona, sem brilho, tal qual sua trajetória acadêmica. No aspecto pessoal, a monotonia só é interrompida pelas relações amorosas de François com mulheres cada vez mais jovens.

Apesar de personagem principal, a vida de François é apenas pano de fundo para demonstrar a distopia que se estrutura a partir da vitória política da fraternidade muçulmana.

As alterações advindas da vitória de um partido religioso são descritas de forma gradual e atingem todas as esferas da vida pública e privada.

No plano pessoal, há uma mudança brusca na vestimenta das mulheres, que passam a evitar, progressivamente, roupas curtas e a abolir o uso de shorts.[21]

---

18   Essa relação de *Submissão e Juristocracia* já foi objeto de publicação autônoma na, Revista de Processo, v. 258, p. 519-527, 2016. Retomamos parte do texto para problematizar novas perspectivas e fazermos sua relação com a primeira parte do texto.

19   Livro originalmente publicado na França, sob o título *Submission*, no ano de 2015.

20   Cf. Georges Abboud. *O dilema do direito: entre Huxley e Orwell, In: Revista dos Tribunais,* nº 935, 2013, p. 167 *et seq.* Ver ainda: Georges Abboud. *Processo Constitucional Brasileiro,* SP: RT, 2016, I, p. 45 *et seq.*

21   *"Mas era sobretudo o próprio público que tinha sutilmente mudado, Como todos os shoppings – embora, é claro, de maneira muito menos espetacular que os de La Défense ou dos Halles –, o Italie atraíra desde sempre uma quantidade notável de gentinha; esta tinha desaparecido por completo. E as roupas femininas tinham se transformado, senti de imediato, sem conseguir analisar a transformação; o número de véus islâmicos havia aumentado um pouco, mas não era isso, e levei quase uma hora perambulando até captar, de um só golfe, o que mudara: todas as mulheres estavam de calças compridas (...) Uma nova roupa também tinha se disseminado, uma espécie de blusa comprida de algodão, parando no meio da coxa, que tirava todo o interesse objetivo das calças justas que certas mulheres poderiam eventualmente usar; quanto aos shorts, é claro que estavam fora de discussão. A contemplação da bunda das mulheres, mínimo consolo sonhador, também se tornara impossível.*

No âmbito acadêmico, houve reestruturação da grade curricular, mudança nos eixos temáticos, sendo apresentado plano de aposentadoria bastante favorável para incentivar a aposentadoria dos professores que não se adequassem às novas diretrizes do ensino, que cada vez era menos laico.[22]

Em relação ao ensino, o livro demonstra algumas das principais contradições, isso porque na mesma proporção que o espaço acadêmico se tornava menos independente cientificamente e se remodelava,[23] havia uma melhora significativa dos salários e das condições de aposentadoria dos professores em razão da maciça inserção de recursos por parte das tradicionais petromonarquias.[24]

O cotidiano também apresentava gradativas, porém significativas, mudanças. Se de um lado ocorria uma diminuição da esfera de liberdade e laicidade, inclusive na oferta televisiva e artística, por outro lado, a taxa de violência e desemprego havia despencado.[25]

Uma transformação, portanto, estava indubitavelmente a caminho; começara a se produzir um deslocamento objetivo. Algumas horas zapeando pelos canais da TNT não me permitiram detectar nenhuma mutação extra; de qualquer maneira, já fazia muito tempo que os programas eróticos tinham saído de moda da televisão ". Michel Houellebecq. *Submissão*, RJ: Objetiva, 2015, p. 148.

22 *"Foi só duas semanas depois de meu regresso que recebi a carta de Paris III. Os novos estatutos da universidade islâmica Paris-Sorbonne me proibiam prosseguir minhas atividades de ensino; Robert Rediger, o novo reitor da universidade, assinava pessoalmente a carta; manifestava-me seu profundo pesar e me garantia que a qualidade de meus trabalhos universitários não estava de jeito nenhum em causa. É claro que me era perfeitamente possível prosseguir minha carreira numa Universidade laica; se todavia eu preferisse renunciar a essa hipótese, a universidade islâmica Paris-Sorbonne se comprometia a me pagar desde já uma aposentadoria cujo montante mensal seria indexado pela inflação e eleva-se neste momento a 3.472 euros. Eu podia agendar uma ida aos serviços administrativos a fim de tomar as providências necessárias".* Michel Houellebecq. *Submissão*, cit., p. 149.

23 *"Na antessala, éramos acolhidos por uma fotografia de peregrinos fazendo sua circumambulação em torno da caaba, e as salas estavam decoradas com cartazes representando os versículos caligrafados do Alcorão; as secretárias tinham mudado, eu não reconhecia nenhuma, e todas estavam de véu".* Michel Houellebecq. *Submissão*, cit., p. 150.

24 *"No novo sistema, a escolaridade obrigatória terminava no final do primário – isto é mais ou menos na idade de doze anos; restabelecia-se o certificado de conclusão de estudos, que aparecia como o coroamento normal do percurso educativo".* Michel Houellebecq. *Submissão*, cit., p. 167.

25 *"A consequência mais imediata de sua eleição foi a diminuição da delinquência, e em proporções enormes: nos bairros mais problemáticos, ela despencou para menos de um décimo do total. Outro sucesso imediato foi o desemprego, cujas taxas estavam em queda livre. Isso se devia, sem a menor dúvida, à saída maciça das mulheres do mercado de trabalho – e isso estava por sua vez ligado à considerável revalorização dos abonos familiares, primeira medida apresentada, simbolicamente, pelo novo governo".* Michel Houellebecq. *Submissão*, cit., p. 166.

A sociedade, pouco a pouco, se refazia em bases de feição patriarcal: os homens simbolizados pelo personagem – professor universitário de meia idade – viam com bons olhos essas mudanças, porque lhes possibilitava casar com mais de uma mulher e, principalmente, com mulheres cada vez mais jovens.[26]

A distopia exposta por Houellebecq impõe, a um só tempo, diversas reflexões: ocupar-nos-emos da complexa e intrincada relação entre o homem e as instituições em relação à liberdade.

O cenário distópico projetado é altamente angustiante. Entretanto, a angústia não se dá em razão perda da liberdade em virtude do aumento do controle religioso sobre todas as esferas do agir politico e social.

A angústia é sentida na medida em que a diminuição da liberdade é sempre acompanhada de uma relativa sensação de alívio.

A contradição do homem com a liberdade é evidenciada em diversas passagens em que ocorrem retrocessos de vários marcos civilizatórios[27] mas, em contrapartida, há uma benesse do ponto de vista econômico. Por exemplo, a teologização do Estado impôs a retirada das mulheres do mercado de trabalho, contudo, isso foi também positivo, porque permitiu a eliminação da taxa de desemprego do mercado de trabalho.

A autonomia universitária é eliminada, sendo retirada por completo a liberdade de cátedra. Ocorre que essa situação não chega a ser um problema, porque, ao mesmo tempo, as petromonarquias haviam injetado uma infinidade de recursos nas Universidades. Por conseguinte, ninguém reclamava da perda da autonomia universitária, dados os polpudos salários e generosos planos de aposentadoria.

Da mesma maneira, toda sufocação das esferas individuais de liberdade, seja referente à vestimenta, hábitos, lazer, era compensada por abonos estatais familiares – reiteradamente, o autor nos indica que a retirada de liberdade na esfera pública era compensável pela possibilidade de realização de casamento com mulheres mais jovens.

O livro *Submissão* apresenta, enfim, uma intrincada e complexa relação do homem com a liberdade. Novamente, a sensação de angústia advém do jogo sensorial entre alívio e restrição, que é apresentado na medida em que ocorre a colonização da esfera de liberdade pelas instituições do Estado.

A sensação é representada a partir de cruel e sincera na seguinte passagem: "*a ideia assombrosa e simples, jamais expressada antes com*

---

26   Michel Houellebecq. *Submissão*, cit., p. 206 *et seq.*
27   Cf. Norbert Elias. *O Processo Civilizador. Formação do Estado e Civilização*. v. 2. Rio de Janeiro: Zahar, 1993. Ver: Georges Abboud. *O processo civilizador e os direitos fundamentais*, In: *História e Cultura*, v. 4, 2015, p. 140.

essa força, de que o auge da felicidade humana reside na submissão mais absoluta."[28]

Por óbvio que não há democracia sem instituições democráticas. Entretanto, inexistem instituições democráticas na ausência de um espaço de liberdade do indivíduo.

Desse modo, agir com liberdade democrática não é algo simples. Em uma democracia constitucional, direitos e deveres constitucionais impõem ao cidadão um *status* de constante atividade enquanto indivíduo e partícipe de um processo político democrático.

Em face de nossa esfera de liberdade, somos constantemente obrigados a tomar decisões. E toda tomada de decisão é precedida de momento de angústia que é proporcionalmente maior em relação à importância da decisão a ser tomada.

É nesse contexto que parcela de nossa liberdade constitucional tem se esvaído por meio da judicialização de todas as esferas de nosso ambiente privado. No contexto brasileiro, assolado pelo ativismo, dificilmente imaginamos algum tema que não possa ser objeto de demanda judicial. Ocorre que o outro lado dessa perspectiva é que passa a não existir nenhuma esfera de nossa liberdade que não possa ser substituída por um pernicioso voluntarismo judicial.

Quando admitimos que tudo pode ser judicializado num ambiente de completo ativismo, eliminamos qualquer discussão acerca de *self-restraint* – considerado um espaço imune à invasão judicial; no que especificamente nos interessa, consistiria em parcela de nosso agir individual que não pode ser substituída ou imposta por decisão judicial.

3. Juristocracia delegativa e a infantilização da justiça

Nesse particular, compartilhamos da preocupação, já apresentada por Ingeborg Maus, em que a esfera de liberdade é aniquilada pelo gigantismo judicial. Mais precisamente, *"Os espaços de liberdade anteriores dos indivíduos se transformam então em produto de decisão judicial fixados caso a caso"*.[29]

---

28   Michel Houellebecq. *Submissão,* cit., p. 219.

29   Ingeborg Maus. *O Judiciário como Superego da sociedade: o papel da atividade jurisprudencial na 'sociedade orfã',* In: *Novos Estudos CEBRAP,* nº 58, 2000, p. 190 (tradução de Martonio Lima e Paulo Albuquerque). Obviamente, não compartilhamos da mesma perspectiva de *self-restraint* apresentada por Ingeborg Maus. Comungamos, todavia, do diagnóstico pernicioso que ela faz ao agigantamento do judiciário. Sobre a possibilidade de o Judiciário ser espaço amplo para proteção de direitos fundamentais, sugerirmos: Georges Abboud. *Processo Constitucional Brasileiro,* SP: RT, 2016, nº 4, p. 437 *et seq.*
Sobre o tema, a partir de uma perspectiva nitidamente liberal: Friedrich A. Hayek. *Derecho, legislación y libertad,* 2ª ed., Madrid: Union Editorial, 2014, nº V, p. 123 *et seq* e nº XVIII, p. 495 *et seq.*

Nesse ponto, é imprescindível não perdermos de vista que Ingeborg Maus trata do contexto alemão. No Brasil, em que inexistem instituições fortemente consolidadas o risco do gigantismo judicial é ainda maior.

Não seria nenhum exagero afirmarmos que vivenciamos em alguma medida uma espécie de Juristocracia delegada, ou seja, uma subproduto degenerativo daquilo que Guilhermo O'Donnell designou de democracia delegativa.

A democracia delegativa seria uma espécie de democracia em que a dimensão democrática fica, em sua maior parte, adstrita à eleição, contudo, as instituições do País ainda não se consolidaram em parâmetros genuinamente democráticos.

Nesse ponto, é a América Latina a hipótese teórica por excelência de Guilhermo O'Donnell. Essa modalidade de democracia surge após a transição dos regimes autoritários para governos eleitos democraticamente. É impossível haver essa transição por completo, uma vez que, nesses países ainda inexistem instituições democráticas sólidas. Nesse aspecto, a democracia delegativa deve ser superada para que possa haver efetiva consolidação e um avanço verdadeiramente institucional da democracia.

Guilhermo O'Donnell explica que a democracia delegativa é típica de países que saíram recentemente de regimes de cariz autoritário em direção a uma democracia representativa. Ocorre que a transição para um regime em que se elege de forma democrática, não assegura que a democracia esteja institucionalmente consolidada. Para haver efetiva democracia representativa, é necessário não apenas uma transição da ditadura para democracia. É imprescindível uma segunda transição de um *governo eleito democraticamente* para um *regime democrático institucionalizado.*[30]

Por exemplo, no Brasil, desde 1988, temos governos eleitos democraticamente. Contudo, ainda não temos em diversos aspectos uma democracia efetivamente institucionalizada, basta constatar que até a separação de poderes, constitucionalmente moldada, é diversas vezes violada.

Frise-se que a democracia delegativa não é alheia à tradição democrática. Em verdade, trata-se de modalidade de democracia fortemente majoritária para realizar eleições de quem deveriam ser o intérprete principal dos altos interesses da nação. Em regra, a democracia delegativa precisa criar artifícios para conseguir gerar as maiorias eletivas, o mais utilizado é a eleição em turno duplo. São traços da democracia delegativa o seu caráter individualista no aspecto *hobbesiano* e não *lockeano*. Suas eleições constituem processos altamente emocionais e que envolve grandes riscos e apostas. A participação do cidadão é altamente limitada, depois da eleição

---

30 Guilhermo O'Donnell. *Democracia delegativa?*, In: Novos Estudos CEBRAP, nº 31, outubro, 1991, p. 26.

espera-se que os eleitores retornem à condição de espectadores passivos em face do governo eleito.[31]

Mas o que seria efetivamente o traço distintivo de uma democracia *delegativa* para a *representativa?* Essa distinção é sútil e essencial. De fato, a ideia de representação abrange a ideia de delegação. Em ambas existe eleição para definir os políticos da nação. Ocorre que na ideia de representação está presente a ideia de *accountability* (dever de prestar contas). Ou seja, de algum modo o representante é considerado responsável pela forma como age em nome daqueles que o elegeram. Nas democracia consolidadas, a *accountability* opera de forma vertical em relação àqueles que elegeram o político (os eleitores). Contudo, também opera de forma horizontal em relação a uma rede de poderes autônomos, ou seja, em face das outras instituições democráticas existentes.[32]

Representação e *accountability* constituem aquilo que O'Donnell denomina de dimensão republicana da democracia consubstanciada em uma cuidadosa distinção entre as esferas do espeço público e do privado em relação aos ocupantes de cargos públicos.[33] Outro traço distintivo da democracia delegativa é a forte concentração de poderes na figura do Presidente da República. Na prática, o Presidente praticamente não possui nenhuma obrigatoriedade de *accountability* horizontal em relação às demais instituições da democracia.[34]

Essa breve descrição da democracia delegativa é suficiente para demonstrar que no Brasil, após a promulgação da Constituição Federal de 1988 – que instituiu verdadeiro Estado Democrático de Direito – vivenciamos, na prática muito mais uma democracia delegativa do que uma democracia verdadeiramente institucionalizada.

Recentemente tem recrudescido uma espécie de Juristocracia delegativa. O agigantamento do Judiciário se dá sob o falso pretexto de que ele é constantemente provocado, logo, deve agir em todo tipo de inércia dos demais poderes.

Todavia, a Constituição não autoriza essa invasão em qualquer hipótese de omissão legislativa ou administrativa. Do mesmo modo, o fato de não obtermos nossas conquistas ideológicas e políticas no campo adequado (político) não nos torna autorizados a fazer seu requerimento pelo atalho

---

31 Guilhermo O'Donnell. *Democracia delegativa?,* In: Novos Estudos CEBRAP, nº 31, outubro, 1991, p. 31.

32 Guilhermo O'Donnell. *Democracia delegativa?,* In: Novos Estudos CEBRAP, nº 31, outubro, 1991, p. 32.

33 Guilhermo O'Donnell. *Democracia delegativa?,* In: Novos Estudos CEBRAP, nº 31, outubro, 1991, p. 32.

34 Guilhermo O'Donnell. *Democracia delegativa?,* In: Novos Estudos CEBRAP, nº 31, outubro, 1991, p. 32.

do Judiciário, sob pena de delegarmos nossa esfera de liberdade, mais precisamente, nossa democracia constitucional para o Poder Judiciário.

Nessa precariedade institucional, cada vez mais, buscamos o Judiciário para, por exemplo: efetivar políticas públicas que sequer se referem a direitos fundamentais,[35] obtenção de tratamentos médicos vultosos e experimentais em detrimento de toda uma sociedade que arcará com seus custos, a manifestação judicial para resolver todos os problemas familiares, requerimento para que o Judiciário proíba produtos, propagandas, manifestações de pensamento mesmo quando não há vedações legais para as hipóteses.

Ora, se judicializamos tudo, não deveríamos nos espantar com decisões judiciais que liminarmente impedem o acesso de cem milhões de brasileiros ao uso de um aplicativo, que vedam um Centro Acadêmico de determinar quais assuntos serão objeto de discussão, que impossibilitam jornalistas e a imprensa de citar certas notícias ou o nome de determinadas pessoas, ou ainda, no âmbito do próprio Supremo Tribunal Federal[36] que, por mais de uma vez, se invade a esfera dos demais poderes, em hipóteses sem autorizativo constitucional para tanto. Essa nossa busca cega de judicializar tudo, como se a toda vontade correspondesse direito subjetivo, Ingeborg Maus, com absoluta precisão, designou *infantilismo na crença da justiça*.[37]

---

35   Sobre as hipóteses em que consideramos possível a judicialização de políticas públicas, ver: Georges Abboud. *Discricionariedade administrativa e judicial,* SP: RT, 2014, nº 2.7.3.1, p. 166 *et seq.*

36   Georges Abboud. *Processo Constitucional Brasileiro,* cit., nº 10, p. 703 *et seq.*

37   *"Essa inversão das expectativas de direito não ocorre somente por meio da usurpação dos tribunais, mas também mediante a própria estrutura legal. Multiplicam-se de modo sintomático no direito moderno conceitos de teor moral como 'má-fé', 'sem consciência', 'censurável', que nem sempre são derivados de uma moral racional, mas antes constituem representações judiciais altamente tradicionais (ou politicamente autoritárias, como no caso da jurisprudência das Sitzblockade). A expectativa de que a Justiça possa funcionar como instância moral não se manifesta somente em pressuposições de cláusulas legais, mas também na permanência de uma certa confiança popular. Mesmo quem procura evitar ao máximo a precipitada interferência paterna nos conflitos que ocorrem nos aposentos infantis, seguindo critérios antiautoritários de educação, favorece com maior obviedade aquela mesma estrutura autoritária quando se trata da condução de conflitos sociais. A justiça aparece então como uma instituição que, sob a perspectiva de um terceiro neutro, auxilia as partes envolvidas em conflitos de interesses e situações concretas, por meio de uma decisão objetiva, imparcial e, portanto, justa. O infantilismo na crença na Justiça aparece de forma mais clara quando se espera da parte do Tribunal Federal Constitucional Alemão (TFC) uma retificação da própria postura em face das questões que envolvem a cidadania. As exigências de justiça social e proteção ambiental aparecem com pouca frequência nos próprios comportamentos eleitorais e muito menos em processos não institucionalizados de formação de consenso, sendo projetada a esperança de distribuição desses bens nas decisões da mais alta corte".* Ingeborg MAUS. *O Judiciário como Superego da sociedade: o papel da atividade jurisprudencial na 'sociedade órfã',*

Parte desse *infantilismo* decorre da idealização da figura do julgador tão bem descrita por Jeremy Waldron e que paira no imaginário jurídico brasileiro. Enquanto a atividade legislativa é apresentada, costumeiramente, como negociata, troca de favores, a atividade judicial é apresentada como função de credibilidade, técnica realizada de forma asséptica sem nenhuma influência política ou coisa do gênero.[38] A partir dessa visão idealizada, *"construímos, então, um retrato idealizado do julgar e o emoldurámos junto com o retrato de má fama do legislar".*[39]

No afã de efetivarmos direitos constitucionais, quando respaldamos a judicialização de toda esfera individual, a partir de parâmetros ativistas, em verdade, contribuímos para demolir os alicerces de nossa democracia constitucional. No local do nosso edifício democrático, erigimos um regime de Juristocracia.[40]

A Juristocracia não é apenas uma modificação interpretativa do direito, mas uma transformação da própria engenharia constitucional[41] mediante uma invasão sem limites da esfera individual pelo Estado, mais especificamente, por suas decisões judiciais. Ou seja, modificamos toda a engrenagem que relaciona cidadão e Poder Público em uma democracia.

Em outros termos, a juristocracia é uma forma de degradação da democracia constitucional em que a autonomia e a separação de poderes é golpeada por um ativismo judicial que atinge a esfera dos demais Poderes, sem respaldo constitucional. Além da usurpação em relação aos demais poderes, é traço distintivo da juristocracia a crescente invasão do Poder

---

in *Novos Estudos CEBRAP*, nº 58, 2000, p. 190 (tradução de Martonio Lima e Paulo Albuquerque).
Com preocupações assemelhadas no âmbito constitucional ver: Sebástian Linares. *La (i)legitimidad democrática del control judicial de las leyes,* Madrid: Marcial Pons, 2008, *passim*, em especial cap. II e VI. Larry D. Kramer. *Constitucionalismo popular y control de constitucionalidad,* Madrid: Marcial Pons, 2011, *passim*. Lawrence G. Sager. *Juez y democracia*, Madrid: Marcial Pons, 2007, especialmente cap. X, p. 197 *et seq*.

38 Jeremy Waldron. *A Dignidade da Legislação,* São Paulo: Martins Fontes, 2003, p. 2.
39 Jeremy Waldron. *A Dignidade da Legislação,* cit., p. 2.
40 Ver: Georges Abboud. *Processo Constitucional Brasileiro*, cit., nº 10.4, p. 742 *et seq*. Georges Abboud e Nelson Nery Junior. *O CPC/2015 e o risco de uma juristocracia: a correta compreensão do função dos tribunais superiores entre o ativismo abstrato das teses e o julgamento do caso concreto.* In: Revista Brasileira de Direito Processual, nº 93, 2016, p. 225-254.
Sobre a questão do papel dos juízes na democracia e seus limites, conferir em especial a obra de Edouard Lambert. *El gobierno de los jueces,* Madrid: Tecnos, 2010, *passim*.
41 Giovanni Sartori. *Engenharia Constitucional.* Brasília: UNB, 1996, p. 09. Georges Abboud e Rafael Tomaz de Oliveira. *O Supremo Tribunal Federal e a Nova Separação de Poderes: entre a interpretação da Constituição e as modificações na engenharia constitucional,* In: REPRO, v. 233, 2014, p. 13 *et seq*.

Judiciário em face da esfera de liberdade do cidadão. Há uma espécie de colonização do mundo da vida.[42] Ou seja, há uma substituição do agir livre do cidadão pela atuação do Estado, por meio de decisões judiciais. As dimensões macro e micro do ativismo conforme já expusemos.

Nessa perspectiva, vale perguntar: estamos ganhando o quê efetivamente com a crescente judicialização no Brasil? Há maior limitação do poder? De fato mais direitos têm sido realmente efetivados? A esfera de liberdade tem sido cada vez mais protegida? Parece-nos que não.

Portanto, o descrédito de legitimidade em face do Legislativo e do Executivo não pode ser subterfúgio para um agigantamento do Judiciário, sob pena vislumbrarmos os estertores de nossa jovem democracia constitucional a ser substituída por uma juristocracia.[43]

Outrossim, a judicialização de toda a esfera de liberdade não significa fortalecimento da democracia constitucional. Pelo contrário, caracteriza sua degeneração em diversos aspectos para uma juristocracia. Nesse regime, nossa esfera de liberdade individual é trocada pelo voluntarismo ativista de segmentos do Judiciário. Acontece que se essa troca por um lado é imposta, fato é que por outro é alimentada pelos próprios indivíduos, o que nos impõe o seguinte questionamento: *será que o auge da felicidade do jurisdicionado brasileiro reside na submissão total a um judiciário ativista?*

Torcemos para que a resposta seja negativa. Não há paralelo no mundo em que uma democracia tenha sido erigida a partir dessas bases.

Essa judicialização de toda nossa esfera de liberdade nos impõe em verdadeiro relativismo que, na genialidade de Heidegger, já foi indicado como fator de ceticismo porque *"todo relativismo, contudo, é ceticismo, e todo ceticismo traz consigo a morte de todo o conhecimento e, como também se diz, da existência do homem em geral".*[44]

Demais disso, nunca é demais recordar o aforismo de Nietzsche *"no sentido de aquele que luta com monstros deve acautelar-se para não tornar-*

---

42 Cf. Marcelo Neves. *Entre Têmis e Leviatã: uma relação difícil*, São Paulo: Martins Fontes, 2006, p. 230. V. Jürgen Habermas. *Direito e Democracia: entre facticidade e validade*, v. I, Rio de Janeiro: Tempo Brasileiro, 2003, p. 109 *et seq.*

43 Chester Neal Tate e Torbjörn Vallinder. *The global expansion of Judicial Power: the judicialization of politics*, cit.,; Martin Shapiro e Alec Stone Sweet. *On law, politics & judicialization*. New York: Oxford University Press, 2002; Ran Hirschl. *Towards juristocracy. The origins and consequences of the new constitutionalis*m. Cambridge: Harvard University Press, 2007. Há também textos traduzidos para o português e publicados recentemente na *Revista de Direito Administrativo* da Fundação Getúlio Vargas: Ran Hirschl. *O novo constitucionalismo e a judicialização da política pura no mundo*, In: *Revista de Direito Administrativo*, nº 251, maio/agosto de 2009, p. 139-175.

44 Martin Heidegger. *Introdução à filosofia*, SP: Martins fontes, 2008, p. 119.

*-se também um monstro. Quando se olha muito tempo para um abismo, o abismo olha para você."*⁴⁵ No afã de implementarmos direitos fundamentais, historicamente sonegados por ineficiência legislativa e administrativa, não podemos criar uma judicialização de direitos que se converta numa invasão e colonização de todas as esferas da individualidade do jurisdicionado. O abismo social da ineficiência dos direitos existentes não se pode converter no abismo do hiperpublicismo ativista que esmaga o indivíduo enquanto o observa.

Sempre que vislumbramos parcela de nosso Judiciário acreditando que a consolidação e o fortalecimento de nossa democracia constitucional passam por um agigantamento do Poder Judiciário com o recrudescimento de seu ativismo, em detrimento da democracia deliberativa, ficamos horas a fio contemplando o abismo sem nos apercebermos que é o abismo está olhando para nós: criamos, assim, o monstro que nos devora.

Nesse aspecto, possivelmente, a preservação de nossa democracia constitucional perpassa pela necessidade de criarmos um espaço de *judicial self-restraint*⁴⁶ para preservar a própria liberdade enquanto direito fundamental.

Não se trata de criar *self-restraint* com a função vetusta de atribuir programaticidade aos dispositivos normativos da Constituição. Pelo contrário, o espaço de *self-restraint* é para preservar a própria autonomia dos poderes e principalmente a individualidade do homem. É um *self-restraint* de natureza e finalidade constitucional.

Destarte, imprescindível não desistirmos de um espaço de liberdade que não deve ser judicializado ou determinado judicialmente é a forma de não desistirmos de nós como sujeitos da democracia. Se não é fácil a conceituação da liberdade, é fácil afirmar e demonstrar sua imprescindibilidade para uma democracia constitucional. Tal qual o vento de Guimarães Rosa,⁴⁷ *a gente não vê a liberdade, tampouco a vê quando se acaba.*

---

45   Friedrich Nietzsche. *Além Do Bem E Do Mal: ou prelúdio de uma filosofia do futuro*, Curitiba: Hemus, 2001, Aforismo 146, p. 89.

46   Sobre o risco de a *judicial review* conduzir a uma supremacia judicial, ver: Mark Tushnet. *Constitucionalismo y judicial review*, Lima: Palestra, 2013, nº 2, p. 75 *et seq.*

47   Parafraseamos a frase de Guimarães Rosa: "*A gente não vê o vento, tampouco o vê quando se acaba*". *A menina de lá*, In: *Primeiras Estórias*, SP: Nova Fronteira, 2001, p. 69.

Control de convencionalidad por la Corte Interamericana de Derechos Humanos: el malestar de la exorbitancia

Luis María Bandieri

> **SUMARIO:** Control de convencionalidad por la CIDH. "Convencional coadyuvante complementaria". La subsidiariedad y el "margen de apreciación nacional". Más allá del Pacto, más allá de las constituciones. Los argumentos de la CIDH. ¿Un reflujo de la marea? La "reparación bilateral de inconstitucionalidad" y la CIDH. El caso "Fontevecchia, Jorge; D'Amico Héctor vs. Argentina". A modo de conclusión.

Control de convencionalidad por la CIDH

El control de convencionalidad por parte de la Corte Interamericana de Derechos Humanos (CIDH), tanto horizontal como vertical,[1] es una creación pretoriana de dicho tribunal en ejercicio de un activismo que la doctrina suele catalogar como "manipulativo aditivo" o de "interpretación mutativa por adición".[2] El intérprete judicial extiende en esos casos el sentido y alcance de una norma más allá de sus límites textuales e incluso asume competencias propias de los órganos legiferantes. En nuestro caso, la norma es la Convención Americana de Derechos Humanos ("la Convención", "el Pacto") y la CIDH está actuando, respecto de ella, para echar mano de la famosa fase de Woodrow Wilson, como una convención de Estados partes en sesión permanente. ¿Se ha fortalecido así el sistema interamericano? ¿Se da

---

1 Llamo "horizontal" al que ejerce de modo concentrado la CIDH en los casos que arriban a su conocimiento y "vertical" el que exige difusamente de los magistrados y funcionarios locales en sus diversas jerarquías. También suele denominárselos control supranacional o "desde arriba" y control nacional, o "desde abajo", respectivamente.

2 La expresión "sentencia manipulativa" se origina en la doctrina italiana y se refiere a fallos en los que el tribunal, con especial referencia a los constitucionales, transforma un texto legal en cuanto a sus alcances, interpretándolo dentro del único sentido que estima conforme con la constitución o convención. Puede ser también aditiva, cuando se suple un vacío u omisión de la norma que el fallo completa de modo obligatorio para lo sucesivo. La expresión "interpretación mutativa por adición" pertenece a Néstor Pedro Sagüés, "El control de convencionalidad en el sistema interamericano y sus anticipos en el ámbito de los derechos económicos-sociales –concordancias y diferencias con el sistema europeo", p. 382, Biblioteca Jurídica Virtual del Instituto de Investigaciones Jurídicas de la UNAM, www.juridicas.unam.mx

un acatamiento generalizado a sus sentencias que destaque la autoridad creciente del tribunal continental? ¿O bien por el contrario se ha ido delineando un mini Leviatán hermenéutico que no ha podido, por la exorbitancia de su activismo y la consiguiente resistencia a sus fallos, ir concretando un esbozo de orden público regional? Este trabajo aporta elementos para ir delineando respuestas a aquellos interrogantes.

Como señala Sagüés, la doctrina resultante del control vertical de constitucionalidad es "decidida e *impuesta* por la Corte Interamericana, y de *modo directo*, a los jueces nacionales, vale decir, sin intermediarios (...) hecho que perfila a la Corte Interamericana como *órgano supranacional*"[3]. Añádase a esto que la doctrina sentada en los fallos referidos a un Estado involucrado se considera extensiva *erga omnes* a los demás Estados signatarios de la Convención Americana, ajenos al contencioso donde aquélla fue establecida.[4] Agréguese que la CIDH pretende que los efectos directos de sus pronunciamientos se apliquen sin necesidad de una regulación interna al efecto por parte del país condenado y por sobre sus norma y procedimientos locales. También la CIDH exige que la cosa juzgada pronunciada en los máximos tribunales de los Estados afectados, que contradiga sus decisiones, sea dejada sin efecto. Por fin, el control de convencionalidad vertical obligatorio desde abajo hacia arriba, efectuado teniendo el cuenta el Pacto y su interpretación por la CIDH constituye a los magistrados y funcionarios locales en agentes de aquel tribunal que, de no ejecutar aun de oficio[5] el escrutinio de convencionalidad de conformidad con los criterios de su "intérprete última",[6] incurren en responsabilidades propias y harían incurrir en responsabilidad al Estado que sirven. Nogueira Alcalá señala que este deber de los magistrados locales los convierte en "jueces naturales" de la Convención.[7] Más aún, la carga se extiende a los funcionarios de todos los órganos públicos estatales.[8] Todo ello dictado por una CIDH que "no responde ante nadie ni existe ningún organismo que la fiscalice".[9] Como en aquella

---

3   Op. cit. nº 2, p. 384. Las cursivas son del autor.

4   Voto razonado de Eduardo Ferrer McGregor en "Cabrera García y Montiel Flores vs. México". Noviembre de 2010

5   Cao "Trabajadores Cesados del Congreso (Aguado Alfaro y otros) vs. Perú", 24 de noviembre de 2006.

6   Caso citado en la nota anterior.

7   Nogueira Alcalá, Humberto, "Diálogo interjurisdiccional y control de convencionalidad entre los tribunales nacionales y la Corte Interamericana de Derechos Humanos en Chile, Anuario de Derecho Constitucional Latinoamericano, año XIX, Bogotá, 2013, p. 521.

8   Caso "Gelman vs. Uruguay", febrero de 2011.

9   Max Silva Abbott y Ligia De Jesús Castaldi, "¿Se comporta la Corte Interamericana como tribunal internacional? –Algunas reflexiones a propósito de la supervisión de

anécdota con la que solazaba Bryce[10] acerca del inglés que habiendo oído que la corte suprema corte de los EE.UU. fue creada para defender la constitución e investida de la autoridad necesaria para dejar sin efecto las leyes opuestas a sus dictados, pasó dos días buscando en el texto constitucional las disposiciones señaladas, sin hallarlas, buscaríamos hoy en vano en el Pacto, "en las condiciones de su vigencia" (art. 75, inc. 22, constitución argentina) mandatos como los arriba enumerados. Tal cual el inglés del cuento, podríamos asombrar a un lego señalándole que aquéllos resultan de la interpretación del propio organismo que se arroga tales facultades y de una repetición machacona de fórmulas de confección a través de fallos de ese y otros tribunales, de escritos doctrinarios y de manuales de cátedra.

"Convencional coadyuvante complementaria"

El amplio despliegue pretoriano de la CIDH, en sentido mutativo y aditivo de los términos de la Convención de la que se erige en intérprete supremo, se advierte mejor cuando se recuerda que la protección de los derechos humanos por dicho tribunal es de "naturaleza convencional coadyuvante o complementaria de la que ofrece el derecho interno de los Estados americanos", como señala el preámbulo del Pacto. "Coadyuvar", según el diccionario de la lengua, es "contribuir, asistir o ayudar a la consecución de alguna cosa". Interrogando más a la palabra, resulta de la preposición latina *cum*, "con" y el verbo *adiuvare*, "ayudar": el coadyuvante o, mejor, el coadjutor, es el que ayuda a quien tiene por tarea el logro de algo; en el lenguaje eclesiástico, es el que ayuda a un párroco. "Complementar", por su lado, es añadir algo a una cosa, cualidad o circunstancia para completarla: el que complementa rellena – se origina en el verbo latino *complere*, "llenar" – algo que ya está. Por eso, la CIDH ha establecido en diversos pronunciamientos que "no tiene el carácter de tribunal de apelación o de casación de los organismos jurisdiccionales de carácter nacional; sólo puede señalar las violaciones de los derechos consagrados en la Convención, pero carece de competencia para subsanar las violaciones en el ámbito interno, lo que corresponde hacer a la Corte Suprema de Justicia".[11] Sin embargo, en la "verdad efectiva" de las cosas funciona como una cuarta instancia y corte casatoria, que puede emitir órdenes de invalidar la cosa juzgada establecida por la suprema instancia local. En efecto, todo caso en que haya planteado una

---

cumplimiento del caso 'Artavia Murillo vs. Costa Rica", en Prudentia Iuris", nº 82, diciembre de 2016, EDUCA, p. 57.

---

10   En "The American Commonwealth". Ver Enrique García Merou. "Recurso Extraordinario", Bs. As., 1915, p. 31

11   Caso "Genie Lacayo vs. Nicaragua", 29 de enero de 1997.

violación de derechos humanos y sus garantías – esto es, buena parte de la litigiosidad corriente en los tribunales- puede ser teóricamente objeto de declaración de admisibilidad por la Comisión Interamericana de Derechos Humanos y entrar en área de competencia de la CIDH.[12] Para echar mano a la comparación eclesiástica, aquí el coadjutor está desplazando el protagonismo del párroco.

La subsidiariedad y el "margen de apreciación nacional"

Lo anterior, también, significa desconocer la subsidiariedad que opera como principio estructural implícito pero indispensable en todo sistema escalonado, ya que su no reconocimiento tiende a exacerbar la disputa por la imposición entre los niveles superpuestos. La Unión Europea la reconoce explícitamente (art. B y art. 3b).[13] Etimológicamente, *sub* significa en latín "debajo" y *sido* es "posado". El nivel superior sólo intervendrá cuando los objetivos a lograr no puedan ser alcanzados suficientemente en el ámbito local. Allí será, para CIDH, cuestión de "ayuda" y "complemento", esto es, de *subsidium*, y no de puro y simple *imperium*. La subsidiariedad está unida a la noción de *frónesis*, de prudencia jurídico-política[14] que, en el ámbito europeo, ha sido volcada en el "margen de apreciación nacional" como criterio hermenéutico, aplicado tanto por el Tribunal Europeo de Derechos Humanos (TEDH) como por la Corte de Justicia de la Unión Europea (CJUE), pero en especial por el primero.[15] El Tribunal interpreta las disposiciones de la Convención Europea teniendo en cuenta las peculiaridades, condiciones y problemas locales. Como señala María Angélica Benavides Casals[16] la premisa del Tribunal es la concreción de un orden público europeo común, que en su desenvolvimiento paulatino y no forzado exige el respeto por las modulaciones y particularidades de cada nación y de cada cultura jurídica. "La teoría del margen de apreciación nos indica en definitiva – dice nuestra

---

12 Otra cuestión, que no cabe tratar aquí, es la de los criterios por los que la Comisión admite o rechaza casos ante ella planteados, con criterios de selección sesgados muchas veces por orientaciones ideológicas. Ver Germán González Campaña, "La Corte reconoce la obligatoriedad de la jurisprudencia internacional (¿Sigue siendo Suprema?)", LL, 2005-B (abril), 801.

13 Tratado de la Unión Europea, texto aprobado en Maastricht, 7 de febrero de 1992.

14 Ver Carlos Alberto Gabriel Maino, "El control de convencionalidad y las dificultades que ofrecen las interpretaciones de la CIDH", "Prudentia Iuris", nº 81, 2016, p.44

15 Si bien la Comisión Europea de Derechos Humanos había puesto en circulación el concepto ya en 1958 (caso "Grecia vs. Reino Unido"), el TEDH inicia la aplicación de la doctrina en "Handyside vs. Reino Unido", de 1976

16 "El consenso y el margen de apreciación en la protección de los derechos humanos", Revista Ius et Praxis, 15 (1): 295-310, 2009, http://dx.doi.org/10.4067/S0718-00122009000100009 (fecha de consulta 24/2/2017)

autora – que allí donde no existe un mínimo común europeo para entender de una determinada manera el contenido de un derecho, se abre para el estado un margen de acción que le permite fijar de acuerdo a circunstancias jurídicas, sociales y culturales el contenido y alcance de ciertos derechos". Incluso puede sostenerse que la concreción de ese orden público europeo exige el respeto a aquellas particularidades. El TEDH reconoce casos en que "estando en contacto directo y permanente con las fuerzas vitales del país, las autoridades nacionales están en principio mejor situadas que la jurisdicción internacional para evaluar las necesidades y el contexto local".[17] A partir de este criterio de apreciación nacional, se estableció que el TEDH no podía pronunciarse sobre el matrimonio entre personas del mismo sexo, o sobre la determinación científica y jurídica del comienzo de la vida, quedando a cada Estado establecerlo en uno y otro caso.[18] El caso más sonado fue "Lautsi", llamado también "Causa de los crucifijos", acerca de si resultaba contraria a la Convención europea la presencia de crucifijos en las escuelas públicas italianas. En el año 2009, la 2ª sección del Tribunal se había pronunciado por la afirmativa. Reunida la Gran Sala, el 18 de marzo de 2011 reafirmó que dado el carácter subsidiario de sus funciones, no era tribunal constitucional o de cuarta instancia, reduciéndose su papel a juzgar cada caso litigioso en particular, sin pronunciarse en abstracto sobre disposiciones de derecho, en virtud de lo que, teniendo en cuenta el margen de apreciación nacional, declaraba que en la cuestión sometida no se violaba la libertad de conciencia y culto con la presencia del crucifijo en las aulas italianas.[19]

Resulta de interés la observación de Benavides Casals sobre la diferencia entre este enfoque europeo y el de la CIDH: "a diferencia del TEDH que ha elaborado la teoría del orden público europeo y de acuerdo con él, entre otros, aplica o no el consenso y el margen de apreciación de los estados, *la Corte (Interamericana) por su parte **no** ha elaborado una teoría de un orden público propiamente interamericano, tendiendo más bien a la universalidad y a ver un consenso universal aplicado a su jurisprudencia, al utilizar expresiones tales como el corpus iuris internacional*".[20] La CIDH se percibe a sí misma no como un órgano continental sino como un tribunal global. Define, tomando principios del *ius cosmopoliticum*, con el lenguaje de lo jurídico-político correcto del tiempo, doctrinas judiciales dirigidas a aquella

---

17 Caso "Bucley vs. Reino Unido", 25 de septiembre de 1996

18 Casos "Cossey vs. Reino Unido", del 27 de septiembre de 1990 y "Vo vs. Francia" del 4 de julio de 2004, respectivamente.

19 Entre la numerosa bibliografía crítica, véase Grégor Puppinck (que intervino ante la Gran Sala), "El caso Lautsi vs. Italia", en Ius Canonicum, vol. 52, año 2012, p. 685-734.

20 Op. cit. nº 15. Los destacados son del autor del presente. El fallo donde la CIDH utilizó la expresión citada es "Yaky Axa vs. Paraguay", del 17 de junio de 2005.

civitas máxima que recogió Kelsen en su prédica y olvida el más modesto pero imprescindible quehacer de ir concretando un zócalo de orden público para nuestra ecúmene.

Más allá del Pacto, más allá de las constituciones

La extensión a otros Estados no involucrados de los pronunciamientos que sólo pueden alcanzar a uno de los pactantes tiene un valladar infranqueable en el texto convencional. El Pacto dice, en su art. 68.1 que los Estado partes "se comprometen a cumplir la decisión de la Corte *en todo caso en que sean partes*". A primera vista, uno de esos textos propicios para aplicar el brocardo *in claris non fit interpretatio*, aunque sabemos que también entender lo que está *in claris* es una interpretación; de todos modos, no se justifica interpretarlo apartándose de su literalidad. También la finalidad de la restricción en el alcance de los fallos ofrece una sólida consistencia jurídica para esa misma conclusión. Los Estados pactantes no acuden, individualmente convocados, ante un tribunal constitucional de ejercicio concentrado, que extiende *erga omnes* el alcance de sus sentencias, sino ante estrados cuya competencia ellos han fijado estrictamente, para que se decida un caso iniciado sólo contra uno de ellos. La CIDH, como vimos, es un órgano "convencional coadyuvante complementario", no destinado a emitir doctrinas generales de derecho, sino a prestar un *subsidium* a las instancias locales, órganos judiciales primarios y principales, salvo que no les fuera posible a estos últimos pronunciarse o que su pronunciamiento resultase claramente viciado. Entonces, definir *urbi et orbi* que el "momento de la concepción" (Pacto, 4.1) es el de la implantación en el útero materno y no el de la fusión de los gametos masculino y femenino, abriendo así una ventana temporal durante la cual el embrión producto de la fertilización asistida no es sujeto de derecho[21], o que los crímenes de lesa humanidad son delitos que en ningún caso pueden ser amnistiados[22], resultan pronunciamientos dogmáticos, más allá de la continencia de las causas y de la competencia de la CIDH, que manifiestan un cierto apego a la "ayatolización" de muchos de sus integrantes. Esta tendencia ha llevado a la CIDH a *ir diseñando un nuevo pacto sobre el original*, producto de la voluntad de los Estados partes. Este nuevo pacto superpuesto, que tiene por fuente la voluntad de

---

21 Caso "Artavia Murillo vs. Costa Rica", 28 de noviembre de 2012. Un buen análisis del fallo en Carlos Alberto Gabriel Maino, "La eficacia de las sentencias de la CIDH y el caso Artavia Murillo", en AA.VV., "Eficacia de los derechos humanos en el siglo XXI –un reto por resolver", coordinadoras Milagros Otero y María Leoba Castañeda, ed. Porrúa, México, 2014, p. 75 y sgs.

22 Caso "Almonacid Arellano y otros vs. Chile", 26 de septiembre de 2006, considerando 114. Ver sobre el tema Alfredo M. Vítolo, "La posibilidad de perdonar a los responsables de cometer delitos de lesa humanidad, Academia Nacional de Ciencias Morales y Políticas, Instituto de Política Constitucional, Buenos Aires, 2009

los jueces interamericanos, impone a los antiguos pactantes una limitación de su soberanía mayor que la que originalmente pactaron. Es obvio que un tratado sólo "puede ser enmendado por acuerdo entre las partes" (art. 39, Convención de Viena sobre los Tratados) y que debe ser "interpretado de buena fe conforme al sentido corriente que haya de atribuirse a los términos en el contexto de éstos y teniendo en cuenta su objeto y fin" (ibídem, art. 31), resultando de la misma Convención de Viena citada que todo agregado ulterior debe provenir de acuerdos entre las mismas partes, y sólo de ellos. Por otra parte, el Pacto integra un listado de declaraciones y convenciones del derecho posmoderno de los derechos humanos que la constitución argentina enumera en el inciso 22 de su art. 75, a los que otorga "jerarquía constitucional", "en las condición es de su vigencia." Esta última expresión, de acuerdo con la doctrina, se refiere a cómo ha sido ratificado por el país, con las eventuales reservas que hubieran podido ser formuladas. Pero con la mutación aditiva de la CIDH se han modificado unilateral e ilegítimamente, por voluntad de las mayorías del tribunal y sin intervención de los pactantes, aquellas condiciones originales de su vigencia por las cuales el Pacto fue ratificado (ley 23054 y reservas y declaraciones interpretativas entonces formuladas). Tampoco la obligación de control de convencionalidad por parte de jueces y funcionarios locales, con el deber de inaplicar el derecho doméstico en caso de ser contrario al Pacto o a la interpretación que de él se haya hecho por la CIDH surge de los términos establecidos por los Estado pactantes, por lo que también a este respecto caben las observaciones realizadas más arriba, en otro ejemplo del proceso de recreación pretoriana del acuerdo original. Podría objetarse a esta conclusión que, en el caso argentino, la Corte Suprema ha reconocido el carácter de la CIDH como intérprete suprema de la Convención, siendo esta interpretación obligatoria para los tribunales locales, que deben realizar aún de oficio el escrutinio consiguiente sobre normas y actos domésticos, debiendo apartarlos del ordenamiento de encontrarlos opuestos a las reformulaciones convencionales efectuadas por el tribunal de San José.[23] De todos modos, se trata de una interpretación del alto tribunal argentino, que no suple la falta de acuerdo entre los Estados partes al proceso de mutación aditiva que engendra un nuevo instrumento distinto del ratificado y que, por no existir, al menos en teoría, un *stare decisis* en el derecho local, puede ser objeto de pronunciamientos en contrario.

Los argumentos de la CIDH

Como es bien sabido, el control de convencionalidad interamericano fu planteado por vez primera en un voto razonado (fundado) del jurista me-

---

23 Caso "Rodríguez Pereyra, José Luis y otra c/Ejercito Argentino s/daños y perjuicios", CSJN, fallo del 27 de noviembre de 2012, Fallos 335:2333

xicano Sergio García Ramírez, de la Corte Interamericana, en el caso Myrna Mack Chang vs. Guatemala, de noviembre de 2003, propiciando, al modo del control de constitucionalidad, un examen judicial de la compatibilidad entre las normas jurídicas internas y la Convención Americana de Derechos Humanos. El control de convencionalidad obligatorio y aún de oficio se plasma en el fallo de la causa Almonacid Arellano vs. Chile, sentencia del 26 de septiembre de 2008. En esa tarea, dijo el tribunal, el poder judicial debe tener en cuenta no solamente el tratado, sino también la interpretación que de él ha hecho la Corte, su intérprete última. Ella, pues, tiene –como vimos- una última interpretación directa u horizontal, en ejercicio de un control concentrado, cuando el caso llega a ella, e indirecta o vertical, ejercida difusamente en todos los niveles judiciales anteriores, por un control obligatorio y aún de oficio. Por cierto, la Corte puede encontrar más tarde que esa interpretación ha sido deficiente en alguno de aquellos niveles anteriores. La jurisprudencia resultante, establecida por la Corte como intérprete supremo, rige con eficacia directa en el ámbito de todos los Estados miembros, "con independencia de que derive de un asunto donde no han participado formalmente como parte material", de acuerdo con el voto razonado de Eduardo Ferrer McGregor en Cabrera García y Montiel Flores vs. México, de noviembre de 2010, a que más arriba nos referimos.

No anduvo errado el juez ad hoc Figuereida Caldas en Gomes Lund vs. Brasil (sentencia del 24 de noviembre de 2010), cuando señaló que "para todos los Estados que libremente adoptaron la Convención, *equivale a una constitución supranacional atinente a los derechos humanos*".[24]

La CIDH ha fundamentado su doctrina acerca del control de convencionalidad en tres argumentos principales.[25] El primero es el principio de buena que surge de la Convención de Viena sobre el efecto de los tratados, art. 26: "todo tratado en vigor obliga a las partes y debe ser cumplido de buena fe" y el siguiente art, 27: "una parte no puede invocar las disposiciones de su derecho interno como justificación del incumplimiento del tratado", combinados con el art. 31 sobre interpretación: "un tratado deberá interpretarse de buena fe", a todo lo cual se han comprometido los Estados pactantes. El segundo argumento, encadenado consecuencialmente al primero, es el del efecto útil de los tratados, cuya eficacia no puede ser retaceada por normas internas de los Estados, y el tercer argumento es el impedimento de

---

24 "Para todos os Estados do continente americano que livremente a adotaram, a Convenção equivale a uma Constituição supranacional atinente a Direitos Humanos. Todos os poderes públicos e esferas nacionais, bem como as respectivas legislações federais, estaduais e municipais de todos os Estados aderentes estão obrigados a respeitá-la e a ela se adequar".

25 Sagüés, op. cit. n. 2, p. 384

alegar el orden local para eximirse de los deberes asumidos en el Pacto, de acuerdo con el art. 27 de la citada Convención de Viena. Maino[26] agrega la noción implícita del principio de interpretación evolutiva, que establece que las obligaciones internacionales deben ser interpretadas conforme al paso del tiempo, adaptándose a los nuevos contextos sociales.

En puridad, ninguno de estos argumentos autorizan a la vigencia mutativa de un nuevo Pacto, emanado de de una CIDH que se ha arrogado así una supersoberanía sobre lo convenido por los Estados, situándose por encima de ellos y de los alcances de la Convención originaria, que originariamente la concibió en un rol coadyuvante y complementario. El principio de *bona fide* en la interpretación y cumplimiento de lo pactado no es unidireccional, sino que obliga *también* a la CIDH y le veda los ejercicios hermenéuticos *in malam partem* a los que suele librarse. El efecto útil se refiere a lo pactado, esto es, no puede extenderse *ultra vires* a efectos provenientes de facultades no delegadas, que equivalen en el caso a recortes precisos de facultades soberanas. En cuanto a la interpretación evolutiva, se refiere, en todo caso, a contextos sociales variables en el tiempo, pero no a contextos jurídicos--políticos fijos, como lo es la afirmación plenaria de que los fallos de la CIDH sólo alcanzan al Estado involucrado. "Estado", "casos en que sean partes", son conceptos fijados en el texto y contexto del tratado, y no incógnitas que el álgebra hermenéutica de los jueces puede llenar de contenido a voluntad "evolutiva". Néstor Sagüés sostiene que la multiplicidad de sentencias que ponen en vigencia mutativa el pacto novado "permiten detectar ya la existencia de un derecho procesal consuetudinario trasnacional, afirmativo del control de convencionalidad en el sistema interamericano".[27] Una *consuetudo*, en todo caso, que es en realidad *desuetudo* espuria de los términos solemnes del Pacto y que en la *opinio iuris* de los receptores –los Estado pactantes- se traduce en la "resistencia gris" del incumplimiento: sobre más de 200 sentencias de la CIDH hasta 2012 sólo un 20% habían recibido un cumplimiento leal en el orden interno.[28]

En verdad sorprende la tenuidad argumental invocada por la CIDH para sus exorbitancias, y la aceptación formularia y acrítica con que gran parte de la doctrina ha tomado nota de aceptación de aquélla. La legitimación jurídico-política de los Estados pactantes se funda, según todas las constituciones de la ecúmene, en la "soberanía del pueblo". En el pacto sustituto nacido del activismo de la CIDH, se plantea una suerte de "soberanía constitucio-

---

26   Op. cit. nº 14, p. 37/38

27   Op. cit. nº 2, p. 383

28   Gelli, María Angélica. "Cooperación, conflictos y tensiones entre la jurisdicción constitucional y la convencional", en Capaldo, G., Sieckmenn, J. y Clérico, L., "Internacionalización de Derecho Constitucional y constitucionalización del Derecho Internacional", Bs. As., EUDEBA, 2012. P. 422

nal", autoatribuida por el propio tribunal, que actúa más allá de las competencias delegadas por el pacto original. Si la CIDH es el órgano soberano de esa "constitución supranacional" a la que se refirió el juez Figuereida Caldas, es inevitable que intente trasladar al campo interamericano los mecanismos del control constitucional "fuerte", donde se postula que, o a una judicatura difusa, encabezada por una corte o tribunal supremo, o a un tribunal constitucional concentrado, en ambos casos preeminentes sobre las otras competencias superiores del Estado, se les otorga la potestad exclusiva y excluyente de invalidar toda clase de actos o normas por considerarlas contrarias a la constitución del país, a los tratados posmodernos de derechos humanos a partir de la Declaración Universal de 1948 y, en términos generales, a la constitución global posmoderna, de cuyos instrumentos aquellos estrados se consideran únicos guardianes.[29] En estos casos, el tribunal actúa como legislador negativo, positivo, y hasta como poder constituyente.[30] Expresa la voluntad de un cuerpo que decide no sólo y no ya como suprema instancia jurídica, sino como suprema instancia política, esto es, como supremo guardián de una soberanía constitucional impersonal, depositada en los tribunales y cortes supremas nacionales y supranacionales. Ya discutible resulta esta "soberanía constitucional" a través del control fuerte de constitucionalidad, donde la carta fundamental no es el ápice de un ordenamiento jurídico localizado sino, por lo menos en su parte dogmática, un capítulo de una constitución cosmopolítica supraestatal y prácticamente desterritorializada. Pero mucho más discutible aún es la configuración de una "soberanía convencional" ejercida por la CIDH a través de la novación por vía interpretativa del Pacto, actuando como órgano informal de una república mundial donde rige el derecho cosmopolítico anunciado por Kant en su opúsculo "La Paz Perpetua", que Habermas propicia como "comunidad cosmopolita sometida a una autoridad superior".[31]

---

29   Sobre la constitución cosmopolítica de nuestros días, ver Luis María Bandieri, "Ojeada a los Problemas (y Algunas Paradojas) del "Estado Constitucional" y de la "Democracia Constitucional" en George Salomão Leite, Ingo Wolfgang Sarlet – coordinadores – "Constituiçao, Politica e Cidadania – em homenagem a Michel Temer", pp. 312/333. También "Control de constitucionalidad y control de convencionalidad: rápido repaso de límites y problemas", IX Jornadas Internacionales de Derecho Natural, Bs,. As. UCA, http://bibliotecadigital.uca.edu.ar/repositorio/ponencias/control.-de-constitucionalidad-convencionalidad.pdf.

30   Vaya como ejemplo el Tribunal Constitucional peruano, que se considera "vocero del poder constituyente" y "poder constituyente constituido", ver en www.tc.gob.pe

31   Jürgen Habermas, "¿Tiene alguna posibilidad la constitucionalización del derecho internacional?", en "El Occidente escindido: pequeños escritos políticos X", Trotta, Madrid, 2006, p. 125

De tal modo, se va desplegando la red de un *ius cogens*[32] con pretensión planetaria, concretado a partir de una constelación de principios, valores y reglas universales que se van plasmando a través de declaraciones, tratados, convenios y jurisprudencia internacionales. En esa trama reticular se inscribe la creación pretoriana del control de convencionalidad en nuestro continente y el neotratado que a través de una vigencia aditiva se solapa sobre el Pacto original.

¿Un reflujo de la marea?

El proceso descripto de marcha hacia un orden jurídico supranacional y supraconstitucional, directa e inmediatamente aplicable, obligatorio para todos los órganos y niveles de un Estado se ha metaforizado como una marea creciente que no puede ser detenida. En las Jornadas Sudamericanas de Derecho Constitucional celebradas el 5 y 6 de mayo en Santiago de Chile, sorprendió, sin embargo, el número de ponencias críticas al modo de encarar el control de convencionalidad por la CIDH que se plantearon para el tema "Control de convencionalidad y margen de apreciación".

Lo que hay actualmente es un reflujo de esa marea considerada imparable, en el orden de la jurisdicción constitucional, con indudable impacto en la jurisdicción convencional. En síntesis, lo que ocurre es el tránsito de un control "fuerte" de constitucionalidad, a un control "débil". El control "fuerte" asocia la declaración de inconstitucionalidad a la consecuencia de nulidad/apartamiento del orden jurídico de la norma u acto fulminado. En el control "débil" la declaración de inconstitucionalidad está asociada a la de "inaplicación al caso", sin que la invalidación trascienda del caso juzgado, ni enjuicie la ley misma o se pronuncie contra ella. Fue el criterio que durante muchos años rigió en las decisiones de la Corte Suprema argentina y resulta el ejercicio ordinario de la función judicial, de optar entre normas de diferente jerarquía y decidir, en cada caso, el derecho aplicable, *sine strepitu*. Una "atribución moderadora", como se expresó en la primera sentencia de la Corte Suprema argentina en que se inaplicó una ley federal, el año 1886.[33]

Si interrogamos a la palabra "control" obtendremos una mejor comprensión de la diferencia. "Control", que no es propiamente voz castellana, cuando nos remontamos a sus orígenes nos conduce a una bifurcación de sus significados. Por un lado, resulta un galicismo por verificación, registro,

---

32 El *ius cogens*, norma de derecho supranacional imperativo que no admite acuerdo en contrario, debe resultar aceptado y reconocido, de modo indubitable, por la comunidad internacional de Estados. Se observa una proliferación de "iuricogentes" propicios a otorgarle imperatividad a cualquier norma, interpretación, recomendación u opinión emanada de algún organismo internacional.

33 "Municipalidad de la Ciudad de Buenos Aires c/Elortondo", Fallos 33-163

inspección; así, en la expresión "control de identidad", por ejemplo. Por otro, es un anglicismo por dominio, manejo, supremacía, dirección o gobierno de un asunto, como en las expresiones "controlar de un territorio" o "autocontrol". La locución "control de constitucionalidad" había ido reduciéndose a su sentido fuerte, como también ocurre con el control de convencionalidad.

Ese imperativo del control "fuerte", tanto por la jurisdicción constitucional como por la convencional, armados de un *ius cogens* de geometría variable, se presentaron como instrumento más adecuados para expandir un derecho destinado a cumplir integralmente, en la posmodernidad, las promesas perdidas de la modernidad. Un derecho post Auchswitz destinado a terminar con los horrores. Una "esfera pública mundial" – en expresión de Ferrajoli – presidida por ese derecho e instauradora del vislumbre kantiano de la paz perpetua. La paz a través del derecho global, que prometía Kelsen sobre las ruinas de la posguerra. La realidad es un estado de excepción permanente y una guerra civil asimétrica y difusamente extendida por casi todo el planeta. También, que las nulificaciones de normas y actos fulminadas por las jurisdicciones constitucionales y la convencional del CIDH producían, a veces, mayores conflictos que los que querían remediar y más profundas incertidumbres que las previas al decisorio. Para volver, en el caso del CIDH a dos fallos referidos más arriba: la reformulación de la noción de "concepción" establecida en el Pacto y la tajante afirmación de que no puede haber amnistías respecto de los delitos de lesa humanidad, resultan afirmaciones absolutas que, en un caso, deniegan la calidad de sujeto de derecho al embrión humano y, en otro, se coloca como obstáculo insalvable para los acuerdos de paz que pretenden cerrar procesos de enfrentamiento intestino en la ecúmene.

La "reparación bilateral de inconstitucionalidad" y la CIDH

Cabe reseñar en este punto algunas manifestaciones del reflujo apuntado contra el control "fuerte". Este tipo de control ha sido llamado "reparación unilateral de inconstitucionalidad" – en lo que sigue entenderemos incluida en la expresión "inconstitucionalidad" también la "inconvencionalidad". Se tiende ahora a una "reparación bilateral", donde se ejerce un control "débil" o, en algunos casos, el efecto de la sentencia declarativa de la inconstitucionalidad se retrasa varios años, dándole tiempo al legislador para reformar la norma.

El proceso se inicia en la Corte Constitucional italiana.[34] La libertad hermenéutica que le procuró la doctrina de las sentencias manipulativas

---

34 Los desarrollos posteriores tiene en cuenta la reseña de la exposición del profesor español Augusto Martín de la Vega, de la Universidad de Salamanca, sobre "La sentencia intermedia y el control de constitucionalidad", pronunciada el 5 de abril del mismo año en el Coloquio Internacional "Control de constitucionalidad de las normas",

provocaba problemas a aquel tribunal en la relación con la magistratura ordinaria y con el Legislativo. A fin de procurar un nuevo equilibrio, surgió la doctrina del "*diritto vivente*" y el principio de la interpretación conforme. La Corte, antes que elaborar e imponer su interpretación, debía considerar la interpretación jurisprudencial de la norma adoptada por la magistratura y en especial por el Tribunal de Casación. De tal modo, la libertad hermenéutica de la Corte devenía subsidiaria y cedía su prelatura respecto a la interpretación asumida corrientemente por la instancia ordinaria. Más allá fue el Tribunal Constitucional austríaco, que se limitó a detectar el vicio de inconstitucionalidad, mas sin declarar su nulidad, ni la reparación manipulativamente modo unilateral, fundándose en la seguridad jurídica, sino que procedía a convocar al legislador y, en su caso, a los tribunales ordinarios, para que fueran estos los que coparticipas en el restablecimiento de la constitucionalidad – de allí la reparación "bilateral". También estableció que, en determinados casos, resultaba conveniente dar un margen de tiempo al legislador para llenar el vacío jurídico que provocaría la nulificación de la norma constitucional, por lo que se procedía a diferir por un plazo perentorio la entrada en vigor de la sentencia de inconstitucionalidad, abriéndose una *vacatio* durante la cual el legislador debía solucionar el vicio. Augusto Martín de la Vega, en la disertación referida en nota, advertía sobre que la idea de una constitución como norma portadora de valores a desenvolver por la jurisprudencia constitucional "está hoy en crisis, como lo está el valor de la constitución misma por el escepticismo de quienes no ven en ella una garantía efectiva". De allí, los criterios de la "reparación bilateral" donde se de traslado al legislador poniendo a su cargo la alternativa de remediar o no la tacha de inconstitucionalidad.

No puede dejarse de lado en esta reseña el parecer del profesor de Harvard Mark Tushnet, que contrario en principio al *judicial review*, propiciaba un control judicial débil en forma "dialógica" entre la Corte Suprema y el Legislativo, tomando el ejemplo de la *Charter of Rights* canadiense de 1982.[35]

---

realizado en la Facultad de Derecho de la UBA, publicada el 1º de junio de 2006 en "Derecho al Día", año V, nº 87. Mayores desarrollos en la obra del citado Martín de la Vega "La Sentencia constitucional en Italia –Tipología y efectos de las sentencias en la jurisdicción constitucional italiana", CFPC, Madrid, 2010. De fructífera consulta al respecto es la tesis de Edwin Santiago Cocarico Lucas, dirigida por el mismo Martín de la Vega, de septiembre de 2013, bajo el título "Tipología y efectos de la sentencia constitucional en Bolivia – Estudio comparado desde la experiencia de la jurisprudencia constitucional europea", fecha de consulta 28/2/17 en http://gredos.usal.es/jspui/bitstream/10366/124102/1/DDPG_CocaricoLucasEdwingSantiago_Tesis.pdf

---

35 "Weak courts, strong rights: judicial review and social welfare rights in comparative constitutional law", Princeton University Press, p. 18-42. Tushnet, en su "Democracy

Llevado a los términos de la jurisprudencia convencional de la CIDH, este reflujo resulta en una necesidad de diálogo con las cortes supremas o tribunales constitucionales locales. Veremos a continuación un reciente fallo de la Corte Suprema argentina que retoma una orientación en el sentido indicado.

El caso "Fontevecchia, Jorge; D'Amico Héctor vs. Argentina"

El ex presidente argentino Carlos Saúl Menem no había reconocido públicamente a un hijo natural, Carlos Nair, producto de una relación habida durante la detención que sufriera, en tiempos del último gobierno de facto, en una cárcel del interior del país. Ejerciendo la presidencia, una revista investigó el hecho y armó una serie de notas en las que contaba que el entonces gobernante tenía un hijo e incluso consiguió una foto que llevó a tapa. Carlos Menem los demandó planteando que la revista había violado su derecho a la intimidad. En 1997 un juez de primera instancia en lo civil rechazó la demanda interpuesta por Carlos Menem. La sentencia fue apelada y en 1998, la Cámara Nacional de Apelaciones en lo Civil de la Capital Federal revirtió la decisión y condenó a la Editorial Perfil y a Jorge Fontevecchia y Hector D'Amico a pagar la suma de la suma de $150.000, en tiempos de la convertibilidad 1$ = 1 usd. Los demandados interpusieron un recurso extraordinario federal. En el año 2001 la Corte Suprema confirmó la sentencia recurrida aunque modificó el monto indemnizatorio, reduciéndolo a la suma de $ 60.000. Sobre esta base el caso, a instancias de los condenados escaló a la Comisión Interamericana y luego accedió a la CIDH, con la carátula "Fontevecchia y D´Amico", que eran respectivamente propietario y director de la revista del caso. La CIDH concluyó que la revelación de la revista estaba justificada por tratarse Menem de una figura pública política, que la condena civil había sido un cercenamiento a la libertad de expresión, y se condenó al Estado Argentino. Para cumplir esa condena, el Estado debía hacer tres cosas:

a. dejar sin efecto la condena civil impuesta a Jorge Fontevecchia y Héctor D'Amico, así como todas sus consecuencias;

b. publicar un resumen oficial de su sentencia elaborado por la Corte Suprema, por una sola vez, en el Diario Oficial y en un diario de amplia circulación nacional, así como publicar la sentencia completa de la Corte Interamericana en la página del Centro de Información Judicial de la Corte Suprema, y

---

vs. judicial review , is it time to amend?" propuso una enmienda a la constitución norteamericana que estableciese: "salvo autorización del Congreso, ninguna corte federal de los EE.UU. o de cualquiera de los estados tendrá el poder de revisar la constitucionalidad de las leyes dictadas por el Congreso o por cualquiera de las legislaturas estaduales"

c. entregar a los periodistas las sumas reconocidas en dicho fallo (devolverles el dinero que habían pagado por la condena, más los gastos que tuvieron que hacer por el juicio)

Estando cumplido el punto *b* y el punto *c* "en vías de cumplimiento", el Ministerio de Relaciones Exteriores pide a la Corte Suprema el cumplimiento de *a*- cosa a que la Corte no hace lugar, según fallo del 14 de febrero de 2017.

La mayoría del tribunal (ministros Rosenkrantz, Highton y Lorenzetti) señala que las sentencias de la CIDH dictadas en procesos contenciosos contra el Estado argentino son, en principio, de cumplimiento obligatorio, siempre que lo decidido por el tribunal continental esté "dentro del marco de sus potestades remediales". Si la CIDH no es una cuarta instancia ni un tribunal casatorio de revisión, su competencia se centra en señalar las eventuales violaciones a los derechos consagrados en la Convención, que hayan perjudicado al afectado "pero carece de competencia para subsanar dichas violaciones en el ámbito del derecho interno", atento su carácter subsidiario coadyuvante complementario. La Corte Suprema hace mérito en este punto del "margen de apreciación nacional" desarrollado por el TEDH, doctrina que nunca tuvo el favor jurisprudencial de la CIDH. Señala, en consecuencia que "dejar sin efecto", esto es, revocar su propio fallo en la causa de Carlos Menem, iría más allá de la obligaciones asumidas convencionalmente por el Estado argentino al ingresar al Pacto. La revocación haría de la CIDH una real "cuarta instancia", que operaría además en dos causas diferentes, ya que fueron distintas las partes y prueba en la demanda civil de Carlos Menem y las que llegan a los estrados interamericanos. El mecanismo restitutivo que pretende la CIDH no se encuentra contemplado en el Pacto. El art. 63.1 del Pacto no contempla que se deje sin efecto una sentencia dictada en sede nacional. Pero, además, de acuerdo con el art 27 de la constitución argentina, los tratados deben estar "en conformidad con los principios del derecho público establecidos en esta Constitución". "El constituyente ha consagrado en el art. 27 una esfera de reserva soberana". Entre aquellos principios de derecho público está el carácter supremo de la Corte, del que se vería privado de cumplir lo ordenado por la CIDH y "sustituirlo por un tribunal internacional", en transgresión a la constitución. El ministro Rosatti votó con la mayoría por sus propios fundamentos, que coinciden con los anteriores, y agrega, en primer lugar, que no es posible hacer prevalecer automáticamente, sin escrutinio alguno, el derecho internacional...sobre el derecho nacional" y, en segundo lugar, que debe existir un contexto de "diálogo jurisprudencial que procure mantener la convergencia decisional entre los órganos con competencias para dirimir conflictos", reconociendo a la CIDH como último intérprete del Pacto y la Corte Suprema como último intérprete de la constitución.

El ministro disidente, Maqueda, votó por dejar sin efecto los fallos en la causa de Carlos Menem e invocó al respecto la jurisprudencia anterior del alto tribunal donde se hizo prevalecer el derecho internacional sobre el nacional (causas "Espósito", "Derecho", "Carranza Latrubesse" y "Mohamed vs. Argentina), siendo que *pacta sunt servanda* y que no hay razones de orden interno que puedan oponerse al cumplimiento de las obligaciones asumidas en los tratados, conforme la Convención de Viena.

El fallo, como se ve, revierte una orientación jurisprudencial anterior, restablece la esfera de reserva de soberanía derivada del art. 27 de la constitución que venía siendo silenciada, salvo alguna disidencia, en la jurisprudencia citada por el ministro Maqueda; adopta la doctrina del margen de apreciación nacional y propicia, en el voto del ministro Rosatti un diálogo jurídico de pares entre la suprema instancia interamericana y la suprema instancia argentina. Un ejemplo del reflujo que más arriba se señaló, que seguramente

A modo de conclusión

El sistema interamericano actual fluctúa entre los extremos de la relativa inutilidad e inmovilidad de la OEA y la sobreactuación mutativa de la CIDH. El tribunal interamericano, a través de su versión expansiva del control de convencionalidad y reescribiendo a golpes de fallo el viejo Pacto, se propone -para utilizar giros lingüísticos caros a Lenio Luiz Streck[36] – como una especie de "Leviatán hermenéutico", un suprainterprete que genera, desde su versión del derecho cosmopolítico, una suerte de "neoabsolutismo de la interpretación". Es un tribunal con un auditorio planetario, pero incapaz de fijar más modestamente ciertos puntos fijos de un orden público en nuestra ecúmene. Aplana el margen de apreciación nacional, que prudencialmente maneja el TEDH y en su seguimiento de la ejecución de sus dictados allana el derecho y las instituciones locales. Provoca así un efecto no deseado: la resistencia gris del incumplimiento. Sin embargo, un reflujo en la marea globalista se advierte en Europa y asoma en nuestro continente. Bienvenido sea.

Referências bibliográficas

BANDIERI, Luis María, "Ojeada a los Problemas (y Algunas Paradojas) del "Estado Constitucional" y de la "Democracia Constitucional" en George Salomão Leite, Ingo Wolfgang Sarlet – coordinadores – "Constituiçao, Politica e Cidadania – em homenagem a Michel Temer"

---

36 Ver "Os modelos de juiz diante da democracia e da divisão de poderes no Estado Democrático de Direito", en "Estado Constitucional e organização do Poder", organizadores André Ramos Tavares, George Salomão Leite, Ingo Wolfgang Sarlet, editora Saraiva, São Paulo, 2010, p. 449.

Control de constitucionalidad y control de convencionalidad: rápido repaso de límites y problemas", IX Jornadas Internacionales de Derecho Natural, Bs,. As. UCA, http://bibliotecadigital.uca.edu.ar/repositorio/ponencias/control.-de-constitucionalidad-convencionalidad.pdf.

BENAVIDES CASALS, María Angélica "El consenso y el margen de apreciación en la protección de los derechos humanos", Revista Ius et Praxis, 15 (1): 295-310, 2009, http://dx.doi.org/10.4067/S0718-00122009000100009

GELLI, María Angélica "Cooperación, conflictos y tensiones entre la jurisdicción constitucional y la convencional", en Capaldo, G., Sieckmenn, J. y Clérico, L., "Internacionalización de Derecho Constitucional y constitucionalización del Derecho Internacional", Bs. As., EUDEBA, 2012. P. 422

MAINO, Carlos Alberto Gabriel "El control de convencionalidad y las dificultades que ofrecen las interpretaciones de la CIDH", "Prudentia Iuris", nº 81, 2016, p.44

"La eficacia de las sentencias de la CIDH y el caso Artavia Murillo", en AA.VV., "Eficacia de los derechos humanos en el siglo XXI –un reto por resolver", coordinadoras Milagros Otero y María Leoba Castañeda, ed. Porrúa, México, 2014

MARTÍN DE LA VEGA, Augusto "La Sentencia constitucional en Italia – Tipología y efectos de las sentencias en la jurisdicción constitucional italiana", CFPC, Madrid, 2010

NOGUEIRA ALCALÁ, Humberto, "Diálogo interjurisdiccional y control de convencionalidad entre los tribunales nacionales y la Corte Interamericana de Derechos Humanos en Chile, Anuario de Derecho Constitucional Latinoamericano, año XIX, Bogotá, 2013,

SAGÜÉS, Néstor Pedro, "El control de convencionalidad en el sistema interamericano y sus anticipos en el ámbito de los derechos económicos--sociales – concordancias y diferencias con el sistema europeo", p. 382, Biblioteca Jurídica Virtual del Instituto de Investigaciones Jurídicas de la UNAM, www.juridicas.unam.mx

SILVA ABBOTT Max y CASTALDI, Ligia De Jesús, "¿Se comporta la Corte Interamericana como tribunal internacional? – Algunas reflexiones a propósito de la supervisión de cumplimiento del caso 'Artavia Murillo vs. Costa Rica", en Prudentia Iuris", nº 82, diciembre de 2016, EDUCA, p. 57.

STRECK, Lenio Luiz Os modelos de juiz diante da democracia e da divisão de poderes no Estado Democrático de Direito", en "Estado Constitucional e organização do Poder", organizadores André Ramos Tavares, George Salomão Leite, Ingo Wolfgang Sarlet, editora Saraiva, São Paulo, 2010

TUSHNET, Mark "Weak courts, strong rights: judicial review and social welfare rights in comparative constitutional law", Princeton University Press.

Diálogo entre Cortes:
a interamericanização do sistema europeu e a europeicização do sistema interamericano

Flávia Piovesan

1. Introdução

Objetiva este artigo enfocar o diálogo entre as Cortes Européia e Interamericana de Direitos Humanos, fomentado por permeabilidades e aberturas mútuas, por referências e influências recíprocas, que permitem avançar na proteção de temas centrais da agenda de direitos humanos.

Serão examinados os fenômenos da "interamericanização" do sistema europeu e da "europeicização" do sistema interamericano, com destaque a julgados emblemáticos que celebram o diálogo inter-regional em matéria de direitos humanos.

É a partir de interlocuções e empréstimos jurisprudenciais, que cada qual dos sistemas regionais desenvolve o refinamento de argumentos, interpretações e princípios voltados à afirmação da dignidade humana.

O resultado é a transformação dos sistemas regionais, por meio da inovação jurisprudencial e do fortalecimento da capacidade de responder a desafios concernentes a violações de direitos, propiciando proteção mais efetiva aos direitos das vítimas.

2. Corte Européia de Direitos Humanos: a interamericanização do sistema europeu

É possível criar uma tipologia de casos decididos pela Corte Européia de Direitos Humanos que incorporam a jurisprudência da Corte Interamericana, com base em relatório produzido pelo Conselho da Europa em dezembro de 2012.[1] Destacam-se fundamentalmente 4 categorias de casos: 1) casos envolvendo o desaparecimento forçado de pessoas; 2) casos envolvendo a observância do *due process of law* no julgamento de graves violações de direitos humanos; 3) casos envolvendo o dever do Estado de prevenir e inves-

---

[1] A respeito, ver Council of Europe. *Research Report, References to the Inter-American Court of Human Rights in the case-law of the European Court of Human Rights*. 2012. Available at: http://www.echr.coe.int/NR/rdonlyres/7EB3DE1F-C43E-4230-980D--63F127E6A7D9/0/RAPPORT_RECHERCHE_InterAmerican_Court_and_the_Court_caselaw.pdf (access on 01/12/2012).

tigar violações de direitos, adotando *due diligences*; e 4) casos envolvendo a proteção de direitos sociais.

Para cada qual destas 4 categorias, serão enfocadas as referências à jurisprudência da Corte Interamericana, bem como os argumentos jurídicos utilizados.

1) Casos envolvendo o desaparecimento forçado de pessoas

Nesta categoria de casos, destacam-se 5 precedentes da Corte Européia:

1.1.) Caso *Kurt v. Turkey*, nº 24276/94, julgado em 25 de maio de 1998

Jurisprudência da Corte Interamericana incorporada:

Caso Velásquez-Rodríguez v. Honduras

(Judgment of July 29, 1988)

Caso Godínez-Cruz v. Honduras

(Judgment of January 20, 1989).

Caso Caballero-Delgado e Santana v. Colombia

(Judgment of December 8, 1995).

Fundamento juridico utilizado:

Argumenta a Corte Européia que a Corte Interamericana de Direitos Humanos tem enfrentado a temática do desaparecimento forçado em um número significativo de casos à luz dos dispositivos da Convenção Americana de Direitos Humanos, antes mesmo da adoção da Convenção Interamericana sobre o Desaparecimento Forçado de Pessoas. Esta interpretação influenciou a Corte Européia a enfocar a violação do desaparecimento forçado à luz dos dispositivos da Convenção Européia.

1.2.) Caso Silih v. Slovenia, nº 71463/01, julgado em 9 de abril de 2009

Jurisprudência da Corte Interamericana incorporada:

Caso Velásquez-Rodríguez v. Honduras

(Judgment of July 29, 1988)

Caso Godínez-Cruz v. Honduras

(Judgment of January 20, 1989)

Caso Serrano-Cruz Sisters v. El Salvador

(Judgment of November 23, 2004)

Fundamento juridico utilizado:

Afirma a Corte Européia que a Corte Interamericana estabeleceu obrigações procedimentais com respeito a assassinatos ou desaparecimentos à luz de diversas disposições da Convenção Americana de Direitos Humanos. Em casos envolvendo a violação de obrigações procedimentais, particularmente quando um aspecto substantivo do direito à vida tenha sido violado, a Corte entende restar caracterizada a violação ao artigo 4 (direito à vida) e ao artigo 1, § 1 (obrigação de respeitar os direitos nela enunciados) da Convenção Americana (ver Velásquez Rodríguez v. Honduras, judgment of 29 July 1988, e Godínez Cruz Case v. Honduras, judgment of 20 January 1989). Em situações em que não houve a violação direta ao artigo 4 (direito à vida), a Corte Interamericana examina o caso `a luz do artigo 8, que assegura o *right to a fair trial* e do artigo 25, que estabelece o *right to judicial protection*, somados ao artigo 1 § 1. (...) Com relação às alegadas deficiências das investigações criminais no âmbito doméstico no tocante aos casos de desaparecimento, a Corte entende que, na hipótese de uma violação contínua e permanente, iniciada antes do aceite da jurisdição da Corte, persistindo após, a Corte é competente para examinar tais ações e omissões, bem como seus respectivos efeitos.

1.3.) Caso Varnava and others v. Turkey, nº 16064/90, julgado em 18 de setembro de 2009

Jurisprudência da Corte Interamericana incorporada:
Caso Blake v. Guatemala
(Judgment of July 2, 1996)
Caso Serrano-Cruz Sisters v. El Salvador
(Judgment of November 23, 2004)
Case Heliodoro Portugal v. Panama
(Judgment of 12 August 2008)
Fundamento juridico utilizado:

Uma vez mais, a Corte Européia reitera a jurisprudência da Corte Interamericana a respeito da *ratione temporis* jurisdiction em casos envolvendo desaparecimento forçado de pessoas. Ainda que o desaparecimento tenha ocorrido antes do aceite da jurisdição da Corte, endossa a Corte o entendimento de que o desaparecimento forçado implica a violação de diversos direitos humanos e que o efeito desta violação pode se prolongar de forma contínua e permanente. Ao considerar o desaparecimento como uma *"continuing situation"*, examina a Corte Européia o caso à luz do artigo 8 combinado com o artigo 1, § 1 da Convenção, no sentido de sustentar que os familiares da vítima desaparecida tiveram violado o direito de ter o desaparecimento e a morte da vítima efetivamente investigada, com a persecução e a punição dos responsáveis, bem como com a reparação devida. Tecendo referência ao caso já destacado *Šilih v. Slovenia,* a Corte Européia, nos termos do artigo 2, entende existir a obrigação procedimental do Estado de investigar mortes arbitrárias – o que constitui uma obrigação autônoma e independente da obrigação substantiva relativa ao direito à vida. Recorrendo à Corte Interamericana, a Corte Européia aplica os aspectos procedimentais relativos aos casos de desaparecimento, com fundamento na denegação de justiça e de proteção judicial – ainda que o desaparecimento tenha ocorrido antes do reconhecimento da jurisdição da Corte.

1.4.) Caso Ertak v. Turkey, nº 20764/92 julgado em 9 de maio de 2000
Jurisprudência da Corte Interamericana incorporada:
Caso Velásquez-Rodríguez v. Honduras
(Judgment of July 29, 1988)
Caso Godínez-Cruz v. Honduras
(Judgment of January 20, 1989)
Caso Caballero-Delgado and Santana v. Colombia
(Judgment of December 8, 1995)
Fundamento juridico utilizado:
A sentença da Corte Européia destaca que o peticionário baseou seu pleito a respeito de desaparecimento forçado de pessoas na sólida jurisprudência da Corte Interamericana, com destaque aos três casos acima referidos – particularmente ao caso Velásquez Rodríguez v. Honduras; ao caso Godínez Cruz v. Honduras; e ao caso Cabellero-Delgado e Santana v. Colombia.

1.5.) Caso Cicek v. Turkey, nº 25704/94, julgado em 27 de fevereiro de 2001
Jurisprudência da Corte Interamericana incorporada:
Caso Velásquez-Rodríguez v. Honduras
(Judgment of July 29, 1988)
Fundamento juridico utilizado:
A Corte Européia sustenta que o desparecimento forçado é uma reconhecida categoria do Direito Internacional, destacando a Declaração da ONU sobre a Proteção de todas as pessoas em face do desaparecimento forçado; a jurisprudência do Comitê de Direitos Humanos da ONU; e a jurisprudência da Corte Interamericana de Direitos Humanos, com realce ao caso Velásquez Rodriguez.

2) Casos envolvendo a observância do due process of law no julgamento de graves violações de direitos
Nesta categoria de casos, destacam-se 2 precedentes da Corte Européia:
2.1.) Caso Öcalan v. Turkey, nº 46221/99, julgado em 12 de maio de 2005
Jurisprudência da Corte Interamericana incorporada:
Caso Constantine and Benjamin et al. v. Trinidad and Tobago
(Judgment of June 21, 2002)

The Right to Information on Consular Assistance. In the Framework of the Guarantees of the due Process of Law.
(Advisory Opinion OC-16/99 of October 1, 1999)
Fundamento juridico utilizado:

A Corte Européia alude à Opinião Consultiva OC-16/99 emitida pela Corte Interamericana a respeito do direito à informação concernente à assistência consular como garantia de *due process of law,* destacando a necessidade de observância da garantia do *fair procedure* no tocante ao artigo 4º da Convenção Americana, que permite a pena de morte em determinadas circunstâncias. Para a Corte Interamericana merece realce o princípio de que "ninguém pode ser privado de sua vida arbitrariamente". Observa a Corte Européia que tanto o artigo 6 do Pacto Internacional dos Direitos Civis e Políticos, como o artigo 4 da Convenção Americana demandam a estrita observância de procedimentos legais e limitam a aplicação da pena de morte aos mais graves crimes. Ambos os instrumentos são marcados pela tendência de restringir a aplicação da pena de morte e, em última instância, de aboli-la. Tal tendência expressa que, com relação aos Estados que ainda adotam tal punição (são uma exceção), há que se exercer um rigoroso controle da observância das garantias judiciais quando da aplicação desta sanção. Neste ponto, a Corte Européia destaca a jurisprudência da Corte Interamericana acerca da necessidade de observância do *due process*, com toda sua gama de direitos e garantias, ainda mais relevantes quando a vida humana está sob risco. Ademais, faz-se necessário que um órgão independente e imparcial seja o competente para imposição da pena de morte, com a aplicação dos mais rigorosos *standards* de procedimentos, tendo em vista a irreversabilidade da pena de morte.

2.2.) Caso Ergin v. Turkey, nº 47533/99 julgado em 4 de maio de 2006
Jurisprudência da Corte Interamericana incorporada:
Caso Cantoral-Benavides v. Peru
(Judgment of August 18, 2000)
Caso Durand and Ugarte v. Peru
(Judgment of August 16, 2000)
Fundamento juridico utilizado:

A Corte Européia de Direitos Humanos destaca a jurisprudência da Corte Interamericana que exclui civis da jurisdição de cortes militares. Para a Corte Interamericana, no Estado Democrático de Direito o alcance da jurisdição penal militar deve ser restrito e excepcional, voltado à proteção dos interesses jurídicos específicos concernentes às funções designadas por lei às forças militares. Consequentemente, civis devem ser excluídos do alcance da jurisdição militar e somente militares devem ser julgados pela prática de crimes e ofensas que, por sua natureza, afrontem interesses protegidos pela lei militar. A Corte Interamericana enfatiza que cortes militares devem ter por função manter a ordem e a disciplina das Forças Armadas. Sua jurisdição deve ser restrita aos militares que cometam crimes ou ofensas no desempenho de seus deveres.

3) Casos envolvendo o dever do Estado de prevenir e investigar graves violações, adotando *due diligences*

Nesta categoria de casos, destacam-se 4 precedentes da Corte Européia:

3.1.) Caso Al-Skeini and Others v. United Kingdom, nº 55721/07 julgado em 7 de julho de 2011

Jurisprudência da Corte Interamericana incorporada:

Caso Mapiripán Massacre v. Colombia

(Judgment of September 15, 2005)

Fundamento juridico utilizado:

A Corte Européia alude à jurisprudência da Corte Interamericana no caso *Mapiripán Massacre v. Colombia* (15 September 2005), em que, ao reconhecer as difíceis circunstâncias da realidade da Colômbia, com todos os esforços para a busca da paz, aponta à falha do Estado no dever de investigar o massacre de civis perpetrado por grupos paramiliatres. Para a Corte Interamericana, tal circunstância não afasta a obrigação jurídica do Estado-parte de implementar suas obrigações internacionais com base na Convenção Americana. Sustentou Corte Interamericana que, na medida em que o Estado tolera ações voltadas a execuções sumárias e extra-judiciais, deixando de investigá-las de forma adequada e tampouco punindo seus responsáveis de forma apropriada, o Estado está a violar o dever de respeitar os direitos enunciados na Convenção, assegurando o seu livre e pleno exercício, reproduzindo as condições de impunidade que permitem a perpetuação de tais práticas. Para a Corte os deveres dos Estados, em conformidade com o artigo 2 da Convenção, persistem em contextos delicados, como o contexto de conflito armado.

3.2.) Caso Bevacqua and S. v. Bulgaria, nº 71127/01 julgado em 12 de junho de 2008

Jurisprudência da Corte Interamericana incorporada

Caso Velásquez-Rodríguez v. Honduras

(Judgment of July 29, 1988)

Fundamento juridico utlizado:

A Corte Européia destaca relatório de 20 de janeiro de 2006 da Special Rapporteur on violence against women, ao endossar regra de costume internacional que "obriga Estados a prevenir e a responder a atos de violência contra a mulher com *due diligence"*. Tal conclusão baseia-se, dentre outros, na jurisprudência da Corte Interamericana (especial referência ao caso Velasquez Rodriguez v. Honduras) e em relatórios da Comissão Interamericana de Direitos Humanos (referência ao caso n.12.051, Maria da Penha Maia Fernandes vs. Brazil).

3.3.) Caso Opuz v. Turkey, nº 33401/02 julgado em 9 de junho de 2009
Jurisprudência da Corte Interamericana incorporada
Caso Velásquez-Rodríguez v. Honduras
(Judgment of July 29, 1988)
Fundamento juridico utilizado

A Corte Européia, uma vez mais, tece referência ao precedente Velazquez-Rodriguez, em que a Corte Interamericana afirma: "Um ato ilegal violador de direitos humanos que não seja diretamente imputável ao Estado (por exemplo, porque é praticado por particular) pode implicar responsabilidade internacional em virtude de *lack of due diligence* para prevenir a violação ou respondê-la, como exigido pela Convenção". O fundamento juridico para atribuir a responsabilidade ao Estado por atos do setor privado assenta na falha do Estado no tocante ao dever de assegurar proteção aos direitos humanos, conforme enunciado no artigo 1º da Convenção Americana de Direitos Humanos. A jurisprudência da Corte Interamericana reiteradamente endossa tal princípio ao reconhecer a responsabilidade internacional de Estados em virtude de *lack of due diligence* para prevenir violações a direitos humanos, investigá-las e punir seus perpetradores, garantindo reparação apropriada aos seus familiares.

3.4.) Caso Lexa v. Slovakia, nº 54334/00 julgado em 23 de setembro de 2008
Jurisprudência da Corte Interamericana incorporada
Caso Barrios Altos v. Peru
(Judgment of March 14, 2001)
Caso Bulacio v. Argentina
(Judgment of September 18, 2003)
Fundamento juridico utilizado

A Corte Européia destaca o precedente Barrios Altos v. Peru em que a Corte Interamericana considera inadmissíveis todas as previsões de anistia voltadas a eliminar a responsabilização por violações de direitos humanos, pois intentam obstar a investigação e a punição de responsáveis por graves violações a direitos humanos, como a tortura, a execução sumária, extrajudicial e arbitrária, o desaparecimento forçado – todas proibidas, eis que violam direitos inderrogáveis reconhecidos por instrumentos internacionais de direitos humanos. No caso Bulacio v. Argentina reiterou a Corte que todo e qualquer obstáculo visando a impedir a investigação e a punição de responsáveis por violações a direitos humanos é inadmissível.

4) Caso envolvendo direitos sociais

4.1.) Caso Konstantin Markin v. Russia, nº 30078/06

Julgado em 22 de março de 2012

Jurisprudência da Corte Interamericana incorporada

Caso Acevedo Buendía et al. ("Discharged and Retired Employees of the Office of the Comptroller") v. Peru
(Judgment of July 1, 2009)

Advisory Opinion OC-17/02 of 28 August 2002.

Caso the "Five Pensioners" v. Peru
(Judgment of February 28, 2003)

Fundamento juridico utilizado

Alusão é feita à Opinião Consultiva n.17/2002 da Corte Interamericana, ao sustentar a obrigação jurídica do Estado de adotar todas as medidas protetivas às crianças visando ao seu desenvolvimento com condições decentes. Também destacou a Corte Européia as obrigações positivas dos Estados em promover e garantir o efetivo exercício dos direito à vida familiar; o princípio da justiciabilidade dos direitos sociais; e o dever de não adotar legislação que simbolize retrocesso no exercício de direitos sociais.

Análise de casos

Nos casos envolvendo o desaparecimento forçado de pessoas, a Corte Européia vale-se da sólida jurisprudência da Corte Interamericana, com destaque aos casos Velasquez-Rodriguez v. Honduras (1988), Godínez-Cruz v. Honduras (1989) e Caballero-Delgado e Santana v. Colombia (1995). Reitera a Corte Européia o entendimento da Corte Interamericana no tocante à existência da obrigação procedimental do Estado de investigar, processar e punir mortes arbitrárias – o que constitui uma obrigação autônoma e independente da obrigação substantiva relativa ao direito à vida, sob pena de denegação de justiça e de proteção judicial. O dever do Estado no tocante às obrigações procedimentais tem como fundamento os artigos 1 e 8 da Convenção Européia, sustentando a Corte Européia que os familiares da vítima desaparecida tiveram violado o direito de ter o desaparecimento e a morte da vítima efetivamente investigados, com a persecução e a punição dos responsáveis, bem como com a reparação devida. Corrobora a Corte Européia a interpretação da Corte Interamericana de que o desaparecimento forçado implica a violação de diversos direitos humanos e que o efeito desta violação pode se prolongar de forma contínua e permanente, sendo o desaparecimento uma *"continuing situation"*.

Com relação aos casos envolvendo a observância do *due process of law* no julgamento de graves violações de direitos humanos, a Corte Européia recorre à jurisprudência da Corte Interamericana reafirmando a necessidade de observância do *due process*, com toda sua gama de direitos e garantias, sendo ainda mais relevante quando a vida humana está sob risco. Sustenta ser necessário que um órgão independente e imparcial seja o competente para imposição da pena de morte, com a aplicação dos mais rigorosos *standards* de procedimentos, tendo em vista a irreversabilidade da pena de morte.

A jurisprudência da Corte Interamericana que exclui civis da jurisdição de cortes militares é também referida pela Corte Européia. Compartilha da interpretação de que, no Estado Democrático de Direito, o alcance da jurisdição penal militar há ser restrito e excepcional, voltado à proteção dos interesses jurídicos específicos concernentes às funções designadas por lei às forças militares. Consequentemente, civis devem ser excluídos do alcance da jurisdição militar e somente militares devem ser julgados pela prática de crimes e ofensas que, por sua natureza, afrontem interesses protegidos pela lei militar.

No sentido de fortalecer a proteção de direitos civis e o combate à impunidade, a jurisprudência da Corte Interamericana acerca do dever do Estado de prevenir, investigar violações de direitos, adotando *due diligences* é incorporada pela Corte Européia -- inclusive para reconhecer a responsabilidade internacional do Estado decorrente de violação praticada por particular, em virtude de *lack of due diligence* para prevenir a violação, investigá-la ou respondê-la, como exigido pela Convenção. Endossa o entendimento da Corte Interamericana de que inadmissível é a manutenção de obstáculos a impedir o dever do Estado de investigar, processar e punir violações a direitos, adotando as medidas necessárias, sob pena de reproduzir a impunidade com relação a graves violações, em afronta ao artigo 8 da Convenção concernente ao respeito à vida privada e familiar. Observa que este dever estatal persiste inobstante contextos delicados e complexos de conflitos armados.

Ainda que a Convenção Européia não estabeleça de forma expressa a proteção de direitos sociais – centrando-se exclusivamente na proteção de direitos civis e políticos – importa realçar que, em sua jurisprudência, a Corte Européia tem interpretado o artigo 8 da Convenção (direito ao respeito à vida privada e familiar) de forma a demandar dos Estados não apenas obrigações negativas (o dever de evitar ingerências arbitrárias na vida privada e familiar), como também obrigações positivas (o dever de adotar medidas visando à proteção da vida familiar) – o que tem permitido a proteção dos direitos sociais. Tal construção jurisprudencial se vê fortalecida mediante a incorporação da jurisprudência da Corte Interamericana, com destaque ao princípio da justiciabilidade dos direitos sociais e ao dever dos Estados de não adotar legislação que implique retrocesso no exercício de direitos sociais.

Importa realçar que a maioria significativa dos casos examinados apresenta como Estado violador a Turquia e Estados do leste europeu, como Eslovênia, Rússia, Bulgária e Eslováquia. Tais casos refletem os desafios da consolidação da democracia, do Estado de Direito e do regime de proteção dos direitos humanos. Ainda que estes casos inovem o sistema europeu – com sua escassa tradição jurisprudencial voltada a temas como desaparecimento forçado, execução sumária e tortura – contemplam demandas a contar com sólida e tradicional jurisprudência da Corte Interamericana. Tal jurisprudência nasceu como resposta ao arbítrio perpetrado ao longo dos regimes ditatoriais latino-americanos e aos dilemas de fortalecimento da democracia, do Estado de Direito e do regime de direitos humanos na região.

3. Corte Interamericana de Direitos Humanos: a europeicização do sistema interamericano

Verifica-se a europeicização do sistema interamericano sobretudo em sentenças relativas à emergência de novos direitos e temas da agenda contemporânea. A tipologia de casos será concentrada em sentenças concernentes à proibição da discriminação por orientação sexual e à proteção de direitos reprodutivos.

Para cada qual destas 2 categorias, serão enfocadas as referências à jurisprudência da Corte Européia, bem como os argumentos jurídicos utilizados.

1) Caso envolvendo proibição da discriminação por orientação sexual

1.1.) Caso Atala Riffo y niñas v. Chile
julgado em 24 de fevereiro de 2012
Jurisprudência da Corte Européia incorporada
Caso Salgueiro da Silva Mouta v. Portugal, n.33290/96
(Judgment of March, 21, 2000)
Fundamento juridico utilizado
À luz de uma interpretação dinâmica e evolutiva compreendendo a Convenção Americana como um "living instrument", ressaltou a Corte Interamericana que a cláusula do artigo 1º, parágrafo 1º é caracterizada por ser uma cláusula aberta de forma a incluir a categoria da orientação sexual, impondo aos Estados a obrigação geral de assegurar o exercício de direitos, sem qualquer discriminação. Neste sentido, a Corte Interamericana

recorreu ao precedente da Corte Européia relativo ao caso Salgueiro da Silva Mouta v. Portugal, sustentando que: "Respecto a la inclusión de la orientación sexual como categoria de discriminación prohibido, el Tribunal Europeo de Derechos Humanos há señalado que la orientación sexual es "outra condición" mencionada em el artículo 14 del Convenio Europeu para la Protección de los Derechos Humanos e de las Libertades Fundamentales, el cual prohíbe tratos discriminatórios. En particular, em el caso Salgueiro da Silva Mouta vs. Portugal, el Tribunal Europeo concluyo que la orientación sexual es un concepto que se encuentra cubierto por el artículo 14 del Convenio Europeu. Además, reiteró que el listado de categorias que se realiza em dicho artículo es ilustrativa y no exhaustiva."

Quanto ao argumento da Corte Suprema de Justiça do Chile de que haveria "el derecho preferente de las menores (de edad) a vivir y desarrollarse em el seno de uma família estructurada normalmente y apreciada em el médio social, según el modelo tradicional que le es próprio", uma vez mais a Corte Interamericana recorreu ao aludido precedente da Corte Européia de Direitos Humanos, sob o argumento de que: "En el caso Salgueiro da Silva Mouta v. Portugal, el Tribunal Europeo consideró que la decisión de um Tribunal nacional de retirar de um padre homosexual la custodia de sua hija menor de edad, con el argumento que la niña debería vivir em uma família portuguesa tradicional, carecia de relación razonable de proporcionalidad entre la medida tomada (retirada de custodia) y el fin perseguido (protección del interes superior de la menor de edad)." Acrescentou, ainda, o argumento do necessário respeito à vida privada, o que estaria a abarcar a identidade física, social, bem como o desenvolvimento pessoal, a autonomia pessoal e o direito de estabelecer e desenvolver relações com outras pessoas do mesmo sexo.

2) Caso envolvendo a proteção de direitos reprodutivos

2.1.) Caso Artavia Murillo e outros ("fecundación in vitro") v. Costa Rica julgado em 28 de novembro de 2012

Jurisprudência da Corte Européia incorporada

Caso Vo. v. França, nº 53924/00
(Judgment of July, 8, 2004)

Caso A, B y C v. Irlanda, nº 25579/05
(Judgment of December, 16, 2010)

Caso Costa y Pavan v. Italia, nº 54270/10
(Judgment of August, 28, 2012)

Fundamento jurídico utilizado

Recorre a Corte Interamericana de Direitos Humanos à jurisprudência da Corte Européia no caso Vo. v. França, ressaltando a argumentação:

"La Corte no ha determinado el problema del "inicio" de "el derecho de toda persona a la vida" dentro del significado de la disposición y si el no nacido tiene ese derecho a la vida." [...] El problema de cuando el derecho a la vida comienza viene dentro un margen de apreciación que la Corte generalmente considera que los Estados deben gozar en esa esfera pese a la interpretación evolutiva de la Convención, un "instrumento vivo que se debe interpretar a la luz de las condiciones de hoy en día" [...] Las razones para esa conclusión son, en primer lugar, que el problema de que dicha protección no ha sido resuelta dentro de la mayoría de los Estados parte, en Francia en particular, donde es tema de debate [...] y, en segundo lugar, que no hay un consenso europeo sobre la definición científica y legal del inicio a la vida. [...] A nivel europeo, la Corte observa que no hay ningún consenso en cuanto a la naturaleza y el status del embrión y/o feto [...], aunque ellos hayan recibido alguna protección a la luz del progreso científico y las consecuencias potenciales de investigación dentro de la ingeniería genética, procreación médica asistida o experimentación con embriones. Cuanto más, se puede considerar que los Estados están de acuerdo que el embrión/el feto es parte de la raza humana. La potencialidad de este ser y su capacidad de convertirse en persona – gozando de protección bajo las leyes civiles, además, en muchos Estados, tal como, por ejemplo, Francia, en el contexto de las leyes de sucesión y obsequios, y también en el Reino Unido [...] – requiere protección en el nombre de la dignidad humana, sin hacerlo una "persona" con el "derecho a la vida" a los efectos del artículo 2. [...]". A esta argumentação, a Corte Interamericana alude ainda à jurisprudência da Corte Européia no caso *A, B y C vs. Irlanda,* destacando a seguinte argumentação: "(...) con respecto a la pregunta de cuándo comienza el derecho a la vida, que entró en el margen de apreciación de los Estados porque no había consenso europeo sobre la definición científica y legal del comienzo de la vida, por consiguiente, era imposible responder la pregunta de si la persona nonata era una persona que debía ser protegida conforme a los efectos del artículo 2. Dado que los derechos demandados en nombre del feto y los derechos de la madre están inextricablemente interconectados [...] el margen de apreciación concedido a la protección de la persona nonata por parte del Estado se traduce necesariamente en un margen de apreciación según el cual cada Estado equilibra los derechos contradictorios de la madre. (...) ese margen de apreciación no es ilimitado (...). "la Corte tiene que supervisar si la interferencia constituye un equilibrio justo de los intereses contradictorios involucrados [...]. La prohibición de un aborto para proteger la vida de la persona nonata no se justifica automáticamente en virtud del Convenio sobre la base de deferencia sin restricciones a la protección de la vida prenatal o sobre la base de que el derecho de la futura mamá al respeto de su vida privada es de menor talla". Por fim, a Corte Interamericana alude ao caso Costa y Pavan vs. Italia, nos termos seguintes: "en sus consideraciones previas sobre el derecho europeo relevante para el análisis del caso, resaltó que en "el caso Roche c. Roche y otros ([2009] IESC 82 (2009)), la Corte Suprema de Irlanda ha establecido que el concepto del niño por nacer ("unborn child") no se aplica a embriones obtenidos en el marco de una fecundación in vitro, y estos últimos no se benefician de la protección prevista por el articulo 40.3.3 de la Constitución de Irlanda que reconoce el derecho a la vida del niño por nacer. En este caso, la demandante, quien ya tuvo un hijo como resultado de la técnica de la fecundación in vitro, acudió a la Corte Suprema a fin de obtener la implantación de otros tres embriones obtenidos en el marco de la misma fecundación, a pesar de la ausencia del consentimiento de su compañero, del cual entretanto se había separado. (...) Por tanto, la Corte observa que las tendencias de regulación en el derecho internacional no llevan a la conclusión que el embrión sea tratado de manera igual a una persona o que tenga un derecho a la vida."

Análise de casos

Os dois casos emblemáticos destacados revelam pioneira e recente jurisprudência da Corte Interamericana a respeito de temas contemporâneos da agenda de direitos humanos.

No caso Atala Riffo y niñas v. Chile, envolvendo a proibição da discriminação por orientação sexual, ineditamente foi analisada a responsabilidade internacional do Estado em face do tratamento discriminatório e interferência indevida na vida privada e familiar da vítima Karen Atala devido à sua orientação sexual. O caso foi objeto de intenso litígio judicial no Chile, que culminou com a decisão da Corte Suprema de Justiça em determinar a custódia das três filhas ao pai, sob o argumento de que a Sra. Atala não deveria manter a custódia por conviver com pessoa do mesmo sexo, após o divórcio. No entender unânime da Corte Interamericana, o Chile violou os artigos 1º, parágrafo 1º e 14 da Convenção Americana, por afrontar o princípio da igualdade e da proibição da discriminação. Argumentou ainda a Corte que "a igualdade é inseparável da dignidade essencial de cada pessoa, frente a qual é incompatível toda situação que, por considerar superior um determinado grupo, implique tratá-lo com privilégios; ou que, a contrário senso, por considerá-lo inferior o trate com hostilidade, ou, de qualquer forma, o discrimine no gozo de direitos reconhecidos".

Enfatizou que o princípio da igualdade e da proibição de discriminação ingressou no domínio do "jus cogens" na atual etapa evolutiva do Direito Internacional, amparando a ordem pública nacional e internacional que permeia todo ordenamento jurídico. Concluiu que "nenhuma norma, decisão ou prática de direito interno, seja por parte de autoridade estatal, seja por particular, podem diminuir ou restringir direitos de pessoas com base em orientação sexual". Adicionou a Corte que "a falta de consenso no interior dos países sobre o pleno respeito a direitos de minorias sexuais não pode ser considerada como um argumento válido para negar-lhes ou restringir-lhes direitos humanos ou perpetuar ou reproduzir discriminações históricas ou estruturais que estas minorias tenham sofrido", sob pena de restar violado o artigo 1º, parágrafo 1º da Convenção. Amparou a decisão na jurisprudência do sistema europeu, em caso similar – caso Salgueiro da Silva Moura v. Portugal – valendo-se de relevantes argumentos utilizados pela Corte Européia sobretudo para interpretar extensivamente o alcance da cláusula da igualdade e proibição da discriminação, de modo a incluir o critério da orientação sexual.

Já no caso Artavia Murillo e outros contra a Costa Rica, a Corte Interamericana enfrentou, de forma inédita, a temática da fecundação "in vitro" sob a ótica dos direitos humanos. O caso foi submetido pela Comissão Interamericana, sob o argumento de que a proibição geral e absoluta de praticar a "fecundação in vitro" na Costa Rica desde 2000 estaria a implicar violação a direitos humanos. Com efeito, por decisão da Sala Constitucional da Corte Suprema de Justiça de 15 de março de 2000, a prática da fertilização in vitro atentaria claramente contra a vida e a dignidade do ser humano. Todavia, no entender da Comissão, tal proibição estaria a constituir uma ingerência arbitrária com relação aos direitos à vida privada e familiar, bem como ao direito de formar uma família. A proibição estaria ainda a afetar o direito de igualdade das vítimas, eis que o Estado estaria a impedir o acesso a tratamento que permitiria superar uma situação de desvantagem relativamente a ter filhas e filhos biológicos, com impacto desproporcional nas mulheres. O argumento da Comissão é de que a proibição da fertilização in vitro afrontaria os direitos à vida privada e familiar; à integridade pessoal; à saúde sexual e reprodutiva; bem como o direito de gozar dos benefícios do progresso científico e tecnológico e o princípio da não discriminação. A partir de uma interpretação sistemática e histórica, com destaque à normatividade e à jurisprudência dos sistemas universal, europeu, interamericano e africano, concluiu a Corte Interamericana não ser possível sustentar que o embrião possa ser considerado pessoa. Recorrendo a uma interpretação evolutiva, a Corte observou que o procedimento da fertilização in vitro não existia quando a Convenção foi elaborada, conferindo especial relevância ao Direito Comparado, por meio do diálogo com a experiência jurídica latino-americana e de outros países. Concluiu que ter filhos biológicos, por meio de técnica de reprodução assistida, decorre dos direitos à integridade pessoal, liberdade e vida privada e familiar. Argumentou que o direito absoluto à vida do embrião -- como base para restringir direitos – não encontra respaldo na Convenção Americana. Determinou ao Estado da Costa Rica adotar com a maior celeridade possível medidas apropriadas para que fique sem efeito a proibição de praticar a fertilização "in vitro", assegurando às pessoas a possibilidade de valer-se deste procedimento sem impedimentos.

Determinou também ao Estado a implementação da fertilização "in vitro", tornando disponíveis os programas e os tratamentos de infertilidade, com base no princípio da não discriminação. Adicionou o dever do Estado de proporcionar às vítimas atendimento psicológico de forma imediata, fomentando, ademais, programas e cursos de educação e capacitação em direitos humanos, no campo dos direitos reprodutivos, especialmente aos funcionários judiciais. No enfrentamento do caso, fundamental foi a incorporação da jurisprudência da Corte Européia, de forma a enfatizar a complexidade da matéria e a ausência de consenso jurídico e científico sobre o início da vida, com o destaque de que *"as tendencias de regulación en el derecho internacional no llevan a la conclusión que el embrión sea tratado de manera igual a una persona o que tenga un derecho a la vida."*

4. Conclusão

Ao enfocar a dinâmica do diálogo entre as Cortes Européia e Interamericana em temas centrais à agenda dos direitos humanos, a primeira conclusão deste estudo é que ambas compartilham da interpretação sistemática, considerando o sistema protetivo internacional de direitos humanos de forma holística e integral. Sob esta perspectiva do Direito Internacional dos Direitos Humanos, temas desafiadores são enfrentados pelas Cortes regionais com base nos parâmetros protetivos globais da ONU, com destaque aos tratados e declarações de direitos humanos; à jurisprudência dos *treaty bodies*; e aos *reports* elaborados pelas Relatorias Temáticas Especiais da ONU.

Neste sentido, a Corte Européia no caso Cicek v. Turquia faz expressa referência à Declaração da ONU para a Proteção de Pessoas em face de Desaparecimentos Forçados e à jurisprudência do Comitê de Direitos Humanos da ONU. No caso Ocalan v. Turquia faz menção ao Pacto Internacional dos Direitos Civis e Políticos. Já no caso Bevacqua and S. v. Bulgaria, vale-se de *report* da *Special Rapporteur on violence against women*.

Na mesma direção, a Corte Interamericana, na sentença do caso Atala Riffo y ninas v. Chile incorpora a jurisprudência dos Comitês da ONU de Direitos Humanos, de Direitos Econômicos, Sociais e Culturais, contra a Tortura, sobre a Eliminação da Discriminação contra a Mulher e sobre a Eliminação de todas as formas de Discriminação Racial, tecendo, ainda, menção à Declaração da ONU sobre Orientação Sexual e Identidade de Gênero, de 2008. Também na sentença do caso Artavia Murillo e outros (fecundacion "in vitro") v. Costa Rica, a Corte Interamericana fundamenta-se nos parâmetros protetivos da Declaração Universal de 1948, do Pacto Internacional de Direitos Civis e Políticos, da Convenção sobre a Eliminação de todas as formas de Discriminação contra a Mulher e da Convenção sobre os Direitos da Criança. No caso Artavia Murillo e outros v. Costa Rica, a Corte

Interamericana sustenta a relevância e o alcance da interpretação sistemática: *"(...) según el argumento sistemático, las normas deben ser interpretadas como parte de un todo cuyo significado y alcance deben fijarse en función del sistema jurídico al cual pertenecen. En este sentido, el Tribunal ha considerado que "al dar interpretación a un tratado no sólo se toman en cuenta los acuerdos e instrumentos formalmente relacionados con éste (inciso segundo del artículo 31 de la Convención de Viena), sino también el sistema dentro del cual se inscribe (inciso tercero del artículo 31)" esto es, el Derecho Internacional de los Derechos Humanos. La Corte entra a analizar este alegato a partir de una valoración general de lo dispuesto por los sistemas de protección respecto a la protección del derecho a la vida. Por tanto, se analizará: i) el Sistema Interamericano; ii) el Sistema Universal; iii) el Sistema Europeo, y iv) el Sistema Africano."*

A este diálogo global-regional, adicione-se o diálogo inter-regional, fomentado pelas Cortes Européia e Interamericana, com empréstimos mútuos, interações, influências e impactos recíprocos.

Nesta linha, a segunda conclusão deste estudo é que este diálogo tem propiciado à Corte Européia enfrentar sobretudo uma agenda de violações de direitos perpetradas pelos Estados da Turquia e Leste Europeu – a refletir os desafios da consolidação democrática, do Estado de Direito e do regime de direitos humanos nestes contextos – recorrendo à sólida jurisprudência da Corte Interamericana acerca das violações do desaparecimento forçado, tortura e execuções sumárias e extra-judiciais. A inclusão dos países do Leste Europeu no sistema europeu, com sua agenda própria de violações, está a deflagrar a crescente abertura da Corte Européia à jurisprudência interamericana relativa a graves violações de direitos perpetradas por regimes autoritários, envolvendo a prática de tortura, execução sumária e desaparecimento forçado de pessoas. Com isto, o acervo jurisprudencial da Corte Européia na matéria vê-se enriquecido e fortalecido, sob a inspiração de interpretações, conceitos e princípios utilizados pela jurisprudência da Corte Interamericana. Importa aludir que, sob o enfoque liberal e individualista, uma vez mais, a Corte Européia adota como referência o artigo 8 da Convenção Européia, para à luz do direito à vida privada e familiar sustentar a existência de obrigações jurídicas dos Estados relativas ao dever de investigar, processar, punir e reparar graves violações, sob pena de denegação de justiça e de proteção judicial aos familiares das vítimas. Acrescente-se a incorporação pela Corte Européia do legado jurisprudencial da Corte Interamericana na proteção dos direitos sociais, com destaque à justiciabilidade dos direitos sociais, à cláusula da proibição do retrocesso e ao direito de desenvolver um projeto de vida digna. Neste ponto também se verifica o reforço argumentativo da Corte Européia no desafio de tutelar direitos sociais, por meio da interpretação de que o artigo 8 da Convenção Européia – ao consagrar o direito ao respeito à vida privada e familiar – requer não apenas medidas negativas com a abstenção do Estado na ingerência indevida na esfera da liberdade e privacidade, como ainda a adoção de medidas positivas visando à proteção de direitos.

Uma terceira conclusão atém-se ao diálogo envolvendo a Corte Interamericana e a Corte Européia, marcado pelo desafio da Corte Interamericana de enfrentar complexos temas da agenda contemporânea de direitos humanos, inovando e avançando em sua jurisprudência a partir da incorporação da jurisprudência da Corte Européia. Note-se que ambos os casos analisados -- concernentes à proibição da discriminação por orientação sexual e à proteção de direitos reprodutivos – constituem casos emblemáticos, verdadeiros *leading cases* que ineditamente inauguram a emergência de uma nova agenda de direitos na jurisprudência da Corte Interamericana. O diálogo com a Corte Européia permite iluminar temas desafiadores, com alusão a precedentes, interpretações, concepções e princípios adotados pela jurisprudência do sistema europeu. No caso Karen Atala y hijas v. Chile, em inédita e emblemática sentença concernente à proibição da discriminação fundada em orientação sexual, a Corte Interamericana no campo argumentativo alude ao relevante repertório jurisprudencial firmado pela Corte Européia em caso similar[2]. De igual modo, no caso Artavia Murillo e outros vs. Costa Rica, a Corte Interamericana, ao enfocar a temática da fertilização "in vitro", em sua argumentação adotou precedentes da Corte Européia de Direitos Humanos a respeito do alcance do direito à vida. A jurisprudência da Corte Interamericana é, assim, densificada, fortalecida e refinada pelo elevado impacto do diálogo inter-regional.

Uma quarta conclusão é que a Corte Interamericana, com base na interpretação sistemática, adota como referência interpretativa o Direito Internacional dos Direitos Humanos (compreendendo o sistema global e os sistemas regionais europeu, interamericano e africano), com forte alusão ao Direito Comparado e especialmente aos sistemas jurídicos latino-americanos. Sentenças paradigmáticas da Corte Interamericana têm realizado o diálogo regional-local, com ênfase nos marcos constitucionais latino-americanos, bem como na jurisprudência de Cortes latino-americanas. Com isto,

---

2 Com efeito, a Corte Interamericana recorreu ao caso Salgueiro da Silva Mouta v. Portugal, sustentando que: "Respecto a la inclusión de la orientación sexual como categoria de discriminación prohibido, el Tribunal Europeo de Derechos Humanos há señalado que la orientación sexual es "outra condición" mencionada em el artículo 14 del Convenio Europeu para la Protección de los Derechos Humanos e de las Libertades Fundamentales, el cual prohíbe tratos discriminatórios. En particular, em el caso Salgueira da Silva Mouta vs. Portugal, el Tribunal Europeo concluyo que la orientación sexual es un concepto que se encuentra cubierto por el artículo 14 del Convenio Europeu. Ademáis, reiteró que el listado de categorias que se realiza em dicho artículo es ilustrativa y no exhaustiva." (Caso Atala Riffo and daughters vs. Chile, Inter-American Court, 24 February 2012, Series C N.239).

o sistema interamericano -- norteado pelo chamado "controle da convencionalidade"[3] -- vê-se crescentemente legitimado em suas decisões, por meio do diálogo regional-local. A Corte Interamericana exerce o controle da convencionalidade na modalidade concentrada, tendo a ultima palavra sobre a interpretação da Convenção Americana. Na realização do controle de convencionalidade, a Corte Interamericana guia-se pelo princípio *pro persona*, conferindo prevalência à norma mais benéfica, destacando, em diversas sentenças, decisões judiciais proferidas pelas Cortes constitucionais latino-americanas, bem como menção a dispositivos das Constituições latino-americanas.[4] Ressalte-se, ainda, como sustenta Eduardo Ferrer Mac-Gregor,[5] que o juiz nacional agora é também juiz interamericano, tendo como mandato exercer o controle de convencionalidade na modalidade difusa. Cortes nacionais exercem o controle da convencionalidade na esfera doméstica, mediante a incorporação da normatividade, principiologia e jurisprudência protetiva internacional em matéria de direitos humanos no contexto latino-americano. Frise-se: quando um Estado ratifica um tratado,

---

3   Como enfatiza a Corte Interamericana: "Quando um Estado ratifica um tratado internacional como a Convenção Americana, seus juízes, como parte do aparato do Estado, também estão submetidos a ela, o que lhes obriga a zelar para que os efeitos dos dispositivos da Convenção não se vejam mitigados pela aplicação de leis contrárias a seu objeto, e que desde o início carecem de efeitos jurídicos. (...) o poder Judiciário deve exercer uma espécie de "controle da convencionalidade das leis. entre as normas jurídicas internas que aplicam nos casos concretos e a Convenção Americana sobre Direitos Humanos. Nesta tarefa, o Poder Judiciário deve ter em conta não somente o tratado, mas também a interpretação que do mesmo tem feito a Corte Interamericana, intérprete última da Convenção Americana". (Ver caso Almonacid Arellano and others vs. Chile. Judgment of 26 September 2006).

4   A título ilustrativo, cabe menção à sentença proferida pela Corte Interamericana no caso Atala Riffo y ninas v. Chile, de 24 de fevereiro de 2012, em que a Corte Interamericana faz alusão à jurisprudência da Suprema Corte de Justicia de la Nación do México, na AI 2/2010, concernente à proibição da discriminação por orientação sexual. No caso Pueblo Indígena Kichwa de Sarayaku v. Equador, de 27 de junho de 2012, a Corte incorpora precedentes judiciais em matéria indígena da Corte Constitucional Colombiana (sentença C-169/01), no que se refere ao direito à consulta prévia dos povos indígenas, bem como ao pluralismo. Empresta ainda destaque às Constituições da Argentina, da Bolívia, do Brasil, do Peru e do Chile. No caso Guelman v. Uruguai, por sua vez, a Corte destaca a jurisprudência da Venezuela, do México, do Chile, da Argentina e da Bolivia reconhecendo a natureza pluriofensiva e permanente do delito de desaparecimento forçado, bem como a jurisprudência latino-americana invalidando leis de anistia.

5   Eduardo Ferrer Mac-Gregor, Interpretación conforme y control difuso de convencionalidad: El Nuevo paradigma para el juez mexicano, In: Armin von Bogdandy, Flavia Piovesan e Mariela Morales Antoniazzi, *Estudos Avançados de Direitos Humanos – Democracia e Integração Jurídica: Emergência de um novo Direito Público*, São Paulo, ed. Campus Elsevier, 2013, p. 627-705.

todos os órgãos do poder estatal a ele se vinculam, comprometendo-se a cumpri-lo de boa fé.

Uma quinta conclusão é que, no caso do sistema europeu, a doutrina da "margem de apreciação" vem a caracterizar o diálogo da Corte Européia com os Estados. A doutrina da "margem de apreciação" assegura aos Estados uma margem maior de liberdade para que, em respeito às suas instituições e tradições, implementem ao seu modo internamente as decisões por ela proferidas.

Por fim, no marco da interpretação sistemática centrada no Direito Internacional dos Direitos Humanos holisticamente compreendido, o diálogo entre as Cortes Européia e Interamericana tem fomentado a transformação mútua dos sistemas regionais, mediante a "interamericanização" do sistema europeu e a "europeicização" do sistema interamericano. A partir de empréstimos, influências, interações e impactos recíprocos, o diálogo inter-regional tem fortalecido a jurisprudência protetiva de direitos, a capacidade dos sistemas de enfrentar novas agendas de direitos e a efetiva proteção dos direitos das vítimas, consolidando o potencial emancipatório do diálogo a resignificar o alcance da justiça regional.

Conteúdo jurídico do direito à igualdade

Luiz Alberto David Araujo
Maurício Maia

SUMÁRIO: Introdução. **1.1.** A igualdade material. **1.2.** As pessoas com deficiência, a igualdade e a Constituição Federal. **2.** A Convenção sobre os Direitos das Pessoas com Deficiência da ONU. **3.** A acessibilidade como instrumento de garantia dos direitos fundamentais. **3.1.** Acessibilidade e improbidade administrativa. **4.** A acessibilidade como instrumento necessário à efetivação dos direitos fundamentais das pessoas com deficiência – análise da jurisprudência. Conclusão.

RESUMO: A Constituição brasileira de 1988 prestigia a igualdade como um de seus principais vetores de interpretação. A igualdade, ademais, influencia todo o sistema de direitos fundamentais construído na Constituição Federal, tornando tais direitos, na verdade, instrumentos em busca da efetivação da igualdade material. A igualdade, outrossim, pressupõe o reconhecimento das diferenças, de forma que se possam identificar os grupos de pessoas em situações de vulnerabilidade, que serão carecedores de um tratamento jurídico diferenciado para conseguirem ter as mesmas oportunidades de participação plena e efetiva na sociedade com relação às demais pessoas, ou seja, para que possam efetivamente incluírem-se na sociedade. Um desses grupos vulneráveis é o grupo das pessoas com deficiência, ao qual a Constituição estabelece um tratamento jurídico protetivo, de forma a promover sua inclusão, buscando a igualdade material. Devemos notar, entretanto, que dentre os direitos fundamentais especificados para as pessoas com deficiência, a acessibilidade ganha protagonismo, pelo seu caráter de instrumento indispensável à fruição de todos os demais direitos fundamentais conferidos ao grupo vulnerável. Cabe ao operador do sistema jurídico, outrossim, reconhecer esse caráter da acessibilidade e exigir sua observância na análise de todas as questões relacionadas às pessoas com deficiência.

PALAVRAS CHAVE: Pessoas com deficiência; grupos vulneráveis; direitos fundamentais; igualdade; acessibilidade.

Introdução

Dos cerca de duzentos milhões de brasileiros, mais de 45 milhões se declaram pessoas com algum tipo de deficiência[1]. Praticamente um quarto da população nacional, assim, é composto por pessoas que, de alguma forma, necessitam de um especial tratamento do Estado para que possam ple-

---

1 Dados do Censo 2010 do Instituto Brasileiro de Geografia e Estatística – IBGE, disponíveis em: < http://biblioteca.ibge.gov.br/visualizacao/periodicos/94/cd_2010_religiao_deficiencia.pdf >.

namente desenvolverem suas potencialidades; são mais de 45 milhões de pessoas que buscam a inclusão plena e efetiva na sociedade, em igualdade de oportunidades para com as demais pessoas.

Nossa Constituição, conhecida pela sua detalhada pormenorização dos direitos fundamentais, construiu um sistema em que tais direitos são verdadeiros instrumentos de persecução da igualdade, especialmente sob seu prisma material, sendo de rigor, assim, a identificação das situações em que deverá o sistema jurídico estabelecer tratamentos jurídicos diferenciados às pessoas, de forma a proporcionar a todos as mesmas oportunidades de inclusão, de participação na sociedade livre, justa e solidária que nosso ordenamento constitucional busca estabelecer.

O pressuposto para a implementação da igualdade é o reconhecimento das diferenças, buscando compreender quais as necessidades dos grupos vulneráveis de pessoas e quais as barreiras que deverão ser eliminadas, ou ao menos minimizadas, para propiciar a efetiva inclusão, conferindo a todos oportunidades iguais de participação na vida social. Cabe ao ordenamento jurídico buscar a igualdade de oportunidades entre todas as pessoas, sendo o principal instrumento dessa busca a proteção dos direitos e garantias fundamentais.

Um dos grupos de pessoas que necessita de um especial tratamento pelo ordenamento jurídico é o das pessoas com deficiência, que precisa da adoção de uma série de medidas protetivas por parte do Estado com o intuito de efetivamente incluí-las na sociedade, propiciando a esse grupo as mesmas oportunidades que estão disponíveis às demais pessoas.

O ordenamento constitucional, assim, em nome da igualdade material, estabeleceu um sistema de proteção às pessoas com deficiência, especificando-lhes uma série de direitos fundamentais, de forma a garantir que tais pessoas terão oportunidades efetivas de inclusão.

Outrossim, verificamos que um desses direitos fundamentais das pessoas com deficiência é pressuposto indispensável para a fruição de todos os demais direitos fundamentais pelos integrantes do grupo vulnerável: a acessibilidade.

Sem acessibilidade, a busca pela igualdade material sofre sério revés; os direitos fundamentais das pessoas com deficiência, sem acessibilidade, não passariam de meras declarações sem aplicação prática.

Devemos verificar, assim, se ao tratar dos direitos das pessoas com deficiência os operadores do sistema jurídico, nesses incluído o Estado, por todos os seus Poderes, levam em conta essa dimensão da acessibilidade, como um instrumento necessário à efetiva inclusão do grupo vulnerável, e, consequentemente, de implementação da igualdade. Esse o intuito do presente estudo.

1. A igualdade como vetor de interpretação e aplicação constitucional – o dever constitucional de inclusão

A Constituição brasileira de 1988 é caracterizada pela ampla gama de direitos fundamentais reconhecidos à cidadania, sendo conhecida, inclusive, como a "Constituição Cidadã". O reconhecimento e a garantia dos direitos fundamentais, outrossim, é construído como medida de implementação da igualdade, valor que é, ao lado da dignidade humana, um dos principais vetores de interpretação e aplicação de nossa Lei Maior.

De fato, notamos que já em seu preâmbulo a Constituição brasileira alça a igualdade à condição de um dos valores supremos da sociedade fraterna, pluralista e sem preconceitos que se pretende sedimentar.

Como um dos objetivos fundamentais da República brasileira, o art. 3º, I, da Constituição Federal, coloca a construção de uma sociedade livre, justa e solidária, prestigiando, assim, a igualdade. Também é objetivo fundamental da República a redução das desigualdades sociais e regionais, conforme mandamento do artigo 3º, III, *in fine*, da Lei Maior, assim como a promoção do bem de todos, sem preconceitos de quaisquer naturezas, de acordo como disposto no mesmo artigo 3º, desta vez em seu inciso IV. Verificamos, pois, que, dos quatro objetivos fundamentais da República estabelecidos pela Constituição, três apresentam a igualdade como ponto central, o que denota a importância que o Constituinte atribuiu a tal valor.

Por sua vez, o art. 5º da Constituição da República, que traz o rol (não exaustivo, diga-se)[2] dos direitos e garantias fundamentais é encimado pela cláusula de que "*Todos são iguais perante a lei, sem distinção de qualquer natureza, garantindo-se aos brasileiros e estrangeiros residentes no país a inviolabilidade do direito à vida, à liberdade, à igualdade, à segurança e à propriedade, nos termos seguintes*".

---

2 O §2º do art. 5º da Constituição brasileira expressamente anota que "Os direitos e garantias expressos nesta Constituição não excluem outros decorrentes do regime e dos princípios por ela adotados, ou dos tratados internacionais em que a República Federativa do Brasil seja parte". Nesse sentido, a Constituição estabeleceu que há direitos e garantias fundamentais implícitos no texto, que decorrem do regime e dos princípios adotados pela Lei Maior, não sendo, assim, exaustivo o rol trazido no seu art. 5º. Há o estabelecimento, ainda, de verdadeira cláusula de abertura material da Constituição, permitindo que o rol de direitos e garantias fundamentais seja ampliado em razão de tratados internacionais de que o Brasil participe.
Por outro lado, o §3º do art. 5º, introduzido pela Emenda Constitucional nº 45, de 08 de dezembro de 2004, traz cláusula de abertura formal da Constituição, permitindo que a seu texto sejam formalmente incorporados tratados e convenções internacionais sobre direitos humanos, que terão equivalência de emenda à Constituição, desde que sua internalização se dê mediante a aprovação em cada Casa do Congresso Nacional, em dois turnos, por votos de três quintos dos seus respectivos membros. Até hoje tal previsão Constitucional foi utilizada apenas uma vez, na internalização da Convenção da ONU sobre os Direitos das Pessoas com Deficiência e seu Protocolo Facultativo.

Nota-se no *caput* do art. 5º da Constituição, assim, nada menos do que três referências à igualdade, já que é estabelecido que: 1) todos são iguais perante a lei; 2) não pode haver distinção de qualquer natureza; 3) é garantida a inviolabilidade do direito à igualdade. Mais uma vez podemos verificar concretamente no texto da Lei Maior a importância que foi concedida à igualdade.

A forma como redigida a declaração de direitos na Constituição brasileira, outrossim, mais do que insistir na necessidade de observância da igualdade, nos conduz à interpretação de que todos os direitos e garantias fundamentais estabelecidos pelo nosso ordenamento constitucional são destinados exatamente à implementação da igualdade, já que ao declarar que "Todos são iguais perante a lei, (...), nos termos seguintes", o constituinte claramente indicou que os direitos e garantias fundamentais são os instrumentos utilizados para que se busque a igualdade.

Efetivamente, a igualdade, associada à dignidade humana, fundamento do Estado Democrático de Direito em que se constitui nossa República, conforme disposto no art. 1º, III, da Constituição, impõem um verdadeiro dever constitucional de inclusão ao Estado e à sociedade brasileira, de forma que todos possam desenvolver plenamente suas potencialidades, desfrutando das mesmas oportunidades de participação na vida social.

1.1. A igualdade material

É de extrema importância fixar que não podemos entender a cláusula segundo a qual "todos são iguais perante a lei" como a simples necessidade de que diante de um determinado comando legal todas as pessoas sejam tratadas de forma equânime. Essa é apenas uma das facetas da igualdade, a chamada igualdade formal, que impõe que, quando da aplicação da lei, não se pode admitir a prática de perseguições ou favoritismos, devendo o intérprete aplicar a lei indistintamente a todas as pessoas, dando-lhe fiel cumprimento.

A igualdade buscada pela Constituição, outrossim, vai além do aspecto meramente formal, exigindo sua concepção sob o aspecto material, ou seja, é necessário que na própria produção legislativa o Estado busque a igualdade, identificando pessoas e situações que são diferentes entre si e procurando atribuir-lhes tratamento legislativo adequado para que todos tenham as mesmas oportunidade de participação na vida social. É o que se chama de igualdade na lei, é dizer, a igualdade não é um comando destinado unicamente ao aplicador ou intérprete da lei, mas é um comando a ser observado pelo próprio legislador.

De fato, igualdade não consiste no tratamento igual de todas as pessoas, mas consiste em conferir-se tratamento igual àqueles que se encontrem em situações assemelhadas e tratamento diferente àqueles que estejam em situações diversas, assegurando-se que o tratamento jurídico diferenciado a ser conferido guarde correlação lógica com a diferença existente, de forma a preservar um valor protegido pelo ordenamento jurídico, possibilitando que todos tenham as mesmas oportunidades de inclusão na sociedade.

É esse precisamente o entendimento de Celso Antônio Bandeira de Mello, que textualmente afirma que:

> O ponto nodular para exame da correção de uma regra em face do princípio isonômico reside na existência ou não de correlação lógica entre o fator erigido em critério de discrímen e a discriminação legal decidida em função dele.[3]

A melhor forma de se perpetuar as desigualdades é tratar-se de forma equânime aqueles que se encontram em situações diversas. Somente se poderá atingir a igualdade se for possível identificar as diferenças existentes e as consequências daí advindas, para, em função de tais diferenças, atribuir-se o tratamento jurídico adequado à sua eliminação ou minoração, de forma a equiparar as oportunidades de participação na vida social entre todas as pessoas, para que estas possam plenamente ser incluídas na sociedade livre, justa e solidária que é objetivada por nossa Constituição. Em outras palavras, a igualdade pressupõe o reconhecimento da diferença; não é possível atingir-se a igualdade sem que se olhe para o outro. Somente é possível pensarmos em igualdade se reconhecermos que as pessoas são diferentes entre si, embora todas dotadas da mesma dignidade intrínseca, cabendo ao ordenamento jurídico a tarefa de reduzir ou eliminar as desigualdades existentes.

1.2. As pessoas com deficiência, a igualdade e a Constituição Federal

Compete ao ordenamento jurídico (e a seus operadores), assim, identificar as pessoas e situações que sejam diferentes entre si e atribuir-lhes um tratamento jurídico adequado às desigualdades existentes, de forma a tentar minorar ou eliminar tais desigualdades.

Nesse sentido, a própria Constituição já identificou alguns grupos de pessoas que, por suas características, ou mesmo por situações históricas ou sociais, necessitam de uma especial proteção do ordenamento jurídico para que possam efetivamente participar da sociedade em igualdade de oportunidades para com as demais pessoas. A esses grupos vulneráveis foram estabelecidos tratamentos jurídicos diferenciados, ou determinado ao legislador que assim o fizesse, para que se dê efetividade ao comando

---

[3] BANDEIRA DE MELLO, Celso Antônio. O Conteúdo Jurídico do Princípio da Igualdade. 3ª edição, 20ª tiragem. São Paulo: Malheiros, 2011, p. 37.

constitucional de implementação da igualdade, ao comando constitucional de inclusão.

Como afirmamos, um desses grupos vulneráveis diretamente identificados pela Constituição é o grupo das pessoas com deficiência, ao qual, embora sem inicialmente o definir, a Lei Maior conferiu um especial tratamento, com o objetivo de incluir tais pessoas efetivamente na sociedade.

Às pessoas com deficiência a Constituição deferiu, por exemplo, em seu artigo 37, VIII, a reserva de cargos e empregos públicos, nos percentuais e com os critérios de admissão a serem fixados por lei. Entendeu o constituinte que as pessoas com deficiência, em razão de diversas barreiras existentes na sociedade, teriam dificuldade de competir em igualdade de condições com as demais pessoas na disputa dos cargos e empregos públicos, e, dessa forma, determinou que um percentual de tais cargos e empregos lhes fosse especialmente reservado, de forma a garantir que possam participar da administração pública, assim como as demais pessoas.

Também deferiu a Constituição a possibilidade de que as pessoas com deficiência se aposentem em condições diferenciadas, seja no serviço público (art. 40, §4°, I) seja na iniciativa privada (art. 201, §1°, *in fine*), de forma a equiparar a possibilidade de que tais pessoas possam ter garantida a sua subsistência após sua saída do mercado de trabalho, da mesma forma como os demais.

A Constituição, ainda em relação às pessoas com deficiência, e com o intuito de incluí-las plena e efetivamente na sociedade, garantiu-lhes o acesso à educação, mediante o estabelecimento de atendimento educacional especializado, preferencialmente na rede regular de ensino. Entendeu o constituinte que pessoas com deficiência necessitam de instrumentos especializados que lhes permitam a compreensão e o acesso ao mesmo conteúdo didático oferecido às demais pessoas, ou seja, estabeleceu um tratamento jurídico diferenciado às pessoas com deficiência para que o seu direito à educação fosse garantido assim como é garantido às demais pessoas.

Também garantiu o Constituinte o benefício assistencial no valor de um salário mínimo mensal à pessoa com deficiência que não possua meios de prover à própria manutenção ou não possa tê-la provida por sua família (Constituição Federal, art. 203, V), garantindo o mínimo material a tais pessoas, de forma a incluí-las no convívio social e preservar-lhes a dignidade.

Tratou a Constituição, ainda, de outro direito fundamental das pessoas com deficiência, também corolário da igualdade, que é a acessibilidade. Em seu artigo 227, §2°, a Constituição determinou que a construção dos logradouros e dos edifícios de uso público, bem como a fabricação dos veículos de transporte coletivo deverão observar as normas de acessibilidade, garantindo sua utilização pelas pessoas com deficiência, nos termos estabelecidos em lei. No artigo 244, de outra parte, determinou a Constituição que os logradouros, os edifícios de uso público e os veículos de transporte coletivo então existentes fossem adaptados às normas de acessibilidade para utilização pelas pessoas com deficiência. Com tais disposições, quis a Constituição propiciar que as pessoas com deficiência pudessem se utilizar dos equipamentos urbanos da mesma forma que o fazem as demais pessoas, mais uma vez propiciando a igualdade. Note-se que a Constituição determinou a observância das normas de acessibilidade, seja nos logradouros, edifícios de uso público e veículos de transporte coletivo já existentes ou por serem construídos ou fabricados; não há opção entre adaptar ou não, entre construir com observância da acessibilidade ou não, mas há o dever de implementar a acessibilidade.[4]

A acessibilidade, no entanto, não é apenas um direito em si mesmo, garantido pela Constituição como tantos outros, mas é um indispensável direito fundamental instrumental, sem o qual nenhum dos outros direitos fundamentais das pessoas com deficiência estaria garantido; a acessibilidade é, assim, verdadeiro pressuposto da igualdade. Em razão dessa natureza da acessibilidade, detalharemos esse direito fundamental em tópico próprio mais adiante.

Notamos, outrossim, que todos os direitos fundamentais especificamente garantidos às pessoas com deficiência são corolário do princípio da igualdade; em outras palavras, ainda que a Constituição não os especificasse, a tão-só aplicação do princípio da igualdade já imporia ao intérprete e ao aplicador do ordenamento jurídico brasileiro, em grande medida, o seu reconhecimento, face o mandamento constitucional de inclusão. Tais normas específicas da Constituição, entretanto, têm o condão de detalhar os direitos do grupo vulnerável e deixar clara a necessidade de estabelecimento de um tratamento jurídico adequado às pessoas com deficiência, tornando inescusável ao Estado, por todos os seus Poderes, a sua implementação.

2. A Convenção sobre os Direitos das Pessoas com Deficiência da ONU

O cenário constitucional acima descrito de proteção da pessoa com deficiência, com vistas à promoção da igualdade, sofreu relevante alteração no ano de 2008, com a incorporação ao ordenamento jurídico brasileiro da Convenção da ONU sobre os Direitos das Pessoas com Deficiência.

Tal Convenção foi introduzida no ordenamento jurídico brasileiro mediante a edição, na forma prevista no art. 5º, §3º, da Constituição (com aprovação em dois turnos, em ambas as Casas do Congresso Nacional, pelo

---

4   Nesse sentido, confira-se: ARAUJO, Luiz Alberto David; MAIA, Maurício. Meio Ambiente Urbano Constitucional e o Cumprimento das Regras de Acessibilidade. *Revista de Direito Ambiental*. Ano 20, vol. 79, p. 431-448, São Paulo, jul.-set. 2015.

voto de três quintos de seus respectivos membros) do Decreto Legislativo nº 186, de 09 de julho de 2008.[5]

A internalização da Convenção mediante a utilização do procedimento previsto no artigo 5º, §3º, da Constituição Federal, traz importante consequência, qual seja, a atribuição de equivalência de emenda à Constituição ao documento internacional, o que o coloca no topo da hierarquia normativa do ordenamento jurídico pátrio. Assim, a introdução da Convenção da ONU sobre os Direitos das Pessoas com Deficiência no ordenamento jurídico brasileiro com equivalência de emenda à Constituição faz com que tal Convenção revogue todo o Direito anterior que com ela seja incompatível, bem como condiciona a produção do Direito futuro, que deverá obedecer aos seus mandamentos, sob pena de inconstitucionalidade.

A incorporação formal do texto da Convenção ao texto da Constituição, consequência da sua forma de internalização, tem o condão ainda, não só de condicionar o legislador, mas de condicionar a atuação de todos os Poderes do Estado, que deverão agir de forma a implementar as disposições, agora constitucionais, da Convenção, sempre que tratarem da questão das pessoas com deficiência.

A Convenção trouxe ao ordenamento jurídico brasileiro um novo conceito de pessoa com deficiência, com estatura constitucional, de caráter social e não mais estritamente médico, definindo, em seu artigo 1, que

> Pessoas com deficiência são aquelas que têm impedimentos de longo prazo de natureza física, mental, intelectual ou sensorial, os quais, em interação com diversas barreiras, podem obstruir sua participação plena e efetiva na sociedade em igualdade condições com as demais pessoas.

Como se nota na formulação da definição, a deficiência não está nas pessoas que têm impedimentos, mas na sociedade, que não se preparou adequadamente para acolhê-las, impondo ao Estado e à sociedade o dever de eliminação das diversas barreiras, que impedem, em sua interação com os impedimentos de longo prazo, a participação plena e efetiva das pessoas com deficiência na sociedade, em igualdade de oportunidades para com as demais pessoas, ou seja, que impedem sua inclusão.

A Convenção, assim, trouxe a igualdade para o centro da questão das pessoas com deficiência, introduzindo na própria definição do grupo vulnerável a desigualdade de oportunidades como elemento se sua caracteriza-

---

5   Houve, ainda, a promulgação da Convenção pelo Decreto nº 6.949, de 25 de agosto de 2009, editado pelo Presidente da República o que, entretanto, entendemos dispensável para a internalização de convenção internacional de direitos humanos aprovada na forma prevista pelo art. 5º, §3º, da Constituição Federal, já que este traz procedimento muito semelhante ao utilizado para aprovação das emendas à Constituição, que dispensam a interferência do Poder Executivo para sua promulgação.

ção. É notório, assim, que a atuação estatal deverá pautar-se na busca pela efetiva inclusão do grupo vulnerável, o que é, em última análise, medida de implementação da igualdade.

Nessa busca pela inclusão, pela equiparação de oportunidades entre as pessoas com deficiência e as demais pessoas, a Convenção estabelece tratamento jurídico diferenciado às pessoas com deficiência, mediante a especificação de uma série de direitos do grupo vulnerável, como, por exemplo, direito à acessibilidade, direito de acesso à justiça, direito à saúde, direito à educação, direito ao trabalho, direito à participação na vida pública, direito ao lazer, enfim, são detalhados uma série de direitos conferidos às pessoas com deficiência, com a consequente necessidade de atuação estatal para sua proteção e implementação.

Em resumo, podemos dizer que a Convenção veio especificar e detalhar uma série de direitos fundamentais que as pessoas com deficiência gozam no ordenamento jurídico brasileiro, que entretanto, como acima já anotado, pela aplicação do princípio da igualdade, em seu aspecto material, já seriam em grande medida possíveis de serem deduzidos de nossa Constituição.

Embora tais direitos pudessem ser desde logo exigidos em razão da simples aplicação do principio da igualdade, é bom salientar que sua especificação mediante a celebração de instrumento internacional, posteriormente incorporado de modo formal à nossa Constituição, tem o condão de reforçar a necessidade de inclusão do grupo vulnerável, demonstrando o compromisso do Estado brasileiro com as pessoas com deficiência, impondo aos agentes estatais, de todos os Poderes, o dever de bem cuidar dos direitos desse grupo vulnerável.

3. A acessibilidade como instrumento de garantia dos direitos fundamentais

Como acima indicamos, a acessibilidade é um direito fundamental garantido às pessoas com deficiência, já trazido inclusive pelo texto originário da Constituição Federal de 1988, que, em seus artigos 227, §2º, e 244, estabeleceu a necessidade de observância das regras de acessibilidade na construção de logradouros e edifícios de uso público assim como para a fabricação de veículos de transporte coletivo, além de determinar a obrigatoriedade de adaptação dos logradouros, edifícios de uso público e veículos de transporte coletivo já existentes às normas de acessibilidade.

A Convenção da ONU sobre os Direitos das Pessoas com Deficiência, incorporada, como acima ressaltado, ao ordenamento jurídico brasileiro com equivalência de emenda à Constituição, especificou tal direito fundamental das pessoas com deficiência, e consequentemente dever do Estado e da sociedade, em seu artigo 9, determinado que os Estados Partes da

Convenção adotem medidas para assegurar às pessoas com deficiência o acesso, em igualdade de oportunidades para com as demais pessoas, ao meio físico, ao transporte, à informação e comunicação, bem como a outros serviços e instalações abertos ao público ou de uso público, tanto na zona urbana como na zona rural.

O ordenamento jurídico brasileiro conta atualmente com definição legal de acessibilidade, trazida pelo art. 3°, I, da Lei nº 13.146/2015, o Estatuto da Pessoa com Deficiência, vazada nos seguintes termos:

> Art. 3º. (...)
> I – acessibilidade: possibilidade e condição de alcance para utilização, com segurança e autonomia, de espaços, mobiliários, equipamentos urbanos, edificações, transportes, informação e comunicação, inclusive seus sistemas e tecnologias, bem como de outros serviços e instalações abertos ao público, de uso público ou privados de uso coletivo, tanto na zona urbana como na rural, por pessoa com deficiência ou com mobilidade reduzida;
> (...)

A acessibilidade, assim, consiste na possibilidade de utilização por todas as pessoas, especialmente pelas pessoas com deficiência e pelas pessoas com mobilidade reduzida, com segurança e autonomia, de espaços, mobiliários, equipamentos urbanos, edificações transportes, meios de informação e comunicação, assim como de quaisquer outros serviços e instalações abertos ao público, de uso público privados de uso coletivo, na zona urbana ou rural.

A mencionada Lei nº 13.146/2015 (Estatuto da Pessoa com Deficiência) dedica todo o seu Título III à acessibilidade, fixando-lhe as diretrizes e detalhando esse direito fundamental de forma a possibilitar sua efetiva aplicação. É determinada a necessidade de observância das normas de acessibilidade na construção, reforma, ampliação ou mudança de uso de edificações abertas ao público, de uso público ou privadas de uso coletivo (art. 56), havendo, ainda, o reforço da norma constitucional que determina que as edificações públicas e privadas de uso coletivo já existentes devem ser adaptadas às normas de acessibilidade (art. 57). A Lei determina, ainda, que o projeto e a construção de edificação de uso privado multifamiliar deverão atender aos preceitos de acessibilidade, na forma prevista em regulamento (art. 58). O Estatuto, ainda, determina que deverão se orientar pelas normas de acessibilidade previstas em legislação e em normas técnicas os planos diretores municipais, os planos diretores de transporte e trânsito, os planos de mobilidade urbana, os planos de preservação de sítios históricos, os códigos de obras, os códigos de posturas, as leis de uso e ocupação do solo, as leis do sistema viário, os estudos prévios de impacto de vizinhança, a legislação referente à prevenção contra incêndio e pânico, condicionando, ainda, a concessão e renovação de alvará de funcionamento para qualquer atividade à observância e certificação das regras de acessibilidade, assim como a emissão de carta de habite-se ou de habilitação equivalente e sua renovação (art. 60).

Importante ressaltar que o Estatuto da Pessoa com Deficiência, assim como a Convenção da ONU sobre os Direitos das Pessoas com Deficiência, sua matriz constitucional, não limitam o conceito de acessibilidade ao meio físico, mas frisam especificamente que também os meios de informação e de comunicação deverão ser acessíveis (art. 55, *caput*, do Estatuto e art. 9, item 1, "b", da Convenção), elegendo a acessibilidade, assim, como verdadeiro instrumento de exercício da cidadania e de participação social, o que é, aliás, expressamente declarado no artigo 53 do referido Estatuto.

O Capítulo II, do Título III do Estatuto da Pessoa com Deficiência, ademais, é integralmente destinado ao acesso à informação e à comunicação. Determina-se, por exemplo, que os sítios da internet deverão ser acessíveis às pessoas com deficiência, garantindo-lhes acesso às informações disponíveis (art. 63), sendo obrigatório, também, às empresas prestadoras de serviços de telecomunicações a garantia de pleno acesso à pessoa com deficiência (art. 65). Também os serviços de radiodifusão de sons e imagens deverão permitir o uso de recursos destinados ao acesso pelas pessoas com deficiência, conforme manda o artigo 7 do Estatuto. Há a determinação de incentivo à edição de livros acessíveis (art. 68), assim como a preocupação em tornar acessíveis as especificações de produtos e serviço disponibilizados (art. 69). Preocupou-se a Lei, ainda, em garantir o acesso das pessoas com deficiência em congressos, seminários, oficinas e demais eventos de natureza científico-cultural (artigos 70 e 71).

Muito relevante é a disposição do art. 73 do Estatuto da Pessoa com Deficiência, que atribui ao Poder Público, diretamente ou em parceria com organizações da sociedade civil, promover a capacitação de tradutores e intérpretes da Libras, de guias intérpretes e de profissionais habilitados em Braille, audiodescrição, estenotipia e legendagem. Trata-se de possibilitar o pleno acesso das pessoas com deficiência às comunicações e às informações, possibilitando-lhes o pleno exercício da cidadania.

Já o Capítulo III do Título III do Estatuto da Pessoa com Deficiência (artigos 74 e 75) é todo dedicado ao fomento à tecnologia assistiva, que, nos termos do definido no art. 3º, III, da mesma Lei, consiste em produtos, equipamentos, dispositivos, recursos, metodologias, estratégias, práticas e serviços que tenham por objetivo promover a funcionalidade, relacionada à atividade e à participação da pessoa com deficiência ou com mobilidade reduzida, com vistas à sua autonomia, independência, qualidade de vida e inclusão social.

O Título dedicado à acessibilidade pelo Estatuto da Pessoa com Deficiência é concluído com a garantia do direito à participação na vida pública e política, que determina ao Poder Público que adote medidas para assegura às pessoas com deficiência todos os direitos políticos e a oportunidade de exercê-los em igualdade de condições para com as demais pessoas (art. 76).

Procurou a Lei, assim, garantir que o meio ambiente urbano seja acessível, possibilitando às pessoas com deficiência sua integral fruição, garantindo o seu acesso a todos os ambientes públicos e privados de uso coletivo. Também foi estabelecida a acessibilidade aos meios de transporte e comunicação, bem como se buscou garantir o pleno exercício dos direitos políticos pelo grupo vulnerável.

Nota-se, assim, que é a acessibilidade que vai permitir, de forma plena, o exercício da cidadania, não apenas com acesso físico, mas com acesso aos meios de informação e comunicação, permitindo a participação na vida pública e política.

A acessibilidade, de acordo com o sistema normativo estabelecido, além de um direito fundamental garantido em si mesmo, ou seja, além de um direito especificamente garantido pela Constituição e pela lei, conforma-se em direito fundamental instrumental essencial para a fruição de todos os demais direitos garantidos às pessoas com deficiência. A acessibilidade é fundamental para o exercício da cidadania pelas pessoas com deficiência.

De fato, sem a garantia da acessibilidade, inviabilizam-se os demais direitos fundamentais das pessoas com deficiência, já que seu gozo passa a ser praticamente impossível.

De que adianta garantir o direito das pessoas com deficiência ao trabalho, inclusive reservando-lhes cotas de empregos nas empresas se tais pessoas não puderem entrar e circular com segurança e autonomia por todos os ambientes da empresa que as contratou? O mesmo vale para a reserva de cargos e empregos públicos, se não forem garantidas as condições de acessibilidade das repartições públicas. Se o meio ambiente do trabalho não for acessível, nenhuma utilidade haverá na garantia do direito ao trabalho das pessoas com deficiência.

Caso não possam as pessoas com deficiência circular nos hospitais e estabelecimentos de saúde, nenhum efeito haverá na garantia de seu direito à saúde. O mesmo se aplica aos estabelecimentos de ensino que, se não observarem as normas de acessibilidade, inviabilizam o direto das pessoas com deficiência à educação.

Podemos dizer o mesmo em relação ao direito ao lazer, que exige que os parques, estabelecimentos comerciais, casas de espetáculos, cinemas, praças de competições esportivas, observem as normas de acessibilidade, de forma que possam ser utilizados pelas pessoas com deficiência, sempre com segurança e autonomia.

Poderá a pessoa com deficiência fazer valer os seus direitos se não houver acessibilidade nos fóruns? Como socorrer-se da Defensoria Pública ou do Ministério Público se não houver possibilidade de que as pessoas com deficiência acessem as repartições em que funcionam tais instituições? E, ainda, se não houver preparo dos profissionais que ali trabalham para receberem as pessoas com deficiência e compreenderem seus pleitos, como tais pessoas poderiam utilizar aos direitos e garantias que o ordenamento jurídico lhes confere?

Caso não haja acessibilidade nas vias públicas e nos veículos de transporte coletivo, igualmente restam prejudicadas as garantias dos demais direitos fundamentais das pessoas com deficiência. Como farão as pessoas com deficiência para chegarem nas escolas, nos hospitais, nos seus ambientes de trabalho, nas repartições públicas, nos estabelecimentos comerciais e de lazer, nos parques, nas praças, se não houver uma cidade acessível?

Dessa forma, caso a sociedade não esteja preparada para acolher as pessoas com deficiência, caso não haja a efetiva implementação das normas de acessibilidade, praticamente fica inviabilizado o convívio social das pessoas com deficiência, assim como inviabilizado fica o gozo de todos os demais direitos fundamentais de que tais pessoas são titulares. Sem acessibilidade não haverá a possibilidade de que as pessoas com deficiência possam ser incluídas na sociedade em igualdade de oportunidades para com as demais pessoas; em síntese, sem acessibilidade não há igualdade.

Sem acessibilidade a palavra "igualdade" é apenas um vazio. Para se compreender o conteúdo jurídico da igualdade não basta garanti-la sob seu viés formal, mas devemos avançar, trazer cada caso, verificar como o social pode garantir o direito à igualdade. É necessária a sua garantia sob o prisma material, o que somente poderá ser atingido mediante a implementação da acessibilidade, que permite a fruição dos direitos fundamentais garantidos às pessoas com deficiência pelo ordenamento jurídico com vistas a atribuir-lhes as mesmas oportunidades de participação na vida social que têm as demais pessoas.

Devemos, assim, pensar na acessibilidade como um instrumento obrigatório, como uma necessidade lógica para a existência de todos os demais direitos das pessoas com deficiência. Sem acessibilidade não há direito à saúde, à educação, ao trabalho, ao lazer, enfim, não há garantia dos direitos fundamentais das pessoas com deficiência, impossibilitando-se o cumprimento do mandamento constitucional de inclusão e afrontando a igualdade.[6]

3.1. Acessibilidade e improbidade administrativa

A acessibilidade é um direito fundamental tão relevante para as pessoas com deficiência que a sua inobservância poderá ensejar aos agentes públicos a responsabilização por ato de improbidade administrativa.

---

6   Nesse sentido, confira-se: ARAUJO, Luiz Alberto David; MAIA, Maurício. A Cidade, o Direito Constitucional de Inclusão Social e a Acessibilidade. *Revista de Direito da Cidade*. Vol. 08, nº 01, p. 225-244, Rio de Janeiro, 2016.

De fato, o Estatuto da Pessoa com Deficiência, em seu artigo 103, acrescentou o inciso IX ao art. 11 da Lei nº 8.429/1992, a Lei de Improbidade Administrativa, qualificando como ato de improbidade administrativa que atenta contra os princípios da Administração Pública a conduta do agente público que deixar de cumprir a exigência de requisitos de acessibilidade previstos na legislação.

Dessa forma, caso o agente público, no exercício de sua atividade, deixar de observar norma de acessibilidade que seria cabível para a situação em que se encontra, poderá ser responsabilizado de acordo com a Lei de Improbidade Administrativa, que prevê severíssimas sanções, como: suspensão dos direitos políticos; perda da função pública; multa civil; proibição de contratar com a Administração Pública; proibição de recebimento de incentivos fiscais ou creditícios.

Anteriormente a tal alteração legislativa, o agente público que deixasse de cumprir exigência das normas de acessibilidade somente poderia ser responsabilizado por ato de improbidade administrativa caso sua conduta gerasse prejuízo ao erário, nos termos do art. 10 da Lei nº 8.429/1992. Não bastava para a responsabilização do agente público a simples inobservância das normas de acessibilidade, mas, para tal responsabilização, da conduta do agente, ainda que culposa, deveria decorrer prejuízo ao erário; se um agente público deixasse de observar uma norma de acessibilidade, mas não houvesse nenhuma consequência gravosa para o erário decorrente de sua conduta, não haveria ato de improbidade administrativa. A improbidade administrativa era reconhecida não diretamente em razão da inobservância de normas de acessibilidade, mas do prejuízo que tal conduta, descumprindo um dever legal, ocasionava ao erário.

Agora, basta o descumprimento da exigência de requisitos de acessibilidade previstos na legislação para que se possa qualificar de ímproba a conduta do agente, fazendo incidir as penalidades previstas no artigo 12, III, da Lei de Improbidade Administrativa, já que a lei dispõe que a conduta do agente contrária à acessibilidade viola princípio da Administração Pública. A inobservância das normas de acessibilidade legalmente previstas, por si só, já faz incidir a responsabilização por improbidade administrativa, independentemente de haver ou não prejuízo ao erário.

Dessa forma, caso o agente, de forma dolosa ou culposa, deixe de observar exigência de normas de acessibilidade e, com tal conduta, gere prejuízo ao erário, poderá ser responsabilizado por ato de improbidade administrativa previsto no art. 10 da Lei de Improbidade Administrativa, respondendo pelas penalidades previstas no art. 12, II, da mesma Lei.

Outrossim, caso o agente deixe de cumprir as exigências de requisitos de acessibilidade previstos na legislação[7], mesmo que não decorra daí nenhum prejuízo ao erário, ainda assim haverá a possibilidade de sua responsabilização por ato de improbidade, já que a lei entende que tal conduta é violadora de princípio da Administração Pública.

Mais uma vez nota-se a extrema relevância atribuída pelo ordenamento jurídico brasileiro à acessibilidade.

4. A acessibilidade como instrumento necessário à efetivação dos direitos fundamentais das pessoas com deficiência – análise da jurisprudência

Como vimos, a acessibilidade tem um dúplice caráter, ou seja, é um direito em si mesma, expressamente garantida pela Constituição Federal, desde a sua promulgação em 1988 e ainda mais explicitamente após a incorporação da Convenção da ONU sobre os Direitos das Pessoas com Deficiência, em 2008, bem como é um direito fundamental instrumental de todos os outros direitos fundamentais das pessoas com deficiência, sem o qual fica praticamente inviável a inclusão das pessoas com deficiência na sociedade.

Podemos encontrar na jurisprudência dos Tribunais Superiores diversas decisões que, quanto à acessibilidade como um direito em si mesma, ou seja, quanto à necessidade de observância pelo Poder Público e pela sociedade das normas técnicas que possibilitem às pessoas com deficiência o acesso com segurança e autonomia aos diversos mobiliários urbanos e veículos de transporte coletivo, atendem àquilo que está disposto na

---

7   Aqui entendemos que a conduta do agente deverá ser dolosa, ou seja, não basta o descumprimento culposo da exigência de requisitos de acessibilidade previstos na legislação para que se caracterize ato de improbidade administrativa. De fato, se no art. 10 da Lei de Improbidade Administrativa é expressamente aventada a possibilidade de responsabilização por culpa, a falta de menção a tal elemento subjetivo nos artigos 9º e 11 da referida Lei nos leva a interpretar que os atos de improbidade ali descritos somente poderão ser praticados de forma dolosa. Ademais, em se tratando de improbidade administrativa, a regra é a necessidade de que se demonstre a conduta mal-intencionada do agente público, já que a improbidade é tida como uma imoralidade qualificada pela má-fé do agente.

Assim também entendem Emerson Garcia e Rogério Pacheco Alves, que assim discorrem: "Partindo-se da premissa de que a responsabilidade objetiva pressupõe normatização expressa nesse sentido, constata-se que: a)a prática dos atos de improbidade previstos nos arts. 9º e 11 exige o dolo do agente. B) a tipologia inserida no art. 10 admite que o ato seja praticado com dolo ou culpa; c) o mero vínculo objetivo entre a conduta do agente e o resultado ilícito não é passível de configurar a improbidade". (GARCIA, Emerson; ALVES, Rogério Pacheco. *Improbidade Administrativa*. 4a edição. Rio de Janeiro: Lumen Juris, 2008, p. 267-268.)

Constituição e na legislação infraconstitucional, determinado a adaptação dos imóveis e dos veículos existentes, de forma a garantir a sua utilização pelas pessoas com deficiência.[8]

Outrossim, o que parece carecer de um pouco mais de reflexão pelo Poder Judiciário é o segundo aspecto da acessibilidade, ou seja, a necessidade de que, na análise de outros direitos fundamentais das pessoas com deficiência, seja considerada a necessidade de estar presente o instrumental da acessibilidade para possibilitar sua efetivação; é dizer, a presença ou não da acessibilidade deverá necessariamente ser considerada quando se estiver tratando da questão das pessoas com deficiência, sob pena de não se efetivar a inclusão do grupo vulnerável na forma determinada pela Constituição.

Essa constatação advém da análise da decisão proferida pelo Tribunal Superior do Trabalho – TST no julgamento do feito nº 0658200-89.2009.5.09.0670, Relator Min. João Batista Brito Pereira, no qual aquele Tribunal entendeu que, ficando comprovado que a empresa desenvolveu esforços para preencher a cota mínima de pessoas com deficiência em seus quadros, ela não pode ser responsabilizada pelo insucesso, não havendo que se falar em dano moral coletivo, sendo indevida a multa. Os tais "esforços" da empresa consistiram na divulgação de processo seletivo em jornais locais e no encaminhamento de correspondências às organizações e entidades de apoio às pessoas com deficiência, buscando selecionar pessoas desse grupo vulnerável para trabalharem em seus quadros, no intuito de cumprir a cota prevista no art. 93 da Lei nº 8.213/1991; tendo divulgado o processo seletivo e diligenciado junto às associações de apoio às pessoas com deficiência e não tendo conseguido interessados para se empregarem na empresa, esta ficou desobrigada de cumprir a cota prevista no art. 93 da Lei nº 8.213/1990.

Em nenhum momento se preocupou o Tribunal em aferir, ou mesmo a se questionar, se a empresa cumpria com as normas de acessibilidade trazidas pela Lei, ou seja, se o meio ambiente do trabalho era ou não acessível; caso não houvesse acessibilidade no ambiente de trabalho, adiantaria a empresa divulgar a realização de processo seletivo para as pessoas com deficiência, ou mesmo oferecer vagas nas associações de apoio a esse grupo vulnerável? Preocupou-se o Poder Judiciário em aferir (ou questionar se foi aferido) se a pessoa com deficiência teria condições de trabalho no

---

8 Nesse sentido: Supremo Tribunal Federal, ADI 903, Plenário, Relator Ministro Dias Toffoli, julgado em 22/05/2013. Superior Tribunal de Justiça, REsp 1595018/RJ, Segunda Turma, Relator Min. Humberto Martins, julgado em 18/08/206, publicado no DJe de 29/08/2016; Superior Tribunal de Justiça, REsp 1315822/RJ, Terceira Turma, Relator Min. Marco Aurélio Bellizze, julgado em 24/03/2015, publicado no DJe de 16/04/2015; Superior Tribunal de Justiça, REsp 1293149/SP, Segunda Turma, Relator Min. Herman Benjamin, julgado em 01/03/2012, publicado no DJe de 17/11/2016.

ambiente que lhe foi oferecido? Não poderia ser a ausência de interessados ao posto de trabalho oferecido o resultado da falta de acessibilidade naquele ambiente de trabalho? Foram aferidas as condições que as pessoas com deficiência teriam de deslocarem-se até o local da empresa que oferecia o posto de trabalho? Não houve a verificação acerca de se o ambiente de trabalho foi fiscalizado pelo órgão competente

Não se está aqui a dizer que naquele caso concreto as condições de acessibilidade não estavam presentes, mesmo porque não há elementos para se poder analisar tal questão na decisão do TST, mas que a decisão sequer indicou a possibilidade de considerar tais aspectos. Um convite destinado a alguém que sabidamente não poderá aceitá-lo não é um convite, mas o mero cumprimento de uma formalidade. O que se quer dizer é que não basta haver o chamado público para o preenchimento de vagas para que a empresa se desonere do dever de oferecer emprego às pessoas com deficiência; deve haver a verificação acerca de se os requisitos de acessibilidade estão realmente cumpridos para sabermos se de fato se está efetivando o direito ao trabalho das pessoas com deficiência.

Não pode haver a análise do direito ao trabalho das pessoas com deficiência de forma desvinculada da análise do direito fundamental instrumental da acessibilidade. E o Tribunal não se preocupou com tal aspecto, analisando a questão do trabalho de forma isolada.

Como já afirmamos em estudo anterior:

> A tarefa de incluir, portanto, não cessa no cumprimento da quota. Mas no cumprimento da quota acessível. Esse acréscimo é indispensável e necessário, sob pena de não efetivação da medida. E quem seriam os primeiros fiscais (além, é claro, de toda a sociedade), aqueles que deveriam cuidar diretamente de tal situação? Exatamente os mesmos que cuidam do cumprimento da quota. Por que cuidam da quota e não cuidam da acessibilidade? Ou seja, o conceito não é apenas a quota, mas a quota acessível.[9]

Sem acessibilidade não há inclusão, não há a garantia de nenhum outro direito fundamental das pessoas com deficiência. E tal questão deverá ser necessariamente verificada quando estivermos tratando de qualquer direito fundamental daquele grupo vulnerável; deve-se verificar se há realmente condições de se efetivar a proteção do direito fundamental da pessoa com deficiência, e tal questão invariavelmente passa pela análise do cumprimento das normas de acessibilidade.

---

9   ARAUJO, Luiz Alberto David; MAIA, Maurício. Vagas Reservadas para Pessoas com Deficiência nas Empresas: A Falta da Instrumentalidade. In: SARLET, Ingo Wolfgang; MELLO FILHO, Luiz Philippe Vieira de; FRAZÃO, Ana de Oliveira (coord.). *Diálogos Entre o Direito do Trabalho e o Direito Constitucional*. São Paulo: Saraiva, 2014, p. 302.

Conclusão

A Constituição brasileira traz um inegável mandamento de inclusão, decorrente da designação da igualdade e da dignidade humana como seus principais vetores de interpretação e aplicação.

A igualdade é o valor que condiciona todo o sistema de direitos e garantias fundamentais erigido pela Constituição Federal, como notamos da sua colocação no caput do art. 5°, da Lei Maior. A igualdade, porém, não pode ser entendida sob seu aspecto unicamente formal, a igualdade perante a lei, mas deverá ser entendida também sob seu prisma material, a igualdade na lei, como sendo um comando dirigido ao legislador para que, identificando as situações de desigualdade, desenvolva o tratamento jurídico adequado para que todos possam gozar das mesmas oportunidades de participação plena e efetiva na sociedade. A igualdade pressupõe o reconhecimento da diferença.

Nesse sentido, a própria Constituição elegeu alguns grupos de pessoas que merecem um especial tratamento jurídico, para que possam efetivamente ser incluídos na sociedade. Um desses grupos é o das pessoas com deficiência.

Identificado o grupo vulnerável, foram especificados, em nome da efetivação da igualdade material, alguns direitos fundamentais adicionais a esse grupo, para que se possa atingir a igualdade de oportunidades de participação na vida social para com as demais pessoas.

Outrossim, notamos que um dos direitos fundamentais das pessoas com deficiência, a acessibilidade, tem uma dúplice feição: além de ser um direito em si mesma, a acessibilidade é um instrumental indispensável para a efetivação de todos os outros direitos fundamentais do grupo vulnerável. Sem acessibilidade não há possibilidade de gozo dos demais direitos fundamentais, como saúde, educação, trabalho, lazer, pelas pessoas com deficiência, restando prejudicada, assim, a igualdade e, consequentemente, o comando constitucional de inclusão.

Na jurisprudência de nossos Tribunais Superiores, outrossim, notamos que, se por um lado como um direito em si mesma a acessibilidade é analisada de acordo com os ditames estabelecidos pelo ordenamento jurídico, por outro, como instrumental dos demais direitos fundamentais das pessoas com deficiência e como indispensável para a inclusão, não há a consideração da acessibilidade.

Faz-se necessário, na análise de quaisquer direitos fundamentais das pessoas com deficiência, considerarmos se há ou não a observância dos requisitos de acessibilidade, instrumento indispensável à efetivação daqueles direitos, sob pena de analisarmos apenas parcialmente a questão, adotando conclusões que não prestigiarão a igualdade e o comando de inclusão que exsurge de nossa Constituição

Não há igualdade sem acessibilidade; a falta da acessibilidade impede a fruição pelas pessoas com deficiência de todos os direitos e garantias fundamentais que lhes são garantidos, para a efetivação da igualdade material. O conteúdo jurídico do direito à igualdade somente pode ser corretamente compreendido se considerarmos tal direito sob seu aspecto material, o que, necessariamente implica em garantir que o instrumental necessário ao gozo dos direitos fundamentais pelas pessoas com deficiência será observado; sem a acessibilidade, assim, esvazia-se o sentido da igualdade.

Referências Bibliográficas

ARAUJO, Luiz Alberto David. *A Proteção Constitucional das Pessoas com Deficiência*. 4ª edição. Brasília: Corde, 2011.

ARAUJO, Luiz Alberto David; MAIA, Maurício. Vagas Reservadas para Pessoas com Deficiência nas Empresas: A Falta da Instrumentalidade. In: SARLET, Ingo Wolfgang; MELLO FILHO, Luiz Philippe Vieira de; FRAZÃO, Ana de Oliveira (coord.). *Diálogos Entre o Direito do Trabalho e o Direito Constitucional*. São Paulo: Saraiva, 2014, p. 295-305.

_____. Meio Ambiente Urbano Constitucional e o Cumprimento das Regras de Acessibilidade. *Revista de Direito Ambiental*. Ano 20, vol. 79, p. 431-448, São Paulo, jul.-set. 2015.

_____. A Cidade, o Direito Constitucional de Inclusão Social e a Acessibilidade. *Revista de Direito da Cidade*. Vol. 08, nº 01, p. 225-244, Rio de Janeiro, 2016.

BANDEIRA DE MELLO, Celso Antônio. *O Conteúdo Jurídico do Princípio da Igualdade*. 3ª edição, 20ª tiragem. São Paulo: Malheiros Editores, 2011.

GARCIA, Emerson; ALVES, Rogério Pacheco. *Improbidade Administrativa*. 4a edição. Rio de Janeiro: Lumen Juris, 2008.

O AFASTAMENTO DA LEI Nº 9.099/95 ÀS CAUSAS QUE ENVOLVEM VIOLÊNCIA DOMÉSTICA E FAMILIAR CONTRA A MULHER (ART. 41 DA LEI MARIA DA PENHA) ALCANÇA AS CONTRAVENÇÕES PENAIS?

Alice Bianchini

> SUMÁRIO: **1.** Introdução. **2.** Colocação do problema. **3.** Posição 1: A vedação da aplicação da Lei nº 9.099/95 às causas que envolve violência doméstica e familiar contra a mulher estende-se para as contravenções penais, não obstante o art. 41 fazer referência expressa ao vocábulo "crime". **4.** Posição 2: O afastamento da aplicação da Lei nº 9.099/95 às causas que envolvem violência doméstica e familiar contra a mulher, previsto no art. 41 da Lei Maria da Penha, não alcança as contravenções penais. **5.** Posicionamento da autora e conclusões.

1. Introdução

Em seu art. 4º, a Lei Maria da Penha estabelece que na interpretação de seus dispositivos serão considerados:

a) os fins sociais a que ela se destina e, especialmente;

b) as condições peculiares das mulheres em situação de violência doméstica e familiar.

A começar pelos seus fins sociais, não há dúvida de que a Lei destina-se a diminuir a violência de gênero ocorrida no ambiente doméstico, familiar ou em uma relação íntima de afeto.

A segunda parte do dispositivo refere-se às condições peculiares das mulheres em situação de violência e encontra-se associada às características deste tipo de violência. São as especificidades desse tipo de violência que justificam uma proteção mais efetiva e enérgica, tal qual se estabeleceu (ao menos em seu sentido formal) na Lei Maria da Penha. A violência doméstica e familiar contra a mulher caracteriza-se pela existência de inúmeras situações que não se fazem presentes (ou raramente são encontradas) nos demais tipos de violência. É em razão de tais circunstâncias que a Lei Maria da Penha encontra-se inserida no contexto de uma lei afirmativa (ou, tecnicamente, uma medida especial de caráter temporário) e representa um microssistema com características próprias, motivo pelo qual toda a sua interpretação exige um cuidado para não deixar ainda mais tortuoso o já difícil percalço que a mulher em situação de violência doméstica e familiar precisa percorrer para romper com o ciclo de violência e efetivar a garantia de viver uma vida longe da violência.

Como bem lembra Ivana Battaglin,[1] logo que a Lei Maria da Penha foi promulgada, recebeu o aplauso de muitos, bem como foi merecedora de parcela grande de críticas. "Surgiu com força normativa cogente poucas vezes antes vista, ao mesmo tempo em que encontrou grande resistência por parte daqueles profissionais do Direito que não compreendem o verdadeiro espírito da lei. Isso porque ela traz em seu bojo uma visão interdisciplinar sobre o tema 'violência doméstica', fenômeno de difícil compreensão pela maioria dos operadores jurídicos, os quais não tiveram em sua formação acadêmica disciplinas que abordassem questões de gênero. Assim, não conseguem compreender a verdadeira dimensão do contido na Lei Maria da Penha, pois a interpretam somente pelo viés jurídico, ignorando assim seus aspectos sociológicos, antropológicos, psicológicos e, principalmente, históricos."

2. Colocação do problema

O art. 41 da Lei Maria da Penha determinou o afastamento da aplicação da Lei nº 9.099/95 (juizados especiais criminais – JECRIM) para os crimes que envolvessem violência doméstica e familiar contra a mulher. Nenhuma referência, no entanto, fez às contravenções penais. Veja-se a redação:

> Art. 41. Aos crimes praticados com violência doméstica e familiar contra a mulher, independentemente da pena prevista, não se aplica a Lei nº 9.099, de 26 de setembro de 1995.

A questão ainda não pacificada é a seguinte: interpreta-se literalmente o texto legal (excluindo, portanto, a restrição de aplicação da Lei nº 9.099/95 às contravenções penais), ou a interpretação deve ser teleológica (com preocupações acerca do objetivo da Lei)? Neste último caso, as contravenções seriam incluídas na restrição à aplicação da Lei nº 9.099/95, por ser mais condizente com a sua *ratio legis* (LMP, arts. 4º e 5º).

As questões práticas que envolvem a discussão são as seguintes:

1) No caso de contravenção é competente o JECRIM ou o JVDFM?

2) Podem ser aplicados os institutos despenalizadores previstos na Lei nº 9.099/95 às contravenções penais: composição civil, transação penal e suspensão condicional do processo?

Conforme sistemática do nosso Código Penal, as infrações penais são classificadas em contravenções penais e crimes (ou delitos). Nosso sistema,

---

1 Disponível em: http://www.compromissoeatitude.org.br/o-artigo-41-da-lei-maria-da-penha-e-sua-necessaria-interpretacao-teleologica-e-sistematica-por-ivana-battaglin/

no que diz respeito à classificação das infrações penais, filia-se ao sistema bipartido. Crime ou delito de um lado e contravenção penal de outro não se confundem. A Lei de Introdução ao Código Penal – Decreto-Lei nº 3.914/41, já no art. 1º, cuida da diferença, ao afirmar que

> Art. 1º. Considera-se crime a infração penal que a lei comina pena de reclusão ou de detenção, quer isoladamente, quer alternativa ou cumulativamente com a pena de multa; contravenção, a infração penal a que a lei comina, isoladamente, pena de prisão simples ou de multa, ou ambas. alternativa ou cumulativamente.

Por força, portanto, do art. 1º da Lei de Introdução ao Código Penal, anteriormente transcrita, se a infração tem como sanção penal exclusivamente a multa, cuida-se de contravenção, não de crime.

Feita a distinção, voltemos ao questionamento inicial: O afastamento da aplicação da Lei nº 9.099/95 às causas que envolvem violência doméstica e familiar contra a mulher, previsto no art. 41 da Lei Maria da Penha, alcança as contravenções penais praticadas no contexto da Lei Maria da Penha?

A principal implicação prática é a seguinte: autuado o termo circunstanciado de violência que caracteriza uma contravenção penal, o feito deve ser distribuído para os Juizados de Violência Doméstica e Familiar contra a Mulher – JVDFM, uma Vara Criminal (quando não há JVDFM) ou para os Juizados Especiais Criminais?

A questão é controvertida, conforme se verifica a seguir.

3. Posição 1: A vedação da aplicação da Lei nº 9.099/95 às causas que envolve violência doméstica e familiar contra a mulher estende-se para as contravenções penais, não obstante o art. 41 fazer referência expressa ao vocábulo "crime"

Em 24.03.2011 o STF entendeu que extensão da proibição da aplicação da Lei nº 9.099/95 alcança as contravenções penais. Confira-se:

> VIOLÊNCIA DOMÉSTICA – ARTIGO 41 DA LEI Nº 11.340/06 – ALCANCE. O preceito do artigo 41 da Lei nº 11.340/06 alcança toda e qualquer prática delituosa contra a mulher, até mesmo quando consubstancia contravenção penal, como é a relativa a vias de fato. VIOLÊNCIA DOMÉSTICA – ARTIGO 41 DA LEI Nº 11.340/06 – AFASTAMENTO DA LEI Nº 9.099/95 – CONSTITUCIONALIDADE. Ante a opção político-normativa prevista no artigo 98, inciso I, e a proteção versada no artigo 226, § 8º, ambos da Constituição Federal, surge harmônico com esta última o afastamento peremptório da Lei nº 9.099/95 – mediante o artigo 41 da Lei nº 11.340/06 no processo-crime a revelar violência contra a mulher. STF, Tribunal Pleno, HC 106.212/MS, Rel. Min. Marco Aurélio, j. em 24/03/2011 – grifou-se.

Em suas razões, o ministro Marco Aurélio trouxe os seguintes argumentos:

> - De conformidade com o artigo 98, I, da CF, "a definição de infração penal de menor potencial ofensivo, submetendo a ao julgamento dos juizados especiais, depende de opção político-normativa dos representantes do povo – os Deputados Federais – e dos representantes dos Estados – os Senadores da República.
> - Dirão que o dispositivo contém referência a crime e não a contravenção penal, não alcançando as vias de fato. Fujam à interpretação verbal, à interpretação gramatical, que, realmente, seduzindo, porquanto viabiliza a conclusão sobre o preceito legal em aligeirado olhar, não consubstancia método seguro de hermenêutica. Presente a busca do objetivo da norma, tem-se que o preceito afasta de forma categórica a Lei nº 9.099/95 no que, em processo-crime – e inexiste processo-contravenção –, haja quadro a revelar a violência doméstica e familiar.
> - Tenho como de alcance linear e constitucional o disposto no artigo 41 da Lei nº 11.340/2006, que, alfim, se coaduna com a máxima de Ruy Barbosa de que a "regra da igualdade não consiste senão em quinhoar desigualmente aos desiguais, na medida em que se desigualam... Tratar com desigualdade a iguais, ou a desiguais com igualdade, seria desigualdade flagrante, e não igualdade real.
> - O enfoque atende à ordem jurídico-constitucional, à procura do avanço cultural, ao necessário combate às vergonhosas estatísticas do desprezo às famílias considerada a célula básica que é a mulher.

O STJ, em 2015, editou súmula tratando da não aplicabilidade dos institutos despenalizadores da Lei nº 9.099/95, como seguinte teor:

> Súmula 536 – A suspensão condicional do processo e a transação penal não se aplicam na hipótese de delitos sujeitos ao rito da Lei Maria da Penha. (TERCEIRA SEÇÃO, julgado em 10/06/2015, DJe 15/06/2015)

Apesar da sua relevância, a falta de clareza da súmula repercutiu no sentido de se elaborar um importante questionamento sobre ela: **ao fazer referência expressa ao vocábulo "delito" quis dizer que se pode aplicar a suspensão condicional do processo e a transação penal para as contravenções penais?**

Ademais, há que se identificar um erro técnico da súmula ao fazer uso da expressão "sujeitos ao rito da Lei Maria da Penha", uma vez que a lei não traz nenhum rito especial, permanecendo em vigor as regras do Código de Processo Penal sobre o tema, com exceção de algumas pequenas inovações por ela trazidas, como por exemplo, a necessidade de a vítima se notificada de todos os atos do processo, bem como da proibição de que venha a entregar intimação ou notificação ao agressor, a teor do art. 21:

> Lei Maria da Penha
> Art. 21. A ofendida deverá ser notificada dos atos processuais relativos ao agressor, especialmente dos pertinentes ao ingresso e à saída da prisão, sem prejuízo da intimação do advogado constituído ou do defensor público.

Parágrafo único. A ofendida não poderá entregar intimação ou notificação ao agressor.

Voltando ao questionamento acerca do âmbito de abrangência da Súmula 536 (se inclui ou não as contravenções penais), uma análise das decisões do próprio STJ que abaixo serão trazidas conduz a uma resposta no sentido de que às infrações praticadas no contexto da Lei Maria da Penha não se aplicam os institutos despenalizadores previstos na Lei nº 9.099/95.

No STJ, há, dentre outros, um julgado de 3.4.2014 no sentido de estender às contravenções penais a proibição da aplicação dos institutos despenalizadores previstos na Lei nº 9.099/95. Ele encontra-se assim ementado:

> HABEAS CORPUS. [...] LEI MARIA DA PENHA. CONTRAVENÇÃO PENAL. TRANSAÇÃO PENAL. IMPOSSIBILIDADE. MANIFESTO CONSTRANGIMENTO ILEGAL NÃO EVIDENCIADO. [...] 2. Uma interpretação literal do disposto no artigo 41 da Lei nº 11.340/2006 viabilizaria, em apressado olhar, a conclusão de que os institutos despenalizadores da Lei nº 9.099/1995, entre eles a transação penal, seriam aplicáveis às contravenções penais praticadas com violência doméstica e familiar contra a mulher. 3. À luz da finalidade última da norma e do enfoque da ordem jurídico-constitucional, tem-se que, considerados os fins sociais a que a lei se destina, o artigo 41 da Lei nº 11.340/2006 afasta a incidência da Lei nº 9.099/1995, de forma categórica, tanto aos crimes quanto às contravenções penais praticados contra mulheres no âmbito doméstico e familiar. Vale dizer, a mens legis do disposto no referido preceito não poderia ser outra, senão a de alcançar também as contravenções penais. 4. Uma vez que o paciente está sendo acusado da prática, em tese, de vias de fato e de perturbação da tranquilidade de sua ex-companheira, com quem manteve vínculo afetivo por cerca de oito anos, não há nenhuma ilegalidade manifesta no ponto em que se entendeu que não seria aplicável o benefício da transação penal em seu favor. 5. Habeas corpus não conhecido. STJ, HC 280788/RS, Rel. Min. Rogerio Schietti Cruz, j. em 03/04/2014.

Antes, em 15/02/2011, o STJ já tinha decidido que

> Configurada a conduta praticada como violência doméstica contra a mulher, independentemente de sua classificação como crime ou contravenção, deve ser fixada a competência da Vara Criminal para apreciar e julgar o feito, enquanto não forem estruturados os Juizados de Violência Doméstica e Familiar contra a Mulher, consoante o disposto nos artigos 7º e 33 da Lei Maria da Penha. STJ, HC 158615/RS 2010/0000735-4, Rel. Min. Jorge Mussi, j. em 15/02/2011.

Consta nas razões do julgado:
– O magistrado de primeira instância indeferiu pedido da defensoria que pleiteava a aplicação da Lei nº 9.099/95 ao paciente que praticou contravenção penal de vias de fato.
– O Tribunal de Justiça denegou a ordem "sob o fundamento de que a competência para conhecer e julgar os delitos e as contravenções penais rela-

tivas à prática de violência doméstica e familiar contra a mulher é da Vara Criminal Comum, e não do Juizado Especial."
– Sustenta a impetrante que o artigo 41 da Lei nº 11.340/2006 determina que aos crimes praticados com violência doméstica e familiar contra a mulher não se aplica a Lei nº 9.099/1995, dispositivo que não poderia ser interpretado de modo a abranger, também, contravenções penais.
– Discutiu-se se as contravenções penais estão ou não incluídas na competência das Varas Criminais, fixada pela Lei Maria da Penha em seu artigo 33.
– Interpretando-se sistematicamente os mencionados dispositivos, verifica-se que a Lei não diferenciou as causas de natureza cível das criminais, de menor potencial ofensivo ou não, de crime ou contravenção, fixando a competência das Varas Criminais para apreciar e julgar mencionados feitos, enquanto não estruturados os Juizados de Violência Doméstica e Familiar contra a Mulher.
– Portanto, conclui-se que a apreciação e julgamento de toda infração doméstica e familiar contra a mulher, seja tipificada como crime ou contravenção penal, é da competência da Vara Criminal até que sejam criados os Juizados de Violência Doméstica e Familiar.
– Interpretando-se sistematicamente os arts. 7º (tipos de violência) e 33 (enquanto não estruturados os JVDFM a competência é do juiz criminal), verifica-se que Lei não diferenciou as causas de natureza cível das criminais, de menor potencial ofensivo ou não, de crime ou contravenção.
Outros julgados do STJ no mesmo sentido:

> VIOLÊNCIA DOMÉSTICA. CONTRAVENÇÃO PENAL (VIAS DE FATO). ARTS. 33 E 41 DA LEI MARIA DA PENHA. COMPETÊNCIA. VARA CRIMINAL. RECURSO ESPECIAL PROVIDO. 1. Cristalizou-se na jurisprudência desta Corte que a vedação à aplicação dos institutos da Lei nº 9.099/95 aos delitos cometidos com violência doméstica contra a mulher, nos termos do art. 41 da Lei nº 11.340/06, abrange também as contravenções penais. Precedentes. [...] Com efeito, esta Corte tem entendimento firmado no sentido de que a vedação à aplicação dos institutos da Lei nº 9.099/95 aos delitos cometidos com violência doméstica contra a mulher, nos termos do art. 41 da Lei nº 11.34333/06, abrange também as contravenções penais. [...]. STJ, REsp 1078131, Rel. Min. Adilson Vieira Macabu (Desembargador convocado do TJRJ), j. em 25/03/2011.
> VIOLÊNCIA DOMÉSTICA. CONTRAVENÇÃO PENAL (VIAS DE FATO). ARTS. 33 E 41 DA LEI MARIA DA PENHA. COMPETÊNCIA DO JUÍZO DA VARA CRIMINAL. 1. Apesar do art. 41 da Lei nº 11.340/2006 dispor que "aos crimes praticados com violência doméstica e familiar contra a mulher, independentemente da pena prevista, não se aplica a Lei nº 9.099, de 26 de setembro de 1995", a expressão "aos crimes" deve ser interpretada de forma a não afastar a intenção do legislador de punir, de forma mais dura, a conduta de quem comete violência doméstica contra a mulher, afastando de forma expressa a aplicação da Lei dos Juizados Especiais. 2. Configurada a conduta praticada como violência doméstica contra a mulher, independentemente de sua classificação como crime ou contravenção, deve ser fixada a competência da Vara Criminal para apreciar

e julgar o feito, enquanto não forem estruturados os Juizados de Violência Doméstica e Familiar contra a Mulher, consoante o disposto nos arts. 33 e 41 da Lei Maria da Penha. STJ, CC 102571/MG, Rel. Min. Jorge Mussi, j. em 13/05/2009 – grifou-se.
VIOLÊNCIA DOMÉSTICA E FAMILIAR CONTRA A MULHER (LEI Nº 11.340/06). VIAS DE FATO. JUIZADO ESPECIAL E VARA CRIMINAL. PREVISÃO EXPRESSA DE AFASTAMENTO DA LEI DOS JUIZADOS ESPECIAIS (LEI Nº 9.099/95). ARTS. 33 E 41 DA LEI Nº 11.340/06. PARECER DO MPF PELA COMPETÊNCIA DO JUÍZO SUSCITANTE. CONFLITO CONHECIDO, PARA DECLARAR A COMPETÊNCIA DO JUÍZO DE DIREITO DA VARA CRIMINAL DA INFÂNCIA E JUVENTUDE DE ITAJUBÁ/MG, O SUSCITANTE. 1. A conduta atribuída ao companheiro da vítima amolda-se, em tese, ao disposto no art. 7o., inciso I da Lei nº 11.340/06, que visa a coibir a violência física, entendida como qualquer conduta que ofenda a integridade ou a saúde corporal da mulher. 2. Ao cuidar da competência, o art. 41 da Lei nº 11.340/06 (Lei Maria da Penha) estabelece que, aos crimes praticados com violência doméstica e familiar contra a mulher, independentemente da pena prevista, não se aplica a Lei nº 9.099/95 (Lei dos Juizados Especiais Criminais). O art. 33 da citada Lei, por sua vez, dispõe que enquanto não estiverem estruturados os Juizados de Violência Doméstica e Familiar contra a Mulher, as Varas Criminais acumularão as competências cível e criminal para conhecer e julgar as causas decorrentes de violência doméstica. 3. Afastou-se, assim, em razão da necessidade de uma resposta mais eficaz e eficiente para os delitos dessa natureza, a conceituação de crimes de menor potencial ofensivo, punindo-se mais severamente aquele que agride a mulher no âmbito doméstico ou familiar. 4. A definição ou a conceituação de crimes de menor potencial ofensivo é da competência do legislador ordinário, que, por isso, pode excluir alguns tipos penais que em tese se amoldariam ao procedimento da Lei nº 9.099/95, em razão do quantum da pena imposta, como é o caso de alguns delitos que se enquadram na Lei nº 11.340/06, por entender que a real ofensividade e o bem jurídico tutelado reclamam punição mais severa. STJ, CC 96522/MG, Rel. Min. Napoleão Nunes Maia Filho, DJe 19/12/2008 – grifou-se.

Também é esse o entendimento do TJDF, conforme se depreende do seguinte julgado:

PROCESSUAL PENAL. RECLAMAÇÃO. VIOLÊNCIA DOMÉSTICA. DECISÃO QUE RECEBE A DENÚNCIA QUANTO AO CRIME DE AMEAÇA, MAS, QUANTO À CONTRAVENÇÃO PENAL (VIAS DE FATO), DESIGNA AUDIÊNCIA PRELIMINAR COM BASE NA LEI Nº 9.099/95. LIMINAR. APRECIAÇÃO DA DENÚNCIA TAMBÉM NO TOCANTE À CONTRAVENÇÃO PENAL. PROSSEGUIMENTO DO PROCESSO. RECLAMAÇÃO CONTRA A DECISÃO JUDICIAL QUE, EMBORA RECEBA A DENÚNCIA QUANTO AO CRIME DE AMEAÇA, DEIXA DE RECEBÊ-LA NO TOCANTE À CONTRAVENÇÃO PENAL, DESIGNANDO AUDIÊNCIA PRELIMINAR COM BASE NA LEI Nº 9.099/95. NÃO HÁ FALAR, NO CASO, EM APLICAÇÃO DO RITO DA LEI Nº 9.099/95, PORQUE AFASTADA PELO ART. 41 DA LEI Nº 11.340/06 (STF, HC 106.212, 1ª TURMA, 24/3/2011). NESSE PASSO, OFERECIDA A DENÚNCIA, DEVE SER LOGO APRECIADA NA FORMA DA LEI. O RETARDAMENTO DA PERSECUÇÃO PENAL, ENQUANTO SE AGUARDA REALIZAÇÃO DE AUDIÊNCIA DESIGNADA, NÃO ENCONTRA AMPARO

LEGAL E PODE SER PREJUDICIAL ÀS PARTES, PRINCIPALMENTE À VÍTIMA. IMPOSITIVA A IMEDIATA APRECIAÇÃO DA DENÚNCIA TAMBÉM EM RELAÇÃO À CONTRAVENÇÃO DO ART. 21 DA LEI DE CONTRAVENCOES PENAIS, COMO DE DIREITO, PROSSEGUINDO-SE NA FORMA DA LEI. PEDIDO JULGADO PROCEDENTE, CONFIRMANDO A LIMINAR. TJDF, PET 2012002029969, Rel. Mario Machado, j. em 13/06/2013.

Reforçando os argumentos acima, o TJRS, no ano de 2010, ao entender que a Lei Maria da Penha deve ser aplicada aos casos de contravenção penal, traz os seguintes argumentos:

> [...] não é do Juizado Especial Criminal a competência para processar e julgar as Contravenções Penais envolvendo violência doméstica e familiar contra a mulher – Lei nº 11.340/06. Isso já foi estabelecido na resolução nº 562/06-COMAG, com as alterações pertinentes, quais sejam, de nºs 571/2006-COMAG e 574/2006-COMAG; no Ofício Circular nº 327/06/CGJ, e em diversos julgados desta Colenda Câmara.
> Além disso, o art. 41 da Lei Maria da Penha é expresso ao mencionar que, independentemente da pena prevista, está vedada a aplicação da Lei nº 9099/95, verbis:
> "Art. 41. Aos crimes praticados com violência doméstica e familiar contra a mulher, independentemente da pena prevista, não se aplica a Lei nº 9.099, de 26 de setembro de1995."
> [...] a lei dispõe que compete aos JVDFM o julgamento das "causas cíveis e criminais" (art. 33), enquanto não forem implementadas esses juizados a competência é da Vara Criminal e não há dúvida que expressão "causas" compreende as contravenções penais (NESSE SENTIDO, CONFLITO DE COMPETÊNCIA Nº 70020004339, D.J. 19 DE JULHO DE 2007 DE MINHA RELATORIA)". TJRS, CJ 70038230090, Rel. Aymoré Roque Pottes de Mello, j. em 21/10/ 2010.

Na ementa do julgamento acima, ficou constando:

> "LEI MARIA DA PENHA" (LEI Nº 11.340/2006). MEDIDA PROTETIVA DE URGÊNCIA. FIXAÇÃO DA COMPETÊNCIA DAS VARAS CRIMINAIS DO JUÍZO COMUM PARA CONHECER, PROCESSAR E JULGAR AS CAUSAS RELATIVAS À "LEI MARIA DA PENHA", INDEPENDENTEMENTE DA CONDUTA PRATICADA TIPIFICAR CRIME OU CONTRAVENÇÃO PENAL. AFASTAMENTO DA COMPETÊNCIA DOS JUIZADOS ESPECIAIS CRIMINAIS. (TJRS, CJ 70038230090, Rel. Des. Aymoré Roque Pottes de Mello, j. em 21/10/2010.)

O COPEVID – Comissão Permanente de Combate à Violência Doméstica e Familiar contra a Mulher, do Grupo Nacional de Direitos Humanos do Ministério Público, firmou o seguinte posicionamento:

> Enunciado 2. O art. 41 da Lei Maria da Penha aplica-se indistintamente a crimes e contravenções penais, na esteira do entendimento do Supremo Tribunal Federal e do Superior Tribunal de Justiça.

Na doutrina, temos o posicionamento de Lênio Luiz Streck[2], no sentido de que uma interpretação condizente com os objetivos expressamente expostos nas disposições preliminares e gerais (Títulos I e II, respectivamente) da Lei Maria da Penha conduziria ao entendimento de que as contravenções estariam incluídas na restrição. Sintetizando seus bem traçados argumentos:

(a) ao definir violência doméstica e familiar contra a mulher, a Lei Maria da Penha optou por abranger "qualquer ação ou omissão" que cause violência doméstica e familiar contra a mulher, dando, portanto, um sentido muito abrangente para o termo violência, o que poderia, perfeitamente, abarcar contravenções penais;

(b) as condutas passíveis de configurar violência doméstica e familiar contra a mulher são minuciosamente elencadas no art. 7º. Nelas, podem ser encontradas, inclusive, condutas penalmente atípicas.

(c) "o art. 41 não se propõe a delimitar o âmbito de incidência da Lei Maria da Penha – e nem soa razoável que o legislador tenha pretendido agastar em uma ou duas linhas toda a construção legal já realizada anteriormente na Lei – mas, apenas, a esclarecer uma questão pontual, qual seja, a de que, aos crimes cometidos com violência contra a mulher, independente da pena prevista, não serão aplicadas as medidas despenalizadoras previstas na Lei nº 9.099/95".

(d) "o art. 41, em momento algum, refere expressamente a obrigatoriedade da aplicação da Lei nº 9.099/95 aos casos de contravenções penais praticadas com violência doméstica e familiar contra a mulher, de modo que, neste caso, não se pode tomar a inclusão (afirmação) de uma, como a exclusão (negação) da outra."

(e) "não é a complexidade do tipo penal que delimita a abrangência da Lei Maria da Penha, eis que, para todos os efeitos, os crimes de menor potencial ofensivo também deveriam se restringir à competência dos JECRIMs. Neste sentido, deve-se compreender que, com o advento da Lei Maria da Penha, conflitos que envolvam violência contra a mulher não podem mais ser considerados de 'menor potencial ofensivo'."

(f) o art. 41 está previsto na parte das disposições finais da Lei. Seria improvável que "o legislador tenha optado por definir a matéria que será abrangida na Lei apenas nas suas disposições finais, colocando-se em contradição com as disposições preliminares do Título I e gerais do Título II, do mesmo diploma legal.

---

2 STRECK, Lenio Luiz. Lei Maria da Penha no contexto do Estado Constitucional: desigualando a desigualdade histórica. In: Carmen Hein. (Org). *Lei Maria da Penha comentada em uma perspectiva jurídico-feminista*. Rio de Janeiro: Lumen Juris, p. 95-97.

(g) "tampouco há que se alegar interpretação ampliativa *in malam partem*, uma vez que os elementos norteadores da interpretação da Lei Maria da Penha estão todos elencados de maneira expressa e clara no dispositivo legal, de modo que não se trata de nenhuma construção, isto é, não pode ser considerado ampliativo o que já vem disposto."

No mesmo sentido é o entendimento de Márcio André Lopes Cavalcante:

> A transação penal não é aplicável na hipótese de contravenção penal praticada com violência doméstica e familiar contra a mulher. De fato, a interpretação literal do art. 41 da Lei Maria da Penha poderia indicar, em uma análise rápida, a conclusão de que os institutos despenalizadores da Lei nº 9.099/1995, entre eles a transação penal, seriam aplicáveis às contravenções penais praticadas com violência doméstica e familiar contra a mulher. Entretanto, em uma interpretação que atenda os fins sociais a que a lei se destina, deve-se concluir que o art. 41 da Lei nº 11.340/2006 afasta a Lei nº 9.099/1995 tanto em relação aos crimes quanto às contravenções penais praticados contra mulheres no âmbito doméstico e familiar. [...] Em suma, os institutos despenalizadores da Lei nº 9.099/1995, entre eles a transação penal e a suspensão condicional do processo, não se aplicam a nenhuma prática delituosa contra a mulher no âmbito doméstico e familiar, ainda que configure contravenção penal.[3]

Eduardo Luiz Santos Cabette, ao comentar o tema, informa que tanto o STJ como o STF "preferiram uma interpretação teleológica da norma a uma mera interpretação literal, o que ensejou sua interpretação extensiva, reconhecendo-se que a lei disse menos do que desejava ('lex minus dixit quam voluit'). A interpretação extensiva é admissível mesmo na seara penal, desde que fique claro e evidente que o legislador foi avaro com as palavras, mas que a teleologia da normativa, sua finalidade reconhecível, aponte para a necessidade de ampliação do significado de certas palavras. Portanto, assim entenderam os tribunais superiores neste caso, concedendo à palavra "crime" uma acepção ampla em sinonímia à expressão 'infrações penais', abrangente tanto de 'crimes propriamente ditos', como de 'contravenções penais'."[4]

Ainda de acordo com o autor, "neste ponto pode-se afirmar que também agiram os tribunais superiores, levando em consideração uma técnica de interpretação sistemática, pois que o artigo 41 da Lei nº 11.340/06 passou a ser aplicado em harmonia com o artigo 4º. Do mesmo diploma que assim dispõe: 'Na interpretação desta lei, serão considerados os fins sociais

---

3 Disponível em: https://dizerodireitodotnet.files.wordpress.com/2015/06/sc3bamula-536-stj.pdf. Acesso em 05.05.2016.

4 Disponível em: http://eduardocabette.jusbrasil.com.br/artigos/255994940/stj-e-a-aplicacao-da-lei-maria-da-penha-as-contravencoes-penais

a que ela se destina e, especialmente, as condições peculiares das mulheres em situação de violência doméstica e familiar'."

Conclui o autor pelo acerto das decisões dos tribunais superiores, no sentido de ampliar interpretação da palavra "crimes", entendendo não se tratar de uma "analogia in mallam partem", mas sim de "interpretação extensiva, teleológica e sistemática", superando a mera "interpretação literal", "afinal, não parece correto pensar que o legislador pretendesse recolher seu manto protetivo da mulher vítima de violência doméstica e familiar em qualquer infração penal (crime ou contravenção). E, ademais, a questão assume grande relevância nos casos da contravenção penal de "Vias de Fato" (artigo 21, LCP), componente de uma grande parcela de casos de agressões contra a mulher."[5]

Ivana Battaglin[6] também se posiciona no sentido de ampliar para as contravenções penais a proibição de incidência da Lei nº 9.099/95. Para a autora, em face da complexidade interdisciplinar que envolve o fenômeno da violência doméstica e familiar contra a mulher, "há que se ter presente a necessidade de se conjugarem outras formas legais de interpretação da lei, tais como os métodos interpretativos teleológico e sistemático, previstos pela legislação pátria."

E, prossegue a autora:[7]

> Para o legislador que se debruçou sobre todos os aspectos interdisciplinares antes mencionados, a fim de elaborar o que a ONU considera uma das três melhores leis do mundo, não pretendia excluir as contravenções da norma inserta no artigo 41. E isso se torna evidente quando verificamos que, dentre as condutas que causam maior prejuízo psicológico à vítima, capazes de reduzir a sua capacidade de reação frente à violência sofrida, pelo menos duas se constituem em contravenção penal: os artigos 65 e 21 da Lei de Contravenções Penais, perturbação da tranquilidade e vias de fato, respectivamente. É o que afirma a psiquiatra francesa Marie-France Hirigoyen: 'Nos maus-tratos nos casais, os ataques psicológicos são os mais perigosos, fazem tanto mal quanto as agressões físicas e têm consequências mais graves – é o que dizem todas as vítimas. Existem, além do mais, formas de violência nas quais o parceiro, sem desferir o menor golpe, consegue destruir o outro.

Lembra, ainda, a autora, que a Lei nº 9.099/95 "revelou-se instrumento jurídico ineficaz na proteção das mulheres em situação de violência. Trata-se de sério problema, afeto aos direitos fundamentais das mulheres,

---

5 Disponível em: http://eduardocabette.jusbrasil.com.br/artigos/255994940/stj-e-a-aplicacao-da-lei-maria-da-penha-as-contravencoes-penais

6 Disponível em: http://www.compromissoeatitude.org.br/o-artigo-41-da-lei-maria-da-penha-e-sua-necessaria-interpretacao-teleologica-e-sistematica-por-ivana-battaglin/

7 Disponível em: http://www.compromissoeatitude.org.br/o-artigo-41-da-lei-maria-da-penha-e-sua-necessaria-interpretacao-teleologica-e-sistematica-por-ivana-battaglin/

que decorre da má utilização desse diploma normativo, na medida em que a agressão à mulher no contexto de violência doméstica tinha preço, pois bastava o agressor pagar a 'cesta básica' e via-se livre do processo. A Lei Maria da Penha veio inaugurar um sistema diametralmente oposto, vedando essa prática de mercancia da dignidade humana das mulheres."[8]

Para Guilherme de Souza Nucci[9], quando da interpretação do art. 41 da Lei Maria da Penha, "onde se lê *crimes*, leia-se na verdade, infração penal, o que permite abranger a contravenção penal." E ilustra com o seguinte exemplo:

> Se vias de fato (art. 21, Lei de Contravenções Penais) forem cometidas contra a mulher, no âmbito doméstico, cuida-se de contravenção penal não sujeita à Lei nº 9.099/95, pois esse é o escopo da Lei nº 11.340/2006.

4. Posição 2: O afastamento da aplicação da Lei nº 9.099/95 às causas que envolvem violência doméstica e familiar contra a mulher, previsto no art. 41 da Lei Maria da Penha, não alcança as contravenções penais

É nesse sentido os seguintes julgados do TJRS:

> CONFLITO NEGATIVO DE COMPETÊNCIA. CONTRAVENÇÃO PENAL. VIAS DE FATO. VIOLÊNCIA DOMÉSTICA. ATRAÇÃO DO JECRIM. PRECEDENTES. A hipótese descrita no termo circunstanciado é de contravenção penal e não de crime. Assim, estreme de dúvidas que, embora incidente a Lei Maria da Penha, não se cogita de regulação pelo comando restritivo constante no art. 41 do diploma legal em referência. Portanto, patente que se está diante de situação que atrai a competência do Juízo suscitado. CONFLITO PROCEDENTE. TJRS, Conflito de Jurisdição 70044647832, Rel. Diogenes Vicente Hassan Ribeiro, j. em 15/02/2012.
> Conflito negativo de competência. Contravenção penal. Perturbação da tranquilidade (art. 65, LCP). Lei nº 11.340/06 (Lei Maria da Penha). Inaplicabilidade da Lei nº 9.099/95 prevista no art. 41 do novo diploma legal alcança só os crimes, não atingindo as contravenções penais, que seguem na competência do Juizado Especial Criminal. Conflito procedente. Unânime. TJRS, Conflito de Jurisdição 70038954822, Rel. Luís Gonzaga da Silva Moura, j. em 26/01/2011.

Na doutrina encontra-se o posicionamento de Daniel Dammski Hackbart para quem a Lei Maria da Penha distinguiu as duas categorias de infração penal, vedando, tão somente, a aplicação do instituto aos crimes. Sistematizando as justificativas trazidas pelo autor:

---

8   Disponível em: http://www.compromissoeatitude.org.br/o-artigo-41-da-lei-maria-da-penha-e-sua-necessaria-interpretacao-teleologica-e-sistematica-por-ivana-battaglin/

9   NUCCI, Guilherme de Souza. *Leis penais e processuais penais comentadas*. 5ª ed. São Paulo: RT, 2010, p. 1277.

– "Tal diferenciação respeita os princípios de Direito Penal, em especial da proporcionalidade, na medida em que impede excessos na análise de situações de baixa ou baixíssima periculosidade. Isso porque a pena deverá guardar uma relação de proporcionalidade com o bem jurídico protegido."

– "O artigo 41 da Lei Maria da Penha prevê que "Aos crimes praticados com violência doméstica e familiar contra a mulher, independentemente da pena prevista, não se aplica a Lei nº 9.099, de 26 de setembro de 1995"". Dessa maneira, fica claro que a lei, por mais que tenha a nobre intenção de trazer a defesa dos interesses das mulheres vítimas de violência doméstica e familiar, menciona claramente a palavra "crimes", em detrimento da expressão "infrações penais". Ora, é de conhecimento amplo entre os profissionais de direito a máxima de que "não existem palavras inúteis na lei". Isso porque todas elas possuem um sentido próprio e adequado, devendo cada uma ser entendida exatamente conforme escrita."

– "[...] se a Lei optou por tal linha, não há que se falar em inclusão por parte do Judiciário, a quem cabe interpretar e aplicar a lei. Caso fosse intenção incluir no rol das infrações penais sobre as quais não se aplica a Lei nº 9.099/95, teria o legislador mencionado expressamente as contravenções, ou, de forma genérica, as infrações penais."[10]

Valéria Diez Scarance Fernandes[11] apesar de compartilhar desse entendimento, elenca os reflexos para o processo penal que tal postura acarreta:

– "impossibilidade de manter o agressor preso cautelarmente";

– "questionamentos quanto à possibilidade de aplicação da Lei nº 9.099/95, já que a Lei Maria da Penha refere-se aos 'crimes' no art. 41."

Também para Rômulo de Andrade Moreira, o art. 41 não se refere às contravenções penais.[12]

Fausto Rodrigues de Lima, ao se manifestar sobre o assunto entende que "continua em vigor a Lei nº 9.099/95, cujos dispositivos foram afastados pela Lei Maria da Penha apenas para os crimes cometidos em violência doméstica contra a mulher, nos termos de seu art. 41. Não houve ressalva para as contravenções."[13] Elenca, em seguida, o principal efeito em relação às contravenções penais praticadas no contexto de violência doméstica e

---

10 HACKBART, Daniel Dammski. A suspensão condicional do processo nos casos de violência doméstica e familiar contra a mulher. Disponível em: http://hackbartadv.blogspot.com.br/2011/03/suspensao-condicional-do-processo-nos.html. Acesso em: 14-4-2014.

11 Lei Maria da Penha: o processo penal a caminho da efetividade. São Paulo: Atlas, p. 61.

12 Disponível em: http://www.conjur.com.br/2007-ago-24/lei_maria_penha_inconstitucionalidades?pagina=5.

13 Disponível em: https://jus.com.br/artigos/21962/fianca-policial-violencia-domestica-e-a-lei-n-12-403-2011

familiar contra a mulher: não haverá prisão em flagrante. "Assim, nas contravenções praticadas contra a mulher, como vias de fato ou perturbação de tranquilidade (arts. 21 e 65 da Lei de Contravenções Penais), a autoridade policial sequer prenderá em flagrante. Os acusados devem ser soltos, mediante simples termo de compromisso, sem pagamento de fiança, nos termos do art. 69, parágrafo único, da Lei nº 9.099/95."[14]

5. Posicionamento da autora e conclusões

Será competente para julgar e processar as contravenções penais que decorram de violência doméstica o Juizado de Violência Doméstica e Familiar contra a Mulher ou, nos locais em que ele não tenha sido instalado, a vara criminal, afastando-se, portanto, a competência dos Juizados Especiais Criminais.

Como bem esclarece Luiz Flávio Gomes, "por força da teoria da alusão nós podemos esclarecer a diferença entre a analogia (proibida no direito penal, quando prejudica o réu) e a interpretação extensiva. A ela faz referência Windscheid (citado por Cobo del Rosal e Vives Anton, Derecho penal-PG, 4ª edição. Valencia: Tirant lo blanch, 1996, p. 149), nestes termos: "Acolhendo-se a teoria da alusão – Andeutungstheorie – existe uma fronteira inconfundível entre analogia e interpretação: há interpretação extensiva quando o legislador escreveu menos do que queria dizer e existe analogia quando ele não pensou no que devia pensar". No art. 235: contrair novo casamento sendo casado... Abarca a bigamia, a trigamia etc. (a trigamia está dentro da literalidade do tipo). O furto de uso não está na literalidade do art. 155 do CP."[15]

Excepcionalmente, a interpretação extensiva pode ser utilizada "quando fica claro que a situação concreta se ajusta indubitavelmente ao sentido do texto legal. É a vontade da lei que manda (não a vontade do legislador e muito menos a do intérprete). Nenhum intérprete pode ampliar o sentido do texto legal (para além do limite da vontade da lei). Pode revelá-lo, nunca ampliá-lo em matéria penal e muito menos contra o réu. Isso porque, na interpretação, há que se buscar o verdadeiro sentido da lei. Nessa busca, a interpretação pode não favorecer o réu, sempre que a interpretação restrita se converta em um escândalo por sua notória irracionalidade."[16]

---

14 Disponível em: https://jus.com.br/artigos/21962/fianca-policial-violencia-domestica-e-a-lei-n-12-403-2011

15 http://professorlfg.jusbrasil.com.br/artigos/250494007/o-que-se-entende-pela-teoria-da-alusao-ela-resolve-qual-problema-no-direito-penal

16 GOMES, Luiz Flávio, BIANCHINI, Alice e DAHER, Flávio. *Curso de direito penal 1*: parte geral (arts. 1º a 120). 2ª ed. São Paulo: Juspodvm, 2016, p. 131.

Assim, sempre que houver dúvida insuperável a resposta inverte-se em relação à questão anterior, ou seja, esgotados todos os meios e recursos interpretativos, caso subsista dúvida, pode-se aplicar o princípio *in dubio pro reu*. O principio *in dubio pro reu* deve ser sempre respeitado quando se está em jogo questões probatórias (fatos) não as questões de direito (interpretação da lei penal), salvo, nesse último caso, quando se trata, como já referido, de dúvida insuperável. Resta, então, investigar: trata-se de uma dúvida insuperável saber se pelo espírito da Lei Maria da Penha a intenção do legislador era de também restringir a aplicação dos institutos despenalizadores previstos na Lei nº 9.099/95 para as contravenções penais praticadas no âmbito da Lei Maria da Penha?

O entendimento que melhor representa os fins sociais a que a Lei Maria da Penha se destina e, especialmente, as condições peculiares das mulheres em situação de violência doméstica e familiar – art. 4º da Lei Maria da Penha é o que inclui no âmbito do art. 41 as contravenções penais. Assim, em tal dispositivo legal, onde se lê crimes, deve ser interpretado como infração penal (que, como se sabe, inclui contravenções penais e crimes).

Conforme demonstram as estatísticas referentes à violência doméstica e familiar contra a mulher, o quadro mais característico deste tipo de violência é representado pela frequência da agressão, pelo fato de serem vários os tipos de violência a que a mulher encontra-se submetida, bem como pela elevada intensidade.

Isso significa que a incidência de um único tipo de violência, a sua ocorrência isolada (ou seja sem nenhum outro histórico de violência) e com pouca intensidade (como a que caracteriza as contravenções penais) é quadro bastante raro na vida das mulheres que sofrem esse tipo de agressão. Normalmente, o que ocorre é que os demais episódios de violência passados não foram testemunhados ou não foram levados ao conhecimento das autoridades públicas.

Sendo, como é, a Lei Maria da Penha caracteristicamente protetiva, volta-se para a implementação de instrumental que possa servir para a prevenção deste tipo de violência.

Referências bibliográficas

BATTAGLIN, Ivana. Disponível em: http://www.compromissoeatitude.org.br/o-artigo-41-da-lei-maria-da-penha-e-sua-necessaria-interpretacao-teleologica-e-sistematica-por-ivana-battaglin/. Acesso em 05.05.2016.

BIANCHINI, Alice. Lei Maria da Penha. 3ª ed. São Paulo: Saraiva, 2016.

CABETTE, Eduardo Luiz Santos. Disponível em: http://eduardocabette.jusbrasil.com.br/artigos/255994940/stj-e-a-aplicacao-da-lei-maria-da-penha-as-contravencoes-penais. Acesso em 05.05.2016.

CAVALCANTE, Márcio André Lopes. Disponível em: https://dizerodireitodotnet.files.wordpress.com/2015/06/sc3bamula-536-stj.pdf. Acesso em 05.05.2016.

FERNANDES, Valéria Diez Scarance. Lei Maria da Penha: o processo penal a caminho da efetividade. São Paulo: Atlas.

GOMES, Luiz Flávio, BIANCHINI, Alice e DAHER, Flávio. *Curso de direito penal 1*: parte geral (arts. 1º a 120). 2ª ed. São Paulo: Juspodvm, 2016.

GOMES, Luiz Flávio. Disponível em: http://professorlfg.jusbrasil.com.br/artigos/250494007/o-que-se-entende-pela-teoria-da-alusao-ela-resolve-qual-problema-no-direito-penal. Acesso em 05.05.2016.

HACKBART, Daniel Dammski. A suspensão condicional do processo nos casos de violência doméstica e familiar contra a mulher. Disponível em: http://hackbartadv.blogspot.com.br/2011/03/suspensao-condicional-do-processo-nos.html. Acesso em: 14.4.2015.

LIMA, Fausto Rodrigues de . Disponível em: https://jus.com.br/artigos/21962/fianca-policial-violencia-domestica-e-a-lei-n-12-403-201. Acesso em 05.05.2016.

MOREIRA, Rômulo de Andrade. Disponível em: http://www.conjur.com.br/2007-ago-24/lei_maria_penha_inconstitucionalidades?pagina=5.

NUCCI, Guilherme de Souza. *Leis penais e processuais penais comentadas*. 5ª ed. São Paulo: RT, 2010.

STRECK, Lenio Luiz. Lei Maria da Penha no contexto do Estado Constitucional: desigualando a desigualdade histórica. In: Carmen Hein. (Org). *Lei Maria da Penha comentada em uma perspectiva jurídico-feminista*. Rio de Janeiro: Lumen Juris.

O *IMPEACHMENT* NO CONSTITUCIONALISMO BRASILEIRO

Carlos Mário da Silva Velloso

> SUMÁRIO: **I.** Introdução: antecedentes: o *impeachment* na Inglaterra. **I.1.** O *impeachment* nos Estados Unidos da América: natureza política do instituto. **I.2.** Casos de *impeachment* nos Estados Unidos da América. **II.** O *impeachment* no Brasil: na Constituição Imperial de 1824. **II.1.** Na República. **II.2.** Natureza jurídica do *impeachment* no Brasil. **II.3.** Pedro Lessa: natureza político-penal do *impeachment*. **III.** O *impeachment* na Constituição de 1988. **IV.** O *impeachment* e a garantia do *due process of law*. **V.** Impedimento e suspeição de senadores. **VI.** Perda do cargo com inabilitação para o exercício de função pública. **VII.** Conclusão.

I. Introdução: antecedentes: o *impeachment* na Inglaterra

Quando do julgamento, no Supremo Tribunal Federal, dos Mandados de Segurança 21.564-DF e 21.623-DF,[1] procurei fixar a origem do *impeachment*. Disse eu, então, que este, na Inglaterra, de onde é originário, representava uma acusação ao ministro do monarca. A acusação, no fundo, era ao monarca; todavia, porque este se colocava acima dos homens e das coisas, não poderia ser atingido pelo *impeachment*. A acusação restringia-se, portanto, ao ministro, que, julgada procedente, era ele destituído do cargo, podendo ser condenado à morte. A história revela que o *impeachment* inglês foi, não por poucas vezes, confundido com o *bill of attainder*.[2] O *bill of attainder*, registra Paulo Brossard, *"era uma condenação decretada por lei, uma lei-sentença, odiosamente pessoal e retroativa, no juízo de Esmein."*[3]

Na Inglaterra, o *impeachment*, com características penais, foi aplicado a partir do Século XIII até fins do Século XVIII, anota Aliomar Baleeiro, que informa que os dois últimos processos foram o de Clive, em fins do Século XVIII, e o de Lord Melville, em 1805. A partir daí, o *impeachment* caiu em de-

---

1 MS 21.564-DF e MS 21.623-DF, Rel. Min. Carlos Velloso, DJ de 27.08.1993 e 28.05.1993; em www.stf.jus.br/jurisprudência. *Impeachment*, STF, Brasília, DF, Imprensa Nacional, 1996.
2 Blackstone W., *"Commentaries on the Laws of England,"* vol. I, p. 278.
3 Brossard, Paulo, *"O Impeachment,"* Saraiva, 2ª ed., 1992, p. 26.

suso na Inglaterra, em razão da fórmula mais simples da queda do gabinete, por ato espontâneo e por voto de censura.[4]

Um dos mais importantes casos de *impeachment* ocorrido na Grã-Bretanha foi o do Conde de Sttraford, ministro de Carlos I. Submetido ao *impeachment*, em 1640, foi recolhido à Torre de Londres. Temerosos, entretanto, do prestígio de Sttraford, que recebia ajuda direta de Carlos I, que compareceu à Câmara dos Lordes, pessoalmente, para defendê-lo, os Comuns recorreram ao *bill of attainder*, que foi votado pelos Lordes. Sttraford foi, então, executado em praça pública.[5]

Vale registrar: Igor Judge, magistrado britânico, que foi chefe do Judiciário inglês (2008-2013), citado por Sylvia Colombo,[6] anotou que a Magna Carta de 1.215 tornou dogma a supremacia da lei, que a lei está acima de tudo. *Supremacy of Law,* ninguém está acima da lei, nem mesmo o rei. Na Magna Carta está escrito, na Cláusula 61, que o *"se o rei agisse de forma arbitrária e desrespeitasse o texto, um Conselho e 25 barões o notificaria e estaria autorizado a rebelar-se contra o monarca, podendo até mesmo assumir o controle do reino temporariamente."* Tem-se, pois, na Magna Carta de 1215 o primeiro antecedente do *impeachment*.

I.1. O *impeachment* nos Estados Unidos da América: natureza política do instituto.

Os convencionais da Filadélfia introduziram o *impeachment* na ordem jurídica norte-americana. Inspiraram-se no modelo inglês, mas lhe deram contornos diferentes, emprestando-lhe feição política, na Seção IV do artigo II da Constituição: *"O Presidente, o Vice-Presidente e todos os funcionários civis dos Estados Unidos poderão ser destituídos dos respectivos cargos sob acusação e condenação por traição, suborno ou outros crimes e delitos."*[7] A Seção IV do artigo II está assim redigida:

> *"Section 4. The President, Vice President and all civil officers of the United States, shall be removed from office on impeachment for, and conviction of, treason, bribery, or other high crimes and misdemeanors."*[8]

---

4   Baleeiro, Aliomar, *A Catalepsia do Impeachment*, em *Estudos Jurídicos em Homenagem ao professor Oscar Tenório*, UERJ, 1977, p. 108.

5   Baleeiro, Aliomar, ob. e loc. citados.

6   Colombo, Sylvia, *A gênese do império da lei – 800 anos da Magna Carta*, *Folha de S. Paulo*, Caderno *Ilustríssima*, 14.06.2015.

7   Miranda, Jorge, *Constituições de Diversos Países*, Lisboa, Imprensa Nacional, Casa da Moeda, 1975, p. 31.

8   Em *A Government by the People,* publicação promovida pela USIS.

Os americanos, emprestando feição política ao *impeachment*, conferiram ao Senado competência para o seu julgamento, certo que o Senado, quando se reunir para julgar o *impeachment* do presidente dos Estados Unidos, será presidido pelo presidente da Corte Suprema, devendo a decisão, em qualquer caso, ser tomada por dois terços dos senadores presentes (Constituição, artigo I, Seção III, item 6).

Alexander Hamilton, que foi um dos *pais fundadores*, em *O Federalista*, dá as razões por que os convencionais fizeram do Senado o Tribunal encarregado de julgar o *impeachment*:

> "Um tribunal bem constituído para os processos dos funcionários, é um objetivo não menos desejável que difícil de obter em um governo totalmente letivo. Sua jurisdição compreende aqueles delitos que procedem da conduta indevida dos homens públicos ou, em outras palavras, do abuso ou violação de um cargo público. Possuem uma natureza que pode corretamente denominar-se POLÍTICA, já que se relaciona, sobretudo, com danos causados de maneira imediata à sociedade. Por esta razão, sua perseguição raras vezes deixará de agitar as paixões de toda a comunidade, dividindo-a em partidos mais ou menos propícios ou adversos ao acusado. Em muitos casos ligar-se-á com as facções já existentes, e porá em jogo todas as suas animosidades, prejuízos, influência e interesse de um lado ou de outro; e nessas ocasiões se correrá sempre um grande perigo de que a decisão esteja determinada pela força comparativa dos partidos, em maior grau que pelas provas efetivas de inocência ou culpabilidade."
>
> (...)
>
> "Segundo me parece, a convenção considerou o Senado como depositário mais idôneo desta importante missão. Os que melhor discirnam a dificuldade intrínseca do problema serão os mais cautelosos em coordenar essa opinião, e os mais inclinados a conceder a devida importância aos argumentos que podemos supor, a produziram."[9]

Não custa repetir, os americanos emprestaram ao *impeachment* feição política, com a única finalidade de destituir o funcionário do seu cargo, mesmo porque, registra Rui Barbosa, *"a jurisdição política dos corpos legislativos não tem, na América, o mesmo caráter que na Europa. Na Europa, a magistratura das Assembleias usa de todas as faculdades do direito criminal, nos casos submetidos a sua jurisdição: a destituição do funcionário jurisdicionado à sua alçada e sua interdição política são ali corolários da pena. Na América, a pena consiste unicamente nesses resultados. Ali a judicatura política tem por objeto "punir os culpados"; aqui, privá-los do poder"*.[10]

---

9 Hamilton, A., Madison e Jay, *O Federalista*, Ed. Nacional de Direito, Rio, 1959, tradução de Reggy Zacconi de Moraes, nº 65, ps. 262-263.

10 Barbosa, Ruy, *Comentários à Constituição Federal Brasileira,* coligidos e ordenados por Homero Pires, Saraiva, 1933, vol. III, ps. 432-433.

John Norton Pomeroy, que versou proficientemente o tema, no seu *An Introduction to the Constitutional Law of the United States*, invocado por Rui Barbosa, afirma que, a respeito do *impeachment*, o que os americanos transplantaram da Inglaterra foi apenas *"a palavra e o processo, atribuindo--se-lhe, porém, objeto e fins muito diferentes"*. Esclarece o constitucionalista americano, citado por Rui:

> *"Toda vez que o Presidente, o Vice-Presidente, ou outro funcionário violou ciente e deliberadamente os termos expressos da Constituição, ou qualquer outra lei, que lhe cometa funções não discricionárias, ou, sendo a função discricionária, exerceu-a caprichosa, perversa, leviana, ou obcecadamente, impassível ante as consequências desastrosas desse proceder, cabe ao caso o julgamento político, pouco importando saber se o ato foi declarado felonia, ou crime, por lei do Congresso, ou encarado como tal no direito consuetudinário de Inglaterra. O funcionário é destarte responsabilizável, perante o Congresso, por muitas infrações do dever público, impossíveis de tratar como crimes comuns e definir na legislação como processáveis nas justiças ordinárias. Assiste ao Presidente, por exemplo, a faculdade do perdão, inacessível à fiscalização parlamentar. Válido é o indulto, outorgado, por ele, seja qual for o seu móvel, ou intento. Seria absolutamente impossível ao corpo legislativo definir hipóteses precisas, em que se haja de averbar como crime o exercício do poder de agraciar. Não se pode, todavia, contestar que o Presidente, ainda sem o interesse de um suborno, pode exercer essa função de tal modo, que destrua a eficácia da lei criminal, e descubra o propósito de subverter a justiça até os fundamentos. Por atos desse gênero o Presidente incorreria em caso de "impeachment".*[11]

A redução do *impeachment* aos casos de infração de lei criminal, ou infração sujeita a processo nos tribunais, *"originou-se da analogia"*, esclarece Rui, que, *"na América do Norte, se pretendeu estabelecer entre as funções das duas Câmaras no Congresso americano e as funções das duas Casas no Parlamento inglês"*. Todavia, essa assimilação não tem razão de ser; ela, a lição é de Pomeroy, *"privaria o "impeachment" de sua eficácia compulsiva nas emergências mais graves. A importância do julgamento político está, não em seus efeitos sobre funcionários subordinados, mas no freio, a que submete o Presidente e Magistrados. Força é revesti-los de ampla autoridade discricionária; e dessa autoridade resulta o perigo receiável. Mas, exatamente onde se verifica o perigo, e onde cumpriria criar abrigo certo contra ele, o Presidente e a magistratura estão além do alcance do Poder Legislativo. Não é lícito ao Congresso intervir, mediante leis penais, ou de outro modo qualquer, no exercício de arbítrios conferidos pela Constituição. Se, portanto, os delitos processáveis por "impeachment" fossem tão-somente os acionáveis de conformidade com a lei positiva, o julgamento político tornar-se-ia frustrâneo, inútil, justamente contra aqueles funcionários e na-*

---

11   *Ap*. Barbosa, Ruy, ob. cit. ps. 428-429.

queles casos, em que mais necessário fosse como repressão contra a quebra de deveres oficiais."[12]

Essa doutrina, a de que o *impeachment*, no direito americano, tem caráter puramente político, pelo que não é necessária lei prévia que o autorize, é encontrada em Story: *"O Congresso tem adotado, sem hesitar, a conclusão de que não se há mister lei prévia, para autorizar o "impeachment" por todo o mau procedimento oficial (...). Examinando a história parlamentar dos "impeachments", verificar-se-á que muitas infrações, difíceis de precisar em lei, e muitas de caráter meramente político, têm-se considerado incluídas na classe dos crimes e delitos suscetíveis desta reparação extraordinária".*[13]

Todavia, se o fato que deu causa ao *impeachment* constitui, também, crime definido na lei penal, o acusado responderá criminalmente perante a jurisdição ordinária. É o que deflui do art. 1º, Seção IV, item 7, da Constituição americana, e foi registrado por Laboulaye, a dizer que a Convenção agiu bem, dando atenção à dupla natureza da matéria: à corporação política, o julgamento da questão no que ela tem de político; à jurisdição ordinária o julgamento do fato tipificado como crime.[14] Por isso, Tocqueville[15] anotou, dissertando a respeito do *impeachment* inglês e do *impeachment* americano, que este é muito mais uma medida administrativa do que um ato judiciário, motivo por que é menos temido do que na Europa.

Nessa linha, a lição de Paulo Brossard, a dizer que, *"como dizem os autores que o têm estudado, na Inglaterra, o "impeachment" atinge a um tempo a autoridade e castiga o homem, enquanto, nos Estados Unidos, fere apenas a autoridade, despojando-a do cargo, e deixa imune o homem, sujeito, como qualquer, e quando for o caso, à ação da justiça. Em outras palavras, a diferença básica entre o "impeachment" inglês e o norte-americano está em que, na Grã-Bretanha, a Câmara dos Lordes julga a acusação dos Comuns com jurisdição plena, impondo livremente toda a sorte de penas, até a pena capital, ao passo que o Senado americano julga a acusação da Câmara com jurisdição limitada, não podendo impor outra sanção que a perda do cargo, com ou sem inabilitação para exercer outro, relegado o exame da criminalidade do fato, quando ele tiver tal caráter, à competência do Poder Judiciário."*[16]

---

12 *Ap.* Barbosa, Ruy, ob. cit. ps. 429-430.
13 Story, J., *Commentaries on the Constitution of the United States*, §§ 799 e 800, *ap.* Barbosa, Ruy, ob. cit. p. 430.
14 Laboulaye, E., *La Constitution des Etats Unis*, ps. 397 e segs.
15 Tocqueville, Alexis de, *La Democratie en Amérique*, IV/178.
16 Brossard, Paulo, ob. cit. p. 21.

Não é outro, nos dias atuais, o entendimento. Laurence H. Tribe, professor da Harvard, dos mais acatados constitucionalistas americanos, escreve, invocando o deputado John Bingham, no julgamento do Presidente Johnson:

> "An impeachable high crime or misdemeanor is one in its nature or consequences subversive of some fundamental or essential principle of government of highly prejudicial to the public interest, and this may consist of a violation of the Constitution, of law, of an official oath, or of duty, by an act committed or omitted, or, without violating a positive law, by the abuse of discretionary powers from improper motives or for an improper purpose."[17]

(Em tradução livre: um crime (objeto de *impeachment*) é aquele que, em sua natureza ou consequências, se revele subversivo para algum princípio fundamental ou essencial de governo ou altamente prejudicial ao interesse público, o que pode consistir numa violação da Constituição, da lei, de um juramento oficial, ou de um dever, por ação ou omissão, ou, mesmo sem violar uma norma positiva, revelar abuso dos poderes discricionários por motivos ou para fins impróprios).

Acrescenta Tribe, após outras considerações, que *"The House Judiciary Comittee's proposal of the Nixon Impeachment Articles therefore appears to confirm the view of most commentators: A showing of criminality is neither necessary nor sufficient for the specification of an impeachable offense."*[18]

(Em tradução livre: não é necessário provar *crime* no sentido penal: uma demonstração de criminalidade não é nem necessária nem suficiente para a especificação de uma ofensa que justifique o *impeachment*).

Em nota de rodapé, nota 21, p. 294, Tribe manda ler: R. Berger, *Impeachment*, 56-57 (1973); C. Black, *Impeachment*: A Handbook 33-35 (1974); C. Hughes, *The Supreme Court of the United States*, 19 (1928); Goldberg, *Question of Impeachment*, (1974); S. Boutwell, *The Constitution of the United States at the End of the First Century* (1895); Fenton, *The Scope of the Impeachment Power*, 65 NW U.L. Rev. 719 (1970). E recomenda, também, a leitura de Thompson & Pollit, *Impeachment of Federal Judges: An Historical Overview*, 49 N.C.L. Rev. 87, 106 (1970); C. Warren, *The Supreme Court in United States History*, 293 (1922); I. Brait, *Impeachment: Trial and Errors* (1972). Este último, I. Brait, parece exigir mais, por isso que, invocando o episódio do Coronel Mason, na Convenção, que não concordara em fundar-se o *impeachment* apenas em *treason* (traição) e *bribery* (suborno), propôs que também a *má administração* (*maladministration*) desse causa

---

17 Tribe, Lawrence H., *American Constitutional Law*, The Foundation Press, NY, 2ª ed., 1988, p. 291.

18 Tribe, Lawrence H., ob. cit. ps. 293-294.

ao impedimento. A proposta, entretanto, foi rejeitada pela Convenção que, por indicação de Madison, aditou *or other high crimes and misdemeanors*. *(crime* pode ser traduzido por crime, mas *misdemeanor* significa, literalmente, má ação, contravenção, infração).

Registra Aliomar Baleeiro que o *Commitee on Federal Legislation*, da Ordem dos Advogados de New York, publicou um opúsculo para orientação do povo no caso Nixon, sustentando:

> "Acreditamos que a intenção dos estruturadores da Constituição, a história do uso real do "impeachment" e da destituição, e considerações de profundas diretrizes públicas, tudo enfim alicerça a interpretação de que "high crimes and misdemeanors" não estão limitados às ofensas classificadas na lei criminal ordinária.
> (...)
> Conquanto o texto constitucional dê algum suporte ao ponto de vista de que somente ofensas sujeitas a processo penal ("indictable offenses") podem ser "high crimes and misdemeanors", ele também contém dispositivos incompatíveis com interpretação tão estreita. Essas disposições juntamente com a prova histórica e os precedentes em uns tantos processos de "impeachment" ocorridos, tudo isso enfim converge para a conclusão de que os fundamentos dessa medida não se limitam às infrações previstas em lei penal."[19]

Acrescenta Baleeiro que essa opinião, aliás, *"já fora partilhada pelo justice Charles Hughes, na obra que escreveu depois que retornou à Corte Suprema, e tem apoio de W. Rawle, Story, G. Curtis, Potte e Broek, como o reconheceu o próprio Berger."*[20]

Em 1970, o então deputado Gerard Ford propôs o *impeachment* do *justice* William Douglas, sustentando a *"tese de que uma "impeachable offense" é aquilo que a Câmara, com o apoio de 2/3 dos Senadores, em dado momento da história, considera como tal ("considers to be")"*. Mas o próprio Baleeiro não deixa de registrar que *"Raoul Berger, constitucionalista e autor da melhor obra doutrinária aparecida sobre o juízo político em época recente (BERGER: "Impeachment — The Constitutional Problems", Cambridge, 1973), contesta formalmente esse ilimitado poder do Congresso."*[21]

Nos Estados Unidos, pois, o *impeachment* tem feição marcadamente política, certo que o fato embasador da acusação, capaz de desencadeá-lo, não necessita estar tipificado na lei. Por isso, para muitos juristas americanos o instituto ainda parece um processo estranho. É o que registra Charles Wiggins, advogado, que era deputado federal quando do caso *Watergate*:

---

19 *The Law of Presidential Impeachment*, by the Committee of Fed. Legisl. Bar Association of NY, Ed. Harper, NY; *ap*. Baleeiro, Aliomar, ob. cit. ps. 111-112.
20 Baleeiro, Aliomar, ob. cit. p. 112.
21 Baleeiro, Aliomar, ob. e loc. cits.

"To those of us who have been trained to think in terms of rights and judicial remedies, impeachment is apt to be an alien process. Once that process is understood to be political, however, and not simply a novel legal problem to which traditional legal remedies apply, perception is clear. Political "wrongs", I believe, are best remedied within the political system. Reliance upon the political system may be of small comfort to individuals who have been aggrieved and who have no immediate judicial remedy; but in seeking the national interest in conflicts between institutional contenders, the country will be better served by placing the ultimate power of decision in the people, rather than yielding absolute supremacy to any one contending institution, even if individuals may suffer as a result".[22]

(Em tradução livre: para nós que fomos educados para pensar em termos de direitos e remédios judiciais, o *impeachment* parecerá um processo estranho. Uma vez que se entenda tratar-se de um processo político, todavia, e não simplesmente de um problema jurídico novo ao qual se apliquem os remédios legais tradicionais, a percepção se torna clara. O *mal* político é melhor remediado dentro do sistema político. Confiar no sistema político pode ser pouco reconfortante para quem esteja submetido ao processo de *impeachment* sem recurso judicial à vista; entretanto, na busca do interesse nacional em conflitos entre contendores institucionais, o País será melhor servido se se colocar o poder último de decisão no povo, ao invés de se conceder supremacia absoluta a uma das instituições em conflito, mesmo que, como consequência, indivíduos se sintam injustiçados).

Baleeiro apresenta uma relação de casos de *impeachment* apreciados pela Câmara e pelo Senado americano: 1) William Bount, senador, em 1799; o Senado decidiu que o parlamentar não está sujeito ao *impeachment,* reservado ao Executivo (exceto os militares) e ao Judiciário; 2) John Pickering, juiz federal, condenado pelo Senado em 1804 (ilegalidades processuais, embriaguez habitual e falta de decoro); 3) Samuel Chase, juiz da Suprema Corte, acusado de parcialidade e participação partidária; foi absolvido pelo Senado (1804/1805); 4) James Peck, juiz federal no Tennessee, acusado de ter praticado abuso de poder, ao condenar um advogado que criticara uma decisão sua; o Senado o absolveu, em 1831; 5) West H. Humphreys, juiz federal, acusado de ter tomado o partido dos Estados do Sul na Guerra de Secessão, foi condenado em 1862; 6) Andrew Johnson, que, como vice--presidente, sucedera a Lincoln e que entrou em luta contra o Congresso; foi absolvido por um voto, ou faltou um voto para completar o quórum dos dois terços dos Senadores (35 votos pela condenação e 19 votos pela absolvição); 7) General William Belknap, Secretário da Guerra, acusado de corrupção, renunciou ao cargo após a Câmara acolher a acusação, em 1876;

---

22   Wiggins, Charles, *Limitations Upon the Power of Impeachment: Due Process Implications,* em *Constitutional Government in America,* Ronald K. L. Collins, Carolina Academie Press, Durnham, NC, 1980, III, p. 206.

não obstante, o Senado deu prosseguimento ao julgamento, mas não foram alcançados os dois terços dos votos; 8) Charles Swayne, juiz, acusado de prevaricação e aplicação de penas arbitrárias, foi absolvido; 9) Robert Archbald, juiz, acusado de prevaricação e corrupção, foi condenado, em 1913; 10) George English, juiz, acusado de prevaricação, corrupção e abuso de poder, em 1925/1926; renunciou ao cargo e o impeachment foi declarado prejudicado; 11) Harold Londerback, juiz, acusado de favoritismo e conluio, foi absolvido, em 1932/33; 12) Halsted L. Ritter, juiz, acusado de peculato, prevaricação e fraude tributária, foi condenado, em 1936. Outras propostas de impeachment não tiveram andamento na Câmara ou foram por estas recusadas.

Registrem-se as tentativas de *impeachment* do justice William Douglas, o mais liberal da Corte Suprema: a primeira, em 1953, por ter sobrestado a execução do casal Rosemberg, que fora condenado por espionagem. A Câmara rejeitou, unanimemente, a proposta; a segunda e a terceira, em 1970, foram também rejeitadas e nada mais significavam senão represália.[23]

Escreve Baleeiro que *"a melhor prova de sobrevivência e da vitalidade do velho processo político foi demonstrada em dois casos recentes: Lyndon Johnson tentou elevar de Associated Justice a Chief Justice o grande jurista Abe Fortas, que assim substituiria Earl Warren, contra quem, aliás, houve movimentos de opinião no sul em que exibiam placards e cartazes Impeach Warren! O Partido Republicano, acenando com o fato de Fortas ter recebido honorários duma Fundação suspeita e sob investigação da Securities and Exchange Commission, e ameaçando-o de levá-lo ao impeachment, obteve que renunciasse ao cargo de juiz da Corte Suprema 1969-70. (ver Robert Shogan, A question of judgment — The Fortas Case and the Struggle for the Supreme Court, Indianápolis, 1972)."*[24]

Registre-se, ademais, o processo de *impeachment* instaurado na Câmara contra o presidente Nixon, em 1973, que o levou a renunciar ao cargo. A Corte Suprema foi chamada a intervir. Com *"vários juízes"* nomeados por Nixon, *"proferiu unanimemente o acórdão U.S. versus R. Nixon et al., condenando-o à entrega das peças comprometedoras"*, as fitas magnéticas que continham a revelação de que Nixon cometera perjúrio e tentara obstruir a ação da Justiça.[25]

Bill Clinton, 42º presidente dos Estados Unidos sofreu processo de *impeachment* pela Câmara dos Representantes, sob duas acusações, perjúrio e obstrução da justiça, em 19.12.1998. Clinton foi absolvido pelo Senado em 12.02.1999.

---

23   Baleeiro, Aliomar, ob. e loc. cits.

24   Baleeiro, Aliomar, ob. e loc. cits.

25   Baleeiro, Aliomar, ob. e loc. cits.

Em resumo, o *impeachment*, no sistema constitucional norte-americano, tem feição puramente política, com a finalidade de destituir de seus cargos o presidente e o vice-presidente da República e funcionários civis, os juízes da Suprema Corte e os juízes, de modo geral.

II. O *impeachment* no Brasil: na Constituição Imperial de 1824

O instituto do *impeachment* foi introduzido no Brasil com a Constituição Imperial de 1824, que inspirou-se no *impeachment* inglês. A pessoa do Imperador, segundo a Constituição, era *"inviolável e sagrada: ele não está sujeito a responsabilidade alguma."* (Constituição, art. 99). O *impeachment*, pois, poderia ocorrer relativamente aos ministros de Estado. Dispunha a Constituição, art. 133, que os ministros serão responsáveis: por traição, por peita, suborno ou concussão, por abuso de poder, pela falta de observância da lei, pelo que obrarem contra a liberdade, segurança ou propriedade dos cidadãos, por qualquer dissipação dos bens públicos. Estabelecia a Constituição, entretanto, que a lei *"especificará a natureza destes delitos e a maneira de proceder contra eles"* (art. 134). A Constituição conferiu ao Senado poderes para *"conhecer da responsabilidade dos Secretários e Conselheiros de Estado"* (art. 47, 2º), depois que a Câmara decretasse a acusação (art. 38).

A Lei de 15.10.1827, atendendo ao comando do art. 134 da Constituição, fixou a responsabilidade dos ministros e secretários de Estado e dos Conselheiros de Estado *"em termos penais"*, leciona Brossard.[26] As penas estabelecidas variavam: pena de morte, inabilitação perpétua, prisão, multa, remoção para fora da Corte.

Anota Paulo Frontini que *"surgiu, desde então, para exprimir o instituto, a expressão "crime de responsabilidade"*, subsequentemente repetida no Código Criminal do Império de 1830 (artigo 308), no Código de Processo Criminal de 1832 (Capítulo V, Título Terceiro), no Ato Adicional de 12 de agosto de 1834 (artigo 11, 7º, com a explicitação de *"queixa de responsabilidade"*) e na Lei nº 105, de 12 de maio de 1840, *"interpretando alguns artigos da reforma da Constituição"* (artigo 5º). Este dispositivo diz claramente que *"na decretação da suspensão ou permissão dos magistrados procedem as assembleias provinciais como tribunal de justiça. Somente podem, portanto, impor tais penas em virtude de queixa por crime de responsabilidade a que elas estão impostas por leis criminais anteriores, observando a forma de processo para tais casos anteriormente estabelecidas."*[27]

---

26   Baleeiro, Aliomar, ob. cit. p. 38.

27   Frontini, Paulo Salvador, *Crime de Responsabilidade*, em *Justitia*, 1978, 100/137.

II.1. Na República

A primeira Constituição republicana, promulgada a 24 de fevereiro de 1891, introduziu no Brasil o *impeachment* segundo o modelo americano. Limitou-o, entretanto, ao Presidente da República, aos ministros de Estado e ministros do Supremo Tribunal Federal e estabeleceu que os crimes de responsabilidade, motivadores do *impeachment*, seriam definidos em lei, o que também deveria ocorrer relativamente à acusação, o processo e o julgamento. A Constituição de 1891 estabeleceu, também, que o Senado, no julgamento do *impeachment*, seria presidido pelo presidente do Supremo Tribunal Federal. Essas foram as principais inovações introduzidas pela Constituição de 1891 relativamente ao *impeachment* americano, anota Lauro Nogueira, forte em Viveiros de Castro.[28] Os dispositivos da Constituição de 1891, reguladores do *impeachment*, estão inscritos nos artigos 53 e seu parágrafo único, 54, 33 e §§, 29, 52 e §§, 57, § 2º.

A Lei nº 27, de 07.01.1892, disciplinou o processo e o julgamento do Presidente da República, e a Lei nº 30, de 08.01.1892, cuidou dos crimes de responsabilidade do presidente da República.

II.2. Natureza jurídica do impeachment no Brasil

O *impeachment*, introduzido pela Carta de 1891, apresenta, em relação ao seu modelo americano, uma vantagem, dado que distingue *"claramente os crimes funcionais dos crimes comuns, que o Presidente da República possa cometer, e evitando assim as interpretações mais ou menos arbitrárias, com que ainda hoje se disputa nos Estados Unidos se podem ser objeto de "impeachment" fatos estranhos ao caráter oficial do acusado, e se as palavras "high crimes and misdemeanors" compreendem fatos não definidos como crimes pela Lei Penal ("indictable offenses") — Pomeroy, "Const. Law, págs. 601 e seguintes."*[29] Isto, entretanto, para o autor indicado, não retira do *"impeachment"* o seu conteúdo político, dado que é ele *"instituição de direito constitucional e não de Direito Penal, sendo-lhe, portanto, inaplicável o princípio, por este estabelecido, da graduação da pena pela gravidade do delito."* Ademais, acrescenta, *"ao conjunto de providências e meios elucidativos, que o constituem, dá-se o nome de processo, porque é o termo genérico com que se designam os atos de acusação, defesa e julgamento; mas, é um processo sui generis, que não se confunde com o processo judiciário, porque deriva de outros fundamentos e visa fins muito diversos."*[30]

---

28 Nogueira, Lauro, *O Impeachment, especialmente no Direito Brasileiro*, 1947, p. 72; Frontini, Paulo S., ob. e loc. cits.

29 Lessa, Mário, *O Impeachment no Direito Brasileiro*, Rev. do STF, LXXXIII, março/1925, p. 215.

30 Lessa Mário, ob. cit. ps. 217-218.

Forte no magistério de Story e de Campbell Black, Mário Lessa leciona que *"se algumas fórmulas"* do processo político e do processo comum *"são semelhantes, se ambos terminam por um julgamento que se resolve em sentença, condenando ou absolvendo, nem por isso deixa ele de ter o caráter de um fato essencialmente político, e não se lhe pode atribuir outro sem dar-se foros de doutrina a uma concepção incongruente com o progresso da ciência política dos tempos modernos e com a estrutura geral dos sistemas de governo eletivo, em que todos os poderes são conferidos por delegação popular e distinguem-se pela natureza de suas funções."*[31]

Acórdãos antigos do Supremo Tribunal Federal, indicados no estudo de Mário Lessa, declararam a *natureza exclusivamente política* do *impeachment*: Revisão Criminal nº 104, julgamento de 1895, relator o ministro Américo Lobo. Em 1899, no Acórdão nº 343, relator o ministro Piza e Almeida, o Supremo Tribunal reafirmou a natureza exclusivamente política do *impeachment*. Em 1918, julgando o HC nº 4.116, relator o ministro André Cavalcanti, o Supremo Tribunal decidiu que *"o impeachment não é um processo exclusivamente político, senão, também, um processo misto, de natureza criminal e de caráter judicial, porquanto só pode ser motivado pela perpetração de um crime definido em lei anterior, dando lugar à destituição do cargo e à incapacidade para o exercício de outro qualquer"*. Nesse julgamento, votou o ministro Pedro Lessa, que manifestou o seu entendimento no sentido de que o *impeachment* da Constituição brasileira *"não é a mesma coisa que o impeachment da Constituição Federal norte-americana e das Constituições dos Estados norte-americanos. (...) Ao transplantar o "impeachment" para o nosso país, o legislador constituinte quebrou o padrão do instituto norte-americano, de origem inglesa, e, dominado pelo velho conceito do crime de responsabilidade, estabeleceu um processo sui generis, que é um resultado da combinação dos dois institutos. Isso fica bem claro, quando se nota que, ao passo que nos Estados Unidos não há suspeição de espécie alguma para os senadores que devem julgar no "impeachment", verificando-se até esta "remarkable anomaly" notada por Watson, de dever o irmão julgar o irmão, o filho o pai, e o pai o filho (Watson, The Constitution of the United States, vol. 1º, cap. 9º), entre nós a Lei nº 27, de 7 de janeiro de 1892, no art. 14, estatui casos expressos de suspeição."*[32] Viveiros de Castro, que também votou nesse julgamento, deu resposta a Pedro Lessa: *"o Sr. Ministro Pedro Lessa afirmou, no seu voto, que o legislador constituinte brasileiro havia quebrado o padrão do "impeachment" norte-americano, de origem inglesa, estabelecendo um processo sui generis. E, na discussão havida o Tribunal, insistiu em afirmar que tanto o "impeachment" brasileiro

---

31 Lessa, Mário, ob. cit. p. 218.

32 Os acórdãos indicados estão na *Rev. do STF*, LXXXIII, março/1925, ps. 220 e segs.

tinha o caráter de processo criminal que a Constituição Federal, nos artigos 53 e 54, empregou as expressões – acusação, processo, julgamento e atos do Presidente que são crimes de responsabilidade". Afirmou Viveiros, em seguida, que, no seu livro – *Estudos de Direito Público* – indicou os três pontos em que o constituinte brasileiro afastou-se do modelo americano. Tais modificações, entretanto, não implicaram quebra do padrão, tendo o instituto continuado o mesmo na sua essência e, *"no Brasil, como nos Estados Unidos, o que se teve em vista foi estabelecer uma providência política que, sem as delongas de um processo judiciário, permitisse o afastamento do Chefe de Estado que se tornara indigno de continuar a exercer o seu cargo"*. Cita, em seguida, Galdino Siqueira: *"Mas, embora tome por motivo de decisão alguns desses crimes, e no julgamento observe as formalidades processuais previamente estabelecidas (Constituição, art. 54, § 2º, Lei nº 27), o "impeachment", pelo sistema brasileiro, não deixa de ser uma providência de ordem política, um ato disciplinar, pois outro intuito não visa, determinando a perda do cargo ou esta e a incapacidade de exercer qualquer outro, senão desembaraçar, sem demora, a Nação de funcionário que, por seus crimes, pela má gestão dos negócios públicos, a está prejudicando. E tanto é assim que, concorrentemente com o julgamento do Senado, pode haver o da Justiça ordinária, onde se aplicará a lei penal comum..."*[33]

II.3. Pedro Lessa: natureza político-penal do impeachment

A opinião de Pedro Lessa, no sentido do duplo caráter do *impeachment*, está exposta no voto proferido no HC nº 4.091, julgado em 1916, sendo a predominante, hoje:

> *"De que natureza é o "impeachment"? É na sua essência uma medida constitucional, ou política, ou uma medida de ordem penal? Diante dos citados artigos da Constituição, penso que não é lícito duvidar que, por sua origem e por sua essência, é um instituto político, ou de índole constitucional, e por seus efeitos ou consequências, de ordem penal. O que o engendrou, foi a necessidade de pôr termo aos desmandos do Executivo. Por ele, fica o Poder Legislativo investido do direito de cassar o mandato do Executivo, o Legislativo indubitavelmente impõe penas. (...) O "impeachment", pois, tem um duplo caráter, é um instituto heteróclito. Se fosse meramente constitucional não se compreenderia que, além da perda do cargo, ainda acarretasse a incapacidade de exercer qualquer outro. Se fosse meramente penal não se explicaria a sujeição do Presidente, ou representante do Poder Executivo, a outro processo e a outra condenação criminal."*[34]

Castro Nunes, em livro escrito em 1943, leciona que *"o caráter político do juízo de impeachment não lhe tira o traço de jurisdição. Supõe a prática*

---

33   *Revista do STF*, LXXXIII, ps. 230-231.
34   *Revista do STF*, XLV, ps. 11-13.

de um crime funcional, acusação e defesa, debate contraditório e julgamento. (...) Chamado o indiciado aos tribunais comuns, instaura-se o processo penal, o que mostra que o juízo do impeachment é de natureza diversa, porque de outro modo se teriam dois julgamentos penais sobre o mesmo fato."[35]

Continua o debate em torno da caracterização da natureza do *impeachment*. José Afonso da Silva ensina que, *"no presidencialismo, o próprio Presidente é responsável, ficando sujeito a sanções de perda do cargo por infrações definidas como crimes de responsabilidade, apuradas em processo político-administrativo realizado pelas Casas do Congresso Nacional. O Presidente da República poderá, pois, cometer crimes de responsabilidade e crimes comuns. Estes, definidos na legislação penal comum ou especial. Aqueles distinguem-se em infrações políticas: (...) e crimes funcionais."*[36] Para José Afonso, o *impeachment* é um processo político-administrativo. Manoel Gonçalves Ferreira Filho, depois de afirmar que a caracterização da natureza do *impeachment* é das mais difíceis, esclarece que *"a maioria da doutrina brasileira entende que o impeachment é um instituto de natureza política"*. Arrola, então, entre os adeptos dessa tese, Paulo Brossard, Themístocles Cavalcanti, Epitácio e Maximiliano. Acrescenta: *"Em igual posição coloca-se a jurisprudência, segundo relata Brossard (...). A tese de que o "impeachment" possui natureza penal, entretanto, conta com defensores, entre os quais se salienta Pontes de Miranda ("Comentários à Const. de 1967", v. 3, p. 138). Enfim, posição intermediária ocupa pelos menos um ilustre mestre, o Prof. José Frederico Marques (Da Competência em Matéria Penal, São Paulo, 1953, p. 154), que dá ao "impeachment" natureza mista."*[37] Aduz Manoel Gonçalves que Pinto Ferreira informa que *"muito se discutiu na época, ao gosto brasileiro das especulações doutrinárias, se o processo do impedimento era um processo meramente político ou um processo misto (político-penal). Felisbelo Freire sustentou a primeira tese, de que o processo do "impeachment" é meramente político, apoiado pelo Supremo Tribunal Federal em 1895 e em 1899. Epitácio Pessoa, José Higino, Pedro Lessa e Aníbal Freire, este último no livro "Do Poder Executivo na República Brasileira", defenderam a tese da natureza mista do "impeachment", natureza político-penal, sufragada pelo mesmo Supremo Tribunal Federal em 1918, que assim mudou de orientação."*[38] Mais recentemente, nos seus *"Comentários à Const. Brasileira"*, esclarece o mestre das Arcadas que Pinto

---

35 Nunes, Castro, *Teoria e Prática do Poder Judiciário*, Forense, Rio, 1943, ps. 40-41.
36 Silva, José Afonso da, *Curso de Direito Constitucional Positivo*, Ed. RT, 6ª ed., p. 472.
37 Ferreira Filho, Manoel Gonçalves, *Curso de Direito Constitucional*, Saraiva, 17ª ed., 1989, ps. 141-143.
38 Idem, ibidem.

Ferreira é mais explícito: *"Mas qual será a pena cabível? Trata-se de julgamento político"*. Depois, acrescenta: *"O "impeachment" não é um processo estritamente de natureza criminal. Além da desqualificação funcional dos agentes políticos nele incursos, tal sanção jurídica imponível não exclui a ação da justiça ordinária. O processo criminal comum poderá ser feito e ultimado com a condenação a uma pena, qual seja a reclusão."*[39] Michel Temer sustenta a tese de que *"o julgamento do Senado Federal é de natureza política. É juízo de conveniência e oportunidade. Não nos parece que, tipificada a hipótese de responsabilização, o Senado Federal considere mais conveniente a manutenção do Presidente no seu cargo"*.[40] Celso Ribeiro Bastos leciona:

> *"Pode-se dizer que os objetivos do "impeachment" são diversos dos da lei penal. Esta visa, sobretudo, à aplicação de uma medida punitiva, como instrumento a serviço de repressão ao crime. O processo de impedimento almeja antes de tudo a cessação de uma situação afrontosa à Constituição e às leis. A permanência de altos funcionários em cargos cujas competências, se mal exercidas, podem colocar em risco os princípios constitucionais e a própria estabilidade das instituições e a segurança da nação, dá nascimento à necessidade de uma medida também destinada a apeá-los do poder.*
> *O crime de responsabilidade guarda de característica própria da jurisdição a circunstância de ser apenas cabível dentro das hipóteses legais, se bem que os fatos delituosos, no impedimento, não estejam sujeitos a uma tipicidade tão rigorosa como aquela existente no direito penal. No mais, quanto aos seus objetivos, os do impedimento transcendem aos da repressão ao crime. Eles encontram assento no próprio sistema de freios e contrapesos, segundo o qual nenhum dos poderes é por si só soberano. A medida grave e extremada do impedimento, dentro do sistema de separação dos poderes do presidencialismo, radica-se na necessidade de dispor-se de medida eficaz voltada a pôr cobro a uma eventual situação de afronta e violência à Constituição."*[41]

Alcino Pinto Falcão, que escreveu sob o pálio da Constituição de 1946, escreve:

> *"O nosso artigo 89, ao elencar os crimes de responsabilidade do Presidente da República emprega o vocábulo no sentido restrito, de caso que implica em punição. Mas nem toda punição é de natureza penal, podendo ser apenas sanção política, como é o que ocorre nos Estados Unidos, no caso do impeachment, que nesse ponto se afastou do modelo inglês originário, como bem destaca Alfred Muff (op. cit., pág. 27) e, com fulcro em TOCQUEVILLE, PISTORIUS e DUGUIT, alertando que a decisão do Senado poderá ser tida como judiciária pela forma*

---

39   Ferreira Filho, Manoel Gonçalves, *Comentários à Constituição Brasileira*, Saraiva, 1990, II/609-610.

40   Temer, Michel, *Elementos de Direito Constitucional*, RT Editora, 6ª ed., p. 168.

41   Bastos, Celso, *Curso de Direito Constitucional*, Saraiva, 12ª edição, 1990, ps. 335-336.

e pelos motivos sobre que se fundará, mas será administrativa por seu objeto, sendo próximo de um processo disciplinar por sua essência.

Nós herdamos o instituto de segunda mão, pelo conduto norte-americano. Em face do que prevê o parágrafo terceiro do artigo 62 ("não poderá o Senado Federal impor outra pena que não seja a da perda do cargo com inabilitação, até cinco anos, para o exercício de qualquer função pública, sem prejuízo da ação da justiça ordinária") está evidente que a sanção resultante do impeachment é puramente política, caso contrário cair-se-ia, eventualmente, num proibido bis in idem. Na doutrina alemã, mesmo na atual (p. ex., VON WEBER), há quem acentue a natureza penal do procedimento; mas sem razão, como é do parecer da maioria, recapitulada por MENZEL, que conclui que se trata de mero procedimento político, a serviço da ordem constitucional."[42]

Paulo Bonavides, depois de afirmar que o *impeachment* é o *"remédio por excelência do presidencialismo para remover do poder os Presidentes incursos em crimes de responsabilidade"*, acrescenta que *"a muitos publicistas, inclusive ao nosso Rui Barbosa, afigurava-se ele um meio anacrônico de debelar convulsões e crises provocadas pelos crimes políticos do Presidente."*[43] Brossard é peremptório: *"Entre nós, porém, como no direito norte-americano e argentino, o "impeachment" tem feição política, não se origina senão de causas políticas, objetiva resultados políticos, é instaurado sob considerações de ordem política e julgado segundo critérios políticos – julgamento que não exclui, antes supõe, é óbvio, a adoção de critérios jurídicos."*[44]

Prado Kelly registra que *"o impeachment é historicamente um instituto político e penal; este segundo caráter foi o que lhe marcou as origens; o primeiro, o que prevaleceu em sua evolução."*[45] Posição radical é assumida por Pontes de Miranda, para quem o *impeachment* possui natureza penal: *"No sistema jurídico brasileiro, em que a palavra impeachment se evidencia inadequada, os crimes de responsabilidade, no Império e na República, são crimes, são figuras penais."*[46] Na mesma linha o pensamento de Paulo Frontini, que afirma que o crime de responsabilidade é ilícito penal, estando o *impeachment* alicerçado no direito criminal.[47]

O Supremo Tribunal Federal, no julgamento do RMS nº 4.928-AL – Governador das Alagoas vs. Assembleia Legislativa das Alagoas – relator p/o

---

42 Falcão, Alcino Pinto, *Novas Instituições de Direito Político Brasileiro*, Borsoi, Rio, 1961, ps. 184-185.

43 Bonavides, Paulo, *Direito Constitucional*, Forense, 1980, ps. 40-41.

44 Brossard, Paulo, ob. cit. p. 75.

45 *Enciclopédia Saraiva do Direito*, vol. 42, verbete *Impeachment*, p. 246.

46 Miranda, Pontes de, *Comentários à Const. de 1967 com a EC 1/1969*, Ed. RT, 2ª ed., III/355.

47 Frontini, Paulo S., ob. e loc. cits.

acórdão o ministro Afrânio Costa, julgamento realizado em 20.XI.57, caminhou com o entendimento no sentido de que o *impeachment*, no sistema brasileiro, é um processo político-criminal.[48] É o que ressai do voto do ministro Hannemann Guimarães, que o ministro Victor Nunes, no voto que proferiu por ocasião do julgamento do HC nº 41.296-DF (caso do Governador Mauro Borges, de Goiás),[49] afirma ter sido o pensamento vitorioso: *"... o impeachment é, por sua tradição anglo-americana, essencialmente, um processo judiciário-parlamentar. É um processo penal-político e não exclusivamente político, como sustenta com tanto brilho o eminente Sr. Ministro Nelson Hungria".*

No julgamento do MS nº 20.941-DF,[50] (*impeachment* do presidente José Sarney), o tema foi trazido ao debate por alguns ministros: o ministro Passarinho sustentou o *"cunho nitidamente político"* do *impeachment*. O ministro Sepúlveda Pertence, entendendo *"irretocável a síntese do grande Pedro Lessa"*, que, no voto que proferiu no HC nº 4.091,[51] afirmou a natureza mista do *impeachment*. O ministro Paulo Brossard, na linha do entendimento sustentado no seu livro, afirmou a natureza puramente política do *impeachment*. O Ministro Célio Borja não deixou expresso o seu entendimento a respeito da natureza jurídica do *impeachment*. O mesmo pode ser dito em relação aos ministros Octavio Gallotti, Sydney Sanches, Carlos Madeira, Moreira Alves e Néri da Silveira.[52]

III. O *impeachment* na Constituição de 1988.

A Constituição Federal de 1988 estabelece que, admitida a acusação contra o Presidente da República, por dois terços da Câmara dos Deputados, será ele submetido a julgamento, nas infrações penais comuns, pelo Supremo Tribunal Federal, ou perante o Senado Federal nos crimes de responsabilidade. (CF, art. 51, I, 52, I, art. 86, *caput*, §1º).

São crimes de responsabilidade os atos do presidente da República que atentem contra a Constituição Federal e, especialmente, contra a existência da União, o livre exercício dos Poderes Legislativo e Judiciário, do Ministério Público e dos Poderes constitucionais das unidades da Federação, o exercício dos direitos políticos, individuais e sociais, a segurança interna do País, a probidade na administração, a lei orçamentária e o cumprimento das leis

---

48 RDA 52/259, RTJ 3/359.

49 RTJ 33/590, 611.

50 MS 20.941-DF, Rel. Min. Aldir Passarinho, acórdão lavrado pelo Min. Sepúlveda Pertence, em razão da aposentadoria do Min. Passarinho, DJ de 31.08.1992, www.stf.jus.br/jurisprudência. *Impeachment,* citado.

51 *Revista do STF*, 45/11, 13.

52 DJ de 31.08.1992, em www.stf.jus.br/jurisprudência. No livro *Impeachment,* citado.

e das decisões judiciárias (CF, art. 85, incisos I a VII). Esses crimes serão definidos em lei especial (CF, art. 85, parágrafo único), que estabelecerá as normas de processo e julgamento, é dizer, a Lei nº 1.079, de 1950, com as alterações da Lei nº 10.028, de 2000.

Do *impeachment* das autoridades a ele sujeitas, principalmente do presidente da República, ressai que visa ele sancionar o mau exercício do cargo público. A eleição enseja legitimidade ao titular do cargo eletivo, e a escolha com absoluta observância das regras constitucionais e legais, confere legitimidade ao cidadão ou à cidadã que exerce o cargo público. Mas essa legitimação, num e noutro caso, somente se realiza, às inteiras, com o competente e honesto exercício das funções públicas inerentes ao cargo, tendo em vista o interesse público e o bem comum. Falhando um desses pressupostos, devolve-se ao povo, por seus representantes – se o cargo está sujeito ao *impeachment* – o direito, que se constitui em obrigação cívica, de declarar, num processo regular, o impedimento, ou o *impeachment* do mau governante, do mau administrador, do mau servidor público.

A Câmara dos Deputados, diante da denúncia oferecida contra o Presidente da República, examina a admissibilidade da acusação (CF, art. 86, *caput*), podendo, portanto, rejeitar a denúncia oferecida (art. 14 da Lei nº 1079/1950).[53] É importante registrar, tal como decidiu o Supremo Tribunal Federal que, apresentada a denúncia popular à Câmara, a competência do presidente desta, para o exame liminar de sua idoneidade, *"não se reduz à verificação das formalidades extrínsecas e da legitimidade de denunciante e denunciados, mas se pode estender(...)à rejeição imediata da acusação patentemente inepta ou despida de justa causa, sujeitando-se ao controle do Plenário da Casa, mediante recurso(...)."*[54] Admitida a acusação pela Câmara, o Senado formulará a acusação (juízo de pronúncia) e proferirá o julgamento (CF, art. 51, I, art. 52, I, art. 86, §1º, II, § 2º).

A lei estabelecerá, conforme foi dito, as normas de processo e julgamento (CF, art. 85, parágrafo único). Essas normas estão na Lei nº 1.079, de 1950, que foi recebida pela Constituição vigente.[55]

No procedimento de admissibilidade da denúncia, a Câmara dos Deputados verificará se a acusação é consistente, se tem base em fundamentos plausíveis. No Senado, a denúncia será recebida ou rejeitada, após a instauração do devido procedimento legal. No *impeachment* do então presidente Collor, o Senado baixou, forte na Lei nº 1.079, de 1950, com a

---

53 MMSS 21.564 e 21.623, citados.

54 MS 20.941-DF, Min. Sepúlveda Pertence, "DJ" 31.08.1992; MS 23.885-DF, Rel. Min. Carlos Velloso, "DJ" 20.09.2002; MS 30.672-AgR/DF, Rel. Min. Ricardo Lewandowski, "DJe" 18.10.2011. www.stf.jus.br/jurisprudência.

55 MMSS 21.564 e 21.623, citados.

colaboração do presidente do Supremo Tribunal Federal, o ministro Sydney Sanches, resolução contendo, minuciosamente, normas para o processo e julgamento, no Senado, do Presidente da República.[56]

Estão sujeitos ao *impeachment* nos crimes de responsabilidade: a) o Presidente e o Vice-Presidente da República (CF, art. 52, I); b) os ministros de Estado e os Comandantes da Marinha, do Exército e da Aeronáutica, nos crimes de responsabilidade conexos com os crimes de responsabilidade do Presidente da República (CF, art. 52, II); c) os ministros do Supremo Tribunal Federal (CF, art. 52, II); d) os membros do Conselho Nacional de Justiça e do Conselho Nacional do Ministério Público (CF, art. 52, II); e) o Procurador-Geral da República (CF, art. 52, II); f) o Advogado-Geral da União (CF, art. 52, II).

A instauração do processo de *impeachment* e o seu julgamento, pelo Senado Federal, constituem decisões políticas, cujo mérito não se sujeita ao controle judicial. É que, no julgamento do *impeachment*, o Senado investe-se da jurisdição.[57] Admitir-se o controle judicial da conveniência ou do mérito do julgamento do *impeachment* pelo Senado, constituiria substituição do Legislativo pelo Judiciário, em detrimento da ordem constitucional. Nesse sentido, esclarece Geraldo Brindeiro que, *"no MS 34.193-DF, medida cautelar, em 11.05.2016, (...) afirmou o relator, ministro Teori Zavascki, que "não há base constitucional para qualquer intervenção do Poder Judiciário que, direta ou indiretamente, importe juízo de mérito sobre a ocorrência ou não dos fatos ou sobre a procedência ou não da acusação. O juiz constitucional dessa matéria é o Senado Federal."*[58]

Todavia, no que diz respeito ao procedimento, às formalidades e as garantias constitucionais do contraditório e da defesa, conforme estabelecidos na Constituição, na lei e nos regimentos internos das Casas Legislativas, impõe-se o controle judicial. É, sobretudo, para ensejar segurança jurídica ao processo do julgamento político do Senado, tal como ocorre nos Estados Unidos, que o Senado será presidido pelo presidente do Supremo Tribunal Federal. (CF, art. 52, parágrafo único).

Vale enfatizar, tal como fiz no voto que proferi no MS 21.623, com o apoio dos meus pares de então que, quer se entenda como de natureza puramente política o *impeachment* do Presidente da República, ou de natureza mista – político-penal – certo é que o julgamento, que ocorrerá pe-

---

56 *Senado Federal como Órgão Judiciário, Processo e Julgamento do Presidente da República – Rito Procedimental*. Diário do Congresso Nacional, 08.10.1992.

57 MMSS 21.564 e 21623, Min. Carlos Velloso, citados; MS 23.885-DF, Rel. Min. Carlos Velloso; MS 20.941-DF, Rel. Min. Sepúlveda Pertence; MS 30.672-DF, Min. Ricardo Lewandowski,

58 Brindeiro, Geraldo, *O Senado da República e o impeachment,* em o *Estado de S. Paulo*, 11.08.2016.

rante o Senado Federal, assim perante um tribunal político, há de observar determinados critérios e princípios, em termos jurídico-processuais. É o que veremos, em seguida.

IV. O *impeachment* e a garantia do *due process of law*

No julgamento do MS 21.623-DF, retro citado, desenvolvi o tema. Disse eu, então, que a garantia do *due process of law* surge na Magna Carta de 1215, artigos 39 e 40, como *law of the land*, ou garantia processual penal. Numa segunda fase, o *due process of law* apresenta-se como garantia processual em qualquer processo, assim como requisito de validade da atividade jurisdicional. Na sua terceira fase, tendo em vista a jurisprudência da Corte Suprema americana, com base nas Emendas 5ª e 14ª, *due process of law* ganha caráter substantivo e não apenas processual. Adquirindo postura substantiva, a cláusula *due process of law* é limitadora do mérito das ações estatais.[59] É exemplo da afirmativa acima, de que *due process of law* é limitadora do mérito das ações estatais, as decisões da Corte Warren, nos anos cinquenta e sessenta, protetiva das minorias étnicas e econômicas, de que dá notícia notável livro de Lêda Boechat Rodrigues.[60]

Nessa terceira fase, *due process of law*, além de limitadora do mérito das ações estatais, constitui garantia processual, em termos de processo judicial, administrativo e legislativo, significando garantia do processo e garantia de justiça. Interessa-nos, aqui, o *due process of law* como garantia processual, abrangendo a garantia da tutela jurisdicional — ou princípio da inafastabilidade do controle judicial, CF., art. 5º, XXXV – e a garantia do devido processo legal, CF., art. 5º, LV, compreendendo o juiz natural, o contraditório e o procedimento regular, princípios que Cappelletti e Garth, com base em pesquisa que fizeram, esclarecem, podem ser encontrados, em maior ou menor grau, nas Constituições da maioria dos países do mundo ocidental,[61]

---

59 Theodoro Júnior, Humberto, *O Processo Civil e a Garantia do Devido Processo Legal*, em *Estudos Jurídicos, Instituto de Estudos Jurídicos*, Rio, 1991, p. 171; Dantas, F. C. de San Tiago, *Igualdade Perante à Lei e Due Process of Law*, em *Problemas de Direito Positivo*, Forense, 1953, p. 35; Castro, Carlos Roberto de Siqueira, *O Devido Processo Legal e a Razoabilidade das Leis na Nova Constituição do Brasil*, Forense, 1989. 5ª edição, Forense, 2010, ampliada, *O Devido Processo Legal e os Princípios da Razoabilidade e da Proporcionalidade*.

60 Rodrigues, Leda Boechat, *A Corte de Warren (1953-1969) – Revolução Constitucional*, Civilização Brasileira, Rio, 1991.

61 Cappelletti, Mauro, e Garth, B., *Fundamental Garantee of the parties in civil letigation*, Milano, A. Giuffré, 1973; Campos, Ronaldo Cunha, *Garantias Constitucionais e Processo*, Rev. do Curso de Direito da Universidade Federal de Uberlândia, 15/1; Velloso, Carlos Mário da Silva, *Princípios Constitucionais de Processo – Estudos em memória de Coqueijo Costa*, LTr, 1989, p. 25.

O juiz natural é o juiz legal, é o juiz imparcial, juiz com garantias de independência; o contraditório assenta-se no princípio da igualdade e compreende o direito de defesa e suas implicações: citação para o processo, contestação, produção de prova e duplo grau de jurisdição; já o procedimento regular assenta-se em regras pré-estabelecidas, com formalidades puramente essenciais, certo que o apego injustificado à forma ou o formalismo excessivo é considerado violação da garantia de jurisdição.[62]

Indaga-se: o *due process of law*, como garantia processual, teria aplicação no processo do *impeachment*? A resposta é positiva, observadas, entretanto, as coordenadas inscritas na Constituição e na lei, e observada, também, a natureza do processo de *impeachment*, ou o seu cunho político. Por exemplo: os senadores não ostentam a mesma característica de imparcialidade exigida dos membros do Poder Judiciário. É que os senadores, que são parlamentares, integram partidos políticos. Ora, os senadores que integram partidos políticos contrários ao presidente da República são adversários deste, enquanto que os senadores que integram partidos que apoiam o presidente são seus aliados. Dir-se-á que isto não se coaduna com um julgamento. Foi, entretanto, a Constituição que quis que fosse assim, ao conferir ao Senado poderes para processar e julgar o *impeachment*. Importa fazer cumprir, pois, a vontade da Constituição, pois o que vale é o que a Constituição quer.

Repito: devem ser observadas as coordenadas inscritas na Constituição, a respeito do tema. A Constituição, aliás, é expressa: a lei estabelecerá as normas de processo e julgamento no que toca ao *impeachment* (Constituição, art. 85, parágrafo único). As normas procedimentais estão na Lei nº 1.079, de 1950, recebidas, em grande parte, pela Constituição vigente.[63]

V. Impedimento e suspeição de senadores

No processo de *impeachment* poderá ocorrer a arguição de impedimento ou de suspeição de senadores, tanto por parte da acusação como da defesa. A questão, entretanto, deve ser visualizada no campo em que ela se apresenta, é dizer, no processo de *impeachment,* marcadamente de natureza política, anotei no voto que proferi no MS 21.623-DF, tendo sido nesse sentido o decidido pelo Supremo Tribunal Federal.[64] É que o Senado, posto investido da função de julgar o presidente da República, não se transforma, às inteiras, num tribunal judiciário submetido às rígidas regras a que estão sujeitos os tribunais judiciários. A função conferida à Câmara Legislativa

---

62 Theodoro Júnior, Humberto, ob. e loc. cits.
63 MS 21.564-DF, Rel. originário Min. Octávio Gallotti, Rel. p/acórdão Min. Carlos Velloso, em www.stf.jus.br/jurisprudência.
64 MS 21.623-DF, Rel. Min. Carlos Velloso, DJ 28.05.93, em www.stf.jus.br/jurisprudência.

incumbida do julgamento do *impeachment* é, na linguagem de Pontes de Miranda, citado em parecer do ministro Xavier de Albuquerque, *judicialiforme*. É que não é possível mudar a natureza das coisas: a Câmara Legislativa não é integrada de juízes na verdadeira acepção do vocábulo, mas de representantes dos Estados, ou representantes do povo do Estado-membro, porque não há Estado sem povo; a Câmara é composta, portanto, de mandatários, de agentes políticos no seu exato significado. Por isso, quando a Câmara Legislativa se investe de *função judicialiforme*, a fim de processar a acusação política, ela se submete, obviamente, a regras jurídicas, regras, entretanto, próprias, que o legislador previamente fixou e que compõem o processo político-criminal. Vale, no ponto, o registro de Charles Wiggins:

> "Impeachment is a hybrid process. It has many of the hallmarks of a judicial proceeding. But it is clearly something more. It also resembles the legislative-investigative function, and yet that image is imperfect as well. In the final analysis, impeachement appears to be an amalgam of traditional legislative and judicial functions designed, as Hamilton correctly observed, "as a method of National Inquest into the conduct of public men".
>
> An accurate characterization of the process of impeachement may not be particularly important in itself. It assumes significance only in deciding which model – the legislative or judicial – is to govern the rights of a respondent caught up in its workings. Total acceptance of the judicial model is to pursue the impossible dream. That model would, of course, maximize the procedural rights of an official subject to impeachement. If the impeachement scenario were played out in the fashion of most judicial proceedings, however, individual rights would be exalted and political imperatives disregarded. So long as the process is under the supervision of politicians, there is little likelihood that political imperatives will fall before the niceties of the law". [65]

(Tradução livre: *Impeachment* é um processo híbrido. Tem muito do fundamental de um processo judicial. Mas é claramente algo mais. Parece muito com a função legislativa de investigação, mas esta imagem também é imperfeita. Em análise final, o *impeachment* parece ser um amálgama das funções legislativas e judiciais tradicionais destinadas a ser, como o disse Hamilton, "*um método de investigação nacional sobre a conduta dos homens públicos*". *(Hamilton, The Federalist, nº 65).* Uma caracterização acurada do processo de *impeachment* pode não ser particularmente importante em si mesmo. Assume relevância somente quando se decide que modelo – legislativo ou judicial – governará os direitos do acusado submetido ao seu funcionamento. Aceitação total do modelo judicial é buscar o sonho impossível. Tal modelo maximizaria, naturalmente, os direitos processuais do acusado. Se o cenário do *impeachment* fosse visto como processos judiciais, os direitos individuais seriam exaltados e os imperativos políticos des-

---

[65] Wiggins, Charles, ob. cit. ps. 201-202.

considerados. Enquanto o processo estiver sob a supervisão de políticos, há pouca chance de que os imperativos políticos cedam diante das sutilezas do Direito). (Nota do tradutor: observe-se a sutileza da língua inglesa: o autor utiliza a palavra *respondent* – respondente, e não acusado, para distinguir, até aí, do processo penal.

Posta a questão, portanto, nos seus exatos termos, verifiquemos o que dispõem a Constituição e a Lei nº 1.079/1950.

Já vimos que a Constituição estabelece que o Senado Federal processará e julgará o presidente da República nos crimes de responsabilidade. É dizer, o *impeachment* do presidente da República é processado e julgado pelo Senado Federal: o Senado e não mais a Câmara formulará a acusação (juízo de pronúncia) e proferirá o julgamento: C.F., artigo 86, § 1º, II, § 2º; art. 51; art. 52.[66] A Constituição estabelece, mais, no parágrafo único do art. 85, que a lei estabelecerá as normas de processo e julgamento. Essas normas, já foi dito, estão na Lei nº 1.079, de 1950.

No ponto específico – impedimento dos senadores – dispõe a Lei nº 1.079/50, art. 36:

> *"Art. 36 – Não pode interferir, em nenhuma fase do processo de responsabilidade do Presidente da República ou dos Ministros de Estado, o Deputado ou Senador:*
> *a) que tiver parentesco consanguíneo ou afim, com o acusado, em linha reta; em linha colateral, os irmãos, cunhados, enquanto durar o cunhadio, e os primos co-irmãos;*
> *b) que, como testemunha do processo, tiver deposto de ciência própria".*

Teria aplicação, no julgamento do *impeachment,* os motivos de impedimento e suspeição do Código de Processo Penal, artigo 252? O Código de Processo Penal tem aplicação, é verdade, no processo e julgamento do presidente da República, porém, subsidiariamente. O mesmo deve ser dito em relação ao Regimento do Senado Federal (Lei nº 1.079/50, art. 38).

Em princípio, portanto, é possível a aplicação subsidiária do C.P.P. Acontece que a aplicação subsidiária dá-se no vazio da lei específica, vale dizer, no vazio da Lei nº 1.079, de 1950, o que não ocorre, no caso, diante dos termos do artigo 36 da Lei nº 1.079/50, que deve ser interpretado em consonância com o disposto no art. 63 da mesma lei, a estabelecer que, *"no dia definitivamente aprazado para o julgamento, verificado o número legal de Senadores, será aberta a sessão e facultado o ingresso às partes ou aos seus procuradores. Serão juízes todos os Senadores presentes, com exceção dos impedidos nos termos do art. 36".* A lei, pois, é expressa: *"serão juízes todos os Senadores presentes, com exceção dos impedidos nos termos do artigo 36".*

---

[66] MS 21.564-DF, Rel. originário Min. Octávio Gallotti, Rel. p/acórdão o Min. Carlos Velloso, em *www.stf.jus.br/jurisprudência.*

Não seria possível, portanto, a aplicação subsidiária do CPP. É que não há falar em vazio da lei específica, no ponto, isto é, na lei que a Constituição manda, expressamente, que seja aplicada (CF, parágrafo único do art. 85). Também não é possível, no caso, interpretação extensiva ou compreensiva do art. 36, para fazer compreendido, nas suas alíneas a e b, outros casos de impedimento dos senadores. Assim decidiu o Supremo Tribunal Federal no julgamento do citado MS nº 21.623-DF.

VII. Perda do cargo com inabilitação para o exercício de função pública.

No julgamento do MS 21.689-DF, de minha relatoria, o Supremo Tribunal Federal examinou e decidiu essa questão.[67] Assim a ementa da decisão, no ponto:

> "(...) IV. – No sistema do direito anterior à Lei nº 1.079, de 1950, isto é, no sistema das Leis nºs 27 e 30, de 1892, era possível a aplicação tão somente da pena de perda do cargo, podendo esta ser agravada com a pena de inabilitação para exercer qualquer outro cargo (Constituição Federal de 1891, art. 33, § 3º; Lei nº 30/1892, art. 2º), emprestando-se à pena de inabilitação o caráter de pena acessória (Lei nº 27, de 1892, artigos 23 e 24). No sistema atual, da Lei nº 1.079, de 1950, não é possível a aplicação da pena de perda do cargo, apenas, nem a pena de inabilitação assume caráter de acessoriedade (CF/ 1934, art. 58, § 7º; CF/1946, art.62, § 3º; CF/1967, art. 44, parág. único; EC nº 1/69, art. 42, parág. único; CF/1988, art. 52, parág. único. Lei nº 1.079/1950 artigos 2º, 31, 33 e 34). (...)"

No voto que proferi, acentuei que o caráter de acessoriedade da pena de inabilitação cede, no constitucionalismo brasileiro, a partir da Constituição de 1934. E cede, também, diante do direito infraconstitucional, é dizer, diante da Lei nº 1.079, de 1950, art. 33, lei que, por determinação da Constituição Federal, art. 85, parágrafo único, define os crimes de responsabilidade e estabelece as normas de processo e julgamento do *impeachment*. A Lei nº 1.079, de 1950, no ponto (art. 33), ficou fiel ao disposto na Constituição sob cujo pálio foi editada (CF/1946, art. 62, § 3º).

Registrei, no mencionado voto, que o parágrafo único do art. 52 da Constituição Federal de 1988 dispõe: *"Art. 52 (...) parágrafo único. Nos casos previstos nos incisos I e II, funcionará como presidente o do Supremo Tribunal Federal, limitando-se a condenação, que somente será proferida por dois terços dos votos do Senado Federal, à perda do cargo, com inabilitação, por oito anos, para o exercício de função pública, sem prejuízo das demais sanções judiciais cabíveis."*

---

67 MS 21.689-DF, Rel. Min. Carlos Velloso, *DJ* de 07.04.95, no livro *Impeachment*, citado; www.stf.jus.br/jurisprudência.

No regime da Constituição de 1946, o presidente do Supremo presidiria o julgamento do *impeachment*, porque o vice-presidente da República era o presidente do Senado. No regime constitucional atual, a Constituição fez do presidente do Supremo Tribunal Federal o presidente do Senado, no julgamento do *impeachment*, a fim de assegurar o exato cumprimento da Constituição.

Voltemos ao tema: a preposição *com*, utilizada no parágrafo único do art. 52, acima transcrito, ao contrário do conectivo *e*, do § 3º, do art. 33, da CF/1891, não autoriza a interpretação no sentido de que se tem, apenas, enumeração das penas que poderiam ser aplicadas. Implica, sim, interpretação no sentido de que ambas as penas deverão ser aplicadas. É que a preposição *com* opõe-se à preposição *sem*.[68] É dizer, no sistema constitucional vigente, ambas as penas deverão ser aplicadas em razão da condenação. Que condenação? A condenação no ou nos crimes de responsabilidade que deram causa à instauração do processo de *impeachment*.

A Constituição, parágrafo único do art. 52, é expressa, está-se a ver. A Lei nº 1.079, de 1950, a seu turno, também é expressa, ao dispor que, *no caso de condenação, o Senado, por iniciativa do Presidente* – que presidente? O presidente da sessão de julgamento, é dizer, o presidente do Supremo Tribunal Federal – *fixará o prazo de inabilitação do condenado para o exercício de qualquer função pública; no caso de haver crime comum deliberará ainda sobre se o Presidente o deverá submeter à justiça ordinária, independentemente da ação de qualquer interessado.* (Lei nº 1.079/1950, art. 33).

Esse artigo 33, acima referido, foi recebido, em parte, pela Constituição de 1988, dado que, agora, com a CF/1988, o prazo de inabilitação é de oito anos, pelo que o prazo não fica submetido à discrição do Senado (CF/1988, parágrafo único do art. 52).

VII. Conclusão

Do exposto, é possível formular a seguinte síntese conclusiva.

O *impeachment*, na Inglaterra, de onde é originário, representava uma acusação ao ministro do monarca. A acusação, na realidade, era a este. Todavia, porque o monarca se colocava acima dos homens e das coisas, não poderia ser atingido pelo *impeachment*. Julgada procedente a acusação pelo parlamento, era o ministro destituído do cargo, podendo ser condenado à morte. É que o *impeachment* inglês confundia-se com o *bill of attainder*. Na Inglaterra, o *impeachment* foi praticado a partir do Século XIII até o Século XVIII, quando caiu em desuso, em razão da queda do gabinete, por ato espontâneo e por voto de censura do parlamento.

---

68 Caldas Aulete, *Dicionário Contemporâneo da Língua Portuguesa*, 5ª edição, 1964, II/856, V/3688.

Os convencionais de Filadélfia, em 1787, introduziram o *impeachment* na Constituição americana, com feição política, com a finalidade de destituir o presidente, o vice-presidente e funcionários civis, inclusive juízes. O fato capaz de desencadear o *impeachment*, nos Estados Unidos, não precisa estar tipificado na lei. A acusação poderá compreender traição, suborno ou outros crimes e delitos – *"treason, bribery, or other high crimes and misdemeanors."*[69] Se o fato que deu causa ao *impeachment* constitui também crime, o acusado responderá perante o Judiciário.[70]

O *impeachment*, no constitucionalismo brasileiro, vem desde a Constituição do Império de 1824, que se inspirou no modelo inglês. O *impeachment* seria contra o ministro de Estado e não contra o monarca. Na República, a sua adoção deu-se na Constituição de 1891, segundo o padrão norte-americano, estabelecendo-se, entretanto, que os crimes de responsabilidade, motivadores do *impeachment,* seriam definidos em lei, o que também deveria ocorrer relativamente à acusação, o processo e o julgamento. Limitava-se ao presidente da República, aos ministros de Estado e ministros do Supremo Tribunal Federal. (CF/1891, artigos 53, parágrafo único, 54, 33 e §§, 29, 52 e §§, 57, § 2º).

O *impeachment* do presidente da República, na Constituição vigente: autorizada pela Câmara dos Deputados, por dois terços de seus membros, a instauração do processo (CF, art. 51, I), ou admitida a acusação (CF, art. 86), o Senado Federal processará e julgará o presidente da República nos crimes de responsabilidade. Nos crimes comuns, a competência para o processo e julgamento é do Supremo Tribunal Federal (CF, art. 86).

A Câmara dos Deputados, diante da denúncia oferecida, examina a admissibilidade da acusação (CF, art. 86), podendo, portanto, rejeitar a denúncia (Lei nº 1070/1950, art. 14). Apresentada a denúncia à Câmara, a competência do presidente desta, para o exame liminar de sua idoneidade, *"não se reduz à verificação das formalidades extrínsecas e da legitimidade de denunciantes e denunciados, mas pode se estender(...)à rejeição imediata da acusação patentemente inepta ou despida de justa causa, sujeitando--se ao controle do Plenário da Casa, mediante recurso(...).*[71]

A instauração do processo de *impeachment* e o seu julgamento, pelo Senado Federal, constituem decisões políticas, cujo mérito não se sujeita ao controle judicial, dado que, no julgamento do *impeachment,* o Senado investe-se de jurisdição. Admitir-se o controle judicial da conveniência ou do

---

69 Constituição Federal dos Estados Unidos, Seção IV do art. 2º.

70 Constituição Federal dos Estados Unidos, art. 1º, Seção III, item 7.

71 MS 20.941, Min. Sepúlveda Pertence, "DJ" 31.09.1992; MS 23.885-DF, Min. Carlos Velloso, "DJ" 20.09.2002; MS 30.672-AgR/DF, Min. Ricardo Lewandowski, "DJe" 18.10.2011; www.stf.jus.br/jurisprudência.

mérito do julgamento, pelo Senado, constituiria substituição do Legislativo pelo Judiciário, em detrimento da ordem constitucional.

Todavia, quer se entenda como de natureza puramente política o *impeachment,* ou de natureza político-penal, certo é que o julgamento, que ocorrerá perante o Senado, assim perante um tribunal político, há de observar determinados critérios e princípios, em termos jurídico-processuais.

A garantia do devido processo legal, em termos processuais, tem aplicabilidade no processo de *impeachment,* observadas, entretanto, as disposições específicas inscritas na Constituição e na lei e a natureza do processo, ou o cunho político do Juízo (CF, art. 85, parágrafo único; Lei nº 1079/1950).

As regras processuais atinentes ao impedimento e suspeição de senadores estão inscritas no art. 36 da Lei nº 1079, de 1950. Impossibilidade de aplicação subsidiária, no ponto, dos motivos de impedimento e suspeição do Código de Processo Penal, art. 252. Interpretação do art. 36 da Lei nº 1079, de 1950, em conjunto com o art.63 da mesma lei.[72]

A condenação do presidente, segundo o sistema constitucional vigente, pelo voto de dois terços dos votos do Senado Federal, implicará a perda do cargo, com inabilitação, por oito anos, para o exercício de função pública, sem prejuízo das demais sanções judiciais cabíveis (CF, art. 52, parágrafo único).

---

72 MS 21.623-DF, Rel. Min. Carlos Velloso, DJ 28.05.1993, em www.stf.jus.br/jurisprudência.

Parlamentarismo Latinoamericano: El Impeachment en Brasil[1]

César Landa

SUMARIO: **I.** Introducción. **II.** Fundamento y límites del control parlamentario. **III.** Naturaleza del juicio político o *impeachment*. **IV.** Estándares del *impeachment* en Brasil. **1.** Judicialización de la política. **2.** Politización de la justicia. **3.** *Impeachment* y activismo judicial. **4.** Las cuestiones políticas no justiciables. **V.** Conclusión.

I. Introducción

En América Latina, desde la aparición de los Estados constitucionales como repúblicas independientes, los regímenes presidenciales han ido incorporando progresivamente una serie de institutos constitucionales propios del parlamentarismo, como una forma de controlar los excesos del caudillismo del siglo XIX. Así, al interior del Poder Ejecutivo de muchos países se crearon la Vice Presidencia, los Ministerios, el refrendo ministerial, el Consejo de Ministros, incluso el Presidente del Consejo de Ministros; mientras que al Parlamento se le habilitaron competencias para las comparecencias ministeriales, la interpelación y censura ministerial, la formación de comisiones investigadoras, de acusación constitucional y el *impeachment* o juicio político al Presidente de la República[2].

No obstante estas reformas constitucionales, el equilibrio y control entre los poderes no se logró, como tampoco la estabilidad gubernamental; por el contrario, hasta la década de los ochenta del siglo XX la práctica

---

1 Ponencia en el XV Congreso Anual de la Asociación de Constitucionalistas de España (León, 30 – 31 de Marzo de 2017). Universidad de León.

2 GARCÍA ROCA, Javier. "Control parlamentario y convergencia entre presidencialismo y parlamentarismo". En *Teoría y Realidad Constitucional* Nº 38, 2º semestre 2016. Bilbao: Universidad Nacional de Educación a Distancia, 2016, pp. 61-71; LANZARO, Jorge (editor). *Presidencialismo y Parlamentarismo. América Latina y Europa Meridional.* Madrid: CEPC, 2013, pp. 360; CARPIZO, Jorge. "Características esenciales del sistema presidencial e influencias para su instauración en América Latina". En *Anuario de Derechos Humanos.* Nueva Época. Vol. 8. 2007. Madrid: Universidad Complutense de Madrid, 2007, pp. 49-86; PEASE GARCÍA, Henry. *¿Cómo funciona el presidencialismo en el Perú?* Lima: PUCP, 2010, pp. 123; LANDA, César. "El control parlamentario en la Constitución Política de 1993: Balance y perspectivas". En *Pensamiento Constitucional.* Año X, Nº 10. Lima: PUCP, 2010, pp. 91-144

política fue que en la mayoría de países los conflictos entre el gobierno y la oposición, no siempre se resolvían mediante elecciones democráticas, sino a través de golpes de Estado militares e incluso civiles contra el Presidente de turno. La quiebra del Estado de Derecho apelando a la doctrina de la necesidad y urgencia, fue la forma de resolver los conflictos entre el gobierno y la oposición durante los siglos XIX-XX.

Sin embargo, con el fin de los gobiernos militares en América Latina, desde la década de los noventa del siglo pasado, el enjuiciamiento, destitución o renuncia obligada de muchos Presidentes ha sido una práctica parlamentaria en un régimen político presidencialista como el latinoamericano[3]. En particular, el *impeachment* o juicio político al Presidente al parecer se ha convertido en una nueva práctica para resolver los graves conflictos políticos, entre el gobierno y la oposición[4].

Así, en la década de los noventa en América Latina las fuerzas progresistas parlamentarias y extra parlamentarias sometieron a juicio político y removieron por corrupción al entonces Presidente Collor de Melo del Brasil (1992) y al Presidente Carlos Andrés Pérez en Venezuela (1996), o, declararon la vacancia y luego sancionaron con la inhabilitación política al ex Presidente Alberto Fujimori en Perú, por haber huido al Japón y desde allí renunciar a la Presidencia (2000). Mientras que, en la última década han sido las fuerzas conservadoras las que han utilizado el juicio político para destituir a Presidentes como Manuel Zelaya en Honduras (2009), Fernando Lugo en Paraguay (2012) y Dilma Rouseff en Brasil (2016). En tanto que, las fuerzas democráticas del Congreso en Guatemala realizaron un juicio político al Presidente Pérez Molina y lo destituyeron por corrupción (2015), y, las mismas fuerzas en el Congreso de Venezuela han iniciado un juicio político al Presidente Nicolás Maduro (2016).

En estos procesos políticos se pone en evidencia un fuerte debate sobre los fundamentos y límites del control parlamentario a través del *impeachment* o juicio político sobre los Presidentes de la República elegidos directamente por el voto popular. Por ello, nos interesa analizar la legitimidad en el uso de las fuentes, modos y procedimientos de control parlamentario para vacar al Jefe de Estado, en una democracia constitucional presidencialista; así como, evaluar los estándares del juicio político o *impeachment*, que eviten excesos como el sobre-enjuiciamiento en unos casos y el mal enjuiciamiento en otros.

---

3   SERRAFERO, Mario. "El *impeachment* en América Latina: Argentina, Brasil y Venezuela". En *Revista de Estudios Políticos* (Nueva Época), Núm. 92. Abril – Junio 1996. Madrid: CEC, pp.137-162.

4   PEREZ-LIÑAN, Aníbal. *Juicios políticos al presidente y nueva inestabilidad política en América Latina*. Buenos Aires: FCE, 2009, pp. 17-36.

II. Fundamento y límites del control parlamentario

Tradicionalmente se ha entendido que la función esencial de los Parlamentos es la tarea legislativa. Sin embargo, la importancia del control parlamentario de los actos del Poder Ejecutivo ha trastocado el rol de los Parlamentos modernos, lo cual implica que la función legislativa ha sido desplazada por la función de control[5].

Esto se justifica, y así lo entiende también la doctrina, porque "controlar la acción gubernamental es una de las funciones primordiales de cualquier Parlamento en un Estado constitucional, precisamente porque este tipo de Estado no sólo encuentra uno de sus fundamentos más importantes en la división de poderes, sino también en el equilibrio entre ellos; esto es, la existencia de controles recíprocos, de contrapesos y frenos que impidan el ejercicio ilimitado e irresponsable de las actividades públicas"[6].

Ahora bien, el desplazamiento de la función legislativa por la de control en los Parlamentos modernos no carece de fundamento, pues no solo se debe a que el Poder Ejecutivo, en nuestros días, realiza una función legisferante muy importante, casi tan igual como los Parlamentos, sino que se ha producido una *parlamentarización* del presidencialismo latinoamericano y simultáneamente una *presidencialización* del parlamentarismo europeo.[7] En ese escenario dentro de los diversos regímenes presidencialistas "los instrumentos de control político pueden llegar a desempeñar una función suprema de garantía, en tanto que de su aplicación depende que los órganos políticos del poder no incurran en excesos que lesionen las libertades

---

5   García Morillo, Joaquín. *El control parlamentario del gobierno en el ordenamiento español*. Publicaciones del Congreso de los Diputados, Madrid, 1984. p. 20; Aguiló Lucía, Luis. "El Parlamento en el umbral del siglo XXI". En *Corts. Anuario de Derecho Parlamentario*, N.º 4, extraordinario, Valencia, 1997; Rubio Llorente, Francisco. "Los poderes del Estado". En *La forma del poder (Estudios sobre la Constitución)*. Centro de Estudios Constitucionales, Madrid, 1993. p. 209; Fernández Sarasola, Ignacio. "El control parlamentario y su regulación en el ordenamiento español". En *Revista Española de Derecho Constitucional*, N.º 60, Año 20, septiembre-diciembre, Madrid, 2000. p. 89; Navas Castillo, Florentina. *La función legislativa y de control en Comisión parlamentaria: Comisiones de investigación y Comisiones legislativas permanentes con competencia legislativa plena*. Editorial Colex, Madrid, 2000. p. 75; Landa, César. "Poder legislativo y control político en la Constitución de 1993". En: *Derecho Constitucional 1 (Selección de Textos)*. Facultad de Derecho de la PUCP, Lima, 2001. p. 368.

6   Mora-Donatto, Cecilia. "Instrumentos constitucionales para el control parlamentario". En *Cuestiones Constitucionales*, Revista Mexicana de Derecho Constitucional, N.º 4, enero-junio, México, 2001. p. 86.

7   García Roca, Javier. "Control parlamentario y convergencia entre presidencialismo y parlamentarismo"..., *op. cit.*, pp. 71-81.

públicas y el funcionamiento de los órganos jurisdiccionales y de relevancia constitucional".[8]

Así, para explicar la naturaleza del control parlamentario se han planteado diversas teorías. Sin embargo, todas ellas pueden clasificarse en torno a tres tesis principales: a) la *teoría estricta*, para la cual no existe control sin sanción o solo existe control si este lleva aparejada una sanción;[9] b) la *teoría amplia*, que entiende el control parlamentario como una simple verificación o inspección, sin que ello implique necesariamente una sanción, esto es, separa el control parlamentario de la sanción para considerarlos elementos de una categoría más general como es la de garantía,[10] y c) la *teoría de la polivalencia funcional*, para la cual no existen procedimientos de control parlamentario determinados, sino que el control puede ser realizado a través de todos los procedimientos parlamentarios.[11]

Cabe señalar que tanto la *teoría estricta* como la *teoría amplia* consideran al control parlamentario como un control de naturaleza jurídica; mientras que para la *teoría de la polivalencia funcional*, el control parlamentario es un control eminentemente político.

Aun cuando no es este el lugar para poder explicitarlas, sucintamente se puede señalar que la *teoría estricta* peca de *reduccionismo* porque

---

8   VALADÉS, Diego. *Constitución y Democracia*. México: Universidad Nacional Autónoma de México, 2002. p. 67.

9   SANTAOLALLA LÓPEZ, Fernando. *Derecho parlamentario español*. Editora Nacional, Madrid, 1983. p. 198.

10 Esta teoría ha sido planteada y ampliamente sustentada por GARCÍA MORILLO, Joaquín. *El control parlamentario del gobierno en el ordenamiento español*. Publicaciones del Congreso de los Diputados, Madrid, 1984.

11 Tesis formulada por Rubio Llorente y Aragón Reyes. Sin embargo, entre ambos existe una diferencia. En efecto, la tesis de Aragón Reyes excluye la posibilidad de que el control parlamentario pueda realizarse a través del procedimiento legislativo, esto debido al carácter formalizado que ha de presidir el modo de emanación del Derecho; a diferencia de la tesis de Rubio Llorente que sí la admite. *Cfr.* RUBIO LLORENTE, Francisco. "El control parlamentario". En *La forma del poder (Estudios sobre la Constitución)*. Centro de Estudios Constitucionales, Madrid, 1993. p. 244. La teoría de Manuel Aragón REYES ha sido expuesta ampliamente en su libro *Constitución, Democracia y control*, UNAM, México, 2002. Sin embargo, ya en trabajos menores anteriores había esbozado las ideas base de su teoría sobre el control parlamentario. Al respecto puede revisarse *Constitución y control del poder*, Editorial Ciudad Argentina, Buenos Aires, 1995; "Sistema parlamentario, sistema presidencialista y dinámica entre los poderes del Estado. Análisis comparado". En Francesc PAU I VALL (Coordinador). *Parlamento y control del gobierno*. (V Jornada de la Asociación de Letrados de Parlamentos). Aranzadi Editorial, Pamplona, 1998. pp. 29-45. "La interpretación de la Constitución y el carácter objetivo del control jurisdiccional". En *Revista Española de Derecho Constitucional*, N.º 17, Madrid, 1986; "El control parlamentario como control político". En *Revista de Derecho Político*, N.º 23, España, 1986.

el concepto de control parlamentario que predica no es extrapolable a los regímenes presidencialistas[12], a la vez que considera a las preguntas, comisiones investigadoras e interpelación instrumentos de información, mas no de control[13]; a todo ello se suma el hecho que, como según esta, el control parlamentario conlleva siempre una sanción, es obvio que el control parlamentario solo puede ser realizado por la mayoría parlamentaria, pues la minoría opositora no estaría en condiciones de generar una sanción directa e inmediata, provocando que la titularidad del control recaiga siempre en la mayoría, claro está con los inconvenientes que ello supone para el ejercicio democrático de la función del control parlamentario y para el mismo Estado constitucional.

En relación con la *teoría amplia*, se puede señalar que desdeña el verdadero significado del control político en las actuales democracias de partidos,[14] pues al reducir el control a una mera revisión o verificación lo deja inerme, ello implica que pierda sentido, eficacia y relevancia dentro del sistema democrático, produciendo una desnaturalización del control ejercido por el Parlamento. Del mismo modo, se incurre en una inconsistencia mayor cuando primero se rechaza que en una definición de control parlamentario "se pueda admitir" que esta posea la facultad de generar una influencia en el órgano controlado, para luego aceptar que el control parlamentario "implica siempre una influencia en la actuación del sujeto controlado".[15] De lo cual se puede apreciar que se parte de una concepción jurídica del control parlamentario para luego terminar afirmando sus posibles connotaciones políticas.

Frente a estas incongruencias de las teorías *jurídicas* del control parlamentario, se ha construido la *teoría de la polivalencia funcional*. Los aportes de esta teoría al control parlamentario son relevantes, por cuanto hacen del concepto de control, un concepto aplicable en forma general, más universal, sobre la base de elementos que se presentan y tienen manifestación en la realidad, a diferencia de las dos tesis anteriores que se limitan a elucubraciones demasiado teóricas antes que realistas.[16]

---

12 AGUIAR DE LUQUE, Luis. "La problemática del control en la actualidad". En Manuel Ramírez (Coordinador). *El Parlamento a debate...*, *op. cit.*, p. 76.

13 GARCÍA FERNÁNDEZ, Javier. "La función de control del parlamento sobre el gobierno. Notas sobre su configuración jurídica". En *Revista de las Cortes Generales*, N.º 31, Madrid, 1994. p. 38.

14 AGUIAR DE LUQUE, Luis. "La problemática del control en la actualidad". En Manuel Ramírez (Coordinador). *El Parlamento a debate...*, *op. cit.*, p. 76.

15 GARCÍA MORILLO, Joaquín. *El control parlamentario del gobierno en el ordenamiento español...*, *op. cit.*, p. 91.

16 No obstante su aceptación por gran parte de la doctrina, hay quienes critican esta tesis aduciendo su excesiva amplitud, crítica que como toda es aceptable en cierto

En nuestra opinión, es esta última tesis la que mejor explica la naturaleza del control parlamentario porque propone un concepto de control que no se agota en la correcta formulación del mismo, sino que considera al control parlamentario como un instrumento válido, presente en toda actividad parlamentaria e importante para consolidar el Estado democrático constitucional. Más aún, si incorpora los elementos esenciales que determinan la naturaleza política del control parlamentario, al ser evidente que la apreciación por parte del Parlamento implica una valoración esencialmente política, pues difícilmente puede tener otro sentido cuando es el poder representante de la soberanía popular el que juzga con criterios políticos acciones igualmente políticas;[17] pero, sometido a las reglas de una democracia constitucional que rechaza la arbitrariedad.

En tal sentido, el control parlamentario, en tanto control de naturaleza política, implica la consideración de tres elementos que lo definen, a saber: i) la oposición parlamentaria democrática, ii) la responsabilidad política difusa del Gobierno, y iii) la opinión pública.[18]

i) *La oposición parlamentaria democrática.* La oposición parlamentaria, como un elemento constitutivo del control parlamentario, tiene una justificación que trasciende al óptimo funcionamiento de dicho control.[19]

---

modo, pero que no invalida sus postulados principales. *Cfr.* AGUIAR DE LUQUE, Luis. "La problemática del control en la actualidad". En Manuel Ramírez (Coordinador). *El Parlamento a debate..., op. cit.,* p. 76; también LÓPEZ GUERRA, Luis. "El titular del control parlamentario". En *Problemas actuales del Control Parlamentario.* (VI Jornadas de Derecho Parlamentario-Enero de 1995). Publicaciones del Congreso de los Diputados. Madrid, 1997. p. 157, para quien "sólo muy figuradamente puede estimarse que, por ejemplo, discutir un proyecto de ley enviado por el Gobierno suponga un control de la acción de éste".

---

17 GARCÍA MARTÍNEZ, María. "La actividad legislativa del parlamento como mecanismo de control político". En *Revista de las Cortes Generales,* N.º 14, Segundo Cuatrimestre, Madrid, 1988. p. 64. DE VERGOTTINI, Giuseppe. "La función de control en los parlamentos". En *Problemas actuales del Control Parlamentario..., op. cit.,* p. 36.

18 MORA-DONATTO, Cecilia. "Instrumentos constitucionales para el control parlamentario". En *Cuestiones Constitucionales, Revista Mexicana de Derecho Constitucional,* N.º 4, enero-junio, México, 2001. pp. 85-113. Los lineamientos de esta teoría del control parlamentario han sido desarrolladas por la autora sobre la base de los estudios previos realizados por Rubio Llorente y Aragón Reyes.

19 LANDA, César. *Derecho político. Del Gobierno y la oposición democrática.* Fondo Editorial de la PUCP, Lima, 1990. p. 26; también, LÓPEZ AGUILAR, Juan F. *Minoría y oposición en el parlamentarismo. Una aproximación comparativa.* Publicaciones del Congreso de los Diputados, Madrid, 1991. p. 58. Así, en la doctrina se distingue, básicamente, dos tipos de oposición. En un primer término se habla de la *oposición ideológica o antisistémica,* la cual se fundamenta en el desacuerdo absoluto con los mecanismos y valores

En efecto, el reconocimiento de las minorías opositoras discrepantes o sistémicas como titulares del control parlamentario no obedece tan sólo a la búsqueda de un óptimo funcionamiento del control, sino que, además, la presencia de la oposición democrática en el control parlamentario otorga legitimidad al poder mismo; por ello, es importante precisar que es la oposición democrática quien legitima al poder y no el poder quien legitima a la oposición,[20] lo cual implica que cuanto más viables sean las posibilidades de la oposición parlamentaria discrepante o sistémica para realizar su función de control, mejor legitimado estará el Gobierno.

Por lo demás, es manifiesta la importancia de la leal oposición al frente del control parlamentario, en el entendido que la consolidación de un sistema democrático exige la presencia de la oposición democrática como titular indiscutible del control parlamentario, en tanto garantiza el pluralismo y la eficacia del control político del Gobierno,[21] pero, no de aquella que hace un uso arbitrario e irracional del control parlamentario; porque, "la identidad democracia = imperio de la mayoría no solamente protege poco y mal la democracia, sino también su fundamento y su presupuesto previo, vale decir, las libertades".[22]

Por ello, se debe trascender de la simple crítica de la regla de la mayoría y del comportamiento de ésta, pues si algo corresponde hacer en orden a fortalecer y dotar de funcionalidad al control parlamentario es que la oposición asuma concientemente sus funciones de control en todo ámbito, así, en el Pleno, en las Comisiones, en la Mesa Directiva, en la Junta de Portavoces e, incluso, en la intervención individual de cada parlamentario.[23]

---

que legitiman al poder, comprometiendo los fundamentos del sistema y del poder mismo; es una oposición total al sistema. En segundo lugar, se distingue la *oposición democrática discrepante* o *sistémica* que acepta los fundamentos y mecanismos que legitiman el poder, pero disiente de las actuaciones concretas del Gobierno. La oposición parlamentaria se ubica dentro de este último tipo de oposición.

---

20 Como ya lo hemos señalado en otro trabajo, debemos abandonar la concepción del poder como un fenómeno que se puede definir por sí mismo; por el contrario, debemos entender el poder dialécticamente, esto es, en función de la oposición. LANDA, César. *Derecho político. Del Gobierno y la oposición democrática..., op. cit.*, p. 28; en este mismo sentido LÓPEZ AGUILAR, Juan F. *Minoría y oposición en el parlamentarismo. Una aproximación comparativa..., op. cit.* p. 92.

21 LANDA, César. *Derecho político. Del Gobierno y la oposición democrática..., op. cit.*, p. 114.

22 LÓPEZ AGUILAR, Juan F. *Minoría y oposición en el parlamentarismo. Una aproximación comparativa..., op. cit.* p. 29.

23 LÓPEZ AGUILAR, Juan F. *Minoría y oposición en el parlamentarismo. Una aproximación comparativa..., op. cit.* p. 32.

ii) *La responsabilidad política difusa del Gobierno.* La disciplina rígida de los partidos y los acuerdos previos al debate de los grupos parlamentarios mayoritarios conllevan a que no siempre, aun cuando sea evidente el desacierto o desliz del Gobierno, la oposición en el Parlamento haga posible establecer una sanción directa o inmediata al Ejecutivo (como por ejemplo, el retiro de la confianza en el parlamentarismo, situación que se da también en algunos sistemas presidencialistas atenuados, en los cuales el Parlamento puede censurar a los Ministros, al Presidente del Gabinete, o, incluso plantear el *impeachment* del Presidente). O, por el contrario, cuando la oposición es mayoritaria en el Parlamento se busca que no haga un uso abusivo de la misma; por lo que es necesario recurrir a otro tipo de responsabilidad que la doctrina italiana ha venido a denominar *responsabilidad política difusa*.

La responsabilidad política difusa, desarrollada por la doctrina italiana,[24] consiste en el debilitamiento político del gobierno, del grupo parlamentario que lo apoya y de la viabilidad de su programa de gobierno. En tal sentido, "la fuerza del control parlamentario descansa más que en la sanción directa en la indirecta, más que en la destitución inmediata del gobierno en el desgaste del mismo, y su remoción se dará sólo si el cuerpo electoral, es decir, la ciudadanía, así lo decide por la vía de su voto cuando sea emplazado a elecciones".[25]

iii) *La opinión pública.* De la sanción que puede generar este tipo de responsabilidad se desprende que el control parlamentario se proyecta, no sólo al interior del recinto parlamentario, sino que los resultados de tal control se dan fuera del Parlamento, pues ellos deben ser ofrecidos inexorablemente a la opinión pública y al electorado, en tanto destinatarios finales del control parlamentario.

Al respecto, aludiendo al *principio de alternancia*, Pedro de Vega, señalaba que "el partido que no tiene la mayoría y que obviamente no puede imponer su criterio en el Parlamento, porque la lógica de la discusión se ha roto, no puede sino contraponer públicamente, a las razones de la mayoría,

---

24 "Perciò, in conclusione, la responsabilità politica difusa si definisce come la soggezione, consapevolmente accettata, dei soggetti che lottano per il potere politico a tutti quei fatti che tendono ad un equilibrio politico sfavorevole ai fini di tale lotta, secondo i modi storicamente dati con cui si forma e si verifica l'equilibrio politico, secondo i meccanismi istituzionale in cui si svolge la lotta politica, con la conseguenze che da tale equilibrio e da ogni suo mutamento derivano". Rescigno, Ugo Giuseppe. *La responsabilità politica*. A Giuffrè Editore, Milano-Dott, 1967. pp. 113-130.

25 Mora-Donatto, Cecilia. "Instrumentos constitucionales para el control parlamentario". En *Cuestiones Constitucionales*, Revista Mexicana de Derecho Constitucional, N.º 4, enero-junio, México, 2001. p. 97.

las razones propias que como partido de oposición puede alegar. Y, naturalmente, como en el Parlamento no gana, ¿dónde cabe la exposición de esas razones? Justamente en el ámbito de la sociedad. Ante la opinión pública".[26]

Por ello, desde el momento en que existe una mayoría parlamentaria que apoya al Ejecutivo, las minorías opositoras deben tener en claro que su actividad controladora debe apuntar a la modificación, a su favor, de la voluntad del electorado en la sucesivas justas electorales, trasladando al electorado y a la opinión pública los yerros del gobierno, a la vez que resaltar las virtudes de los programas alternativos de la oposición. Por esto mismo, se ha dicho que "el auténtico destinatario del control parlamentario no es la Cámara ni los miembros de la misma, ni los grupos presentes en ella, sino el electorado".[27]

Claro está que cuando la oposición política es mayoría en el Parlamento se abren escenarios de control imprevisibles al Poder Ejecutivo, máxime en épocas de crisis de toda naturaleza – internas e internacionales-, que pueden derivar en el *impeachment* o juicio político contra los Altos funcionarios, entre ellos el Presidente o jefe de Estado.

Entonces, en función de estos elementos, brevemente desarrollados, se puede entender por control parlamentario aquel control de naturaleza esencialmente política realizada, principalmente, por las fuerzas opositoras parlamentarias a través de los institutos del control político; que, en las últimas décadas los Parlamentos en América Latina lo han ejercido, en última instancia mediante el juicio político o *impeachment*, que da lugar a establecer la responsabilidad política del Presidente de la República y su destitución del cargo, para el cual fue electo directamente por el voto popular.

III. Naturaleza del juicio político o *impeachment*

La práctica de los Parlamentos en América Latina al realizar juicios políticos o *impeachments* que conllevan a la destitución de los Presidentes, o, los conducen a plantear sus renuncias y/o salir forzosamente o fugar del país;[28] pone en evidencia no solo un grave problema para la estabilidad política de los jóvenes regímenes democráticos, sino que, también, podría llegar a cuestionar el principio de división del poder, como garantía del orden democrático y el Estado de Derecho.

---

26 DE VEGA, Pedro. "Parlamento y opinión pública". En Manuel Ramírez (Coordinador). *El Parlamento a debate...*, op. cit., p. 187.

27 GARCÍA MORILLO, Joaquín. "Algunos aspectos del control parlamentario". En Ángel Garrorena Morales (editor). *El parlamento y sus transformaciones actuales*. Editorial Tecnos S.A., Madrid, 1990. p. 249.

28 PEREZ-LIÑAN, Aníbal. *Juicios políticos al presidente y nueva inestabilidad política en América Latina...*, op. cit., p. 18.

En tal sentido, se puede afirmar que, en toda democracia existen poderosas razones que sustentan la profunda convicción y necesidad de proteger el orden democrático, de las propias autoridades pertenecientes a los tres clásicos poderes del Estado, por ejemplo en graves casos de infracción de la Constitución y de la comisión de delitos en el ejercicio de sus funciones, ejerciendo los institutos y procedimientos parlamentarios de control de naturaleza constitucional, como el juicio político.[29]

Así, en Brasil en mayo de 1992, el entonces Presidente del Brasil Collor de Mello fue acusado de realizar transacciones fraudulentas, a través del empresario César Farías, para ocultar su identidad. La Cámara de Diputados formó un Comisión Parlamentaria de Investigación a Farías que derivó en el inicio del *impeachment* a Collor de Mello. En ese contexto las organizaciones estudiantiles salieron a las calles y lideraron el movimiento social exigiendo la remoción del Presidente. El Senado destituyó al Presidente; sin embargo, posteriormente, el Supremo Tribunal Federal (STF), anuló las pruebas obtenidas del ordenador de Collor y de sus conversaciones telefónicas, por haberse obtenido sin respeto a la ley.[30]

Asimismo, a la caída del régimen autocrático y corrupto del ex Presidente Fujimori el año 2000, los partidos democráticos en el Congreso utilizaron los mecanismos parlamentarios de control político, mediante los procesos de *ante juicio* contra ex Ministros, Congresistas, Vocales Supremos, Fiscal de la Nación, así como, el *juicio político* contra el ex Presidente Alberto Fujimori para declarar primero la vacancia presidencial y luego disponer su inhabilitación política por diez años, por incapacidad moral, al haber huido al Japón y renunciar a la Presidencia de la República, en medio de una histórica crisis de corrupción a fines del año 2000.[31]

---

29 PANIAGUA, Valentín. "La justiciabilidad de los actos políticos-jurisdiccionales del Congreso". En *Anuario Iberoamericano de Justicia Constitucional*. Nº 3, 1999. MADRID: CEPC, PP. 181-203; EGUIGUREN, FRANCISCO. "Antejuicio y Juicio Político en Perú". En *Pensamiento Constitucional*. Año XIII, Nº 13. Lima: PUCP, 2008, pp. 111-162, y; LANDA, César. "Antejuicio político". En *Elecciones* (2005). Lima, ONPE, 2005, pp. 125-138.

30 EL COMERCIO. "Brasil: Paralelos entre los juicios a Dilma Rousseff y Collor de Mello". Ver http://elcomercio.pe/mundo/actualidad/brasil-paralelos-entre-juicios-dilma-y-collor-mello-noticia-19010 10. (Consultado el 3 de marzo de 2017).

31 CONGRESO DE LA REPÚBLICA. *Resolución Legislativa declarando la permanente incapacidad moral del Presidente de la república y la vacancia de la Presidencia de la República, 21 de noviembre de 2000. Resolución Legislativa del Congreso Nº 009-2000-CR;* asimismo, *Resolución Legislativa que inhabilita en el ejercicio de la función pública hasta por diez años al señor Alberto Fujimori Fujimori, 23 de febrero de 2001. Resolución Legislativa del Congreso Nº 018-2000-CR.* El Tribunal Constitucional en el Exp. N° 3760-2004-AA/TC, FJ 24, rechazó el pedido de nulidad de la inhabilitación política; porque "la facultad de imponer sanciones políticas por parte del Congreso es una facultad privativa y discrecional de él; pero, tal discrecionalidad es posible

Por eso, no es precisamente el juicio político el que crea conflictos institucionales; más bien, son los peligros fundados contra el orden democrático y el equilibrio de poderes que emanan de las mismas autoridades, los que dan lugar a dicho conflicto, como en los casos de las graves denuncias de corrupción presidencial; la misma que ha generado profundas repercusiones políticas, en los regímenes presidenciales de América Latina. Por ello, el control parlamentario no busca sustituir la forma de gobierno, pero sí procura, mediante el *impeachment*, restablecer el balance y asegurar la cooperación entre los poderes, además de ser un mecanismo de ejemplaridad contra los delitos presidenciales, lo que coadyuva a restablecer la representatividad ante la ciudadanía.[32]

Ello es posible a partir de entender que en América Latina, en primer lugar, el Presidente de la República no es más el antiguo poder absoluto y por tanto ahora sus actos políticos son justiciables. En segundo lugar, que el juicio político, en cuanto se procese y resuelva conforme a la Constitución y el Reglamento del Congreso, no cuestiona el balance de poderes, sino que lo afirma. Lo cual no es óbice para que se presente el peligro de conflictos en el borde del sistema constitucional, sobretodo en casos de infracciones no delictivas, lo que resulta inevitable en épocas de crisis económicas y/o políticas, donde la centralidad del Derecho se ha visto desplazada por el *decisionismo* político de las mayorías parlamentarias.[33]

Lo que en algunos casos se ha transformado en una dictadura asamblearia, no solo en los regímenes parlamentarios, sino también en los regímenes presidenciales. Por eso, "el peligro que la libertad corre a manos del Poder Legislativo en los regímenes de democracia a base de partidos políticos, es un peligro especial; un peligro que supera, con mucho, al que las comunidades políticas le puede venir a la libertad de otros órganos rectores".[34]

Sin embargo, aun cuando siempre existe el peligro de que "con la juridificación de las disputas políticas, la política no tiene nada que ganar y la justicia, en cambio, tiene todo que perder";[35] cabe recordar que no existen conflictos contra sistémicos, entre el Parlamento y los demás poderes públicos, en las sociedades democráticas estables, cuando aquel ejercita el

---

      sólo dentro de los límites que se derivan de la propia Constitución y del principio de razonabilidad y proporcionalidad".

---

32 SERRAFERO, Mario. "El impeachment en América Latina: Argentina, Brasil y Venezuela"..., pp. 162.

33 LANDA, César. *Derecho político. Del Gobierno y la oposición democrática...*, op. cit., pp.111-123.

34 LEIBHOLZ, Gerhard. *Problemas fundamentales de la democracia moderna.* Madrid: IEP, 1971, p. 15

35 FORSTHOFF, Ernst. *El Estado de la sociedad industrial.* Madrid: IEP, 1975, p. 213.

control parlamentario, mediante el uso no solo constitucional sino también legítimo del juicio político o *impeachment*.

En América Latina, el control parlamentario, en épocas de crisis, más veces *activista* que moderado, no se ha visto acompañado de contundentes y nuevos argumentos jurídicos; lo que ha hecho, en muchos casos, discutible su proceder, pero nunca desconocida su eficacia[36]. Por eso, a continuación se analiza a modo de ejemplo el caso paradigmático del juicio político o *impeachment* en Brasil.

IV. Estándares del *impeachment* en Brasil

El 17 de abril del 2015 la Cámara de Diputados del Brasil aprobó iniciar un proceso de *impeachment* o juicio político a la Presidente Dilma Rousseff, del Partido de los Trabajadores (PT) acusada de *"pedaladas fiscales"*, que constituiría un delito de responsabilidad del Presidente.[37] En el Derecho Presupuestal público brasilero, "el término *"pedaladas"* siempre se ha utilizado para definir el *atraso de un pago,* cuando un gasto público con vencimiento en una fecha determinada, de alguna manera se acaba postergando. La obligación del Estado, o del gobierno, en nada se modifica, pero el aplazamiento permite reducir temporalmente un gasto y *fabricar* un breve efecto de superávit primario".[38]

Las *"pedaladas fiscales"* han sido una práctica gubernamental de los presidentes del Brasil desde Fernando Henrique Cardoso y Lula Da Silva, así como de los gobiernos estaduales y municipales, a pesar de los límites establecidos en la Ley de Responsabilidad Fiscal del año 2000. No obstante, el Presidente de la Cámara de Diputados –Eduardo Cunha del Partido del

---

36   ILIZALITURRI, Arturo. "5 presidentes enjuiciados (y 1 destituido por loco) en América Latina". En *Distintas Latitudes*. Editorial, Abr 18, 2016. Ver http://distintaslatitudes. net5-presidentes-enjuiciados-de-america.latina. (Consultado el 12 de febrero de 2017).

37   Constitución del Brasil de 1988. "Art. 85. Constituyen delitos de responsabilidad los actos del Presidente de la República que atenten contra la Constitución Federal y, especialmente contra: 1. la existencia de la Unión; 2. el libre ejercicio del Poder Legislativo, del Poder Judicial, del Ministerio Público y de los Poderes constitucionales de las unidades de la Federación; 3. el ejercicio de los derechos políticos, individuales y sociales; 4. la seguridad interna del País; 5. la probidad en la Administración; 6. la ley presupuestaria; 7. el cumplimiento de las leyes y de las decisiones judiciales.
Párrafo único. Esos delitos serán definidos en ley especial, que establecerá las normas de proceso y enjuiciamiento."

38   FIGUEREIDO, Marcelo. "Notas sobre las *pedaladas fiscales*, los escándalos de corrupción en Brasil y la judicialización del proceso de *impeachment* de la Presidenta de la República en el Supremo Tribunal Federal". Ponencia en el Seminario Ítalo-Iberoamericano de Derecho Constitucional. Universidades de Boloña, Pescara y Teramo. Pescara, abril de 2016, pp. 34.

Movimiento Democrático Brasileño (PMDB)- impulsó el proceso de *impeachment* para impedir la continuidad del mandato de Dilma Rousseff como Presidenta del Brasil, cuando el PT apoyó que él fuera investigado por lavado de dinero, evasión de divisas, corrupción pasiva, entre otros delitos, en el caso "Lava Jato"; motivo por el cual, posteriormente fue desaforado, arrestado por la policía y en la actualidad sometido a proceso penal.

Así, por un lado, el *impeachment* se produce en un escenario no solo de crisis económica, sino también de crisis política, que tiene como telón de fondo el detonante proceso de corrupción política conocido como "Lava Jato". En virtud del cual la empresa de petróleos del Brasil (Petrobras) licitaba sus millonarias obras a grandes empresas de ingeniería y construcción como Odebrecht SA., Camargo Correa SA., Andrade Gutierrez SA., Queiroz Galvao SA., entre otras; para lo cual, la petrolera pedía sobornos de alrededor del 3% del presupuesto, que se repartía entre políticos y empresarios, que reintroducían el dinero al mercado a través de negocios de hoteles, lavanderías y estaciones de gasolina para ser blanqueado. Se estima que entre 2004 y 2012, cerca de 8,000 millones de dólares fueron lavados por la red criminal que se organizó y que operó en varios países de América Latina.[39]

Por otro lado, la doctrina discute si la recepción del *impeachment* en un régimen presidencialista como el brasilero asegura un adecuado control y balance de poderes; en la medida que, el juicio político es llevado a cabo por ambas Cámaras del Parlamento. En efecto, el *impeachment* del Presidente de la República es una competencia parlamentaria donde la admisibilidad, procesamiento y juzgamiento se encuentra a cargo de la Cámara de Diputados y del Senado Federal, respectivamente.

Pero, cuenta con la intervención del Supremo Tribunal Federal (STF) dada su posición de contralor de la Constitución; así, por ejemplo, en el caso del *impeachment* a la Presidenta Rousseff, el Presidente del STF, Ricardo Lewandowski, adelantó que en materia de la acusación sobre si las "pedaladas fiscales" eran un "delito de responsabilidad", "el Supremo Tribunal puede o no ingresar en el juicio de naturaleza política... Pero, eso es un tema a ser futuramente examinado por los 11 Ministros de la Suprema Corte".[40] Asimismo,

---

[39] MOREIRA LEITE, Paulo. *A outra história da Lava-Jato. Uma investigação necessária que se transformou numa operaçao contra a democracia*. São Paulo: Geração editorial, p. 441. Otros grandes escándalos de mega corrupción del Brasil son los casos *Mensãlao* (2005) y Castillo de Arena (2008).

[40] RAMALHO, Renan. "Lewandowski discute impeachment com OEA e Corte Interamericana. Presidente do STF disse que, se provocada, Corte deve se manifestar. Gilmar Mendes contesta possibilidade de STF julgar mérito das acusações". En *Globo*. http://g1.globo.com/politica/processo-de-impeachment-de-dilma /noticia/2016/05/lewandowski-stf-pode-avaliar-merito-de-acusacoes-do-impeachment.html. (Consultado el 24 de febrero de 2017).

mediante un "Alegato por Incumplimiento de Precepto Fundamental" (Arguição de Descumprimento de Preceito Fundamental ó ADPF) N° 378,[41] el STF anuló la formación de la comisión especial que propuso la Cámara de Diputados y estableció las reglas básicas del procedimiento parlamentario del *impeachment* de acuerdo con la Ley 1.079/50 que la regula y la Constitución de 1988, en base a un activismo judicial muy criticado, como se analiza más adelante.

1. Judicialización de la política

Desde que se restaura el régimen democrático en Brasil se constitucionaliza la democracia, en la medida que se otorga especial protección a los derechos fundamentales y demás bienes constitucionales, en la Constitución de 1988. Caracterizada por limitar la soberanía popular por la supremacía constitucional; otorgando al Supremo Tribunal Federal un rol contra mayoritario de garante de los derechos de las personas frente a los excesos de los poderes. Lo cual requiere de interpretaciones constitucionales que en materia del *impeachment* contra la Presidente ha dado lugar a debates sobre la naturaleza del juicio político y los alcances de la actuación jurisdiccional en los asuntos políticos.

Para Brossard, la naturaleza política del *impeachment* tiene como consecuencias que "los motivos para el instauración del juzgamiento son realizados por medio de un juicio de naturaleza esencialmente político, en donde el Supremo Tribunal Federal deberá abstenerse de realizar cualquier control del referido proceso, e incluso, no habrá garantías jurídicas de naturaleza penal, como la legalidad, el debido proceso legal, la amplia defensa y el contradictorio".[42] Mientras que para Miranda "el *impeachment* es de naturaleza esencialmente penal, configurándose de manera incorrecta los delitos de responsabilidad, dado que son delitos para los cuales la Constitución establece penas".[43]

---

41 Sarmento, Leonardo. *STF interpreta a Constituição com contorcionismos*. En http://www.brasil247.com/pt/colunistas/leonardosarmento/210271/STF-interpreta-a-Constitui%C3%A7 %C3%A3o-com-contorcionismos.htm. (Consultado el 28 de febrero de 2017).

42 Oliveira, de Marcelo, Bahia, Alexandre, Bacha e Silva, Diogo. "Os contornos do Impeachment no Estado Democrático de Direito: historicidades e natureza da responsabilização jurídico-política no presidencialismo brasileiro". En *Anuario de Derecho Constitucional Latinoamericano*. Año XXII. Bogotá: Konrad Adenauer Stiftung, 2016, p. 28.

43 *Ibid*.

Lo cierto es que la Constitución del Brasil[44] distingue dos tipos de procesos para dos supuestos de acusación constitucional contra el Presidente de la República: uno, cuando este es acusado de haber cometido delitos de naturaleza común, y; otro, cuando es acusado de haber cometido "delitos de responsabilidad" previstos en el artículo 85 de la Constitución (ver cita 66) y en la Ley del *Impeachment*, Ley 1.079/50. Así, en el caso de los delitos de naturaleza común el Supremo Tribunal Federal es el encargado de procesar y juzgar, con todas las garantías judiciales y el pleno respeto al debido proceso legal; mientras que, en el caso de los "delitos de responsabilidad" le corresponde al Parlamento llevar a cabo el procedimiento de acusación, procesamiento y juzgamiento en un juicio de naturaleza político por excelencia. Lo que no es óbice para que el STF participe del mismo revisando judicialmente los actos parlamentarios del proceso del *impeachment* propiamente, como se verá en el siguiente punto.

La doctrina contemporánea también concibe el *impeachment* como un instituto de naturaleza mixta, así el profesor Bastos asume que el *impeachment* tiene un ámbito político y un ámbito penal. En particular el proceso parlamentario por "el delito de responsabilidad guarda características propias de uno jurisdiccional, a pesar que apenas quepa dentro de las hipótesis legales; lo cual no es un impedimento, que los hechos delictivos, no estén sujetos a una tipicidad tan rigurosa como aquella existente en el derecho penal".[45]

Ahora bien, el *impeachment* de acuerdo con la Constitución del Brasil es concebido como un instituto de ordenamiento y pacificación político cuando se producen atentados contra la Constitución, el ejercicio de las competencias del Poder Legislativo, la probidad en el manejo de la ley de presupuesto y en la administración del mismo, básicamente. Estos supuestos fueron materia de acusación contra la Presidenta Rousseff; a partir que, el Tribunal de Cuentas de la Unión (TCU), un órgano de supervisión del Poder Ejecutivo en Brasil, rechazó aprobar las finanzas de su Gobierno del 2014 y 2015; debido según señaló el TCU a maniobras fiscales para maquillar las

---

44 Constitución del Brasil (1988) "Art. 86. Admitida la acusación contra el Presidente de la República por dos tercios de la Cámara de los Diputados, será sometido a juicio ante el Supremo Tribunal Federal, en las infracciones penales comunes, o ante el Senado Federal en los casos de responsabilidad. 1o. el Presidente quedará suspendido en sus funciones:
1. en las infracciones penales comunes, una vez recibida la denuncia o la querella por el Supremo Tribunal Federal;
2. en los delitos de responsabilidad después del procesamiento por el Senado Federal (...)".

45 Oliveira, de Marcelo, Bahia, Alexandre, Bacha e Silva, Diogo. "Os contornos do *Impeachment* no Estado Democrático de Direito: historicidades e natureza da responsabilização jurídico-política no presidencialismo brasileiro"..., op. cit., p. 28.

cuentas públicas. Era la primera vez desde 1936 que dicho órgano rechazaba aprobar las cuentas de un Presidente.⁴⁶

Pero, los hechos objetivos previos y que acompañaron al *impeachment* fue la caída de la popularidad de la Presidenta; debido a la recesión económica originada en la baja de los precios de los *commodities*, la campaña mediática de la gran prensa concentrada que se opuso férreamente a su reelección, las masivas movilizaciones ciudadanas en contra de la corrupción desde los casos *Mensãlao*⁴⁷ y Castillo de Arena⁴⁸ hasta el Caso Odebrecht,⁴⁹ que constituyó el clímax de la corrupción política y empresarial, así como, las protestas indignadas por lo que la población consideraba un derroche de recursos públicos el invertir 9,600´000 millones de dólares en organizar el Mundial del Fútbol (2014) y 13,760´000 millones de dólares en las Olimpiadas (2016), cuando las necesidades básicas de las ciudadanos de las urbes no eran atendidas según denunciaron.⁵⁰

Sin embargo, los promotores y gestores del *impeachment* no gozaban

---

46   FIGUEREIDO, Marcelo. "Notas sobre las *pedaladas fiscales*, los escándalos de corrupción en Brasil y la judicialización del proceso de *impeachment* de la Presidenta de la República en el Supremo Tribunal Federal"…, *op. cit.* pp. 3-4.

47   El caso "*Mensalão*", se refiere a la crisis política sufrida por el gobierno brasileño en 2005; debido a los sobornos pagados a varios diputados para que votaran a favor de los proyectos de interés del Poder Ejecutivo. Ver "Mensalao. La justicia confirmó la compra de votos". En http://www.infobae.com/2012/1 0/01/1059025-mensalao-la-justicia-confirmo-la-compra-votos/. (Consultado el 2 de marzo de 2017).

48   El caso "Castillo de Arena", se refiere a las denuncias del sistema de sobornos de la empresa Camargo Corrêa, para obtener contratos de construcción de infraestructura en Brasil y en otros países, como Perú. Pese a las pruebas obtenidas de las escuchas telefónicas y las delaciones premiadas de sus directivos, un tribunal superior brasileño desestimó la investigación policial por haberse iniciado con un testimonio anónimo. El ministro del Supremo Tribunal Federal, Luis Roberto Barroso, confirmó la decisión. Ver https://idl-reporteros.pe/castillos-de-arena/. (Consultado el 28 de febrero de 2017).

49   El caso "Odebrecht" se consolida a raíz de una investigación del Departamento de Justicia de los Estados Unidos de 2016 sobre la constructora brasileña Odebrecht, en la que se detalla el sistema internacional de sobornos, a funcionarios públicos del gobierno de 12 países: Angola, Argentina, Colombia, Ecuador, Estados Unidos, Guatemala, México, Mozambique, Panamá, Perú, República Dominicana y Venezuela, desde 1980, para obtener beneficios en contrataciones públicas. Ver "Qué es el caso Odebrecht. Como afecta a los países de América Latina?". En http://internacional. elpais.com/internacional/2017/02/08/   actualidad/1486547703321746.html". (Consultado el 2 de marzo de 2017).

50   PEREZ-LIÑAN, Aníbal. "Instituciones, coaliciones callejeras e inestabilidad política: perspectivas teóricas sobre las crisis presidenciales". En *América Latina Hoy*, 48. Universidad de Salamanca, 2008, pp. 105-126; asimismo, sobre los gastos en infraestructura ver la declaración de João Augusto Ribeiro Nardes, Ministro del Tribunal de Cuenta de la Unión de Brasil. En "La idea es inhabilitar a las empresas corruptas en todo el continente". En *La República*, edición del Lunes, 6 de marzo de 2017, p. 3.

de credenciales de legitimidad ética para denunciar la manipulación de las cuentas presupuestales del Estado; no solo porque aprobar "pedaladas fiscales" era una práctica gubernamental regular y pública precedente, tan es así, que el Presidente Temer también las ha realizado de forma simulada después de la destitución de la Presidente Rousseff;[51] sino, porque los organizadores y beneficiaros del juicio político se encontraban unos destituidos, procesados, encarcelados – ex Presidente de la Cámara, Eduardo Cunha-, y, otros bajo investigación por graves denuncias de corrupción –Presidente sustituto Michel Temer –;[52] a diferencia de la Presidenta Rousseff a quien nunca se le acusó de corrupción, incluso en el escándalo de Petrobras.

En ese entendido, el instituto del *impeachment* que, como se ha señalado, debería servir para restaurar la constitucionalidad quebrantada por el Presidente en el marco de un proceso político democrático, donde el Parlamento como representante de la voluntad popular no solo en la urnas, podría accionar el juicio político para pacificar la democracia constitucionalmente; por el contrario, antes que lograr dicho objetivo político, ha sido usado para resolver la crisis y el colapso político de la corrupción que afectaba no solo al gobierno y a la oposición, sino a nivel del régimen político democrático. En esa medida, el *impeachmet* ha sido desvirtuado para ser utilizado políticamente en contra de la Presidenta, y, no jurídicamente para encausar el mal manejo de las cuentas presupuestales; más aún si el partido de la Presidenta ya no contaba con mayoría parlamentaria, sino que la oposición se había hecho de la misma.

Por eso, el Profesor Bonavides ha señalado que: "El *impeachment*, el remedio por excelencia del presidencialismo para remover del poder a los presidentes incursos en delitos de responsabilidad, no tiene en nuestro Derecho Constitucional, ni tampoco en la vida política de otros países que siguen el modelo institucional de Estados Unidos, la aplicación que de él esperaban sus defensores teóricos, siendo primero un activador de crisis y colapsos de legalidad; en vez, en verdad, de ser un instrumento de restauración de la verdad constitucional afectada por los abusos personales del primer magistrado de la Nación".[53]

---

51 Sandes, Giovanni. "Análise: Temer propõe "pedalada", com antecipação de R$ 100 bilhões do BNDES". En *Pinga-Fogo*. Ver http://jc.ne10.uol.com.br/blogs/pingafogo/2016/05/25/analise-temer-propoe-pedalada-com-antecipacao-de-100-bilhoes-do-bndes/. (Consultado el 5 de marzo de 2017).

52 Cfr. El Presidente de Brasil, Michel Temer fue acusado de corrupción por el ex presidente de la constructora Odebrecht, quien se habría beneficiado de los manejos dolosos de la constructora. Telesur http://multimedia.telesurtv.net/v/bra.... (Consultado el 1 de marzo de 2017).

53 Oliveira, de Marcelo, Bahia, Alexandre, Bacha e Silva, Diogo. "Os contornos do *Impeachment* no Estado Democrático de Direito: historicidades e natureza da responsabilização jurídico-política no presidencialismo brasileiro"..., *op. cit.*, p. 29.

En consecuencia, el peligro que se cierne sobre el régimen democrático, más allá de la cuestionable destitución de una Presidenta electa por el voto popular, es que las decisiones democráticas trascendentales, en un régimen presidencial como la vacancia del Presidente, sean tomadas por las cúpulas partidarias de la oposición, antes que ser sometidas al veredicto de las urnas electorales. En cuyo caso, corresponde a la justicia constitucional el rol de defender la Constitución en un sentido no solo formal, sino también material; esto es, corrigiendo y expulsando los actos parlamentarios arbitrarios que sean contrarios al debido proceso legal sustantivo y adjetivo.

Pero en sociedades heterogéneas, complejas y desintegradas como en Brasil el Tribunal Supremo Federal tuvo dos formas distintas de entender el *impeachment*. Por un lado, existió una posición dogmática que incidió en el rol que juegan las garantías judiciales y el debido proceso en el sistema político, en función de la mayoría parlamentaria y de la opinión pública, y; otra posición relativista y contra-mayoritaria para la cual la defensa de los valores de la libertad mediante la justicia constitucional era consustancial al proceso del *impeachment*, que a continuación se analiza.

2. Politización de la justicia

La pretensión de la judicialización del *impeachment* en sede parlamentaria, a pesar de la intervención del Supremo Tribunal Federal de acuerdo con la Constitución, no ha sido óbice para que también se haya pronunciado sobre las demandas que cuestionaron los actos parlamentarios, mediante procesos constitucionales. A partir de la cual, se puede analizar el rol que ha cumplido el STF en el *impeachment* contra la Presidente Dilma Rousseff:

> – Intervención constitucional
> Bajo la Presidencia del Supremo Tribunal Federal corresponde al Senado Federal procesar y jugar mediante el *impeachment* al Presidente de la República, de acuerdo con la Constitución.[54] Así, el Ministro Ricardo Lewansdoski, Presidente del STF dio inicio a la conducción del juicio político, a partir de lo cual la Cámara de Diputados debía formar una comisión a fin de elaborar la acusación formal contra la Presidenta de la República.
> En virtud de ello, el Presidente de la Cámara de Diputados, Eduardo Cunha, líder parlamentario de la mayoría opositora liderada por el Partido del Movimiento

---

54   Constitución del Brasil (1988) "Art. 52. Compete privativamente al Senado Federal: 1. procesar y juzgar al Presidente y al Vicepresidente de la República en los delitos de responsabilidad (...).
Párrafo único: En los casos previstos en los incisos I y II, funcionará como Presidente el del Supremo Tribunal Federal, limitándose la condena, que sólo será acordada por dos tercios de los votos del Senado Federal, a la pérdida del cargo, con inhabilitación durante ocho años para el ejercicio de la función pública, sin perjuicio de las demás sanciones".

Democrático Brasileño (PMDB) llevó a cabo "negociaciones" con otros partidos para garantizar la formación e integración de dicha comisión. En ese entendido, acordó que se convocaría a sesión extraordinaria y se elegiría por voto secreto al Presidente y Relator del proceso; no obstante, no cumplió con los plazos para la formación de la comisión. Frente a la celeridad y a la manipulación del inicio del *impeachment* se planteó un proceso constitucional ante el Supremo Tribunal Federal.

– Intervención jurisdiccional
Cuando el Presidente de la Cámara de Diputados aprobó la Orden N° 105/2015, esta fue cuestionada por el Diputado Filho para suspender la eficacia de dicha Orden; por cuanto, "en proceso de tamaña magnitud institucional, que pone a juicio el cargo más elevado del Estado y del Gobierno de la Nación, es presupuesto elemental de la observancia del debido proceso legal, formado y desarrollado sobre la base de un procedimiento cuya validez esté fuera de cualquier duda de orden jurídico".[55]
De acuerdo con la Ley N° 1.079/50 y la Constitución, la Orden cuestionada violaba el precepto de reserva de ley calificada, dado que facultaba al Presidente de la Cámara para establecer él mismo las reglas y prácticas para el juicio político, vaciando de contenido la seguridad jurídica. En este sentido, el STF otorgó la medida cautelar en el Acuerdo Vinculante N° 46, en el cual se señala que: "La definición de los delitos de responsabilidad y el establecimiento de las respectivas normas de proceso y juicio son de competencia privativa legislativa de la Unión".[56]
Por su parte, el Partido Comunista del Brasil interpuso un "Alegato por Incumplimiento de Precepto Fundamental"[57] el mismo que por mayoría fue declarado fundado en parte por el Supremo Tribunal Federal en la ADPF N° 378, que suspendió el proceso del *impeachment*, al anular la formación de la comisión especial que propuso la Cámara de Diputados, dejando sentado las siguientes reglas para el *impeachment*: 1. Dispuso que la formación de la Comisión Especial sería decidida únicamente por voto abierto – no secreto –, garantizando la mayor transparencia y legitimidad al proceso. 2. Definió el proceso del *impeachment* en la Cámara de Diputados, el papel del Plenario y la amplia defensa de la acusada. 3. Estableció cómo se instauraría el proceso ante el Senado y el quorum (mayoría simple), prohibiendo presentar listas o candidaturas indepen-

---

55   PRADO, Geraldo – TAVARES, Juarez. *Juicio Político: El caso Brasileño y otros ensayos.* Valencia: Tirant lo Blanch, 2016, p. 30.

56   *Ibidm.*

57   El "Arguição de Descumprimento de Preceito Fundamental" ó ADPF es un proceso constitucional para el control concentrado de la ley. "Su objeto es evitar o reparar lesión a algún precepto constitucional fundamental, resultante de acto de Poder Público (Ley N 9.882, art. 1), pero la misma también puede ser utilizada –y con mucha frecuencia lo es- como forma de centralizar la decisión sobre controversia constitucional sobre ley o acto normativo federal, estadual, municipal, incluidos los anteriores a la constitución (ídem, art. 1, párrafo único, 1)". En DA SILVA, Virgilio Afonso. "Supremo Tribunal Federal (Brasil)". En *Crónica de Tribunales Constitucionales en Iberoamérica*. (E. Ferrer Mac-Gregor, coordinador). Buenos Aires: Marcial Pons Argentina, 2009, p.92.

dientes de los jefes parlamentarios, para la formación de la Comisión Especial.[58] La judicialización del *impeachment* también se hizo presente mediante la interposición de dos "Mandatos de Seguridad".[59] El primero –número 33.921-postulado por el diputado Silva demandando asegurar el derecho de defensa y el debido proceso legal, aplicando analógicamente las normas el Código Procesal Penal; pero, el STF lo desestimó por falta de legitimidad procesal activa. El segundo – número 33.921 – postulado por los diputados Filho, Teixeira y Pimenta por desviación de poder, en la medida que el Presidente de la Cámara de Diputados, que estando investigado por el Consejo de Ética del Parlamento, forzaba apoyos parlamentarios y hasta el chantaje político para lograr tramitar denuncia por delitos de responsabilidad. No obstante, la demanda fue retirada inmediatamente lo que al parecer del Ministro relator Gilmar Mendes era "flagrantemente ilegal"; motivo por el cual, lo sometió al Pleno por considerarlo un abuso del derecho y solicitó se oficie a la Orden de Abogados del Brasil, por si hubiera una eventual responsabilidad disciplinaria por atentar contra la justicia, quedando en minoría.[60]

Posteriormente, la oposición parlamentaria se opuso a que el Abogado General de la Unión pudiera hacer la defensa de la Presidenta, señalando que solo podía actuar en defensa del interés de la Unión y que el proceso del *impeachment* era un proceso de interés personal de la Presidenta. A partir de entonces, se reforzaron las denuncias contra el *impeachment* por desviación de poder y constituir un "golpe blando".[61] En esas circunstancias se interpusieron cinco demandas ante el Supremo Tribunal Federal cuestionando el proceso pidiendo la suspensión o anulación de la votación en la comisión especial que recomendó la apertura de proceso contra la Presidenta. El Supremo Tribunal Federal rechazó todas estas demandas.

Simultáneamente se desarrollaba el *impeachment* contra la Presidenta, el mega proceso anti corrupción "Lava Jato" involucró cada vez más al ex Presidente Lula Da Silva, al punto de ser conducido coercitivamente a declarar en este proceso penal. Circunstancia en la cual la Presidente Dilma Rousseff le confirió el cargo de Ministro de la Casa Civil, para que obtuviera la inmunidad propia del cargo. Sin embargo, el rechazo y la indignación de la opinión pública llevo a que la oposición cuestionara dicha nominación ante la Justicia Federal de Brasilia, la misma que lo anuló.

---

58 Cfr. www.stf.br. (Consultado el 1 de marzo de 2017).

59 El "mandado de segurança tiene por objetivo proteger toda especie de derechos lesionados o potencialmente amenazados por actos u omisiones de autoridades o de sus delegados, en la medida que no sean protegidos por otros *writs* específicos". En Filho, Diomar Ackel. *Writs constitucionais (Habeas corpus, mandado de segurança, mandado de injunção, habeas data)*.São Paulo: Saraiva editora, 1988, p. 61.

60 Bahia, Alexandre – Bacha e Silva, Diogo – Oliveira, de Marcelo. "As decisões monocráticas em sede dos Mandados de Segurança nº 33.920, nº 33.921 e da ADPF 378 no controle judicial do processo legislativo de *Impeachment*". En http://emporiododireito.com.br/controle-judicial-do-processo-legislativo-de-impeachment/. (Consultado el 1 de marzo de 2017).

61 De Oliveira, Renata. "Quando a vontade de poder suplantou a vontade de Constituição: considerações sobre o *impeachment* de Dilma Rousseff". En http://emporiododireito.com.br/quando-a-vontade-de-poder-suplantou-a-vontade-de-constituicao-consideracoes-sobre-o-impeachment-de-dilma-rousseff-por-renata-camilo-de-oliveira/. (Consultado el 2 de marzo de 2017).

Asimismo, ante un diálogo privado entre Lula y Dilma difundido por la prensa, el primero acusa al Supremo Tribunal Federal de estar "totalmente acobardado", frente a lo cual el Ministro Mello del STF emitió un pronunciamiento en el cual señaló que dicha expresión es una "reacción típica de mentes autocráticas arrogantes", y, "que conductas criminales perpetradas bajo la sombra del poder jamás serán toleradas".[62]

Dentro del proceso parlamentario del *impeachment* la Presidenta Dilma Rousseff primero fue suspendida el 10 de mayo de 2016 y luego vacada del cargo el 31 de agosto de ese año por el Senado Federal, por 61 a 20 a favor de su salida, quedando su Vicepresidente Michel Temer como Presidente interino hasta el 1 de enero de 2017, y, posteriormente, como Presidente hasta cumplir el período presidencial que vence el año 2018. No obstante, Rousseff impugnó la decisión del Senado Federal, debido a que sus acusadores realizaron cambios a sus argumentos que violaban el derecho al debido proceso, cuando dijeron que la Presidenta debía también ser juzgada por la crisis económica y por el enorme escándalo de corrupción que se vivía en Brasil, pedido que fue rechazado.

No obstante, con la votación de destitución se debía inhabilitar por ocho años a la Presidenta, de acuerdo con el artículo 52 de la Constitución; sin embargo, hubo un pedido, presentado por el Partido de los Trabajadores, con el fin de que la Presidenta no fuera inhabilitada, el mismo que fue acogido por el Ministro Lewandowski, llevándose a cabo, la votación por separado, sin discusión ni debate previo del Senado. Esta decisión se basó en la resolución emitida por el Supremo Tribunal Federal en 1993 en el juzgamiento del ex presidente Collor de Mello, en el cual los ministros de aquel entonces se basaron en el reglamento interno del Senado que permitía las dos votaciones.[63]

Por otro lado, se comprobó que Temer líder del Partido del Movimiento Democrático Brasileño (PMDB), conspiraba contra la Presidenta Rousseff, una vez roto el pacto de gobernabilidad con el Partido de los Trabajadores a comienzos del año 2015; sin perjuicio que como Vicepresidente encargado de la Presidencia, por viajes de la misma, también aprobó cuatro *"pedaladas fiscales"*, pero la mayoría de la Cámara de Diputados lo exoneró de procesarlo.[64]

Como se aprecia la judicialización de la política -mediante el *impeachment*- fue llevando a la politización del Supremo Tribunal Federal; lo cual puso en evidencia -como recordaba Carl Schmitt- que: "lo más cómodo es concebir la resolución judicial de todas las cuestiones políticas como el ideal dentro de un Estado de Derecho, olvidando que con la expansión de la Justicia a una materia que acaso no es ya justiciable solo perjuicios pueden derivarse para el poder judicial (…) la consecuencia no sería una judicialización de la política, sino una politización de la justicia".[65]

---

62 FIGUEREIDO, Marcelo. "Notas sobre las *pedaladas fiscales*, los escándalos de corrupción en Brasil y la judicialización del proceso de *impeachment* de la Presidenta de la República en el Supremo Tribunal Federal"…, op. cit, pp. 27-28.

63 DUEDRA, María Julieta. "Consecuencias e implicancias detrás del *impeachment* en Brasil". En *VIII Congreso de Relaciones Internacionales*. Universidad Nacional de La Plata, 23, 24 y 25, noviembre de 2016, p. 3. Ver http://congresos.unlp.edu.ar/index.php/CRRII/CRRII-VIII/paper/viewFile/3468/866. (Consultado el 1 de marzo de 2017).

64 *bid*., pp. 390-392.

65 SCHMITT, Carl. *La defensa de la constitución*. Madrid: Tecnos, 1983, pp. 57.

3. *Impeachment* y activismo judicial

La judicialización de la política es un problema real y global, pero, en algunos casos se hace visible de forma más profunda y sistemática, como en el caso del *impeachment*, porque, el Supremo Tribunal Federal, en tanto jurisdicción constitucional, es por fuerza una jurisdicción política. Pero, el problema no es tanto ese, como no corregir el abuso y desviación del poder de la oposición mayoritaria del Parlamento brasileño, en la no aplicación de la dogmática de la definición de los "delitos de responsabilidad" y en la desprotección de las garantías del debido proceso parlamentario, que caracterizó el *impeachment* contra la entonces Presidenta Dilma Rousseff.

Como toda democracia constitucional, Brasil goza de un modelo de control y balance entre el derecho expresado en la protección de los derechos fundamentales y la política expresada en la voluntad de los representantes de la soberanía popular. De modo que, al Supremo Tribunal Federal, como guardián de la Constitución, le tocaba jugar ese rol de equilibrio funcional, con una posición preferente del derecho sobre la política. Pero, lo cierto es que en aras de proteger los principios constitucionales y derechos fundamentales, el STF tuvo que ingresar en la esfera propia de acción política, por mandato constitucional y en ejercicio de sus potestades de control jurisdiccional.

Por eso, se ha señalado que: "hoy tenemos en Brasil y América Latina de un modo general la existencia de un estado de excepción (...) donde el judicial funciona como instrumento de legitimación de los procesos de *impeachment* y de persecución de los adversarios políticos. Esas medidas de excepción interrumpen la democracia en algunos países y, en otros, mantiene un sistema de justicia volcado al combate de un determinado enemigo, que es presentado como un bandido (...)".[66]

No obstante, cabe señalar que, por un lado, el STF como colegiado no ha sido propiamente un poder de oposición política al gobierno del Partido de los Trabajadores ni de sus ex Presidentes –Lula da Silva y Dilma Rousseff-, sino que muchas veces ha cumplido con su rol de contralor de los excesos o ilicitudes del Poder Ejecutivo; lo cual no puede ser concebido como un ejercicio jurisdiccional de oposición política. Pero, por otro lado, es innegable que muchos de los Ministros del STF han ejercido un rol público individual en el *impeachment* y en otros mega-procesos políticos –Mensalão, Lava Jato, etc.-, poniendo en evidencia un estatus y una interpretación jurídica condicionada por las élites y la clase media alta urbana; por eso, en el sen-

---

66   SERRANO, Pedro Estevam. "O que parece estar ocorrendo na América Latina é a substituição da farda pela toga". En *Forum*.4 de marzo de 2017. Ver http://www.revistaforum.com.br/2016/10/23/pedro-serrano-o-que-parece-estar-ocorrendo-na-america-latina-e-a-substituicao-da-farda-pela-toga/ (Consultado el 4 de marzo de 2017).

tido común de la opinión pública ha quedado la impresión de haber sido un órgano judicial de la oposición.[67]

Ahora bien, que el *impeachment* constituya un proceso político por excelencia, en una democracia constitucional, no quiere decir que el debido proceso sustantivo y formal, deba quedar subordinado a los principios de oportunidad y libre configuración del legislador. Porque, de lo contrario, sucede lo que pasó; que la sanción aprobada por el Parlamento de Brasil como producto del juicio político, guiado por el Supremo Tribunal Federal, puso en evidencia dos cosas: primero, que a la ex Presidenta Rousseff no se le sancionó por una actuación típica y dolosa, y; segundo, que se le separó del cargo de Presidencia de la República, en todo caso, por actos de terceros.

Así las cosas, el rol que cumple el Supremo Tribunal Federal, como el máximo órgano de jurisdicción constitucional, en gobiernos con democracias e instituciones débiles conduce a que: "las normas constitucionales no pueden ser interpretadas, en muchos casos, sin recurrir a valoraciones políticas; semejantes valoraciones políticas son empero siempre subjetivas hasta cierto grado. Por ello, subsiste siempre e inevitablemente una relación de cierta tensión entre Derecho y política. El juez constitucional aplica ciertamente Derecho. Pero la interpretación de este Derecho implica necesariamente valoraciones políticas a cargo del juez que aplica la ley".[68]

4. Las cuestiones políticas no justiciables

El modelo del *impeachment* en el Brasil presenta un difícil equilibrio en la conflictiva relación entre el derecho y la política; por cuanto, el Supremo Tribunal Federal, por un lado, ejerció sus potestades de control constitucional para delimitar o adaptar las reglas básicas del proceso parlamentario del juicio político contra la Presidenta Rousseff, y, por otro lado, se abstuvo de entrar en cuestiones de mérito del proceso en sí, rechazando los recursos que impugnaban las actuaciones parlamentarias que cuestionaban el debido proceso.

No obstante, "la judicialización de las llamadas *political questions* es una tarea que le corresponde decidir al Tribunal Constitucional y no al Congreso, en cuanto a su alcance o densidad de control judicial, a través del desarrollo de los clásicos principios y las nuevas técnicas de interpretación

---

[67] FELIPE, Igor. "Pedro Serrano, sobre Lava Jato: Delação premiada é confissão sob tortura psicológica". En *Forum* 4 de marzo de 2017. Ver http://www.revistaforum.com.br/2016/10/23/pedro-serrano-o-que-parece-estar-ocorrendo-na-america-latina-e-a-substituicao-da-farda-pela-toga/. (Consultado el 4 de marzo de 2017).

[68] HART, Herbert. "Una mirada inglesa a la teoría del derecho norteamericana: La pesadilla y el noble sueño". En Pompeu Casanovas y José Juan Moreso (editores). *El ámbito de lo jurídico. Lecturas de pensamiento jurídico contemporáneo*. Barcelona: Grijalbo, 1994, pp. 329-336.

constitucional, con lo cual se evita que frente al abuso parlamentario o del gobierno, se instale el abuso judicial".[69]

En este entendido, el Supremo Tribunal Federal ha ejercido sus competencias de control constitucional, conforme a un criterio de autoridad al definir unilaterlmente su competencia -*Kompentz-kompetenz*-; sin embargo, no ha logrado construir y menos consolidar una doctrina jurisprudencial sobre el *impeachment*; habida cuenta que "la Presidenta no habría cometido, en su actual mandato, ninguna conducta típica (encuadrada como delito de responsabilidad), requisito indispensable para la instauración del proceso de impedimento".[70]

En consecuencia, el STF ha abdicado de controlar jurídicamente si en la acusación por "delitos de responsabilidad", existía la necesidad de acreditar una modalidad culposa de la Presidenta, si era responsable mediatamente por las infracciones de sus subordinados; si el estado de necesidad se aplicaba los delitos de responsabilidad, cuando media un peligro mayor para la sanidad de las cuentas públicas, sobretodo, si se procuraba atender los programas sociales, derivados de los mandatos expresos de la Constitución, o; si la reprobación de las cuentas por el Tribunal de Cuentas de la Unión era argumento suficiente para configurar el "delito de responsabilidad".[71]

Es inevitable que dada la complejidad de la tarea del Supremo Tribunal Federal no pueda ser entendido a cabalidad, únicamente a partir de las atribuciones conferidas normativamente por la Constitución y el régimen legal que lo regula; incluso el neopositivismo constitucional, asentado exclusivamente en la jurisprudencia, es insuficiente para comprender su rol en el proceso histórico, social y político del juicio político a la Presidenta de la República. Por ese motivo, el Supremo Tribunal Federal no puede ser entendido sólo como un órgano jurisdiccional, sino también como un órgano constitucional y político.[72]

La naturaleza política del Supremo Tribunal Federal a la que se alude, no es en el sentido tradicional del término, como puede ser el de "hacer política"; sino el de "hacer derecho"; más aún, si su legitimidad parte de su reconocimiento –en última instancia– como vocero del poder constituyen-

---

69 LANDA, César. "Justicia Constitucional y *Political Questions*". En *Pensamiento Constitucional* Año VII, N.° 7. Lima: PUCP, 2000, pp. 138-139.

70 FIGUEREIDO, Marcelo. "Notas sobre las *pedaladas fiscales*, los escándalos de corrupción en Brasil y la judicialización del proceso de *impeachment* de la Presidenta de la República en el Supremo Tribunal Federal", *op. cit.*, p. 9.

71 PRADO, Geraldo – TAVARES, Juarez. *Juicio Político: El caso Brasileño y otros ensayos...*, *op. cit.*, pp. 44-75.

72 HÄBERLE, Peter. "El Tribunal Constitucional como poder político". En HESSE, Konrad y HÄBERLE, Peter. *Estudios sobre la jurisdicción constitucional*. México: editorial Porrúa. 2005, pp. 91-123.

te, en la medida que es el intérprete supremo de la Constitución. Pero, esta concepción, a su vez, se encuentra determinada tanto por sus decisiones, que pueden tener efectos políticos, como por la posibilidad de someter a control constitucional las denominadas cuestiones políticas – *political questions* –.[73]

Y es aquí donde el STF; por un lado, ejerció un control judicial fuerte al Parlamento al conceder una medida cautelar para suspender los efectos de la decisión del Presidente de la Cámara de Diputados de regular personalmente algunos aspectos del proceso del *impeachment*, y, establecer las reglas básicas del debido proceso legal en el juicio político, complementando los establecidos por la Constitución y la Ley N° 1.079 del 10 de abril de 1950, y; por otro lado, posteriormente, ejerció un control judicial débil o deferente a favor del Parlamento, porque renunció a ingresar a examinar incluso con un escrutinio débil las denuncias contra los actos parlamentarios del *impeachment* contra la Presidenta Rousseff.

Siguiendo las tesis del constitucionalismo popular de Tushnet, se podría señalar que en los dos supuestos de control judicial fuerte y débil, el Supremo Tribunal Federal lo realizó en base a un constitucionalismo elitista; esto es, que unilateralmente delimitó su ámbito de competencia, como supremo y último intérprete de la Constitución; dejando al Parlamento a merced de sus decisiones, antes que promover un diálogo con el Parlamento, sobre el contenido y los alcances del *impeachment*, dada su naturaleza esencialmente política.[74]

Si bien la tensión entre política y Derecho es un conflicto universal y permanente, es posible afirmar que el rol jurídico-político del Supremo Tribunal Federal cobra mayor relevancia cuando acuden a esta instancia causas importantes como el *impeachment*, debido al bajo consenso político entre el gobierno y la oposición para resolverlas en sede política; generándose una alta presión en la esfera de decisión judicial por parte de los poderes públicos, pero también de los poderes privados y mediáticos.

En tal sentido, se debe tener en cuenta que en países con una tradición desintegrada como en el Brasil, donde la realidad política entre el gobierno y la oposición es conflictiva, el Supremo Tribunal Federal que debe resolver en forma jurídica conflictos de contenido político, no puede ha-

---

73 LANDA, César. "Justicia Constitucional y *Political Questions*"..., op. cit, pp. 111-116; asimismo, SHAPIRO, Martin. *Law and Politics and the Supreme Court*. London: Press of Glencoe – MacMillan, 1964, pp. 50 ss.

74 TUSHNET, Mark. *Constitucionalismo y Judicial Review*. Estudio Preliminar de C. Landa. Lima: Palestra, 2913, pp. 103-111; asimismo, NIEMBRO, Roberto. "Una mirada al constitucionalismo popular. En *Isonomía*. No. 38, abril 2013, pp. 191-224. Ver http://www.isonomia.itam.mx/Nueva%20carpeta/ Isono_38_7.pdf. (Consultado el 7 de marzo de 2017).

cerse la ilusión de estar situado, ante la opinión pública, por encima de las contiendas que él mismo ha de juzgar. Sino que, al estar inmerso en ellas en su rol de tribunal imparcial pudo generar consensos conjugando la *ratio* de la Constitución y la *emotio* de la opinión pública, para resolver el *impeachment*, antes que quedar como un legitimador de un "golpe blando".[75]

II. Conclusión

En el actual proceso democrático latinoamericano han cesado los antiguos golpes de Estado militares o civiles con el apoyo de las fuerzas armadas, para dar paso a "golpes blandos", donde los Parlamentos mediante juicios políticos o *impeachment* destituyen a Presidentes electos por el sufragio popular, como expresión de la lucha contra la corrupción, como ocurrió en los casos de los ex Presidentes Collor de Mello del Brasil (1992), Carlos Andrés Pérez de Venezuela (1996)) y Alberto Fujimori del Perú (2000). Pero, en la última década se viene gestando un populismo parlamentario autoritario en la región, sostenido por las élites de los poderes económicos y mediáticos, en algunos casos con la anuencia de un sector de la voluntad popular, como ocurrió con las destituciones de los ex Presidentes Zelaya en Honduras (2009), Lugo en Paraguay (2012) y Rousseff en Brasil (2016).

Por eso, es necesario que los Parlamentos construyan, legítimamente, un espacio propio de competencias sancionadoras, como árbitros del conflicto entre el derecho y la política, no dentro del clásico modelo de división de poderes, sino dentro del modelo de control y balance de poderes – *check and balances* –. Pero, no exento de una actuación racional-legal para determinar, mediante el juicio político, la responsabilidad del Presidente de la República; es decir que se demuestre empíricamente los hechos materia de infracción a la Constitución que la ley tipifique, y, no solo en valores o juicios de oportunidad de los actos o conductas de las altas autoridades.

Sin embargo, frente a los excesos propios del juicio político o *impeachment* de los Parlamentos, dada su naturaleza política, es la justicia constitucional la competente para controlar que se cumplan las garantías mínimas de todo proceso, en este caso en sede parlamentaria, como así lo ha establecido la Corte Interamericana de Derechos Humanos;[76] lo cual requiere del reajuste permanente de las relaciones entre los poderes públicos, ta-

---

75 DUEDRA, MARÍA JULIETA. "Consecuencias e implicancias detrás del *impeachment* en Brasil". En *VIII Congreso de Relaciones Internacionales...*, *op. cit.*, p. 5.

76 CORTE INTERAMERICANA DE DERECHOS HUMANOS. *Caso del Tribunal Constitucional vs. Perú*. Sentencia de 31 de enero de 2001; *Caso Corte Suprema de Justicia (Quintana Coello y otros) vs. Ecuador*. Sentencia de 23 de agosto de 2013; *Caso Tribunal Constitucional (Campa Campos y otros), vs. Ecuador*. Sentencia de 28 de agosto de 2013; asimismo, se puede revisar *Caso Barreto Leiva vs. Venezuela. Fondo, reparaciones y costas*. Sentencia de 17 de noviembre de 2009.

rea que no es pacífica, puesto que pone en tensión las relaciones entre el Derecho y la política.[77]

De allí que, en las sociedades latinoamericanas desintegradas y poco institucionalizadas en diferentes grados, la autocracia que se solapa en el Parlamento, muchas veces se convierte en abanderada demagógica de la democracia y la lucha anti corrupción. Sustituyendo los fundamentos de la democracia representativa, por las prácticas transitoriamente eficaces del orden económico y la paz social conquistadas o, incluso, por la democracia plebiscitaria, que se expresan en las medidas de control parlamentarias entendidas en sentido estricto, esto es solo como sanción, y, no buscar en última instancia una responsabilidad política difusa basada en la voluntad popular en las urnas.

Por tales razones "establecer una marcada línea divisoria entre lo democrático y lo autoritario puede hacer perder de vista que las fronteras de estos regímenes muchas veces se superponen".[78] Sobre todo, en una era global de populismo, cuando, desde los propios poderes del Estado se levantan voces en contra de las instituciones de la democracia representativa. Lo hacen bajo la consigna de la democracia radical utilizando todos los institutos del control parlamentario, entendido como sanción, en contra del Poder Ejecutivo, como en el caso del Brasil que la oposición parlamentaria utilizó para derribar al gobierno del Partido de los Trabajadores, contando con la legitimación del Supremo Tribunal Federal.

Pero, también, la democracia radical se ha empoderada en el Poder Ejecutivo actuando en contra de la Asamblea Legislativa fuertemente en el caso de Venezuela, y, en menor intensidad en Bolivia, Ecuador o Nicaragua, para acallar a la oposición parlamentaria. Por eso, en etapas de crisis sociales y cambios políticos es necesario "tomar conciencia de las concepciones falsas de la democracia, en la actualidad, ampliamente utilizadas como pantalla engañosa para enmascarar transformaciones constitucionales, que son democráticas solamente en el sentido de la falsa amistad con la democracia".[79]

En consecuencia, el legítimo instituto del *impeachment* en América Latina no puede ser analizado desde una perspectiva dogmática o neutral frente a la democracia, sino desde una perspectiva de defensa y desarrollo del control y balance entre el gobierno y la oposición. Para lo cual, la legitimidad democrática se convierte en el concepto clave, por cuanto permite

---

77 BACHOF, Otto. *El juez constitucional entre derecho y política*. Madrid: Civitas, 1987, pp. 125 ss.

78 LANDA, César. *Apuntes para una teoría democrática moderna en América Latina*. Lima: PUCP, 1990, p. 126.

79 ZAGREBELSKY, Gustavo. *La crucifixión y la democracia.*, Barcelona: Ariel, 1996, p. 114.

entender el papel del control parlamentario y del control que sobre este debe ejercer la jurisdicción constitucional, dentro del régimen político del presidencialismo latinoamericano.

O FUNDAMENTO CONSTITUCIONAL DO CONTROLE DE CONVENCIONALIDADE NO BRASIL: UMA REINTERPRETAÇÃO INCLUSIVA DO §2º DO ARTIGO 5 DA CONSTITUIÇÃO FEDERAL

Luiz Guilherme Arcaro Conci

> SUMÁRIO: Introdução **1.** Transformações constitucionais contemporâneas. **1.1.** Transformações estruturais. **2.** As diferenças entre o controle de convencionalidade e o controle de constitucionalidade. **2.1.** Significando o controle de constitucionalidade para diferenciá-lo do controle de convencionalidade. **3.** O controle de convencionalidade e o seu desenho no âmbito do constitucionalismo interno A jurisprudência da Corte Interamericana sobre o relacionamento entre autoridades nacionais e o Sistema Interamericano de Proteção de Direitos Humanos. **3.2.** Autoridades, momento e a falta de importância do critério hierárquico para o controle de convencionalidade em âmbito nacional. **4.** O fundamento constitucional do controle de convencionalidade – proposta para uma interpretação adequada do § 2º do artigo 5º da Constituição.

Introdução

A evolução da jurisdição constitucional no Brasil, como veremos, deve ser vista a partir de pontos de vistas distintos. Usualmente, a questão esbarra, quase que unicamente, em análises formais, frutos de estudos da estrutura do sistema de jurisdição constitucional mista que construímos no Brasil.

Ocorre que, esse sistema, com as falhas que apresenta desde há muito, acabou por encontrar, mais presentemente, uma nova exigência de adequação de seus conteúdos vinculantes. Isso porque não somente as decisões do Supremo Tribunal Federal impõem sua observância, mas, também, a pertença ao Sistema Interamericano tem demonstrado a necessidade de reconfiguração estrutural do sistema.

Nesse sentido, controle de constitucionalidade e controle de convencionalidade se esbarram e exigem um aprofundamento não somente das suas características, mas, ainda, a verificação de suas confluências e conflitos. Diferenciá-los é um importante meio de conceitua-los adequadamente e de pensar nas suas potencialidades e nos seus limites.

1. Transformações constitucionais contemporâneas

O processo de transformações constitucionais, a respeito dos temas que enfrentaremos, deve ser analisado, sempre, a partir de duas dimensões: uma dimensão interna e outra internacional.

Não somente as reformas constitucionais e os tratados internacionais, mas, ainda, a jurisprudência nacional e a sua vertente internacional apontam para uma realidade em que um conjunto de normas e instituições nacionais e internacionais, voltadas também para a proteção da pessoa humana, tanto em face de ações abusivas quanto das omissões estatais praticadas em detrimento das normas jurídicas, sejam elas derivadas do direito interamericano ou doméstico são vinculantes e precisa ser organizada a sua aplicação.

Esse contato entre o direito interno e o direito internacional, especialmente do direito internacional dos direitos humanos no plano regional(Sistema Interamericano de Proteção de Direitos Humanos), vem consolidando a necessidade de que tanto os juízes da Corte Interamericana de Direitos Humanos (adiante Corte IDH) quanto os juízes nacionais têm o dever de controlar a validade dos atos internos (leis, atos administrativos, constituições, decisões judiciais, etc.) a partir do direito internacional dos direitos humanos no plano regional e a sua relação com o direito doméstico.

Significa que tanto a Convenção Americana de Direitos Humanos e sua interpretação derivada das decisões da Corte IDH(bloco de convencionalidade) quanto a Constituição, os tratados internacionais e a jurisprudência do Supremo Tribunal Federal(bloco de constitucionalidade) precisam ser coordenadas e, por essa razão, tanto os juízes da Corte IDH quanto as autoridades públicas nacionais são parte de um grupo de atores coeso: são autoridades interamericanas[1] e devem, como veremos, aplicar a doutrina do controle de convencionalidade.

Isso exige que verifiquemos como se dá o contato entre o direito interno e o direito internacional e como esse contato altera a perspectiva decisória dos daqueles que decidem.

1.1. *Transformações estruturais*

Chamamos de estruturais as transformações que passam pela reforma dos textos, sejam eles legais, convencionais ou constitucionais. Na ordem jurídica brasileira, desde 1988, quando da promulgação de nossa última constituição, os direitos decorrentes de tratados internacionais adquiriram uma mensagem progressista daquele texto em fazê-los eficazes juridica-

---

[1] cf. Voto razonado do juiz Eduardo Mac-Gregor, em Corte Interamericana de Derechos Humanos. Caso Cabrera García y Montiel Flores vs. México Sentencia de 26 de noviembre de 2010 (Excepción Preliminar, Fondo, Reparaciones y Costas), parágrafo 51: "El juez nacional, por consiguiente, debe aplicar la jurisprudencia convencional incluso la que se crea en aquellos asuntos donde no sea parte el Estado nacional al que pertenece, ya que lo que define la integración de la jurisprudencia de la Corte IDH es la interpretación que ese Tribunal Interamericano realiza del corpus juris interamericano con la finalidad de crear un estándar en la región sobre su aplicabilidad y efectividad".

mente (Art. 5º, §1º cc §2º). Além disso, o Brasil ratificou diversos tratados internacionais, tanto os assinados anteriormente à Constituição de 1988 quanto outros que são assinados e ratificados a partir de 05 de outubro de 1988[2], o que os fez direito eficaz interna e internacionalmente.[3]

Além de tais transformações, o Brasil passa por uma reforma constitucional em 2004 (Emenda á Constituição 45/2004) que aponta transformações para a relação entre o direito doméstico e o direito internacional dos direitos humanos. A partir de então, inscreveu-se o §3º no artigo 5º da Constituição Federal que estabeleceu a possibilidade de, formalmente, se dar hierarquia a um tratado internacional de direitos humanos.

Nesse sentido, para controlar os excessos que podem decorrer da inteligência de que somente os juízes podem estabelecer esse contato, o que pode gerar excessos por parte do poder judiciário, exige-se buscar os procedimentos e limites também de tal atuação estatal.[4]

2. As diferenças entre o controle de convencionalidade e o controle de constitucionalidade

Os sistemas regionais de proteção aos direitos humanos instituídos nos continentes americano, africano e europeu orientam-se por uma atuação complementar[5] em relação ao sistema global (ONU). Todos eles, da mesma forma, atuam, também de forma complementar ao direito interno dos estados nacionais,[6] é dizer, continuam a ter, os estados nacionais, a primazia no processo de concretização de direitos humanos. A Convenção Americana de Direitos Humanos (CADH), de 1969, é o principal e fundador tratado internacional do Sistema,[7] apesar de existirem outros tratados e instrumentos

---

2   Conforme Piovesan, Flávia, *Direitos humanos e o direito constitucional internacional*, 12. Ed, São Paulo, Saraiva, 2011, p. 145.

3   Bastos, Celso Seixas Ribeiro e Martins, Ives Gandra da Silva, *Comentários à Constituição do Brasil*, São Paulo, Saraiva, 1989.

4   Streck, Lênio. Hermenêutica Jurídica e(m) crise: uma exploração hermenêutica da construção do direito. 7ª ed. rev. e ampl. Porto Alegre: Livraria do Advogado, 2007, pp. 1-2.

5   Bazan, Victor. *Corte Interamericana de Derechos Humanos y Cortes Supremas o Tribunales Constitucionales latinoamericanos: el control de convencionalidad y la necesidad de un diálogo interjurisdiccional crítico*, Revista Europea De Derechos Fundamentales, n° 16, 2° Sem. de 2010, Fundación Profesor Manuel Broseta e Instituto de Derecho Público Universidad Rey Juan Carlos, Valencia, España, 2011, pp. 22.

6   Heyns, C; Zwaak, L; Padilla, D. *Comparação Esquemática dos Sistemas Regionais de Direitos Humanos: Uma Atualização,* SUR Revista Internacional de Direitos Humanos, nº 04, ano 3, pp. 161-162.

7   Ou sua pedra angular, cf. Andreu-Gusman, Federico, *30 años de la Convención Americana sobre Derechos Humanos – todavia hay mucho camino que recurrer, em:* El

internacionais no âmbito desse mesmo sistema, a enfatizar a proteção da pessoa humana em circunstâncias gerais e especiais.

A partir da CADH vem sendo produzida, tanto em âmbito internacional quanto interno dos estados nacionais (Costa Rica, Colômbia, Argentina, Chile, México, dentre outros) um processo de viabilização do contato entre o direito também interno e internacional a partir do que se convencionou chamara de controle de convencionalidade.

Importa, única e anteriormente, fazer uma pequena conceituação do que se entende por controle de convencionalidade e o que se entende por controle de convencionalidade para clarear os argumentos que mais à frente apontarei.

2.1. *Significando o controle de constitucionalidade para diferenciá-lo do controle de convencionalidade*

O Brasil detém uma jurisdição constitucional mista (difusa e concentrada), com controle abstrato e concreto e um sistema de precedentes que tem severos problemas.[8]

A interpenetração dos sistemas difuso e concentrado de jurisdição constitucional acaba por exigir que se abandone antigas fórmulas como modelo americano (puramente difuso) e um modelo europeu (puramente concentrado)[9] e se compreenda que há uma complementaridade entre eles, ao lado de uma hibridização desses modelos.[10] O caso do modelo brasileiro de jurisdição constitucional é um dos tantos exemplos que poderiam ser citados como a enfrentar essa mudança.[11]

Com a Emenda 45/2005, inscreveu-se, a partir do novo §3º do artigo

---

sistema interamericano de protección de los derechos humanos en el umbral del siglo XXI, tomo I, São José da Costa Rica, Corte IDH, 2001, p. 301.

8   Sobre esse tema ver Conci, Luiz Guilherme Arcaro, *Decisões conflitantes do Supremo Tribunal Federal e da Corte Interamericana de Direitos Humanos: vinculação ou desprezo, em:* Marcelo Rebelo de Sousa e outros. (Org.), Estudos de Homenagem ao Prof. Doutor Jorge Miranda, Coimbra, Coimbra, 2012, v. 5, pp. 301-326

9   Conforme exposto em clássico texto de Cappelletti, Mauro, *O controle judicial de constitucionalidade das leis no direito comparado,* Porto Alegre, Sérgio Antônio Fabris Editor, 1992, pp. 45-100.

10 Dentre outros, Segado, Francisco Fernandez. *La obsolencia de la bipolaridad "Modelo Americano-Modelo Europeo" como criterio analitico del control de constitucionalidad y la búsqueda de una nueva tipologia explicativa.* In: Parlamento Y Constitución – Anuario(separata), Universidad Castilla La-Mancha, pp. 40 e ss.

11 Sobre a evolução desse modelo, ver Conci, Luiz Guilherme Arcaro e Lamy, Marcelo. Reflexões sobre as súmulas vinculantes. In: Lora Alarcón, Pietro de Jesús; Tavares, André Ramos; Lenza, Pedro (Coord.). Reforma do judiciário: analisada e comentada, São Paulo, Método, 2005.

5º da Constituição Federal, a possibilidade de que um trâmite mais exaustivo dos tratados internacionais em seu processo de internalização, muito parecido ao das emendas à constituição, façam com que estes adquiram hierarquia constitucional. Até o presente momento, somente dois deles passaram por esse processo: a Convenção de Nova Iorque para as Pessoas Portadoras de Deficiência e o seu Protocolo.

Com isso, alargou-se o bloco de constitucionalidade, dos quais são parte não somente as normas constitucionais (ou seja, não o texto constitucional mas a interpretação que dele deriva) mas também dos tratados que detenham hierarquia constitucional no plano interno. Todas são fontes jurídicas para o controle de constitucionalidade. Além disso, a jurisprudência vinculante criada e desenvolvida especialmente pelo Supremo Tribunal Federal também compõe o bloco de constitucionalidade. Em razão disso, a inconstitucionalidade sempre afeta a validade dessas normas. Em alguns casos, também a sua eficácia,[12] como nos casos em que o juiz declara leis inconstitucionais de forma definitiva (controle concentrado e abstrato ou súmulas vinculantes). Há outros casos em que há invalidade, mas unicamente a suspensão da eficácia para o caso concreto, como nos casos de controle difuso e concreto de constitucionalidade.

O ponto central para se entender a questão que se seguirá diz respeito ao paradigma de controle, que, para a jurisdição constitucional se confirma na lógica da hierarquia. Isso significa que partir de um sistema jurídico supra infra ordenado (ordenado de cima para baixo) desde a Constituição, verifica-se o que é válido e inválido.

A validade, tanto em sua modalidade formal (estrutural) quanto material (substância) demanda que se entenda as normas de hierarquia inferior dependem de uma submissão aos requisitos das normas de hierarquia superior. O descompasso com essa relação de supra infra ordenação leva ao fenômeno de inconstitucionalidade, que tem no Poder Judiciário uma voz importante na organização do ordenamento jurídico nacional.[13] A título de esclarecimento, vale lembrar que o controle de constitucionalidade também é parte das competências e atribuições dos administradores públicos e dos legisladores, sendo essas as autoridades públicas habilitadas para o controle de constitucionalidade no Brasil.

O que aponta a gênese do controle de constitucionalidade, assim, é o paradigma da hierarquia. Isso se aplica, inclusive, aos tratados internacionais aprovados com hierarquia constitucional. Significa, em síntese, que

---

12   Ver Neves, Marcelo, *Teoria da inconstitucionalidade das leis*, São Paulo, Saraiva, 1988, p. 52 e ss.

13   Tal como exposto no *paper* nº 78, por Alexander Hamilton. Cf. Hamilton, Alexander, Jay, John, E Madison, James. *El Federalista*, Cidade do México, Fondo de Cultura Econômico, 1.994, p. 335.

não é o origem das normas jurídicas mas o critério hierárquico que define o controle de constitucionalidade.

Já o controle de convencionalidade se organiza de modo distinto. Diferentemente do controle de constitucionalidade, para o controle de convencionalidade não importa serem os tratados internacionais superiores às leis ou às constituições[14] (critério hierárquico), segundo uma perspectiva estrutural ou formal. A preferência não se impõe a partir de critério formal ou estrutural.

Esse tema, inclusive, não altera em nada a construção de um modelo de jurisdição convencional hígido.[15] Isso porque, no caso do controle de convencionalidade, a relação de validade se estabelece a partir de um critério material, da maior proteção da pessoa humana. É dizer, a partir da aplicação dos critérios *pro persona* ou *pro homine*. Com isso, a declaração de inconvencionalidade é possível somente quando a proteção derivada do direito internacional dos direitos humanos seja mais efetiva ou estabeleça restrições menos profundas aos direitos humanos atingidos pelo ato interno.

Por conseguinte, diferentemente da jurisdição constitucional, a existência de mera contrariedade entre direito interno e direito internacional (tratados e jurisprudência internacional) não nos leva automaticamente à invalidação do ato nacional, pois exige-se, para a declaração de inconvencionalidade que (a) além da contrariedade, (b) também haja proteção menos efetiva ou restrições mais salientes aos direitos humanos pelo direito interno (leis, atos administrativos, sentenças judiciais, Constituição). Caso isso não ocorra, a mera contrariedade não importa em inconvencionalidade.

Ora, essa diferença fica clara quando se compara ao controle de constitucionalidade, pois norma inferior contrária a norma superior está sempre gravada com a invalidade e pode ser declarada inconstitucional.

Outra diferença diz respeito ao controle de convencionalidade se institui a partir de um fluxo normativo que deriva do direito internacional e não do direito interno – como ocorre com o controle de constitucionalidade.[16] As análises de validade derivadas desse fluxo normativo interno para análise da validade de atos normativos poderão ser denominadas controle de constitucionalidade ou de legalidade, pois feitas a partir do bloco de cons-

---

14   Em sentido contrário, Sagüés, Néstor Pedro, *Obligaciones internacionales y control de convencionalidad*. Estudios Constitucionales, S/D, Centro de Estudos Consitucionales de Chile, Universidade de Talca, p.124.

15   Em sentido contrário, tendo como pressuposto do controle de convencionalidade a análise da hierarquia dos tratados em âmbito nacional, vf. Mazzuoli, Valerio de Oliveira, Revista de informação legislativa, v.46, nº 181, p. 113-133, jan./mar. de 2009.

16   Por essa razão, estabelece-se o momento da ratificação do tratado internacional de direitos humanos como inicial para o exercício do controle de convencionalidade, como veremos.

titucionalidade, para as primeiras, e de legalidade para as últimas. Mas não se está a falar de convencionalidade, ainda que em alguns casos a decisão possa ser a mesma, quando há confluência normativa entre os dois mecanismos de controle.

3. O controle de convencionalidade e o seu desenho no âmbito do constitucionalismo interno

O controle de convencionalidade é de competência da Corte Interamericana de Direitos Humanos, que o faz tanto nos casos contenciosos quanto nos consultivos, e dos estados nacionais e de suas autoridades, especialmente, mas não somente, as judiciais.[17]

A CADH e as sentenças da Corte IDH formam o que se denomina "bloco de convencionalidade",[18] que se faz paradigma de controle de validade de atos em sentido *lato (sentenças, leis, atos administrativos, constituições)* expedidos pelos estados nacionais e submetidos ao sistema americano de direitos humanos.

O controle de convencionalidade tem fundamento jurídico nos artigos 1.1º, 2º e 63 da CADH, visto que se baseia na condição obrigatória que assumem os estados-partes do SIDH de fazer com que o seu direito interno esteja de acordo.[19]

Apesar de ter aparecido, pela primeira vez, no caso Myrna Mack Chang v. Guatemala, julgado em 25 de novembro de 2003 e depois referido em Tibi Vs. Ecuador. Sentença de 07 de setembro de 2004,[20] foi somente em 2006 que a Corte IDH passou a desenhar as formas do controle de convencionalidade, quando, em Almonacid Arellano v. Chile,[21] constrói outro aspecto deste controle de convencionalidade, que diz respeito à função que todo e qualquer juiz nacional tem para também aplicar o direito derivado do sistema interamericano de direitos humanos em sede nacional. Nesse julgado, a Corte IDH passa a desenvolver as linhas mestras do controle de conven-

---

17 "Corte Interamericana de Derechos Humanos. Caso Cabrera García y Montiel Flores vs. México. Sentencia de 26 de noviembre de 2010. (Excepción Preliminar, Fondo, Reparaciones y Costas, par. 225.

18 Ferrer-Mac Gregor, Eduardo, Interpretación conforme y control difuso de convencionalidad, El nuevo paradigma para el juez mexicano, Disponível em http://biblio.juridicas.unam.mx/libros/7/3033/14.pdf

19 Sobre os dois artigo da CADH, vale lembrar voto dissidente do Juiz Cançado Trindade em Caballero Delgado y Santana versus Colombia (Sentença sobre reparações de 29.01.1997) em que trata da interrelação entre os artigos 1.1 e 2 da CADH.

20 Corte Interamericana de Derechos Humanos. Caso Tibi Vs. Ecuador. Sentencia de 07 de setembro de 2004 (Excepciones Preliminares, Fondo, Reparaciones y Costas)

21 Caso Almonacid Arellano y otros Vs. Chile. Sentencia de 26 de septiembre de 2006 (Excepciones Preliminares, Fondo, Reparaciones y Costas).

cionalidade, tendo definido o modelo repressivo de controle que deve ser levado a cabo no Sistema Interamericano de Proteção de Direitos Humanos também pelos juízes nacionais,[22] e aponta, pela primeira vez, a necessidade de que seja vinculante, ainda, a interpretação dada pela própria Corte IDH à CADH.

Depois, em T*rabajadores Cesados del Congreso,* a Corte IDH aprofunda a necessidade de estruturar a realização do controle de convencionalidade, que deve também ser feito de ofício pelos juízes nacionais e que esse controle deve se dar segundo o modelo de distribuição de competências que se afirma no direito nacional[23] Em *Radilla Pacheco*[24] o tribunal mostra experiências de tal controle no continente americano, pelos tribunais nacionais com os exemplos dos tribunais superiores da Costa Rica, Bolívia, República Dominicana, Peru, Colombia e México e reafirma sua doutrina sobre o controle de convencionalidade. Mas é na Supervisão de Cumprimento do caso Gelman v. Uruguai (par. 27)[25] que a Corte IDH estabelece um modelo para a relação entre controle de constitucionalidade e de convencionalidade.

3.1. A jurisprudência da Corte Interamericana sobre o relacionamento entre autoridades nacionais e o Sistema Interamericano de Proteção de Direitos Humanos.

Com a evolução do tratamento do controle de convencionalidade pela Corte IDH, aponta-se para a necessidade de que autoridades públicas analisem a compatibilidade entre as normas jurídicas internas do Estado e a Convenção Americana,[26] além das próprias decisões da Corte IDH, tendo como fundamento o artigo 2º da Convenção Americana que impõe

---

22 Corte Interamericana de Derechos Humanos. Caso Almonacid Arellano y otros Vs. Chile. Sentencia de de 6 de setembro de 2006. (Excepciones Preliminares, Fondo, Reparaciones y Costas).

23 "(...) los órganos del Poder Judicial deben ejercer no sólo un control de constitucionalidad, sino también "de convencionalidad"ex officio entre las normas internas y la Convención Americana, evidentemente en el marco de sus respectivas competencias y de las regulaciones procesales correspondientes. Esta función no debe quedar limitada exclusivamente por las manifestaciones o actos de los accionantes en cada caso concreto, aunque tampoco implica que ese control deba ejercerse siempre, sin considerar otros presupuestos formales y materiales de admisibilidad y procedencia de ese tipo de acciones".

24 Corte Interamericana de Derechos Humanos. Caso Cabrera García y Montiel Flores vs. México. sentencia de 26 de noviembre de 2010(Excepción Preliminar, Fondo, Reparaciones y Costas)

25 Corte Interamericana de Derechos Humanos. Resolución de 20 de marzo de 2013, Caso Gelman vs. Uruguay, Supervisión de cumplimiento de sentencia.

26 Cf. Caso Boyce y otros Vs. Barbados, sent. de 20/11/2007; Caso Almonacid Arellano y otros Vs. Chile, sent. 26/09/2006; Caso La Cantuta Vs. Perú, sent. 29/11/2006

aos estados partes um dever geral de adaptação dos ordenamentos internos ao sistema interamericano de direitos humanos com o objetivo de harmonizá-los.

Esse dever de adaptação, é bom dizer, deve ser conformado pelo próprio estado nacional, que faz sua opção quanto ao modo como procederá a essa adaptação, que pode ocorrer de modos distintos, é dizer, com revogação de lei ou outro ato normativo, alteração de decisões judiciais, aprovação de nova lei ou ato normativo outro ou, eventualmente, até com a reforma da Constituição.

Esse último exemplo ficou demonstrado no caso *"La Última Tentación de Cristo" (Olmedo Bustos y otros) Vs. Chile* (Sentença de 5.2.2001), que tratava da liberdade de expressão e os limites da intervenção estatal nesta liberdade. O estado chileno, para cumprir esse "dever de adaptação", alterou sua Constituição, que previa algo próximo do que entendemos por censura prévia.

Como se disse, diferentemente do que ocorre com a jurisdição constitucional nacional, que tem a Constituição e o critério hierárquico como paradigmas, o controle de convencionalidade se constrói a partir de três pressupostos: (a) efeito útil; (b) princípio *pro persona ou pro homine*; (c) boa fé ou *pacta sunt servanda,* o que faz com que o inter-relacionamento entre normas nacionais e interamericanas se dê mediante uma análise prevalentemente substancial, é dizer, a norma de direitos humanos mais favorável[27] (mais protetiva ou menos restritiva) à pessoa humana deve prevalecer, de modo que se dê primazia à dignidade da pessoa humana. Sendo assim, não importa o modo ou o *status* hierárquico que um tratado internacional de direitos humanos adquire em âmbito interno. Importam, sim, seu conteúdo e a verificação de que materialmente é mais protetivo que as normas nacionais. Assim, a mera contrariedade entre norma nacional e norma interamericana não leva, obviamente, à inconvencionalidade, pois a análise comparativa é o centro da análise e depende de um exame acurado caso a caso.

Trata-se de um diálogo crítico, que, conforme Victor Bazán:[28]

> "En el fondo, y como se adelantaba, la cooperación entre los tribunales internos y los tribunales internacionales no apunta a generar una relación de jerarquiza-

---

27 Não se faz uma diferenciação entre os critérios da norma mais favorável e o princípio *pro homine,* visto que se entende ser o primeiro parte do ultimo. Em sentido contrário, RAMOS, André de Carvalho. Processo Internacional de Direitos Humanos. São Paulo: Saraiva, 2012, pp. 82 e ss.

28 Também Bazan, Victor, *Corte Interamericana de Derechos Humanos y Cortes Supremas o Tribunales Constitucionales latinoamericanos: el control de convencionalidad y la necesidad de un diálogo interjurisdiccional crítico, Revista Europea de Derechos Fundamentales,* n° 16, 2° Semestre de 2010, Fundación Profesor Manuel Broseta e Instituto de Derecho Público Universidad Rey Juan Carlos, Valencia, España, 2011.

ción formalizada entre éstos y aquéllos, sino a trazar una *vinculación de cooperación en la interpretación „pro homine de los derechos humanos".*

Assim, é dever dos juízes nacionais respeitarem, não somente os tratados internacionais de direitos humanos, mas, também, e para além desse dever, estarem atentos aos precedentes estabelecidos pela Corte Interamericana de Direitos Humanos, a partir do momento em que esses Estados nacionais aderiram aos procedimentos e aceitaram a jurisdição da Corte IDH.

A implicação desse dever, vertido em duas exigências, faz, ainda, com que os Estados-partes e suas autoridades públicas, e não somente os juízes, tenham conhecimento e apliquem os precedentes da Corte IDH, decorrentes da interpretação dada ao direito internacional dos direitos humanos que decorre do sistema regional de proteção dos direitos humanos. Com isso, ficam obrigados a conhecer e estabelecer um procedimento decisório aplicando tais decisões, ainda que para contrariá-las, como veremos, a administração pública, os juízes e os legisladores, além dos particulares – razão pela qual se pode falar, tal como no direito nacional, em uma vinculação dos particulares ao Direito Internacional dos Direitos Humanos.[29]

Esse dever de seguimento das decisões regionais, mais ainda daquelas derivadas da jurisprudência da Corte IDH, precisa ser mais bem explorado neste espaço, sobretudo quando nos referirmos, especificamente, à relação entre os as autoridades públicas e os precedentes da Corte IDH, os quais devem ser seguidos, inclusive, *de ofício*, ou independentemente de provocação,[30] como veremos.

Sob o aspecto unicamente formal, há que se dizer que a CIDH não se faz corte revisora das decisões produzidas pelo Poder Judiciário dos Estados nacionais que se submetem à sua jurisdição. São, assim, os Estados nacionais, e o Poder Judiciário de cada um deles, autônomos, no sentido de dar determinada interpretação ao seu direito nacional. Todavia, quando esse direito nacional deriva ou está presente no sistema regional de proteção de direitos humanos, surge novo questionamento. Isso porque, ainda que atuando de forma complementar, a exigir, em regra, o esgota-

---

29 Para um estudo sobre o tema, vf. Claphan, Andrew, *Human Rights in Private Sphere*, Oxford, Clarendon, 2.002, pp. 134. Para questão de vinculação dos particulares aos direitos fundamentais, em ambiente nacional, vf. Conci, Luiz Guilherme Arcaro, *Da praça pública à praça de alimentação – Problemas derivados da relação entre os direitos fundamentais de propriedade, liberdade de expressão e reunião em Shopping Centers*, Revista brasileira de estudos constitucionais, v. 10, p. 10-20, 2009.

30 Hitters, Juan Carlos. *Control de constitucionalidad y control de convencionalidad. Comparación (Criterios fijados por la Corte Interamericana de Derechos Humanos)*, in Estudios constitucionales: Revista del Centro de Estudios Constitucionales, Ano 7, Nº. 2, 2009, páginas 109-128.

mento dos recursos internos no ambiente judiciário nacional, a jurisdição da CIDH se faz indiretamente presente, pois o descumprimento do direito construído regionalmente pode levar, se provocada, que a Corte IDH se manifeste sobre questão afeta ao DIDH, especificamente no sistema regional de proteção de direitos humanos, em posição contrária ao que decidiu o Estado nacional.

Nesse cenário internacional, as decisões judiciais, tal como as leis, os atos administrativos, dentre outros atos estatais, são tidas como meros fatos,[31] ou manifestações da vontade estatal, que, caso violem o direito fundado no sistema regional de proteção dos direitos humanos, podem ocasionar ao estado parte responsabilização no âmbito internacional. Assim, mesmo argumentos como respeito ao direito nacional, coisa julgada[32] ou, ainda, contrariedade entre a Constituição e o Direito Internacional dos Direitos Humanos não assumem *status* de razões passíveis de serem tidas como juridicamente válidas, é dizer, não estão aptas a afastar a aplicação dos tratados internacionais ou da jurisprudência da CIDH a seu respeito, exceto em caos de menor proteção ou maiores restrições aos direitos advindos do direito internacional.

Nesse sentido, a existência de decisões judiciais contrárias aos precedentes da Corte IDH, mesmo que afetadas pela coisa julgada,[33] pode levar – se esgotados os procedimentos existentes para compatibilizar o direito nacional e suas decisões ao direito regional dos direitos humanos – à condenação do Estado nacional.

Apesar de não dispor a Corte IDH de competência para anular decisões nacionais – de cunho normativo, administrativo ou de resolução de conflitos – sua jurisprudência pode levar à condenação do Estado nacional quando toma decisões contrárias aos seus precedentes da Corte IDH ou aos tratados que a ela cabe ser a principal guardiã.

Sobre esse tema voltaremos mais adiante quando estudarmos as diferenças entre os efeitos da condenação internacional e a realização do controle de convencionalidade e da interpretação conforme.

---

31   Ramos, André de Carvalho, *Responsabilidade internacional por violação de direitos humanos – seus elementos, a reparação devida e sanções possíveis. Teoria e prática do Direito Internacional*, Rio de Janeiro: Renovar, 2.004, p. 136.

32   Gonzales, Boris Barrios, *La cosa juzgada nacional y el cumplimiento y ejecución de las sentencias de la Corte Interamericana de los Derechos Humanos en los estados parte*, in: Revista Estudios Constitucionales, Talca, Chile, pp. 363-392. Ainda sobre coisa julgada o excelente voto razonado do juiz Sergio García Ramírez na sentença *La Cantuta*, de 29 de novembro de 2006, par. 12.

33   Caso Acevedo Jaramillo y otros Vs. Peru. Sentencia de 7 de febrero de 2006. Corte Interamericana de Derechos Humanos, par. 167.

3.2. Autoridades, momento e a falta de importância do critério hierárquico para o controle de convencionalidade em âmbito nacional

A Corte IDH definiu, recentemente,[34] que todos os órgãos estatais, inclusive os juízes, devem fazê-lo, de forma que *qualquer autoridade pública e não somente judicial* tem a referida competência/atribuição, tal como as que fazem controle de constitucionalidade e legalidade, tal, no processo legislativo, as comissões que analisam a constitucionalidade dos projetos legislativos, o Presidente da República quanto exerce a sua atribuição de veto/sanção, os agentes públicos no exercício de função administrativa, como os juízes de tribunais administrativos ou policiais, p.ex.

Quanto ao momento, para que se estabeleça a possibilidade do controle de validade de leis ou outros atos normativos, exige-se que se complemente todo o *iter* processual de internalização dos tratados internacionais de direitos humanos, sendo a ratificação o momento em que se pode realizar tal controle, pois é a partir daí que se obriga os estados nacionais perante outros estados nacionais ou organismos multilaterais. A partir dela, os estados se comprometem, internacionalmente, a respeitar e cumprir as normas jurídicas derivadas dos tratados internacionais.[35]

Apesar de este ter sido um tema importante para a divulgação para a comunidade jurídica brasileira da importância dos tratados internacionais para a proteção da pessoa humana, diferentemente do que se afirma para o controle de constitucionalidade, o tema da hierarquia dos tratados para o controle de convencionalidade não aponta ser importante, pois se trata de uma análise de ordem substancial e não formal, ou seja, em nada altera a obrigatoriedade do bloco de convencionalidade para os estados nacionais, pois são critérios hermenêuticos como *pacta sunt servanda,*[36] efeito útil e, especialmente, o princípio *pro homine,*[37] que apontam a direção do respeito ao direito internacional dos direitos humanos.

---

34 P. ex. em Corte Interamericana de Derechos Humanos. Caso Gelman *vs.* Uruguay. Sentença de 24 de fevereiro de 2011. *(Fondo y Reparaciones):*,... a la esfera de lo "susceptible de ser decidido" por parte de las mayorías en instancias democráticas, en las cuales también debe primar un "control de convencionalidad" (*supra* párr. 193), que es función y tarea de cualquier autoridad pública y no sólo del Poder Judicial"

35 Trindade, Antonio Augusto Cançado, *Tratado de Direito Internacional dos Direitos Humanos*, Vol. I, Porto Alegre, SAFE, 2.003, pp. 551.

36 Ibid, p. 552.

37 Pinto, Monica, *El principio pro homine. Criterios de hermenêutica y pautas para La regulación de lós derechos humanos.* Em: La aplicación de lós tratados de derechos humanos por lós tribunales locales: Buenos Aires: Ediar, Centro de Estudios Legales y Sociales- Editorial del Puerto, 1997, p. 163, para quem ... "el principio *pro homine*

O princípio *pro persona* ou princípio *pro homine* impõe-se para a aplicação da norma mais protetiva ao indivíduo, se a nacional ou a internacional, devendo prevalecer aquela que for mais expansiva, independentemente do *status* hierárquico interno que adquirem tratados internacionais de direitos humanos.[38] Trata-se de norma jurídica que decorre do artigo 29 da Convenção Americana de Direitos Humanos, no que diz respeito tanto ao conflito de interpretações que pode decorrer dos tratados e instrumentos internacionais,[39] sejam do sistema regional ou do sistema global de proteção de direitos humanos, sejam dos tratados ou instrumentos e dos direitos fundamentais previstos nacionalmente, nos estados partes do sistema interamericano de proteção de direitos humanos.

Aponta-se um diálogo crítico[40]_[41], em que haja reciprocidade, pois caso a proteção a um direito seja mais efetiva em âmbito nacional, esta deve prevalecer, ainda que existam precedentes da Corte IDH ou normas jurídicas derivadas de tratados ou outros instrumentos internacionais.[42] Por outro lado, caso a Corte IDH esteja a decidir um caso em que se analisa a proteção de um direito em âmbito nacional se dá de modo mais eficiente que aquele derivado do sistema americano de direitos

---

es un criterio hermenéutico que informa todo el derecho de los derechos humanos, en virtud del cual se debe acudir a la norma más amplia, o a la interpretación más extensiva, cuando se trata de reconocer derechos protegidos e, inversamente, a la norma o a la interpretación más restringida cuando "se trata de establecer restricciones permanentes al ejercicio de los derechos o su suspensión extraordinaria". Ver também Escalante, Rodolfo E. Piza. *El valor del derecho y la jurisprudencia internacionales de derechos humanos en el derecho y la justicia internos el ejemplo de Costa Rica*, in Liber amicorum : Héctor Fix Zamudio, Volume I, Sao José, CIDH, 1998, p. 183.

---

38   Trindade, Antonio Augusto Cançado, *Tratado de Direito Internacional dos Direitos Humanos*. Vol. II. Porto Alegre, SAFE, 1999, p. 435.

39   Corte Interamericana de Direitos Humanos. La colegiación obligatoria de periodistas (arts. 13 y 29 de la Convención Americana sobre Derechos Humanos), Opinión Consultiva OC/5, 13 de noviembre de 1985, par. 52".

40   Abramovich, Víctor, *"Introducción: Una nueva institucionalidad pública. Los tratados de derechos humanos en el orden constitucional argentino"*, em: Abramovich, Víctor, Bovino, Alberto y Courtis, Christian (comps.), La aplicación de los tratados de derechos humanos en el ámbito local. La experiencia de una década, CELS – Canadian International Development Agency, Editores del Puerto, Buenos Aires, 2007, pp. VI/VII.

41   Slaughter, Anne-Marie, *A Global Community of Courts*, Harvard International Law Journal, v. 44, nº 1, 2003, p. 199.

42   Nesse sentido, Ramirez, Sergio Garcia, *El control judicial interno de convencionalidad*, Revista IUS – Revista Científica del Instituto de Ciencias Jurídicas de Puebla, no 28, julho-dezembro de 2011, p. 139.

humanos, ela deve se abster de declarar inconvencional o ato nacional em análise.[43]_[44]

Esse posicionamento, como se vê, respeita a perspectiva de que inexiste relação vertical entre a Corte IDH e os tribunais nacionais, pois parte do pressuposto de que não existe supremacia hierárquica automática das decisões tomadas pela Corte IDH em detrimento daquelas nacionais.[45] Trata-se também de um modo outro de se rotular a questão da limitação ou alteração da soberania do Estado, pois não há que se falar em soberania quando o centro do sistema protetivo está no indivíduo e não no próprio Estado. Não há soberania bastante para proteger com déficit os direitos fundamentais ou humanos da pessoa humana.[46]_[47]

---

43   Também Bazan, Victor, *Corte Interamericana de Derechos Humanos y Cortes Supremas o Tribunales Constitucionales latinoamericanos: el control de convencionalidad y la necesidad de un diálogo interjurisdiccional crítico*, Revista Europea de Derechos Fundamentales, N° 16, 2° Semestre de 2010, Fundación Profesor Manuel Broseta e Instituto de Derecho Público Universidad Rey Juan Carlos, Valencia, España, 2011 : "En el fondo, y como se adelantaba, la cooperación entre los tribunales internos y los tribunales internacionales no apunta a generar una relación de jerarquización formalizada entre éstos y aquéllos, sino a trazar una *vinculación de cooperación en la interpretación „pro homine"* de los derechos humanos".

44   Pinto, Monica, *El principio pro homine. Criterios de hermenêutica y pautas para La regulación de lós derechos humanos*, Em: La aplicación de lós tratados de derechos humanos por lós tribunales locales. Buenos Aires, Ediar, Centro de Estudios Legales y Sociales- Editorial del Puerto, 1997, p. 163.

45   Tal qual decidido pelo Tribunal Constitucional do Peru no caso EXP. N2730-2006-PA/CT — 21 de julho de 2006 – Caso De Arturo Castillo Chirinos: "15. Lo expuesto, desde luego, no alude a una relación de jerarquización formalizada entre los tribunales internaciones de derechos humanos y los tribunales internos, sino a una *relación de cooperación en la interpretación pro homine de los derechos fundamentales*. No puede olvidarse que el artículo 29.b de la Convención proscribe a todo tribunal, incluyendo a la propia Corte, "limitar el goce y ejercicio de cualquier derecho o libertad que pueda estar reconocido de acuerdo con las leyes de cualquiera de los Estados partes o de acuerdo con otra convención en que sea par te uno de dichos Estados. Ello significa, por ejemplo, que los derechos reconocidos en el ordenamiento inter no y la interpretación optimizadora que de ellos realice la jurisprudencia de este Tribunal, también es observada por la Corte".

46   Nesse sentido, também, Landa, César, *Sentencias fundamentales del Tribunal Constitucional Peruano*, in Bazán, Víctor e Nash, Claudio (eds.), Justicia Constitucional y Derechos Fundamentales. Aportes de Argentina, Bolivia, Brasil, Chile, Perú, Uruguay y Venezuela – 2009, Montevidéu, Programa Estado de Derecho de la Fundación Konrad Adenauer y Centro de Derechos Humanos de la Facultad de Derecho de la Universidad de Chile, 2010, p. 77.

47   El deber de garantía del derecho a la salud a través de la prestación de servicios de salud. *Extracto de la Sentencia de la Corte Constitucional, Colombia, 5 de junio de 2008, in Revista Diálogos Jurisprudenciales*, Núm. 7 Julio-Diciembre de 2009, Corte Interamericana de Derechos Humanos, Instituto Interamericano de Derechos Humanos,

Prevalece uma perspectiva substancialista dos direitos humanos, não mais bastando a separação entre monismo e dualismo, visto que também aqui se parte de uma perspectiva meramente estrutural.[48] Isso porque não se trata da necessidade de intermediação estatal para a imposição de tal ou qual norma jurídica derivada do direito internacional ou, de outro lado, da pura ou simples imposição da norma jurídica de direito internacional.

Nesse sentido, a Corte IDH afirma que:

> "[l] a Convención Americana, además de otros tratados de derechos humanos, buscan, *a contrario sensu*, tener en el derecho interno de los Estados Parte el efecto de perfeccionarlo, para maximizar la protección de los derechos consagrados, acarreando, en este propósito, siempre que necesario, la revisión o revocación de leyes nacionales [...] que no se conformen con sus estándares de protección."[49]

A prudência entre os atores envolvidos e a abertura a um diálogo constante são os meios de resolução do relacionamento que, em alguns momentos, pode se tornar conflitivo.

Instituto de Investigaciones Jurídicas Universidad Nacional Autónoma de México, Fundación Konrad Adenauer, México, 2010, p. 117: "Abarca, también, la posibilidad de *complementar* las garantías establecidas en el ordenamiento jurídico interno a favor de los derechos constitucionales con aquellas previstas en los Tratados Internacionales sobre Derechos Humanos. Lo anterior supone, desde luego, la aplicación del principio *pro homine*, esto es, las normas han de *complementarse* de manera tal, que siempre se amplíe la protección prevista en el orden jurídico interno y no se disminuya. En el evento en que la norma que se desprende del Tratado internacional sea más restrictiva, se aplicará de preferencia la norma de derecho interno. Por otro lado, en virtud de los dispuesto por el artículo 94 superior, así como de ló consignado en el artículo 44 de la Constitución Nacional —sobre los derechos de los niños y de las niñas— la obligación de interpretar los derechos constitucionales de conformidad con lo dispuesto en los Pactos internacionales sobre Derechos Humanos aprobados por Colombia contiene, de igual modo, la posibilidad de *adicionar* el ordenamiento jurídico interno con nuevos derechos siempre, claro está, bajo aplicación del principio *pro homine* mencionado atrás".

48 Cf. Trindade, Antonio Augusto Cançado, *O legado da Declaração Universal de 1948 e o futuro da proteção internacional dos direitos humanos*, Em: Fix-Zamudio, Hector. México y las declaraciones de derechos humanos. Cidade do México: UNAM, 1.999, p. 45. Tb, com alguma diferença, LANDA ARROYO, César. Constitución y fuentes del derecho. Lima: Palestra, 2006, pp. 118-119.

49 Corte IDH: Caso "La Última Tentación de Cristo" (Olmedo Bustos y otros) vs. Chile. Fondo, Reparaciones y Costas. Sentencia de 5 de febrero de 2001. Serie C No. 73. Voto concurrente del juez A. A. Cançado Trindade, par. 14.

4. O fundamento constitucional do controle de convencionalidade – proposta para uma interpretação adequada do § 2º do artigo 5º da Constituição

Com a aprovação da Emenda 45/2004, e a inscrição do parágrafo 3º no artigo 5º da Constituição Federal, renovou-se, parcialmente, o debate a respeito da hierarquia dos tratados. Tal dispositivo, em nossa opinião, é inconstitucional porque, entre outras razões, produz um retrocesso inconstitucional, inadmissível em matéria de direitos humanos. Isso porque estabelece um procedimento mais árduo para cumpri-lo, e dar hierarquia constitucional a um tratado de DH, mesmo se comparando a uma reforma do texto, pois há a exigência de mesmo quórum para aprovação, mas se aumenta os atos do rito(haverá assinatura e expedição de decreto presidencial, coisa que não acontece com a Emendas Constitucionais), subvertendo qualquer conceito de constituição rígida que se assenta na existência de processos de reforma da constituição e legislativos em que o primeiro, obrigatoriamente, é o mais exigente possível em um sistema constitucional.

O Supremo Tribunal Federal, até o momento, não se propôs qualquer discussão a respeito do controle de convencionalidade nem do poder vinculante das decisões proferidas pelos tribunais internacionais. Encontra-se, ainda, apontando para a "importância" da questão da hierarquia dos tratados internacionais de direitos humanos, unicamente.[50]

Para nós, como se viu, usar da hierarquia de um tratado para realizar controle de convencionalidade não condiz com os seus requisitos, que são substanciais (princípios da boa-fé, *pro persona* e efeito útil). Tal requisito pode, somente, apontar para a realização do controle de constitucionalidade, de legalidade ou outro meio de resolução do conflito de normas jurídicas visto que nesses casos o critério formais (hierárquico, temporal ou especial).

Assim, para citar um exemplo, caso uma norma nacional entre em conflito com a Convenção sobre os Direitos das Pessoas com Deficiência e seu Protocolo Facultativo,[51] já aprovados segundo o procedimento instaurado pelo parágrafo 3º do artigo 5º da Constituição, está-se a falar, inegavelmente, em controle de constitucionalidade, caso se entenda que a invalidade decorre do critério hierárquico e se exija, para isso, o cumprimento do referido procedimento.

---

50   Supremo Tribunal Federal. RE 466.343-SP, rel. Min. Cezar Peluso, j. 22.11.06,

51   Assinados em Nova York, em 30 de março de 2007; aprovada, pelo Congresso Nacional, por meio do Decreto Legislativo no 186, de 9 de julho de 2008; depositado o instrumento de ratificação dos referidos atos junto ao Secretário-Geral das Nações Unidas em 1º de agosto de 2008; dada publicidade mediante o Decreto Nº 6.949, de 25 de agosto de 2009.

Da contrariedade entre a Convenção e uma lei ou ato normativo interno, assim, pode derivar tanto uma declaração de inconstitucionalidade, de inconvencionalidade ou, em alguns casos, das duas coisas. Isso porque a declaração de inconstitucionalidade depende tanto da consideração do respeito ao procedimento do artigo 5º, §3º, quanto da ascendência da convenção, a priori, sobre a lei ou ato normativo impugnado. Assim, qualquer que seja a contrariedade, há inconstitucionalidade. Por isso, afirmei que se baseia num fluxo normativo vertical, entre normas internas.

Já para a declaração de inconvencionalidade, não importa o respeito ao procedimento do artigo 5º, §3º. Isso porque a condição inicial para a sua ocorrência é a existência de um fluxo normativo entre normas internas e internacionais, ou seja, é mediante a ratificação do tratado internacional que se dá início ao processo de relacionamento entre o direito interno e o direito internacional. Também não será levada em conta, assim, a hierarquia que se atribui ao tratado internacional no direito interno. A questão da hierarquia é desimportante para o controle de convencionalidade, pois decorrente de uma análise estrutural do ordenamento jurídico interno. Assim, verificado que há contrariedade entre o bloco de convencionalidade e os atos internos (incluída a Constituição), deve-se passar para o segundo passo, que é saber quais dos instrumentos normativos, internos ou internacionais(ou a jurisprudência), são mais protetivos aos direitos humanos envolvidos ou menos restritivos (princípio *pro persona*). Caso se entenda que o tratado internacional concretiza o critério *pro persona*, tem-se uma situação de inconvencionalidade. Caso mais protetivos ou menos restritivos os atos internos, não existe a possibilidade de declarar-se a inconvencionalidade.

Somente assim, a partir de uma leitura também substancial do artigo 5, §2º,[52] pode promover uma leitura que respeito ao princípio da progressividade dos direitos humanos, não autorizando que sejam inseridas normas jurídicas de direitos humanos no ordenamento jurídico brasileiro que venham a promover retrocesso em matéria de proteção da pessoa humana.[53]

Por fim, caso se constate que, tanto no plano interno, a partir de uma relação estrutural hierárquica, quanto no plano internacional – relação substancial – há contrariedade em favor do tratado interacional, tem-se uma situação de inconstitucionalidade e inconvencionalidade ao mesmo tempo. Porém, se de um tratado se constroem normas menos protetivas ou mais restritivas, pode haver inconvencionalidade, porém não inconstitucionalidade.

---

52 "Os direitos e garantias expressos nesta Constituição não excluem outros decorrentes do regime e dos princípios por ela adotados, ou dos tratados internacionais em que a República Federativa do Brasil seja parte".

53 Conforme definido nos artigos 2.1. do Pacto Internacional dos Direitos Econômicos, Sociais e Culturais da ONU e no artigo 26 da Convenção Americana de Direitos Humanos, dos quais o Brasil é signatário.

Assim, os critérios que se impõem como estruturantes do controle de convencionalidade não são de ordem formal. São, sim, de ordem material, de conteúdo. Isso fica mais claro quando se percebe que não somente os textos de tratados internacionais de direitos humanos, mas as decisões da Corte Interamericana de Direitos Humanos também têm força vinculante contra os estados nacionais partes do SIDH, independentemente de terem sofrido condenação sobre o tema versado nas decisões, visto que seu conteúdo se espraia com força obrigatória a compor essa normatividade internacional que perpassa o continente americano.

Uso persuasivo da jurisprudência estrangeira pelos tribunais constitucionais

Guilherme Peña de Moraes

> **SUMÁRIO: 1.** Definição. **1.1.** Materiais Estrangeiros **1.2.** Questões Domésticas **1.3.** Cortes Federais e Estaduais **1.4.** Direitos Humanos Cortes Extra-Nacionais. **1.6.** Questões Internacionais. **1.7.** Materiais Interdisciplinares **2.** Contextualização. **2.1.** Marco Histórico. **2.1.2.** Fortalecimento do Estado Democrático. **2.1.3.** Expansão da Justiça Constitucional. **2.2.** Marco Filosófico. **2.2.1.** Normatividade dos Princípios. **2.2.2.** Argumentação Jurídica **2.2.2.1.** Nova Retórica. **2.2.2.2** Discurso Racional. **2.2.3.** Interpretação da Constituição. **2.3.** Marco Teórico. **2.3.1.** Judicialização da Política **2.3.2.** Ativismo Judicial **3.** Modelos. **3.1.** Comparativismos Positivo e Negativo **3.2.** Modelos do Funcionalismo, Expressionismo e Bricolagem. **3.3.** Usos Expositivo, Empírico e Substantivo ou Material. **3.4.** Modelos da Resistência, Referência, Assimilação e Incorporação. **3.4.1.** Resistência **3.4.2.** Referência. **3.4.3.** Assimilação **3.4.4.** Incorporação.

1. Definição

O uso de jurisprudência estrangeira, ao longo do trabalho em exame, é definido como utilização de precedentes que, malgrado tenham sido emitidos por um tribunal nacional, são recebidos por outro com valor persuasivo.

Do ângulo do tribunal emissor, os precedentes nacionais devem ser usados como "decisões pretéritas que funcionam como modelos para decisões mais recentes", tendo em vista a "aplicação de lições do passado para a resolução de casos concretos do presente e do futuro".

Do ângulo do tribunal receptor, os precedentes estrangeiros podem ser utilizados como holding ou ratio decidendi, em ordem a justificar racionalmente os fundamentos de decisões sobre questões constitucionais que permeiam os sistemas jurídicos contemporâneos, sob a égide do Direito Constitucional de convergência.

Em harmonia com a linha pelo fio da qual a pesquisa é desencadeada, a investigação científica gira em torno de materiais estrangeiros – e não internacionais – que operam efeitos jurídicos nos Estados nos quais são emitidos, mas, em sentido oposto, não dizem respeito aos interesses dos Estados nos quais podem ser recepcionados.

Face ao exposto, considerando que o Direito interno é aberto, dinâmico, e suscetível de interagir com outros ordenamentos jurídicos, o estudo ao qual nos dedicamos tem a pretensão de construir um modelo teórico que franqueie aos tribunais nacionais critérios objetivos de seleção de precedentes estrangeiros que podem, ou mesmo devem, ser utilizados pela justiça constitucional, razão pela qual algumas observações preliminares se nos afiguram convenientes e oportunas para a delimitação do tema.

1.1. Materiais Estrangeiros

Conquanto a doutrina, não somente a nacional, mas também a estrangeira, em regra, não estabeleça a diferenciação semântica, a utilização de elementos internacionais e o uso de elementos estrangeiros pelos órgãos da justiça constitucional são distintos entre si.

Os tribunais constitucionais são vinculados, em tese, ao Direito internacional, eis que as decisões dos tribunais internacionais (ou supranacionais), como, verbi gratia, a Corte de Justiça e o Tribunal Penal Internacionais, da Organização das Nações Unidas, a Comissão Interamericana de Direitos Humanos, da Organização dos Estados Americanos, e o Tribunal Europeu dos Direitos Humanos, da Organização do Conselho da Europa, devem ser utilizadas por todos ou alguns Estados que se submetem a sua jurisdição.

Os tribunais constitucionais podem ser persuadidos, em casos concretos, pelo Direito estrangeiro, dado que, em linha de princípio, as decisões oriundas de cada tribunal nacional de justiça constitucional única ou justiça constitucional de cúpula, como, videbimus infra, as Cortes ou Tribunais Constitucionais, da Itália e da Espanha, a Suprema Corte, dos Estados Unidos, e o Supremo Tribunal Federal, do Brasil, são usadas pelos Estados de onde promanam.

O ensaio que ora compartilhamos, de acordo com a problematização do tema e a delineamento da hipótese de trabalho, não excede à sustentação da possibilidade – e eventualmente necessidade – da utilização de jurisprudência constitucional estrangeira pelos organismos da justiça constitucional. Trata-se unicamente de um "corte epistemológico", ao limitar do presente o Direito internacional, sem representar qualquer posicionamento, positivo ou negativo, a respeito deste uso.

1.2. Questões Domésticas

Quanto aos Estados cujos tribunais constitucionais utilizam a jurisprudência estrangeira com autoridade persuasiva, restringe-se a proposta que levamos a efeito a "questões domésticas", isto é, questões de Direito Constitucional subjacentes a processos que não tenham repercussão para além das fronteiras nacionais, em hipótese alguma.

De outra perspectiva, quanto aos Estados por cujos tribunais constitucionais a jurisprudência estrangeira é utilizada com autoridade persuasiva, a presente tese é iluminada por julgamentos em que nenhum outro Estado nacional figure como sujeito, ativo ou passivo, da relação jurídica processual.

Em síntese, os casos sobre os quais nos debruçaremos não se reportam a interesses estrangeiros que, em tese, poderiam justificar a utilização de precedentes de outros tribunais constitucionais.

1.3. Cortes Federais e Estaduais

Nas federações, como a investigação é permeada pela jurisprudência estrangeira vislumbrada pelos tribunais constitucionais para servir-lhes de "elemento de convicção", as decisões, monocráticas ou colegiadas, de cortes federais, a exemplo dos tribunais de apelação e juizados distritais, nos Estados Unidos, e cortes estaduais, a exemplo dos tribunais de justiça e juizados especiais, cíveis ou criminais, no Brasil, não são consideradas ao longo do texto.

À guisa de ilustração, estatística levantada por David T. Zaring comprova que, no sistema judicial norte-americano, "o tribunal estrangeiro mais citado pelas cortes federais é, por uma margem substancial de 34% das referências jurisprudenciais, o Alto Tribunal do Canadá". Não se olvida que, "em particular, três órgãos federais têm a práxis de citar decisões estrangeiras": o Juizado Distrital do Sul de Nova York, de Manhattan, o Juizado Distrital do Leste de Nova York, do Brooklyn, e o Tribunal de Apelação para o Segundo Circuito, instituído, da mesma forma, em Nova York.

1.4. Direitos Humanos

Embora a dignidade da pessoa humana sobre a qual versam os arts. 1°, initio, 22 e 23, n° 3, da Declaração Universal dos Direitos Humanos e, mais particularmente, os arts. 1°, inc. III, e 226, § 7°, in fine, da Constituição do Brasil funcione como valor supremo dos ordenamentos jurídicos das democracias contemporâneas, não se restringe a presente obra à utilização da jurisprudência estrangeira pelos tribunais constitucionais para a proteção dos direitos humanos.

Forte nessa premissa, a garantia do princípio da supremacia constitucional, como também a salvaguarda das distribuições horizontal e vertical do poder político, são objeto de investigação. O exame é referente a todas as questões constitucionais para cuja solução os tribunais constitucionais têm utilizado a jurisprudência estrangeira, dentre as quais está inserida a tutela processual dos direitos humanos.

1.5. Cortes Extra-Nacionais

Um dos temas aos quais se dedica na pós-modernidade o Direito Constitucional, sobremodo na Commonwealth, é relativo ao controle de constitucionalidade extra-nacional, que se identifica pela atribuição de competência para revisão, ou não, de decisão de mérito de uma justiça constitucional a órgão, político ou judicial, de outro Estado nacional.

Visto isso, como a atividade recursal desempenhada pelas cortes extra-nacionais é estranha ao diálogo entre os tribunais constitucionais, o livro não se propõe a tratar dos casos que envolvem a interpretação das Constituições da Antígua e Barbuda, Bahamas, Dominica, Granada, Jamaica, Kiribati, Maurício, São Cristóvão e Nevis, Santa Lúcia, São Vicente e Granadinas, Trinidad e Tobago e Tuvalu, que submetem-se a revisão do Comitê Judicial do Conselho Privado do Reino Unido, a despeito da independência que lhes foi reconhecida pela Grã-Bretanha e Irlanda do Norte entre 1962 e 1983.

Também o Nauru Appeals Act, de 1976, estabelece que os recursos de julgamentos da Corte Suprema da República de Nauru em que se discuta matéria cível ou criminal podem ser conhecidos pelo Alto Tribunal da Comunidade da Austrália. O Supremo Tribunal do Reino dos Países Baixos, semelhantemente, ostenta o poder de revisão sobre as decisões da Corte Superior Conjunta de Justiça de Aruba, Curaçao e Sint Maarten, aos quais foi conferida, em 2010, a equivalência a "países constitucionais".

1.6. Questões Internacionais

A produção literária é desenvolvida sobre as fontes que não têm a ver com as questões de relações internacionais e de inserção externa dos Estados, como a execução da mobilização nacional, a declaração de guerra e a celebração da paz. Não há que se falar, pois, em alinhamento diplomático ou consular de um Estado, em razão do tratamento da jurisprudência constitucional de outro(s).

Nessa rota, informa Michael D. Ramsey que "a jurisprudência estrangeira é relevante para determinar o sentido, o alcance e o conteúdo das normas constitucionais que estabelecem os poderes internacionais do governo nacional". No trabalho que vem a lume, porém, a jurisprudência estrangeira é direcionada a "contornar os poderes domésticos do governo nacional sob a perspectiva da opinião internacional".

1.7. Materiais Interdisciplinares

Malgrado os estudos científicos a respeito do Direito Processual Constitucional, sobretudo o processo constitucional orgânico, ostentem caráter multi ou transdisciplinar, não lidamos com materiais desprovidos de eficácia jurídica nos Estados de onde provêm, a exemplo de músicas, poemas e outros produtos artísticos e culturais.

A título de mera ilustração, no Supremo Tribunal Federal do Brasil, o Ministro Marco Aurélio de F. Mello detratou a melodia "Sentimental Eu Sou", de Altemar Dutra, no julgamento do Habeas Corpus nº 107.615/MG, , assim como a Ministra Ellen G. Northfleet destacou a poesia "Acordar da Cidade de Lisboa", de Fernando Pessoa, no julgamento do Habeas Corpus nº

82.959/SP. , Linearmente, na Suprema Corte dos Estados Unidos, o Justice Antonin G. Scalia, no caso Country of Sacramento v. Lewis, inseriu a música "You're the Top", de Cole Porter, , bem como o Chief Justice William H. Rehnquist, no caso Texas v. Johnson, introduziu o poema "Barbara Frietchie", de John Whittier. ,

2. Contextualização

Nos tópicos que se seguem, empreende-se a delimitação histórica, filosófica e teórica do uso persuasivo da jurisprudência estrangeira pelos tribunais constitucionais.

2.1. Marco Histórico

O marco histórico do constitucionalismo transnacional pode ser reconduzido ao fortalecimento das democracias contemporâneas e, em especial, ao desenvolvimento dos tribunais constitucionais.

2.1.1. Fortalecimento do Estado Democrático

As transições para a democracia são formadas por seis processos (overganger) dos quais se encarrega Jon Elster, a contar do segundo pós-guerra mundial.

Entre a primeira metade da década de 40 e a última metade da década de 50, a democracia na Europa Setentrional foi experimentada pela queda do fascismo e do nazismo na Áustria, em 1945, Luxemburgo, em 1945, Finlândia, em 1946, Dinamarca, em 1947, Itália, em 1947, Holanda, em 1948, Alemanha, em 1949, Suécia, em 1950, Bélgica, em 1951, Noruega, em 1957, e França, em 1958.

A democracia na Europa Austral, na primeira metade da década de 70, do século XX, foi exteriorizada pela destituição de Phaedon Gizikis, António de O. Salazar e Francisco P. Franco na Grécia, em 1974, Portugal, em 1974, e Espanha, em 1975.

Entre a última metade da década de 70 e a primeira metade da década de 80, a democracia na América Latina foi explicitada pelo término de ditaduras cívico-militares que subsistiam no Equador, em 1979, Peru, em 1980, Bolívia, em 1982, Argentina, em 1983, Brasil, em 1985, e Uruguai, em 1985.

A democracia no Leste Europeu, na última metade da década de 80, foi exposta pelo desmantelamento da cortina de ferro em torno da Polônia, 1989, Romênia, em 1989, Tchecoslováquia, em 1989, Bulgária, em 1990, Hungria, 1990, e Iugoslávia, em 1990.

Entre a primeira metade da década de 90 e a última metade da década de 00, do século XXI, a democracia na África Meridional foi externada pelo ocaso do apartheid e, ulteriormente, execução de políticas de igualdade racial na África do Sul, em 1996, Lesoto, em 1998, e Suazilândia, em 2006.

A democracia na África Boreal, na primeira metade da década de 10, foi expressada pelos desencadeamentos da primavera árabe ou revolução de jasmim na Tunísia, em 2010, Egito, em 2011, e Líbia, em 2011.

2.12. Expansão da Justiça Constitucional

Na evolução da justiça constitucional, que foi inaugurada pelo Tribunal do Império Austro-Húngaro, organizado para o julgamento de conflitos de atribuição entre dois Estados-Federados, ou entre estes e órgãos estatais, e de recursos dos cidadãos por violação dos direitos políticos garantidos pela Constituição, em 1867, podem ser notadas as quatro fases (vagues) a que se refere Louis Favoreu.

A primeira, dispersada entre a celebração do Tratado de Versalhes e o início da Segunda Guerra Mundial, é expressada pelos Tribunais Constitucionais da Tchecoslováquia, de 1920, Áustria, de 1920, e Liechtenstein, de 1921, e pelo Tribunal de Garantias da Espanha, de 1931.

A segunda, disposta entre a primeira metade da década de 40 e a segunda metade da década de 60, é exprimida pelos Tribunais Constitucionais da Áustria, de 1945, Alemanha, de 1951, Itália, de 1956, Chipre, de 1960, Turquia, de 1961, e Iugoslávia, de 1963, e, de certa forma, pelo Conselho Constitucional da França, de 1959.

A terceira, disseminada entre a primeira metade da década de 70 e a segunda metade da década de 80, é exteriorizada pelos Tribunais Constitucionais da Espanha, de 1978, Portugal, de 1982, e Bélgica, de 1984, e, de certo modo, pelo Tribunal Especial da Grécia, de 1975.

A quarta, dissipada entre a queda do Muro de Berlim e a globalização da justiça constitucional, é externada pelos Tribunais Constitucionais da Hungria, de 1990, Bulgária, de 1991, Croácia, de 1991, Rússia, de 1991, Albânia, de 1992, Eslováquia, de 1992, Estônia, de 1992, República Tcheca, de 1992, Romênia, de 1992, Eslovênia, de 1993, Lituânia, de 1993, Moldávia, de 1995, Letônia, de 1996, Ucrânia, de 1996, e Bielorrússia, de 1997, e pela Corte Suprema da Polônia, de 1997.

Modernamente, a justiça constitucional é distribuída entre 41 Estados europeus – Albânia, Alemanha, Andorra, Áustria, Bélgica, Bielorrússia, Bósnia e Herzegovina, Bulgária, Chipre, Croácia, Dinamarca, Eslováquia, Eslovênia, Espanha, Estônia, Finlândia, França, Grécia, Hungria, Irlanda, Itália, Letônia, Liechtenstein, Lituânia, Luxemburgo, Macedônia, Malta, Moldávia, Mônaco, Montenegro, Noruega, Polônia, Portugal, República Tcheca, Romênia, Rússia, Sérvia, Suécia, Suíça, Turquia e Ucrânia –, com exceção da Islândia, Países Baixos e Reino Unido da Grã-Bretanha e Irlanda do Norte.

2.2. Marco Filosófico

O marco filosófico da persuasão racional pela jurisprudência estrangeira é relacionado ao Direito Constitucional contemporâneo, ou novo Direito Constitucional, entendido como teoria, ideologia ou método de investigação dos sistemas jurídicos de hoje, com vistas à superação da antinomia entre naturalismo e positivismo jurídicos.

A partir da constatação de que "as insuficiências do jusnaturalismo e juspositivismo explicam um novo paradigma jurídico", o Direito Constitucional do século XXI está baseado em dois pilares de sustentação.

Um, que reside no campo de interface entre a Filosofia do Direito e a Filosofia da Política, é orientado ao estabelecimento de uma nova grade de inteligibilidade à compreensão das relações entre direito, moral e política, harmonizando-os pelo fio condutor da questão da ordem jurídica legítima.

Outro, que resiste no campo da Teoria do Direito, é unido pela análise da importância da principiologia constitucional, racionalidade do processo argumentativo no discurso filosófico e hermenêutica jurídica na compreensão do funcionamento do direito nas sociedades democráticas.

Em consequência, "o Direito que pretenda ser legítimo, ao menos, precisa estar em consonância com os princípios morais que reivindiquem validade geral, para além de uma comunidade jurídica", eis que "os direitos fundamentais e os princípios do Estado de Direito são respostas à pergunta sobre como institucionalizar a democracia".

2.2.1. Normatividade dos Princípios

Os princípios constitucionais são intrínsecos aos enunciados normativos, com maior grau de abstração e generalidade, que prevêem os valores fundamentais do ordenamento jurídico, destinados às atividades produtiva, interpretativa e aplicativa das regras veiculadas pela Constituição, razão pela qual os conflitos entre eles são solucionados na dimensão do peso, em obediência ao critério ou método da ponderação.

Nessa linha de pensamento, como as normas principiológicas são revestidas da natureza de fonte de conhecimento ou revelação do Direito Constitucional que, inclusive, sobrepõem-se às regras na fenomenologia da incidência jurídica, os princípios constitucionais são hábeis a operar efeitos negativo e positivo. Eficácia negativa, porque os princípios constitucionais proíbem a implementação de políticas que contrariem os seus desideratos. Eficácia positiva, porque os princípios constitucionais permitem que os seus beneficiários exijam as prestações que compõem o seu conteúdo essencial perante o Poder Judiciário, em ordem a assegurar a realização de tudo aquilo que os princípios normativos pretendam no mundo do dever ser, que não tenha sido produzido no mundo do ser.

2.2.2. Argumentação Jurídica

As teorias da argumentação jurídica são definidas como articulação de meios e técnicas para provocar e, ao fim, obter a adesão a teses sustentadas em face de auditórios, com a bipartição entre demonstração e argumentação.

A demonstração é identificada por raciocínios lógico-formais, fundada na ideia de evidência, de arte que no silogismo, a partir de premissas incontroversas, são obtidas conclusões necessárias, às quais deve aderir a universalidade de pessoas.

A argumentação é individualizada por raciocínios persuasivos, fundamentada na ideia de argumento, de molde que no entinema, a partir de premissas verossímeis, são obtidas conclusões relativas, às quais pode aderir o auditório particular, sendo certo que a efetividade do direito deflui da coercitividade das decisões judiciais (atos de autoridade), bem como da adesão voluntária da comunidade jurídica pela força dos argumentos (ato discursivamente legitimado).

As principais teorias da argumentação jurídica em nível global são a nova retórica (nouvelle rhétorique), elaborada por Chaïm Perelman, e o discurso racional (rationalen Diskurs), engendrada por Robert Alexy, das quais ocupar-nos-emos a seguir.

2.2.2.1. Nova Retórica

Para a teoria da nova retórica, os princípios gerais de Direito são considerados como tópicos aos quais as autoridades jurisdicionais podem recorrer no processo argumentativo de fundamentação das decisões, com a diferenciação entre os lugares comuns, que correspondem ao senso comum, e os lugares específicos, que compreendem os pontos de partida compartilhados por determinado ramo de conhecimento.

A crítica filosófica de Chaïm Perelman ao positivismo normativo é desenvolvida sobre o racionalismo cartesiano e o positivismo lógico. Consiste o racionalismo cartesiano (rationalisme cartésien) no modelo filosófico que preconiza o raciocínio analítico, pelo qual, em decorrência de premissas incontroversas, por regras de inferência previamente estatuídas, são hauridas conclusões necessárias. Consubstancia o positivismo lógico (positivisme logique) o modelo jurídico que privilegia o raciocínio demonstrativo, pelo qual devem ser afastadas as possibilidades de argumentação racional sobre valores no discurso filosófico, de maneira a possibilitar a formulação de uma concepção de razão preocupada em estabelecer um plano discursivo não-matemático, com a valorização da dialética e da retórica, em detrimento da lógica e da experiência, respectivamente.

O raciocínio jurídico, na teorização perelmaniana, "não é uma dedução silogística", "nem tampouco a busca de uma solução equitativa". Ao contrário, o raciocínio jurídico deve ser "a busca de uma síntese na qual se leve em consideração, ao mesmo tempo, o valor da solução e a sua conformidade com o Direito".

2.2.2.2. Discurso Racional

Para a teoria do discurso racional, o sistema jurídico é formado por um complexo de princípios, regras e procedimentos, com a aplicação daqueles regulada por estes.

A moral procedimental de Robert Alexy, que se contrapõe à moral substancial, é desenvolvida pela enumeração de regras de razão prática, que asseguram a racionalidade do processo argumentativo, de sorte a regular o discurso jurídico e a interação discursiva. As regras fundamentais (Grundregeln) são destinadas a regular a estrutura do argumento (regra que exige a universalidade, regra que exige a não-contradição, regra que exige a correção linguístico-conceitual e regra que exige a veracidade das premissas empíricas utilizadas) e o procedimento discursivo (forma de argumento que leva à completude dedutiva, forma de argumento que leva à consideração das consequências e forma de argumento da ponderação), orientadas por regras de prioridade para a resolução de conflitos entre princípios jurídicos, inclusive os relacionados a direitos individuais e bens coletivos. As regras de prioridade (Vorrangregeln), por sua vez, são destinadas a regular a possibilidade de participação de todas as pessoas no discurso, introduzindo ou questionando alguma asserção, a possibilidade de todas as pessoas expressarem os seus desejos, opiniões e necessidades e a impossibilidade de qualquer pessoa ser excluída do discurso pelo exercício dos direitos anteriores.

O modelo dos princípios, regras e procedimentos, na teorização alexyana, "é o modelo de sistema jurídico que assegura um máximo de razão prática ao Direito" e, "por isso, é preferível a todos os outros".

2.2.3. Interpretação da Constituição

A interpretação constitucional, como espécie do gênero interpretação jurídica, pode ser identificada pela superioridade hierárquica, caráter político, conteúdo específico e, destacadamente, natureza da linguagem.

A natureza da linguagem designa que a interpretação da Constituição é implementada sobre normas jurídicas providas de maior abertura e menor densidade, com a necessidade de uma operação de concretização, na qual é conferida ao intérprete a liberdade de conformação

A causa da maior abertura deve ser remetida à estrutura principiológica das normas constitucionais, em detrimento de textos preceituais, analíticos ou particularizantes, no modelo aberto de Constituição.

O efeito da menor densidade pode ser remontado ao processo hermenêutico de desaparecimento da Constituição, por força do distanciamento do intérprete, por via interpretativa, do texto constitucional de natureza formal, dentro do quadro de metamorfose da Constituição: a justiça constitucional, convocada a defendê-la, informalmente a modifica.

A interpretação constitucional, que tem a ver com a normatividade dos princípios, cujos conflitos devem ser solucionados pelo critério ou método da ponderação em decisões suscetíveis de controle da racionalidade do discurso por técnicas de argumentação jurídica, de tal modo a aproximar as normas constitucionais da realidade fática que lhes é subjacente, revela que o Direito Constitucional do século XXI não deixa de ser, de certa forma, o "Direito Constitucional sem Constituição".

2.3. Marco Teórico

O marco teórico pode ser retratado pelo movimento global em direção ao Judiciário, que experimenta uma ascensão institucional na organização dos Poderes do Estado moderno, por força do qual os juízes são trazidos para o primeiro plano da vida pública.

O ponto de convergência da judicialização da política e ativismo judicial, dessa forma, encontra-se no quadro de valorização das atividades dos juízes. A nosso ver, no espaço dos diálogos constitucionais, é identificado o protagonismo, ou mesmo supremacia, do Poder Judiciário que, por causa da judicialização de relações de natureza social e política, opera o efeito do ativismo judicial.

2.3.1. Judicialização da Política

O papel invasivo da ciência jurídica é determinado pela invasão do direito tanto nas relações sociais – "judicialização da sociedade" – quanto nos poderes republicanos – "judicialização da política".

Com efeito, a judicialização da sociedade deriva da intervenção do direito na sociabilidade, com a regulação das práticas sociais. O Poder Judiciário é exposto, sem nenhum tipo de mediação, dentro dessa lógica de raciocínio, às expectativas por cidadania de setores socialmente emergentes. A Justiça, como "guardiã das promessas democráticas" ainda não realizadas durante a modernidade, é convertida em "lugar em que se exige a realização da democracia".

Demais disso, a judicialização da política exsurge da intervenção do direito nas instituições, com o reconhecimento, antes, de um novo padrão de configuração do Poder Judiciário e, depois, de um novo padrão de relacionamento entre os Poderes do Estado. No novo padrão de configuração, ao Poder Judiciário é atribuído o poder de elaborar o direito, a partir do esvaziamento progressivo da supremacia legislativa e, por via de consequência, da transposição de poder do Legislativo para o Judiciário. O deslocamento do centro de gravidade revela a evolução de um sistema jurídico monocêntrico para outro policêntrico, no qual toda a produção normativa não está alocada na legislatura eleita. No novo padrão de relacionamento, o Poder Judiciário, instituição estratégica nas democracias de hoje, impondo-se, entre os dois Poderes do Estado, como ator político e parceiro no processo decisório, é convocado ao exercício de novos papéis constitucionais. A judicialização da política no Brasil, não pode ser negado, é revestida de natureza dúplice, eis que, de um lado, as minorias parlamentares demandam a intervenção do Poder Judiciário contra a vontade da maioria (defesa das minorias), ao tempo em que, de outro lado, os agentes institucionais, como, por exemplo o Poder Executivo e as Instituições de Provedoria de Justiça demandam a intervenção do Poder Judiciário contra a representação parlamentar, com vistas à racionalização do governo (defesa da sociedade).

2.3.2. Ativismo Judicial

O efeito da judicialização da sociedade e da política pode ser traduzido pela participação mais intensa do Poder Judiciário na atividade intelectual de concretização dos valores constitucionais ou, de outro modo, interferência em maior grau do Judiciário na esfera de atuação dos outros Poderes do Estado, no contexto teórico do ativismo judicial, desenhado como método de criação autônoma do Direito extra legem, porém intra ius.

O debate norte-americano acerca do ativismo e autocontenção judicial gira em torno de uma questão de calibragem da atividade dos juízes e tribunais, sendo evidente que, na história da Suprema Corte, os conceitos desenvolveram uma trajetória pendular.

Temos que o ativismo e a autocontenção judicial são iluminados por cinco standards ou padrões de avaliação, isto é: (i) discriminação ou preconceito – ativismo ou autocontenção judicial conforme a questão envolva, ou não, minorias objeto de discriminação ou preconceito; (ii) deliberação popular – ativismo ou autocontenção judicial consoante a maior ou menor deliberação popular sobre a matéria; (iii) funcionamento da democracia – ativismo ou autocontenção judicial conforme a questão envolva, ou não, pressupostos para o funcionamento da democracia; (iv) capacidade técnica – ativismo ou autocontenção judicial consoante a maior ou menor capacidade técnica de resolução do litígio e, ao final, (v) direitos de gerações futuras – ativismo ou autocontenção judicial conforme a questão envolva, ou não, direitos de gerações futuras.

3. Modelos

Em que pese a diversidade de contextos econômicos, sociais e políticos, dispor-nos-emos a investigar metodologicamente as formas de utilização da jurisprudência estrangeira pelos tribunais constitucionais.

Os modelos de uso persuasivo da jurisprudência estrangeira não são excludentes, a partir da constatação de que a diversificação de modelagens pode ser vislumbrada em um mesmo tribunal constitucional.

O rigor científico que nos orientou ao longo de toda a presente investigação obriga-nos a advertir que a nomenclatura "jurisprudência estrangeira" pode significar um conjunto uniforme e reiterado de decisões judiciais ou mesmo uma ou algumas decisões de tribunais constitucionais, selecionadas por critérios a serem tornados públicos.

3.1. Comparativismos Positivo e Negativo

David Fontana e, de certa forma, Vincent A. Blasi e Richard A. Primus, estabelecem a diferença entre os comparativismos constitucionais positivo ou prospectivo e negativo ou retrospectivo.

No comparativismo positivo, um tribunal constitucional se debruça, com aprovação, sobre a jurisprudência de outro, em ordem a utilizá-la nas sentenças e acórdãos que vier a proferir no futuro. O tribunal doméstico, ao proceder à referência positiva, observa um ou mais precedentes estrangeiros que se mostram alinhados à tese que pretende sustentar, como reforço argumentativo.

No comparativismo negativo, um tribunal constitucional se detém nas falhas de outro regime jurídico, especialmente em sede de restrições às liberdades de natureza artística, cultural, política e religiosa no passado. O tribunal doméstico, ao promover a referência negativa, opõe um ou mais precedentes estrangeiros para criticá-los e, dessa forma, exemplificar um modo de argumentação que não se revela, a seu juízo, adequado, necessário ou proporcional para a solução do caso concreto.

3.2. Modelos do Funcionalismo, Expressionismo e Bricolagem

Mark V. Tushnet e, de certo modo, Melissa Waters, desenham as linhas do funcionalismo, expressionismo e bricolagem como as justificativas teóricas para o uso do Direito estrangeiro.

O funcionalismo se direciona a constatação de experiências de outros tribunais que possam iluminar os problemas que aqui e acolá exsurgem na interpretação constitucional. A jurisprudência estrangeira é definida pela função de persuasão dos intérpretes da Constituição.

O expressionismo se dirige a consideração de experiências de outros tribunais que, de alguma forma, são utilizadas para aperfeiçoar o entendimento dos valores subjacentes à tradição constitucional. A jurisprudência estrangeira sobre a qual o tribunal constitucional não deixa de laborar é obtida intuitivamente.

O bricolagem se distingue pelo comportamento dos intérpretes da Constituição que, em ordem a identificar os materiais que possam auxiliá-

-los, recorrem a experiências de outros tribunais constitucionais mais ou menos aleatoriamente. A jurisprudência estrangeira não é delimitada pelo rigor do pensamento científico.

3.3. Usos Expositivo, Empírico e Substantivo ou Material

Joan L. Larsen, em atendimento à finalidade do uso da jurisprudência estrangeira, define as utilizações expositiva, empírica e substantiva ou material.

Expositivamente, a jurisprudência estrangeira é usada quando os tribunais nacionais utilizam-na para contrastar e, por dedução, explicar uma ou mais normas constitucionais. Contra a jurisprudência estrangeira, poucas normas constitucionais são interpretadas pelos tribunais nacionais.

Empiricamente, a jurisprudência estrangeira é usada quando os tribunais nacionais utilizam-na por força da eficácia pragmática que pode ser operada no contexto doméstico. Os tribunais nacionais, por conta dos efeitos de que dispõe a jurisprudência estrangeira, utilizam-na no processo de tomada de decisão constitucional.

Substantivamente, a jurisprudência estrangeira é usada quando os tribunais nacionais utilizam-na para determinar o conteúdo prescritivo de uma ou mais normas constitucionais, dado que a jurisprudência de tribunais estranhos a cada país, à evidência, pode servir como "razão de empréstimo" ou "moral de averiguação". Através da jurisprudência estrangeira, muitas normas constitucionais são aplicadas pelos tribunais nacionais.

3.4. Modelos da Resistência, Referência, Assimilação e Incorporação

Somos do entendimento de que os modelos de uso persuasivo da jurisprudência estrangeira pelos tribunais constitucionais, levando em consideração o grau de acolhimento, ou até de rejeição, total ou parcial, do constitucionalismo multinacional, são quadripartidos em resistência ou repulsão, referência ou reprodução, assimilação ou assenhoramento e incorporação ou alinhamento.

O grau de utilização da técnica de decisão dos tribunais nacionais com fundamento em jurisprudência estrangeira, por sua vez, pode ser mensurado pela autoridade persuasiva do tribunal emissor, identidade organizacional do tribunal receptor e reconhecimento recíproco entre eles. Autoridade persuasiva, na medida que a jurisprudência estrangeira deve ser emitida por tribunal detentor de capacidade suasória. Identidade organizacional, uma vez que a jurisprudência estrangeira pode ser receptada por tribunal dotado de autonomia judicial. Reconhecimento recíproco entre tribunais engajados na comunicação judicial transnacional, que compartilham valores que lhes são comuns.

3.4.1. Resistência

A modelagem da resistência pode ser identificada pela repulsa de um tribunal constitucional à jurisprudência de outro. O tribunal nacional, ao solucionar a questão constitucional, defende uma tese que se contrapõe à jurisprudência estrangeira.

Por exemplo, na Arguição de Descumprimento de Preceito Fundamental n° 153/DF, que discutia a anistia dos crimes políticos na ditadura cívico-militar que perdurou no Brasil entre 1964 e 1985, o Supremo Tribunal Federal compilou as decisões do caso José Matías Ñanco, no qual a Suprema Corte do Chile, em 18 de janeiro de 2007, declarou a imprescritibilidade dos crimes contra a humanidade, e caso Nibia Sabalsagaray Curutchet, no qual a Suprema Corte de Justiça do Uruguai, em 19 de outubro de 2009, declarou a inconstitucionalidade da Ley de Caducidad de la Pretensión Punitiva del Estado. A Corte, no entanto, deliberou que "o argumento descolado da dignidade da pessoa humana para afirmar a invalidade da conexão criminal que aproveitaria aos agentes políticos que praticaram crimes comuns contra opositores políticos, presos ou não, durante o regime militar, não prospera. A Lei da Anistia veicula uma decisão política assumida no momento histórico da transição para a democracia. Há de ser interpretada a partir da realidade no momento em que foi conquistada. Nem mesmo o Supremo Tribunal Federal está autorizado a rescrever leis de anistia".

3.4.2. Referência

O modelo da referência é individualizado pela repetição da jurisprudência de um tribunal constitucional por outro. O tribunal nacional não deixa de proceder à alusão da jurisprudência estrangeira, conquanto não a utilize no julgamento da questão constitucional.

Na Ação Direta de Inconstitucionalidade nº 595/ES, embora o Supremo Tribunal Federal do Brasil tenha focalizado a Décision n° 71-44 DC, de 16 de julho de 1971, na qual o Conselho Constitucional da França delimitou o bloco de constitucionalidade à Declaração dos Direitos do Homem e do Cidadão, "princípios fundamentais reconhecidos pelas leis" das Iª, IIª e IIIª Repúblicas, "princípios políticos, econômicos e sociais" do Preâmbulo da Lei Constitucional da IVª República e Constituição da Vª República, o tribunal nacional houve por bem extinguir o processo constitucional, sem resolução de mérito, por perda superveniente de objeto.

3.4.3. Assimilação

A modelagem da assimilação pode ser identificada pelo ajustamento de um tribunal constitucional à jurisprudência de outro. O tribunal nacional, ao solucionar a questão constitucional, desenvolve uma tese que coaduna-se com a jurisprudência estrangeira.

Por exemplo, no Recurso Extraordinário no 466.343/SP, em ordem a embasar o status supralegal dos tratados internacionais de proteção de direitos humanos em que o Brasil seja parte, o Supremo Tribunal Federal, na medida do possível, internalizou o caso Nordstern Allgemeine Versicherung AG v. Vereinigte Stinees Rheinreedereien, , no qual o Supremo Tribunal dos Países Baixos, em 7 de março de 1996, deixou consignado que o "Reino não se obriga por tratados, nem tais tratados podem ser denunciados, sem a prévia aprovação dos Estados Gerais. Qualquer disposição de um tratado que conflite com a Constituição, ou que acarrete um conflito com ela, deve ser aprovado pelas Câmaras dos Estados Gerais, por uma votação de dois terços de votos favoráveis".

3.4.4. Incorporação

O modelo da incorporação é individualizado pela absorção da jurisprudência de um tribunal constitucional por outro. O tribunal nacional não somente procede à alusão da jurisprudência estrangeira, como também utiliza-a no julgamento da questão constitucional.

Na Ação Direta de Inconstitucionalidade no 3.510/DF, que apreciou a validade da Lei de Biossegurança, o Supremo Tribunal Federal do Brasil utilizou, com o intuito de persuasão, o caso Schwangerschaftsabbruch, no qual o Tribunal Constitucional Federal da Alemanha, em 28 de maio de 1993, examinou os meios de geração de células-tronco embrionárias, e o caso Reproducción Humana Asistida, no qual o Tribunal Constitucional da Espanha, em 17 de junho de 1999, obstou a produção de embriões humanos para o fim de pesquisa. A Corte, então, deliberou que "a pesquisa científica com células-tronco embrionárias objetiva o enfrentamento e cura de patologias e traumatismos. Contexto de solidária, compassiva ou fraternal legalidade que, longe de traduzir desprezo ou desrespeito aos congelados embriões in vitro, significa apreço e reverência as criaturas humanas que sofrem. Inexistência de ofensas ao direito à vida, pois a pesquisa com células-tronco embrionárias significa a celebração solidária da vida e alento aos que se acham à margem do exercício concreto e inalienável dos direitos à felicidade e do viver com dignidade".

Referências bibliográficas

ALEXY, Robert. Theorie der Juristischen Argumentation. Frankfurt am Main: Suhrkamp, 1978.

_____. Recht, Vernunft, Diskurs. Studien zur Rechtsphilosophie. Frankfurt am Main: Suhrkamp, 1995.

_____. Teoria dos Direitos Fundamentais. São Paulo: Malheiros, 2011.

AMAR, Akhil R. America's Unwritten Constitution. New York: Basic Books, 2012.

ÁVILA, Humberto B. A Distinção entre Princípios e Regras e a Redefinição do Dever de Proporcionalidade. Revista da Pós-Graduação da Faculdade de Direito da Universidade de São Paulo, nº 1, 1999.

AYERS, Andrew B. International Law as Tool of Constitutional Interpretation in the Early Immigration Power Cases. Georgetown Immigration Law Journal, n° 19, 2004.

BACHELARD, Gaston. Epistemologia. Rio de Janeiro: Zahar, 1971.

_____. A Formação do Espírito Científico: contribuição para uma psicanálise do conhecimento. Rio de Janeiro: Contraponto, 1996.

BARACHO, José Alfredo de O. Processo Constitucional. Rio de Janeiro: Forense, 1984.

BESSELINK, Leonard F. The Proliferation of Constitutional Law and Constitutional Adjudication, or How American Judicial Review came to Europe After All. Utrecht Law Review, no 9, 2013.

BLASI, Vincent A. The Pathological Perspective and the First Amendment. Columbia Law Review, n° 85, 1985.

BUYS, Cindy G. Burying Our Constitution in the Sand? Evaluating the Ostrich Response to the Use of International and Foreign Law in U.S. Constitutional Interpretation. Brigham Young University Journal of Public Law, n° 21, 2007.

CANARIS, Claus-Wilhelm. Pensamento Sistemático e Conceito de Sistema na Ciência do Direito. Lisboa: Fundação Calouste Gulbenkian, 1989.

CARBONELL, Miguel. Neoconstitucionalismo(s). Madrid: Trotta, 2002.

CAZETTA, Ubiratan. Direitos Humanos e Federalismo. São Paulo: Atlas, 2009.

COELHO, Fillipe de Souza. O Brasil e a sua Política Internacional. Revista de Geopolítica, n° 2, 2012.

COMANDUCCI, Paolo. Formas de (Neo)constitucionalismo. Isonomia, nº 16, 2002.

COSTANZO, Angelo. L'Argomentazione Giuridica. Milano: Giuffrè, 2003.

CROWE, Justin. Building the Judiciary: law, courts and the politics of institutional development. New Jersey: Princeton University Press, 2012.

CURTIS, Lionel G. The Commonwealth of Nations. London: Forgotten Books, 2012.

DRESSEL, Björn. Judicialization of Politics. New York: Routledge, 2012.

DWORKIN, Ronald. Levando os Direitos a Sério. 3a ed. São Paulo: Martins Fontes. 2010.

ELSTER, Jon. Constitutionalism and Democracy. New York: Cambridge University Press, 1988.

_____. Closing Books: transitional justice in historical perspectives. New York: Cambridge University Press, 2004.

_____. Emotions and Economic Theory. Journal of Economic Literature, n° 36, 1998.

_____. Constitution-making in Eastern Europe: rebuilding the boat in an open sea. Public Administration, n° 71, 1993.

ESSER, Josef. Princípio e Norma na Elaboração Jurisprudencial do Direito Privado. Barcelona: Bosch, 1961.

FARCAU, Bruce. The Transition to Democracy in Latin America. Westport: Praeger, 1996.

FAVOREU, Louis. Tribunales Constitucionales Europeos y Derechos Fundamentales. Madrid: Tecnos, 1984.

_____. Los Tribunales Constitucionales. Barcelona: Ariel, 1994.

_____. Consideraciones Comparadas sobre la "Revolución" Jurídica Francesa. Revista del Centro de Estudios Constitucionales, nº 1, 1988.

_____. El Bloque de la Constitucionalidad. Revista del Centro de Estudios Constitucionales, nº 5, 1990.

FIGUEIREDO, Marcelo. Notas a respeito da Utilização de Jurisprudência Estrangeira pelo STF no Brasil. Revista Brasileira de Estudos Constitucionais, n° 12, 2009.

FIGUEROA, Alfonso. Teorias de Direito Neoconstitucionalistas. Anuário de Filosofia do Direito, nº 1, 2002.

FONTANA, David. Refined Comparativism in Constitutional Law. University of California, Los Angeles Law Review, n° 49, 2001.

FORTE, David F. The Supreme Court in American Politics: judicial activism vs. self-restraint. Lexington: Heath, 1972.

FRENCH, Robert. Cooperation and Convergence – Judiciaries and Profession. Journal of Judicial Review, no 11, 2012.

FRIEDMAN, Lawrence; PÉREZ-PERDOMO, Rogelio. Legal Culture in the Age of Globalization. Redwood: Stanford University Press, 2003.

GARAPON, Antoine. Le Gardien des Promesses. Justice et Démocratie. Paris: Odile Jacob, 1996.

_____. Les Juges dans la Mondialisation. Paris: Seuil, 2005.

_____. L'Imaginaire Pirate de la Mondialisation. Revue Esprit, 1º.7.2009.

_____. La Peur de l'Impuissance Démocratique. Revue Esprit, 1º.2.2014.

GINSBURG, Tom; VERSTEEG, Mila. Why do Countries adopt Constitutional Review? Journal of Law, Economics & Organization, n° 30, 2014.

GREENHOUSE, Linda. Justices, 5-4, back Protesters' Right to Burn the Flag. New York Times, de 22.06.1989.

GUERRA FILHO, Willis S. Processo Constitucional e Direitos Fundamentais. São Paulo: Celso Bastos, 1999.

HABERMAS, Jürgen. Para a Reconstrução do Direito: os princípios do Estado de Direito. Direito e Democracia: entre facticidade e validade. vol. II. Rio de Janeiro: Tempo Brasileiro, 1997.

_____. A Justificação Processual do Estado Democrático de Direito. A Constelação Pós-Nacional: ensaios políticos. São Paulo: Littera Mundi, 2001.

_____. A Luta por Reconhecimento no Estado Democrático de Direito. A Inclusão do Outro: estudos de Teoria Política. São Paulo: Loyola, 2002.

_____. O Estado Democrático de Direito: uma amarração paradoxal de princípios contraditórios? Era das Transições. Rio de Janeiro: Tempo Brasileiro, 2003.

JENKINS, Jeffrey A. The American Courts: a procedural approach. Sudbury: Jones & Bartlett Learning, 2009.

KATZ, Ellis. Federalism and Human Rights. Lanham: Rowman & Littlefield Publishers, 1996.

LARENZ, Karl. Metodologia da Ciência do Direito. Lisboa: Fundação Calouste Gulbenkian, 1969.

LARSEN, Joan L. Importing Constitutional Norms from a "Wider Civilization": Lawrence and Rehnquist Court's use of Foreign and International Law in domestic constitutional interpretation. Ohio State Law Journal, n° 65, 2004.

LÜTZELER, Paul. The Western Europe in Transition to Democracy. Baden-Baden: C.H. Beck, 1986.

MACCORMICK, Donald N.; SUMMERS, Robert S. Interpreting Precedents: comparative study. Brookfield: Ashgate Publishing Co., 1997.

MARINI, Alarico. Teoria e Tecnica dell'Argomentazione Giuridica. Milano: Giuffrè, 2003.

MEDINA, Paulo Roberto de G. Direito Processual Constitucional. 4a ed. Rio de Janeiro: Forense, 2010.

MILLER, Nathan. An International Jurisprudence? The Operation of "Precedent" across International Tribunals. Leiden Journal of International Law, n° 15, 2002.

MORAES, Guilherme Peña de. Desafios e Perspectivas do Direito Constitucional do Século XXI. In: DINIZ, José J. (Org.). Concretização Constitucional no Século XXI: desafios e perspectivas. Campina Grande: Faculdades Maurício de Nassau, 2014.

MORSINK, Johannes. Universal Declaration of Human Rights. Philadelphia: University of Pennsylvania Press, 2000.

OROBKIN, Russell. Stem Cell Century: law and policy for a breaktrough technology. New Haven: Yale University Press, 2007.

PARENTE, Renato. Indeferido Habeas Corpus em Furto de "Disco de Ouro" de Milton Nascimento. O Globo, de 08.09.2011.

PARGETER, Alison. The Rise and Fall of Qaddafi. New Haven: Yale University Press, 2012.

PEGORARO, Lucio. La Justicia Constitucional: una perspectiva comparada. Madrid: Dykinson, 2004.

PEREIRA, Maria José. A Hedionda Decisão da (In)Justiça Brasileira. Correio Braziliense, de 08.03.2006.

PERELMAN, Chaïm. Droit, Morale et Philosophie. Paris: Librairie Générale Droit et Jurisprudence, 1968.

_____. Justice et Raison. Bruxelles: Ferdinand Larcier, 1972.

POPOVA, Maria. Politicized Justice. Cambridge: Cambridge University Press, 2014.

PRIMUS, Richard A. Canon, Anti-Canon and Judicial Dissent. Duke Law Journal, n° 48, 1998.

RAMSEY, Michael D. International Materials and Domestic Rights: reflections on Atkins and Lawrence. American Journal of International Law, n° 98, 2004.

RODRÍGUEZ, José F. La Justicia Constitucional Europea ante el Siglo XXI. 2ª ed. Madrid: Tecnos, 2007.

ROOSEVELT, Kermit. The Myth of Judicial Activism. New Haven: Yale University Press, 2006.

ROUSSEAU, Dominique. La Justicia Constitucional en Europa. Madrid: Centro de Estudios Constitucionales, 2002.

SANCHEZ, Ernesto J. Immunity of Former Foreign Government Official from Suit for Acts committed in an Official Capacity-Definition of Foreign State-Defenses to Jurisdiction. American Journal of International Law, n° 105, 2011.

SCHLESINGER JUNIOR, Arthur. The Vital Center. Boston: Houghton Mifflin, 1949.

_____. The Cycles of American History. Boston: Houghton Mifflin, 1986.

_____. The Supreme Court: 1947. Fortune Magazine, 1o.1.1947.

_____. 1901 – 1950: the half century in history. New York Post, 1o.1.1950.

SCHWARTZ, John. Court shields Police from Chase Liability. Washington Post, de 27.05.1998.

SEGADO, Francisco F. La Justicia Constitucional ante el Siglo XXI: la progresiva convergencia de los sistemas americano y europeo. México, D.F.: Universidad Nacional Autónoma de México, 2004.

SHAPIRO, Martin; SWEET, Alec. On Law, Politics and Judicialization. Cary: Oxford University Press, 2002.

SITARAMAN, Ganesh N. The Use and Abuse of Foreign Law in Constitutional Interpretation. Harvard Journal of Law and Public Policy, n° 32, 2009.

TAKANO, Mikihisa. A Comparative Study of Self-Restraint in American Courts. Tokyo: Shinzansha, 1992.

TATE, Neal; VALLINDER, Torbjörn. The Global Expansion of Judicial Power. New York: NYU Press, 1997.

TAVARES, André R. Constituição do Brasil. 3a ed. São Paulo: Saraiva, 2012.

_____. Tribunal e Jurisdição Constitucional. São Paulo: Celso Bastos, 1998.

_____. A Constituição Aberta: elementos de uma hermenêutica constitucional. In: AGRA, Walber de M. (Org.). Retrospectiva dos Vinte Anos da Constituição Federal. São Paulo: Saraiva, 2009.

TUSHNET, Mark V. The Constitution of the United States of America: a contextual analysis. Portland: Hart Publishing, 2009.

_____. Interdisciplinary Legal Scholarship: the case of history-in-law. Chicago-Kent Law Review, nº 71, 1996.

_____. The Possibilities of Comparative Constitutional Law. Yale Law Journal, n° 108, 1999.

VILLALÓN, Pedro C. La Formación del Sistema Europeo de Control de la Constitucionalidad. 1918 – 1939. Madrid: Centro de Estudios Constitucionales, 1987.

VOIGT, Stefan; EBELING, Michael W. Improving Credibility by Delegating Judicial Competence: the case of the Judicial Committee of the Privy Council. Journal of Development Economics, n° 82, 2007.

WATERS, Melissa. Mediating Norms and Identity. The Role of Transnational Judicial Dialogue in Creating and Enforcing International Law. Georgetown Law Journal, n° 93, 2005.

WELCH, Claire. The Rise and Fall of Nazism. London: Magpie, 2008.

WELSH, David. The Rise and Fall of Apartheid. Johannesburg: Jonathan Ball, 2009.

WOODHOUSE, Christopher. The Rise and Fall of Greek Colonels. London: Granada, 1985.

ZARING, David T. The Use of Foreign Decision by Federal Courts: an empirical analysis. Journal of Empirical Legal Studies, n° 3, 2006.

ZEHNDER, Jacob J. Constitutional Comparativism: the emerging risk of Comparative Law as constitutional tiebreaker. Valparaiso University Law Review, n° 41, 2007.

Poder judiciário, tribunal arbitral e o princípio *kompetenz-kompetenz*:
Inexistência de conflito de competência entre órgãos do Poder Judiciário e Tribunal Arbitral

Nelson Nery Jr
Rosa Maria de Andrade Nery

Esta justa homenagem que a comunidade jurídica tributa ao eminente jurista Lenio Luiz Streck vem ao propósito de reconhecer no nosso jubilado a competência, profundidade, desassombro e compromisso apenas e tão somente com a Constituição do Brasil e com o direito em sua mais pura acepção. Lenio trata, desde sempre, do direito como ramo do conhecimento que se distingue da moral e, portanto, deve ser interpretado e aplicado segundo as regras, princípios e o espírito da Constituição. O que todos pensam individualmente sobre tal ou qual assunto não tem relevância. O que importa, em última ratio, é o que determina a Constituição lida como está e não na interpretação do momento, informada pela opinião pública, pelo senso comum ou pelo clamor do povo. Constituição deve ser interpretada e aplicada conforme o pacto social feito entre o povo (assembleia constituinte) e o Estado. Para mudar isso só pelo constitutional due process, isto é, por emenda constitucional aprovada, em dois turnos, por quórum qualificado do Congresso Nacional. Este pequeno estudo é pálida homenagem a Lenio Luiz Streck, incansável batalhador pelo respeito à Constituição Federal.

A jurisdição é exercida pelos juízes pertencentes ao Poder Judiciário, pelos árbitros privados, pelo Tribunal Popular do Júri e pelo Senado Federal, *v.g.*, quando julga o Presidente da República por crime de responsabilidade (CF 52 I). Estas são atividades *jurisdicionais* exercidas por instituições públicas (Juízes Estatais e Tribunal do Júri e Senado Federal) e por instituições privadas (Árbitros e Tribunais Arbitrais). Quando a Constituição e as leis querem referir-se às instituições públicas formadas por juízes estatais, falam em atividade *judicial*, distinguindo-a da atividade *jurisdicional*. Aquela (atividade *judicial*) é exercida *exclusivamente* por agentes políticos do Poder Judiciário, quer dizer, Juízes, Desembargadores e Ministros de Tribunais estatais. Em suma, *jurisdição* pode ser exercida por entidades públicas ou privadas, na forma da Constituição e da lei, mas a atividade *judicial*, é exclusiva do Poder Judiciário.

O árbitro e os tribunais arbitrais exercem atividade jurisdicional, mas não judicial, pois não pertencem aos quadros do Poder Judiciário. Não são, portanto, vinculados a nenhum órgão do Poder Judiciário. São juízes de fato e de direito da causa (LArb 18), mas não estão subordinados ou vinculados ao Poder Judiciário. Sua atividade jurisdicional é de natureza *privada*. Não existe controle apriorístico da atividade arbitral pelo Poder Judiciário estatal. A sentença arbitral pode ser questionada mediante ação de anulação de sentença arbitral, nos casos e na forma da LArb 32. É nessa ocasião, e somente nela, que o Poder Judiciário pode sindicar a atividade jurisdicional arbitral. Será, portanto, írrita qualquer determinação judicial que interfira *previamente* na atividade arbitral.

O poder que tem o juiz ou tribunal de afirmar sua própria competência denomina-se *Kompetenz-Kompetenz*.[1] Afirmada a competência pelo juízo, pode ocorrer de outro(s) juízo(s) entender(em)-se, também, competente(s) para processar e julgar a causa, o que caracteriza conflito positivo de competência. Quando dois ou mais juízos se entendem incompetentes para processar e julgar a causa dá-se o conflito negativo de competência, Ambos os conflitos de competência – positivo e negativo – são dirimíveis conforme as regras constitucionais e legais aplicáveis.

O âmbito de abrangência do princípio *Kompetenz-Kompetenz* tem variado conforme o direito positivo e a jurisprudência do país em que se o examina.

Pela regra *Kompetenz-Kompetenz*, os árbitros ou tribunais arbitrais têm a exclusiva competência para fixarem sua própria competência. No Brasil essa regra está expressa na LArb 8º par.ún. e no CPC 485 VII *in fine*. Pelo sistema jurídico brasileiro, que segue, no particular, a grande maioria dos sistemas jurídicos democráticos ocidentais, a consequência da incidência da regra *Kompetenz-Kompetenz* é a determinação da competência pelo árbitro ou tribunal arbitral como matéria sindicável apenas depois de proferida a sentença arbitral. Isto significa que, quando o árbitro, atendendo a regra *Kompetenz-Kompetenz*, fixa sua própria competência, qualquer demanda que corra perante o Poder Judiciário deve ser imediatamente extinta sem resolução do mérito.

A solução ficou, agora, mais clara, como demonstra a redação e os termos expressos do CPC 485 VII *in fine*: "*Art. 485. O juiz não resolverá o mérito quando: ... VII – acolher a alegação de existência de convenção de arbitragem ou quando o juízo arbitral* reconhecer sua competência". Isto significa que, pendendo procedimento arbitral (privado) e procedimento judicial (Poder Judiciário, estatal), a decisão sobre a competência é exclusivamente do árbitro ou tribunal arbitral. Na hipótese de o árbitro afirmar-se

---

1 Martin Zeltner. *Die Kompetenz-Kompetenz der Schiedsgerichte*, Tese de doutoramento, Friedrich-Alexander Universität-Erlangen-Nürnberg, Erlangen, 1961, § 1, I, p. 5.

competente, o juízo estatal só tem uma providência a tomar: extinguir o processo judicial sem resolução do mérito. Caso a declaração de competência do árbitro esteja incorreta, isto somente poderá ser impugnado e resolvido *depois* de proferida a sentença arbitral, na ação própria de anulação de sentença arbitral (LArb 32).

O STJ já decidiu sobre o tema: "**16.** É cediço que o juízo arbitral não subtrai a garantia constitucional do juiz natural, ao contrário, implica realizá-la, porquanto somente cabível por mútua concessão entre as partes, inaplicável, por isso, de forma coercitiva, tendo em vista que ambas as partes assumem o "risco" de serem derrotadas na arbitragem. (Precedente: REsp n. 450881 de relatoria do Ministro Castro Filho, publicado no DJU 26.5.2003) **17.** Destarte, uma vez convencionado pelas partes cláusula arbitral, o árbitro vira juiz de fato e de direito da causa, e a decisão que então proferir não ficará sujeita a recurso ou à homologação judicial, segundo dispõe o artigo 18 da Lei 9307/96, o que significa categorizá-lo como equivalente jurisdicional, porquanto terá os mesmos poderes do juiz togado, não sofrendo restrições na sua competência. **18.** Outrossim, vige na jurisdição privada, tal como sucede naquela pública, o princípio do *Kompetenz-Kompetenz*, que estabelece ser o próprio juiz [árbitro] quem decide a respeito de sua competência".[2]

Tendo em vista a impossibilidade de o Poder Judiciário continuar com o procedimento da demanda judicial perante ele ajuizada, quando o árbitro ou tribunal arbitral afirmar-se competente para julgar a mesma ação que se encontra, também, tramitando perante o juízo arbitral – afirmada a competência pelo árbitro o processo da demanda ajuizada perante o Poder Judiciário tem de ser extinto sem resolução do mérito (CPC 485 VI), não pode existir conflito de competência entre juízo estatal e juízo arbitral.

Com a devida *venia*, o STJ não tem competência constitucional para controlar a atividade *jurisdicional* arbitral, porque o árbitro, enquanto juiz, não possui vínculo de subordinação ao Poder Judiciário. Sua sentença pode, sim, *a posteriori*, vir a ser controlada pelo Poder Judiciário estatal, mas somente depois de haver sido efetivamente proferida (LArb 32). Antes, não. O Poder Judiciário não pode, pois, retirar do árbitro a competência que ele, árbitro afirmou, em cumprimento à regra *Kompetenz-Kompetenz* (LArb 8º par.ún.) e, discutindo-se competência do Poder Judiciário sobre o mesmo tema, cabe ao juiz extinguir o processo sem resolução do mérito, nos termos do CPC 485 VII. Só pode haver conflito entre órgãos do Poder Judiciário estatal, que o STJ tem competência para dirimir, nos casos expressos na CF 205 I *d*.[3]

---

2 STJ, 1.ª Seç., MS 11308-DF, rel. Min. Luiz Fux, j. 9.4.2008, v.u., DJUE 19.5.2008).

3 Nelson Nery Junior e Rosa Maria de Andrade Nery. *Código de Processo Civil Comentado*, 16.ª ed., São Paulo: Ed. Revista dos Tribunais/Thomson Reuters, 2016, coment. CPC 66, pp. 401/403.

Tribunais está na CF 105 I *d*, como sinônimo de órgãos do *Poder Judiciário* não abrangendo instituições privadas que exercem jurisdição, dada a ausência de vínculo de subordinação ou de hierarquia jurisdicional entre Poder Judiciário e árbitro ou tribunal arbitral.[4]-[5]

A competência do STJ para dirimir conflito de competência entre quaisquer *tribunais* refere-se, por óbvio, a órgãos do Poder Judiciário estatal. "Como o tribunal arbitral não integra o Poder Judiciário, quando afirma sua competência em consonância com a LArb 8º par.ún., eventual entendimento contrário de juízo estatal não configura conflito positivo de competência, pois o tribunal arbitral, que é *privado*, não se subsume à hipótese aventada na CF 105 I *d*, que só se refere a tribunal estatal. Admitir-se o contrário – que poderia haver conflito entre Árbitro e juízo estatal e que o STJ exerceria hie-

---

4   Nelson Nery Junior e Rosa Maria de Andrade Nery. *Constituição Federal Comentada*. 6.ª ed., São Paulo: Ed. Revista dos Tribunais/Thomson Reuters, 2017, coments. 5 a 10 CF 105 I *d*, pp. 908/910.

5   Noutro sentido: STJ, 2.ª Seç., CComp 111230, rel. Nancy Andrighi, j. 8.5.2013, m.v., DJUE 3.4.2014, vencidos os Mins. Isabel Gallotti e João Otávio Noronha: "É possível que o STJ conheça de conflito de competência entre tribunal arbitral e órgão do Poder Judiciário. Isso porque a atividade desenvolvida pelos árbitros no julgamento de questões a eles submetidas tem natureza jurisdicional, já que a decisão proferida em arbitragem tem potencialmente aptidão para produzir efeitos análogos aos da coisa julgada, tendendo à justa composição de uma lide com a atuação concreta da lei em substituição à vontade das partes. É possível que o STJ conheça de conflito de competência entre tribunal arbitral e órgão do Poder Judiciário na hipótese em que o suscitante tenha oferecido, perante o juízo estatal, exceção de incompetência antes de instaurado o procedimento arbitral, sendo o objeto da exceção absolutamente distinto do objeto do conflito de competência. Isso porque, embora o artigo 117 do CPC preveja que não pode suscitar conflito de competência a parte que, no processo, ofereceu exceção de incompetência, não se pode interpretar uma regra processual de modo a gerar uma situação de impasse, subtraindo da parte meios de se insurgir contra uma situação que repute injusta. Assim, necessário mitigar-se o comando contido no referido dispositivo processual. VOTOS VENCIDOS: Não é possível ao STJ conhecer de conflito de competência entre tribunal arbitral e órgão do Poder Judiciário. Isso porque, nesse caso, não se trata de conflito de competência entre juízes vinculados a tribunais diversos, seja porque o árbitro não é juiz, mas apenas equiparado a juiz pela Lei 9307/1996 nos limites de sua atuação em determinada arbitragem, seja porque não está vinculado, em sua função materialmente jurisdicional, a tribunal algum. A competência constitucional atribuída ao STJ no artigo 105, I, *d* se refere aos conflitos entre juízes e tribunais que compõem organicamente o Poder Judiciário como função do Estado, não devendo a interpretação de tal dispositivo ter como ponto de partida a Lei 9307/1996, a qual não poderia, nem o pretendeu, elastecer a competência do STJ. Não tem competência o tribunal arbitral para determinar medidas cautelares constritivas com a finalidade de assegurar futura execução. Isso porque o tribunal arbitral não integra a estrutura do Poder Judiciário e, no sistema jurídico adotado pela nossa lei de arbitragem, a execução é privativa desse Poder".

rarquia [funcional] sobre o tribunal arbitral – implicaria o reconhecimento de que o Estado-juiz pode interferir na administração de órgãos privados *antes* de eles decidirem qualquer coisa e *independentemente de ação judicial* (o conflito de competência não é ação, mas *incidente processual*), o que afrontaria o *due process of law* (CF 5º *caput* e LV) e o Estado Democrático de Direito (CF 1º *caput*).

O Poder Judiciário (STF, STJ e outros tribunais) só pode dirimir conflito de competência existente entre *órgãos do Poder Judiciário*, como é curial. Não pode determinar *previamente* o que um órgão privado deve ou não fazer, *em termos de competência*".[6] Além do quê, a interferência prévia do Poder Judiciário na atividade arbitral implicaria cerceamento indevido da faculdade que todos têm de nomear juízes privados para as demandas que a CF e a lei autorizam.[7]

Caso não houvesse disposição de lei regulando a matéria, as partes poderiam convencionar, quando da celebração do compromisso arbitral, que o árbitro terá competência para decidir, com força vinculante, sobre a eficácia do compromisso arbitral, o que significa que pode decidir sobre sua própria competência (*Kompetenz-Kompetenz*).[8] A força vinculante da decisão arbitral sobre sua própria competência é, segundo o direito brasileiro, permanente e acobertada pela *auctoritas rei iudicatae*, pois a sentença arbitral é, *ex lege*, título executivo judicial (CPC 515 VII), até que seja desfeita por eventual procedência de pedido anulatório da sentença arbitral, ajuizado com fundamento na LArb 32 IV, isto é, por haver o tribunal arbitragem exorbitado de sua competência para julgar a causa.

Dissemos que o âmbito de abrangência da regra *Kompetenz-Kompetenz* pode variar de acordo com o disposto no direito positivo do país em que se examina a existência e incidência da regra porque na Alemanha, por exemplo, onde não havia dispositivo legal regulando a matéria, o princípio incidência em toda a sua plenitude por convenção das partes, que poderiam atribuir no compromisso poderes para o tribunal arbitral decidir, *com força vinculante*, sobre sua própria competência. Hoje a matéria é regulada de forma diversa, porque a competência do tribunal arbitral pode ser questionada, no curso da arbitragem, mediante incidente deduzido junto ao Poder Judiciário. Ocorre uma espécie de "questão prévia de competência" que, di-

---

6 Nelson Nery Junior e Rosa Maria de Andrade Nery. *Código de Processo Civil Comentado*, 16.ª ed., São Paulo: Ed. Revista dos Tribunais/Thomson Reuters, 2016, coment. 8 CPC 66, p. 402.

7 Nelson Nery Junior e Rosa Maria de Andrade Nery. *Código de Processo Civil Comentado*, 16.ª ed., São Paulo: Ed. Revista dos Tribunais/Thomson Reuters, 2016, coments. CPC 66 e 485 VII, pp. 401/403 e 1206.

8 Adolf Schönke e Kurt Kuchinke. *Zivilprozessrecht*, 9.ª ed., Karlsruhe: C.F. Müller, 1969, § 87, II, 2, p. 449.

rimida pelo Judiciário estatal, se a decisão for pela competência do tribunal arbitral a arbitragem volta a correr.

Por isso é que há controvérsia na doutrina alemã, porquanto há corrente que defende que o Poder Judiciário estatal não está vinculado à decisão da jurisdição privada sobre competência.[9]

Diferentemente do nosso, o sistema alemão permite o controle judicial prévio da decisão arbitral sobre sua própria competência. A ZPO § 1040 n. 3, dispõe que, quando o tribunal arbitral fixar sua própria competência, geralmente por sentença parcial, a parte terá o prazo de um mês para impugnar essa decisão perante o juízo estatal. Não há suspensão do procedimento arbitral, de sorte que o tribunal arbitral pode continuar o procedimento e proferir sentença arbitral, mesmo na pendência da impugnação, perante o Poder Judiciário, da sentença parcial arbitral que fixar a competência do tribunal arbitral. Essa é a regra, hoje, do direito alemão sobre decisão a respeito da competência do juízo arbitral.

No Brasil a regra é distinta. A LArb 8° par.ún. determina que o árbitro tem competência para, de ofício ou a requerimento da parte, aferir a existência, validade e eficácia da cláusula compromissória, o que inclui, portanto, a arbitrabilidade da matéria levada pelas partes ao juízo arbitral, bem como sobre a competência do árbitro para decidi-la. Trata-se do princípio *Kompetenz-Kompetenz* (Competénce-Competénce).[10]

Já afirmamos alhures que *"é do próprio tribunal arbitral a competência para fixar sua competência. Não existe controle judicial prévio sobre eventual incompetência do tribunal arbitral. Somente a sentença arbitral é sindicável pelo Poder Judiciário, mediante a ação da anulação prevista na LArb 32, caso padeça de um dos vícios mencionados no dispositivo legal citado. Essa é a razão pela qual não pode haver conflito de competência entre jurisdição arbitral e jurisdição estatal. Fixada a competência do tribunal arbitral, nos termos do texto normativo ora comentado, o processo eventualmente existente no Poder Judiciário tem de ser extinto sem resolução do mérito (CPC 485 VII). Caso exista aparente conflito positivo de competência, uma vez determinada, pelo tribunal arbitral, sua própria competência, fica*

---

9 Wolfgang Voit. Comentário ao § 1040 da ZPO, in Hans-Joachim Musielak (editor). *Kommentar zur Zivilprozessordnung*, 5.ª ed., München: Verlag Franz Vahlen, 2007, coment. § 1040 ZPO, p. 2467. No mesmo sentido: Jens-Peter Lachmann. *Handbuch für die Schiedsgerichtspraxis*, 3.ª ed., Köln: Verlag Dr. Otto Schmidt, 2008, Kap. 8, B, I, 2, m. 690, p. 187.

10 V., mais amplamente, Magali Boucaron-Nardetto. *Le principe compétence-compétence en droit de l'arbitrage*, Tese de doutoramento, Prix de thèse Philippe Fouchard du Comité français de l'arbitrage 2012, Prix Jean Robert de l'Association française d'arbitrage 2012, Aix-Marseille: Presses Universitaires d'Aix-Marseille (PUAM), 2013, 702 p., *passim*.

o Poder Judiciário vinculado a essa decisão e tem de extinguir o processo estatal. Não há, igualmente, conflito negativo de competência, pois se o tribunal arbitral não se reconheceu competente para julgar a lide, não pode ser forçado, por decisão judicial estatal, a processar a causa. O princípio Kompetenz-Kompetenz é aceito universalmente e adotado na maioria dos países ocidentais civilizados".[11]

Tem sido comum a emissão de ordem judicial determinado ao tribunal arbitral que paralise a arbitragem enquanto pender o processo judicial que discute a pertinência de a lide processar-se perante o tribunal arbitral. Esse procedimento é incorreto e ilegal. Não existe hierarquia entre tribunal arbitral e tribunal estatal. Ambos exercem jurisdição de forma autônoma e não hierarquizada. Nenhuma ordem judicial pode ser emitida para que seja cumprida pelo tribunal arbitral, como se o juízo estatal exercesse poder hierárquico sobre o tribunal arbitral. Nem mesmo ordem de tribunal superior, pois, repita-se, não existe hierarquia entre órgãos do Poder Judiciário e o tribunal arbitral.

O controle da atividade arbitral como um todo somente pode ser feito *a posteriori*, isto é, mediante a ação anulatória da LArb 32. Daí por que o tribunal arbitral não pode e não deve cumprir decisão judicial que determine paralisação da arbitragem. Deve negar cumprimento a essa decisão noticiando ao órgão judicial emitente da ordem o fato de que, pela LArb 8º par.ún., é ele, tribunal arbitral, quem fixa sua própria competência e, ato contínuo, prosseguir com o procedimento arbitral até a sentença final. Esse é o modelo adotado pela lei brasileira (LArb 8º par.ún.), agora reforçado pelo CPC 485 VII, que estipula o dever de o juiz estatal extinguir o processo sem resolução do mérito, quando a) acolher a alegação de existência de convenção de arbitragem, ou quando b) *o juízo arbitral reconhecer sua competência (Kompetenz-Kompetenz)*.[12]

Dissemos que no Brasil a regra é distinta da alemã, pois naquele país o controle da competência do tribunal arbitral pelo Poder Judiciário estatal pode ser feito durante o curso do procedimento arbitral. Fixada a competência pelo próprio tribunal arbitral, o réu (requerido) da arbitragem

---

11   Nelson Nery Junior e Rosa Maria de Andrade Nery. *Leis Civis e Processuais Civis Comentadas*, 4.ª ed., Ed. Revista dos Tribunais/Thomson Reuters, 2015, coment. 2 LArb 8.° par.ún., p. 397. V. Nelson Nery Junior e Rosa Maria de Andrade Nery. *Código de Processo Civil Comentado*, 16.ª ed., Ed. Revista dos Tribunais/Thomson Reuters, 2016, coments. 5 a 9 CPC 66, pp. 401/403 e coment. 18 CPC 485, p. 1206. No mesmo sentido:

12   Nelson Nery Junior e Rosa Maria de Andrade Nery. *Leis Civis e Processuais Civis Comentadas*, 4.ª ed., Ed. Revista dos Tribunais/Thomson Reuters, 2015, coment. 3 LArb 8.° par.ún., pp. 397/398.

pode,[13] se quiser, no curso do procedimento arbitral, ingressar com pedido perante o Poder Judiciário para discutir essa decisão arbitral sobre competência (ZPO § 1040 n. 3).[14] Há uma espécie de, por assim dizer, *questão prévia externa de competência*, que não suspende o procedimento arbitral, que pode prosseguir e o tribunal arbitral pode proferir sentença, mesmo na pendência da questão prévia externa.

Pelo direito alemão anterior,[15] dada a ausência de regramento legal para o tema da decisão sobre a competência do tribunal arbitral, as partes

---

13   Somente o réu da arbitragem (requerido) é que tem legitimidade para impugnar a competência do tribunal arbitral, a teor e na forma da ZPO § 1040 n. 2 (Leo Rosenberg, Karl Heinz Schwab e Peter Gottwald. *Zivilprozessrecht*, 17.ª ed., München: C.H. Beck'sche Verlagsbuchhandlung, 2010, § 177 III, 2, n. 11, p. 1039).

14   § 1040 ZPO: Befugnis des Schiedsgerichts zur Entscheidung über die eigene Zuständigkeit. [1] Das Schiedsgericht kann über die eigene Zuständigkeit und im Zusammenhang hiermit über das Bestehen oder die Gültigkeit der Schiedsvereinbarung entscheiden. Hierbei ist eine Schiedsklausel als eine von den übrigen Vertragsbestimmungen unabhängige Vereinbarung zu behandeln. [2] Die Rüge der Unzuständigkeit des Schiedsgerichts ist spätestens mit der Klagebeantwortung vorzubringen. Von der Erhebung einer solchen Rüge ist eine Partei nicht dadurch ausgeschlossen, dass sie einen Schiedsrichter bestellt oder an der Bestellung eines Schiedsrichters mitgewirkt hat. Die Rüge, das Schiedsgericht überschreite seine Befugnisse, ist zu erheben, sobald die Angelegenheit, von der dies behauptet wird, im schiedsrichterlichen Verfahren zur Erörterung kommt. Das Schiedsgericht kann in beiden Fällen eine spätere Rüge zulassen, wenn die Partei die Verspätung genügend entschuldigt. [3] Hält das Schiedsgericht sich für zuständig, so entscheidet es über eine Rüge nach Absatz 2 in der Regel durch Zwischenentscheid. In diesem Fall kann jede Partei innerhalb eines Monats nach schriftlicher Mitteilung des Entscheids eine gerichtliche Entscheidung beantragen. Während ein solcher Antrag anhängig ist, kann das Schiedsgericht das schiedsrichterliche Verfahren fortsetzen und einen Schiedsspruch erlassen. (Tradução livre: § 1040 ZPO: Legitimidade do Tribunal Arbitral para se pronunciar sobre a sua própria competência. [1] O tribunal arbitral pode decidir sobre sua própria competência e sobre a existência ou validade da convenção de arbitragem. A cláusula de convenção de arbitragem deve ser tratada como independente de outro acordo ou disposições contratuais. [2] A alegação de incompetência do tribunal arbitral deve ser apresentada o mais tardar até a defesa. A parte não está impedida de deduzir essa alegação, pelo fato de que fez a nomeação ou participou da indicação de um árbitro. A impugnação de que o tribunal arbitral excedeu sua competência deve ser apresentada tão logo esse assunto surja no processo arbitral. O tribunal arbitral pode permitir em ambos os casos uma impugnação tardia, desde que a parte justifique suficientemente o atraso. [3] Dando-se o tribunal arbitral por competente, então deve decidir sobre a impugnação de que trata o n. 2, geralmente por sentença parcial. Neste caso, cada uma das partes pode requerer uma decisão judicial no prazo de um mês após a notificação escrita da decisão arbitral. Enquanto tal pedido estiver pendente, o tribunal arbitral pode prosseguir no procedimento arbitral e proferir sentença arbitral).

15   Sobre o direito alemão anterior à reforma de 1998, ver Peter Schlosser. Comentários à ZPO § 1037, in Friedrich Stein, Martin Jonas e Peter Schlosser (editores). *Kommentar zur Zivilprozeβordnung*, v. IV, t. 2 (§§ 883-1048, EG ZPO), 20.ª ed., Tübingen: J.C.B. Mohr (Paul Siebeck), 1988, coment. III, 3 a 6, ZPO § 1037, pp. 223/224; Jens-Peter Lachmann. *Handbuch für die Schiedsgerichtspraxis*, 3.ª ed., Köln: Verlag Dr. Otto Schmidt, 2008, Kap. 8, B, 1, ns. 688 e 689, p. 187.

poderiam dispor, no compromisso arbitral, acerca da competência do tribunal arbitral, dando-lhe poderes para decidir, com força vinculante, sobre sua própria competência. Esse entendimento foi acolhido pela jurisprudência do BGH,[16] mas criticado pela doutrina como sendo *jurisprudência artificial*.[17] A Lei-Modelo da UNCITRAL para a arbitragem não encampou essa forma de *Kompetenz-Kompetenz*, mas construiu a possibilidade de o tribunal firmar sua própria competência, por sentença parcial, com controle pelo Judiciário estatal.[18]

A regra *Kompetenz-Kompetenz* no velho estilo não mais é admitida depois da reforma de 1998.[19] Há afirmação na doutrina alemã de que não mais existe, naquele País, a regra *Kompetenz-Kompetenz*, justamente porque o tribunal arbitral não decide mais, de forma definitiva, acerca de sua própria competência, mas sim provisoriamente.[20] Existir existe, é claro. Mas com o modelo instituído pela reforma de 1998: o tribunal arbitral decide sobre sua própria competência, mas de forma *provisória*,[21] pois está sujeita ao controle do juízo estatal. Essa decisão provisória do tribunal arbitral se torna

---

16 Bundesgerichtshof (BGB), competente para velar pelo respeito à lei federal. Suas funções são assemelhadas às do Superior Tribunal de Justiça (STJ) brasileiro.

17 Heinz Sonnauer. *Die Kontrolle der Schiedsgerichte durch die staatlichen Gerichte*, Köln: Carl Heymanns Verlag, 1992, p. 57 ss.; Karl Heinz Schwab. The Legal Foundations and Limitations of Arbitration Procedures in the U.S. and Germany, in Pieter Sanders (editor). *International Arbitration. Liber Amicorum for Martin Domke*, The Hague: Martinus Nijhoff, 1967, n. 2, pp. 306/307.

18 Para o desenvolvimento histórico desses dois modelos de *Kompetenz-Kompetenz*, v. Karl Heinz Schwab. "Das Uncitral-model law und das deutsche Recht", in Walther J. Habscheid e Karl Heinz Schwab (editores). *Beiträge zum internationalen Verfahrensrecht und zur Schiedsgerichtsbarkeit: Festschrift für Heinrich Nagel zum 75. Geburtstag*, Münster: Aschendorff, 1987, IV, 2, pp. 433/434.

19 Peter Schlosser. Comentário à ZPO § 1040, in Friedrich Stein, Martin Jonas, Reinhard Bork e Herbert Roth (editores). *Kommentar zur Zivilprozessordnung*, v. 10, 23.ª ed., Tübingen: Mohr Siebeck, 2014, coment. I, 1, ZPO § 1040, p. 207.

20 Adolf Baumbach, Karl Heinz Schwab e Gerhard Walter. *Schiedsgerichtsbarkeit (Systematischer Kommentar zu den Vorschriften der Zivilprozeßordnung, des Arbeitsgerichtsgesetzes, der Staatsverträge und der Kostengesetze über das privatrechtliche Schiedsgerichtsverfahren)*, München, C.H. Beck'sche Verlagsbuchhandlung, 2000, Kap. 16, ns. 9 e 10, pp. 165/166.

21 Hanns Prütting. Comentário à ZPO § 1040, in Hanns Prütting e Marakus Gehrlein (editores). *ZPO Kommentar*, 7.ª ed., Köln: Luchterhand/Wolters Kluwer, 2015, coment. B, 2, ZPO § 1040, pp. 2396/2397; Peter Scholosser. Comentário à ZPO § 1040, in Friedrich Stein, Martin Jonas, Reinhard Bork e Herbert Roth (editores). *Kommentar zur Zivilprozessordnung*, v. 10, 23.ª ed., Tübingen: Mohr Siebeck, 2014, coment. II, 1, ZPO § 1040, p. 208; Adolf Baumbach, Karl Heinz Schwab e Gerhard Walter. *Schiedsgerichtsbarkeit (Systematischer Kommentar zu den Vorschriften der Zivilprozeßordnung, des Arbeitsgerichtsgesetzes, der Staatsverträge und der Kostengesetze über das privatrechtliche Schiedsgerichtsverfahren)*, München, C.H. Beck'sche Verlagsbuchhandlung, 2000, Kap. 16, n. 9, p. 165.

definitiva se o requerido não a impugnar no Poder Judiciário estatal ou se o próprio juízo estatal a reafirmar, quando do julgamento da impugnação de que trata a ZPO § 1040 n. 2.

No direito italiano o princípio é tradicionalmente afirmado pela doutrina, [22-23-24-25-26] e tem seu regulamento no CPC italiano 817,[27] com a reforma instituída pela L n. 80/2005 regulamentada pelo Decreto legislativo n. 40/2006. Pelo regime legal italiano, cabe ao tribunal arbitral, quando impugnada a existência, validade, eficácia do compromisso, ou mesmo a competência e constituição do próprio tribunal arbitral, decidir acerca de sua própria competência.[28]

A questão que se coloca, no direito italiano, é saber se a decisão do tribunal arbitral sobre sua própria competência é definitiva ou não definitiva, se vincula ou não vincula os órgãos do Poder Judiciário estatal.[29] Esse é o ponto.

---

22 Laura Salvaneschi. *Dell'Arbitrato (art. 806-840)*, in Sergio Chiarloni (diretor). *Commentario del Codice di Procedura Civile*, Libro Quarto (Dei Procedimenti Speciali), Bologna: Zanichelli Editore, 2014, coment. 3 CPC ital. 817, p. 559.

23 Tito Carnacini. *Arbitrato rituale*, verbete in Antonio Azara e Ernesto Eula (diretores). "Novissimo Digesto Italiano", v. 1, t. 2, Torino: UTET, 1958, pp. 874-923, especialmente n. 19, p. 889.

24 Virgilio Andrioli. *Commento al Codice di Procedura Civile*, v. IV, 3.ª ed., Napoli: Jovene, 1964, coment. II art. 817 CPC ital., p. 834 ss.

25 Francesco Paolo Luiso. *Rapporti fra arbitro e giudice*, in Elio Fazzalari (diretor). *La riforma della disciplina dell'arbitrato (L. n. 80/2005 e D.lgs. n. 40/2006)*, Milano: Giuffrè, 2006, pp. 111/129, notadamente ns. 3 e 4, pp. 116/123.

26 Albert Henke. *Il diritto americano e l'incerto fondamento del principio Kompetenz-Kompetenz in matéria di arbitrato* (Diritto del commercio Internazionale, Milano: Giuffrè, 2011, p. 647 ss.).

27 **CPC ital. 817:** "*Eccezione d'incompetenza. Se la validità, il contenuto o l'ampiezza della convenzione d'arbitrato o la regolare costituzione degli arbitri sono contestate nel corso dell'arbitrato, gli arbitri decidono sulla propria competenza*" (**Exceção de incompetência.** Se a validade, o conteúdo ou a abrangência da convenção de arbitragem ou a regular constituição dos árbitros são impugnadas no curso da arbitragem, os árbitros decidirão sobre sua própria competência – tradução livre).

28 Carlo Rasia. in Federico Carpi & Michele Taruffo (diretores). *Commentario breve al Codice di Procedura Civile*, 8.ª ed., Padova: Wolters Kluwer/Cedam, 2015, coment. II CPC ital 817, p. 2994; Laura Salvaneschi. *Arbitrato*, in Sergio Chiarloni (diretor). *Commentario del Codice di Procedura Civile*, Libro quarto: Procedimenti speciali art. 806-840, Bologna: Zanichelli Editore, 2014, coment. 4 CPC ital. 817, p. 569. Afirmando que essa solução dada pela lei de o árbitro decidir sobre sua própria competência é "assolutamente prevalente" [absolutamente prevalecente], Francesco Paolo Luiso. *Diritto processuale civile*, v. V, 8.ª ed., Milano: Giuffrè Editore, 2015, n. 14.4, p. 192.

29 Carlo Rasia. in Federico Carpi & Michele Taruffo (diretores). *Commentario breve al Codice di Procedura Civile*, 8.ª ed., Padova: Wolters Kluwer/Cedam, 2015, coment. III CPC ital 817, p. 2995.

Também entre nós o problema se põe, pois a regra *Kompetenz-Kompetenz* afirmada pela LArb 8º par.ún., garante ao tribunal arbitral o poder de decidir sobre sua própria competência sem interferência do Poder Judiciário durante a tramitação do procedimento arbitral. Proferida a sentença, a decisão sobre a competência do tribunal arbitral pode ser sindicada perante o Poder Judiciário estatal, por intermédio da ação anulatória de sentença arbitral prevista nas hipóteses taxativas da LArb 32. Saliente-se que essa ação não tem caráter rescisório, mas apenas rescindente, porquanto anulada a sentença arbitral o Poder Judiciário não poderá rejulgar a causa: a) ou rescinde extirpando o que extrapolou da convenção de arbitragem ou da competência dos árbitros; ou b) se houve *error in procedendo* ou *in iudicando* sanável anula a sentença e determina o retorno dos autos ao tribunal arbitral para que profira nova sentença de mérito.

A conclusão deste estudo é no sentido de que o regime legal brasileiro sobre competência do tribunal arbitral é a da concessão de poder ao árbitro para decidir sobre sua própria competência, sobre a existência, validade e eficácia da cláusula compromissória – LArb 8º par.ún. e CPC 485 VII. Como o Poder Judiciário (STF, STJ e outros tribunais e juízos estatais) não tem poder hierárquico sobre o tribunal arbitral, *privado*, também a ele está destinada a regra *Kompetenz-Kompetenz*, no sentido de que deve respeitar a decisão do árbitro, que só pode ser sindicada depois de encerrado o seu mister de julgar a lide e proferir sentença final arbitral, por meio da ação anulatória de que trata a LArb 32.

Daí a afirmação de que não incide, *in casu*, a regra de competência originária prevista na CF 105 I *d*, de sorte que inexiste conflito de competência entre juízo estatal e tribunal arbitral: afirmada sua competência pelo próprio tribunal arbitral (LArb 8º par.ún.), ao Poder Judiciário (STF, STJ e demais tribunais e juízos) impõe-se a conduta legal prevista no CPC 485 VII *in fine*: o Poder Judiciário deve extinguir o processo estatal sem resolução do mérito.

Assim é que o direito positivo brasileiro vigente – LArb 8º par.ún. e CPC 485 VII – trata do tema.

Eficácia das garantias constitucionais nas relações privadas: uma análise da jurisprudência do Superior Tribunal de Justiça e do Supremo Tribunal Federal

Gilmar Ferreira Mendes

> **SUMÁRIO: 1.** Introdução. **2.** Eficácia dos direitos fundamentais no âmbito do Direito Privado. **2.1.** Considerações preliminares. **2.2.** A Doutrina sobre a eficácia direta dos Direitos Fundamentais. **3.** Direitos Fundamentais aplicados às relações privadas na jurisprudência do Supremo Tribunal Federal. **4.** Direitos Fundamentais aplicados às relações privadas na jurisprudência do Superior Tribunal de Justiça. **5.** Conclusão. **6.** Referências Bibliográficas.

1. Introdução

Os direitos fundamentais são concebidos, originariamente, como direitos subjetivos públicos, isto é, como direitos do cidadão em face do Estado. Se se considerar que os direitos fundamentais são *prima facie* direitos contra o Estado, então parece correto concluir que todos os Poderes e exercentes de funções públicas estão diretamente vinculados aos preceitos consagrados pelos direitos e garantias fundamentais.

Em outros termos, a exigência de que as normas definidoras dos direitos e garantias fundamentais tenham aplicação imediata traduz a pretensão do constituinte no sentido de instituir uma completa e integral vinculação dos entes estatais aos direitos fundamentais.[1]

Tal como enunciado, os direitos fundamentais obrigam a todos os Poderes do Estado, seja o Legislativo, Executivo ou o Judiciário, nos planos federal, estadual e municipal.

Nesse contexto, assume relevo questão relativa ao grau dessa vinculação, especialmente à aplicação desses direitos e garantias fundamentais nas relações privadas. Se o Estado não pode estabelecer qualquer discriminação ou restrição em razão de sexo, idade, raça, concepção religiosa ou filosófica, é lícito indagar em que medida podem as entidades privadas deixar-se influenciar, nas suas relações jurídicas, por esses elementos de distinção ou de discriminação.

---

1   Cf., sobre o assunto no Direito alemão, STERN, Klaus. Das Staatsrechts der Bundesrepublik Deutschland, v. III (1), p. 1988, p. 1.204; DÜRIG. Kommentar zum Grundgesetz, Art. 1, nº 100.

Em outras palavras, seria legítimo que uma escola religiosa desse preferência, na contratação, a professores que adotassem aquela religião? Ou, poderia uma dada instituição religiosa de ensino rescindir o contrato de um casal de professores sob a alegação de que eles estão vivendo maritalmente sem a celebração do matrimônio?

Outras indagações são igualmente concebíveis:

1) em que medida, por exemplo, a liberdade de expressão autorizaria alguém a conclamar o público a um boicote contra uma dada publicação ou contra uma dada produção artística (v.g., um livro ou filme)?;

2) o princípio da igualdade impediria que, na adoção de critérios para contratação, uma empresa privilegiasse determinada categoria de pessoas, v.g., as adeptas de uma dada concepção filosófico-social?;

3) a administração de uma "cidade privada" (company-town) poderia impedir que adeptos dos testemunhas de jeová distribuam panfletos nas suas ruas e praças?;[2]

4) os proprietários ou administradores de "shopping centers" poderiam impedir a distribuição de informações sobre temas de interesse público no seu interior sob a alegação de que se cuida de um espaço submetido exclusivamente ao regime de propriedade privada?;[3]

5) quais seriam os limites da responsabilidade do Poder Público pelo fato de alguém, em razão de sua raça ou cor, deixar de ser atendido em um café ou restaurante administrado sob o regime de autorização ou permissão?[4]

As situações são, pois, múltiplas e variadas.

Essas questões têm sido discutidas nos diversos sistemas jurídicos seja sob a influência da doutrina alemã da *Drittwirkung*, seja sob os influxos da concepção americana da *state action*.

Tanto podem ser relevantes para os Direitos Fundamentais a proibição contratual de que alguém exerça uma determinada atividade profissional por período de tempo indefinido ou a exigência de que um contrato de aluguel não seja celebrado com pessoas de cor, quanto a cláusula testamentária que privilegia os herdeiros do sexo masculino, ou, ainda, a exigência de que um sabatista trabalhe aos sábados.[5]

---

2   Cf. NOWAK, John E./ ROTUNDA, Ronald D. Constitutional Law. 5.ª ed., 1995, p. 479; Ver case "Marsh versus Alabama", 326 U.S. 501, 66 S. Ct. 276, 90 L. Ed. 265 (1946).

3   Cf. NOWAK e ROTUNDA. Constitutional Law, op. cit., p. 480; Ver cases Amalgamated Food Employees Union v. Logan Valley Plaza, 391, U.S. 302. 82. S.Ct. 1601, 20 L.Ed. 2d 603 (1968), Llooyd Corp. Limited v. Tanner, 407 U.S. 551, 92 S. Ct. 2219, 33 L. Ed. 2d 131 (1972), dentre outros.

4   Burton v. Wilmington Parking Authority, 365 U.S. 715 (1961).

5   Cf., a propósito, BLECKMANN, Albert. Staatsrecht II — Grundrechte. 3.ª ed., Colônia, Berlim, Bonn, München, 1989, p. 176.

Todas essas indagações contribuem para realçar a importância dos direitos fundamentais nas relações privadas.

É inegável, por outro lado, que a necessária mediação do Poder Público, seja na sua face administrativa ou legislativa, seja na sua face judicial, torna essa questão ainda mais relevante.

Da afirmação sobre a relevância ou não dos direitos fundamentais para uma dada relação privada dependerá também a verificação sobre o perfil meramente ordinário (legal) ou constitucional de determinada controvérsia, o que pode ter sérias conseqüências para a própria definição dos órgãos judiciais competentes.[6]

2. Eficácia dos direitos fundamentais no âmbito do Direito Privado

2.1. Considerações preliminares

A questão relativa à eficácia dos direitos fundamentais no âmbito das relações entre particulares marcou o debate doutrinário dos anos 50 e do início dos anos 60 na Alemanha.[7] Também nos Estados Unidos, sob o rótulo da *state action*, tem-se discutido intensamente a aplicação dos direitos fundamentais às relações privadas.[8]

É fácil ver que a doutrina tradicional dominante do Século XIX e mesmo ao tempo da República de Weimar sustenta orientação segundo a qual os direitos fundamentais destinam-se a proteger o indivíduo contra eventuais ações do Estado, não assumindo maior relevância para as relações de caráter privado. Dos dois direitos fundamentais com notória eficácia para os entes privados (art. 118, I, 1. período – liberdade de opinião; art. 159, 2. período – liberdade de coalizão) extraiu-se um *argumentum* e contrário.[9]

---

6 Assinale-se que, entre nós, a idéia — errônea — de uma absoluta separação entre as questões legais e constitucionais tem levado muitos a sustentar a "irrevisibilidade" dos julgados do Superior Tribunal de Justiça em recurso especial. Embora o tema demande esclarecimento no prisma estritamente processual (momento de interposição dos recursos, o "prequestionamento", a separação entre simples interpretação do direito ordinário e a violação da Constituição, etc.), parece inquestionável que a vinculação aos direitos fundamentais também dos órgãos do Poder Judiciário induz ao reconhecimento dessa possibilidade, pelo menos de uma perspectiva do Direito Constitucional material.

7 RÜFNER. Die Subjekte der Grundrechte, p. 485 (550).

8 Cf., a propósito, NOWAK e ROTUNDA, Constitutional Law, op. cit., p. 470 s; TRIBE, Laurence H. Refocusing the "State Action" inquiry: separating state acts from state actors. In: Constitutional Choices, Harvard University Press, Cambridge, Massachusetts and London, 1985, p. 246 e s.

9 Cf. ANSCHÜTZ, Gerhard. Die Verfassung des deutschen Reichs, 1933, Art. 117, nota 1 (p. 549); Art. 118, nota 5 (p. 556); Art. 159, nota 1 (p. 731).

Um entendimento segundo o qual os direitos fundamentais atuam de forma unilateral na relação entre o cidadão e o Estado acabaria por legitimar a idéia de que haveria para o cidadão sempre um espaço livre de qualquer ingerência estatal.[10] A adoção dessa orientação suscitaria problemas de difícil solução tanto no plano teórico, como no plano prático. O próprio campo do Direito Civil está prenhe de conflitos de interesses com repercussão no âmbito dos direitos fundamentais[11]. O benefício concedido a um cidadão configura, não raras vezes, a imposição de restrição a outrem.

Por essa razão, destaca Rüfner que quase todos os direitos privados são referenciáveis a um direito fundamental:

> "Os contratos dos cidadãos e sua interpretação, abstraída a jurisprudência do Tribunal Federal do Trabalho, não despertavam grande interesse. O problema da colisão de direitos fundamentais coloca-se também aqui de forma freqüente: a liberdade de contratar integra os direitos fundamentais de desenvolvimento da personalidade (freie Entfaltung der Persönlichkeit) e de propriedade. Por isso, ela deve ser contemplada como elemento constitucional na avaliação jurídica dos contratos. O estabelecimento de vínculos contratuais com base na autonomia privada relaciona-se, pois, com o exercício de direitos fundamentais. Exatamente na assunção de obrigações contratuais reside uma forma de exercício de direitos fundamentais que limita a liberdade para o futuro. A livre escolha de profissão e o seu livre exercício são concretizados dessa forma. O livre exercício do direito de propriedade consiste também em empregar a propriedade para fins livremente escolhidos. A livre manifestação de opinião e a liberdade de imprensa, a liberdade de religião e a liberdade artística não são realizáveis sem a possibilidade de livre assunção de obrigações por parte dos cidadãos. Até mesmo a liberdade de consciência não está isenta de vinculações contratuais."[12]

Também o postulado de igualdade provoca problemas na esfera negocial.

O Estado, que, com os direitos fundamentais, assegura a liberdade do cidadão, não pode retirar essa liberdade com a simples aplicação do princípio da igualdade. O engajamento político e religioso integra o livre exercício do direito de propriedade e o livre exercício do direito de desenvolvimento da personalidade. A liberdade de testar é integrada pela liberdade de diferençar por motivos políticos ou religiosos.

Assim, em face dos negócios jurídicos coloca-se a indagação sobre a

---

10 Cf., a propósito, RÜFNER. Die Subjekte der Freiheitsrechte, op. cit., p. 554.

11 A acerca da aplicação de princípios constitucionais à solução de controvérsias típicas do direito privado, cf. Jörn IPSEN, *Verfassungsprivatrecht ?*. Juristen Zeitung, 69. Jahrgang, fevereiro de 2014, p. 175-208.

12 RÜFNER. Die Subjekte der Freiheitsrechte, op. cit., p. 554 e s.

sua própria validade como resultado de eventual afronta ou contrariedade aos direitos fundamentais.[13]

É certo, por outro lado, que na relação entre cidadãos não se pode tentar resolver o conflito com a afirmação — duvidosa já na relação com o Poder Público — de que *in dubio pro libertate*, porque não se cuida do estabelecimento de uma restrição ou limitação em sentido estrito.[14]

Canaris observa que o reconhecimento de que os direitos fundamentais cumprem uma tarefa importante na ordem jurídica não apenas como proibição de intervenção (direito de defesa), mas também como postulados de proteção, contribui para explicitar a influência desses postulados no âmbito do direito privado.[15]

2.2. A Doutrina sobre a eficácia direta dos Direitos Fundamentais

Sob o império da Lei Fundamental de Bonn engajou-se Hans Carl Nipperdey[16] em favor da aplicação direta dos direitos fundamentais no âmbito das relações privadas, o que acabou por provocar um claro posicionamento do Tribunal Superior do Trabalho em favor dessa orientação (*unmittelbare Drittwirkung*).[17]

O Tribunal do Trabalho assim justificou o seu entendimento:

> "Em verdade, nem todos, mas uma série de direitos fundamentais destinam-se não apenas a garantir os direitos de liberdade em face do Estado, mas também a estabelecer as bases essenciais da vida social. Isso significa que disposições relacionadas com os direitos fundamentais devem ter aplicação direta nas relações privadas entre os indivíduos. Assim, os acordos de direito privado, os negócios e atos jurídicos não podem contrariar aquilo que se convencionou chamar ordem básica ou ordem pública".[18]

Esse entendimento foi criticado sobretudo pela sua deficiente justificação em face do disposto no art. 1, III, da Lei Fundamental, que previa apenas a expressa vinculação dos poderes estatais aos direitos fundamentais.[19]

---

13   Cf., RÜFNER. Die Subjekte der Freiheitsrechte, op. cit., p. 556.
14   Cf., RÜFNER. Die Subjekte der Freiheitsrechte, op. cit., p. 555-556.
15   CANARIS, Claus-Wilhelm. Grundrechtswirkungen und Verhältnsmässigkeitsprinzip in der richterlichen Anwendung und Fortbildung des Privatrechts, JuS 1989, 161 (163).
16   NIPPERDEY, Hans Carl. Grundrechte und Privatrecht, 1961, p. 13.
17   Cf. BAGE 1, 185 (193).
18   Cf. BAGE 1, 185 (192).
19   Cf. BATTIS, Ulrich/GUSY, Christoph. Einführung in das Staatsrecht. 3.ª ed., Heidelberg, 1991, p. 346; PIEROTH e SCHLINK, Grundrechte — Staatsrecht II, p. 49 e s., PIEROTH e SCHLINK, Direitos Fundamentais, p. 113.

Afirmou-se ainda que a eficácia imediata dos direitos fundamentais sobre as relações privadas acabaria por suprimir o princípio da autonomia privada, alterando profundamente o próprio significado do Direito Privado como um todo.[20]

Ademais, a aplicação direta dos direitos fundamentais às relações privadas encontraria óbice insuperável no fato de que, ao contrário da relação Estado-cidadão, os sujeitos dessas relações merecem e reclamam, em princípio, a mesma proteção.[21]

É claro que o tema prepara algumas dificuldades.

Poder-se-ia argumentar com a disposição constante do art. 1.º, da Lei Fundamental, segundo a qual "os direitos humanos configuram o fundamento de toda a sociedade" (*Grundlage jeder Gemeinschaft*).[22] Poder-se-ia aduzir, ainda, que a existência de forças sociais específicas, como os conglomerados econômicos, sindicatos e associações patronais, enfraquece sobremaneira o argumento da igualdade entre os entes privados, exigindo que se reconheça, em determinada medida, a aplicação dos direitos fundamentais também às relações privadas.[23]

Esses dois argumentos carecem, todavia, de força normativa, uma vez que tanto o texto da Lei Fundamental, quanto a própria história do desenvolvimento desses direitos não autorizam a conclusão em favor de uma aplicação direta e imediata dos direitos fundamentais às relações privadas.[24]

Em verdade, até mesmo disposições expressas, como aquela constante do art. 18, nº 1, da Constituição de Portugal, que determina sejam os direitos fundamentais aplicados às entidades privadas, ou do Projeto da Comissão Especial para revisão total da Constituição suíça (art. 25) — Legislação e Jurisdição devem zelar pela aplicação do direito individuais às relações privadas — *Gesetzgebung und Rechtsprechung sorgen dafür, dass die Grundrechte sinngemäss auch unter Privaten wirksam werden*,[25] não parecem aptas para resolução do problema.[26]

---

20   HESSE. Grundzüge des Verfassungsrechts, op. cit., p. 142.
21   HESSE. Grundzüge des Verfassungsrechts, op. cit., p. 142.
22   Cf., a propósito, PIEROTH e SCHLINK. Grundrechte — Staatsrecht II, p. 50 PIEROTH e SCHLINK, Direitos Fundamentais, p. 114.
23   Cf., a propósito, PIEROTH e SCHLINK. Grundrechte — Staatsrecht II, p. 50 e PIEROTH e SCHLINK, Direitos Fundamentais, p. 113.
24   PIEROTH e SCHLINK. Grundrechte — Staatsrecht II, cit., p. 50, PIEROTH e SCHLINK, Direitos Fundamentais, p. 114.
25   BLECKMANN, Albert. Staatsrecht II — Die Grundrechte, op. cit., p. 176.
26   Cf., a propósito, VIEIRA DE ANDRADE, José Carlos. Os Direitos Fundamentais e a Constituição Portuguesa de 1976, Coimbra, 1987, p. 281.

A propósito da fórmula consagrada na Constituição portuguesa, acentua Vieira de Andrade que "se é certo que aí se afirma claramente que os preceitos constitucionais vinculam as entidades privadas, não se diz em que termos se processa essa vinculação e, designadamente, não se estabelece que a vinculação seja idêntica àquela que obriga os poderes públicos".[27]

Em verdade, ensina Dürig que uma aplicação direta dos direitos fundamentais às relações privadas poderia suprimir ou restringir em demasia o princípio da autonomia privada. Portanto, é o próprio sistema de direitos fundamentais, ensina o notável constitucionalista tedesco, que autoriza e legitima que os indivíduos confiram aos negócios de direito privado conformação não coincidente com tais direitos.[28]

Idêntica orientação é adotada por Konrad Hesse, que destaca serem as relações entre pessoas privadas marcadas, fundamentalmente, pela idéia de igualdade. A vinculação direta dos entes privados aos direitos fundamentais não poderia jamais ser tão profunda, pois, ao contrário da relação Estado-cidadão, os direitos fundamentais operariam a favor e contra os dois partícipes da relação de Direito Privado.[29]

Não se pode olvidar, por outro lado, que as controvérsias entre particulares com base no direito privado hão de ser decididas pelo Judiciário. Estando a jurisdição vinculada aos direitos fundamentais, parece inevitável que o tema constitucional assuma relevo tanto na decisão dos tribunais ordinários, como no caso de eventual pronunciamento da Corte Constitucional.[30]

3. Direitos Fundamentais aplicados às relações privadas na jurisprudência do Supremo Tribunal Federal

No Brasil, a doutrina recente tem se dedicado com afinco ao desenvolvimento do tema. Mencionam-se a propósito os estudos de Daniel Sarmento, Ingo Sarlet, Paulo Gustavo Gonet Branco, Rodrigo de Oliveira Kaufmann, André Rufino do Vale, e Thiago Sombra, os quais também enfatizam o amadurecimento dessa questão no Tribunal.[31]

---

27 VIEIRA DE ANDRADE. Direitos Fundamentais e a Constituição Portuguesa de 1976, p. 281.
28 DÜRIG, in: MAUNZ-DÜRIG. Grundgesetz — Kommentar, Art. 1, III, nº 130.
29 HESSE. Grundzüge des Verfassungsrechts, p. 159.
30 PIEROTH e SCHLINK. Staatsrecht II, op. cit., p. 50 e PIEROTH e SCHLINK, Direitos Fundamentais, p. 113.
31 cf. SARMENTO, Daniel. *Direitos Fundamentais e Relações Privadas*. Rio de Janeiro: Lumen Iuris, 2004; SOMBRA, Thiago. *A eficácia dos direitos fundamentais nas relações jurídico-privadas: A identificação do contrato como ponto de encontro dos direitos fundamentais*. Sérgio Antônio Fabris Ed. Porto Alegre: 2004; VALE, André

Conforme já mencionado o tema tem dado ensejo a uma relevante discussão doutrinária e jurisprudencial na Europa e nos Estados Unidos.

A propósito da *state action*, o assunto tem sido objeto de instigantes estudos e julgamentos nos Estados Unidos, os quais tem reconhecido a aplicação de direitos fundamentais para os casos em que estão envolvidos direitos civis (*The Civil Right Cases*), acordos privados (*Private Agreements*), ou ainda sob a alegação de que a questão decidida demanda um conceito de função pública (*The Public Function Concept*).[32]

Com base nas raras ocasiões em que a Corte se debruçou sobre o tema, é possível delinear os contornos que a aplicação dos direitos fundamentais nas relações privadas pode assumir.

No RE n° 160.222/RJ,[33] discutiu-se se cometeria o crime de constrangimento ilegal, o gerente que exige das empregadas de certa indústria de *lingeries* o cumprimento de cláusula constante nos contratos individuais de trabalho, segundo a qual, elas deveriam se submeter a revistas íntimas, sob ameaça de dispensa. Elucidou a ementa:

> *"I. Recurso extraordinário: legitimação da ofendida – ainda que equivocadamente arrolada como testemunha -, não habilitada anteriormente, o que, porém, não a inibe de interpor o recurso, nos quinze dias seguintes ao término do prazo do Ministério Público, (STF, Súms. 210 e 448). II. Constrangimento ilegal: submissão das operárias de indústria de vestuário a revista íntima, sob ameaça de dispensa; sentença condenatória de primeiro grau fundada na garantia constitucional da intimidade e acórdão absolutório do Tribunal de Justiça, porque o constrangimento questionado a intimidade das trabalhadoras, embora existente, fora admitido por sua adesão ao contrato de trabalho: questão que, malgrado a sua relevância constitucional, já não pode ser solvida neste processo, dada a prescrição superveniente, contada desde a sentença de primeira instância e jamais interrompida, desde então."*

Rufino do. *Eficácia dos direitos fundamentais nas relações privadas*. Sérgio Antônio Fabris Ed. Porto Alegre: 2004; KAUFMANN, Rodrigo. *Dimensões e Perspectivas da Eficácia Horizontal dos Direitos Fundamentais. Possibilidades e limites de aplicação no Direito Constitucional Brasileiro*. Tese para a obtenção do título de Mestre em Direito apresentada em 2004 e orientada pelo Professor José Carlos Moreira Alves; BRANCO, Paulo Gustavo Gonet. *Associações, Expulsão de Sócios e Direitos Fundamentais*, Direito Público v. 1, nº 2 (out. /dez. 2003) Porto Alegre: Síntese; Brasília: Instituto Brasiliense de Direito Público, 2003, pp. 170-174; e SARLET, Ingo Wolfgang. *A Eficácia dos Direitos Fundamentais*. Porto Alegre: Livraria do Advogado, 1998).

Muitos desses estudos desenvolveram-se também a partir dos positivos impulsos decorrentes das decisões proferidas por esta Corte.

32   NOWAK, John; ROTUNDA, Ronald. *Constitutional Law*. 5th Ed. St. Paul, Minn: West Publishing Co., 1995.

33   Rel. Sepúlveda Pertence, *DJ* de 1º.9.1995.

Em outro caso, o RE n° 158.215/RS,[34] a Segunda Turma preconizou a incidência direta dos direitos fundamentais sobre relações entre particulares. Tratava-se da hipótese de um membro expulso de cooperativa sem o atendimento da garantia do contraditório e da ampla defesa no âmago do devido processo legal. A ementa explicita tal raciocínio nos seguintes termos:

> *"Defesa – Devido Processo Legal – Inciso LV do Rol das Garantias Constitucionais – Exame – Legislação Comum.*
> *A intangibilidade do preceito constitucional assegurador do devido processo legal direciona ao exame da legislação comum. Daí a insubsistência da óptica segundo a qual a violência à Carta Política da República, suficiente a ensejar o conhecimento de extraordinário, há de ser direta e frontal. Caso a caso, compete ao Supremo Tribunal Federal exercer crivo sobre a matéria, distinguindo os recursos protelatórios daqueles em que versada, com procedência, a transgressão a texto constitucional, muito embora torne-se necessário, até mesmo, partir-se do que previsto na legislação comum. Entendimento diverso implica relegar à inocuidade dois princípios básicos em um Estado Democrático de Direito – o da legalidade e do devido processo legal, com a garantia da ampla defesa, sempre a pressuporem a consideração de normas estritamente legais.*
> *Cooperativa – Exclusão de Associado – Caráter Punitivo – Devido Processo Legal. Na hipótese de exclusão de associado decorrente de conduta contrária aos estatutos, impõe-se a observância ao devido processo legal, viabilizado o exercício amplo da defesa. Simples desafio do associado à assembléia geral, no que toca à exclusão, não é de molde a atrair adoção de processo sumário. Observância obrigatória do próprio estatuto da cooperativa."*

Paulo Gustavo Gonet Branco analisa as tendências jurisprudenciais do Tribunal a partir desse julgamento:

> *"A segunda turma do Supremo Tribunal enxergou controvérsia constitucional apta a ensejar o conhecimento e provimento de recurso extraordinário em causa em que se discutia a legitimidade formal da expulsão de sócios de uma cooperativa, sem a observância dos preceitos estatutários relativos à defesa dos excluídos. O relator, Ministro Marco Aurélio, dirigiu toda a apreciação do caso para o ângulo da garantia constitucional da ampla defesa. Argumentou que 'a exaltação de ânimos não é de molde a afastar a incidência do preceito constitucional assegurador da plenitude da defesa nos processos em geral. (...) Incumbia à Cooperativa, uma vez instaurado o processo, dar aos acusados a oportunidade de defenderem-se e não excluí-los sumariamente do quadro de associados(...), sem a abertura de prazo para produção de defesa e feitura de prova'.*
> *O acórdão não se deteve em considerações acadêmicas sobre a eficácia dos direitos fundamentais nas relações entre particulares, o que o torna ainda mais sugestivo. A decisão tomou como indiscutível que há normas de direitos fundamentais que incidem diretamente sobre relações entre pessoas privadas. Deixou para os comentadores os adornos doutrinários."*[35]

---

34   Rel. Marco Aurélio, *DJ* de 7.6.1996.
35   BRANCO, Paulo Gustavo Gonet. Associações, Expulsão de Sócios e Direitos Fundamentais. *Direito Público* v. 1, nº 2 (out. /dez. 2003). Porto Alegre: Síntese; Brasília: Instituto Brasiliense de Direito Público, 2003, pp. 170-174).

No RE nº 161.243/DF,[36] o Tribunal não admitiu que a invocação do princípio da autonomia fosse argumento legítimo para discriminar, nacionais de estrangeiros, no que concerne à percepção de benefícios constantes no estatuto pessoal de determinada empresa. Consignou-se na ementa:

> "Constitucional. Trabalho. Princípio da Igualdade. Trabalhador Brasileiro Empregado de Empresa Estrangeira: Estatutos do Pessoal desta: Aplicabilidade ao Trabalhador Estrangeiro e ao Trabalhador Brasileiro. CF, 1967, art. 153, § 1º; CF, 1988, art. 5º, caput.
> I. – Ao recorrente, por não ser francês, não obstante trabalhar para a empresa francesa, no Brasil, não foi aplicado o Estatuto do Pessoal da Empresa, que concede vantagens aos empregados, cuja aplicabilidade seria restrita ao empregado de nacionalidade francesa. Ofensa ao princípio da igualdade: C.F., 1967, art. 153, § 1º; C.F., 1988, art. 5º, caput). II. – A discriminação que se baseia em atributo, qualidade, nota intrínseca ou extrínseca do indivíduo, como o sexo, a raça, a nacionalidade, o credo religioso, etc., é inconstitucional. Precedente do STF: Ag 110.846(AgRg)-PR, Célio Borja, RTJ 119/465. III. – Fatores que autorizariam a desigualização não ocorrentes no caso. IV. – R.E. conhecido e provido."

No RE 201.819,[37] interposto pela União Brasileira de Compositores – UBC contra acórdão do Tribunal de Justiça do Estado do Rio de Janeiro, que manteve decisão que reintegrara associado excluído do quadro daquela sociedade civil, sob o entendimento de que seu direito de defesa havia sido violado, em virtude de não ter tido a oportunidade de refutar o ato que resultou na sua punição.

Tratou-se de um caso típico de aplicação de direitos fundamentais às relações privadas – assunto que, necessariamente, deve ser apreciado sob a perspectiva de uma jurisdição de perfil constitucional.

O caso apresentava singularidades. A UBC é repassadora do numerário arrecadado pelo Escritório Central de Arrecadação e Distribuição (ECAD). Destarte, a exclusão de sócio do quadro social da UBC, sem qualquer garantia de ampla defesa, do contraditório, ou do devido processo constitucional, onerou-o consideravelmente, já que ficou impossibilitado de perceber os direitos autorais relativos à execução de suas obras.

De outro lado, diante da iminência de expulsão disciplinar, ainda que o recorrido tivesse optado por ingressar em outras entidades congêneres, nacionais ou estrangeiras, o ônus subsistiria em razão da eliminação automática do associado, nos termos do art. 18 do Estatuto Social da ECAD.

Considerando que a União Brasileira de Compositores (UBC) integra a estrutura do ECAD, era incontroverso que, no caso, ao restringir as possibilidades de defesa do recorrido, ela assumia posição privilegiada para de-

---

36   Rel. Carlos Velloso, DJ de 19.12.1997.
37   RE 201.819, Rel. Min. Ellen Gracie, julgado em 11.10.2005.

terminar, preponderantemente, a extensão do gozo e fruição dos direitos autorais de seu associado. Em outras palavras, tratava-se de entidade que se caracteriza por integrar aquilo que poderíamos denominar como *espaço público* ainda que *não-estatal*.

Logo, as penalidades impostas pelo ECAD, extrapolavam, em muito, a liberdade do direito de associação e, sobretudo, o de defesa. Conclusivamente, era imperiosa a observância das garantias constitucionais do devido processo legal, do contraditório e da ampla defesa (art. 5°, LIV e LV, da CF).

No caso, porém, ficou verificado que a observância das normas internas da entidade teria assegurado a lisura do procedimento de exclusão do sócio. A relatora do caso, min. Ellen Gracie, entendeu que a controvérsia resolver-se-ia com esteio no estatuto social da entidade privada e na legislação civil em vigor. No mesmo sentido, destaca-se a fundamentação do voto do Min. Gilmar Mendes:

> "*.*
> Entendo que as associações privadas têm liberdade para se organizar e estabelecer normas de funcionamento e de relacionamento entre os sócios, desde que respeitem a legislação em vigor. Cada indivíduo, ao ingressar numa sociedade, conhece suas regras e seus objetivos, aderindo a eles.
> A controvérsia envolvendo a exclusão de um sócio de entidade privada resolve-se a partir das regras do estatuto social e da legislação civil em vigor. Não tem, portanto, o aporte constitucional atribuído pela instância de origem, sendo totalmente descabida a invocação do disposto no art. 5º, LV da Constituição para agasalhar a pretensão do recorrido de reingressar nos quadros da UBC.
> Obedecido o procedimento fixado no estatuto da recorrente para a exclusão do recorrido, não há ofensa ao princípio da ampla defesa, cuja aplicação à hipótese dos autos revelou-se equivocada, o que justifica o provimento do recurso.
> *.*"

Na ADI nº 2.591/DF,[38] o Supremo Tribunal Federal analisou a aplicabilidade do Código de Defesa do Consumidor (CDC) aos contratos firmados entre consumidores e instituições financeiras. A questão já havia sido pacificada no âmbito do Superior Tribunal de Justiça com a edição da Súmula 297/STJ, a qual dispõe que "O Código de Defesa do Consumidor é aplicável às instituições financeiras".

Na ação ajuizada perante o STF, impugnava-se a constitucionalidade do art. 3º, §2º, do CDC, na parte em que o dispositivo estende o conceito de serviço às atividades de natureza bancária, financeira, de crédito e securitária. Em suma, os defensores da inconstitucionalidade argumentavam que o dispositivo do CDC violaria reserva de lei complementar prevista no art. 192, incisos II e IV, da CF/88, na redação anterior à Emenda Constitucional nº 40/2003.

---

38 ADI 2591, Red. p/ Acórdão: Min. Eros Grau, DJ 29-09-2006.

Alegava-se ainda que o próprio texto constitucional teria implicitamente estabelecido uma distinção entre os clientes de instituição financeira e o consumidor comum. Ademais, defendia-se que a lei consumeirista teria onerado desproporcionalmente os bancos, o que configuraria uma violação do devido processo legal substantivo (art. 5º, LIV, da CF/88).

Por maioria de votos, o Plenário do STF julgou a demanda improcedente, afirmando que as instituições financeiras estariam alcançadas pela incidência das normas veiculadas no CDC. O voto relator do Min. Carlos Velloso destacou que a proteção ao consumidor tem *status* de princípio constitucional em nosso ordenamento jurídico:

> No Brasil, na linha da expansão do fenômeno mundial do "consumerismo" a defesa do consumidor ganhou status de princípio constitucional: art. 170, V: "A ordem econômica, fundada na valorização do trabalho humano e na livre iniciativa, tem por fim assegurar a todos existência digna, conforme os ditames da justiça social, observados os seguintes princípios: V – defesa do consumidor."
> A defesa do consumidor, registram Arruda Alvim, Thereza Alvim, Eduardo Arruda Alvim e James Marins, "pode, então, ser considerada, como afirma Eros Roberto Grau, um 'Princípio constitucional impositivo' (Canotilho), a cumprir dupla função, como instrumento para realização do fim de assegurar a todos existência digna e objetivo particular a ser alcançado. No último sentido, assume a função de diretriz (Dworkin) — norma objetivo — dotada de caráter constitucional conformador, justificando a reivindicação pela realização de políticas públicas." (Arruda Alvim et all. Código do Consumidor Comentado", R.T., 2a ed., pág. 13)

Reconhecendo a importância constitucional dessa proteção, o Tribunal entendeu que o dispositivo impugnado do CDC não teria violado a reserva de lei complementar estabelecida no art. 192, incisos II e IV, da CF/88, uma vez que tal reserva dizia respeito apenas à regulamentação do Sistema Financeiro Nacional e não ao regime jurídico dos atos negociais praticados pelas instituições financeiras. Nesse sentido, o voto do redator para acórdão Min. Eros Grau pontuou:

> "Não há dúvida, de outra parte, quanto à circunstância de a exigência de lei complementar veiculada pelo artigo 192 da Constituição abranger apenas o quanto respeite à regulamentação --- permito-me exorcizar o vocábulo "regulação", em razão do tanto de ambiguidade que enseja --- regulamentação, dizia, da estrutura do sistema. O sistema haveria de estar a serviço da promoção do desenvolvimento equilibrado do País e dos interesses da coletividade ---diz o preceito ------ e, para tanto, a Constituição impõe sua regulamentação por lei complementar. Mas apenas isso. Os encargos e obrigações impostos pelo Código de Defesa do Consumidor às instituições financeiras, atinentes à prestação de seus serviços a clientes ---- isto é, atinentes à exploração das atividades dos agentes econômicos que a integram, todas elas, operações bancárias e serviços bancários, na dicção do Ministro Nelson Jobim --- esses encargos e obrigações poderiam perfeitamente, como o foram, ser definidos por lei ordinária."

Por todos esses argumentos, a Corte assentou a aplicabilidade do Código de Defesa do Consumidor às relações negociais estabelecidas com instituições financeiras.

Na ADPF nº 132/RJ,[39] o Tribunal apreciou a constitucionalidade do art. 1.723 do Código Civil, que reconhece como entidade familiar as uniões estáveis estabelecidas entre homens e mulheres. Os defensores da inconstitucionalidade do dispositivo alegavam que a limitação do regime de união estável aos casais heterossexuais violaria os preceitos fundamentais da igualdade, da liberdade, da segurança jurídica e da dignidade da pessoa humana, todos previstos nos art. 5º, *caput*, e incisos II e IV da CF/88.

O julgamento contou com a participação de grupos organizados da sociedade civil, como associações empenhadas na luta pelos direitos LGBT e entidades religiosas, que contribuíram ativamente na condição *amicus curiae* no processo. O julgamento ostentou notável repercussão na sociedade brasileira, dada a relevância do tema enfrentado.

Nos termos do voto relator do Min. Carlos Britto, considerou-se que o texto constitucional não limitara o conceito de família a casais heteroafetivos nem a qualquer formalidade cartorária ou religiosa. Nesse sentido, entendeu-se que:

> *"A Constituição Federal não faz a menor diferenciação entre a família formalmente constituída e aquela existente ao rés dos fatos. Como também não distingue entre a família que se forma por sujeitos heteroafetivos e a que se constitui por pessoas de inclinação homoafetiva. Por isso que, sem nenhuma ginástica mental ou alquimia interpretativa, dá para compreender que a nossa Magna Carta não emprestou ao substantivo "família" nenhum significado ortodoxo ou da própria técnica jurídica. Recolheu-o com o sentido coloquial praticamente aberto que sempre portou como realidade do mundo do ser."*

No caso, pontuou-se também que a fórmula contida no art. 5º, §2º, da CF/88 deixava clara a possibilidade de se reconhecer outros direitos e garantias individuais não expressamente listados no texto constitucional. Assim, seria plenamente compatível com a Carta Maior o entendimento de que o conceito de família abarca as relações afetivas entre pessoas do mesmo sexo.

Reconhecendo a liberdade sexual como expressão da liberdade e da própria garantia fundamental da dignidade da pessoa humana, o Plenário acolheu os fundamentos do voto condutor, decidindo que o art. 1.723 do Código Civil mereceria interpretação conforme à constituição, a fim de que fosse excluída dele qualquer interpretação que impedisse o reconhecimento como entidade familiar da união contínua, pública e duradoura entre casais homoafetivos.

---

39   ADPF 132/RJ, Rel. Min. Ayres Britto, DJe 13-10-2011.

A discussão sobre a eficácia horizontal dos direitos fundamentais também foi refletida, ainda que de forma indireta, na apreciação do RE 636.331/RJ, cujo julgamento encontra-se suspenso por pedido de vista. No caso, examina-se se tratados internacionais subscritos pelo Brasil, notadamente a Convenção de Varsóvia e alterações posteriores, deveriam prevalecer sobre o Código de Defesa do Consumidor para efeito de limitar a responsabilidade das empresas de transporte aéreo internacional por extravio de bagagem.

A antinomia se estabelece, a princípio, entre o art. 14 do CDC, que impõe ao fornecedor do serviço o dever de reparar os danos causados, e o disposto no art. 22 da Convenção de Varsóvia, introduzida no direito pátrio pelo Decreto nº 20.704, de 24 de dezembro de 1931, que preestabelece limite máximo para o valor devido pelo transportador, a título de reparação. Na essência, a controvérsia reside em definir se o direito do passageiro à indenização pode ser limitado por legislação internacional especial, devidamente incorporada à ordem jurídica brasileira.

O voto relator do Min. Gilmar Mendes sustentou que a solução dessa celeuma passava pela consideração de, pelo menos, três aspectos: (1) o possível conflito entre o princípio constitucional que impõe a defesa do consumidor e a regra do art. 178 da Constituição Federal; (2) a superação da aparente antinomia entre a regra do art. 14 da Lei 8.078/90 e as regras dos arts. 22 da Convenção de Varsóvia e da Convenção para Unificação de Certas Regras Relativas ao Transporte Aéreo Internacional; e (3) o alcance das referidas normas internacionais, no que se refere à natureza jurídica do contrato e do dano causado.

Primeiramente, o voto afastou o argumento de que o princípio constitucional que impõe a defesa do consumidor (art. 5º, XXXII, e art. 170, V, da CF/88) impediria qualquer sorte de derrogação do CDC por norma mais restritiva, ainda que por lei especial. A esse respeito, o Relator ressaltou que o próprio texto constitucional, já em redação originária, determinou a observância dos acordos internacionais, quanto à ordenação do transporte aéreo internacional, logo não haveria que se falar em impossibilidade absoluta de derrogação do CDC.

Também se considerou que, no caso, não haveria superioridade hierárquica dos tratados sobre o CDC, já que estes tratados não diziam respeito à disciplina de direitos humanos. Assim, o conflito entre as normas deveria ser solvido pela aplicação dos critérios ordinários, que determinam a prevalência da lei especial em relação à lei geral e da lei posterior em relação à lei anterior. Entendeu-se então que as Convenções internacionais prevaleceriam não apenas porque seriam mais recentes, mas porque seriam especiais em relação ao Código de Defesa do Consumidor.

O voto condutor também esclareceu que as disposições previstas nos acordos internacionais aplicam-se apenas aos contratos de transporte internacional de pessoas, estando também excluídos da incidência do art. 22 da

Convenção de Varsóvia os casos de reparação por dano moral decorrente de extravio de bagagens.

Atualmente, o julgamento do processo encontra-se suspenso por pedido de vista da Min. Rosa Weber.

Também no julgamento do RE nº 658.312/SC,[40] a Corte decidiu importante matéria relativa à eficácia privada dos direitos fundamentais. No caso, examinava-se se o art. 384 da Consolidação das Leis Trabalhistas (CLT) foi recepcionado pela Constituição Federal de 1988. O dispositivo previa que, em caso de prorrogação do horário normal de trabalho, seria obrigatória a concessão de 15 (quinze) minutos de descanso antes do período extraordinário. Em razão de o dispositivo estar inserido no Capítulo III da CLT (que dispõe sobre a "Proteção do Trabalho da Mulher"), discutia-se se a concessão de tal benefício exclusivamente às mulheres compatibilizava-se com os arts. 5º, inciso I, e 7º, inciso XXX, da CF/88.

O voto relator do Min. Dias Toffoli considerou que, embora os referidos dispositivos da CF/88 tenham de fato instituído a igualdade formal entre homens e mulheres, a Carta Maior utiliza admitia em determinadas hipóteses tratamento diferenciado entre os gêneros, tendo em vista (i) a histórica exclusão da mulher no mercado regular de trabalho; (ii) as diferenças no componente orgânico e biológico entre os sexos ; e (iii) um componente social, consubstanciado no fato de ser comum o acúmulo de atividades pela mulher no lar e no ambiente de trabalho. O Relator considerou então que esses três critérios legitimariam um tratamento entre os sexos, desde que a norma instituidora ampliasse direitos fundamentais das mulheres e atendesse ao princípio da proporcionalidade na compensação das diferenças.

Aplicando essa moldura ao caso concreto, o voto condutor considerou que o art. 384 da CLT, embora não retratasse mecanismo de compensação histórica por discriminações socioculturais, vinculava-se aos outros dois critérios de *discrímen*, o biológico e o social. Nesse sentido, afirmou-se que:

> "Pela leitura desses dispositivos, podemos concluir que a Constituição Federal veio a se utilizar de alguns critérios para esse tratamento diferenciado: i) em primeiro lugar, levou em consideração a histórica exclusão da mulher do mercado regular de trabalho e impôs ao Estado a obrigação de implantar políticas públicas, administrativas ou meramente legislativas de natureza protetora no âmbito do direito do trabalho (PITANGUY, Jacqueline & BARSTED, Leila L. (orgs.). O Progresso das Mulheres no Brasil. Brasília: UNIFEM,Fundação Ford e CEPIA, 2006); ii) considerou existir um componente orgânico, biológico, a justificar o tratamento diferenciado, inclusive pela menor resistência física da mulher; e iii) considerou haver, também, um componente social, pelo fato de ser comum o acúmulo de atividades pela mulher no lar e no ambiente de trabalho – o que, de fato, é uma realidade e, portanto, deve ser levado em consideração na in-

---

40 RE 658312, Rel. Min. Dias Toffoli, DJe 10-02-2015.

> *terpretação da norma, como propõe a metódica concretista de Friedrich Miiller (cf. Métodos de trabalho do Direito Constitucional. Trad. Peter Naumann: Rio de Janeiro, Renovar, 2005 e O novo paradigma do direito: introdução à teoria e à metódica estruturantes do direito. Trad. Dimitri Dimoulis et. al. São Paulo: Revista dos Tribunais, 2008). Não vislumbro ser a espécie um enunciado normativo que retrate mecanismo de compensação histórica por discriminações socioculturais fundado na doutrina do "impacto desproporcional", tal qual desenvolvida no sistema jurídico norte- americano. **O art. 384 da CLT levou em consideração os outros dois critérios acima elencados.**
> (.)
> O dispositivo atacado não viola o art. 7º, inciso XXX, da Constituição Federal, na medida em que não diz respeito a tratamento diferenciado quanto ao salário a ser pago a homens e mulheres, a critérios diferenciados de admissão, ou mesmo a exercício de funções diversas entre diversos gêneros. Essa norma, como já salientei, com o devido respeito àqueles que advogam a tese contrária, não gera, no plano de sua eficácia, prejuízos ao mercado de trabalho feminino. Aliás, o intervalo previsto no art. 384 da CLT só tem cabimento quando a trabalhadora labora, ordinariamente, com jornada superior ao limite permitido pela lei e o empregador exige, diante de uma necessidade, que se extrapole esse período. Adotar-se a tese da prejudicialidade nos faria inferir, também, que o salário-maternidade, a licença-maternidade, o prazo reduzido para a aposentadoria, a norma do art. 391 da CLT, que proíbe a despedida da trabalhadora pelo fato de ter contraído matrimônio ou estar grávida, e outros benefícios assistenciais e previdenciários existentes em favor das mulheres acabariam por desvalorizar a mão de obra feminina.
> Portanto, há que se concluir que o art. 384 da CLT foi recepcionado pela atual Constituição, visto que são legítimos os argumentos jurídicos a garantir o direito ao intervalo. O trabalho contínuo impõe à mulher o necessário período de descanso, a fim de que ela possa se recuperar e se manter apta a prosseguir com suas atividades laborais em regulares condições de segurança, ficando protegida, inclusive, contra eventuais riscos de acidentes e de doenças profissionais. Além disso, o período de descanso contribui para a melhoria do meio ambiente de trabalho, conforme exigências dos arts. 7º, inciso XXII, e 200, incisos II e VIII, da Constituição Federal."

Com base nesses fundamentos, o Plenário, por maioria, acolheu o voto condutor para consignar a recepção do dispositivo da lei trabalhista pelo texto constitucional vigente. O voto vencido do Min. Luiz Fux considerou que esse tratamento diferenciado para as mulheres ofenderia o princípio da isonomia, exceto quando se tratasse de atividades exigissem esforço físico do empregado. Acompanhando a divergência, o Min. Marco Aurélio defendeu a inconstitucionalidade da norma, por entender que ela seria, em verdade, prejudicial à posição das mulheres no mercado de trabalho.

Já na ADI 4.815[41], o Supremo contemplou a eficácia horizontal do direito de liberdade de expressão ao analisar a constitucionalidade dos arts.

---

41 ADI 4815, Rel. Min. Cármem Lúcia, DJe 01-02-2016

20 e 21 do Código Civil. Os dispositivos estabelecem a proteção dos direitos de personalidade em casos de divulgação de escritos, transmissão da palavra, publicação, exposição ou utilização de imagens de pessoa sem sua autorização.

No caso, a autora da ação Associação Nacional dos Editores de Livros – Anel sustentava que a redação desses artigos não implicaria em vedação à publicação de biografias sem anuência prévia do biografado. De acordo com a Associação, a exigência de autorização do biografado violaria as liberdades de manifestação do pensamento, da atividade artística, intelectual, científica e de comunicação (art. 5º, IV e IX da CF/88), além do direito difuso da cidadania à informação (art. 5º, XIV).

Com base nesses argumentos, a autora da ação pleiteou a declaração de inconstitucionalidade parcial, sem redução de textos, dos arts. 20 e 21 do Código Civil, apenas para fosse afastada a obrigatoriedade de consentimento das pessoas retratadas em obras biográficas, literárias ou audiovisuais.

O Plenário da Corte julgou a ação procedente por unanimidade. O voto da relatora Min. Carmem Lúcia destacou que a imposição de autorização prévia para veiculação de obras biográficas equivaleria à censura prévia particular e comprometeria a liberdade de expressão, bem como o direito de informar e ser informado. O voto acolheu expressamente a doutrina da eficácia horizontal dos direitos fundamentais para referir que:

> "Atualmente, doutrina e jurisprudência reconhecem que a eficácia dos direitos fundamentais espraia-se nas relações entre particulares. Diversamente dos primeiros momentos do Estado moderno, no qual, sendo o ente estatal o principal agressor a direitos fundamentais, contra ele se opunham as normas garantidoras desses direitos, hoje não é permitido pensar que somente o Estado é fonte de ofensa ao acervo jurídico essencial de alguém. O particular não pode se substituir ao Estado na condição de deter o poder sobre outro a ponto de cercear ou anular direitos fundamentais.
> Quanto mais se amplia o espaço de poder social, mais se tem a possibilidade de ser a liberdade restringida pela ação de particulares contra um indivíduo ou grupo. A proteção dos direitos não se limita à ação estatal, mas estende-se também à ação dos particulares nas relações intersubjetivas.
> A sociedade não é composta de pessoas em idênticas condições de força e poder. Essas diferenças podem permitir a determinado indivíduo interferir e sobrepor-se à atuação legítima de outro particular, estabelecendo-se relações de poder privado que podem restringir ou ofender direitos fundamentais.
> Por isso a eficácia dos direitos fundamentais é tida como extensiva ao Estado e também aos particulares, que não podem atuar em desrespeito às garantias estabelecidas pelo sistema constitucional.
> Os conflitos entre particulares podem atingir direitos fundamentais pela desproporcionalidade do poder exercido por um em relação a outro ou em contrariedade ao interesse público. Nem por ser particular se haverá de desconsiderar ilegítimo tal agir. Apesar de ser mais comum quando exercido pelo Estado, o particular pode também atuar com abuso ou exorbitância de poder em relação

> *a outrem, a tomar o prejudicado legitimado a defender os seus direitos quanto à atuação contrária ao direito."*

A Relatora ressaltou especificamente a dimensão horizontal do direito à liberdade de expressão, cuja observância afigura-se mandatória não apenas ao Estado, mas também a toda sociedade no âmbito de relações privadas:

> *"Quanto ao direito à liberdade de expressão, a eficácia dos direitos fundamentais não se limita ao provimento estatal, impõe-se a toda a sociedade, não persistindo o agir isolado ou privado pela só circunstância de não ser estatal. O poder individual não pode se substituir ao poder estatal, nem ser imune às obrigações relativas aos direitos fundamentais. Por exemplo: a conduta discriminatória ou preconceituosa praticada por síndico de condomínio não pode ser mais tolerada que o agir do Estado ao distinguir sem base de legitimidade entre iguais."*

No RE 673.707,[42] o Tribunal examinou o alcance do *Habeas Data* enquanto instrumento de satisfação do direito constitucional de acesso à informação. No caso, controvertia-se se os dados de contribuintes arquivados no Sistema de Conta Corrente da Secretaria da Receita Federal do Brasil – SINCOR seriam ou não de uso privativo da autoridade tributária. A parte Recorrente argumentava que, embora o referido sistema fosse utilizado pelo Fisco, o banco de dados ostentava caráter público, o que tornava possível, pelo menos em tese, a subsunção do art. 1º da Lei nº 9.507/97 ao caso concreto.

No julgamento, o Plenário afastou a tese de que os dados pleiteados estariam acobertados por sigilo fiscal. Nos termos do voto condutor do Min Luiz Fux, entendeu-se que, conquanto o sistema fosse utilizado em apoio às atividades de arrecadação da Receita Federal, as informações ali consolidadas seriam dados próprios dos contribuintes, devendo ser consideradas públicas em homenagem ao direito à informação expresso no art. 5º, inciso XXXIII da CF/88. Nesse sentido, pontuou-se que:

> *"O Estado, por meio de seus órgãos ou poderes, ao deter em seus registros ou bancos de dados informações dos contribuintes, seja para que fim for, permanentes ou temporárias, não pode se negar a fornecê-los a quem de direito, sob pena de violar a CRFB/88.*
>
> *Deveras, as informações fiscais relativas ao próprio contribuinte, se forem sigilosas, não importa em que grau, devem ser protegidas da sociedade em geral, segundo os termos da lei ou da constituição, mas não de quem a elas se referem, por força da consagração do direito à informação do art. 5º, inciso XXXIII, da Carta Magna, que traz como única ressalva o sigilo imprescindível à segurança da sociedade e do Estado, o que não se aplica no caso sub examine, verbis:*

---

42 RE 673707, Rel. Min. Luiz Fux, DJe 18.06.2015.

> *(.)*
> *Ora, tratando-se de informação subjetiva, ou seja, de dados pessoais relativos ao próprio requerente, não há como se defender serem comprometedores para a segurança da sociedade ou do Estado e, portanto, não podem ser negadas ao próprio requerente. FILHO, Vicente. Tutela constitucional das liberdades. São Paulo: Saraiva, 1989, p. 176; e LIPPMANN, Ernesto. O habeas data visto pela doutrina e interpretado pelos Tribunais. Revista dos Tribunais, São Paulo, ano 85, nº 723, jan. 1996, p. 117). Insere-se, aqui, o objeto a que se destina a garantia constitucional do habeas data, ao assegurar o direito fundamental das pessoas de ter ciência de todas as informações subjetivas armazenadas junto às entidades governamentais ou de caráter público."*

Em complemento às considerações alinhavadas no voto condutor, o Min. Gilmar Mendes chamou a atenção para o fato de que o art. 5º, inciso LXXII, alínea "a" da CF/88, consagra a proteção do direito à informação dos cidadãos não apenas em face do Estado, mas também em face de terceiros, consolidando-se como um direito fundamental que ostenta eficácia privada. A esse respeito, afirmou que:

> *"De qualquer sorte, o dispositivo [art. 5º, inciso LXXII, alínea "a" da CF/88], também, traz uma abordagem muito importante, que vem sendo, hoje, anotada por alguns doutrinadores, que é uma ideia de eficácia privada dos direitos fundamentais, ao falar dos bancos de caráter público e, hoje, se entende que são bancos – embora isso não se aplique ao caso – como aqueles que estão aí manejados, geridos por entidades privadas, mas que afetam de maneira muito sensível a vida do cidadão. O nome no SERASA, no SPC, nesses diferentes bancos de dados tem um reflexo enorme na vida das pessoas. E uma informação eventualmente errada tem um impacto significativo. Portanto, aqui, o texto foi avançado e abriu, portanto, ensanchas a uma abordagem que precisa de ser devidamente aprofundada.*
> *Então, a mim, parece-me, digna de nota, desde logo, é exatamente a ideia de que, no plano processual, nós temos o habeas data com o propósito, o intento de tutelar aquilo que entendemos ser uma proteção da autonomia privada nesse âmbito da autodeterminação sobre os dados, que ganha cada vez mais importância, na medida em que temos toda essa ampla evolução tecnológica."*

Além dos julgados acima destacados, ressalta-se que o debate acerca da eficácia horizontal de direitos fundamentais encontra-se refletido em processos pendentes de julgamento pelo STF, nos quais inclusive já se reconheceu a existência de Repercussão Geral. São eles: RE-601.580;[43]

---

43 Recurso extraordinário em que se discute, à luz do art. 206, I, da Constituição Federal, a possibilidade, ou não, de servidor público militar estadual, transferido ex oficio e oriundo de estabelecimento particular de ensino superior, ingressar em instituição de natureza pública em razão da inexistência, na localidade de destino, de instituição congênere à de origem.

RE-591.874;[44] RE-611639;[45] RE-646.721;[46] RE-883.168;[47] RE-647.885;[48] RE-845.779;[49] ARE-833.248[50] e RE-878.694.[51]

4. Direitos Fundamentais aplicados às relações privadas na jurisprudência do Superior Tribunal de Justiça

Recentemente, o *status* constitucional atribuído à proteção do consumidor e o reconhecimento da eficácia privada dos Direitos Fundamentais também têm orientado a jurisprudência do Superior Tribunal de Justiça.

---

44   Recurso extraordinário em que se discute, à luz do art. 37, § 6º, da Constituição Federal, se a responsabilidade objetiva nele prevista é, ou não, aplicável aos casos de responsabilidade civil das pessoas jurídicas de direito privado prestadoras de serviço público em relação aos terceiros não-usuários do serviço.

45   Recurso extraordinário em que se discute, à luz dos artigos 37, caput, e 236, caput, da Constituição Federal, a constitucionalidade, ou não, da parte final do § 1º do art. 1.361 do Código Civil, o qual determina que, em se tratando de veículos, a propriedade fiduciária constitui-se com o registro do contrato na repartição competente para o licenciamento, devendo-se fazer a anotação no certificado de registro.

46   Recurso extraordinário em que se discute, à luz dos artigos 1º, III; 5º, I; e 226, § 3º, da Constituição Federal, o alcance do direito de sucessão legítima decorrente de união estável homoafetiva.

47   Recurso extraordinário em que se discute, à luz dos artigos 201, V, e 226, § 3º, da Constituição Federal, a possibilidade, ou não, de reconhecimento de direitos previdenciários (pensão por morte) à pessoa que manteve, durante longo período e com aparência familiar, união com outra casada.

48   Recurso extraordinário em que se discute, à luz do art. 5º, XIII, da Constituição federal, a constitucionalidade de dispositivos da Lei 8.906/1994, que limitam o exercício profissional em virtude da existência de débitos pendentes no órgão representativo de classe (OAB), em face do princípio da liberdade de exercício de qualquer trabalho, ofício ou profissão.

49   Recurso extraordinário em que se discute, à luz dos arts. 1º, III, 5º, V, X, XXXII, LIV e LV, e 93 da Constituição Federal, se a abordagem de transexual para utilizar banheiro do sexo oposto ao qual se dirigiu configura ou não conduta ofensiva à dignidade da pessoa humana e aos direitos da personalidade, indenizável a título de dano moral.

50   Recurso extraordinário em que se discute, à luz dos arts. 1º, III, 5º, caput, III e X, e 220, § 1º, da Constituição Federal, a possibilidade de a vítima ou seus familiares invocarem a aplicação do direito ao esquecimento na esfera civil, considerando a harmonização dos princípios constitucionais da liberdade de expressão e do direito à informação com aqueles que protegem a dignidade da pessoa humana e a inviolabilidade da honra e da intimidade.

51   Recurso extraordinário em que se discute, à luz dos arts. 5º, I, e 226, § 3º, da Constituição Federal, a validade do art. 1.790 do Código Civil, que atribui ao companheiro direitos sucessórios distintos daqueles outorgados ao cônjuge pelo art. 1.829 do mesmo Código.

No julgamento do REsp 1.245.550/MG,[52] analisou-se se seria devido o pagamento de indenização por dano moral a consumidor absolutamente incapaz em cuja conta-corrente efetuaram-se saques comprovadamente indevidos. A decisão recorrida considerara que, diante da diagnosticada demência do consumidor, não seria possível considerar que este tivesse tido ciência do ilícito, logo seria incabível falar em ocorrência de dano moral na hipótese.

Valendo-se das lições de Sergio Cavalieri Filho, o voto relator do Min. Luís Felipe Salomão fundamentou que os direitos de personalidade afiguram-se como verdadeiras garantias constitucionais, de sorte que as reparações cabíveis em razão de violações a esses direitos devem ser examinadas a partir de uma ótica constitucional:

> *"Com efeito, os direitos da personalidade provêm da própria natureza humana e se irradiam no campo do Direito Positivo. No ordenamento jurídico brasileiro, aqueles direitos receberam previsão constitucional, assim como foram apontados em diplomas civis e penais, recebendo a tutela correspondente a cada um.*
> *Nessa linha de ideias, pertinente a doutrina de Sergio Cavalieri Filho, que sintetiza a contento o que se disse até o momento:*
> *Tenho pra mim que todos os conceitos tradicionais de dano moral terão que ser revistos pela ótica da Constituição de 1988. Assim é porque a atual Carta, na trilha das demais Constituições elaboradas após a eclosão da chamada questão social, colocou o Homem no vértice do ordenamento jurídico da Nação, fez dele a primeira e decisiva realidade, transformando os seus direitos no fio condutor de todos os ramos jurídicos. E, ao inserir em seu texto normas que tutelam os valores humanos, a Constituição fez também estrutural transformação no conceito e valores dos direitos individuais e sociais, o suficiente para permitir que a tutela desses direitos seja agora feita por aplicação direta de suas normas. (.)*
> *Pois bem, logo no seu primeiro artigo, inciso III, a Constituição Federal consagrou a dignidade humana como um dos fundamentos do nosso Estado Democrático de Direito. Temos hoje o que pode ser chamado de direito subjetivo constitucional à dignidade. Ao assim fazer, a Constituição deu ao dano moral uma nova feição e maior dimensão, porque a dignidade humana nada mais é do que a base de todos os valores morais, a essência de todos os direitos personalíssimos (CAVALIERI FILHO, Sérgio. Programa de responsabilidade civil. 8ª ed. São Paulo: Atlas, 2008)."*

Com base nesses fundamentos, a Quarta Turma do Tribunal, por unanimidade, considerou que a condição de incapacidade absoluta do consumidor por si só não prejudicaria a configuração do dano moral, já que a proteção dos direitos de personalidade estaria associada ao princípio da dignidade da pessoa humana. Logo, a preservação desse direito fundamental independeria da condição psíquica do indivíduo.

Nesse sentido, a ementa do acórdão esclareceu que: *"a dignidade humana pode ser considerada, assim, um direito constitucional subjetivo, essência de todos os direitos personalíssimos e o ataque àquele direito é*

---

[52] REsp 1.245.550/MG, Rel. Ministro Luis Felipe Salomão, Quarta Turma, DJe 16-04-2015.

o que se convencionou chamar dano moral". Quanto à extensão do dano sofrido pelo consumidor, considerou-se que o dano moral não necessariamente estaria vinculado a alguma reação psíquica da vítima, já que tal dano antecederia os sentidos de aflição e angústia.

No julgamento do REsp nº 1.315.822/RJ,[53] o Tribunal Superior debruçou-se mais uma vez sobre o tema da aplicabilidade de direitos fundamentais no âmbito de relações de consumo.

Na origem, o processo tratava-se de ação civil pública promovida pela Associação Fluminense de Amparo aos Cegos – AFAC contra o Banco do Brasil S/A, na qual se pleiteava que a instituição financeira fosse condenada a confeccionar versões em Braille dos contratos de adesão e demais documentos fundamentais para a relação de consumo. Requeria-se também que o banco fosse condenado a enviar, para os clientes com deficiência visual, extratos mensais impressos em linguagem Braille. A decisão recorrida havia imposto à instituição financeira as obrigações de fazer pleiteadas pela Associação.

Examinando o recurso interposto pelo Banco do Brasil S/A, o relator do caso Min. Marco Aurélio Bellize destacou que a Lei nº 10.048/2000 e a Convenção Internacional sobre os Direitos das Pessoas com Deficiência já obrigavam as instituições financeiras a conferirem tratamento prioritário e diferenciado aos portadores de deficiência física. O voto considerou também que a utilização do Braille nas contratações bancárias seria medida essencial à garantia da dignidade dos consumidores deficientes visuais. Assim, ainda que não existissem leis de proteção aos direitos desse grupo, a adaptação dos contratos ao Braile seria mandatória no contexto da ordem constitucional brasileira:

> "De plano, releva deixar assente que, ainda que não houvesse, como de fato há, um sistema legal protetivo específico das pessoas portadoras de deficiência, a obrigatoriedade da utilização do método braille nas contratações bancárias estabelecidas com pessoas com deficiência visual encontra lastro, para além da legislação consumerista in totum aplicável à espécie, no próprio princípio da dignidade com consumidores deficientes visuais consubstancia, conforme se demonstrará, o único modo de conferir-lhes, com plenitude, tratamento materialmente isonômico, liberdade de fazer suas próprias escolhas, real acessibilidade à comunicação e à informação essenciais, bem como proteção a sua intimidade. Assim, diversamente do sustentado pela parte ora insurgente, a pretensão expendida na presente ação tem lastro no ordenamento jurídico nacional, cuja normatividade tem assento legal e constitucional.
> (..)
> A utilização do método braille nos ajustes bancários com pessoas portadoras de deficiência visual encontra lastro, ainda, indiscutivelmente, na legislação con-

---

53 REsp 1.315.822/RJ, Rel. Ministro Marco Aurélio Bellizze, Terceira Turma, DJe 16-04-2015.

sumerista, que preconiza ser direito básico do consumidor o fornecimento de informação suficientemente adequada e clara do produto ou serviço oferecido, encargo, é certo, a ser observado não apenas por ocasião da celebração do ajuste, mas também durante toda a contratação."

Com base nesses fundamentos, a Terceira Turma do STJ manteve a condenação imposta à instituição financeira de confeccionar em Braile os contratos de adesão aos seus serviços, na forma pleiteada pela parte.

5. Conclusão

A observância dos direitos fundamentais nas relações entre particulares é tema discutido em diversos sistemas jurídicos. Com bastante influência da doutrina alemã da *Drittwirkung* e do *state action* americano, também no Brasil tem-se admitido tal aplicação a casos específicos, julgados pelo Supremo Tribunal Federal.

O presente artigo elencou os argumentos doutrinários mais relevantes sobre a aplicação dos direitos fundamentais nas relações privadas, apresentando julgados do Tribunal Constitucional Federal alemão para melhor apreciar o tema.

No Brasil, o Supremo Tribunal Federal já se debruçou sobre semelhante controvérsia, consciente de que estaria a decidir, clara e inequivocamente, sobre os limites de aplicação dos direitos fundamentais nas relações privadas. As decisões apresentadas enfatizam o amadurecimento dessa questão no Tribunal e como este está alinhado aos entendimentos de outras Cortes no sentido de proteção aos direitos fundamentais, cumprindo, desse modo, sua função institucional.

Referências Bibliográficas

ANSCHÜTZ, Gerhard. Die Verfassung des deutschen Reichs, 1933.

BATTIS, Ulrich/GUSY, Christoph. Einführung in das Staatsrecht. 3.ª ed., Heidelberg, 1991, p. 346;

BRANCO, Paulo Gustavo Gonet. *Associações, Expulsão de Sócios e Direitos Fundamentais*, Direito Público v. 1, nº 2 (out. /dez. 2003) Porto Alegre: Síntese; Brasília: Instituto Brasiliense de Direito Público, 2003, pp. 170-174;

BRANCO, Paulo Gustavo Gonet. Associações, Expulsão de Sócios e Direitos Fundamentais. *Direito Público* v. 1, nº 2 (out. /dez. 2003). Porto Alegre: Síntese; Brasília: Instituto Brasiliense de Direito Público, 2003, pp. 170-174).

CANARIS, Claus-Wilhelm. Grundrechtswirkungen und Verhältnsmässigkeitsprinzip in der richterlichen Anwendung und Fortbildung des Privatrechts, JuS 1989, 161 (163).

IPSEN, Jörn *Verfassungsprivatrecht* ?. Juristen Zeitung, 69. Jahrgang, fevereiro de 2014, p. 175-208.

KAUFMANN, Rodrigo. *Dimensões e Perspectivas da Eficácia Horizontal dos Direitos Fundamentais. Possibilidades e limites de aplicação no Direito Constitucional Brasileiro.* Tese para a obtenção do título de Mestre em Direito apresentada em 2004 e orientada pelo Professor José Carlos Moreira Alves;

PIEROTH, Bodo; SCHLINK, Bernhard. *Grundrechte – Staatsrecht* II. 21. ed. Heidelberg: [s. n.], 2005.

_____. *Grudrechte – Staatsrecht*. 4. ed. Heidelberg, 1988.

_____. *Direitos fundamentais.* São Paulo: Saraiva, 2012.

NIPPERDEY, Hans Carl. Grundrechte und Privatrecht, 1961, p. 13.

NOWAK, John E.; ROTUNDA, Ronald D. Constitutional Law. 5.ª ed., 1995, p. 479; Ver case "Marsh versus Alabama", 326 U.S. 501, 66 S. Ct. 276, 90 L. Ed. 265 (1946).

NOWAK, John; ROTUNDA, Ronald. *Constitutional Law.* 5th Ed. St. Paul, Minn: West Publishing Co., 1995.

SARLET, Ingo Wolfgang. *A Eficácia dos Direitos Fundamentais.* Porto Alegre: Livraria do Advogado, 1998).

SARMENTO, Daniel. *Direitos Fundamentais e Relações Privadas.* Rio de Janeiro: Lumen Iuris, 2004;

SOMBRA, Thiago. *A eficácia dos direitos fundamentais nas relações jurídico--privadas: A identificação do contrato como ponto de encontro dos direitos fundamentais.* Sérgio Antônio Fabris Ed. Porto Alegre: 2004;

STERN, Klaus. Das Staatsrechts der Bundesrepublik Deutschland, v. III (1), p. 1988, p. 1.204; DÜRIG. Kommentar zum Grundgesetz, Art. 1, nº 100.

VALE, André Rufino do. *Eficácia dos direitos fundamentais nas relações privadas.* Sérgio Antônio Fabris Ed. Porto Alegre: 2004;

VIEIRA DE ANDRADE, José Carlos. Os Direitos Fundamentais e a Constituição Portuguesa de 1976, Coimbra, 1987, p. 281.

A JURISDIÇÃO CONSTITUCIONAL E SEUS LIMITES AUTOPOIÉTICOS: UMA PROPOSTA DE LEITURA A PARTIR DA TEORIA DOS SISTEMAS

Ulisses Schwarz Viana

> **SUMÁRIO**: I. Introdução. II. A jurisdição constitucional e sua relação com os *acoplamentos estruturais* (*strukturelle Kopplungen*) como mecanismo de observação de possibilidades decisórias. III. A jurisdição constitucional no contexto da autopoiese, da codificação e da programação condicional do sistema jurídico. IV. Os programas condicionais do direito e a jurisdição constitucional. V. Jurisdição constitucional e *fórmula do risco*. VI. Conclusões.

I. Introdução

O fenômeno denominado de forma genérica de *ativismo judicial* tem sido objeto de frequentes questionamentos teóricos e práticos, como também tem sido identificada com o advento do *neoconstitucionalismo*.

Há a necessidade de no plano teórico discutir-se e propor leituras à questão dos limites *criativos* dos julgadores no exercício fundamental da jurisdição constitucional, os quais podem ser obtidos pelas contribuições da teoria dos sistemas, na perspectiva de uma *observação externa* (jusfilosófica e jus-sociológica), passando pela percepção de possíveis problemas e abusos interpretativos aptos a produzir *disfuncionalidades* sistêmicas na atividade decisório-aplicativa do texto constitucional, parecendo-nos insustentável, como pretendemos demonstrar neste texto, que ao intérprete da Constituição se tenha conferido uma *carte blanche* (discricionariedade judicial aberta) para aplicar suas disposições sem limitações trazidas pela *racionalidade do próprio sistema jurídico*.

A partir de um tratamento transdisciplinar e, para alguns, certamente um tanto heterodoxo, do tema objeto da análise proposta neste texto, lançaremos mão dos estudos da Teoria dos Sistemas Sociais (*Theorie sozialer Systeme*) com o objetivo de fazer estudo sobre um modelo filosófico, com origem também na sociologia jurídica, de produção de decisões judiciais, passando pelas ideias de autopoiese, de codificação sistêmica, de programas condicionais e de acoplamento estrutural[1] (*strukturelle Kopplung*).

---

1   A expressão *acoplamento estrutural*, utilizada neste texto, deriva da terminologia adotada por Luhmann em toda sua obra, escrita originalmente em língua alemã na

Por esse panorama, coloca-se na exposição o problema do elemento *eficacial* da jurisdição constitucional e a delimitação **argumentativa (jurídica)** dos limites textuais e factuais na interpretação e aplicação de dispositivos constitucionais, sem adentrar a tormentosa questão da diferenciação entre regras princípios, mas situando o problema na perquirição em torno dos geradores de coevolução harmônica do direito com a sociedade e seus outros subsistemas de função, por meio das prestações (decisórias) do subsistema social do direito, na esfera da jurisdição constitucional, que por meio de decisões judiciais deve atuar para produzir, por meio da operação de seus programas condicionais (normas e princípios constitucionais), uma comunicação *normativa* em torno de temas constitucionais, como conflito entre expectativas sociais divergentes, colocando-as no crivo analítico das operações autopoiéticas[2] do sistema jurídico.

Propõe-se uma jurisdição constitucional que se efetive na produção de decisões **congruentes** e **adequadas** aptas a produzir estabilização de expectativas sociais, resolução de conflitos e de redução de complexidades e riscos emergentes no sistema social.

No presente texto, a proposta da Teoria dos Sistemas é também objeto de análise no sentido de que, apesar do fechamento operacional do sistema jurídico, no processo constitucional o juiz deverá observar a ocorrência de acoplamentos estruturais que permitam a exploração das possibilidades de descoberta de **equivalentes decisórios** que estimulem a *abertura cognitiva*, como capacidade de o sistema dos órgãos jurisdicionais *aprender a coevoluir* **adaptativamente** com a sociedade e seus sistemas sociais.

Ponto a partir do qual se vislumbra a aplicação da Teoria dos Sistemas Sociais no campo das decisões judiciais no campo da jurisdição constitucional e, paralelamente, se expõe o alcance pragmático de suas consequências funcionais, colocando o julgador diante da *fórmula do risco*, na qual se põe em xeque a tendência dos operadores do sistema jurídico (no texto, obviamente, centrada na figura do juiz constitucional) aos problemas da denominada *illusion of control* (ilusão do controle).

Esta *ilusão do controle* é vista neste texto como propensão, no plano da prática decisória judicial, a esquivar-se das limitações estruturais da realidade social. A realidade social que fenomenologicamente faz emergir os condicionamentos às possibilidades decisórias na aplicação prática da

---

qual se tem a expressão *strukturelle Kopplung*. Apesar de sua acepção denotar um aspecto de ligação ou ligamento estrutural, um tanto mecanicista e anatômico, ela tem sido amplamente utilizada pelos tradutores dos textos luhmannianos, quer seja nas versões para a língua inglesa (*coupling*) quer seja para o espanhol (*acoplamiento*), por exemplo.

2   A ideia da autopoiese será objeto de descrição e análise no item II do presente texto, ao qual remetemos o leitor.

Constituição no contexto da sociedade moderna, sempre caracterizada por grande complexidade e contingência em suas estruturas de expectativas e também semânticas (construção social de sentido).

A jurisdição constitucional e suas decisões ao vistas no vertente texto como produto de uma adequada aplicação da fórmula (condicional) do *se →então*.[3] O que traz consigo problemas de *eficácia e adequação* das decisões na jurisdição constitucional, com grande dever de *argumentação e fundamentação jurídica* (autopoiética).

Dentre os pontos analíticos deste texto, proporemos o conceito de **acoplamento estrutural**, que será oportunamente explorado como instrumento de comunicação e evolução conjunta dos sistemas sociais, operacionalizado por meio de decisões judiciais e de uma jurisprudência constitucional regidas pelos postulados, para nós, **sistêmicos** de uma jurisdição constitucional adequada.

A exposição traz, ainda, a proposta de que a jurisdição constitucional deve desempenhar sua *função social* por meio da observância (reflexiva) da qualidade de suas prestações (decisórias), por meio de sua abertura cognitiva (capacidade de observação), levando em conta de que modo suas decisões podem evitar *disfuncionalidades decisórias*. Concepção que poderíamos denominar de introdução de um **consequencialismo sistêmico**.

Aqui queremos colocar em relevo a ideia da *abertura cognitiva* dos sistemas funcionais da sociedade. A *abertura cognitiva* emerge como exigência de ampliação da capacidade da jurisdição constitucional de observação e de *aprendizado* como elementos de conflito (lides constitucionais) no sistema de interação do processo constitucional, trazendo novamente à cena o papel dos *acoplamentos estruturais* (*strukturelle Kopplungen*).

II. A jurisdição constitucional e sua relação com os *acoplamentos estruturais* (*strukturelle Kopplungen*) como mecanismo de observação de possibilidades decisórias

O ponto de partida para a estruturação das ideias expostas neste texto está no delineamento do significado do *acoplamento estrutural*. O acoplamento estrutural é explorado por Niklas Luhmann[4] (2006: 269), quem deli-

---

3   Ou seja, *se* presentes certas condições (jurídicas, fáticas e materiais), *então* se julga em determinado sentido, ausentes essas condições julga-se de outro modo.

4   Pensador alemão Niklas Luhmann (1927-1998), professor de sociologia na Universidade de Bielefeld (Alemanha), ao longo de sua vida acadêmica elaborou uma teoria da sociedade de caráter bastante peculiar e inovador. Dentro de sua perspectiva interdisciplinar, utilizando-se de conceitos obtidos da biologia, da epistemologia ciberné-

neia seu conceito do seguinte modo:

> O conceito de acoplamento estrutural [...] se deve a que dois sistemas se contemplam e se perguntam como estão eles ligados entre si: como é absolutamente possível que um sistema, apesar de autopoiético – o que quer dizer, apesar de ele se produzir em suas próprias operações e determinar aquelas que devem cessar de existir ou, consequentemente, deixar de operacionalizar-se – possam funcionar em um ambiente.[5]

Como passo adiante na elaboração de sua ideia do **acoplamento estrutural**,[6] Luhmann (1987a: 286-344) recorre ao conceito de *Interpenetration* (interpenetração), colocando-a na relação entre dois e, *para nós*, até mesmo mais de dois sistemas autopoiéticos, como resultado da circunstância de que ocasionalmente executam operações sobre os mesmos valores ou valores complementares, que em certas situações fazem que os sistemas operem de modo "unificado".

O conceito luhmanniano da *Interpenetration* foi elucidado por Baraldi, Corsi e Esposito (1997: 189), quando ao explicá-lo registram:

> Fala-se de interpenetração, se o acoplamento estrutural tem lugar na proporção da mútua dependência entre os sistemas, da qual cada um somente pode então

---

tica, da matemática e outras áreas do conhecimento, Luhmann se lançou ao trabalho de observar e demonstrar que a sociedade moderna está baseada na existência de sistemas sociais operacionalmente fechados (operative Schließung), mas cognitivamente abertos (kognitive Öffnung) e, ainda, nesta relação dual e paradoxal, faz aplicar o conceito de acoplamento estrutural (strukturelle Kopplungen).

5   Tradução livre do autor – Texto original: *"Der Begriff der strukturellen Kopplung liegt [...], der zwei Systeme gleichzeitig betracht und sich die Frage stellt, wie sie miteinander verbunden sind: wie es überhaupt möglich ist, dass ein System, obwohl es autopoietisch ist – das heißt, obwohl es sich mit eigenen Operationen reproduziert und das entweder tut oder anderenfalls aufhören muss zu operieren, also aufhören muss zu existieren –, in einer Umwelt funktioniert"*.

6   Em outra ocasião, Luhmann (1987a: 302) esclarece: "Conceitos como "coupling" e "bonding" vem à superfície como outros contextos de pesquisa. Eles indicam uma integração temporária de unidades independentes. A perspectiva do observador, portanto, se coloca de frente. Ela não penetra as unidades, mas pode estabelecer que elas se combinem ocasionalmente e, assim, adotem os mesmos valores ou valores complementares diante de muitas variáveis, ou até operem como sistema unificado em ocasiões específicas" – Tradução livre do autor – Texto original: *"In anderen Forschungszusammenhängen tauchen Begriffe wie >>coupling<< oder >>bonding<< auf. Sie bezeichnen enine zeitweilige Verknüpfung von unabhängigen Einheiten. Dabei steht die Perspektive eines Beobachter im Vordergrund. Sie dringt nicht in das Innere der Einheiten ein, kann aber feststellen, daß sie sich gelegentlich zusammenschließen, in meheren Variablen gleiche oder komplementäre Werte annehmen oder auch bei bestimmten Anlässen wie ein einheitliches Systems wirken"*.

existir se o outro também existir. Os referidos sistemas se desenvolvem então coevolutivamente.[7]

Como visto, o acoplamento estrutural deriva da circunstância de que, em dados momentos, ao serem observados de fora, os sistemas se apresentem unificados e em coevolução interdependente, por compartilharem valores *mútuos* ou *complementares*. Tomemos como exemplo o fato de que os **contratos** que são operações de cunho *econômico*, mas que também emergem como **instituto jurídico** *(do contrato)*. Os contratos, então, estão dentro de um acoplamento estrutural entre direito e economia, no qual surgem problemas jurídicos de proteção e defesa do consumidor, além de eventualmente trazer consigo questões ligadas *à dignidade da pessoa* humana, em quadros de execução *vexatória* de obrigações contratuais.

Outro acoplamento estrutural, este sim com relevância direta para a jurisdição constitucional, surge da concepção luhmanniana de que a Constituição é um complexo acoplamento estrutural entre a política (sistema político) e o direito (Luhmann, 2002: 391). Daí o problema de ver o *ativismo judicial* como politização das decisões judiciais, substituindo o sistema político na realização e na definição de programas *finalísticos* de natureza política.

Estes exemplos deixam clara a concepção luhmanniana de que apesar de os sistemas sociais se desenvolverem dentro de uma autorreferência fechada *operacionalmente* (autopoiese), **como faz o direito em torno de sua *normatividade***, criando e recriando suas programações decisórias (**modelos decisórios** judicialmente estabelecidos a partir de princípios e de regras *jurídicas*).

Apesar do necessário fechamento operativo (*operative Geschlossenheit*) para a reprodução autopoiética feita pelas operações do próprio sistema, como, por ex., no caso do direito pela ideia de sua **normatividade**, os sistemas funcionais parciais (economia, direito, educação, intimidade, dentre outros) não operam em um *solipsismo* sistêmico, pois são capazes de perceber os efeitos recíprocos das operações que envolvem valores *mútuos e complementares*, os quais são canalizados como estímulos produzidos pelo contato/atrito/irritação entre os subsistemas sociais de função pelos acoplamentos estruturais.

Os acoplamentos estruturais (*strukturelle* Kopplungen) entre os sistemas parciais, pelo processo de admissão ou de exclusão das irritações advindas do ambiente, somente podem evoluir conjuntamente na forma do

---

7   Tradução livre do autor – Texto original: "Man spricht von Interpenetration [...], wenn die strukturelle Kopplung in einem Verhältnis der gegenseitigen Abhängigkeit zwischen Systemen stattfindet, von denen jedes nur dann existieren kann, wenn die anderem auch existieren. Die betreffenden Systeme entwickeln dann ko-evolutiv."

structural drift,⁸ o qual viabiliza a criação de estruturas sociais coordenadas e de adaptações do sistema social para promover a inclusão de novas formas de operações e de modos de vivência.⁹

A sociedade depende do sistema jurídico para obter um mínimo de *segurança condicionada pelo direito* (**segurança e previsibilidade de expectativas jurídicas**), o que de modo central é feito por meio da estabilização de expectativas normativas como expectativas "juridicizadas" como programas condicionais que estão relacionados com a jurisdição constitucional, como elementos de diferenciação funcional do sistema jurídico. Ponto em que devemos recordar a jurisdição constitucional como "aplicadora" da própria Constituição,¹⁰ com regramentos e conjuntos principiológicos complexos, como, por ex., aqueles voltados à interação entre ordem social e ordem econômica, com seus focos de constante tensão.

Tal posição serve à compreensão da função da **jurisdição constitucional** no interior do sistema funcional do direito diante dos acoplamentos estruturais como motor da produção de uma interação *normatizada* entre os subsistemas sociais, ampliando as possibilidades coevolutivas do sistema jurídico com o sistema social geral.

A jurisdição constitucional deve estar imbuída de sua função social de construção de estruturas sociais harmonizadas e *normatizadas* (expectativas normativas estabilizadas) à luz dos princípios da dignidade da pessoa humanada e dos postulados da proporcionalidade, razoabilidade, legalidade, publicidades e eficiência, os quais a nosso ver nos dias de hoje constituem o núcleo da *racionalidade do sistema jurídico* contemporâneo.

A jurisdição constitucional em nosso tempo se insere no contexto característico da modernidade com o reconhecimento do *constante e irrefreável* aumento da complexidade das relações sociais que culminaram na *diferenciação funcional* dos subsistemas sociais autopoiéticos, como identificado por Niklas Luhmann (1987a: 256-285) dentro do contexto geral

---

8   Expressão adotada por Luhmann, mas cunhada por Humberto Maturana no campo da biologia, a qual se aplica à ideia dos desenvolvimentos estruturais coordenados.

9   Em relação à absorção de novos modos de vivência pela autopoiese *normativa* do sistema jurídico basta lembrar que o direito passou a reconhecer a *mutação social* do *sistema da intimidade* ao reconhecer na ADPF nº 132 a **união homoafetiva como INSTITUTO JURÍDICO**. Veja-se também o **RE 477554 AgR / MG e o ADI 4277 / DF**. A autopoiese *normativa* do sistema jurídico pode ser percebida como um rechaço de uma racionalidade autopoiética do sistema da RELIGIÃO, que em suas linhas mais tradicionais se opunha e, ainda, opõe-se ao reconhecimento *jurídico* das populações LGBHT.

10 Ela própria vislumbrada como o complexo acoplamento estrutural entre a política (sistema político) e o direito. Esse acoplamento estrutural tem sua raiz nada mais nada menos do que na própria Constituição (Luhmann, 2002: 391).

do processo de *diferenciação social* e da correspondente *diferenciação das dimensões de sentido* (Luhmann: 1987a: 127-135).

O direito contemporâneo por meio da jurisdição constitucional se vê na contingência de processar a todo tempo, para produzir decisões adequadas, elementos irritantes e perturbadores de outras lógicas *sociais* que operam dentro do sistema geral da sociedade.

III. A jurisdição constitucional no contexto da autopoiese, da codificação e da programação condicional do sistema jurídico

Como se pode perceber da exposição antecedente, o conceito de acoplamento estrutural demanda a formulação conceitual dos sistemas sociais autopoiéticos, para então, poder-se compreende neste complexo o alcance do papel interpretativo e aplicativo da jurisdição constitucional.

Em primeiro lugar, vejamos a ideia da *autopoiese*. O termo autopoiese é inserido na teoria dos sistemas, com profundas repercussões para a sociologia do direito, a partir do em que Niklas Luhmann entra em contato com a teoria biológica da cognição desenvolvida por Humberto Maturana e Francisco Varela, a partir de um modelo explicativo da organização dos seres vivos, colocando-os na perspectiva de uma organização **autopoiética** em que os seres vivos se produziriam a si próprios por meio de determinadas relações biológicas.

Contudo, em sua contribuição interdisciplinar (melhor até: multidisciplinar) para a teoria dos sistemas, ao transpor o referido conceito para a sociologia, Luhmann (1987a: 61) o fez adaptando-o a sua concepção da forma de desenvolvimento dos sistemas sociais, afirmando que: "A reprodução que é autorreferencial no nível de seus elementos deve aderir ao tipo de elemento que o sistema define. Nesta extensão temos: *re*produção!"[11]

Neste ponto reside a maior complexidade conceitual da teoria sociológica e da sociologia jurídica – e por que não também da filosofia do direito? – de Luhmann e, portanto, para a apreciação dos limites decisórios da jurisdição constitucional pelo prisma da teoria dos sistemas, aqui devem ser feitos alguns aclaramentos sobre o arcabouço teórico-conceitual nela adotado.

A ideia da autopoiese, em um primeiro momento, cuida da relação entre o sistema e seu ambiente *Umwelt* (ambiente).[12] O sistema que tenta

---

11 Tradução livre do autor – Texto original: *"Die selbstreferentielle, auf der Ebene der Elemente >>autopoietische<< Reproduktion hat sich an diejenige Typik der Elemente zu halten, dia das System definiert. Insofern: Reproduktion!"*

12 Poderíamos esquematizar de modo bastante simplificado, somente para permitir a compreensão básica da ideia da autopoiese, deste modo: **sistema** *(fechado* operativamente) x *não-sistema* (tudo o que está fora do sistema = o ambiente).

reproduzir em menor escala em seu interior um mundo compreensível para si, promovendo deste modo a redução da crescente complexidade em que o *mundo exterior* ao sistema se apresenta como emaranhado impensável de possíveis comunicações de *novos sentidos*, de *novos conflitos*, de novas **lides constitucionais**.

Os eventos que emergem no *ambiente* são tão **multiformes** que determinaram a diferenciação funcional como necessidade do surgimento de sistemas funcionalmente especializados (os subsistemas da sociedade) como uma forma de redução dessa mesma complexidade, o que, neste texto, colocamos no seio da **produção decisória na jurisdição constitucional**.

A teoria dos sistemas aponta, em sua versão luhmanniana, para o fato de que o crescente e excessivo volume de possíveis informações e de multiformes potencialidades de conflitos na sociedade contemporânea exige a formação de núcleos **especializados** de **sentido** (*Sinn*). Ou seja, núcleos de sentido que partem de uma necessária autorreferência em torno de questões e temas sociais, o que fez emergir sistemas dotados da capacidade de auto-observação (*Selbstbeobachtung*) e autodefinição (*Selbstbeschreibung*). Temas ligados a **operações** e **expectativas** sociais devem ser **processados** por sistemas surgidos em torno de função social **especializada**. A expressão **sentido** (*Sinn*) tem um significado muito específico e próprio no na teoria luhmanniana dos sistemas. *Sentido* deve ser entendido como possibilidade de o sistema funcional da sociedade ao mesmo tempo reduzir e conservar a complexidade do mundo dentro do sistema (Luhmann: 1987a, 64-65). Isto permite que o sistema construa um sentido **autorreferencial** que se apresenta como **algo definido** (como, por ex., para o direito **como** fatos jurídicos, atos e fatos processuais) mesmo diante das multiformes possibilidades de informações esparsas no ambiente (*Umwelt*), ou seja, tudo que não esteja sendo *reproduzido* no próprio sistema, pertencendo, assim, ao complexo entorno social de cada sistema na forma de um *não-direito* para o sistema jurídico.

Estas *outras* operações ou acontecimentos *estranhos*, é claro, poderão ser elementos que se "ocorrem" no sistema da economia, da política, da educação, da intimidade ou da religião e que ainda não se apresentaram *como problema jurídico*, em outros termos, ainda não foram **judicializados**.

O problema é que nessa relação entre o sistema (*System*) e seu ambiente (*Umwelt*), surge a necessidade de comunicação de sentido (*Sinn*) entre as irritações (*Irritationen*) – **problemas emergentes** oriundas do ambiente ou entorno (*Umwelt*).

A irritação sistêmica se traduz como estímulos externos que perturbam o sistema, gerando possíveis comunicações que passam a *fazer sentido* (*Sinn*) nas operações internas – autorreferenciais – do sistema.

Destacamos acima a expressão '**jurídicos**', que aparece no novel código processual como fundamentos *jurídicos* do pedido, que servem aqui para facilitar a ideia de que a autorreferência (autopoiética) do sistema jurídico exige que os *fatos* ocorridos no ambiente social devam ser **traduzidos para o direito como "fundamentos jurídicos"**, como problemas e conflitos que devam ser internalizados pelo advogado, público ou privado, e pelos órgãos do Ministério Público como **temas e questões** *que apresentem relevância e que possam ser processadas pelos programas decisórios (princípios, regras e procedimentos)* autorreferentes do sistema do direito, que se apresentam como *problemas para a racionalidade sistêmica do direito*, como argumentação jurídica produzida pelas partes perante a jurisdição constitucional.

Se a petição inicial vier a ser recebida pelo juiz dá-se um primeiro passo para que a **lide** possa enfim produzir alguma ressonância (*Resonanz*) [= produção de sentido jurídico], isto porque a irritação só pode produzir ressonância dentro do sistema *"on the basis of its own frequencies"* (Luhmann, 1989: 16). Ou seja, a irritação sistêmica do ambiente trazida na petição inicial só produzirá ressonância – condições de desenvolvimento do processo – quando possuir algum sentido (*Sinn*) **jurídico** para o sistema do direito.

Eis aí a questão da seletividade das informações (dados e *fatos* do ambiente) que serão internalizadas no sistema. Essa seletividade é na verdade o *filtro* sistêmico, pelo qual as informações (irritações) passam pelo crivo do código binário (código de linguagem) – positivo e negativo (sim/não). No caso, temos no direito como código binário *direito x não direito, fato jurídico x fato não jurídico (irrelevante jurídico), lícito x ilícito*.

De toda sorte, o que importa aqui é que este *filtro sistêmico* do código binário preserva a autorreferência criando do sistema parcial ao construir um núcleo de sentido capaz de reduzir a complexidade do ambiente e de proporcionar o fechamento operacional (*selbstreferentielle Geschlossenheit*).

Para maior clareza sobre o que constitui o código (binário) sistêmico (*Code*), é bom transcrever o proposto por Baraldi, Corsi e Esposito (1997: 33-34) de que:

> Por código, designamos a >>regra de duplicação<<, o que quer dizer que cada unidade se correlaciona em sua área de observação com uma correspondente unidade no sistema. [...] Na base da linguagem se valida então também o código dos Sistemas funcionais diferenciados [...], os quais sempre se estabelecem sobre um esquema binário.
> O esquema binário é certos tipos de diferenciação [...], os quais por meio de uma binariedade rígida são caracterizados pela exclusão de terceiros valores.[13]

---

13   Tradução livre do autor – Texto original: *"Mit Code wir eine >>Duplikationsregel<< bezeichnet, die es erlaubt, jede Einheit in seinem Beobachtungsbereiche mit einer antsprechenden Einheit im System zu korrelieren. [...] Auf der Grundlage der Sprache gilt dies dann auch für die Codes der unterschiedlichen Funktionsysteme [...] , die sich immer auf einen binären Schematismus stützen. Binäre Schematismus sind besondere Typen von Unterscheidungen [...]. die durch eine rigide Binarität unter Ausschluss von dritten Werten gekenzeichnet sind."*

O código rege a racionalidade *jurídica* do sistema do direito, servindo para a exclusão de questões *sem implicações jurídicas das operações sistêmicas* (aqui, no caso, de decisões no processo), mas ao lado do *código sistêmico* surge a figura dos **programas decisórios** que derivam do conceito de programa (*Programme*), conforme explicitado por aqueles mesmos autores (1997: 139):

> Os programas são geralmente definidos como um complexo de condições de verificação de correção. Na correspondência ao código [...] depositam-se os critérios dos programas para a atribuição dos valores do código, assim sobre eles os sistemas orientados para uma complexidade estruturada [...] podem controlar o ganho de um curso próprio.
> [...]
> Se se observar a correção do comportamento em vez da atribuição dos valores do código, são os programas pontos de vista específicos que servem à identificação das conexões da expectativa [...].[14]

Neste contexto, o subsistema do direito orienta sua seletividade de sentido das irritações do ambiente pelo código binário *direito/não direito*, o que insere o sistema no conceito de sistemas sociais autopoiéticos, os quais se definem como subsistemas sociais diferenciados por critérios próprios de seletividade das informações existentes em um ambiente de crescente complexidade (hipercomplexidade). Baeseado em um código binário (*Codierung*) próprio (positivo/negativo) os sistemas estabelecem sua autorreferência (*Selbstreferenz*) e seus critérios de auto-observação (*Selbstbeobachtung*), com vistas à reprodução de seus elementos por seus próprios elementos com o estabelecimento de seus programas (*Programmierung*).

E para as operações decisórias produzidas no interior do subsistema do Direito, que sentido assume a autopoiese?

Na teoria dos sistemas, Luhmann esclarece que o Direito, como um dos sistemas da sociedade, apresenta-se de modo peculiar: **suas operações não se realizam unicamente no interior do sistema jurídico.**

Assim, apesar de o Direito ser um subsistema social autopoiético de tipo peculiar, ele também utiliza a linguagem para estabelecer uma possibilidade de comunicação extrassistêmica – como fazem todos os subsistemas que integram a sociedade. Sem, contudo, deixar de referir-se a seu código próprio, ao qual se subordinarão internamente todas as operações autorreferenciais do sistema.

---

14 Tradução livre do autor – Texto original: *"Programme werden allgemein als Komplexe von Richtigkeitsbedingungen definiert. In bezug auf die Codes [...] stellen Programme Kriterien für die korrekte Zuschreibung der Codewerte fest, so daß ein an ihnen orientiertes System [...] strukturierte Komplexität erreichen un den eigenen Verlauf kotrollieren kann. [...]Wenn man statt der Zuschreibung der Codewerte die Korrektheit des Verhaltens betrachtet, sin die Programme spezifische Gesichtspunkte, die der Identifizierung von Erwartungszusammenhängen dienen [...]."*

Colocado de outro modo, para a preservação de sua autorreferência o Direito constitui seus **programas normativos** (estudados a seguir) dentro do *seu* sistema. Entretanto, no que tange aos acoplamentos estruturais do Direito com o ambiente (*Umwelt*) a autopoiese nada revela sobre os efeitos mútuos (sistema ↔ ambiente) das estruturas que devem ser constituídas em razão dos referidos **acoplamentos estruturais**. Os acoplamentos estruturais servem para parametrizar a *dimensão social* da lide submetida à decisão na jurisdição constitucional, colocando o julgador diante de eventos *recursivos ou inovadores* sobre os quais, de modo crescente, o sistema jurídico deve fornecer suas prestações decisórias (decisões judiciais). Daí que podemos ver os acoplamentos estruturais como possibilidades intersistêmicas de judicialização de conflitos, como, por ex., de conflitos econômicos em decorrência da interpretação e da validade (jurídica) de cláusulas contratuais ou, ainda, de conflitos políticos que ressoam no campo das *políticas públicas* que se relacionam com o tema dos *direitos fundamentais*.

O processo crescente de judicialização de temas de interesse do sistema social, como consequência do aumento da contingência e da complexidade da própria sociedade, traz sobrecarga à autopoiese do Direito e impõe ao subsistema jurídico tomar parte em novos acoplamentos estruturais e produzir novas e recursivas decisões judiciais.

Tanto que devemos anotar aqui a observação de Luhmann sobre o necessário reforço da atenção decisória ao código binário autorreferencial do direito (*direito* x *não direito*) e de sua correlação com questão da autopoiese e acoplamentos estruturais e da necessidade de o direito preservar sua funcionalidade por meio de seu *fechamento operativo* e **sem colonizar-se por lógicas estranhas à interpretação e à argumentação propriamente jurídicas**.

Com isso, não se quer afirmar a existência de um fechamento do tipo *solipsista* do sistema jurídico em torno de sua **pura normatividade**, como um **discurso decisório** sobre **normas** (princípios, regras e procedimentos). Mas sim da possibilidade de uma *abertura cognitiva* para eventos sociais **autorreferencial** e **devidamente filtrados** e compreendidos como *fatos jurídicos*, Estes acontecimentos que podem assumir relevância jurídica também podem eventualmente envolver o compartilhamento de *valores comuns* com outros subsistemas de função, acabando por exigir a produção de uma comunicação sobre temas jurídicos que produza conexões também fora do sistema, o que podemos chamar de *eficaciabilidade* das comunicações (jurídicas), com os parâmetros e critérios expostos por meio de uma **adequada argumentação jurídica que fundamenta as decisões judiciais.**

O que surge daí é que para Luhmann o sistema do Direito, apesar de operacionalmente fechado (*operative Schließung*), é *cognitivamente aberto* (*kognitiv Öffnung*), pois ele necessita interagir com seu ambiente (*Umwelt*).

O sistema do Direito se "relaciona indiretamente" com seu ambiente e interage com ele e, para isso, se utiliza dos acoplamentos estruturais dentro do processo de tomada de decisões judiciais e na conformação da jurisprudência, **mas sem que se possa exigir a internalização de *todos* os elementos *ambientais* do conflito**. Este decorre da necessidade de que o juiz constitucional produza *consistência e adequação* no processo decisório, não se permitindo trazer para o interior do sistema questões que não apresentam um quadro mínimo de possíveis soluções jurídicas, exatamente porque não há soluções disponíveis no campo da política, da economia ou religião, para citar exemplos.

Daí a necessidade da produção *funcional*[15] de decisões judiciais,[16] objeto da presente exposição, evitando-se os riscos de um processo oscilante baseado em decisões *ad hoc* regidas por questões que refogem ao limite e às capacidades operacionais *recursivas* do subsistema da jurisdição constitucional.

Bom anotar que a existência de núcleos principiológicos no texto constitucional, não pode ser visto concessão pelo legislador de uma *carte blanche* aos juízes e Tribunais constitucionais para introduzir **simbolicamente** problemas e conflitos sem possibilidades ainda de adequação e acomodação *eficacial* nas estruturas normativas do direito, como também da própria sociedade, o que somente redundaria em desprestigiar a *adequação autorreferente do processo decisória*. Por este ângulo, o juiz constitucional não está autorizado a decidir por *critérios pessoais **dilemas*** políticos, econômicos e morais[17] que estão fora da capacidade eficacial do direito, o que implicaria em ruptura com a consistência do sistema jurídico.

A autorreferência e a autopoiese o sistema jurídico não conferem no campo da jurisdição constitucional permissão para a adoção de ***soluções discursivas verticais*** em decisões sobre temas constitucionais, com a imposição pelo julgador de opções ***pessoais*** que não se inserem nos limites da racionalidade do sistema jurídico como um todo.

Em outros termos, não se pode admitir atividade decisória que se apresente como mero ***decisionismo***, que somente serve à produção da percepção na sociedade de *ineficácia prática* da jurisdição constitucional, colocando-se suas decisões *disfuncionalmente* diante de uma contingência social *desestruturada e sem possibilidade de adequado tratamento jurídico*. Quadro propício a gerar e agravar a percepção de *perda da função*

---

15 Termo aqui utilizado com ênfase em sua oposição a uma *decisão **disfuncional***.

16 Advirta-se, mais uma vez, que não são somente as decisões judiciais que se apresentam como decisões do sistema jurídico, mas também, por ex., um parecer emitido pelos órgãos jurídicos da Administração Pública

17 Sobre os problemas dos dilemas morais e éticos, veja-se Rosalind Hursthouse (2000).

(*Funktionverlust*) do sistema jurídico e do subsistema da jurisdição constitucional. Em outros termos, como "perda" de sua função de *generalizar congruentemente* as expectativas normativas dentro da sociedade funcionalmente diferenciada.

Em nossa visão, exatamente aí se coloca o problema do denominado **ativismo judicial**, em algumas de suas configurações.[18]

As decisões na jurisdição constitucional devem apresentar **fundamentação e argumentação jurídica** realista, coerente e consistente. Isto se obtém pelo reconhecimento da presença de antigos e novos acoplamentos estruturais, o que traz consigo um maior dever de **consistência** na **argumentação jurídica** que fundamenta as.

IV. Os *programas condicionais* do direito e a jurisdição constitucional

O texto já se apresenta maduro para a introdução da elucidação do conceito luhmanniano de **programas condicionais** do sistema jurídico, o que se afigura necessário ao encadeamento lógico das ideias apresentadas até aqui.

Sobre a concepção dos programas condicionais é conveniente apresentar a concepção luhmanniana de que o sistema do Direito atua por meio da constituição de processos (procedimentos) dirigidos à **produção de decisões** – *programas normativos*.

Ideia esta ligada ao conceito de programas decisórios, pois *programas* são as condições restritivas – **constraints**[19] – da solução dos problemas emergentes segundo Luhmann (1987: 227). O sistema funcional do direito, portanto, estabelece uma expectativa condicional na relação de **se → então** (*wenn → dann*), que se estabelece entre um conjunto fático (*Tatbestand*) e suas consequências *jurídicas*.

A execução dessa operação (*se → então*) tem como pressuposto o exame e a seleção dos *fatos* e do *programa condicional* parar, enfim, produzir um ato decisório (Luhmann, 1987: 227).

É bom que se recorde que os sistemas surgem em torno da necessidade de redução da complexidade do ambiente. O sistema do Direito não

---

18 Não cabe neste texto, mas somente mencionamos a nossa distinção entre *ativismo judicial* alopoiético (sem compromisso com a lógica e os limites da autorreferência do sistema jurídico) e *ativismo judicial* **autopoiético,** o qual em face de *hard cases* e situações inovadoras exige uma atividade criadora do direito pelo julgador, preservando, contudo a funcionalidade do sistema jurídico e regendo-se por critérios estritamente jurídicos fornecidos pela totalidade do sistema funcional do direito.

19 O que quer significar que o juiz deve decidir dentro das *contenções* (*constraints*) resultantes da necessidade de se observa o *direito*, deixando de fora *Weltanschauungen* de natureza política, religiosa ou de preconceitos íntimos.

é diferente. Ele surge, como positivação, da relação entre a programação condicional e a *incerteza* (do futuro), a qual passa a ser eliminada por meio da normatização, ou seja, pelo estabelecimento da própria programação condicional apta a gerar estabilização de sentido nas decisões da jurisdição constitucional, ***estabilizando-se expectativas sociais sobre questões jurídicas***.

E a solução de questões jurídicas sempre perpassa pelo dever de uma ampla, consistente e adequada ***argumentação jurídica*** opções decisórias adotadas pelo julgador, na exposição e explicitação de seus fundamentos.

Esta argumentação *juridicamente adequada* se coloca diante necessidade de criar um ambiente de congruência de ***expectativas normativas***, as quais, por sua vez, estão diante do necessário processamento da ***incerteza de confirmação*** de expectativas sociais. Daí advém a importância do estabelecimento de ***programas condicionais*** pelo sistema jurídico.

Já se torna perceptível ao leitor que as expectativas que se inserem no campo do sistema do direito são ***expectativas normativas***! Observe-se a propósito que na teoria luhmanniana a ideia das expectativas (*Erwartungen*) – comportamentos esperados – se apresentam em uma dicotomia entre *expectativas cognitivas* (*kognitive Erwartungen*) e *expectativas normativas* (*normative Erwartungen*). Nas expectativas cognitivas os sistemas sociais "aprendem" (*lernen*) com os comportamentos que destoam (*surpreendem*) e que desviam daqueles anteriormente observados.

Os sistemas, na perspectiva cognitiva, não "resistem" as condutas e comportamentos desviantes, mas, ao contrário, com eles, assimilando-os e incorporando-os ao sistema e, assim, aumentando sua complexidade interna e estabelecendo novas programações para suas operações.

Já nas expectativas normativas os sistemas reagem de modo contrafactual ("resistem") para estabilizar determinados comportamentos, movidos por uma necessidade de generalização de expectativas de comportamentos que permitam aos sistemas funcionarem dentro de um limite de "segurança" compatível com sua reprodução autopoiética (manutenção e previsibilidade).

Dentro desta perspectiva, Luhmann (1999: 117) sobre o sistema do Direito assevera que:

> Sem dúvida que o Direito pertence ao domínio das expectativas normativas. Isto implica em as expectativas no caso de frustração não cedem ou se modificam, senão se estabelecem como premissas de futuros comportamentos. Como norma o Direito dirige-se à estabilização contrafática, das expectativas de comportamento ocasionalmente desapontadas.[20]

---

20 Tradução livre do autor – Texto original: *"Ohne Zweifel gehört das Recht in den Bereich der normativen Erwartungen. Es impliziert, daß die Eerartungen im Enttäuschungsfalle*

Em outro excerto, (Luhmann, 1999: 138) lê-se o seguinte:

> Se nossa hipótese estiver certa, de que pela positivação do Direito em torno da variabilidade e capacidade de aprendizado surge no campo das expectativas normativas, é de se supor que a característica central da diferenciação do Direito se coloca no problema da crescente complexidade e da relação de alterabilidade. Na façanha da separação do direito positivo de outras normas com o auxílio de critérios que precisamente produz o seguinte: com a ajuda da separação por meio do "poder físico" e com o auxílio dos programas condicionais.[21]

Em outro momento, Luhmann (1998: 140) conclui afirmando:

> Pouco se conscientiza de uma segunda propriedade do direito positivo: sua "programação condicional". No recurso do recente desenvolvimento do Direito está o direito explicitamente formulado e exteriorizado na forma de programas condicionais, o que é válido ainda quando as normas estejam articuladas ou linguística ou representativamente ou em bases simplificadas. O Direito é a sua estrutura não mais como expectativa de conduta e não mais uma formulação prévia de um objetivo bom, que por meio da efetivação da ação sua natureza realiza, senão como regulação de um programa condicional em que, dadas as condições, concretizam-se decisões específicas. Isso traz consigo a "moldura fática" e as "consequências jurídicas" em uma relação de se/então, na qual se exerce o exame e a seleção, portanto, produzindo uma decisão. Mais ainda, conduz a uma esperada relação de se/então entre as circunstâncias fáticas e a consequência jurídica, cuja execução do exame da seleção pressupõe, portanto, uma atividade decisória[22].

---

nicht aufgegeben oder modifiziert, sonder als Prämissen weiterens Verhaltens fesgehalten werden. Als Norm zielt das Recht auf enttäuschungsfeste, gegebenenfalls kontrafaktische Stabilisierung von Verhaltenserwartungen."

21 Tradução livre do autor – Texto original: "Wenn unsere Annahme zutrifft, daß es bei der Positivierung des Rechts um strukturelle Variabilität und Lernfähigkeit im Bereich normative Erwartungen geht, ist zu vermuten, daß die zentralen Merkmale der Ausdifferenzierung positiven Rechts auf dieses Problem hoher Komplexität und Änderbarkeit Bezug haben müssen. In der Tat erfolgt dia Absonderung des positiven Rechts von anderen Normen mit Hilfe von Kriterien, die genau dies leisten: mit Hilfe der Absicherung durch physische Gewalt und mit Hilfe von konditionaler Programmierung."

22 Tradução livre do autor – Em alemão: "Weniger bewußt geworden ist eine zweite Eigenschaft positiven Rechts: seine konditionale Programmierung. Im Laufe der neuzeitlichen Rechtsentwicklung ist das explizit formuliert Recht durchgehend auf die Form eines konditionalen Programms gebracht worden, und das gilt auch dann, wenn Normen aus sprachlichen, darstellungsmäßigen oder Vereinfachungsgründen anders artikuliert werden. Das Recht ist seiner Struktur nach nicht mehr einfache Verhaltenserwartung undi nicht mehr Vorformulierung eines guten Zieles, durch dessen Aktualisierung das Handelns sein Wesen verwirklicht, sonder es wird al konditionales Entscheidungsprogramm gesetzt, das die Bedingungen angibt, unter denen bestimmte Entscheidungen zu treffen sind. Es bringt damit >>Tatbestand<< und >>Rechtsfolge<< in einen Wenn-Dann-Zusammenhang, dessen Vollzug Prüfung und Selektion, also Entscheidung, voraussetzt."

Na atividade decisória voltada para a estabilização contrafactual das expectativas (normativas), o direito está dotado de instrumentos *processuais constitucionais*, como, por ex., as ações de controle de constitucionalidade, e das sanções (*Sanktionen*) materiais e processuais (*vide* o §2º do art. 77 do NCPC). O processo e as sanções jurídicas se inserem na função de coercitivamente estabilizar certos comportamentos selecionados, inserindo-os no campo das expectativas normativas postas nas estruturas das programações condicionais do Direito, com vistas à superação das incertezas comportamentais, criando assim uma *incerteza contingente* (*se* → *então*).[23]

Agora se pode ver que a programação condicional não funciona como excludente ou óbice ao desenvolvimento dos programas que especificam metas de ação (programas finalísticos)[24] – em sua atuação dirigida a um fim selecionado –, presentes nos demais sistemas funcionais (finalísticos).

---

23   Na teoria dos sistemas e em sua aplicação na sociologia jurídica, a este propósito escreve Luhmann (1998, 229) que: "Esta relação do condicionamento em face da complexidade só se torna concebível se notar-se corretamente a correlação entre programa condicional e incerteza. Do ponto de vista daquele que observa, daquele que no presente vivencia e atua no sistema, é e continua sendo a de se sobrevirá um determinado conteúdo fático, como também a de que é e permanece incerto se uma determinada sanção ocorrerá. Estas incertezas não serão minimamente superadas pela normatização e programação condicionais, ao contrário tornar-se-ão capazes disso ao serem transformadas na forma de "incerteza contingente", ou seja, na regulação da contingência da conduta e da contingência da sanção na relação seletiva se/então. A relação, precisamente colocada, estabelece-se não entre conduta e sanção, como superveniências fáticas (ou seja, como se sem elas não surgissem), senão entre a contingência da conduta e a contingência da sanção. Ela conduz a seleção da conduta e a seletividade do sancionamento a uma conexão e desempenha a função de uma estrutura."

24   Programas finalísticos devem ser entendidos à luz da seguinte concepção luhmanniana (Luhmann, 1987: 278): "*In der Orientierung an solchem Vorher und Nachher, solchen Bedingungen und solchen Ergebnissen kann die Handlungsreduktion an Selektionssicherheit gewinnen. Wenn die Umweltlage des Systems eine solche Asymtrisierung stüzt, wenn sie die Ergebniserwartungen honorieren und die Bedingungen liefert, kann das System durch Handeln eine Umsetzung von Input in Output vollziehen; es kann zumindest den eigenen Selektionsvollzug in dieser Richtung präzisieren. Das geschieht in der Form der* Programmierung *des Handelns, die Bedingungen der Richtigkeit des Handelns entwederan Hand von Auslösebedingungen oder an Hand von bezweckten Folgen oder an beiden Geschtspunkten festmacht. Entsprechend kann man Konditional programme und Zweckprogramme unterscheiden.*" - (Tradução livre do autor: Pela orientação por um antes e um depois, tais condições e resultados, a redução (das condições) para a ação adquire grande precisão em suas seleções. Se a situação do ambiente do sistema dá suporte a tal assimetrização, se esse "honra" as expectativas a provê condições, o sistema pode executar a transformação do *input* em *output* por meio da ação; ao menos ele pode resumir a execução de suas seleções deste modo. Isto ocorre na forma de *programas* de ação, os quais estabelecem as condições para a correção da ação ao gerar condições que disparam ações ou finalidades que a ação deve visar, ou vice-versa. De modo correspondente, podem ser distinguidos programas que criam condições de outros que especificam finalidades.

O problema decisório no sistema jurídico emerge quando as decisões judiciais se afastam de seu papel condicional e *alopoieticamente* o transmudam-se em função finalística, como veremos, dentro de uma indevida concepção de *ativismo judicial*.

Este quadro de uma possível e eventual *interpretação* do referido dispositivo constituiria um problema para a função e para as prestações decisórias do sistema jurídico, mormente quando se tem em mente o complexo acoplamento estrutural entre a política (sistema político) e o direito. Esse acoplamento estrutural tem sua raiz nada mais nada menos do que na própria Constituição (Luhmann, 2002: 391). Daí o problema da politização das decisões judiciais, substituindo o sistema político na realização e na definição de programas *finalísticos* de natureza política.

As decisões judiciais, como prestações decisórias do sistema jurídico, ao deixarem seu papel de meio de *garantia e condicionalização* (programas condicionais) de desenvolvimento dos programas finalísticos da política, em um grave processo de *alopoiese*,[25] situação em que passaria a assumir os riscos inerentes aos programas finalísticos da política. Este cenário indica a geração de disfuncionalidades gravíssimas, naquilo que denominamos **ativismo judicial alopoiético**.

O sistema jurídico, neste contexto, deixa de lado sua função de *generalizar de modo congruente as expectativas* na sociedade e passa a produzir *decisões coletivamente vinculantes* (Luhmann, 2002: 83-84), estabelecendo de modo abstrato e geral finalidades políticas, as quais podem colocar o direito em face do problema de sua **legitimidade** para fazê-lo, mormente quando se confronta com um modelo de democracia representativa, com representantes *eleitos* pelo Povo para o exercício precisamente de poder político (*politische Macht*) (Luhmann, 2002: 118-168).

Por este prisma, perde-se a importância dada à comunicação do "jurídico" à sociedade, na forma de programas condicionais próprios do sistema jurídico.

Como exemplo desse problema, no texto da Constituição brasileira de 1988, que é conceitualmente acoplamento estrutural entre política e direito, nota-se que a linguagem jurídica corrente, ao referir-se à concretização

---

25 Sobre a distinção entre *autopoiese* e *alopoiese*, Alex M. ANDREW (1981: 157) esclarece que: "*The autopoietic viewpoint recognizes the organization that appears autonomously within the system; characteristics resulting from interaction with an environment are termed structure rather than organization. With this distinction, autopoietic systems are organizationally closed and can be described without reference to inputs or outputs. Systems that are not organizationally closed are termed allopoietic*". Cuida-se no caso do sistema jurídico de uma lógica *excludente*, por ex., da lógica do poder (*Macht*) e da função político-partidária do sistema político. Marcelo NEVES (2007: 241) chega a falar em "corrupção sistêmica" quando a lógica de um sistema passa a ser aplicada *indiferenciadamente* por outro, na forma de uma *alopoiese*.

dos princípios de conformação política das áreas social e econômica no Estado brasileiro, tem se utilizado correntemente a expressão reveladora da necessidade de implementação de **políticas** públicas.

Estas *políticas públicas* – originariamente estabelecidas pelo sistema parcial da **política** (por sua função constituinte, legislativa ou administrativa) – acabam por gerar situações de conflito e se inserem em programações condicionais do sistema do Direito e passam a ter de ser *comunicadas* (decididas) como *dever jurídico-constitucional de implementação*, momento em que *a priori* não podem as decisões judiciais fazer opções estritamente *políticas* sobre o **modo** específico (discricionariedade política ou administrativa) por que tais *políticas públicas* devam ser realizadas, em substituição ao administrador público e dos detentores de mandato político, exceto em um quadro de omissão renitente e duradoura injustificável e que seja **apta** a ferir ou negar de forma imediata os direitos fundamentais mais básicos (como normas ou comandos jurídicos).

Pela observação final do parágrafo antecedente já resta claro que não se está aqui, deve ser advertido, a defender que o sistema jurídico, por meio de suas organizações judiciárias, não possa exercer um **ativismo autopoiético**, no sentido de que por meio da binariedade *constitucional* x *inconstitucional*, ou, mais precisamente da ideia da *omissão ou inércia inconstitucional*, exercer um papel pró-ativo no cenário social.

O problema está no dever de o sistema judiciário, como organização estruturada dentro do sistema jurídico, dar-se conta dos riscos da adoção de decisões que assumem ou até mesmo desconsideram os limites *políticos e financeiros* no momento em que sem a visão do **todo** determina e impõe escolhas sobre políticas públicas que devam ser operacionalizadas em detrimento de outras (questão da prevalência ou urgência de uma política pública sobre outra) ou de uma **gestão global** das estruturas administrativas.

Exatamente ao assumir por meio de decisões judiciais *opções políticas* ou tentativas de solucionar discursivamente *simbolismos políticos* (= questões políticas e financeiras ainda sem possíveis soluções), interferindo, por ex., de modo forçado e **ad hoc** no modo e circunstâncias estruturais de execução *específica* de políticas públicas é que o direito passar a assumir os riscos de consequências **políticas** (!) dessas decisões ao se afigurarem inexequíveis e inefetivas no plano prático, em um verdadeiro movimento *alopoiético* do sistema jurídico.

V. Jurisdição constitucional e *fórmula do risco*

Luhmann desenvolve sua crítica sociológica ao sistema jurídico dentro da perspectiva da *fórmula do risco* (*Risikokalküle*) ou, em uma tradução mais literal, *cálculo do risco*.

Pela *fórmula do risco*, Luhmann (1995: 561-565) propõe que o conceito de risco se relaciona com a possibilidade de ocorrência de futuros danos, que surgem como consequência de decisões atuais. A decisão (judicial, por ex.) – preferida no presente – não pode prever tudo o que irá ocorrer no futuro.

Apesar da falta de previsibilidade dos riscos **externos** à decisão, aquele que decide pode prever os possíveis danos futuros decorrentes *de seu próprio modo de decidir*. Ou seja, a própria decisão pode criar riscos inerentes, quando mesmo se vislumbrando de antemão possíveis efeitos negativos dela decorrentes, quem decide assume o *risco* de produzi-los.

Deve ser visto que na Teoria dos Sistemas Sociais de Niklas Luhmann subjaz sempre a ideia da contingência. Aliás, a contingência é um dos fatores que determinam o surgimento dos subsistemas sociais, ao criar uma redução da hipercomplexidade do ambiente e propiciar uma previsibilidade (contingente) das operações (recursivas) futuras no sistema.

A fórmula do risco surge no contexto da contingência dos efeitos das decisões que são tomadas hoje e seus possíveis efeitos negativos futuros, que devem de antemão ser evitados ou minimizados.

No que se refere ao Direito, Luhmann (1995: 558) aponta para incerteza do próprio Direito como **direito da sociedade** (*Recht der Gesellschaft*), visto que a própria sociedade não pode contar com parâmetros constantes (inalteráveis). Os valores sociais, assim, não podem ser simplesmente projetados para o futuro e passar a funcionar como regras de colisão, pois o futuro se apresenta como **provável** ou **improvável**.

Os plexos principiológicos e de regras constitucionais conduzem a uma percepção de riscos decisórios, em vez de remeter a um *decisionismo ativista e alopoiético*, exige da jurisdição constitucional postura de responsabilidade em face dos possíveis efeitos de suas decisões aos destinatários atuais e futuros de sua decisão, pois ao decidir o julgador cria um *modelo decisório* que servirá de balizamento para decisão de *casos iguais* no futuro (*ativismo autopoiético*).

Apesar de que quaisquer projeções do futuro podem ser divergentes, mesmo assim as decisões da jurisdição constitucional não podem ser produzidas, como se pode verificar empiricamente notar em muitos casos, com base em cada caso presente (hoje) em decisões judiciais *ad hoc*, sem tomar em conta a relevância da expectativa em jogo com vistas à estabilização contrafática das projeções de futuro, não se colocando no contexto da *macrovisão decisória* (Viana, 2015: 258-263), em que se tem em mente não estar decidindo-se um caso isolado, mas criando *modelos decisórios* que permitam a decisão de *casos iguais*.

Ponto em que o operador no sistema jurídico deve em maior grau avaliar o *risco próprio do direito*.

Isto serve para estabelecer-se um contrapeso à já mencionada *illusion of control* (ilusão do controle),[26] na qual os que tomam decisões na esfera funcional do direito, muitas vezes, não percebem a responsabilidade ligada à necessidade de controle do risco.

É dizer, o julgador que decide, com base nas operações condicionais do Direito, não poderá invocar a formulação aberta dos núcleos principiológicos da Constituição, como elementos de discricionariedade judicial **aberta,** para deixar de considerar, de modo responsável, as variáveis ligadas à contingência de eventualmente as próprias decisões jurídicas (ad hoc) produzirem efeitos danosos para as expectativas sociais, não as estabilizando, mas fazendo-as oscilar ao sabor das preferências de cada julgador individual no âmbito da jurisdição constitucional.

Neste ponto convém relembrar a lúcida lição de Eduardo García de ENTERRÍA (2011: 128) ao, solenemente, advertir que:

> Al sistema jurídico no interesan las opiniones personales de quienes actúan como jueces, sino solo su capacidad para expresar las normas que la sociedad se ha dado a sí misma y para hacerlas llegar a su efectividad última, lo que le impone operar necesariamente con sus principios y afinando su alcance.

Ou seja, retornando a nossa leitura, a sociedade moderna impõe, com suas incertezas e contingências, o aumento das presunções das consequências possíveis – negativas ou positivas – que passam a servir de critério para o desenvolvimento de decisões judiciais **consistentes** e **recursivamente aplicáveis** a casos semelhantes. E talvez exatamente por falta da observação (previsão) das consequências *sistêmicas*, ou melhor, dos resultados positivos ou negativos produzidos *internamente* em outros subsistemas da sociedade, as decisões proferidas pelo sistema jurídico têm criado um sentimento de insatisfação nas pessoas, o que, paradoxalmente, pode nascer da pretensão irrefletida (sistemicamente) de utilização das disposições constitucionais vagas e textualmente abertas (plurívocas).

Este quadro se forma pela adoção pelo juiz de *idealismos*, ou melhor, de suas *idealizações* subjetivas despidas de autorreferência *jurídica* (é dizer, não regidas de forma *consistente* e *adequada* pelo código e programas decisórios do próprio sistema jurídico), exatamente quando ele "*passa por cima*' das circunstâncias desfavoráveis existentes (ou mesmo a falta absoluta de condições) nas estruturas sociais apresentadas nos fatos do processo

---

26 Veja-se em Luhmann (1995: 560). Bom registrar que a expressão *illusion of control* surge nas pesquisas experimentais da psicóloga e professora da Universidade de Harvard Ellen Jane LANGER (1999: 239-240), inserindo-se posteriormente no campo de perquirição de processos decisórios e dos efeitos neles causados pela autoilusão, como se pode estudar em Scott PLOUS (1993: 170-172).

e as deixa de '**considerar**' como *fator de risco* na decisão, reduzindo a possibilidade e a abrangência da *eficácia* do próprio ato decisório – em desprestígio do sistema jurídico e de sua jurisdição constitucional que passam a ser vistos como *disfuncionais e despidos de eficácia* pela sociedade a quem devem *adequadamente* servir.

Em síntese, uma decisão do sistema parcial do Direito, ao desconsiderar a fórmula do risco, em vez de criar as condições propícias para o bom funcionamento dos subsistemas da sociedade, passar a causar perturbações e irritações negativas, que vão de encontro à teleologia da função condicional/decisória do sistema jurídico.

É exatamente por meio da observação dos possíveis acoplamentos estruturais entre os sistemas das ordens social e econômica e o Direito, como meio de harmonização da comunicação para a ampliação da eficiência operacional de cada um deles em proveito da sociedade, que propomos a redução do risco inerente às decisões judiciais. O que passa pela da avaliação prospectiva dos **efeitos sistêmicos** das decisões jurídicas, principalmente das decisões judiciais, por sua importância central nesta exposição.

Ou seja, colocam-se as decisões do subsistema jurídico na contingência de verificar as possibilidades fáticas, materiais e *programáticas* (programas condicionais do direito + programas finalísticos dos outros sistemas envolvidos). Possibilidades observáveis por meio da percepção de acoplamentos estruturais, pelos quais os **valores sociais** comuns ou complementares a outros sistemas acoplados possam ser *traduzidos* no código binário do direito.

O sistema jurídico, deste modo, não passará a assumir as pressões políticas decorrentes de opções **simbólicas (promessas irrealizáveis)**[27] do legislador, seja aquelas introduzidas pelo poder constituinte no acoplamento estrutural da Política com o Direito, que é a própria Constituição

Aqui não se está trabalhando, bom que se diga, com a proposta de que o sistema funcional do direito deixe de **explorar** argumentativa e faticamente novas e adicionais formas de promover os *deveres jurídicos e metas* constitucionais, mormente aquelas relacionadas aos direitos fundamentais e sua concretização por meio de políticas públicas.

A questão é aqui colocada em outros termos, momento em que invocamos a admoestação de Luhmann (1995: 562) de que "*In selbstrefentieller Perspektive, also bezogen auf Begriffe, muß das Recht die eigene Riskanz reflektieren*".[28]

O julgador na jurisdição constitucional ao decidir, então, não pode perder o sentido da *autorreferência que permite ao sistema que ele opera a*

---

27 Sobre esta questão, leia-se a excelente monografia de Marcelo Neves (2007)e o trabalho de Andreas Zielcke (1980).

28 Tradução livre do autor: "Em uma perspectiva autorreferencial, é dizer, referida a conceitos, o Direito deve refletir sobre seu próprio risco".

reprodução autopoiética com base em seu código binário (direito x não direito), devendo sempre refletir em um metanível sistêmico sobre os riscos não razoáveis que a decisão, de modo previsível, pode gerar para a sociedade, onde se encontra a figura processual sistêmica do *jurisdicionado*.

Mais ainda, a jurisdição constitucional não pode entregar-se à postura denunciada de modo veemente por Luhmann (1999: 281) como a tendência do jurista àquilo que ele denomina de *Flucht in die Phantasie* (fuga à fantasia). Esta fuga seria empreendida pelo jurista, em certas oportunidades, quando ele se vê colocado diante de dificuldades e impossibilidades fáticas, materiais (até mesmo jurídicas) em vez de averiguar a função condicional da uma lei diante dos fatos, nela se acaba por optar pela formulação de parágrafos "irrealizáveis" – ornados pelas idealizações subjetivas do juiz do caso; cheios de conceitos filosóficos e jurídicos vagos e indeterminados – que servem de *fundamentos* supostamente *jurídicos* para a produção de decisões judiciais que envolvem, muitas vezes, a solução *simbólica* de conflitos de conteúdo político e econômico, paradoxalmente *ainda sem soluções sustentáveis e eficazes* nas operações do direito.

Em outros termos, quando se depara com a impossibilidade (por falta de condições materiais, por exemplo) de eficácia (ressonância) da decisão do subsistema jurídico na sociedade (em outros subsistemas funcionais), o juiz ou tribunal vem a optar por se socorrer de conceitos **vagos** como *"função social"*, *"exigências sociais"* e até de *"justiça"*, dentre vários outros, sem colocar-se como *operador* de um sistema regido por uma *racionalidade própria* que se coloca diante da necessidade da produção de decisões **consistentes** e **adequadas internamente** no sistema e ainda **externamente** como estabilização *congruente* de expectativas normativas, momento em que a sociedade olha para o seu direito como produtor de *segurança e estabilidade* de sentido das decisões jurídicas (aqui especificamente *judiciais*).

Conceitos vagos e plurissemânticos são, às vezes, utilizados argumentativamente como *"princípios"* de modo arbitrário para fundamentar decisões judiciais, sem qualquer consideração ou avaliação dos riscos gerados pelo próprio direito e pelo compromisso *funcional* do direito de desenvolver-se de forma coordenada e coevolutiva do subsistema funcional do direito com o sistema social. Este compromisso pressupõe prestações jurídicas decisórias *consistentes e adequadas* ao sistema geral da sociedade, aptas a produzir um nível mínimo de *eficaciabilidade*, como resultados práticos e efetivos da jurisdição constitucional.

A produção pela jurisdição constitucional de decisões jurídico-constitucionais **sistêmicas** e dotadas de uma **adequada complexidade,** refletida como compatibilidade com a estrutura social geral existente em determinado estágio do desenvolvimento econômico, político e social de uma sociedade. Com a necessária compreensão recíproca (intersistêmica) da comunicação dos programas finalísticos com os programas jurídico-condicionais.

Com esse modo de operacionalização da jurisdição constitucional ganha a sociedade e ganha o próprio direito, pelo aumento de sua confiabilidade (segurança e previsibilidade jurídicas) e minimização dos riscos de suas decisões judiciais, coordenada pela observação e percepção de acoplamentos estruturais, reduzindo o risco de possíveis repercussões negativas para a sociedade, concebida como uma diferenciação entre sistemas parciais incumbidos de uma função especializada.

Na busca desta coordenação, com vistas à eficiência e ganho de compatibilidades funcionais, o Direito acabar por autorreferencialmente fazer uma auto-observação (reflexividade sistêmica) de seus próprios riscos, buscando, dentro das opções da fórmula do *se → então*, reduzi-los.

O necessário confronto da cadeia de produção de decisões da jurisdição constitucional com o paradoxo central do direito, na teoria de Niklas Luhmann, o da *abertura no fechamento*, que se traduz, em nossa leitura, como uma abertura para as dimensões temporal, material e social sem que isso signifique uma **abertura indiscriminada a todos os fenômenos e demandas "sociais"**. Essa abertura sem critérios (autorreferentes) levaria o direito, em suas operações *jurídicas*, a perder sua autorreferência e produzir processo decisório oscilante, inconsistente, o que acabaria por incorporar expectativas (sociais) que suas estruturas sistêmicas *não podem cumprir*, contribuindo para o desprestígio do sistema jurídico em uma sociedade complexa e contingente.

A jurisdição constitucional traz consigo o grande problema dos limites do processamento e produção de decisões judiciais no interior de um sistema jurídico submetido a sua própria autopoiese está na ideia da necessidade de produção do ideal da segurança, o que leva Luhmann (1995: 194) a proclamar que:

> A segurança jurídica deve consistir, primeiramente, antes de tudo, na segurança de que questões, que assim se deseje, sejam tratadas exclusivamente de acordo com o código do direito, e não de acordo com o código do poder ou de qualquer outro interesse não abrangido pelo direito.[29]

Exatamente aqui se coloca o dever de *openness* e de transparência das decisões da jurisdição constitucional, como dever de profunda, honesta e clara **argumentação jurídica (autopoiética)**. Transformando o texto constitucional em premissas concretas e ***juridicamente*** delimitadas [premissas autopoiéticas] em seu ato decisório.

---

29 Tradução livre do autor – texto original: „Rechtssicherheit muß zunächst vor allem in der Sicherheit bestehen, daß Angelegenheit, wenn das gewünscht wird, allein nach dem Rechtscode behandelt werden und nicht etwa nach dem Machtcode oder irgendwelchen, vom Recht nicht erfaßten Interessen".

VI. Conclusões

1. A jurisdição constitucional deve estar imbuída de sua função social de prestações decisórias que promovam coevolutivamente a construção de estruturas sociais harmonizadas e *normatizadas* (expectativas normativas estabilizadas) à luz dos princípios da dignidade da pessoa humanada, dos postulados da proporcionalidade e da razoabilidade, *rule of law*, publicidade e eficiência, os quais a nosso ver nos dias de hoje constituem o núcleo da *racionalidade sistêmica* do direito contemporâneo. Essas exigências se inserem no contexto característico da modernidade com o reconhecimento do *constante e irrefreável* aumento da complexidade das relações sociais. A jurisdição constitucional deve ter em perspectiva que o sistema jurídico contemporâneo se vê na contingência de processar a todo tempo, para produzir decisões adequadas, elementos irritantes e perturbadores de outras lógicas *sociais* que operam dentro do sistema geral da sociedade que precisam ser *processadas* por uma *racionalidade* jurídica.

2. Paradoxalmente, o sistema jurídico não tem como absorver indiscriminadamente todos os problemas estruturais da sociedade contemporânea, sendo que mesmo ao conferir *normatividade aos princípios* e ao observar a *função social do ordenamento jurídico*, a jurisdição constitucional terá que se ater aos limites das possibilidades *jurídicas* da decisão, aspecto em que lhe servirão os acoplamentos estruturais como instrumentos para a viabilização da *adequação* das decisões da jurisdição constitucional como função adaptativa do direito ao entorno (ambiente) social, onde se encontra a figura sistêmica do "jurisdicionado". Mas, por necessidade de *adequação interna* da jurisdição constitucional, deve ser preservado, nomeadamente, o fechamento operacional do Direito em seu código binário (linguagem operativa) e em suas programações de índole condicional.

3. Por outro lado, a jurisdição constitucional deve confrontar-se com a necessidade de exploração dos mecanismos de *abertura cognitiva* do sistema jurídico, no campo da jurisdição constitucional. Mas deve ser observado o próprio paradoxo sistêmico do direito da combinação da *abertura cognitiva* com o necessário *fechamento operativo*. Este paradoxo traz a lume o fato de que o juiz não pode perder o horizonte dos *limites* decisórios, deixando de lado *disfuncionalmente* o caráter *condicionante* – porque condicional (submetido a condições de *eficaciabilidade*) – das decisões judiciais da jurisdição constitucional no campo das operações sociais que **não** apresentem condições estruturais (suporte material) e semânticas (possibilidades de compreensão), que trazem o cenário em que a eficácia e a efetividade da decisão encontrarão **ou não** a devida ressonância.

4. Qualquer manifestação de *ativismo* na jurisdição constitucional encontra limite na *fórmula do risco* proposta por Luhmann, a qual aponta para a circunstância de que não há mais espaço para certezas absolutas no campo operacional do sistema jurídico e de seu subsistema da jurisdição constitucional. Ao aplicar os dispositivos constitucionais deve ter-se em conta o fato inarredável de que o direito pode produzir e produz seus próprios riscos porque inserido em uma sociedade em si mesma submetida aos riscos inerentes às estruturas da modernidade, cuja alta complexidade amplia em cada vez maior grau as *necessidades*, os *conflitos* e, assim, os *riscos sociais*. A *'função social'* da jurisdição constitucional além de exigir uma interpretação pluralista e, portanto, **complexa,** ela deve permanecer **dentro da função do direito** ('ativismo' autopoiético) de estabilizar de *modo congruente* as expectativas normativas contingentes e complexas da sociedade contemporânea.

5. Uma interpretação *aberta* e não relacionada realisticamente com a função social do próprio direito [de estabilizar de *modo congruente* as expectativas normativas] pode conduzir a um ativismo *alopoiético* guiado por idealizações subjetivas (político-ideológicas, econômicas e religiosas, dentre outras, do julgador) evitando-se o risco de que o direito nem sempre veja confirmados (concretizados) seus programas condicionais (normatividade e procedimentalização), o que decorreria da desconsideração de fatores observáveis nos fatos comprovados no processo que demonstram estar-se diante de deficiências das estruturas sociais inerentes aos outros sistemas funcionais da sociedade (política, economia, educação, dentre outros). A jurisdição constitucional não deve contar com a **força coercitiva** do direito para impor como movimento *up down* a **eficácia** de sua decisão em **todos** os casos e situações, submetidos à jurisdição constitucional. Desta forma, os acoplamentos estruturais com outros subsistemas funcionais da sociedade, submetem o direito a uma necessária auto-observação (*reflexividade*) para a averiguação da possibilidade de criação de riscos decorrentes de suas próprias operações decisórias.

6. A jurisdição constitucional deve potencializar sua autocontenção (*self-restraint*) e observar *programas decisórios* já estabelecidos e recursivamente estabilizados no sistema (como normas [regras e princípios], procedimentos etc) em sua autorreferência estritamente **jurídica,** que preservam o fechamento operacional e a reprodução autopoiética do direito. Não há como, dentro dessa moldura teórica, pensar-se que a jurisdição constitucional possa abrir-se *indiscriminadamente* para **o social** (?), impondo ao sistema decisório do direito, que necessita de **recursividade, adequação** e **congruência,** uma carga *fática* insuportável e insolúvel por meios de *soluções* **meramente discursivas** e **idealizadas** (ativismo judicial alopoiético), em sobressaltos de decisões produzidas *ad hoc*, sem ater-se a um contexto de *macrovisão decisória* (Viana, 2015: 258-263).

7. Não se pode, por outro lado, assumir a jurisdição constitucional como atividade submetida a um *solipsismo sistêmico* que crie obstáculo à **desparadoxação** da relação entre abertura cognitiva (*kognitive Offenheit*) do sistema e fechamento operativo (*operative Schließung*). Ponto em que a *fórmula do risco* (*Risikoskalküle*) contribui como mecanismo que também impede a postura (*positivista em sentido estrito*) de indiferença às condições (ou ausência delas) no âmbito das operações sociais, o que como visto não implica no simples abandono da autorreferência e da autopoiese jurídica. A *fórmula do risco* remete a jurisdição constitucional à necessidade de contextualização (*circunstancialização*) diante do *Tatbestand* (quadro fático) para, então, o Direito aferir, por ex., os limites sistêmicos das possibilidades sociais (*econômicas e políticas, dentre várias outras*) de concretização de direitos que emergem como conflitos – *litígios ou lides processuais,* **em um movimento de desparadoxação entre a autorreferência (fechamento) e a heterorreferência (abertura) do sistema funcional do direito.**

8. Por fim, a jurisdição constitucional deve ser remetida centralmente para a própria *função social do sistema jurídico*, que não pode ser vislumbrada como autorização para o exercício de qualquer forma de *discricionariedade judicial* **expansiva,** mas sim como um dever de a jurisdição constitucional promover a evolução criativa e adaptativa do direito em sua relação com a sociedade, sem que o juiz constitucional se sinta livre para colonizar o sistema jurídico, de modo **disfuncional**, com lógicas operativas e racionalidades não jurídicas (extra ou metajurídicas), submetendo o sistema do direito a lógicas operativas próprias, por exemplo, do sistema econômico ou do político. A jurisdição constitucional deve confrontar-se com o necessário *aumento das exigências da carga* **argumentativa** ao decidir, o que faz com as exigências mais estritas de **argumentação jurídica** que se traduza como referência à autopoiese jurídica, traduzindo-se na proposta de um direito que por meio da reprodução de suas operações decisórias em uma jurisdição constitucional que seja capaz de fornecer decisões judiciais **adequadas** e **consistentes** porque atentas a seus limites sistêmicos, preservando, assim, sua função social de produzir estabilidade *dinâmica* (**mutabilidade autocontrolada**) em torno do ideal da *segurança jurídica*, como consequência de uma efetiva *generalização* **congruente** *de expectativas normativas*, regida pelo código binário jurídico e concretizada por meio dos programas decisórios (condicionais) do direito. Somente desta forma a jurisdição constitucional promoverá o processamento adequado da contingência e da complexidade crescente da sociedade moderna. A jurisdição constitucional, neste horizonte, constrói o direito em um "ativismo judicial" *autopoiético*

em decisões autorreferentes a partir do texto constitucional, formando *modelos decisórios* capazes de produzir *recursividade* e aplicação em casos iguais, imbuído de **macrovisão decisória**. Enfim, a jurisdição constitucional deve atentar cada vez mais às exigências da *eficaciabilidade decisória, estabilidade, previsibilidade*, os quais conduzem aos valores magnos da *adequação decisória* e da *previsibilidade jurídica*. Antes de tudo, a jurisdição constitucional deverá estar atenta à própria função social do direito, que sistemicamente se traduz como seu dever de autocontenção para promover o fruto jurídico da *estabilização congruente de expectativas normativas* por meio da jurisdição constitucional.

Referências Bibliográficas

ANDREWS, Alex M. (1981). *Autopoiesis, a theory of living organizations*. Nova Iorque: Elsevier North Holland.

BARALDI, Claudio; CORSI, Giancarlo; ESPOSITO; Elena (1997). *GLU: Glossar zu Niklas Luhmanns Theorie sozialer Systemee*. 1ªed. Frankfurt ao Meno: Suhrkamp.

ENTERRÍA, Eduardo García de (2011). *Democracia, Ley y Inmunidades del Poder*. Cizur Menor: Thomson Reuters.

GADAMER, Hans-Georg (1997). *Verdade e Método*. Petrópolis: Vozes.

HURSTHOUSE, Rosalind (2000). *On Virtue Ethics*. Oxford: Oxford University Press.

KAUFFMANN, Arthur; HASSEMER, Winfried (1992). *El pensamiento jurídico contemporáneo*. Madrid: Debate.

KELSEN, Hans (1960). *Reine Rechtstheorie*. Viena: Franz Deuticke.

LANGER, Ellen J. (1999). The illusion of control. In: KAHNEMAN, Daniel; SLOVIC, Paul (Eds). *Judgement under Uncertainty*: Heuristics and Biases. Cambridge: Cambridge University Press.

LUHMANN, Niklas (1987). *Rechtssoziologie*. 3ª ed. Darmstadt: Wesdeutscher Verlag.

_____ (1987a). *Soziale Systeme: Grundriß einer allgemeinen Theorie*. 1ª ed. Frankfurt : Suhrkamp.

_____ (1995) *Das Recht der Gesellschaft*. 1ªed. Frankfurt: Suhrkamp.

_____ (1999) *Ausdifferenzierung des Rechts*. 1ªed. Frankfurt: Suhrkamp.

_____ (1999a) *Grundrechte als Institution: Ein Beitrag zur politischen Soziologie*. 4ªed. Berlin: Duncker & Humblot.

_____ (2002) *Die Politik der Gesellschaft*. 1ª ed. Frankfurt sobre o Meno: Suhrkamp.

_____ (2006) *Einführung in die Systemtheorie*. 3ª ed. Heidelberg: Carl-Auer.

_____ (2007) *La realidad de los medios de masas*. 1ª reimpressão. México: Anthropos Editorial.

MATURANA, Humberto R.; VARELA, Francisco J. (2007). *A árvore do conhecimento: as bases biológicas da compreensão humana*. 6ªed. São Paulo: Palas Athena.

NEVES, Marcelo (2007). *A constitucionalização simbólica*. São Paulo: Martins Fontes.

PLOUS, Scott (1993). *The psychology of judgment and decision-making*. 1ª ed. Nova Iorque: McGraw Hill Publisher.

VIANA, Ulisses Schwarz (2015). *Direito e Justiça em Niklas Luhmann: complexidade e contingência no sistema jurídico*. Porto Alegre: Sergio Antonio Fabris Editor.

ZIELCKE, Andreas (1980). *Die symboliche Natur des Rechts*. Berlin: Duncker & Humblot.

Impressão e acabamento:

Grupo SmartPrinter
Soluções em impressão